河南出土钱币丛书之四

安阳鹤壁
钱币发现与研究

中 华 书 局

图书在版编目(CIP)数据

安阳鹤壁钱币发现与研究/《安阳鹤壁钱币发现与研究》编
委会编 . - 北京:中华书局,2003
(河南出土钱币丛书;4)
ISBN 7 - 101 - 03931 - 6

Ⅰ.安…　Ⅱ.安…　Ⅲ.①古钱(考古)—研究—安阳市
②古钱(考古)—研究—鹤壁市　Ⅳ.K875.64

中国版本图书馆 CIP 数据核字(2003)第 035384 号

责任编辑:王　勉

河南出土钱币丛书之四
安阳鹤壁钱币发现与研究
＊
中华书局出版发行
(北京市丰台区太平桥西里 38 号　100073)
北京市白帆印务有限公司印刷
＊
787×1092 毫米 1/16 · 27 $\frac{1}{4}$ 印张 · 6 插页 · 535 千字
2003 年 10 月第 1 版　2003 年 10 月北京第 1 次印刷
印数:1 - 1500 册　定价:74.00 元

ISBN 7 - 101 - 03931 - 6/K · 1628

阿文绶贝（大孔）

通长：5.85、宽：3.7、厚：1～1.8厘米。殷墟出土。

阿文绶贝（小孔）

通长：5.2、宽：3.6、厚：2.7厘米。殷墟出土。

商代贝币（上：货贝 下：仿制石贝）
浚县屯子乡前石桥村出土。

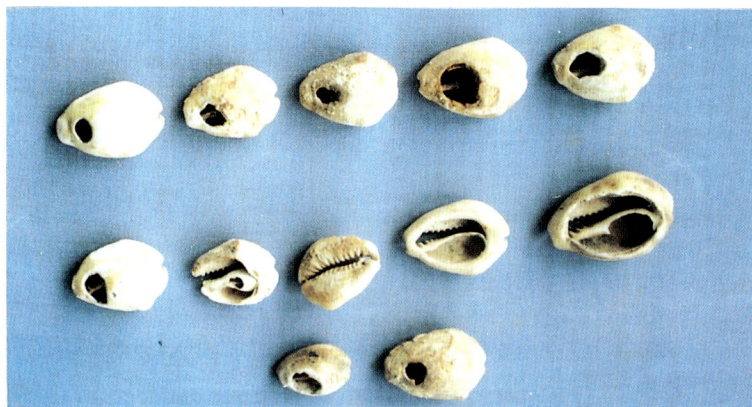

西周贝币
浚县辛村出土。

安阳市博物馆藏商代青铜铲
通长：9.06、身长：5.40、肩宽：3.80
刃宽：4.12、铲身厚：0.17厘米，重65.4克
1995年殷墟出土。

平肩弧足空首布
鹤壁市博物馆藏品。
通长：9.11、身长：4.92厘米，重：24.6。

"公"字异形布
鹤壁狮跑泉出土。
通长：5.58、肩宽：2.55厘米，重：5.5克。

"梁正币百乎"布
通长：5.58、底宽：3.92厘米，重：11.5克。
浚县博物馆藏品

"四布当釿"连布
通长：4.69、柄长：2.04、厚：0.17厘米，重：16.8克。
安阳博物馆藏

"货泉"铜母范
通长：6.28、宽6.15、厚0.74厘米，重142克。
安阳市博物馆藏。

狮跑泉窖藏盛装铜钱陶罐

狮跑泉窖藏盛装铜钱陶罐腹中部戳印

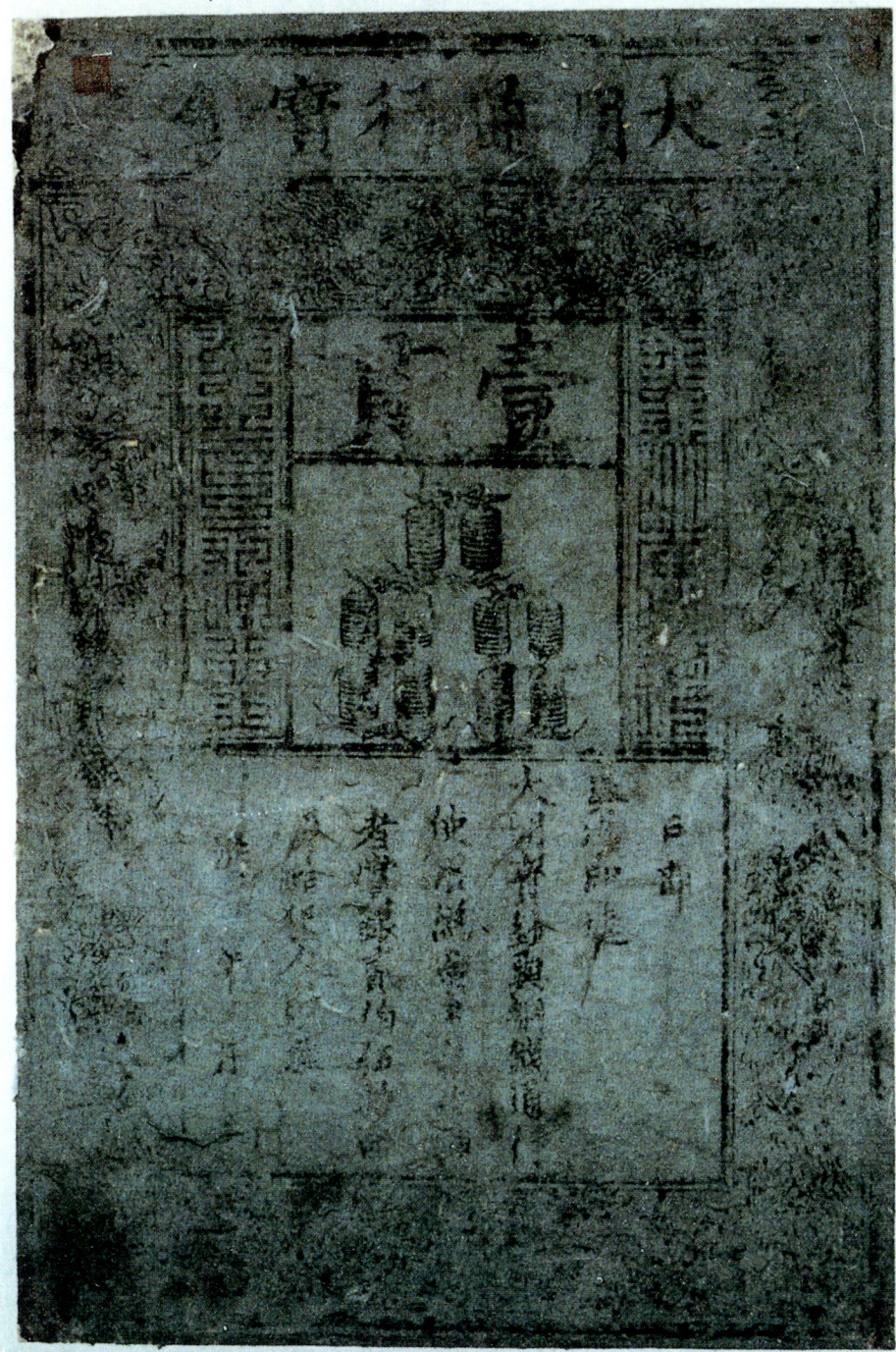

大明通行宝钞

通长：18.44、宽 12.27厘米。

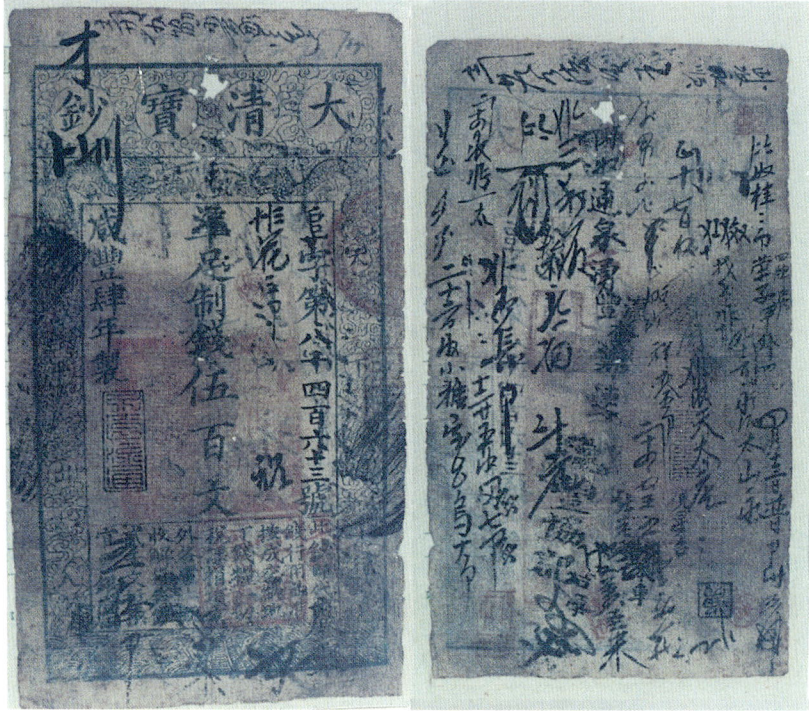

咸丰四年大清宝钞
通长：17.5、宽9.5厘米。

2. 安阳县出土清代银鞘
通长：11.41厘米、宽5.36厘米。

总 目 录

《河南出土钱币丛书》序

胡 国 瑞

　　从 20 世纪初中国开始有了以发掘为基础的近代考古以来,特别是中华人民共和国建立以来,在考古发掘出土的文物中,钱币一直处于数量最大、品种最多的地位。大量窖藏、墓葬出土的钱币,为钱币学提供了丰富的资料,对钱币学的繁荣和发展,创造了千载难逢的机遇。然而,由于考古发掘出土的钱币资料,多零星地散见于以反映墓葬、器物型制等为主的考古报告或报道中,而这些报告或报道一般不对出土钱币作完整或具体的介绍。所以,钱币研究者不仅很难收集到完整和具体的钱币出土资料,而且在钱币研究中,也无法充分利用这些考古出土的钱币资料。占有资料是从事科学研究的基础,特别是对以钱币实物为主要研究对象的钱币学来说,占有资料的重要性尤为突出。

　　1994 年,河南省钱币学会在开展重点课题招标活动的基础上,结合编撰《中国钱币大辞典》工作的需要,向全省 17 个地市钱币学会和金融学会下达了进行建国以来河南钱币出土和发现的重点课题的科研调查任务,要求各地市对该地出土和发现的钱币进行完整系统地调查、整理,并写出调查报告。在省钱币学会和各地市钱币学会的组织和领导下,在文物博物馆等有关部门的大力支持和配合下,经过两年的艰苦努力,至 1995 年,基本上完成了河南省各地市建国以来钱币出土和发现的调查报告。

　　由于河南在相当长的历史时期内一直是我国政治、经济和文化中心,故地上地下保存有丰富的历史文化遗物。通过对近 50 年来河南出土和发现的钱币的调查,我们发现了大量珍贵的钱币资料,对一些钱币学界迄今尚未解决或存在有较大争议的问题,以及尚未涉及到的问题,有了一些新的看法。为了充分利用这些钱币资料,河南省钱币学会决定在各地市调查报告的基础上,编辑出版《河南出土钱币丛书》,希望以此来推动河南以至全国钱币研究事业的发展。

　　《河南出土钱币丛书》以河南省行政区划分为若干分册,一地区的书稿篇幅不能成册者,与相关或相近地市的书稿合编出版。各册的内容以相关市地出土和发现的钱币资料为主，着重于对钱币出土情况和出土钱币版别种类、质地等的介绍，并对出土钱币略作有独到见解的分析研究，力求文图并茂，突出全书的资料性和学术性。

　　对一个省近半个世纪出土和发现的钱币情况进行调查、整理和研究，编撰一个省近半个世纪的钱币出土与研究丛书，在我国尚属首创，无论从编撰体例、内容安排，还是在钱币图片选择等方面，均无例可循。因此，尽管我们反复研究，多方征求意见，每册书都数易其稿，但因经验不足，仍不免多有疏漏或舛误之处，请诸专家和读者不吝赐教。

《河南出土钱币丛书》总论

刘 森

一

　　河南是中华文明的主要发祥地之一。她拥有闻名于世的南召猿人、裴里岗文化、仰韶文化、龙山文化遗址。有史以来,先后有 20 多个朝代在河南建都,十三朝古都洛阳、七朝古都开封、殷商古都安阳等,昭示着河南在不同时期,曾为中国政治、经济和文化的中心。

　　河南位于东经 110°21′～116°30′,北纬 31°23′～36°22′,在黄河的中下游,气候四季分明,平均气温一月 –3～3℃,七月 24～29℃,年均降水量 500～900 毫米,属亚热带和北温带地区。《尔雅·释地》、《周礼·职方》:"河南曰豫州。"河南向有"中州"、"中原"之称,春秋时期为周畿内和宋、卫、郑等国地,战国为韩、魏、赵等国地,秦置三川、颍川、南阳等郡,汉属司隶及豫、兖、荆、冀等州,唐分属都畿及河南、河北、淮南、山南东等道,宋属京东、京西和河北等路,元属河南江北行中书省,明置河南布政使司,清为河南省。今河南省总面积 16.7 万多平方公里,占全国总面积的 1.74%,人口 9 172 多万。全省划分为郑州、开封、洛阳、安阳、鹤壁、濮阳、新乡、焦作、三门峡、许昌、平顶山、漯河、商丘、南阳、济源等 15 个直辖市和周口、驻马店、信阳等 3 个地区。

　　河南地形自西向东,为山地、丘陵和平原。西北为太行山地;西部为豫西山地,有崤山、熊耳山、嵩山、伏牛山等;南部有桐柏山、大别山;东部为黄河和淮河的冲积平原;西南为南阳盆地,属唐河、白河流域。境内河流纵横,有黄河、淮河、长江和海河四大水系。优越的地理条件,促进了农业的发达,主产小麦、谷子、玉米、高粱、大豆、花生、棉花、烟草、芝麻、水稻等,有柞蚕丝、木耳、茶叶、水果、"怀药"等名产。矿产有煤、铁、铝土、石油、云母、钼、金、银、玉石等。自古以来,河南即为经济、交通和战略要地。鸣条之战、牧野之战、召陵之战、围魏救赵之战、成皋之战、昆阳之战、虎牢关之战、官渡之战、河阳之战、睢阳之战、陈桥兵变、澶渊之战、鄢城之战等古代著名的战争,以及近现代许多重要的战役都发生在河南。历代占据中原以求扼制天下者,都在河南留下了许多兴衰成败的遗迹。至今,河南全省地上不可移动的文物尚有近 3 万处,如道家策源地鹿邑的太清宫、佛教传入中国的第一寺院白马寺、佛教禅宗发源地少林寺、洛阳龙门石窟、开封铁塔、巩义的宋陵、中国现存最早的观星台等等,久负盛誉。而河南省地下的文物,则更加丰富。

在漫长的历史长河中,在河南这块开发较早、富饶的土地上,勤劳的中原人民为中华文明的发展做出了杰出的贡献,为我们留下了丰富的文化遗产。其中,在河南全省各地出土和发现的大量的古代钱币实物,不仅极大地丰富了我国光辉灿烂的货币文化,而且为我们开展钱币研究,繁荣钱币研究事业,弘扬中华民族历史悠久的钱币文化,提供了珍贵的资料。

货币是人类文明的一种象征。人类文明的进步与发展,不断地改变着货币的形态、币材和制度。自从货币产生以来,人类的一切社会生产和文化活动,都与货币有密不可分的关联。在某种程度上,货币发展和演变的历史,体现着人类社会的生产方式和生活方式发展和演变的过程。不同的时期,钱币形制、轻重大小、币材、币值,以及货币制度和流通等的变革,反映着当时社会经济、政治、文化等变革。因此,从某种意义上讲,货币是社会物质生活和精神生活的一种浓缩和见证,是一种文化的载体。而遗存于不同的历史地理环境中的货币实物,既有这种历史货币的共性(整体性),又具有其特殊的个性(地域性)。正因为如此,从河南省这块具有独特的历史地理环境和浓厚的传统文化气息的地域内出土和发现的大量的钱币实物中,不仅能窥见河南在中华民族历史文化中所具有的特殊的地位,而且还可寻见河南在不同的历史时期,社会政治、经济、文化等发展变化的痕迹。

二

近半个世纪以来,河南各地出土和发现的钱币实物,数量之大、种类之多,实难一一列举,惟各地所发现钱币之特色,荦荦大者,略可叙及。

先秦钱币　先秦时期是中国货币产生和发展的重要时期。在这一时期,中国货币从物物交换、实物货币、金属称量货币等形态发展到了金属铸币形态。河南出土和发现的先秦时期的钱币,充分反映了我国先秦时期货币产生和发展的过程。

1. 贝币　贝币源于海贝。在我国仰韶文化、龙山文化遗址中,已出土有海贝。大约在夏商时期,贝的使用量逐渐增加,用途渐广,逐渐演变成为我国最早的货币。由于夏商时期河南为全国的政治、经济、文化中心,故出土海贝的地域非常广泛,如洛阳、三门峡、商丘、南阳、信阳、郑州等地均有出土,尤其是殷墟安阳,出土贝的数量非常大,仅妇好墓就出土 6 880余枚(有石贝 6 枚)。先秦时期,贝的种类十分复杂,除了货贝(海贝之一种)、拟枣贝、阿文绶贝等真贝外,还有玉、石、蚌、骨、陶、泥、木等不同质地的仿制贝。而不同的时期,质地不同的贝的作用亦不相同,货贝主要用做货币,仿制贝一般则为冥币。河南出土贝的数量、种类之多和地域之广,特别是墓葬中出土贝的情况,为研究贝从实物演变为货币及贝的形制的演变过程,提供了珍贵的资料。

西周末年,随着金属币的兴起,贝币的使用在中原地区逐渐衰退。这可以河南出土和发现的贝币实物相印证。如在平顶山应国墓地 60 余座墓葬中属于西周早、晚期和春秋战国时期的 9 座墓葬中,出土的海贝、骨贝、石贝、蚌贝等约有 4 000 余枚,其中属于春秋晚期的 M55 出土海贝达 1 650 多枚,但在战国时期的墓葬中,却几乎没发现有海贝。1954～1955 年,考古工作者在洛阳中州路西工段发掘了 260 座东周墓,其中只有 2 座铜器墓随葬有海贝。1953 年,洛阳烧沟附近发掘 59 座战国晚期墓,未出土贝。1984～1986 年,洛阳市西工区发掘春秋中期至战国晚期 52 座中小型东周墓,也没有贝类随葬。春秋战国时期经济文化发达的周王畿地区(洛阳)与国力弱小的应国(平顶山地区)出土贝币的情况说明,不同时期和不同的地区,贝币的形制和发展演变的过程,存在有较大的差异。

2. 青铜铸币　我国最早的金属铸币为仿照海贝形制铸造的无文青铜贝币。无文青铜贝币大约产生于殷商时期。1953 年,殷墟大司空村墓葬出土铜贝 3 枚,1969～1977 年殷墟西区 620 号墓,出土铜贝 2 枚。除无文铜贝外,先秦时期的青铜铸币,主要有刀、布、圜钱、蚁鼻钱等几种形制。由于当时社会生产力发展的不平衡及各地之间存在有文化的差异,以及钱币产生的具体原因不同,故不同的地区存在着不同的钱币形制。

先秦时期,社会生产力和文化较先进、农业生产较发达的河南,主要流通由农具铜铲演变而来的布币,故河南境内出土的先秦时期的钱币,也多以布币为主。铜铲在从生产工具演变为货币的过程中,经历了生产工具——交换媒介和生产工具(原始布)——空首布的发展阶段。空首布主要出土于今河南、山西两省,陕西、河北与北京的部分地区也有少量出土,其形制一般有平肩、斜肩、耸肩等三种类型。河南省空首布的出土地,集中在洛阳地区,郑州、安阳、新乡、焦作等地虽亦有出土,但出土量和出土地远较洛阳少。以洛阳为中心的河南铸行空首布地区,一般仅出土平肩和斜肩空首布。据对近 50 年来我国空首布的出土资料统计,在出土的万枚左右的空首布中,平肩空首布约有 5 000 枚、斜肩空首布约 3 000 余枚、耸肩空首布约 1 400 余枚,但山西侯马晋国铸铜遗址中出土的耸肩空首布范芯,就有 10 万多个。由此可见,当时各种空首布的铸行数量都均相当大,形制差别较大的空首布之间存在有明显的流通地域性。

春秋战国时期,随着商品经济的发展和各诸侯国间政治、经济、文化交流的频繁,以及各诸侯国势力范围的消长,以货币形制的不同而逐渐形成布币(周、晋、卫、韩)、刀币(齐、燕、赵、中山等)、蚁鼻钱(楚)和圜钱(魏、齐、燕、赵、周)流通区域。各种不同的货币,一般仅流通于铸造地,但形制相近的货币,有时也可跨铸地流通使用。此可以一些窖藏或墓葬中,同出有平肩和斜肩空首布的情形相印证。然而,形制特征相差较大的货币,一般不在铸造地之外流通。如河南先秦时期的窖藏或墓葬,迄今很少发现有齐刀出土。而主要流通于晋、卫的耸肩尖足布,也仅出土于河南林县、浚县、灵宝、安阳、汲县等晋、卫之地或距晋、卫之地较近的地区。如1935年,新乡汲县山彪镇战国一号大墓出土674(一说为808枚)枚耸肩空首布,同墓出土3000多枚贝币,但却未见有他种空首布的出土。

战国以降,空首布演变为较易铸造和携带的平首布,在流通布币的地区,不同形制的平首布除了仍主要流通于铸造地外,逐渐演变成了几乎可通用的货币。今河南许昌、平顶山以北、开封地区以西广大地区均曾出土有不同类型的平首布的情况说明,货币统一的趋势,较早出现于经济较发达的中原地区。如1981年,鹤壁市石林公社狮跑泉村钱币窖藏,同出有"公""垂"字异形布和平裆方足、弧裆方足平首布,以及"垣"字圜钱等不同的钱币。林县亦曾发现有异形布与圜钱的窖藏。正因为如此,货币形制较布币更为先进的圜钱开始产生于魏国以后,便相继被齐、秦、燕、赵、周等国所模仿铸造。近年来,新郑郑韩故城等地先后出土"公"字异形布(因柄的两角、裆呈角形而名)、"涅金"异形布、蔺字布、离石布、桡比当䜌、四钱当䜌、圜钱等钱范的情况说明,虽然当时钱币的铸行仍有一定的地域性,但钱币的铸造,已不再局限于钱币的铭文所代表之地了。

战国时期,诸侯国兴衰败亡无常,给我们今天判别其货币的铸行国别造成了很大的困难。如"公"字异形平首布,便有铸于韩国或铸于魏国之说。根据河南卫辉市、辉县市、汤阴、林县、淇县、鹤壁、焦作等地先后都曾出土有"公"字异形布的情况分析,"公"字异形布大概应是战国时期韩国的货币。

钱币的形制,不仅体现着其与生产工具及其他物质的关系,而且更重要的是,它还是一种文化的象征。先秦时期,与中原地区文化颇有差异的楚国,铸行仿贝形的有文青铜贝币(俗称蚁鼻钱)和金版(郢爰等)。河南信阳、驻马店、周口、商丘、漯河、平顶山、南阳等地区或部分县市,当时或为楚地,或曾被楚占领过,或受楚文化的影响,均曾流通、使用过楚国的蚁鼻钱及其他货币。因此,透过出土于这些地区的蚁鼻钱、金版等楚国货币,可窥见到当时楚国与中原地区的经济、政治、军事、文化和货币交流的关系。而河南许昌以北不出楚国蚁鼻钱的情形,则进一步说明楚国对中原的影响,曾受到坚决的抵制,说明楚国的国力相对于中原诸国来说,还是弱小的。

另外,新蔡出土有"两"字、"半"字蚁鼻钱。太康县玉皇阁出土的210枚蚁鼻钱中,发现有长4.1、宽2.2厘米,重7克的蚁鼻钱,为楚国货币的研究,增添了新的内容。1987年,在新乡市火电厂扩建工地楚人墓中,出土了楚陶贝、饼形(称印子金)陶冥币,这或许可作为对楚币研究的新资料(以往钱币学界一般认为楚币不过黄河)。

此外,永城鱼山出土 60 余枚殊布当釿币。河南一些地区还出土有少量的刀币。如1987 年,濮阳西水坡遗址战国窖藏出土明(易)刀。焦作出土有明刀。1995 年春,洛阳新安县五头镇发现有齐易刀、燕易刀和无文刀三种刀币。1973 年前后,郑州沟赵后庄王村出土刀币(与布币同出)。这些都为先秦货币的流通区域提供了新的资料。

3. 金银币　殷商时期,我国已使用金银,但至春秋战国时期,才开始使用金银币。河南出土先秦时期金银币的地区,主要集中在信阳、周口等地。如信阳、驻马店、平顶山等地出土有郢爰等楚国金版。1989 年 5 月,河南巩县(今巩义市)出土了银铲币 2 枚。1978 年,平顶山襄城出土郢爰、陈爰、马蹄金、圆金饼等窖藏(汉窖藏),重达 4.5 公斤之多。1974 年,周口地区扶沟县古城村发现金银币窖藏,出土金币 392 块(170 块郢爰,197 块金饼)、银币 18枚(银空首布 1 枚,实首布 17 枚)。该窖藏的发现,对研究我国金银币的起源和发展,具有一定的价值。

秦汉两晋南北朝隋钱币　这一时期,随着商品货币经济的发展,中国钱币经历了半两钱制和五铢钱制的兴盛和衰落。半两钱和五铢钱确立了中国封建社会青铜铸币的基本币形和重量,对中国和世界东方钱币文化的形成和发展,具有深远的影响。通过对河南出土的这一时期的钱币的调查与分析,可以说,在长达 800 余年的历史中,河南是我国货币经济最发达、货币流通局面最复杂和混乱的地区。

1. 半两钱　半两钱大约产生于秦惠文王二年(前 336)。战国时期,偏居于西部的秦国以铸行半两钱为主,并有少量的圜钱、两甾、文信、长安钱。由于战国时期秦与齐、楚、燕、韩、赵、魏等国处于长期对峙的局面,影响着秦与这些诸侯国之间的经济贸易活动,故秦半两钱一般不在这些诸侯国流通使用。公元前 221 年,秦始皇统一中国,废除刀、布等钱币,以秦半两钱统一全国的货币形制后,半两钱始在各地普遍流通。汉朝建立后至汉武帝元狩五年(前 118)行五铢钱之前,仍沿袭秦制而行半两钱,但钱币减重、私铸现象非常普遍,各种大小轻重不同的半两钱充斥市场,较一般汉半两钱重大的秦半两多被熔毁改铸,因而出土地和出土量均较少。如河南洛阳仅洛宁、新安曾出土有秦国半两钱,豫北地区仅汤阴出土过战国秦半两钱。已发掘的洛阳烧沟等千余座汉墓中,秦半两的出土数量每墓一般仅一两枚,多者只有 7 枚。由此可见,汉半两钱对秦半两的冲击之大。

与秦半两出土地和出土量很少的情况相反,河南出土汉代半两钱的现象却非常普遍,且出土量大、种类多。如 1990 年,永城芒山柿园汉墓出土半两钱达 250 余万枚,其中除个别战国赗化、秦半两和汉八铢半两钱外,几乎全为汉代各种半两钱,并发现有铁、铅半两钱。

由于西汉未统一半两钱的铸造,故民间铸钱者甚多,因而有许多钱范留存了下来,如河南南阳、洛阳、郑州等地,发现有各种汉半两的石、陶范,为研究半两钱的铸造技术提供了新的资料。

2. 五铢钱 五铢钱铸行于元狩五年(前118)至唐武德四年(621)。由于五铢钱铸行时期内朝代更替频仍,故钱币数量大、版别种类异常复杂。从河南各地出土的五铢钱来看,东汉五铢钱的出土数量要多于西汉五铢钱,西汉五铢制作较精致,东汉五铢钱则较粗劣。墓葬出土的五铢钱数量较少(如洛阳东汉墓葬出土五铢一般为10~50枚),窖藏出土的数量则较大。而窖藏一般集中在西汉末年至东汉初年和东汉末年至魏晋时期,出土的钱币亦较杂。如西汉末年至东汉初年窖藏钱币种类一般为五铢和半两钱两种,且半两钱较少。东汉末至魏晋时期窖藏中出土的钱币,多伴随有西汉五铢、王莽钱、东汉的各种五铢钱等同出(只有少数窖藏伴随有半两钱同出的现象),其钱币轻重大小悬殊较大,这种情况反映了当时币制和货币流通的混乱局面。

汉武帝初行五铢钱时,中央未统一铸造,令诸郡国铸之,故今时有郡国五铢钱钱范的发现。如洛阳曾出土有郡国五铢钱铜范。王莽以后,钱法隳弛,私铸钱风不可禁,因而各地多有东汉五铢钱范的出土。就河南来讲,郑州、洛阳、南阳、平顶山、驻马店等地区,曾先后发现有铜、陶、石等质的东汉五铢钱范。

魏晋南北朝时期(220~581),我国处于长期的战乱中,经济发展迟缓,货币经济衰落。这一时期,河南这块兵家必争之地,虽然较其他地区经历了更加严重的战火破坏,但因魏、西晋及北魏、东魏、北齐等朝代相继都于河南,故河南的社会生产力相对于其他地区,仍较发达,货币经济在一定时期内,仍有所恢复和发展。如三国时期,吴、蜀先后行用虚值大钱,惟魏恢复实行了五铢钱制。西晋都洛阳时,沿用魏国币制,但过江后的东晋却基本上不再铸钱了。正因为如此,河南才有数量相对较多的魏晋和北朝的钱币出土。

在河南境内发掘和发现的三国时期的墓葬和窖藏中出土的钱币,主要有半两、五铢,以及魏、吴、蜀的各种钱币,但东汉五铢的数量一般占出土钱币数量的三分之二以上,吴和蜀的钱币出土数量很少。这一方面说明了三国时期货币经济的衰落及铸币量的减少,另一方面则说明处于鼎立局面的魏、吴和蜀三国之间,商品货币经济关系是不密切的。另外,需要特别提及的是,通过对河南出土的这一时期的钱币的调查研究,特别是在此基础上对许昌、洛阳、安阳等地出土的魏晋五铢钱的深入探讨,结合安徽马鞍山朱然墓和江西南昌高荣墓出土的钱币资料,有关学者初步解决了长期以来一直困扰钱币学界的魏五铢问题,并为进一步辨别沈郎钱、梁五铢等钱的版别,提供了新的线索。

南北朝时期,南北政权对峙,货币流通受到一定的影响,故河南很少出土南朝的钱币,而北朝的货币,也很少在南朝出土。如北魏的太和五铢,一般多出土于汉魏故城遗址内及附近,印证了这种钱"虽利于京邑之肆,而不入徐扬之市"之论。另外,东魏、西魏、北齐和北周等王朝的钱,一般只出土于河南省黄河两岸的一些地区的情形,则说明当时北方诸王朝之间的经济联系,较南朝密切。

隋五铢钱的出土，主要集中在洛阳地区，其他地区出土不多。其中，洛阳老城北邙山出土的 400 多枚隋五铢中，有 11 枚铅质五铢(仅有 1 枚有字)。

3. 王莽钱　王莽从居摄二年(7)至天凤元年(14)，先后进行了四次币制改革，铸行了"五物、六名、二十八品"等形制不一、名目繁多、币值复杂的货币。王莽钱在河南各地都有出土(尤其是窖藏出土)，且多伴随东汉五铢和剪边、綖环、对文钱同出。在所出土的王莽钱中，轻重大小悬殊不一的现象较为常见，数量最多的是大泉五十和货泉钱。如在洛阳西郊 200 多座西汉至东汉晚期的墓葬里出土的 4 000 多枚王莽钱中，大泉五十和货泉达 3 500 多枚，占 87% 以上。虽然王莽钱由中央和地方政府铸造，力求精美，严禁私铸，但私铸钱的现象非常普遍，因而其钱范留存下来的很多。如河南南阳、濮阳、平顶山、开封、洛阳、驻马店、安阳、郑州等地曾出土有陶、石、铜质的王莽钱范，其种类有大泉五十、契刀五百、货泉、货布等。其中，以大泉五十钱范的数量最多。

唐宋钱币　唐宋时期是中国封建社会的鼎盛时期，随着商品货币经济的发展，货币制度得到进一步改革和完善，呈现出钱币币材种类增多、铸造技术提高、发行量增大等特征。但不同的时期，当受政权的更替和政治局面的动乱等因素的影响，币制遭到不同程度的破坏时，钱币流通则出现混乱。由于河南在这一时期中，长期为中国封建社会政治经济文化中心，因而为我们留下了丰富的货币文化遗产。

1. 唐代的钱币　唐代的钱币在河南各地都有大量的出土，特别是唐墓中出土的开元通宝，为研究开元钱的分期、断代研究，提供了珍贵的考古资料。如根据洛阳唐墓出土的开元通宝钱，我们可把唐开元钱大致分为三个时期，即主要流通武德开元的前期(7 世纪前期～8 世纪中期)，主要流通月痕开元的中期(8 世纪中期～9 世纪中期)和以会昌开元、月痕开元、小径开元为主要流通货币的晚期(9 世纪中期～10 世纪初)。在河南出土的开元通宝钱，除了铜钱外，还有少量的铅、铁钱，以及鎏金和非正式流通币的银质钱。

唐中期以后，银的使用渐广，使用银铤、银饼等的现象增多。如洛阳出土发现有唐朝"安边郡和市银"铤、"河南府伊阳县窟课银"铤和无铭文银铤，以及"通州税口银"饼、"陵州井课银"饼。这些银铤和银饼，对研究宋以后我国白银货币化的进程及银铤等银质货币形制的发展演变，具有重要的价值。唐高宗乾封元年(666)，铸行乾封泉宝，但仅流通 7 个月，铸量甚少，故发现不多。从乾元元年(758)始，唐肃宗铸乾元重宝钱，该钱在河南各地多有出土。

天宝十四年(755)安禄山叛乱后，史思明于 760 年占据洛阳，毁洛阳的铜佛像铸得壹元宝和顺天元宝钱。从这两种钱多出土于河南濮阳、郑州、洛阳、开封、新乡、焦作、许昌等来看，其流通地区主要以东都洛阳为中心，延及到被史思明叛军攻占的广大中原地区。

另外，洛阳出土的波斯银币、罗马金币、西域麹氏高昌国时期(499～640)的高昌吉利钱、突骑施汗国铸造的突骑施铜钱，为东汉以后洛阳成为丝绸之路的起点之论，提供了珍贵的物证。

2．五代十国的钱币　五代十国时期,中国处于分裂局面,社会动乱不安。梁、唐、晋、汉、周诸政权相继占据中原,战争连年不断,使中原地区社会经济遭到破坏,人民受到深重的灾难。半个世纪中,建都于开封的梁、晋、汉、周和建都于洛阳的后唐,在货币供应量严重不足的情形下,多沿用唐朝的开元通宝钱,并铸行有少量的新币。由于当时南北政权处于割据状态,梁、唐、晋、汉、周的钱币主要流通于中原地区,十国的钱币则主要流通于十国统治的南方、四川等地。如河南出土的五代钱币,主要为天福元宝、汉元通宝、周元通宝等,出土的十国钱币,有前蜀的通正元宝、天汉元宝、光天元宝、乾德元宝、咸康元宝和后蜀的广政通宝,南唐的开元通宝、唐国通宝钱等,其他割据政权的钱币,发现得较少。

从河南出土的三国和五代时期的钱币来看,在中国封建社会中,每当国家分裂、社会动荡、货币商品经济遭受到严重的破坏时,币制便出现异常混乱的状态。这时,流通中的钱币不仅质量粗劣、具有明显的地域性,而且种类繁多,大量为前朝旧钱。各种不同的铜钱混杂流通,私铸钱盛行,币制混乱,既是社会政治腐败动乱,经济凋敝的状况在货币及其流通中的一种折射和反映,又是以铜合金铸币为主要货币的中国封建社会本身所固有的、以铜的价值决定币值的币制在货币流通中的体现。

3．宋金钱币　两宋时期,我国封建社会生产力高度发展,以大中城镇为中心的城镇商品货币经济异常繁荣和发达,随着社会政治、经济、文化的变革和发展,两宋的货币制度和货币文化也得到了巨大的发展。如从我国货币发展演变的历史来看,宋代产生了世界最早的、具有划时代意义的纸币,两宋钱币在金属成分比例、铸造工艺和数量、钱币的钱文书体等方面,都达到了前所未有的水平。在我国钱币学中,宋钱素有币材种类多、钱币流通有地方性或割据性、钱币名称(有百余种之多)和种类复杂、币值(有小平、折二、折三、当五、当十、当二十、当百等)多变、钱币的钱文书法多样(篆、隶、真、行、草等书体俱全)、铸造量大等特点。这些特点给宋钱的研究提供了丰富的内容。

在这一时期的前半期——北宋时期,在全国政治、经济、文化中心开封的辐射下,河南的商品货币经济得到巨大的发展。近50年来,北宋钱币在河南各地大量出土的情况,充分说明河南对我国古代货币文化顶峰时期的到来,起到了特殊的作用。据初步分析,河南出土的宋金钱币有以下几种特点:

(1)出土量大。据不完全统计,河南出土的宋代钱币至少有数万公斤,达数千万枚以上。其中,出土的北宋钱约占出土总数的80%以上。

(2)出土地点多。在河南100多个县中,几乎每县都有宋钱的出土。据对出土资料的初步统计,河南境内出土宋钱的地点,至少在3 000处以上。

(3)出土铜钱、特别是北宋铜钱的种类多。几乎每种钱文、书体、折值不同的北宋铜钱,都有出土。南宋端平(1234～1236)以前的各种铜钱,也有发现。

(4)铁钱出土量和出土地点较少。因北宋时期河南不行铁钱,故北宋铁钱一般仅出土于豫西与陕西交界处。安阳和商丘虽曾出土过北宋铁钱,但安阳出土铁钱与当时河东路行用铁钱的情形有关,商丘出土的铁钱,因出土于古汴河河道,故应与铁钱的搬运相关。

(5)金朝钱币的出土,多伴随北宋铜钱,且一般为窖藏出土。河南出土宋钱量大者,一般为窖藏出土,且多见有金代的正隆元宝和大定通宝钱,究其原因,有以下几种:第一,宋金之交,战乱使人们纷纷把钱币埋藏起来;第二,北宋中期以前时人虽多喜贮钱,但因钱荒而不能多储,至北宋熙宁以后,随着钱币铸造量的增加,贮钱之风日盛,被富豪占有后"闲置"起来的大量的铜钱,因靖康之变而落入了金人之手;第三,南宋初年,宋金之间争夺铜钱的斗争,结果使江南原有的北宋钱大量流入金朝,而金为掠夺铜钱,发行交钞,曾先后于明昌五年(1194)和贞祐三年(1215)颁布"限钱法"和"权禁见钱法",禁止多贮钱和流通现钱,使大量的钱币被埋藏起来;第四,金明昌(1190～1196)以后,虽有铸钱,但铸造量很少,一般不易见到,故被窖藏起来的可能性很小。北宋和金朝大的窖藏多发现于淮河以北的中原地区,其原因就在于此。此外,河南还出土有伪齐的阜昌通宝钱。

(6)南宋钱的出土,一般仅见于豫南地区,且以光宗(1190～1194)以前的钱较多,这种情况应是南宋在淮南推行铁钱,禁止铜钱流入江北所致。

河南出土的宋金钱币,从一个侧面反映了宋金之间的政治经济关系及其对币制的影响,从而揭示了币制与人们社会生活的密切关系。

4．宋金银锭　宋金时期,白银逐渐成为一种广为使用的货币。河南洛阳、南阳、开封、信阳、驻马店等地分别出土和发现有宋出门税等银锭30多块,驻马店、南阳等地还出土有数块金朝银锭。1997年第7期《中州钱币》首次发表了这些多数以往未发表过的银锭资料,相信会引起有关学者的关注。

5．辽、西夏的钱币　两宋时期,处于西北和北部的辽、西夏与金一样,大量使用宋钱,但也铸行自己的货币。在与宋的经济文化交往中,其钱币曾少量地流入到中原地区。河南发现的辽钱有重熙通宝、清宁通宝、大康通宝、大康元宝、大安元宝、寿昌元宝等,但数量极少。西夏钱币在河南出土者,以天盛元宝较多。

元明清和民国时期的钱币　宋代以降,中国经济重心南移,河南社会发展相对于他省来说,逐渐落后了,但由于河南具有重要的地理位置和长期以来所形成的经济基础,故仍发现和出土有大量的古钱币。如洛阳出土有"万历通宝"银钱,驻马店等地出土有明元宝,新乡发现有"至正之宝"权钞钱、"天启通宝"母钱、清吉林官局造面带"样钱"的"光绪元宝"、宝泉局的"祺祥通宝"小平样钱、"同治通宝"背福寿开炉钱等等。清以后,河南和他省铸造的各种货币,在河南均有一定数量的出土,难以一一列举。如漯河仅两次就出土民国银币3万多枚。

特别需要指出的是,在河南信阳地区发现的鄂豫皖革命根据地的货币,驻马店确山竹沟革命纪念馆珍藏的十余家革命根据地银行的货币,以及焦作太行革命根据地货币,为我们研究革命根据地货币史,提供了珍贵的历史资料。

外国古钱　古代,经济文化发达的河南,曾以其特有的地位和魅力吸引着来到我国的外国商贾和使者,对中外政治、经济、文化的交流,起到了重要的作用。千余年过去了,那些商贾和使者在中华大地上留下的足迹或已难寻,但由他们或由外出归来的炎黄子孙带回的外国钱币,却向我们述说着那些中外交往的史话。除了丝路货币外,在河南出土和发现的外国钱币,主要为同属东方货币文化的日本、越南和朝鲜的货币。如日本的"和同开珎"银币,以及"宽永通宝""天保通宝""文久永宝"等;朝鲜的"常平通宝"等;越南的"天福镇宝""元丰通宝"等,有数十种之多。

此外,近50年来,在河南出土大量钱币实物的同时,伴随钱币出土者还有种类繁多的厌胜钱。厌胜钱亦称"压胜钱""押胜钱",俗称"花钱"。也有称厌胜钱为"杂钱""玩钱"者。日本称厌胜钱为"绘钱"。厌胜钱属钱币文化的分支,我们姑且称其为民俗钱币文化。厌胜钱一般为铸成钱币形制的吉利品或避邪品等,有金、银、铜、铁、铅、竹、泥等质材,以铜质的较多。"厌胜"为古代方士的一种巫术,谓能以诅咒制服人或物。厌胜钱的形制,受流通中钱币形制的影响,不同的历史时期,有不同的厌胜钱。由于古代河南具有丰厚的货币文化,所以,可以毫不夸张地说,河南出土的有明确出土时间、地点的厌胜钱,对研究我国民俗钱币文化产生、发展和演变的历史,具有重要的意义。

三

河南省钱币学会从1984年成立以来,先后把先秦货币、秦汉货币、曹魏货币、宋代货币、新民主主义时期河南革命根据地货币等作为重点学术研究课题,先后组织召开了与这些重点课题相关的理论研讨会,取得了一些可喜的学术成果。1993年,河南省钱币学会在我国钱币学界首次开展了重点课题招标活动,1994年,又根据进一步深入开展钱币研究、力争取得有突破性的学术成果和编纂《中国钱币大辞典》的需要,提出了进行建国以来河南钱币出土调查的工作任务,并把这项任务列为17个重点课题下达给地(市)钱币学会。1996年初,在17个重点课题基本完成的基础上,学会常务理事会研究决定,编撰《河南出土钱币丛书》。

《河南出土钱币丛书》以河南省行政区划分为若干分册,根据各地市出土钱币的实际情况,或一地(市)单独为一册,或相关的地(市)合编为一册。全书以资料性为主,突出学术性,力求文图并茂,全面、系统、准确地反映近50年来河南出土钱币的基本情况。《河南出土钱币丛书》所收录的河南出土钱币资料中,有许多是首次发表的新的、珍贵的出土资料,作者对能够反映河南钱币地方特色的出土资料和在中国货币发展史中具有重要价值的出土资料所作的研究,具有较高的学术价值。此外,全书所附的钱币图(拓片),除少量彩图外,一般均为原大,并有出土地点(收藏单位),因而,它还可作为一部近 50 年来河南出土钱币的图谱。

手捧已经成书或即将成书的《丛书》书稿,对河南出土钱币情况和河南钱币发展演变的历史仅略有所知的我,以粗陋之见对《丛书》总而论之,虽战战兢兢,却仍不免多有谬误,好在《丛书》问世后自然会有批评和指正,姑妄论之可也。

1997 年 10 月 31 日凌晨于郑州

安阳钱币发现与研究

孔德铭　焦智勤　谢世平　余江保　著

目　录

绪　　论

安阳市位于河南省最北部,地理坐标为北纬 35°12′～36°21′,东经 113°38′～114°59′。西望三晋,东眺齐鲁,北濒幽燕,南凭郑州,是中国著名的七大古都之一,甲骨文的故乡和国家级历史文化名城。目前,安阳市辖林州市、安阳县、滑县、内黄县、汤阴县等五县(市)和北关区、文峰区、铁西区、郊区等四区,总面积 7 423 平方公里,人口 500 余万。早在25 000年前的旧石器时代晚期,在安阳市西南 20 余公里的小南海原始洞穴中就生活着我们的祖先,这里曾出土了数千件石器,被郭沫若誉为"小南海文化"。新石器时代仰韶文化、龙山文化更是遍布境内各地,安阳后岗三叠层文化(仰韶、龙山、商文化)、汤阴白营新石器文化遗址、大司空文化类型等都是这一时期文化的典型代表。距今 4 000 年前,"五帝"中的颛顼、帝喾两位古帝王就在安阳属县内黄建都。《尚书·禹贡》载:夏时,安阳属冀州,在州之南端。孔甲(夏代十四世王)曾建都汤阴境内的西河。《竹书纪年》载:"胤甲即位,居西河。"又云:"西河,卫地,在河西。"商汤代夏,此地为商所有。商中宗太戊、商王河亶甲(十二世王)、祖己(十三世王)等先后建都于境内的亳(今内黄亳城)。商代早中期安阳及其周围一直是商民族活动的中心区域之一。约公元前 1 300 年,商王盘庚自奄(今山东曲阜)迁都于此,称殷,历八代十二王 255 年,是商代晚期的都城所在地。此后,东汉晚期至魏晋南北朝时期,曹魏、后赵、冉魏、前燕、东魏、北齐等先后在安阳附近的邺建都,计 126 年,创造了灿烂辉煌的殷邺文化。因此,安阳也是中华民族的发祥地之一。目前,安阳拥有国家级文物保护单位 8 处,省级文物保护单位 38 处,市、县级文物保护单位近 300 处。

"古都安阳名不虚,三千年前是帝都",安阳历史悠久,人杰地灵,文物古迹荟萃,特别是历代钱币出土与发现数量大,内涵丰富,种类繁多,在中国货币发展史上占有重要地位。

一

殷墟是中国历史上第一座被甲骨文、考古发掘和文献资料证明了的商代晚期都城遗址,在长达255年的都城史上，留下了闻名遐迩的殷商文化。自1928年前中央研究院历史语言研究所进行的殷墟科学发掘以来，在殷墟遗址、墓葬中出土了大量的海贝、蚌贝、阿文绶贝等，总数约有上万枚，是我国历史上最早的实物货币之一。特别是殷墟西区墓葬中出土的青铜贝，更是开创了我国利用青铜人工铸造钱币的先河，而殷墟出土的青铜生产工具刀、铲之类更为春秋战国之际广泛铸行于中原地区的刀币、布币等奠定了基础。周灭殷后，分殷之民为鄘、邶、卫三国，以先进的殷商文化衍生出来的卫晋文明，在我国钱币发展史上占有突出而重要的地位。春秋早期铸行于晋卫等地的耸肩尖足空首无文大布是中国最早成熟的青铜铸币形式，这种布币在今天的安阳市北郊、安阳县洪河屯村、林州的东南部都有不同数量的出土，可以说安阳是中国青铜铸币的发源地。

春秋以降，随着中国封建经济的逐步确立，中原地区各国的区域经济都得到较大发展，表现在铸币方面则是多种铸币形式如刀、布、圜钱、方孔圆钱、蚁鼻钱等日趋分化，分区铸行。位于三晋腹地的安阳在战国初期经过西门豹治邺之后，人民安居乐业，经济有了较大发展。这里是战国时期韩、赵、魏等国交界地，各种文化相互交流融合，因此，铸行于三晋及其他各国的多种铸币如魏国圆肩桥足釿布，韩、魏、燕的小方足布，齐国、赵国的刀币，甚至于秦国的半两，楚国的蚁鼻钱等都可以在此找到踪影。在安阳出土的战国晚期各种铸币中尤以林州市出土的“亐”锐角异形布、1994年安阳市西部约15公里洹河内出土的小方足布、1982年汤阴西岗战国墓出土的“公”字布、1995年汤阴县城出土的秦半两钱最具特色，代表了战国时期中原地区青铜铸币发展的最高水平。

秦始皇二十六年(前221)，统一中国，安阳始置县，隶属邯郸郡；东汉末，曹操营建邺都，邺为五都之一，安阳为京畿之地。之后，以邺为政治中心的北方经济得到进一步的发展，因此，秦汉魏晋南北朝时期的钱币在安阳有较大数量的出土，且种类丰富，特点鲜明，如1982年安阳市西郊魏晋南北朝古钱窖藏，1991年3月内黄县四铢半两窖藏，1991年8月安阳县孟村魏晋时期古钱窖藏，1984年安阳市、1985年安阳县、1989年安阳电厂新莽时期钱币窖藏，1987年安阳梯家口村汉墓出土的钱币等具有代表意义。在本章中我们通过对安阳、邺城等地出土的五铢钱排比分类，从而认定这一时期钱币窖藏和墓葬中常见的一种“压五压金”五铢钱即是文献中提到的曹魏五铢。此外，值得注意的是2001年3月安阳市老城内天宁寺旧址新莽时期铸钱遗址的发现，为安阳出土较多的新莽钱币找到了答案。

北周静帝大象二年(580)，相州总管尉迟迥举兵讨伐杨坚，兵败，杨坚焚毁邺城，并将邺之民全部迁至安阳城，安阳一时成为河朔地区的政治、经济、文化中心。隋唐时期是我国封建经济的鼎盛时期，隋唐钱币在安阳市区及其所属县市均有大量出土，如1990年安阳市机床厂家属院工地出土的隋代钱币窖藏，1985年安阳市区出土的唐代中期钱币窖藏，林州市出土的唐代晚期钱币窖藏以及林州市区新近发现的唐代钱币窖藏等都是这一时期不可多得的钱币资料。

宋真宗景德三年(1006),增筑安阳城,城廓统围 9.5 公里,是今日安阳城之雏形。北宋一代,宋代名相韩琦三知相州,安阳大治。因此,北宋时期的银铤、铜钱、铁钱等在安阳均有大量的出土,如林州市岭后村、交通局等出土宋代钱币上千公斤,1984 年 9 月汤阴城北人民路出土宋钱 800 余公斤,1985 年 8 月内黄井店乡大冯村出土宋钱 85 公斤,1987 年 10 月内黄县东庄镇出土宋钱 150 公斤,2002 年 11 月安阳市红旗路北段出土宋钱 10 000 余枚等都具有较高的价值,为安阳市出土历代钱币数量之冠。

元明清民国钱币安阳也有不同数量的出土与发现,比较重要的有安阳县西部出土的明洪武通宝窖藏、安阳地区与濮阳地区交界地出土的明万历通宝窖藏、1985 年安阳市区出土的清代钱币窖藏以及民国时期的铜元窖藏等。1982 年 2 月和 1983 年 6 月安阳县北丰村漳河内出土的两鞘清代湖北厘金银元宝,非常少见。此外,安阳发现的大明宝钞、大清宝钞是中国纸币发展史上重要的实物资料。而民国时期安阳地区国民政府钱币、革命根据地钱币、日伪钱币、地方钱币的发现,再现了这一时期安阳钱币发行与流通的史实。

二

安阳钱币学会自成立以来,坚持长期不懈的钱币学研究,出版了《安阳金融与钱币论文集》,先后开展了建国以来安阳钱币出土与发现调查、民国时期安阳钱币调查与研究等,学会会员先后发表论文《货泉初探》《耸肩尖足空首布考辩》《林县北宋铁钱窖藏浅析》《周王畿货币研究》《河南安阳孟村古钱窖藏整理与研究》等钱币论文数十篇,其中《货泉初探》一文获中国钱币学会最高奖金泉奖,其余的也均获省、市等各类奖项。

《安阳钱币发现与研究》一书,为《河南钱币出土与发现研究》系列丛书之安阳卷。它是在 1995 年进行的安阳地区建国以来历代货币出土与发现调查的基础上,历时多年编写而成的。编写本书目的在于为钱币学研究提供全面和详细的安阳钱币出土与发现资料,并反映安阳钱币研究的最新成果。但由于我们资料收集尚有遗漏,撰写水平所限,本书难免存在疏漏、谬误之处,尚祈在今后不断完善提高。

第一章　商代货币

约公元前 1300 年,商王盘庚自奄(今山东曲阜)迁都于今安阳境内的亳,称殷,历八代十二王,计 255 年。西周代殷,商都成为废墟,此地称为"殷墟"。近百年来,科学调查和考古证明殷墟范围在今安阳市西北小屯村一带,横跨洹河南北两岸,东西长约 6 公里,南北长约 5 公里以上,总计约有 30 平方公里。考古发掘表明,殷都曾拥有众多的人口,雄伟壮观的宫殿、宗庙,十分发达的手工业(包括制骨、治玉、制陶、木作、造船、制革、铸铜、漆作等),四通八达的陆路、水路交通和繁荣的商品贸易交换。从历史上看,商代的商业贸易大约开始于商代建国之始,《史记·殷本纪》有"相土作乘马""亥作服牛"的记载。此外,商代墓葬特别是殷墟墓葬中一般皆随葬有贝,多者达数千枚,少者一两枚。这种情况表明了商代晚期商品贸易逐渐扩大以及贝基本取代其他实物货币的客观事实。

第一节　贝　币

我国货币的起源大体可追溯到原始社会末期,在中原仰韶文化、龙山文化中都可以追寻到实物货币的痕迹。我国历史上牲畜、海贝、布帛、粮食、皮毛等物品都充当过货币使用。青海马家窑文化马厂类晚期墓葬中已发现了殉葬用的海贝、石贝。齐家文化类型中乐都柳湾一大墓在女性墓主人两腿之间出土 34 枚海贝。《史记·盐铁论·错币篇》云:"夏后以玄贝。"明确记载了我国夏代使用货币的情况。至商代特别是商代晚期,贝币已基本取代其他实物货币,成为货币的主流。

一、安阳出土货贝概述

殷墟发掘 70 余年来,出土了数以万计的贝。这些贝在遗址和墓葬中均有相当数量的遗

存,尤以墓葬出土为多。根据目前已公布的资料,我们对殷墟出土贝的情况简要统计如下:

1.货贝(包括其他海贝)

1928年,安阳殷墟第一次发掘,共出土贝96枚。

1929年,在小屯大连坑南段长方形坑中,发现一层蚌壳和一层贝,贝层在蚌层下,且杂有铜器石刀(贝数未统计)。

1931年,安阳殷墟第四次发掘,在E16坑不同的地层中发现有贝,B14坑中发现了穿孔贝,数量不详。

1932年,在E157坑中贝与陶、蚌、石、龟版、鹿角同时发现,计163枚。

1933年,后岗大墓出土贝6枚。

1937年,小屯乙十一基址124号墓出土贝1枚,乙二十基址287号墓出土贝10枚,乙二十基址414号墓出土贝约144枚,乙二十基址375号墓出土贝140枚[①]。

侯家庄王陵区1001号墓出土贝127枚,背皆有孔;1002号墓出土贝295枚;1003号墓出土贝122枚;1004号墓出土贝478枚;1217号墓出土贝123枚。贝呈灰白色或淡黄色,有孔[②]。

1950年,安阳武官村大墓出土海贝,有穿孔(未计数)[③]。

1953年,安阳大司空村83座殉贝墓出土贝234枚,其中大多数墓出土贝1枚,安阳大司空村车马坑出贝50余枚(出自车舆中)[④]。

1955年,小屯出土贝11枚[⑤]。

1957年,安阳高楼庄遗址出土7枚[⑥]。

1958~1961年,殷墟发掘的302座墓葬中有83座墓出土贝,共计603枚。其中出土1枚贝的墓43座,出土2枚贝的19座,出土3枚贝的5座,出土4枚贝的5座,出土5枚贝的2座,出土6枚贝的1座,出土7枚贝的1座,出土10枚贝的2座,出土11枚贝的1座,出土14枚贝的1座,出土15枚贝的1座,出土18枚贝的1座,出土385枚贝的1座。其具体出土区域分别为:

(1)小屯西地第二区M233出土贝15枚,M238出土贝7枚,M35出土贝1枚,M202出土贝1枚,M211出土贝1枚,M221出土贝3枚,M235出土贝1枚,M239出土贝1枚,M6

---

① 石璋如:《小屯遗址的发现·乙编》,《中国考古报告集之二》史语所出版,台湾台北,1959年。
② 石璋如:《侯家庄》(1~6),《中国考古与发掘报告集之三》史语所出版,台湾台北,1968年。
③ 郭宝钧:《1950年春殷墟发掘报告》,《中国考古学报》第五册,第一、二分册合刊。
④ 马得志等:《1953年安阳大司空村发掘报告》,《考古学报》第九册,1955年。
⑤ 河南省文化局文物工作队:《1955秋安阳小屯殷墟的发掘》,《考古学报》1958年3期。
⑥ 河南省文化局文物工作队:《1957年秋安阳高楼庄殷代遗址发掘》,《考古》1962年4期。

出土贝 1 枚,M16 出土贝 1 枚,M17 出土贝 1 枚,M21 出土贝 2 枚,M246 出土贝 2 枚。小屯西地第四区 M406 出土贝 3 枚。

(2)苗圃北地,M105 出土贝 1 枚,M127 出土贝 2 枚,M32 出土贝 1 枚,M37 出土贝 2 枚,M43 出土贝 1 枚,M46 出土贝 1 枚,M49 出土贝 1 枚,M108 出贝 2 枚,M125 出土贝 2 枚,M134 出土贝 1 枚,M137 出土贝 1 枚,M139 出土贝 1 枚。

(3)梅元庄 M4 出土贝 1 枚。

(4)王裕口西 E 区 M3 出土贝 2 枚,M7 出土贝 1 枚,M10 出土贝 1 枚,M14 出土贝 2 枚,M15 出土贝 1 枚,M17 出土贝 1 枚。王裕口西 F 区 M4 出土贝 10 枚,M5 出土贝 1 枚。

(5)白家坟西 A 区 M12 出土贝 2 枚,M14 出土贝 3 枚,M16 出土贝 5 枚,M23 出土贝 2 枚,M27 出土贝 1 枚,M28 出土贝 1 枚,M33 出土贝 4 枚,M35 出土贝 2 枚,M53 出土贝 2 枚,M63 出土贝 2 枚,M64 出土贝 1 枚,M88 出土贝 11 枚,M110 出土贝 42 枚,M111 出土贝 10 枚,M10 出土贝 1 枚,M42 出土贝 14 枚,M49 出土贝 385 枚。白家坟东北 M4 出土贝 18 枚。

(6)孝民屯 M101 出土贝 1 枚。

(7)北辛庄 M1 出土贝 2 枚。

(8)后岗 M1 出土贝约数百枚。

(9)大司空村第一区 M124 出土贝 2 枚,M129 出土贝 4 枚,M130 出土贝 5 枚,M131 出土贝 12 枚。第二区 M202 出土贝 4 枚。第三区 M301 出土贝 2 枚,M302 出土贝 1 枚,M303 出土贝 2 枚,M310 出土贝 4 枚,M322 出土贝 1 枚。第四区 M402 出土贝 6 枚,M404 出土贝 1 枚,M407 出土贝 1 枚,M412 出土贝 1 枚,M413 出土贝 1 枚。

(10)后冈圆祭祀坑第一层第 3 号骨架胸下有贝 13 枚。16 号骨架左手腕有贝一串共 45 枚,另有贝 35 枚出在腹下,分成两行,贝孔皆向下,像是贯穿着。第 17 号骨架为一头骨,口含贝 3 枚,头下压贝两串,每串 10 枚,计 20 枚。第 18 号骨架臀部有贝一堆,保存较好的有 300 枚。第 22 号骨架,无头,脚向东南,其南有贝一堆,约百余枚。后冈圆形祭祀坑第二层第 3 号骨架臀部有贝 25 枚,排成两行,似贯穿着。第 27 号骨架臀部右侧有贝三堆,一堆 20 枚,一堆 10 枚,一堆 5 枚。三堆贝之下还散放着贝 16 枚。第 29 号骨架为一儿童,左膝上有贝 1 枚。后冈圆祭祀坑第三层第 5 号骨架在左盆骨上发现贝一堆共 60 枚,在右骨盆下亦有贝(未计数),但排列整齐,贝上有朱砂痕迹。第 17 号骨架头北侧有贝(未计数)[1]。

1958 年,安阳大司空村殷墓出土贝 120 枚,其中 M30 出贝 83 枚[2]。

---

① 中国社会科学院考古研究所:《1958～1961 年殷墟发掘报告》,文物出版社,1978 年。

② 河南省文化局文物工作队:《1958 年春河南安阳大司空村殷代墓葬发掘简报》,《考古通讯》,1962 年。

1969 年,殷墟西区 943 座墓葬中出土贝 2 495 枚,其中 273 号墓出土贝 350 枚[①]。

1976 年,殷墟妇好墓出土贝 6 880 枚[②]。其中 70 余枚出土于距墓口 4.3 米深墓室中部偏北的填土中,其余绝大部分出自棺西侧靠近腰坑处。贝有大小两种,而以大者居多数,壳面皆呈瓷白色。绝大部分在壳面前端琢有一个圆形孔,只有少数在壳面琢磨一椭圆形较大的孔。大的长 2.4 厘米,小的长约 1.5 厘米。

1976 年,安阳小屯村北 18 号墓出土贝 4 枚[③]。

1976 年,安阳殷墟奴隶祭祀坑出土贝 4 枚[④]。

1980 年,安阳殷墟三家庄东 1 号墓出土贝 1 枚[⑤]。

1980 年,殷墟梅元庄 2 号墓出土贝 1 枚[⑥]。

1980～1982 年,安阳苗圃北地 M54 出土贝 1 枚,M15 出贝 5 枚,含头骨口内[⑦]。

1984 年,殷墟武官村北 M260 出土贝 21 枚,3 枚出自腰坑,其余出自扰土中[⑧]。

1985 年,安阳刘家庄南殷墓 59、64 号分别出土贝 2 枚、1 枚[⑨]。

1986 年,安阳花园庄南地 5 号墓、14 号墓出土贝 14 枚[⑩]。

1983～1986 年,安阳刘家庄殷代墓葬共出土贝 40 枚,个别已粉碎,背均有孔。其中 M7 出贝 1 枚,M10 出贝 1 枚,M33 出贝 1 枚,M29 出贝 1 枚,M9 出贝 1 枚,M21 出贝 1 枚,M4 出贝 1 枚,M22 出贝 1 枚,M25 出贝 2 枚[⑪]。

1984～1988 年,安阳大司空村北地殷代墓葬出土贝计 102 枚,M4、M5、M9、M13、M42、M46、M51 各出贝 1 枚,贝出自头骨口中。M73 出贝 2 枚,贝出自头骨口中。M18、M51 各出贝 3 枚,贝出自头骨口中。M7 出贝 5 枚,贝出自头骨口中。M50 出贝 3 枚,头骨口中出 2 枚,手中出 1 枚。M54 出贝 65 枚,贝出自腰坑。M72 出贝 3 枚,头部出贝 2 枚,足部出贝 1

① 中国社会科学院考古研究所:《1969～1977 年殷墟西区墓葬发掘报告》,《考古》1979 年 1 期。
② 中国社会科学院考古研究所:《殷墟妇好墓》,文物出版社,1981 年。
③ 中国社会科学院考古研究所:《安阳小屯北地的两座殷墓》,《考古学报》1981 年 4 期。
④ 中国社会科学院考古研究所:《安阳殷代奴隶祭祀坑》,《考古》1977 年 1 期。
⑤ 中国社会科学院考古研究所:《安阳殷墟三家庄的发掘》,《考古》1983 年 1 期。
⑥ 安阳市博物馆:《殷墟梅园庄几座殉人墓发掘》,《中原文物》1986 年 3 期。
⑦ 中国社会科学院考古研究所:《1980～1982 年安阳苗圃北地遗址发掘简报》,《考古》1986 年 2 期。
⑧ 中国社会科学院考古研究所安阳工作队:《殷墟 259、260 号墓发掘报告》,《考古学报》1986 年 2 期。
⑨ 安阳市博物馆:《安阳铁西刘家庄南殷代墓葬发掘简报》,《中原文物》1986 年 3 期。
⑩ 中国社会科学院考古研究所安阳工作队:《1986－1987 年安阳花园庄发掘报告》,《考古学报》1992 年 1 期。
⑪ 安阳市文物工作队:《1983～1986 年安阳刘家庄殷代墓葬发掘报告》,《华夏考古》1997 年 2 期。

枚。M74 出贝 2 枚,口中出 1 枚,足部出 1 枚[①]。

1982~1992 年,安阳殷墟郭家庄 181 座商代墓葬中 87 座墓出土有贝,共 302 枚。其中出 1 枚贝的 26 座,出 2 枚贝的 17 座,出 3 枚贝的 17 座,出 4 枚贝的 11 座,出 5 枚贝的 5 座,出 6 枚贝的 4 座,出 7 枚贝的 2 座,出 9、13、14、19 和 29 枚贝的各 1 座。据贝的穿孔大小可分为二式。Ⅰ式:233 枚,皆在背部磨出一小孔,其中 M26:107 贝长 2.9 厘米,M212:3 贝长 1.9 厘米;Ⅱ式:51 枚,背部磨出一大孔,使贝几乎成为一薄片。其中 M281:5 贝长 2.8 厘米,M170:12 贝长 3.1 厘米。另外车马坑 M52 出土海贝 100 余枚,发现于马的头部,排列有序,长 1.6~2.4 厘米;车马坑 M146,马的络头由海贝组成,已发现海贝 40 多枚(因南侧马头压在衡下,北侧马头右颊朝下,未解剖,故不知组成各络头贝的具体数目);羊坑 M148,埋 2 羊 1 人,在人骨架之颈部下,发现海贝 4 枚[②]。

1991 年,安阳后岗殷墓出土 6 枚,其中 M9 出贝 1 枚,背有穿孔,长 3 厘米。其他小墓出大贝 1 枚,无孔,长 4.8 厘米,小贝 5 枚,背有穿孔,长约 2.4 厘米(盗扰)[③]。

1995~1996 年,安阳刘家庄殷代遗址出土贝 2 枚,为小贝,背有穿孔,长 2.4 厘米。墓葬出土贝 100 枚,其中 M4 出贝 2 枚,M5 出贝 1 枚,M6 出贝 1 枚,M12 出贝 4 枚,M13 出贝 1 枚,M14 出贝 1 枚,M17 出贝 7 枚,M30 出贝 8 枚,M21 出贝 9 枚,M22 出贝 11 枚,M23 出贝 4 枚,M25 出贝 3 枚,M26 出贝 3 枚,M27 出贝 21 枚,M29 出贝 19 枚,M30 出贝 2 枚,M31 出贝 1 枚,M32 出贝 1 枚,M33 出贝 1 枚。贝分大中小三型:大型 4 枚,背有穿孔,长 2.7 厘米;中型 5 枚,背有一大孔,长 2.2 厘米;小型 91 枚,背穿一小孔,长 1.8 厘米[④]。

1996 年 4~5 月,安阳徐家桥殷代墓地出土贝 16 枚,其中 M1 出贝 2 枚,M9 出贝 3 枚,M11 出贝 3 枚,M15 出贝 1 枚,M17 出贝 1 枚。分三式:大贝 1 枚,形体较大,背穿一孔,穿孔较大,长 2.8 厘米;小贝 2 枚,形体较小,背穿一孔,孔较小,长 1.8 厘米[⑤]。

2.阿文绶贝

1932 年,小屯 E181 方井出土阿文绶贝 2 枚[⑥]。

1937 年,小屯北遗址乙七 149 号墓出土阿文绶贝 1 枚[⑦]。

---

①　中国社会科学院考古研究所安阳工作队:《1984－1988 年安阳大司空村北地殷墓发掘报告》,《考古学报》1994 年 4 期。

②　中国社会科学院考古研究所:《安阳殷墟郭家庄商代墓葬 1982－1988 年发掘报告》,中国大百科全书出版社,1998 年。

③　中国社会科学院考古研究所:《1991 年安阳后冈殷墓的发掘》,《考古》1993 年 10 期。

④　安阳市文物工作队:《1995－1996 年安阳刘家庄殷代遗址发掘报告》,《华夏考古》1997 年 2 期。

⑤　安阳市文物工作队:《1996 年安阳徐家桥殷代墓葬发掘报告》,《华夏考古》1997 年 2 期。

⑥　石璋如:《小屯遗址的发掘·乙编》,史语所出版,台湾台北,1959 年。

⑦　石璋如:《小屯遗址的发掘·乙编》,史语所出版,台湾台北,1959 年。

1958 年,殷墟 FB42 号墓出土阿文绶贝 3 枚[1]。

1976 年,殷墟妇好墓出土阿文绶贝 1 枚,经加工,壳面满虚线状褐色花纹,背部琢有孔,长 6.1 厘米[2]。

1987 年,安阳殷墟出土阿文绶贝 1 枚[3],壳面腐蚀较重,虚线状花纹呈淡黄色,已不甚清晰,背琢一孔,长 4.13 厘米。

1991 年,安阳后冈殷墓出土阿文绶贝 2 枚,其中 1 枚背有穿孔,长 3 厘米,另 1 枚无穿孔,长 4.8 厘米[4]。

1992 年,安阳殷墟出土阿文绶贝 2 枚,形体较大有土锈,几乎磨去整个背部,分别长 6.0 厘米(彩版壹)[5]。

3.其他仿贝

(1)石贝

1976 年,殷墟妇好墓出土石贝 6 枚,4 件呈黄绿色,2 件呈黑色,背部前端皆有一小孔,均由绿松石磨成,另一面雕出唇齿。长 1.3～1.7 厘米,厚 0.5～0.7 厘米[6]。

(2)骨贝

1958 年,安阳大司空村 70 号墓出土骨贝 2 枚,仿天然海贝,长 2 厘米左右[7]。

(3)青铜贝

1953 年,安阳大司空村出土铜贝 3 枚,其中 14 号墓出土 1 枚,312 号墓出土 2 枚,形制同货贝,背部铸有一大孔。大的长 1.7、宽 1.3 厘米,小的长 1.5、宽 1.2 厘米[8]。

1969～1977 年,殷墟西区 620 号墓,出土铜贝 2 枚,仿大孔式货贝铸造。大的长 2.4 厘米,小的长 1.6 厘米[9]。

(4)蚌贝

1937 年,殷墟侯家庄发掘出土蚌贝 1 016 枚[10]。

---

[1] 中国社会科学院考古研究所:《1958－1961 年殷墟发掘报告》,文物出版社,1987 年。
[2] 中国社会科学院考古研究所:《殷墟妇好墓》,文物出版社,1981 年。
[3] 现存安阳市博物馆。
[4] 中国社会科学院考古研究所安阳工作队:《1991 年安阳后冈殷墓的发掘》,《考古》1993 年 10 期。
[5] 现为安阳市谢世平收藏。
[6] 中国社会科学院考古研究所:《殷墟妇好墓》,文物出版社,1981 年。
[7] 中国社会科学院考古研究所:《1958－1961 年殷墟发掘报告》,文物出版社,1987 年。
[8] 马德志等:《1953 年安阳大司空村发掘报告》,《考古学报》第九册,1955 年。
[9] 中国社会科学院考古研究所:《1967－1977 年殷墟西区墓葬发掘报告》,《考古学报》1979 年 1 期。
[10] 石璋如:《侯家庄》,《中国考古与发掘报告集之三》,史语所出版,台北,1968 年。

1950 年,安阳武官村大墓出土蚌贝 1 000 余枚[1]。

1958 年,安阳大司空村殷墓出土蚌贝数十枚,呈圆形或椭圆形,由蚌壳制成,中有一孔,径 2 厘米左右[2]。

1985 年,安阳刘家庄南殷代 57 号墓出土小海螺 110 枚,背皆有穿孔,长 1.5 厘米左右[3]。

此外,安阳市博物馆还收藏有许多殷墟出土的贝(图一:1~12),除货贝外,其余有阿文绥贝(图一:7)及带有穿孔的伶岫榧螺等。

从上文中可以看出商代晚期出土贝的遗存主要有两种形式,即遗址和墓葬。遗址出土有两种情况:①宫殿遗址、手工业作坊遗址、道路遗址、灰坑等,出土贝一般数量较少,种类也比较单一。②祭祀遗址:祭祀坑一般出土贝数量大,种类多。如 1961 年发掘的安阳后冈圆形祭祀坑三层人骨架旁,出土贝约 1 000 余枚[4]。

墓葬出土的贝占总数的 80% 左右。其大致可分为以下三种情况:

①以大量的贝随葬,如妇好墓共出贝 6 880 余枚[5];殷墟西区 261 号墓出土贝 263 枚,集中放在墓主人腿部两侧[6]。

②以少量的贝随葬,一般为小型墓,出贝一至数枚不等。

我们以 1958—1961 年殷墟出土的殉贝墓为例,出 1 枚贝的墓居多,计 43 座,出 2 枚贝的计 19 座,出 3 枚、4 枚贝的各 2 座,出 6 枚、7 枚、11 枚、14 枚、15 枚、18 枚以至 385 枚贝的各 1 座。出 1 枚贝的,贝多含于死者的口中,少数放在手中(左手或右手),极少数的放在足端或身上,个别的放在腰坑中或犬颈部。

出 2 枚贝的,贝亦多含于死者口中,亦有分别放于口中和手中的,少数的分放在口中和足端,个别的放在腹部或分放于两手。

出 3 枚贝的,有含于死者口中以及分放于左、右手的,亦有分放于左(1 枚)、右(2 枚)手的。

出 4 枚贝的,有分放于死者口(2 枚)和足端(2 枚)的,亦有全含于口中的。

出 5 枚贝的,有分放于死者口(3 枚)、手(2 枚)的,亦有分放于口(1 枚)和左、右手(各 2 枚)的。

① 郭宝钧:《1950 年春殷墟发掘报告》,《中国考古学报》第五册,第一、二分册合刊,1951 年。
② 现存安阳市博物馆。
③ 安阳市博物馆:《安阳铁西刘家庄南殷代墓葬发掘简报》,《中原文物》1986 年 3 期。
④ 中国社会科学院考古研究所:《1958－1961 年殷墟发掘报告》,文物出版社,1987 年。
⑤ 中国社会科学院考古研究所:《殷墟妇好墓》,文物出版社,1981 年。
⑥ 中国社会科学院考古研究所:《1969－1977 年殷墟西区墓葬发掘报告》,《考古学报》1979 年 1 期。

出 6 枚贝的 1 座,贝分放于死者头部(2 枚)、腰部(3 枚)和足端(1 枚)。

出 7 枚贝的 1 座,贝分放在死者口中(6 枚)和腰坑中(1 枚)。

出 11 枚贝的 1 座,含于死者口中的贝 9 枚,放在右足端的 2 枚。

出 14 枚贝的 1 座,放于死者左手的贝 12 枚,放在足端的 2 枚。

出 15 枚贝的 1 座,全含于死者口中。

出 18 枚贝的 1 座,全含于死者口中。

③放在某些车马坑或马坑内,如大司空一座车马坑的车舆内放置贝 50 余枚,殷墟西区的一座马坑(M150)的马架附近分布有贝、金叶、玉饰、铜马饰等物。1990 年,安阳郭家庄发掘的车马坑中两匹马中一个马头上以贝为马络,串贝约 200 余枚。

贝作为重要的"外来交换品",主要分布在我国台湾、南海(为南海与西沙常见种),以及阿曼湾、南非的刚果湾等地。商代使用的海贝大约应是从东南和南方沿海一带输入的。贝在殷墟大量出土绝不是偶然的,它是社会政治、经济发展到一定时期的特有现象,标明了我国商代晚期,随着商品流通、交换的发展,实物货币逐渐成熟与繁荣。贝在长期发展过程中,逐步排斥其他一度充当商品一般等价物的牲畜、珠玉、布帛、粮食、皮毛等而成为专职的(实物)货币。天然海贝在商代晚期已超出本身所具有的价值,日益神圣化,为人们顶礼膜拜,成为人们日益追逐的财富。贝币大量殉葬的现象在商朝中心区域的河南、山西、山东等地以及中心区域以外的湖北黄陂、江西新干、四川广汉等地普遍存在。

二、贝币的分类与分期

贝币作为货币形态,出现于商代晚期的商品贸易交换中,充当了商品交换等价物的职能。殷墟考古发掘中出土的贝币大约可分为下列几类。

(1) 货贝[monetria moneta(Lime)]出土量最多。一般表面呈瓷白色或淡黄色,腹面稍平,壳口狭长,两缘有齿状突起,背面突出,呈卵圆形,两端有结节,背部前端大都琢(或磨)有或大或小的椭圆形或不规则形孔,可穿系。长 2.20~2.8 厘米,厚 1.10~1.28 厘米,重 2.8~4 克。

(2) 阿文绶贝[mouritia arabica(Lime)],亦称阿拉伯绶贝,表面呈红色、橙色条状带纹,或紫色斑点,形体大而厚重,背部琢有小孔或特大孔(有的甚至凿去大半个背部)。这种贝发现较少。1976 年殷墟妇好墓出土 1 枚,壳面满布虚线状褐色花纹,背部琢有一孔,长 6.1 厘米①。

---

① 　中国社会科学院考古研究所:《殷墟妇好墓》,文物出版社,1981 年。

（3）蚌贝，蚌贝是用蚌壳磨制而成，也称"珧贝"，表面呈白色或淡黄色，体多呈圆形，中间有孔，呈白色或淡黄色，形制大小不一。蚌贝殷墟发现的较少。1958 年安阳大司空殷墓出土贝约 83 枚，其中蚌 20 枚，径 2 厘米左右[①]。

（4）伶岫框螺[oliuamusflina lamarcr]亦称"拟枣贝"，较少见。表面呈白色或淡黄色，形制特小，一般成锥柱状，上下径大小不一，背琢有一小孔。安阳市博物馆藏有 1 枚，径 0.74 厘米，长 2.42 厘米，重 0.75 克（图一:10）

此外，殷墟一些墓葬中伴随贝出土的也有海螺、文蛤、蛤蜊和穿孔螺（包括麻壳）等，其是否为货币，尚难定论，此不再赘述。

贝作为货币最早开始于什么时期，目前学术界尚没有统一的意见，但商代作为实物货币使用则是一个不可争辩的事实。特别是在商代的晚期，作为一种特殊的商品，具有了流通手段、价值尺度及贮藏手段和支付手段的职能。在长期的发展过程中，作为自然物体本身无变化，但在穿孔的人工钻凿方面，孔径的大小及形状前后则有明显的差异。《安阳墟出土贝化初探》[②]一文，根据贝币穿孔的特征，把货币划分为三个发展阶段：

第一阶段，小孔式货贝。在取得实物货币地位之前，货贝是一种贵重的装饰品。因为是装饰品，要尽可能保持完美，所以穿系的时候，只在背部琢两个或者一个细小的孔，孔径一般不大于 0.2 厘米，贝在取得实物货币地位后的初期，仍然处在这种状态。

第二阶段，大孔式货贝。货贝的前部，由两个或一个细小的孔演变为一个较大的孔，呈不规则椭圆形，孔径 0.3～0.8 厘米，有的更大些。体积大大缩小，重量比小孔式的货贝减轻十分之一左右。在货币交换过程中，这样加工过的贝使用轻便，显示出货贝作为实物货币已经进入高级阶段，也是它的最后阶段。殷商晚期，开始了向这一阶段的变化。这种贝比第一阶段的贝穿系方便，标志着货贝的流通频繁了，实物货币的职能强化了。这一阶段是货贝作为实物货币最具魔力的时期，整个殷商社会的货贝基本上处在这一阶段。

第三阶段，背磨式货贝。货贝凸出的背部几乎全部磨去，只保留象征主要特征的面部。

1994 年殷墟出土两枚阿文绶贝，其形体特大，长 6.5 厘米，背部大部分磨去，通体呈淡黄色，有蓝色锈斑。因背部磨去过多，呈扁平状，已失去原有贝的形态。它应是殷墟晚期的遗物，也是殷墟贝币发展到它的第三个阶段最好的例证。总体来看，殷商货贝基本处在发展的第二阶段，但到殷代晚期，开始了从第二阶段向第三阶段的转化。如果继续考察以后的墓葬和遗址的考古发掘，可以看到，从西周到春秋，背磨式的货贝出土更普遍，而大孔式的货贝逐渐消失。

---

① 现存安阳市博物馆。
② 戴志强:《安阳殷墟出土贝化初探》,《文物》1981 年 3 期。

考古发掘表明这三种形制的贝并没有绝对的时间界限，大概从一个阶段发展到另一个阶段要经过漫长时期，因此，殷墟中晚期墓葬中常发现三个阶段的贝共存一墓的现象也就不足为奇了。

三、青铜贝与其他仿制贝

青铜贝在殷墟发现的不多，目前已知的有两处，皆墓葬出土。

1953 年，大司空村出土铜贝 3 枚，其中 14 号墓 1 枚，312 号墓 2 枚，形制同货贝，背部铸有一大孔。大的长 1.7 厘米，宽 1.3 厘米，小的长 1.5 厘米，宽 1.2 厘米。

1969—1977 年，殷墟西区 620 号墓，出土铜贝 2 枚，仿大孔式货贝铸造。大的长 2.4 厘米，小的长 1.6 厘米。

铜贝皆为青铜铸造，大小略与海贝同，面凸起，有的模铸一道贝齿，底内凹，宽 1.2～1.4 厘米，重 3 克左右。这些铜贝是我国最早用金属铸成的货币，它开创了我国金属铸币的先河，标志着我国货币历史已进入了一个新阶段。青铜贝有固定的形状、重量，这一点是天然海贝所无法比拟的。其计量单位为寽，朱活在《古钱新典》中认为，一寽为十二铢，即当时的半两。罗振玉《殷墟书契前编》有：乙未卜，贞二寽。王叹曰罱。"此意为上面有贞赎之语，盖王命搜索金贝也"。按赎殆为寽，金贝即铜贝，由此可见商朝确有铜贝币，甲骨文中显然有代表铜贝的"寽"字。西周"禽殷"及"褐卣"分别有"易金百寽""易贝卅寽"的记载。"寽"在此应是重量单位，按一切金属货币在流通中，货币标度和价格标度最初都是用重量标度的原名称。可见，青铜贝在商代文献中已有踪迹可寻，可以肯定的是至迟到西周，青铜贝以"寽"为计量单位，已经充当了交换媒介的职能。

按照马克思的观点，货币的发展大致可以分三个阶段，即实物货币时期——金属称量货币时期——金属铸币时期。关于金属铸币，马克思提出，它是从货币的流通手段职能中产生，本身的价值和所代表的价值走向分离，由国家（或地方政权）铸行，且具有一定的形状、纹饰、重量及特定的流通区域。商代的青铜贝虽然具有一定的形态、纹饰、重量，但我们无法证明其所具有的国家属性，且在形式上也仅是对天然物的模仿，出土数量少，分布地区不广。它与后期金属铸币有一定区别。尽管如此，青铜贝本身所具有的金属性，是我国商代时期利用金属人工铸币最有意义的尝试。

除青铜仿贝外，在殷墟还发现有其他仿贝，如石贝、骨贝，数量一般较少。殷墟妇好墓发现石贝 6 枚，均用绿松石琢磨而成，4 件呈黄绿色，2 件呈黑色，形似海贝，背部前端皆有一圆孔，另一面雕出唇齿，长 1.3～1.7 厘米，厚 0.5～0.7 厘米。1958 年安阳大司空村 70 号墓出土骨贝 2 枚，形状亦仿天然贝。石贝、骨贝在一定意义上与铜贝相近，亦为天然贝的替代品,它可能具有两方面的功用,或作为装饰品存在,或作为天然货贝的替代品专门用于殉葬。

四、甲骨文、金文中关于贝的记载

甲骨文是殷商时代王室占卜的记录,真实地反映了当时社会生活的情况,有较高的史料价值。金文是指铸在金属器物上的文字,也是商代社会最真实的反映。殷墟出土的甲骨文和金文中有相当多关于贝使用情况的记载,是我们研究商代货币交换、流通的重要文献资料。关于贝的使用情况有以下几个方面:

1. 交换流通

商代金文和甲骨文中,关于贝的记载相当多。特别是有许多是关于贝的交换、流通的记载。商代出土的铜器中目前发现有人荷贝作行走状及人荷贝立于舟上两种铭文[①],为商人携贝及乘船外出贸易的真实写照。殷墟甲骨文中有:"……贝鼎命……"[②] 及"丁亥卜,光取贝二朋,在正月"[③] 的记载,前一段卜辞可理解为"用贝和鼎进行交换",后一条卜辞意为"在丁亥这天占卜,叫光的人在一月取走贝二朋",显然光的身份是一个商人,送来了货物取走钱[④]。此外,甲骨文中的"得"字写作"𠬝""𠬝""𠬝","买"字写作"𧵑""𧵑"都从贝,意义皆与交换有关。

2. 赏赐

赏赐贝是商王对臣下一种最重要的奖励,因此在金文、甲骨文中皆有记载,尤以金文记载最详。《商周青铜器铭文选(一)》[⑤] 一书中,关于商代青铜器铭文赏贝记载就有十余条。其中"戍𡩵方鼎"记有"王赏戍𡩵贝二朋,用乍父已鼎";"小臣邑斝"记有"癸子(己),王易小臣邑贝十朋,用乍母癸尊,佳王六祀,彡(肜)日,才四月,亚矣";"戍嗣鼎"记有:"丙午,王商(赏)戍贝曰朋,在闻,用乍父癸宝彝……",以上这些青铜器皆为商朝末期帝乙、帝辛时期之器物,其"王赏贝×朋,用乍×器"似已成为一种固定的铭文形式。

甲骨文中有以下两例"庚戌(卜)贞,赐多女有贝朋""正不死赐贝朋,一月"[⑥],但卜辞中并不见赐贝朋数量多少的记载。

3. 祭祀

"国之大事,唯祀与戎",祭祀和战争是商王室最主要的国事活动,也是它们赖以巩固统

---

① 容庚:《金文编》,中华书局,1985年。
② 胡厚宣:《战后京津新获甲骨集》(第四册),2193号,商务印书馆,1954年。
③ 董作宾:《安阳侯家庄出土之甲骨文字》(27号),《田野考古学报》第一册,史语所1936年。
④ 郭胜强:《甲骨文中所见的贝货》,1994年河南省钱币学会学术讨论会论文(待发)。
⑤ 上海博物馆商周青铜器铭文选编组:《商周青铜器铭文选(一)》,文物出版社,1986年。
⑥ 罗振玉:《殷墟书契后编》(285号),1916年。

治的重要手段。贝作为"重要的外来装饰品"以及不被当时人所理解的特殊而神秘的功用及价值,在商王的祭祀中扮演着至为重要的角色。卜辞中记有:"甲申卜,宾贞、丁亡贝。贞雩丁其有贝"[1]"惟贝……"[2] 等。在此,"雩"为祭名,徐中舒认为:"以乐舞降祈雨也。"[3] 其意为卜问在进行雩祭时用不用贝,而占卜的结果是必须有贝的。它进一步说明了贝在商代祭祀时的重要作用。

此外,1961 年在安阳后冈圆祭坑内二层人骨架旁发现有上千枚的贝。该坑位于安阳市西北高楼庄村之北约 105 米的后冈南坡上,北距洹水约 300 米。圆坑作竖井形,坑口距地表深 0.8 米,口径 2.2 米,底距地表 3.6 米,内殉 72 人,分三层。贝多出于第一层人骨架,或系于手臂或系于腰部,或压于胸下和腹下。其中第二层 27 号人骨架的右盆骨上排列贝三串,第一串 20 贝,第二串 10 枚,第三串 5 贝,贝孔皆向下。另外,还有放在口中和被装在麻袋里的,装在麻袋里的一堆贝达 300 枚之多,该坑内出土带有铭文的"戍嗣鼎"[4]。另在四川广汉三星堆两个商代祭祀坑遗址内同样出贝数千枚。可见,在商代晚期贝与祭祀有着十分密切的关系,尽管我们限于资料无法确知当时祭祀的内容及仪式的程序,但无疑贝在此扮演了极其重要的角色。

4.装饰品

贝,产于沿海,其因交换而最初作为装饰品流入内地,这一点在仰韶文化、龙山文化墓葬中都有反映。即便在商代晚期,贝在以货币的身份大量流通的情况下,其作为装饰的用途仍时有反映。如 1990 年郭家庄西车马坑内一马头上有用贝串成的马笼头,一些墓腰坑内也发现殉狗颈上饰贝现象,在后冈祭祀坑内第一层 16 号人骨架左尺骨上佩戴一串饰,由 45 枚贝和一个铜泡、一个铜铃串缀而成。

五、贝币渊源考略

如我们上文所述,贝至迟在商代晚期就已取得货币的地位而广泛使用于流通、交换、赏赐等。

然而,自然贝货(即货贝)这种沿海生长的软体动物的外壳为什么能够演化成为历史上最初的货币呢? 难道仅仅因为其纹饰美、壳体硬、体状匀,加工成串简单;或因它是一种"外来交换品"才被上古人们所珍视而逐步演化成最初货币吗? 对此仅作一些表相的、外在的论

①　董作宾:《殷墟文字乙编》(281 号),《中国考古学报》(第四册),商务印书馆,1949 年。

②　董作宾:《殷墟文字乙编》(281 号),《中国考古学报》(第四册),商务印书馆,1949 年。

③　徐中舒:《甲骨文字典》,四川辞书出版社,1986 年。

④　中国社会科学院考古研究所:《1958－1961 年殷墟发掘报告》,文物出版社,1987 年。

述是缺乏说服力的。这种不起眼的小小自然物之所以能最早进入流通领域,而最晚退出流通领域,不能不有其深层的社会历史原因。

1.海贝与古人类

考古发掘表明,古人类使用海贝的历史已十分久远,在旧石器末期与新石器时代早期的遗址中,就发现了古人使用贝的现象,贝可能最先用作装饰物,祭祀娱神及作为最早交换品使用与馈赠等。如河北省原阳虎头梁遗址中发现有"穿孔贝壳与钻孔石珠等遗物"①。山顶洞人做为装饰品的穿孔贝壳,据对同出的两种兽骨进行 C14 测定,距今已有 10 700 ± 360 年和 18 865 ± 420 年②。在世界各国的考古发掘中均普遍发现有使用贝壳的现象,如在卡尔山的一个断崖峭壁的高坛上曾发现一具古人类(考古界定为早期智人)的骨骼,在它头上围绕着一串贝壳制成的花冠③。又如 1968 年法国克罗马农地方发现的克罗马农人(考古界定为晚期智人)的骨骼,这些骨骼周围放着大量的贝壳和穿孔的动物牙齿④。1956 年在约旦的耶利哥发现了公元前 7 000 多年的遗物,三具面部眼窝嵌贝壳的人头骨⑤。

新石器时代仰韶、龙山文化中,人类与海贝的关系更非同寻常,人们不仅以海贝作装饰品,用其随葬,而且在制作彩陶时也用其作装饰图案。1987 年—1988 年河南濮阳西水坡仰韶文化早期的墓葬中还发现有用贝壳堆塑的龙、虎图案。据国内外考古资料,地球上基本属于同一历史时期的文化遗存中,人类的祖先在各自聚居地都曾经有过使用、珍藏贝壳的历史,贝这种自然物曾与上古人类发生了十分密切的关系。

考古资料表明,在原始社会晚期氏族公社内部已出现分配不均的财产私有现象,随葬品多寡有着明显的差异。这种剩余产品(私有财产)的最初出现必然会促使最初私有观念与最初的商品交换的产生、形成与发展。这样,作为特殊商品,代表特定价值的"交换物"——货币的出现,也就是历史发展的必然了。

然而,关于海贝为什么能够在上古人心目中有其独特重要的价值而被作为最初的货币来使用呢?这自然需要作较深层的探讨。

2.对贝的崇尚源于原始的生殖崇拜

生殖崇拜是原始社会时期,人们在生产力极为低下的情况下,对自身生殖繁衍能力神秘力量的一种非理性认识,近而发展为对生殖器官的崇拜。人们对女性生殖崇拜,大约开始于母系氏族公社时期,这一点从古代出土的生殖女神雕象及发现的洞穴岩画得以印证。

---

① 中国社会科学院考古研究所:《新中国的考古发现和研究》,文物出版社,1984 年。
② 安金槐:《中国考古》,上海古籍出版社,1992 年。
③ 朱钦:《原始文化研究》,三联书店,1988 年。
④ 朱钦:《原始文化研究》,三联书店,1988 年。
⑤ (英)塞顿·劳埃德:《美索不达米亚考古》,文物出版社,1990 年。

上世纪 80 年代以来,我国先后于河北北部、内蒙古东南部发现的新石器时代早期文化遗址,其中河北滦平县后台子遗址出土了 6 种女性石雕,最高的 34 厘米,双足相连,足底呈圆锥形,便于栽立土中。小的高 6 厘米,有盘腿而坐或举手者,形体适中,造型古朴,孕妇特征格外鲜明,以蹲踞临产为其基本特色。这一遗址属于赵堡沟文化类型,距今约 7 000 年。具有多种孕妇特征的史前女性雕像,通称"生育女神",我国北方地区陆续有出土,如内蒙古敖汉旗兴隆人像石刻,赤峰西水泉红山文化大型泥塑女神等,其距今均 5 000 年至 8 000 年①。在国外的出土文物中,同样也有史前女性裸体雕像,如:"洛赛尔维纳斯""温尔多村维纳斯""加加里诺女性裸像""莱斯皮格维纳斯""科斯丹克维纳斯"等等②。

科学考古证明早期古人类的工具与用品大都是模仿人类自身(器官)、或某一些动物形态或其它自然物制造的,如双手相合为最初陶制碗形,陶鬲之足如雌性动物之乳房,用口吹气可能是最早的"鼓"等等。从唯物主义观点看,此均是与当时人类智力和极度低下的生产力分不开的。天然贝之所以最初为古人类注意、重视和使用,极可能也是因其形状与人类自身某一特定器官有直接联系的结果。伴随着对女性生殖崇拜,古人们把天生的自然物海贝当作女阴的象征予以崇拜,是可以理解的。在齐家文化类型的 992 号墓葬中出土了 34 枚海贝,这些贝分大小两种:大的 6 枚(3.2×1.5 厘米),小的 28 枚(1.3×1 厘米)。该墓为两个17 岁女性墓葬,遗体一个在棺内,一个在棺外,而这 34 枚贝全部置于棺内人骨架的两大腿之间③。殉贝在两大腿之间,在殷商时期的墓葬中也有类似现象,从而说明贝与女性生殖器官有着一定的关系。由于贝壳的背面或磨正面所形成的形状与女阴极其相似,所以对天然贝壳(当然其外在原因——如前所述也是不可忽视的)这一特定自然物的重视与崇尚完全可能会是当时处于生产力相当低下的女性生殖及其生殖器官这一生理现象形成的神秘心理并引发其崇拜的物象化反映。这种崇尚习俗在西安半坡、临潼姜寨、陕县庙底沟、甘肃永登等地的彩陶贝饰图案等一系列的出土文物中,均有普遍明显的体现。

恩格斯在《家庭、私有制和国家的起源》中曾指出:"根据唯物主义的观点,历史生活的决定因素,归根结底是直接生活的生产和再生产。但是生产本身又有两种:一方面是生活资料即食物、衣服、住房以及为此所必需的工具的生产;另一方面是人类自身的生产,即种的繁衍。"④ 我们根据恩格斯"两种生产"的理论,来探讨上古人类使用"货贝"的心理和历史原因是完全必要的。由于生产力极其有限,人类对于世界的认识包括对人类自身的认识都是非

---

①　北京大学历史系简明世界史编写组:《简明世界史》,人民出版社,1974 年。

②　朱钦:《原始文化研究》,三联书店,1988 年。

③　张永溪:《试论青海古代文化与原始货币的产生和发展》,《中国钱币论文集》(第二辑),中国金融出版社,1992 年。

④　恩格斯:《家庭、私有制和国家的起源》,《马克思恩格斯选集》,人民出版社,1972 年。

常初步而且是神秘的,这时所产生的各种迷信与崇拜应是当时精神文化的一个基本特征。所以,我们认为对贝的崇拜源于古人对女性生殖崇拜这一迷信思想,这是一个主要的原因。要了解产生这种思想的根源,应首先了解古人生长年龄与有生育能力的女性在一生中可以生育后代的有关数据。就原始社会人口生育特点而言,在当时呈"高出生率与高死亡率"状。根据人口专家与考古学家的估计,旧石器时代世界人口百年增长率不超过 1.5‰,到了新石器时代世界人口百年增长率不超过 4‰。旧石器与新石器时代古人的平均年龄一般在 20－30 岁之间。如果按正常生育年龄计算,一个女性一生大约最多只有 15 年以下的生育期,加上当时恶劣的卫生条件,一个女性一生生育最多不会超过 10 胎,其成活率估计不会超过 1/3。根据公元 2 年统计的中国境内人口 59 594 000 推算,在新石器时代我国的人口大约不会超过 50 万人。如果按男、女各一半来计算,女性的人口约为 25 万人。除去老弱病残外,可生育的女性恐怕仅 10—15 万人。在这一时期已产生了最初的农业生产(种植),每年生产的粮食大约只够三个月的食用,生产力低下,人手非常缺乏,有生育能力的女性如此之少,人的成活率低,人的自然繁衍必然相当缓慢,再加上恶劣的自然环境,人类的生存、繁衍面临着严重危机。在这种情况下,人类的祖先希望有一个精神上的寄托,例如塑造生育女神,对象征女阴的贝壳产生崇拜是完全可以理解的。

我国著名钱币学家彭信威先生曾指出:"贝壳的使用,并不限于中国,全世界的民族多曾用过。亚洲除中国外,还有印度、缅甸、锡兰婆罗洲和东印度群岛;原苏联境内的土耳其斯坦、高加索北麓、基辅附近及戈壁沙漠的东南部均有贝壳出土;美洲阿拉斯加和加利福尼亚的印第安人也曾用过贝;非洲沿海一带,澳洲新几内亚北部各岛及所罗门群岛等地方也都有用过贝壳的发现。"[1] 单就海贝本身而言,它与人类并不存在十分密切的关系,它除了可以供给人类一些微不足道的肉食外,对于当时的古人类大概不会有其它物质性的用途。尽管如此古人对它的珍爱程度远远超过现代人的想像。因此,人类祖先对贝壳产生的崇拜热情其根本原因不外是他们对于自身繁衍能力的希望、祈愿与祝福,而这一切都是源于当时低下的生产力,与匮乏的物质生活有着十分密切的关系。

3.殷商殉贝与女性生殖崇拜

在进入奴隶社会的商代,特别是在商代晚期殉贝的现象是十分普遍的。考古发掘表明,殷代墓葬中绝大多数殉葬有贝,且殉贝的多寡随墓主人身份不同而有相当大的差别,少则一枚,多者数十、数百乃至数千。殉贝多见于人骨架的口中,在头部、胸部、手腕以及腿骨中间、脚下、腰坑内也有大量的发现。

甲骨文与考古学资料也可证明,这一时期殉贝、赐贝与女性仍有着十分密切的关系,这

① 彭信威:《中国货币史》,上海人民出版社,1958 年。

大约仍是原始的女性生殖崇拜在殷商文化的遗存。1975年春在殷墟发现妇好墓,该墓出土货贝6800多枚及石贝6枚,阿文绶贝1枚,是目前已知殷墟出土贝最多的墓葬。墓主人妇好是商王武丁的配偶,妇好墓殉葬大量的贝并非偶然。这一点同当时商王祈望王后的死可以带给它们多子多福以及宗族的兴旺的意愿有密切的关系。甲骨卜辞记有:"庚戌(卜)贞,赐多女有贝朋。"在此"多女"即多部族的女子,是多部族供奉给商王作妻妾或奴婢的女子,其意为"商王赏赐给多女适量贝"。商王对多女赐贝应有两方面的含义:其一,贝为货币,是财富的象征;其二,古人心理认为贝与人类生殖繁衍有一定的内在联系,贝是多子多孙的象征。商王赐贝即是希望"多女"子孙繁盛,富贵无边。另外在殷墟后冈祭祀坑及四川广汉三星堆两个祭祀坑内均发现有数千枚的海贝。那么,这种祭祀坑是否是商代人祭祀女性祖先的遗存? 奉献众多的人殉及海贝,希望祖先保佑商人社稷、家族、宗族兴旺,万世相传,子孙无尽,这也许是他们殉贝的真正原因。

通过我们对上述诸问题的探讨及对殷商殉贝情况的具体考察,可以证明古人使用贝的历史可以追溯到旧石器时代中晚期。古人只所以那么珍爱贝壳,源于原始人的思想意识,同原始的生殖崇拜文化有着十分密切的联系。殷商时期以贝壳为货币,用于日常商品的交换和流通,或殉葬于死者的口中、手中、腰部及双腿内侧,正是这种生殖崇拜现象在当时社会生活中的集中表现。殷人死者口中含贝(即口漱钱,腰坑放贝即垫背钱)的风俗直至今天在广大的中原地区仍然存在,这正是上古人类原始宗教的一个历史见证。

第二节　金属铸币的滥觞与发展

春秋战国时期青铜铸造的刀、布之类的金属铸币，广泛流通于广大的中原地区。但对于我国金属铸币产生的最初时间和形态，历来在学术界有较大分歧。殷墟考古表明，商代晚期文明是以农业为基础的，在殷墟曾出土了大量的青铜生产工具。随着商代晚期社会的政治、经济、文化、商业的发展及第二次社会大分工的完成，金属铸币的条件日趋成熟。在殷墟偏晚阶段，青铜铸造的刀、铲之类在商品流通中，开始充当交换的媒介，从而开创了我国后期金属铸币先河。

一、殷商晚期金属铸币产生的政治、经济条件

甲骨文及其它文献资料表明，商朝晚期即盘庚迁殷后有着较稳定的统治。商王是全国最高统治者，拥有众多的贵族官吏，宠大的军队，并且制定有严厉的刑罚，建立有固定的监狱。在相当完备的上层建筑的基础上，殷商晚期国都人口众多，工商业繁荣，疆域不断扩大，东大至到泰山附近，南到淮河和伏牛山以北，西至太行山和中条山附近及黄河转折处，北至拒马河和大清河流域，受其影响的范围则更大。《竹书纪年》载："自盘庚徙殷，至纣之灭二百七十三年，更不徙都，纣时稍大其邑，南距朝歌，北据邯郸及沙丘，皆为离宫别馆。" 2000 年夏商周断代工程公布的最新成果，这一时期为约公元前 1300 年~前 1046 年，计 255 年，从而证明这一统治时期的稳定性和长久性。

殷墟考古证实，殷都当时人口繁多，面积广大，约有 30 平方公里。这一时期有着十分发达的手工业，主要手工业部门有青铜冶铸、治玉、制骨、制陶、木作、造船、造车、皮革、漆木、酿酒等，重要的手工业部门多为王室控制，也称王室手工业。手工业遗址在今天安阳大司空村（制骨）、苗圃北地（铸铜）、北辛庄（制骨）、孝民屯村（铸铜）、小屯村（治玉）等地均有发现。恩格斯在《家庭、私有制和国家的起源》一书中指出，直接以交换为目的的商品生产发生时，商业仍处在极不发达的状态，这时"贵金属开始成为占优势的普遍性的货币商品，但是还没有铸造货币，只是简单地按重量交换罢了"。以后发生第二次有决定意义的社会分工"即创造了一个不从事生产而只经营生产交换的阶级—商人"，随之同时出现了金属铸币。我们按照上述观点，考察一下商代的商人与商业。如前所述，殷商有着十分发达且分工精细的手工业，在农业生产中也因青铜生产工具的运用，精耕细作代替了粗放式农业生产，粮食产量极大提高。可以说商品生产在这一时期得到较大发展，商人阶层也出现了。从史料看，商代的

商业贸易活动,开始于商在建国之始。《史记·殷本纪》有"相土作乘马""亥作服牛"的记载。《易》:"肇牵牛,远服贾,用养厥父母,厥父母庆,自洗腆致用酒。"在商代"荷贝殷"铜器上,铸着一个人用肩挑着贝到外地贸易的图案。上海博物馆收藏的"饕餮纹鼎"上铸着一个人挑着许多贝站立在船上,另一个在后面划桨,到远方作买卖的图案。从以上论述不难看出,商代晚期在奴隶制经济较为发达的条件下,我国已基本完成了第三次社会大分工,商人作为一个新兴的政治团体,活跃在国家经济生活中。也就是说,这一时期,已具备金属铸币出现的政治、经济条件。

此外,近些年殷墟的发掘中,不仅找到了殷商的铸铜遗址,而且还发现有专门生产武器和工具的铸铜作坊。从已出土的殷商青铜器来看,不仅有种类繁多的礼器,也有数量丰富各种各样的生产工具、农具及生活用具,可以说殷商时期青铜冶铸技术达到中国青铜时代的最高峰。另外,通过考古调查,我们得知这一时期铜矿来源主要在殷墟周围的河南济源、辉县、汲县、山西中条山、河北涞源及湖北大冶等地,铜矿来源有保证。高超的青铜冶铸技术及一定数量的铜产量为青铜铸币的出现提供了物质条件,因此,金属铸币的某些职能可能最早附着于实物生产工具方面。

二、文献中有关商代使用金属货币的记载

《史记·殷本纪》载:"厚赋税以实鹿台之钱,而盈钜桥之粟。"《吕氏春秋》也有"武王于是复盘庚之政,发鹿台之钱,而散钜桥之粟"的记载。明万历年《浚县志》:"钜桥在县西五十里,周武王发钜桥之粟即在此。"今遗址尚存(浚县西南)。《史记·殷本纪》:"纣为鹿台,十年乃成,大三里,高千尺,以酒为池,悬肉为林。"今遗址尚存(河南淇县城内)。文献上多次提到的钱在此含义是什么? 钱,铲的古称。《诗·周颂·臣工》:"命我众人,庤乃钱镈,奄观铚艾。"《说文·金部》云:"钱,铫也,古者田器,从金戋声。"那么古文献中所指的钱,可能就是古代商人使用的铲。那么这种铲的用途是什么呢? 武王克商之后"发鹿台之钱,散巨桥之粟"[①]。在此,钱与粟相对,粟为人们口粮,钱应是一种财富的象征,也即是说是货币的代称,那么这种货币具体来说就是指商朝青铜生产工具铲之类。

西周代商,有以斧为货币的记载,《居后敦》铭:"货余一斧,金余一斧。"《易·旅》云:"得其资斧。"1959年湖南宁乡黄村商周遗址出土的一件青铜罍中,内藏224个青铜斧[②]。大小一致,且薄而轻,小型斧面上有三道横纹,下连四道直纹,斧口呈椭圆形皆为新铸而没有使用痕

---

① 《太平御览》卷835引《周书》。
② 马飞海:《先秦货币的若干问题》,《中国钱币论文集》(第二辑),中国金融出版社,1992年。

迹,显非实用器,这也许是商周人使用斧币最好的例证。

　　关于商代晚期是否使用金属铸币,近现代一些专家颇有论述。王毓铨认为:"至少是原始布,已经出现于商末或许可能。"① 马承源《中国青铜器》一书中说:"商周时期,人们在贸易中主要使用海贝作为交换的媒介物,另外还有刀、削、铲、末等金属工具、农具以及玉璧、玉环等装饰品作为媒介物。"② 马飞海在《先秦货币的若干问题》一书也指出:"金属称量货币的历史,也是一个逐渐发展的进程,就已经出土而又可以推断为称量货币的实物来看,大体于殷商末就有了。"③

三、殷墟青铜工具出土情况考察

　　春秋之际我国发展起来的金属铸币布、刀之类,源于商周时期的青铜工具,这一点目前已为大多数钱币学者所认可。青铜工具最早出现在甘肃彩陶文化时期,在甘肃东乡回族自治县林家的马家窑文化马家窑类型遗址中,甘肃永登蒋家坪马家窑文化马厂类型遗址中,均发现过青铜刀④。二里头文化中已出现了青铜制作的锛、凿、刀、锥等用具⑤。郑州商城遗址中则发现有铸造青铜工具的陶范及铸铜遗址。青铜工具用于殉葬大约开始于这一时期,在郑州二里岗一些商墓中偶有发现,如郑州商城西城墙外 1、2 号墓均发现有铜刀⑥,但上述发现仅是偶然的现象。

　　在殷墟青铜工具出土已相当普遍,不完全统计,殷墟殉葬青铜生产工具的墓有近百座(具体出土情况见表一)。殷墟出土的青铜工具主要分两个方面,一是手工业作坊遗址出土,另一类为墓葬出土,二者存在着类别上的差异(具体情况见殷墟青铜生产工具出土种类、数量及出土形式统计表)。墓葬出土的青铜工具约占总数的80%,遗址出土的多与该遗址的内涵有关。如制骨、玉作坊遗址常见锯、钻等,而墓葬出土的青铜工具种类较多,不见锯、钻、锥等。这种情况表明,墓葬与手工业作坊遗址所出土的青铜工具不仅在形制有差别,也许还有着更深层意义的区别。

　　马克思指出:随葬品是人们把死者"生前认为最珍贵的物品,都与已死的占有者一起殉

---

① 王毓铨:《我国古代货币的起源和发展》,科学出版社,1974 年。
② 马承源:《中国青铜器》,上海古籍出版社,1988 年。
③ 马飞海:《先秦货币的若干问题》,《中国钱币论文集》(第二辑),中国金融出版社,1992 年。
④ 马承源:《中国青铜器》,上海古籍出版社,1988 年。
⑤ 中国社会科学院考古研究所:《偃师二里头遗址新发现的铜器和玉器》,《考古》1976 年 4 期。
⑥ 杨育彬:《郑州商城的考古发现和研究》,《中原文物》1993 年 3 期。

葬墓中,以便他在幽冥中能继续使用"① 的物品。在此,随葬品包含着两方面的意义:一是体现死者生前拥有财富的标志,二是反映死者生前的生活。殷墟考古发掘表明出土青铜生产工具的墓葬皆为大中型奴隶主贵族墓,常伴有成组成套精美的青铜礼器出土,就其身份来看,他们生前决非劳动者。那么,青铜工具对于他们应该是财富的标志,是他们攫取对象。

青铜工具作为人们日常与自然界作斗争的武器,与当时人们生活有着密切的关系。特别是在生产力极不发达的情况下,青铜的珍贵以及青铜工具较之石器、蚌器锋利,且便于成形,轻巧实用等优点,决定了人们对青铜工具的珍爱。正因为如此,我们可以推测这样一种情况,即商代晚期在贝币占绝对地位,用于日常王室赏赐、交换以及大宗的商品交换的情况下,在民间因交换的需要,人们为了方便,把自己最熟悉、用途广泛且较为贵重的青铜工具,作为交换媒介或凭证,以各取所需。加之青铜工具所具有的神秘及珍贵等特殊性,有较高的信誉,用于交换可起到贝币的辅助作用。此外,商代贝的来源并不是固定和经常的,这种产于沿海的东西,需要经过多种环节,才可流入内地,且贝的使用也多被王室控制垄断。对于下层平民来说,贝远没有人们对于自己手中的青铜工具所熟知。基于青铜工具在人们思想中的特殊地位及生产中的重要作用,它逐渐演变为一种特殊的商品,被人们珍藏崇拜和用于交换,这一点从逻辑上也可以成立。

青铜贝作为一种金属铸造的货币,在商代发现的较少,可能同殷商晚期青铜工具用于商品交换和作为货币流通有关。因为,人们若在交换过程中使用日常的青铜工具,而不必去特意铸造青铜贝,这也符合当时人们的心理特点,即货币在起始时期所具有的双重价值,尽管青铜贝的出现从今天来看,作为货币已脱离其原始形态而专司货币之职,但它仍属仿贝性质,比双重属性的青铜生产工具,要有较大的意义,但在金属铸币的萌芽时期亦属正常现象。

随着青铜工具在民间交换范围的扩大、交换频率的增加,至迟在殷墟晚期青铜工具开始两极分化。一部分青铜工具从实用器脱离出来,专司交换媒介之职,而另一部分变成单纯的使用器而不再用于交换。

四、殷墟青铜工具铲、刀的异化与原始青铜铸币的出现

如上所述,殷墟青铜工具种类较多,数量大,仅用随葬的这部分工具也有四五种。这是金属铸币滥觞时期的特点。在这些殉葬的青铜工具中,值得注意的是刀(削)、铲类,开始异化,脱离了其原始的状态。

---

① 　马克思:《摩尔根〈古代社会〉一书摘要》,《马克思恩格斯选集》,人民出版社,1972 年。

青铜刀(削)是殷墟出土最多,也是我国最早出现的青铜工具的形制。据《殷墟青铜刀》[①] 一文统计,出土约有 270 余件。青铜刀(削)作为最古老的青铜工具,历史悠久,使用广泛,它为后期刀币的形成与发展奠定了物质和思想基础。特别是殷墟晚期一些青铜刀(削)形制为后期刀币提供了原形。在这一时期商品交换中,刀(削)可能充当了最为活跃的因素,并开始出现功能分化,一些青铜刀(削)可能一度专司货币的职能。如安阳市博物馆收藏的一件青铜削,编号 0458,削体呈长方形,直背平刃,尖上翘,扁平长条形柄,上有竖凸线纹一道,柄端有一椭圆形穿[②],长 11.7、宽 1.9 厘米,重 31 克。该削圆形穿,柄上竖凸线纹及直背平刃的特点构成了后期刀币的主要特征。

铲在殷墟出土相对较少,杨锡章在《殷墟发现的青铜铲》一文中对殷墟出土的青铜铲进行了统计,共有 15 把[③]。另外安阳市博物馆藏有三把,近年殷墟又发现青铜小铲一把,合计有 19 把。铲是用于殉葬的唯一农具,其意义就非同寻常。至少可以说明,作为农具的铲与手工工具的刀、锛、凿一类有着相同的功用,也可能就是农业与手工业产品交换的凭证。铲在殷墟晚期分化较为明显,从殷墟妇好墓出土的三种形制的铲、苗圃北地铸铜遗址出土的铲到安阳市博物馆收藏的形制较小的铲以及殷墟最近发现特小铲,形制差别极大。安阳博物馆收藏三把铲中,一把编号 0607,身似长方体,弧肩、双面直刃,长方形銎伸入铲身、銎外有箍,长 11.9、宽 5.8 厘米,重 160 克(图二)。最近殷墟又发现一把青铜铲,形制特小,铲身似长方体,弧肩、双面刃、长方銎深入铲身,銎外有箍,銎部中间有一穿孔。通长 9.06、銎宽 2.0、身宽 4.1 厘米,重 65 克(彩版叁),这样一把形制特小的铲,在商朝恐怕亦无实用价值。其形制与后期的原始布亦无太大的差别,重量上比某些原始布还要轻,已接近于较早的空首布。这样小型铲的出现可能就是殷墟晚期青铜工具长期用于交换而发生形制分化的产物。

综上所述,春秋战国时期我国形成的四大青铜铸币区的刀、布、贝皆可在殷墟文化中找到渊源,这一点充分证明,殷墟出土的青铜工具同我国金属铸币的关系密切,在一定程度上,一定情况下,曾经充当了货币。周灭殷后,分殷之地为"邶、鄘、卫"三国,可以理解,邶、鄘、卫源于商,文化一脉相承,其以青铜生产工具作为交换媒介习俗也为三国承袭,我国较为成熟的金属铸币大约就出现在卫国的土地上。近期在安阳市北郊、安阳县洪河屯等出土了两批耸肩尖足弧裆无文空首布就是最好的例证。周人以斧斤为货币,卫人以铲、刀为货币二者在实质上一样。但铲、刀最终发展为金属铸币布、刀一类,并形成了春秋战国时期几大铸币的区域性,乃历史的必然。

---

① 刘一曼:《殷墟青铜刀》,《考古》1994 年 1 期。

② 孔德铭、张充芹:《安阳市博物馆藏殷墟青铜生产工具选介有浅析》,《中原文物》1995 年 4 期。

③ 杨锡璋、杨宝成等:《殷墟发现的青铜铲》,《全国商史学术讨论会论文集》,《殷都学刊》(增刊)1985 年。

表一　殷墟墓葬出土青铜工具统计表

单位:件

墓　号	锛	凿	刀	削	斧	铲	锥	伴出铜器	资　料　来　源
白家坟西 22	1	1	1						中国科学院考古研究所:《1958－1961 年殷墟发掘报告》,文物出版社,1987 年 11 月。
大司空一区 101		1						8	
114	1							4	
121		1							
122	1								
三区 303	1	2		1					
321	1								
323	1		1						
武官村北 M1	1		2						
殷墟西区三区 613	1						1	6	中国科学院考古研究所:《1969－1977 年殷墟西区发掘报告》,《考古学报》1979 年 1 期。
七区 968	1	1	1						
372	1	1	1					3	
妇好墓	9	2	23		7			400 余	中国科学院考古研究所:《殷墟妇好墓》,文物出版社,1980 年。
戚家庄东 269	1	1		1	1			50 余	安阳市文物工作队、安阳市博物馆:《安阳殷墟青铜器》,中州古籍出版社,1993 年。
戚家庄东 235		1	1					9	
刘家庄北 9	1	1	1					27	
苗圃南 67	1	1						9	
大司空村北 51	1	1	1	1		1		31	中国社会科学院考古研究所安阳工作队:《1984－1986 年安阳大司空北地发掘报告》,《文物》1994 年 8 期。
大司空村北 30	1							1	
大司空村北 64	1	1	1					3	
小屯 149	3								

表二　殷墟青铜工具出土种类数量及出土形式统计表

名　称	数量(件)	出土形式
刀	90	遗址　墓葬
削	5	遗址　墓葬
锛	60 余	墓　葬
凿	30 余	墓　葬
锥	20 余	墓　葬
铲	15	遗址　墓葬
鱼钩	1	遗　址
刻刀	数件	墓　葬
锯	5	遗　址
钻	8	遗　址
斧	6	墓　葬

　　本资料来源于中国社会科学院考古研究所编著《殷墟的发现与研究》(科学出版社,1994 年)一书。

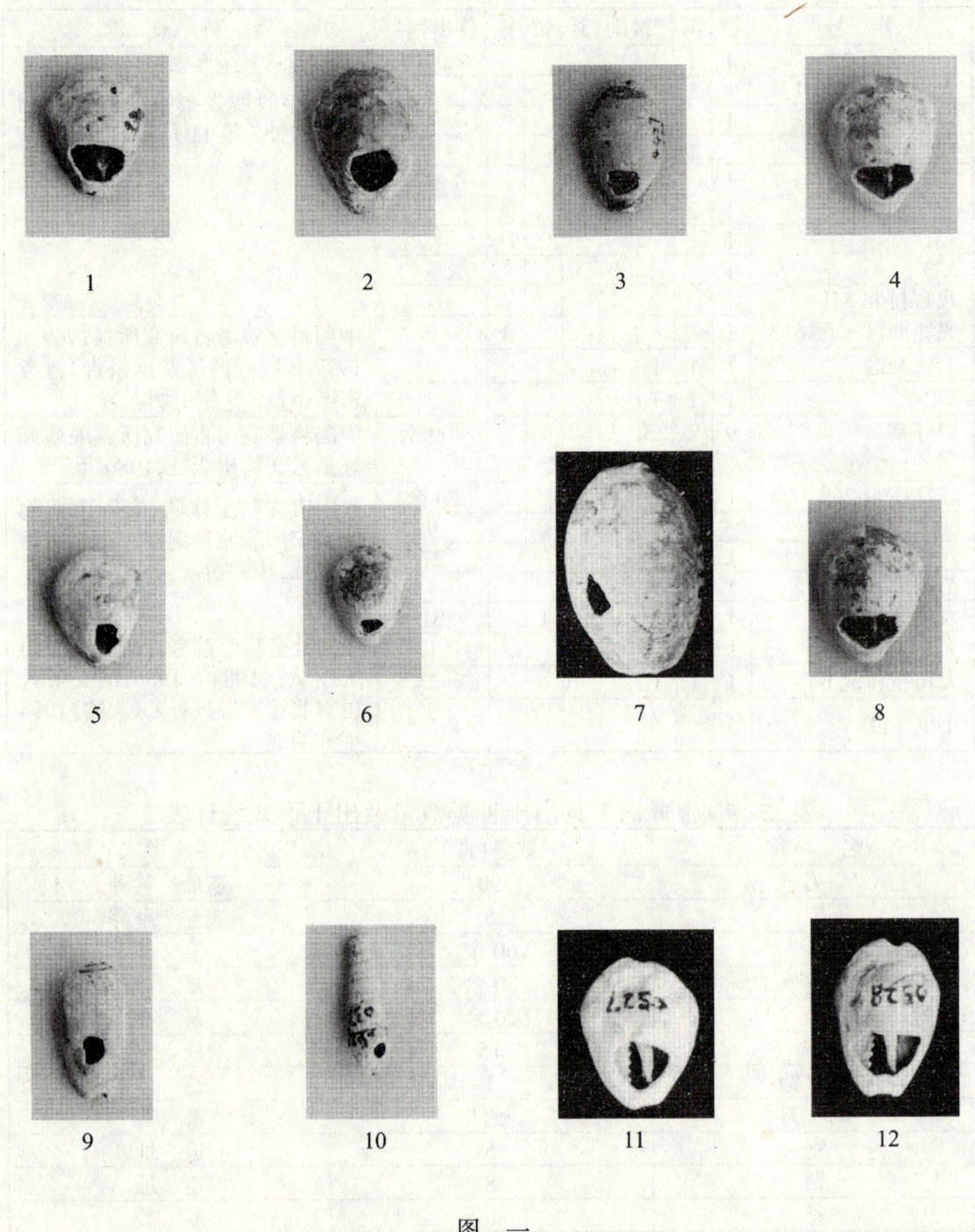

图　一

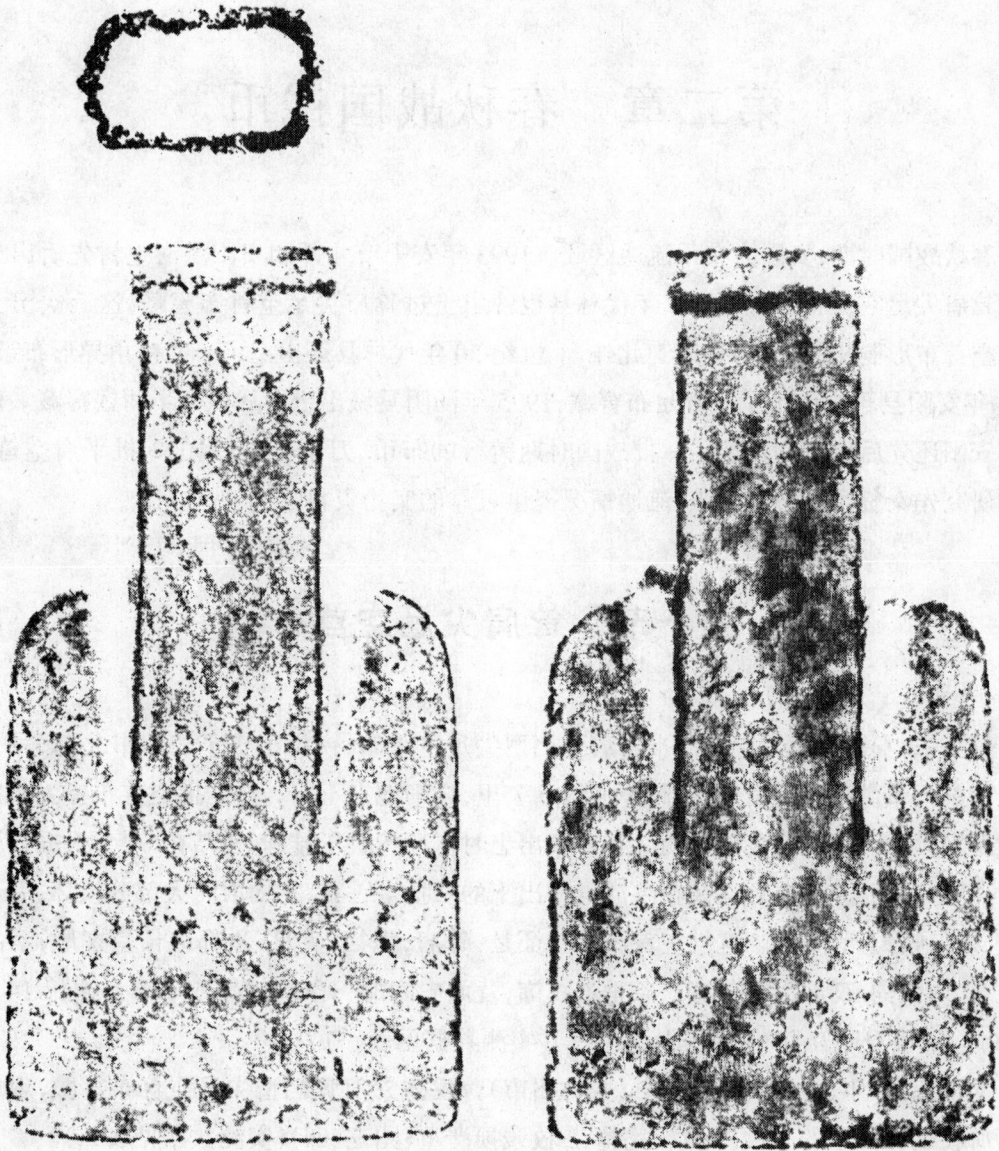

图　二

48

第二章 春秋战国钱币

春秋战国时期,安阳为布币流通区域。1993 年安阳市北郊和安阳洪河屯村先后出土了两批耸肩尖足空首布,上世纪 50 年代林县也曾出土过耸肩尖足空首布窖藏,这三次出土的窖藏空首布形制相同,大小有别。此外,上世纪 50 年代林县还出土了小型锐角异形布窖藏;1994 年安阳县蒋村出土了小方足布窖藏;1995 年汤阴县城出土了战国秦半两钱窖藏。建国以来安阳还先后出土和发现了一批战国时期铸行的布币、刀币等,收藏了一批平肩空首布,这为研究先秦货币的铸行区域、流通情况提供可靠的实物资料。

第一节 耸肩尖足空首布

近年来,安阳陆续出土了两批耸肩弧裆型尖足空首布,一批出土于安阳市北郊,另一批出土于安阳市洪河屯村附近,北距漳河约 5 公里,详细地点不明。这两批空首布皆为农民挖土时所得,均为窖藏,盛装器不明。空首布出土时作环状叠压排列,锈结在一起,根据叠压痕迹,可知每环约 46 枚左右。如在洪河屯村出土的一批空首布,在揭取时大部分损坏,后全部流散,现仅收集到 14 枚。这批空首布的特征是:耸肩,弧裆,尖足,銎部细长呈楔形,銎内有泥范芯,币四周有郭,面背各有三条垂直纹饰,背面中间的一条线较短或不清。通长 14.4~15.3 厘米,币身厚 0.07 厘米(图一、图二)(实测数据见表一)。

上世纪 50 年代初期,河南林县(今林州市)曾发现耸肩弧裆型尖足空首布窖藏,现林州文管所收藏有其中的 4 枚,2 枚较完整,2 枚残损严重(图三、四)(实测数据见表二)。

林县出土的耸肩弧裆型尖足空首布通长 13.6 厘米,重 27.4 克,较安阳洪河屯出土的耸肩弧裆型尖足空首布形体要小,重量轻了将近一半,这充分证明了耸肩弧裆型尖足空首布是以二等制流通的。

一、耸肩尖足空首布的铸行时间

耸肩尖足空首布,是我国最早的金属铸币之一。从目前已知的资料,这种空首布是以弧裆型(包括圆裆)和平直裆型两种形制遗存下来的。耸肩尖足空首布所表现出的两种形制,从时间序列上有早晚之分,从形体上表现出了不同的地域文化特征。研究者根据考古资料推测,耸肩弧裆型尖足空首布铸行于春秋早期[①]。但属于东周早期的考古发掘资料,如三门峡上村岭虢国墓地东区[②]、洛阳中州路东周时期墓地[③]、浚县辛村卫国墓地[④] 等,这些墓地的随葬物中,除贝外都未见有金属铸币出土。在浚县辛村卫国墓地的 81 座卫墓中,出土贝总计 3 472 枚,有成系出土的,缀在带上作装饰用,在 M5 中还出土骨贝若干。用贝为死者殉葬,是商代的葬俗,至春秋早期还未见有大的变化。到了春秋晚期或战国初期的辉县卫国墓葬中,出土了数以千计的贝、包金铜贝和骨贝,琉璃阁第 60 号墓中出土了千枚以上的包金铜贝,当时装了满满一小木箱[⑤]。侯马上马村 M13 中也随葬了千枚的铜贝和包金铜贝[⑥]。用铜铸贝和包金铜贝为死者殉葬,说明了春秋晚期到战国初期,统治阶级的奢靡风尚日益扩大,他们生前享乐,死后厚葬的欲望,在这些墓葬的随葬物集中反映出来。春秋中期以后丧葬制度出现了僭越违礼现象[⑦]。洛阳市金谷园车站南的战国早期墓葬出土了一枚"安藏"空首布[⑧]。郑州杜岗附近战国晚期的 112 魏国贵族墓地出土有耸肩平直裆型尖足空首布等,说明战国时期金属铸币很盛行。

用金属铸币作为明器殉葬,为死者敛聚财富,和当时的丧葬礼仪制度的演进是一致的,反映了当时的社会制度、商品经济发展的状况及统治阶级思想的变化,同时也为上述各类型的空首布提供了明确的铸行区域和时间下限。耸肩弧裆型尖足空首布未见有墓葬出土的报告,证明它非为明器而铸造。耸肩平直裆型尖足空首布出土于春秋晚期地层中,铸行时间已是春秋时期,应为晋国的金属铸币。汲县山彪镇战国晚期魏国贵族墓地出土的专为明器而铸的耸肩平直裆型尖足空首布,通长 11.7 厘米,在形体尺寸并不算小的情况下,重量只有 14.7 克左右了。所以,耸肩弧裆型尖足空首布铸行于春秋早期是可信的。

---

① 蔡运章、余扶危:《空首布初探》,《中国钱币论文集》第一辑,中国金融出版社,1985 年。
② 中国科学院考古研究所:《上村岭虢国墓地》,科学出版社,1959 年。
③ 中国科学院考古研究所:《洛阳中州路》(西工段),科学出版社,1959 年。
④ 郭宝钧:《浚县辛村》,科学出版社,1959 年。
⑤ 郭宝钧:《山彪镇与琉璃阁》,科学出版社,1959 年。
⑥ 山西省文物管理委员会侯马工作站:《山西侯马上马村东周墓葬》,《考古》1963 年 5 期。
⑦ 蔡永华:《随葬明器管见》,《考古与文物》1962 年 2 期。
⑧ 洛阳博物馆:《洛阳附近出土的三批空首布》,《考古》1974 年 1 期。

二、耸肩尖足空首布铸行的区域

关于空首布起源问题,多数研究者认为起源于商周时期青铜钱(铲)一类的农具。空首布最早出现在周王畿内,因为它具有一定程度的原始形式,钱币界谓之原始大布。这种原始大布刚从青铜钱(铲)一类的农具中脱胎出来,还保留着青铜钱(铲)的特征,一旦这种仿制于青铜钱(铲)的货币进入商品交换流通领域,具备了一般价值尺度的职能,便和青铜钱(铲)一类的生产农具分道扬镳了。原始大布在演进中,形制上出现了变化,形成了平肩平足,或平肩足向内凹,或肩稍耸足向内凹而束腰① 等形制,这些形制特征说明它的铸行时间和铸造地点的不同。这种原始大布在春秋早期逐渐为中原地区诸侯国所仿制,并融进了自己国家和地区的文化成分,演变为四种形制:(1)平肩弧足型;(2)斜肩弧足型;(3)耸肩尖足型;(4)平肩平足型。考古发掘资料揭示,平肩弧足型空首布铸行于东周王畿地区,建国以来以洛阳为中心的周边地区出土最多;斜肩弧足型在洛阳、郑州一带屡见出土,研究者认为属东周王畿内及郑国的铸币;耸肩尖足型,铸行于卫、晋两国境内,多出土于山西、河南安阳一带。平肩平足型(银空首布),1974 年出土于河南扶沟县古城村,东周时期属楚国的疆域②。空首布呈现出了不同的地域特征,而青铜钱(铲)还是作为生产农具,继续应用于农业领域③。

耸肩尖足空首布以其独特的形体造型,铸行于卫、晋两国境内,是当时政治经济发展的必然。自周平王东迁后,宗周灭亡,王室衰弱,周天子失去天下共主的地位,变成了一般诸侯小国。春秋时期的社会动荡、分化、变革,促进了奴隶制的逐渐瓦解,贵族没落,平民崛起,家族制度代替了宗族制度,私家占有土地的地主和有小块土地的农民出现了。作为私有的土地可以买卖,成为春秋时期社会各种变革中最基本的一个变化④。铁器的使用,促进了社会生产力的提高,各诸侯国不再遏制商人经商活动,商品生产和流通的领域不断扩大,都市兴起,平民的日常生活也和都市的商品交易发生了密切的关系。这时,各诸侯国境内陆续开始铸行自己的货币了。恩格斯说:"第三次社会大分工……创造了一个不从事生产而只经营生产品交换的阶层——商人……同时随着它而出现了金属货币——铸币,随着金属铸币又出现了不生产阶级统治生产者及其产品的新手段,商品之商品被发现了。"⑤

---

① 河南省博物馆、扶沟县博物馆:《河南扶沟古城村出土的楚国金银币》,《文物》1980 年 10 期。
② 河南省博物馆、扶沟县博物馆:《河南扶沟古城村出土的楚国金银币》,《文物》1980 年 10 期。
③ 杨宝成:《商周时代的青铜铲》,《中原文物》1988 年 3 期。
④ 范文澜:《中国通史简编》修订本第一编,人民出版社,1965 年。
⑤ 恩格斯:《家庭、私有制和国家的起源》,《马克思恩格斯选集》,人民出版社,1955 年。

　　周武王灭殷后,经过平息"三监"叛乱,"以武庚余民封康叔为卫君,居河淇间故商墟"[1]。卫国的疆域处在殷商文化的中心区域,为古代冶金工艺最发达的地区之一。原来的殷商遗民失去了政治上的优越性地位,沦为自由民,从事农业、手工业和商业贸易等活动。故周公旦告康叔:"必求殷之贤人君子长者,问其先殷所以兴,所以亡,而务爱民。"[2]《尚书·酒诰》里周公旦以成王之命告戒妹土(今河南淇县)的商族人:"其艺黍稷奔走事,厥考厥长,肇牵牛车远服贾,用孝养厥父母。"鼓励商族遗民从事商业贸易活动,由此可知至少在殷商晚期已经有专门从事商业贸易活动的商人了。卫国的统治者从立国之日起,就是在殷商文化的基础上而发展的。浚县辛村卫国墓地(时代为西周至东周初年,但未进入春秋期[3])出土的大量青铜器、车马器等随葬物说明了当时卫国的经济状况和贵族敛聚财富的程度。春秋时期,卫国不断遭到狄人的入侵,国内宗族间的兼并激烈,新旧贵族交替频繁,自由民不断扩大,但卫国的"通商惠工"政策,促进了经济的发展,使从事商业贸易的商人地位提高了。手工业制作比以前发展了,手工业者自己制作、自己设肆出卖自己的产品,商人的贸易来往于较大的都市,商品交换的领域跨出了国界。卫国在"衰败之余,能振兴实业,国虽小,犹足以自振也"[4]。为了适应商品经济,卫国开始铸行自己的货币。因此,耸肩弧裆型尖足空首布首先应是卫国境内由民间铸造的,用于民间的商业贸易往来,后被统治者所重视,这是耸肩弧裆型尖足空首布多出于安阳一带的主要原因。耸肩弧裆型尖足空首布和周王畿内铸行的原始大布有一定的渊源关系(如肩稍上耸足内凹而束腰的原始布),同时也形成了自己独有的特征,这些特征带有浓郁的地方文化色彩。浚县辛村卫国墓地出土的青铜器、车马饰、玉石器等器物上反映出了卫国人的审美意识,如马饰当卢作上歧角而带有倒须后锋的"⋈"形,耸肩尖足空首布的币身几乎同于当卢的上部形状;作为马车的衡末饰——铜矛,也制成带倒须的后锋,矛柄有镶"⋈"形铜饰者,有"⋈"形黄金片饰,箍于"⋈"形的缺口处,有"⌣"形物,一端歧出二角,车马饰上的兽面纹饰也多作歧角形[5]。这种审美意识反映在货币的铸造上,形成了耸肩、弧裆、歧足的造型特征,以这种形制的货币可区别周王畿内铸行的平肩弧足型空首布。

　　耸肩平直裆型空首布,已知是晋国的铸币,铸行时间已到了春秋晚期。晋国的早期文化、经济等诸方面落后于中原,晋献公(前676～前651)始都绛(山西翼城),开始兼并战争,后统一了汾水流域,国土跨到了黄河南岸。晋文公(前632～前628)二年,"晋文公纳襄王",

①　《史记·卫康叔世家》。
②　《史记·卫康叔世家》。
③　郭宝钧:《浚县辛村》,科学出版社,1959 年。
④　王孝通:《中国商业史》,上海书店,1984 年。
⑤　郭宝钧:《浚县辛村》图版 7、8、20、35、90、91、94 等,科学出版社,1959 年。

"襄王予公以阳樊、温、原、攒茅四邑,于是晋国拓疆至南阳(太行山以南,黄河以北)[①]。"晋景公(前599～前582)七年"晋使随会灭赤狄"[②],把赤狄占领的大片卫国土地并入了晋国。汉马融曰:"晋地自朝歌以北至中山为东阳,朝歌以南至轵为南阳。"自此时晋国的势力才达到豫北一带的东阳之地。随着晋国的不断东进,在自己文化的基础上,又融进了新开拓地区的文化成分,使较先进的中原文化逐渐成为晋国文化的组成部分。晋文公完成霸业后,晋国逐渐强盛起来,经济得到了较快的发展,随之开始铸行自己国家的货币。晋国的货币采用了卫国的货币形制,保留了耸肩尖足的特征,变革了弧裆,缩小体积,形成了耸肩平直裆型尖足空首布,穿上了自己的服装,向中小型发展了,大型弧裆的特征被扬弃了(其具体测量数据见表三)。耸肩平直裆型尖足空首布延续到战国晚期,在汲县山彪镇魏国贵族墓地还有出土,但已经是耸肩平直裆型尖足空首布铸造的余绪了。至于山西运城和寿阳等地发现的耸肩弧裆型尖足空首布,应是流通到晋国境内的卫国早期铸币,这种情况在周边国家是常有的事,何况晋国曾把卫国的大片领土兼并到自己的版图之内。

　　总之,耸肩弧裆型尖足空首布是春秋早期卫国的金属铸币,是当时卫国商品经济发展到一定程度的产物,从这种货币本身所呈现出的浓厚地域文化特征去考察,也证实了它应是卫国的货币。一些学者和钱币工作者早已注意到这一点,如郑家相先生认为耸肩弧裆型尖足空首布"此布创铸于漳水流域卫地,后由其入晋,而逐步扩展于汾水流域之晋地"[③],王毓铨先生认为"铸造于河南北部和河北南部"的说法基本上是正确的[④]。安阳新发现的耸肩弧裆型尖足空首布为这种类型的货币铸行区域提供了新的资料。

三、耸肩弧裆型空首布的合金成分

　　笔者在调查安阳洪河屯村出土的耸肩弧裆型空首布出土情况时征集到残币二枚,后从一枚币上取样委托测试部门对其进行合金成份测试,其结果为铜62.68%,铅27.24%,锡8.57%,硅1.30%(注:由郑州大学测试中心测试)。经查阅已公布的先秦铸币合金成份资料,未见耸肩空首布的合金成份。戴志强等先生公布的春秋战国早期空首布的合金成分平均值为铜60.71%,铅26.53%,锡9.35%,其中2枚平肩弧裆大空首布的合金成分为铜59.01%、60.96%,铅33.4%、21.60%,锡6.19%、13.27%。斜肩弧裆"武"空首布的合金成

①　朱学西、张绍勋等:《中国历史大事编年》第1卷,北京出版社,1987年。
②　《史记·晋世家》。
③　郑家相:《中国货币发展史》,三联书店,1958年。
④　王毓铨:《我国古代货币的起源和发展》,科学出版社,1957年。

分为铜 63.14％，铅 21.16％，锡 12.73％[①]。安阳出土的耸肩弧裆型空首布的合金成分为铜 62.88％，铅 27.42％，锡 8.57％，跟戴先生公布的数据基本相同。商周青铜器的含金成分中锡含量多在 6～12％ 之间波动[②]，可见，耸肩弧裆型空首布的合金成份表现出了中原地区早期青铜铸币的特征。

表一　安阳洪河屯出土空首布实测数据统计表

单位：厘米、克

币号	通长	身长	肩宽	足宽	銎	銎口	重量
001	14.6	10.3	6.2	7.05	5.6	1.9×1.8	37.6(带范芯)
002	14.4	9.5	6.2	7.00	5.3	1.9×1.7	34.3(带范芯)
003	14.95	10.45	6.3	6.92	5.9	1.95×1.96	44(带范芯)
004	14.9	10.5	6.1	6.92	5.1	1.9×1.8	35.8(带范芯)
005	14.7	10.3	6.25	6.85	5.5	1.9×1.8	38.5(带范芯)
006	14.5	10.2	6.4	6.7	5.6	1.9×1.8	38.3(带范芯)
007	15.3	10.9	6.2	6.8	5.7	1.9×1.7	43.2(带范芯)
008	14.8	10.35	6.4	7.1			25.5(残重)
009	14.5	10.8	6.5	6.85			27(残重)
010	15.3	10.8	6.5	6.85	5.7	1.8×1.65	41.5(带范芯)
011	14.4	10.4	6.2	7.1	5.3	1.8×1.6	36.5(带范芯)
012	14.9	10.4	6.2	6.9	5.6	1.8×1.6	37(带范芯)
013		10.4	6.2	6.7			16.1(残重)
014		10.2		6.7			14.5(残重)

---

　　① 戴志强、周卫荣：《中国历代铜铸币合金成份探讨》，《中国钱币学会成立十周年纪念文集》，中国金融出版社，1992 年。

　　② 吴来明：《'六齐'，商周青铜器化学成分及其它演变的研究》，《文物》1986 年 11 期。

表二　林州市出土空首布实测数据统计表

单位:厘米、克

币号	通长	身长	肩宽	足宽	銎长	銎口	重量(带范芯)	备　注
1	13.6	8.64	5.56	6.4	5.3	2×1.4	27.4	
2	11.8	8.4	5.9		4.6		22.2	微残
3	12.2	8.6	5.8		4.9			残
4			5.9		4.9			残甚

(注:笔者于前些时调查安阳地区建国以来出土历代钱币时于林州市文管所测得的数据。)

表三　耸肩尖足平直裆型空首布实测数据统计表

单位:厘米、克

出土地区	铭　文	通　长	身　长	肩　宽	足　宽	重　量	备　注
山西稷山	甘丹	13.7	9.3	5.2	6.5	33.8	
山西	刺	13.5	9	5	6	31.86	
山西侯马	□□□ 黄　釿	12.2	8.1	5.3		30.7	一足微残
山西侯马	玄	11.6	8	4.8	5.5	30.0	
山西侯马	玄金	11.7		4.7		25.3	
山西榆次		8.7				15	异形
河南汲县		11.7	8	4.9	5.3	14.7	

第二节　平肩弧足空首布

安阳市博物馆藏平肩空首布 48 枚,出土地点不详。这批空首布皆为生坑、绿锈,部分为蓝绿锈,铸造精良,品相较好。形制基本相同,长銎、平肩,足向内凹呈弧形。面背有周郭,并有三道平行竖纹。銎部正面多有一个阳文三角形,正面或正背两面多有一个相应的不规则形穿孔,部分穿孔未透。通长 8.6~10.5 厘米,身长 5.9~6.2 厘米,肩宽 4.9~5.2 厘米,足宽 5.09~5.25 厘米,銎内多数带有红色泥范芯,其中一枚去泥重 27 克。这批空首布币面均铸有文字,计有:吉、鬲、留、智、辛、貿、室、君、冋、示、是、勿、冶、贞、益、穆、木、又、公、丰、成、君、犅、尚、册、弄、彐、宋、主、丙、非、松、文、侯、商、壬等共计 48 枚(图五:1~4 图六:1~4 图七:1~4 图八:1~4 图九:1~4)(附数据统计表),铭文铸在中间竖线纹的左侧或右侧。据观察铸在左边的字笔画一般较细,字体稍大,铸在右边的字笔画略粗,字体较小,但差别并不十分明显。

值得注意的是这批空首布中存在着一些特殊的形制,较罕见。如部分空首布肩部出桦。如标本 045(图五:3)、056、064(图七:2)为左肩出桦,062 为右肩出桦,047 为左右肩皆出桦。这种肩部出桦的存在是铸造痕迹遗存,还是铸作工匠有意所为已无法得知,但它保存至今应是一种比较特殊的形制,值得重视。此外,比较奇特的还有标本 054(图六:3),该銎部正面无纹饰,而阳文三角形及穿孔均在銎的背部,且銎的背部顶端有一阳文横画,较为罕见。这种铭文与銎部阳文三角形纹不在同一面上的空首布,以前未见著述,此为仅见。它为该类空首布的铸造及版别划分提供了新的实物资料。推测起来它的形成并非是一般单纯铸造时的错范行为,而可能是对空首布铸造上一种新的尝试,故其存世极罕。

平肩弧足空首布多出土于洛阳地区,在其它地区未有出土报告。这种类型空首布的出土地和铸造地,多在东周王畿内,一般认为平肩空首布通长 10 厘米,足宽 5.1 厘米,重 30 克左右(去范泥)的属大型(也有人称为重型),是春秋晚期周王畿内的铸币,直到战国中晚期,一些地区仍在流通①。

---

①. 蔡运章:《谈建国以来空首布资料的新发现》,《甲骨文与古史新探》,中国社会科学出版社 1996 年。又汪庆正:《中国历代货币大系·先秦货币卷·总论》:平首布"通长 9 厘米以上,重 20~30 克间为一类,即重型布","铸行于春秋晚期,其普遍行使,可能在战国早期"。

平肩弧足空首布实测数据统计表

单位:厘米、克

币号	释文	通长	身长	肩宽	足宽	厚	重量	原编号
1	留	9.62	5.91	4.96	5.11	0.11	28.0	040
2	吉	9.7	5.96	4.93	5.12	0.10	28.6	041
3	禹	9.51	6.08	5.07	5.24	0.11	28.3	042
4	智	9.66	5.97	4.90	5.18	0.08	29.4	043
5	辛	9.77	6.1	4.97	5.25	0.10	27.75	044
6	贸	9.59	4.09	4.98	5.25	0.10	26.6	045
7	主	9.35	5.90	4.98	5.1	0.10	28.0	046
8	室	9.40	6.0	5.02	5.09	0.12	26.6	047
9	君	9.53	5.94		5.22	0.08	28.6	048
10	同	9.67	5.94	4.94	5.22	0.09	25.37	049
11	禹	9.81	6.15	5.11	5.22	0.08	28.3	050
12	示	9.70	6.05	5.02	5.13	0.11	31.65	051
13	是	9.70	6.0		5.16	0.11	33.1	052
14	吉	9.65	6.06	5.03	5.25	0.09	27.6	053
15	勿	9.68	6.02	4.98	5.19	0.12	31.2	054
16	冶	9.27	6.02	4.98	5.07	0.08	31.95	055
17	贞	9.62	6.11	5.02	5.2	0.11	28.9	056
18	益	9.66	6.06		5.2	0.09	30.2	057
19	智	9.78	5.98	4.98	5.16	0.08	30.9	058
20	贞	9.46	5.98	4.97		0.11	28.7	059
21	穆	9.62	4.99	6.03	5.19	0.09	29.3	060
22	木	9.66	5.99	4.96	5.12	0.08	24.0	061
23	F	9.35	6.03	5.02	5.07	0.12	25.2	062
24	公	9.7	6.06	5.01	5.14	0.08	30.5	063

（续表）

币号	释文	通长	身长	肩宽	足宽	厚	重量	原编号
25	丰	9.47	6.03	5.17	5.15	0.10	27.0	064
26	壬	9.70	6.04	5.0	5.2	0.10	29.2	065
27	成	9.73	6.03	4.96	5.13	0.12	30.15	066
28	君	9.44	6.05	5.0	5.2	0.09	26.2	067
29	挈	9.65	6.12	5.0	5.26	0.10	26.6	068
30	尚	9.46	5.99	5.02		0.11	30.2	069
31	册	9.5	6.03	4.29	5.2	0.08	31.0	070
32	君	9.78	6.07	5.05	5.18	0.11	30.0	071
33	弄	9.28	6.05	4.93	5.16	0.08	28.8	072
34	宋	9.96	6.12	5.04	5.12	0.08	34.1	073
35	合	9.35	5.99	4.97	5.2	0.08	21.54	074
36	丙	9.56	6.06	5.08	5.2	0.09	30.35	075
37	室	9.51	5.99	5.02	5.1	0.09	28.45	076
38	非	9.75	5.99	4.9	5.29	0.11	30.8	077
39	松	9.47	5.95	4.98	5.14	0.09	27.27	078
40	文	9.8	6.11	5.08	5.11	0.11	26.25	079
41	族	9.7	5.98		5.16	0.09	19.25	080
42	商	9.25	5.96	5.01	5.17	0.11	27.2	081
43	非	9.64	5.98	5.01	5.05	0.14	30.6	082

第三节　小型锐角异形布

一、小型锐角异形布之出土情况

1.安阳地区出土概况

(1)1982年河南汤阴县西岗战国墓中出土公字锐角布8枚,墓地时代属战国中晚期,其中1枚,背中间一竖线下部有一横画,较为特殊(图一三:3)①。

(2)50年代中期,林县(今林州市)东南部出土一"𡩋"字布窖藏,是目前有较明确出土地点且数量较大的唯一一次发现。我们于1995年5月调查安阳地区建国以来出土货币情况时,在林县文管所整理传拓了36枚"𡩋"字布,实测了有关数据(表一)(图一〇:1~6 图一一:1~6 图一二:1~9)。"𡩋"字铭文各具特色,可分为大字型、中字型和小字型,其书体篆法,有的用笔浑厚,有的书体纤细;有的"𡩋"字第一笔竖画较长,有的略短,有的出榫;有的结体紧凑,有的结体松散,上、下宛如两字。但整体来看,书体古朴典雅,大篆气息浓厚。个别币背有阳文"一"符号(图一三:1),大部分铸造规整,一部分留有错范、铸柄等痕迹。另外,在这个窖藏中还发现"公"字布1枚(图一三:2)②。

在三晋货币中,锐角异形布自成体系,据目前已知的资料,它有大、小两种形制,其主要特征为平首、平肩、平足、三角形裆,首部两侧有对称的三角形小耳。以往治学者囿于考古资料的缺乏,对于小型锐角布之铸行区域与时间、币文释读等颇有分歧。近年来,随着小型锐角布在有明确地点的墓葬、窖藏的不断出土,其铸行情况渐趋明显。

2.其他地区出土情况

小型锐角异形"公"字布出土略多,出土地点较明确,现据已公布的资料概述如下:

(1)50年代,河南辉县固围村战国一号墓,出土货币21枚,内含有小型锐角"公"字3枚,一号墓为战国晚期墓葬③。

(2)70年代,河南省新郑县北关战国窖藏出土货币约300枚,陶罐盛装。后经河南省博物馆挑选出226枚,28种,其中有"𡩋"字布2枚④。

---

① 安阳市钱币学会课题组:《安阳地区建国以来出土货币调查报告》,1995年8月(待发)。又汤阴西岗墓地由当时安阳地区文管会同河南省文物研究所共同发掘。该墓地资料未公开发表,情况由当时主持发掘人杨松山同志介绍。
② 林州市文管所提供资料。另见张增午:《河南林县出土的古钱币》,《中国钱币》1992年1期。
③ 中国科学院考古研究所:《辉县发掘报告》,科学出版社,1956年。
④ 赵新来:《河南新郑城关出土的战国布币》,《考古学刊》第三集,中国社会科学出版社,1983年。

　　(3)1976 年,洛阳市涧河东岸 740 厂战国粮仓 62 号遗址出土有锐角"公"字布多枚,遗址为战国中晚期①。

　　(4)1981 年,河南省鹤壁市石林公社狮跑泉村出土战国货币窖藏,总计 4 870 枚,分装在三个圆底陶罐内,内含"公"字锐角布 3 537 枚,"夲"字锐角布 1 枚,"垣"字圜钱 1 180 枚,平首方足布 141 枚,平首圆肩方足布 11 枚,被认为是魏国货币窖藏②。

　　(5)1981 年春,河南淇县城关杨庄战国墓出土"公"字布 60 枚;1978 年 5 月淇县城关镇东关发现"公"字锐角布 3 枚③。

　　(6)1980 年前,卫辉市孙杏村娘娘庙街出土"公"字锐角布窖藏,陶罐盛装,计 30 枚④。

　　(7)1988 年,辉县市西环城路立交桥战国铸铁遗址烘范窑内,出土"公"字锐角布 4 枚,均残⑤。

　　(8)1990 年 5 月,焦作市博物馆征集战国货币 19 枚,其中有"公"字锐角布;1992 年焦作出土"公"字布数十枚⑥。

　　(9)1992 年 8 月,郑韩故城大吴楼铸铜遗址南部边缘地带出土一批战国钱范,其中有"公"字锐角布范 7 件⑦。

　　(10)1994 年底,辉县市古共国城南城墙内出土"公"字锐角布 3 枚(均残)⑧。

　　(11)新乡市博物馆曾在辉县一次征集"公"字锐角布 20 枚⑨。

二、小型锐角布的研究现状

　　从目前已知的出土资料看,小型锐角布仅发现两种,即"公"、"夲"字布,这种锐角布的国属有韩国铸币和魏国铸币之说,对于币文的释读,分歧更大。特别是"夲"字更是如此。

　　郭若愚先生认为:"与魏铸币斩布类似而比较奇特的有'卢氏全涅'及'全涅'布一种,……战国中晚期属韩。与'百涅'形制相同者尚有'夲'布,平首有尖角,'平肩、平足、尖裆,通

　　①　洛阳市博物馆:《洛阳战国粮仓试掘报告》,《文物》1981 年 11 期。
　　②　刘荷英:《鹤壁出土战国锐角布币》,《中国钱币》1989 年 2 期。
　　③　耿青英、李树长:《河南淇县发现一批战国铜币》,《考古与文物》1985 年 1 期。
　　④　新乡市钱币学会课题组:《建国以来新乡考古发现出土的钱币》,1995 年 8 月(待发)。
　　⑤　新乡市钱币学会课题组:《建国以来新乡考古发现出土的钱币》,1995 年 8 月(待发)。
　　⑥　焦作市钱币学会课题组:《焦作市建国以来出土货币调查报告》1995 年 10 月(待发)。
　　⑦　蔡法全、马俊才:《新郑郑韩故城出土的战国钱范,有关遗址及反映的铸钱工艺》,《中国钱币》1995 年 2 期。
　　⑧　新乡市钱币学会课题组:《建国以来新乡考古发现出土的钱币》,1995 年 8 月(待发)。
　　⑨　新乡市钱币学会课题组:《建国以来新乡考古发现出土的钱币》,1995 年 8 月(待发)。

高 5.0 厘米(背有两条直线,从首部与尖角相交,通两足部)'。'公'(公)字布,币面有'公'字并左右竖线、背三竖线,平首有尖角,平肩、平足、尖裆(三角形裆)高 4.5 厘米。此布今称'异形布'是为韩国的铸币,韩国的铸币方足布,这类铸币当铸于战国晚期,和魏铸三级桥足布大约是同时通行币。"[1]

汪庆正先生指出:"钅"字布,旧释"垂"字疑非,或为"钅"(骰)字之异体。此布除两足间的三角形裆以外,基本上和"卢氏金匕"形制相同,唯属小型,一般重在 9~10 克左右,应是战国时期韩国早期铸行的平首方足布,估计其铸行地区与卢氏相邻。《中国历代货币大系·先秦货币卷》后附"先秦货币释文表"中,释"公"为公,文曰:"有释地名谷,战国韩地,今河南省洛阳市西北"。"钅"释"垂",文曰:"垂"战国韩地,今河南省洛阳市西南[2]。

《先秦货币文编》中收"周",释为垂字,"钅"字入附录,待考[3]。

《中国古代货币》一书中释"钅"为垂,释"公"为公,未言明其国别,称为三晋铸币[4]。

孙仲汇先生云:有的布比较特殊,如"卢氏涅金""洮金"等,这种布的形态特殊,首部左右呈尖角状,也称异形布,与此相似的还有公字、垂字小布,应属同地铸行的半钘布[5]。

《历代古钱图说》释"钅"为垂,"秦隐公八年,宋公卫侯遇于垂,杜注,卫地"。释"公"为公里,"宋地,左传昭公二十一年,华娃居于公里"[6]。

《古钱新典》中于固围村战国墓殉币条中称:一号墓为战国晚期墓,"公"或释"台"(沈即兖),河南洛阳西北,战国属韩。释公释谷待考;于鹤壁锐角布条"按锐角布有准确出土地点而数量较大者",此为首次。"公"字释者不一,如公、谷,上谷者,"钅"字锐角布旧释垂或释"垂陇",锐角布为魏币近情[7]。

"钅"字另有释"聚"、释"丰"者,定为魏国铸币[8]。有释"魏"字,其地在晋东南地区,在那里发现了"钅"字锐角异形布[9]。

最近,何琳仪先生著文,对"钅"字的释读进行考证,认为"钅"读垂可信,认为"钅"字原篆下从山,似与其在太行山上有关。其地望不在山东曹县,而在山西晋城南四十五里古"天井关"[10]。

① 郭若愚:《谈谈先秦钱币的几个问题》,《中国钱币》1991 年 2 期。
② 汪庆正:《中国历代货币大系·先秦货币卷·总论》,上海人民出版社,1988 年。
③ 商承祚等:《先秦货币文编》,书目文献出版社,1983 年。
④ 赵丛仓:《中国古代货币》,西北大学出版社,1993 年。
⑤ 孙仲汇:《古钱币图说》,上海书店出版社,1989 年。
⑥ 丁福保:《历代古钱图说》,上海书店出版社,1985 年。
⑦ 朱活:《古钱新典》,三秦出版社,1991 年。
⑧ 赵新来:《河南新郑城关出土的战国布币》,《考古学刊》第三集,中国社会科学出版社,1983 年。
⑨ 吴荣曾:《战国布币地名考释三则》,《中国钱币》1992 年 2 期。
⑩ 何琳仪:《锐角布币考》,《中国钱币》1996 年第 2 期。

以上各家所言,莫衷一是,基本上代表了钱币界对小型锐角异形布的研究现状,也是我们下面着重探讨的问题。

三、小型锐角异形布铸行区域考

从第一节中可以看出,小型锐角布集中出土于今卫辉、辉县、鹤壁、淇县、汤阴、林州市等地,即焦作以北、安阳以南环太行山东麓的弧形冲积扇地带上,涉及到的古地名有山阳、共、汲、朝歌、中牟、汤阴、临滤等著名古城邑。此地正好是战国时期河内之地。小型锐角布之铸行区域应在此范围之内,即魏国河内地方铸币。试分析如下:

1. 战国中期河内地区之形势

河内地区属殷商王畿之地,周灭殷后,分其畿内之地为鄘、邶、卫三国,属"三监之地"[①],春秋时期先属卫,都朝歌(今河南淇县),后属晋,马融曰:晋地自朝歌以北至中山为东阳,朝歌以南至轵为南阳(太行山以南,黄河以北)。应劭《地理风俗记》云:"河内,殷国也,周名之为南阳,又曰:晋始启南阳。"[②] 公元前435年韩赵魏灭智伯,公元前455年魏文侯立国,公元前419年"任西门豹守邺,而河内称治"[③],河内之地多属魏。但战国时期韩赵魏三国疆域变更频繁,魏国迁都大梁(前361)前后,曾极力开拓疆域,图谋中原,大概也在这个时候赵把突入魏国境内的旧都中牟(今河南鹤壁市西)送给了魏国,而魏国把繁阳(今河南内黄县西北)、浮水一带给了赵国。公元前359年韩国把突入到魏境内的平丘(今河南封丘县东),户牖(今河南兰考县北)、首垣(今河南长垣县东北)及驰道(马车交通线。东驰道经长垣县故城,见《水经注·济水》[④])送给了魏国,魏又从韩国取得了通过太行山的交通要道轵道(今河南省济源市西北)。这时赵国也在漳水、滏水之间修筑赵南长城,成为赵的南界,这样魏国在中原的大片土地连成一片[⑤]。这时河内地区属归于魏[⑥]。《史记》正义言:(河内)即怀州,在河之北,西河之东,东河之西的"三河"之地,即今天的太行山与黄河的夹角处,包括焦作市、新乡市西部

---

① 《汉书·地理志》。又顾颉刚《"三监"人物及其疆域》:"邶,相当于今河北省中南部;鄘,相当于今河南省中东部、山东西南部及江苏西北角;卫,相当于河南省东北部(包括殷都)和山东西部。"

② 引自《水经注·清水》。

③ 《史记·魏世家》。

④ 《水经注·济水》。

⑤ 杨宽:《战国史》,上海人民出版社,1980年。

⑥ 《战国策·秦策》:"王又举甲兵而攻魏,杜大梁之门,举河内。"《史记·魏世家》安厘王九年(前268)"秦拔我怀……十一年秦拔(邢)丘"。《史记·秦本纪》秦庄襄王三年(前247)"蒙骜攻魏之高都、汲,拔之"。《史记·穰侯列传》云:"拔魏之河内,取城大小六十余"。《战国策·赵策》:"秦攻魏,取宁邑。"《史记·赵世家》惠文王五十七年(前298)乐毅将赵师,攻魏伯阳,《括地志》云:"在相州邺县西五十五里,七国时魏邑。"

（获嘉、新乡、辉县、卫辉）、鹤壁市（淇县、浚县）和安阳市（安阳县、汤阴、林州市及内黄县西部），该地区为古代著名的交通孔道。《盐铁论·通有》："魏之温、……富冠海内，皆为天下名都。"

从地貌上看，河内地区属太行山东麓的山前丘陵上或黄河冲积平原，太行山脉如一巨大屏障阻隔着华北平原和山西高原，发源于太行山东麓的河流横切山地而形成的峡谷是沟通太行山东西的交通要道。考古发现这一地区新石器时代遗址、殷商遗址、春秋战国遗址大部分沿太行山东麓的河流分布，大河南北的交通多依赖于此，故为兵家必争之地。太行山水系的济水、淇水、汤水、洹水、漳水等形成了这一地区便利的水利条件。魏文侯于魏襄王时期，邺令西门豹、史起先后主持修建漳水渠，"引漳水溉邺，以富魏之河内"①。农业的发展带来了手工业的发展，促进了商业的繁荣和工商城邑的兴起。商品货币流通量的增大，四方物资得以比较广泛的交流，这种交流又在一定程度上刺激了当时社会经济、文化的发展，河内成为魏国最富庶的地区之一。汲县山彪镇与辉县琉璃阁墓地的发掘，表明二处墓地的时代分别是战国晚期（前300～前240）和战国早期到晚期（前445～前225），墓地的性质均为魏国贵族墓地，汲、共壤地相接，当时又同属魏地。从这处墓地发掘出土的大量精美的随葬器物，反映出当时魏国经济发展的状况及魏国贵族敛聚财富的程度②。所以在这一区域内出土大量的战国货币决非偶然，其历史上有着先进的文化和铸币技术的沿革，从殷商时代的铜铸贝，春秋早期的耸肩尖足空首布，到战国时期魏国的各类铸币，应是历史的必然，所以说，区域性经济文化的发展，促进了区域性货币的产生。

2. 小型锐角布的铸行时间

在河内地区考古发掘出土的小型锐角异形布资料中属墓葬出土的三处，即辉县固围村战国1号墓，淇县城关杨庄战国墓和汤阴西岗战国墓地。遗址两处，即辉县战国铸铁遗址和辉县古共国城墙遗址。从已公布的资料看，辉县固围村1号墓属战国晚期。汤阴西岗战国墓，1982年发掘，共有墓200余座，出土文物多见陶器、带钩、箭、铜镞之类，据发掘主持人介绍，在一个骨架的小腿骨上仍留有箭簇，这可能是一处战争阵亡者的墓地。据出土器物界定时间在战国的中晚期。汤阴，古称荡阴，为魏之北方重镇。魏安厘王二十年（前256）秦围赵之邯郸，魏安厘王使将军晋鄙救赵，畏秦，以止于汤阴，不进③。信陵君无忌椎杀晋鄙，领兵解赵之围即发生在此。尽管该墓群的出土资料未曾发表，但大体上把这处墓地界定为魏国士卒的墓地不会有误。辉县战国铸铁遗址和古共国城墙遗址均位于河内中心区域。从已公

---

①　《史记·赵世家》。

②　郭宝钧：《山彪镇与琉璃阁》，科学出版社，1959年。

③　《史记·魏世家》。

布的资料看,时间也都界定在战国的中、晚期。这样看来,小型锐角异形布界定为战国中晚期魏国河内之地方铸币,已基本得到考古资料的科学证明。

我们再进一步从窖藏内涵来分析,1954 年林县出土战国货币窖藏,"𡵂"字锐角布占96%,另有"公"字布一枚,"垣"字圜钱 1 枚。1981 年鹤壁市狮跑泉村货币窖藏中,"公"字布占 72.63%,另有"𡵂"字布 1 枚,"安邑一钌"3 枚,"梁正尚百当𡵂"布 8 枚,"梁邑"布 18 枚,"垣"字圜钱 1 180 枚。这两处窖藏以小型锐角布为主,皆与魏国货币同出,证明它与魏国货币关系密切。所以说小型锐角异形布是魏国的另一种地方铸币,当属史实。

《史记》秦昭襄王四年(前 303)"取蒲阪……五年(前 302)后与魏阪……十五年(前 293)大良造白起攻魏,取垣"。《正义》:"前秦取蒲阪,后以蒲阪与魏,魏以为垣,今又取魏垣,后与之。"由此可知"垣"见于公元前 302 年,秦归还魏后改名的。秦始皇元年(前 238)最后又取垣,仍改名为蒲阪(今山西永济县)。因此"垣"字圜钱的铸行时间在公元前 302 年至 238 年之间。鹤壁出土的战国货币窖藏中,3 000 余枚"公"字布与近 1 200 枚"垣"钱共出,可以证明二者铸行的时间大致相近。此外该窖藏中同出的还有较多的"梁正尚百当𡵂"及"梁邑"布,这两种布皆为魏迁都大梁后的铸币。《史记·楚世家》载:楚悼王五十一年(前 391)"三晋伐楚,败我大梁、榆",可知这一年魏国从楚国手中夺取了大梁。之后,魏惠王六年四月九日(前 364)魏由旧都平阳迁都大梁。公元前 225 年,"秦将王贲灭魏,俘魏王假,魏亡",魏国在此共传六世 143 年。钱币学界把梁布上限一般界定在公元前 361 年。这也同样说明小型锐角布与梁布在公元前 361 年之后是同时流通的。通过以上分析,我们基本上可以确定小型锐角布的国属和铸行区域,即魏之河内铸币,其时间在战国的中晚期。小型锐角异形布有着较浓郁的地域文化特征。锐角小耳在布首的出现,应是从实用性出发,小耳可防止绳索捆扎时布币脱落,更便于携带。其"∧"形裆避免了裆部深入布身,排除了小布头重脚轻的感觉,使币型更趋合理化。这种币型的出现,一定程度上也是战国时期百家争鸣、标新立异的社会意识形态在铸币文化上的反映。

四、小型锐角异形布铭文释读

目前,小型锐角布只发现铭文两种,即"𡵂"字和"公"字。从文字结体分析,魏有"𡩋二钌"布,"𡩋"字释垂,"𡩋"与"𡵂"篆法相去甚远。《说文》"𡴆"草木华叶垂,象形,凡"𡴆"之属皆从垂,段注"今垂字行𡴆废"①,"𡴆"读若垂,从垂之字"坖"或变成"垂",亦作"峀、峀"。"㙓"或变作"㙓",亦作"茎",差与从羊之字无别。"𡴆"作素,与从生之字无别。在商周金文

---

①　段玉裁:《说文解字注》,上海古籍出版社,1981 年。

中,从垂之字华篆作"秉",差字篆作"莶"或"莶",垂字偏旁作"朿"或"朿",都不同于"孚"字篆法。战国楚文字中有陲字,篆作"陸",邮字篆作"陸",秦文字邮作"卙"[1]。其垂字从土作"垚"或"垚"[2],字体结构均不断笔,"孚"字为上下结构,均与朿或垚相异。在商周金文中未见"丅"字符,但在战国燕系文字刀币铭文中有"丅"符号。由此可证,"孚"字不应释垂,其地望非曹县句阳店之垂地或洛阳之郊垂,在此二地均无"孚"字异形布出土之记录,也从侧面证实了这一点。如释魏字,西汉以前金文中未见有魏字,"忘"字见于战国玺印文字,姓氏字,是否释魏当有疑问。魏字篆作魏、魏、魏等形,乃西汉以后的篆法。"孚"字与魏字篆法相去甚远。作为战国地名之魏,历史文献中没有记载,所以"孚"字释魏,未免牵强。关于"孚"字的释读有待进一步考证。

"公"有释地名谷,战国韩地,今河南洛阳市西北。《历代古钱图说》:"公,即公里,宋地。"《左传》昭公二十一年华娃居于公里。公字,考之《春秋》、《战国策》等,均无以其作为地名的记载。甲骨文中有谷字作"谷",公字作"台",可知"公"字释公是正确的。就目前小型锐角布集中出土的河内地区,古今皆无以垂、公为地名者。公有公平之意,据悉,曾发现过一枚小型锐角异形布,一面铭文"孚",另一面铭文"公"[3]。由此可证,"孚""公"都可能不是纪地名。值得注意的是,在汲县、辉县战国时期魏国贵族墓地中出土的青铜器上,有带波浪纹"公"字填白的纹饰,此纹饰作风延续了很长的一时期,这种文化习俗有可能影响了铸币文化,也使得魏国的铸币在铭文上出现这一特定的符号。据此可以认定"孚""公"应是吉语类的铭文。虽然"孚"字目前还不能确切释读,它和公字布应同是魏国河内地区铸行的一种区域性货币。这样看来,小型锐角布的特殊形制以及纪吉语铭文的出现,就不难使人理解。

五、异形布的流通形式

大型锐角布多见于图录,有明确出土地点的仅有以下几例:

1. 1957 年,陕县后川战国中期 2703 号墓出土"涅金"布一枚[4]。

2. 上世纪 70 年代,河南新郑北关战国窖藏钱币中捡选出一枚"涅金"布[5]。

---

① 何琳仪:《战国文字通考》,中华书局,1980 年。

② 高明:《古文字汇编》,中华书局,1980 年。

③ 郑家相:《上古货币推究》:"近见有一面聚字,一面公字者,因知公字布亦铸于聚地。"《泉币》第十四期,上海泉币出版社,1942 年(中华民国三十一年)9 月 1 日。

④ 中国科学院考古研究所:《庙底沟与三里桥》,科学出版社,1959 年。

⑤ 赵新来:《河南新郑城关出土的战国布币》,《考古学刊》第三集,中国社会科学出版社,1983 年。

3.郑州市郊战国货币窖藏中出土有"卢氏"异形布①。

4.1992年8月,郑韩故城大吴楼铸铜遗址南部边缘地带出土"涅金"大型锐角布面、背范共3件②。

5.1994年,周口地区商水县化河乡宁格村出土一枚"涅金"布③。

卢氏,春秋为西虢邑,春秋晚期有"卢氏"空首布一种。其地处河洛之间,战国中晚期属韩④。涅为涅水,今名赵河,源出河南镇平县北,南流会洪水、严陵河入漯河。大型异形锐角布集中出土于黄河以南新郑——陕县东西狭长地区,与币文地望大致相符。战国时此地为韩国的势力范围,其币为韩国铸造,当符合史实。1992年新郑郑韩故城大吴楼铸铜遗址发现"涅金"锐角布范,也从侧面证明了这一点。

另外,传世的大型锐角布"渝涅金",则不属此范围以内,汪庆正将此布释为"俞金匕","俞为渝,战国魏地,今河南浚县西南"⑤,则较为合理,渝地正在魏之河内地。该布系传世品不见出土地点,在形制上同以上两种大型锐角布也不尽相同,其锐角外边与柄身成一锐角而非与"卢氏""涅金"一样为弧形,而与"字锐角布,除裆部外,则有较明显的一致性。这说明大型锐角布的出现时间可能较小型锐角布要早,最初大约是分两大区域流通的,故有韩、魏的区别。若此,"渝金匕"和"字布在形制上有共同之处,就不难使人理解。从尺寸重量上来分析,"渝金匕",通长6.6、首宽2.3、足宽4.1、身长4.9厘米,比之"字布长约1.4厘米。大锐角布一般在17～19克之间,而"字布重在7.8～10.2克之间,二者重量相差近一倍,显然二者之间存在着等制关系。

"公"字布一般通长4.69～4.9、身长3.19～3.34、首宽1.2～1.8厘米、肩宽2.26～2.6厘米,足宽2.6～2.87厘米,重5～7克,与"字相比,除尺寸相差较明显外,其重5～7克与8～10克相较,相差也近一倍,二者之间也应存在着等制关系。

通过以上分析,基本上可以认为魏国异形布"渝金匕""字布"公"字布三者之间存在着等级差别。它应是在继承了魏国早期铸行的"安邑二釿、一釿、半釿"等级制的基础上,又在河内地区铸行了新的等级制货币体系。以上情况是我们根据三种异形布在重量上的差异推测分析的结果,是否正确,有待进一步研究。

---

①　河南省博物馆:《郑州南关外商代遗址的发掘》,《考古学报》1973年1期。

②　蔡法全、马俊才:《新郑郑韩故城出土的战国钱范、有关遗址及反映的铸钱工艺》,《中国钱币》1995年2期。

③　周口地区钱币学会课题组:《周口地区建国以来钱币出土情况调查》,1985年10月(待发)。

④　汪庆正:《中国历代货币大系·先秦货币卷》附《先秦货币释文表》,上海人民出版社,1988年。

⑤　汪庆正:《中国历代货币大系·先秦货币卷》附《先秦货币释文表》,上海人民出版社,1988年。

六、结　语

　　战国中期,韩赵魏三国通过调整边界,使各国的疆域相对稳定了一个时期,相同的文化渊源使得三晋之间政治、经济交往频繁,铸币文化出现了流通和融合的趋势。河内地区西有太行山之屏障,东部和南部据黄河之天险,北有漳河为赵国之南界。独特的地理环境,阻止了外部势力的侵入,而肥沃的土地,便利的水利条件,促进了该地区农业、工商业长足的发展。尤其是战国中期稳定的三晋政治关系,使得这一地区在军事上相对平和,从而兴起了轵、山阳、汲、共、朝歌、中牟、汤阴等若干著名的工商业城邑。这些城邑虽有一定的水运和陆路交通与周边地区进行商业贸易,但限于当时的条件,日常大量的商品交换仍局限在本区域内,促进了区域性货币的产生,小型锐角异形布正是在这种情况下成为河内地方铸币的。"￥"、"公"锐角布并不一定局限在某一地点铸造,在河内地区凡是有条件的城邑都有铸造这种货币的可能,这一点从该货币的出土地情况可以得到证实。而币文"￥"字和"公"字当属吉语类铭文,尽管"￥"还不能确切释读,但并不影响它是魏国河内地方铸币的性质。至于新郑郑韩故城遗址出土少量的小型锐角布面、背范,当是韩国仿铸魏国河内铸币的结果,因为在遗址内还发现了其它不同国属的钱范。

林县出土"￥"字布数据统计表

单位:厘米、克

标本号	通长	身长	首宽	肩宽	足宽	厚	重量
0690	5.17	3.72	2.25	3.0	3.1	0.10	8.9
0697	5.28	3.71	2.25	3.03	3.17	0.08	8.7
0695	5.14	3.67	2.33	3.02	3.28	0.09	8.5
0669	5.10	3.60	2.37	3.06	3.07	0.12	9.4
0693	5.04	3.60	2.41	3.05	3.20	0.11	9.1
0685	5.19	3.75	2.43	3.02	3.26	0.10	9.1
0673	5.13	3.67	2.30	2.99	3.07	0.07	7.8
0672	5.09	3.68	2.15	3.0	3.10	0.08	8.0
0671	5.09	3.60	2.34	3.0	3.10	0.1	9.0
0665	5.20	3.72	2.41	3.01	3.16	0.13	9.25
0677	5.28	3.96	2.09	3.03	3.23	0.09	9.1

（续表）

标本号	通长	身长	首宽	肩宽	足宽	厚	重量
0689	5.16	3.67	2.37	3.09	3.20	0.07	8.3
0670	5.32	3.83	2.39	3.07	3.28	0.11	10.0
0701	5.05	3.54	2.36	3.02	3.12	0.10	9.1
0706	5.14	3.65	2.03	3.0	3.28	0.09	9.9
0686	5.09	3.68	2.28	2.94	3.10	0.09	8.3
0698	5.17	3.81	2.17	3.07	3.09	0.10	8.5
0702	5.01	3.65	2.36	3.05	3.23	0.09	9.4
0696	5.21	3.75	2.21	3.08	3.21	0.11	8.7
0704	5.11	3.69	2.35	3.01	3.16	0.11	8.4
0699	5.13	3.71	2.23	3.06	3.20	0.11	9.4
0691	5.0	3.5	2.24	3.06	3.10	0.10	8.6
0675	5.21	3.88	2.33	3.03	3.03	0.10	8.5
0687	5.20	3.85	2.46	3.08	3.14	0.13	9.4
0682	5.23	3.85	2.43	3.14	3.13	0.10	10.5
0674	5.15	3.73	2.38	3.02	3.07	0.08	9.0
0676	5.24	3.72	2.43	3.06	3.23	0.10	8.9
0684	5.14	3.61	2.38	3.05	3.15	0.10	9.2
0683	5.22	3.65	2.30	残3.02	3.10	0.11	8.6
0668	5.20	3.68	2.30	3.04	3.20	0.13	9.1
0680	5.11	3.60	残2.35	3.0	3.14	0.12	9.2
0694	5.34	3.72	残2.24	残2.61	残3.0	0.14	10.0
0667	5.24	3.71	2.50	3.04	3.23	0.10	9.8
0678	5.17	3.72	2.49	3.10	3.24	0.11	8.7
0703	5.0	3.68	2.46	3.0	3.12	0.11	8.4
0666	5.12	3.65	残2.38	3.07	3.4	0.12	10.2
0681	5.04	3.69	残2.10	2.85	残3.06	0.08	8.6
公字布	4.76	残3.34	残1.55	残2.26	残2.87	0.14	7.2

第四节　汤阴出土战国窖藏半两的整理与研究

一、出土概况

1995 年 11 月下旬,河南汤阴县工商银行新办公楼施工工地,出土一战国半两窖藏。该窖藏地点位于原汤阴县城城墙北约 500 米,汤河南岸约 200 米(今人民路北侧 50 米)处的一块台地上。据我们调查得知,钱币窖藏系民工在挖地基时发现,约距地表 2.5 米,无盛装器及其它伴出物,钱币放置杂乱,多见 10 余枚、20 余枚大小相混锈结在一起,穿系痕迹不甚显。此窖藏共出土半两钱 20 余公斤,约 5 000 枚。钱币为红、绿锈,部分为土黄色锈,锈蚀较为严重,汤阴县文管所征集回一部分,我们在多次调查中也征集了部分样品。据悉,在豫北地区出土战国半两钱这属首次。我们曾对这批半两进行过简要的分析[①]。

汤阴,古称荡阴,为冀州之域,殷商时期为畿辅地,县北七里有羑里城,是周文王姬昌被囚之地。周灭殷后,分殷地为鄘、邶、卫三国,此为邶国地。春秋早期属卫,后属晋之东阳地。战国先属赵,为赵王畿中牟之属地,后属魏。战国晚期,魏信陵君无忌窃符救赵,椎杀大将晋鄙之事,就发生在这里。

二、窖藏半两分类

该窖藏为单一半两窖藏,从型制、铸造技术等方面分析,这批半两钱存在着铸造时间、铸造工艺以及钱体大小、轻重的明显差异,但从文字气息上看,无一不备战国秦半两之风骨,应为战国秦半两窖藏。为了进一步搞清该窖藏的内涵,我们于 1996 年 5 月对汤阴县文管所征集的半两钱中随意抽取 1 公斤进行分类排比,得知每公斤为 229 枚(其中大型厚者均为人挑选过,仅存一般品),其中大型 24 枚,径 3 厘米以上,重 5 克以上,占 10.5%;灯笼半两 4 枚,上下留有宽大铸柄,径 3 厘米以上,重 4～6 克,占 0.17%;中型 162 枚,径 2.6～3 厘米,重4～5.5克,占 70.7%;径小厚重者 5 枚,钱体厚,径 2.5～2.5 厘米,重 6.5～7.5 克,占0.21%;小型 30 枚,径 2.3～2.4 厘米,重 2 克左右,占 13.1%;残损者约 4 枚,占 0.17%;大型厚重者 300 余枚占整个窖藏半两的 0.06%。我们将征集到的 50 余枚有代表性的半两钱,结合抽样情况,列为八大类,分述如下:

---

① 　焦智勤、孔德铭:《河南汤阴出土战国半两窖藏》,《中国钱币》2000 年 2 期。

第一类：厚重型

I 型，径大、钱体不甚圆，钱厚如同厚饼，边缘不整齐且有流铜，穿孔较小，面穿大于背穿，部分近似圆穿。钱文字体极为高挺，一般凸出币面 0.1～0.2 厘米，文字结体或宽或长，篆法古朴放逸，笔画粗犷苍劲，铸口多在穿的上部。其中左读"半两"一枚。该型钱径3.14～3.16、穿 0.61～0.80、肉厚 0.18～0.31、字厚 0.24～0.48 厘米，重 9.5～21.7 克，标本 1、2、3、6、29、51、53、52 等与陕西神木县出土之半两钱类同[1]（图一三：4～7 图一四：1、3）。

II 型，径小于 I 型，钱体厚，字体也高挺，钱文放逸，部分漫漶不清，穿孔略小，制作一般较粗劣，流铜现象严重。该型钱径 2.66～3.0、穿 0.68～0.86、肉厚 0.18～0.31、字厚 0.24～0.40 厘米，重 6.0～10.6 克。标本 9、10、31、32、48、54 等，这种径小，钱体厚重，铸造粗劣的半两钱在其它地方出土半两中较少见（图一四：2、4、5）。

这一类厚重半两，大型者文字风格古朴凝重而放逸，文字极为高挺，很少有两枚相同者，部分钱又有缺笔少画者。如果墨拓，其"两"内双人多拓不出来，半字或缺上部，或中画不出头，其两字内双人均较长，低于外框，半字上部或中间竖画也清晰，究其原因，当为此类钱铸造工艺较原始，当时铸钱用泥范，浇铸后毁范取钱，钱范文字刻划的较深，浇铸时铜汁未到所致，I 型钱呈现出早期铸造的特征。II 型的铸行时间当晚于 I 型钱，从其铸造的粗劣程度上看应为私铸钱。

第二类：灯笼半两

此类钱上下留有宽大的铸柄，但钱径边缘规整，因状如灯笼，俗称灯笼半两。钱体略厚重，穿孔中型，文字较规整，"两"字上横画较短，肩部圆折。径 3.12～3.14、穿 0.82～0.9、肉厚 0.15～0.18、字厚 0.24～0.26 厘米，重 7.3～8.2 克（图一四：6）。

灯笼半两多出土于陕西、四川。四川青川县 50 号战国秦墓出土有多枚这种半两钱，从该墓出土的纪年木牍可知其时间为秦昭王元年（前 306）之后的一段时间里[2]。汤阴出土之灯笼半两，从文字上看书体规整，布局合理，铸造的十分规整，与《半两货币图说》[3] 收录的这类钱有明显的区别。从这类半两钱的铸造工艺看，其上下留有宽大铸口茬，知其是由"分流直铸式"钱范所铸，这种铸造秦钱的工艺"是迄今所见半两钱范最原始之浇铸形式"之一[4]。

第三类：饼半两

此类半两为合范所铸，上下铸口，下铸口留有铸柄，较窄，形体厚重，穿孔较小，冲凿呈圆

① 王雪农、刘建民：《秦钱新品种饼半两》，《中国钱币》1994 年 2 期。
② 四川省博物馆：《青川县出土秦更修田律木牍》，《文物》1982 年 1 期。
③ 关汉亨：《半两货币图说》，上海书店，1995 年 10 月。
④ 蒋若是：《秦半两钱系年举要》，《中国钱币》1989 年 1 期。

形,面穿大于背穿,字体规整,略显细长,标本 5,径 3.03、肉厚 0.24、字厚 0.33 厘米、重11.95 克(图一四:7)。山西神木出土的半两钱中有这类半两①。饼半两可能是秦国在向东兼并过程中,吸收新占领地区的铸币技术而铸造的一种新型半两钱,其铸造时间当晚于上述半两的铸造时间。

第四类:厚重规整型

此类钱极少,径大,穿孔特别小,形制规整,铸工精良,字体宽大而规范,笔划高挺,“两”字上画较长。在挑选出的 300 余枚大型厚重半两中仅挑选出一枚,标本 4,径 3.32、穿0.58、肉厚 0.19、字厚 0.28 厘米、重 12 克(图一四:8)。从规整程度上看,应是官铸半两。

第五类:大型广穿型

钱径特大,肉薄,体轻,广穿,铸造规整,多见上下浇铸口,字体规整,布局合理,笔画高挺,径 3.36～3.78、穿 0.79～1.11、肉厚 0.08～0.18、字厚 0.23～0.31 厘米、重 6.3～10.3克(图一四:9、10)。标本 7、13、14、30、55 等,此类钱应是官铸钱。

第六类:椭圆型

Ⅰ型,径大,广穿,磨边,薄肉体轻,文字规整高挺。标本 11,钱径 3.06～3.16、穿 1.14、肉厚 0.14～0.20、字厚 0.21 厘米、重 7.4 克(图一五:1)。

Ⅱ型,径中型,广穿,部分磨边,薄肉,字体略为规整。径 2.50～2.98、穿 0.73～0.97、肉厚 0.10～0.17、字厚 0.15～0.23 厘米、重 3.3～4.1 克(图一五:2、3),标本 16、18、19、20、37、40、41、56 等,这类钱也应是官铸钱。

Ⅲ型,径小,穿孔略大,部分磨边,薄肉体轻,肉厚 0.08～0.12、字厚 0.12～0.17 厘米、重 1.75～2.8 克(图一五:4、5)。标本 21、22、24、45、46、47 等,类同 1988 年甘肃省宁县长庆桥出土的半两钱②。

半两钱磨边者,多见于椭圆形半两,因为这种钱径上下较窄,左右较宽,多将左右两边缘磨去一部分,使其近似圆形。为了求圆,往往把钱文两边的边缘磨掉,有的甚至伤及文字,把“半”字右边和“两”字左边的笔画给磨掉,标本 11 就属这种情况。一般认为秦半两钱不磨边,汤阴窖藏中出土的这种磨边钱占有一定比例,说明战国秦半两钱在某一个时期或某地区,存在铸后加工整修的情况,从这类钱Ⅰ、Ⅱ型的铸造规整程度上看,当是战国晚期的减重半两,Ⅲ型钱一般铸造粗劣,或谓之私铸钱。

第七类:减重半两

钱径较小,轻薄,穿孔大小不一,字体变化较大,放逸无定式,制作大都粗率,但也有规整

①　王雪农、刘建民:《秦钱新品种饼半两》,《中国钱币》1994 年 2 期。

②　周延龄:《长庆桥窖藏秦钱及所见的问题》,《陕西金融·钱币专辑》第 15 辑,1991 年 4 月。

者。径 2.41～2.62、穿 0.78～0.94、肉厚 0.08～0.15、字厚 0.11～0.20 厘米、重 2.0～4.6 克(图一五:6～10)。标本 15、17、23、28、33、35、36、38、43、44、49、50 等,此类钱铸造粗率,钱文书体随意性较强,应为私铸钱。

从以上的排比分类中,可知汤阴战国秦半两窖藏中,有的类型可以从已经出土的先秦半两中找到同类或相似的品种,有的则见不到类同者,由于半两钱的版别复杂,又缺乏文献记载,要逐一考证出其铸造年代,着实困难,我们只能从该窖藏半两的型制、铸造工艺、钱文风格等方面作一大致的分类。

三、汤阴窖藏半两的特色

1.时代跨度长

目前钱币界对先秦半两一般分为三期:①秦孝公时商鞅变法后至秦惠文王主政之前,此时秦国各地城邑自行铸造钱币,大小轻重不一。②秦惠文王二年(前 336)"初行钱及周天子贺行钱"以后,秦中央政府实行统一铸币,是半两钱的定型期。③战国晚期至秦始皇兼并六国,官铸半两钱的减重及私铸小钱泛滥[①]。从上一节的排比中,我们发现汤阴出土之半两钱的时代包括以上三期中的所有品种,自战国中期秦城邑铸半两钱开始至战国末期半两钱的减重,时代跨越了 150 余年。先秦半两钱的出现可能还要早些,按规律一种货币的产生,总是先出现在民间,以后为政府所重视,继而定型为全国的统一货币,先秦半两货币也正是这样演进的。

2.窖藏内涵丰富

汤阴出土之窖藏半两钱,多种类型,大小轻重混杂,可谓内涵丰富多彩。有些半两钱如在四川青川、甘肃宁县长庆桥、陕西神木等地出土的半两钱中都可找到它的影子。另外,一些半两钱中的珍品发现,更为这批窖藏钱币增添了光彩,如早期大型"半两"、左读"半两"饼"半两"、磨边半两及钱径较小但重量可达 10 克以上者,特别是钱径达 3.8 厘米,重量达 21.9 克半两钱的出土极为罕见,当是先秦半两中的精品。

3.文字书体多变

秦国文字自有特色,从已出土的战国中晚期的金文和陶文资料看,文字的风格基本上和秦小篆相似,甚至一样,秦文字的形体变化不大,与六国文字相距悬殊[②],说明秦在统一文字

① 关汉亨:《半两货币图说》,上海书店,1995 年。
② 何琳仪:《战国文字通论》,中华书局,1989 年。

前小篆已是战国中晚期比较通行的文字①。汤阴出土的秦半两,从钱文上可看出战国中晚期秦文字方折刚健的风貌特征。早期"半两"二字笔画凸起可达 0.1～0.2 厘米,显得极为高挺,"两"字上笔画长短粗细多有变化,字体的宽窄与长短随钱而异,有的字可占去穿孔一侧的全部空间。早期半两的铸造工艺原始,使铸造出来的半两钱多不规整,流铜现象严重,幕面高低不平,文字缺笔少画,总体上看这时的钱文字体古拙浑厚,笔画猷劲,或粗犷放逸,或方折刚健。中期者,钱文书写规整,结构严谨,"两"字上画或长或短,文字形体或长或方,长者刚健,方者略带圆折,古雅隽秀,这时的钱体较规整,说明铸钱工艺的不断提高。晚期,字体一般放纵飘逸,钱文大小、变化极大,无章法可循,但笔画的变化仍不失古法。其中官铸钱文字规整秀美,而一些粗糙的私铸钱,其形体不整,铸造粗劣,一般未进行后期修整和加工,文字结体随意,有的文字漫漶不清,但皆具秦篆之气息。秦始皇统一文字,只是将秦国流行的小篆体加以整理,使之规范化,作为通用的官方文字,废除原六国不与秦篆相合的异形文字。从汤阴出土的这批先秦半两钱文中,也可以看出秦篆逐步规范的进程。

4. 铸造技术的差异

该窖藏之半两钱形制,体现了先秦半两铸造技术因时代、铸地的不同,有着不同的风格特征。从已出土的钱范看有分流直铸式钱范,分流分铸式钱范,以分流直铸式铲形钱范最为原始。其中灯笼半两是这种钱范的产物,这类半两钱,一般都留有宽大铸口,不加修整,便进入流通领域。上述第一类中那种大型厚重文字高挺的半两钱,大都形体不规则,且薄厚不匀,流铜现象严重,表现出了早期泥范铸造的痕迹。那些铸造规整,边缘光滑,无流铜、露铜现象,浇铸口不明显的半两钱,应是秦半两实行官铸以后,其铸造工艺不断提高的产物。磨边半两凿磨痕迹明显,是经过后期加工的。至于私铸钱制作技术低劣,钱体大小不一,从中也可看出战国末期秦半两铸行的混乱局面。而出土于该窖藏中的饼半两,则是使用面背两块钱范相合而铸造的,它与先秦时期刀、布类货币的铸造工艺相近,开创了方孔圆钱合范铸造的先河。

四、窖藏原因与时间

战国时期秦半两在流通中有其明显的地域性,从目前已公布的出土资料,可知战国秦半两钱的出土地主要集中在陕西、四川两省。陕西为秦本土,四川则是秦国于公元前 316 年所

---

① 袁仲一:《秦代陶文》,三秦出版社,1987 年。

占领的区域①。其它省份出土的较少，见诸报道有山西省河津县②、安泽县③、神木地区、内蒙古敖汉旗④、河南南阳⑤等地，这些地区都先后被秦国兼并。汤阴出土战国秦半两窖藏，是已知出土秦半两的最东界，且出土量大，更具有特殊的意义。汤阴是战国时期河内重镇，地处三晋地区的中心区域。战国末期，各国之间的商业贸易频繁，货币经济繁盛，出现了统一化的趋势，不同国家的货币相互流通的情况普遍存在，仿铸它国货币的现象也较为突出，这个窖藏半两钱是不是国与国交换或仿铸币的结果呢？我们认为存在这种情况的可能性极小，其一，河内是魏国的中心区域，地理位置比较独特，在这一地区存在先进铸币技术的沿革，保持着较为繁盛的货币经济，仿铸别国货币的情况基本上不存在。从此地考古发掘和货币窖藏资料看，战国中晚期的墓葬和货币窖藏以魏国的布币为主，多有圜钱伴出，是魏国货币的支柱，如汤阴西岗战国墓群出土有"公"字布⑥，鹤壁狮跑泉村出土的战国货币窖藏也以魏国桥足布、"公"字布和"垣"字圜钱为主⑦，林县出土小型锐角"午"字布和"公"字布窖藏中也仅发现有魏国铸行的"垣"字圜钱⑧，这三处都与汤阴半两钱出土地点相去不远。其二，秦国崛起在西方，深受少数民族文化的影响，而山东诸国多属华夏族之后裔，有着较先进的物质文明，双方在传统文明方面存在着较大的差异。秦国在逐渐强盛以后，与山东六国之间战争频繁，尽管六国之间也时有兼并和攻防，但对秦国的兼并，则因共同的利益而互相联合，多次"合纵"与秦国对峙。从历史上看，秦与六国的战争持续数百年，最终以秦国统一结束。至于民间贸易可能偶然存在，但因地理上的限制，规模要小的多。这是在豫北地区出土战国中晚期三晋货币窖藏中不含秦半两的原因。河南新郑郑韩故城发现一处韩国铸币的中心，其中出土有仿造楚、赵、魏等国钱币及钱范，独不见秦半两⑨，也可从侧面证明这一点。此外，从出土半两钱形制分析，包括了战国秦半两的各时期，时间跨度长，且在币型、文字风格方面与其他地方出土的战国秦半两有较大的一致性，也说明汤阴出土之半两钱大部分为秦国本土所铸行。

那么，汤阴战国秦半两窖藏的埋藏原因是什么？为什么这么多战国秦半两埋藏在三晋

①　《史记·六国年表》："击蜀，灭之。"秦国占领四川时在公元前 316 年。

②　胡振岐：《山西河津县发现秦半两》，《中国钱币》1986 年 1 期。

③　王雪农、祁生：《安泽县出土秦汉半两钱的整理及研究》，《中国钱币学会成立十周年纪念文集》，中国金融出版社，1992 年。

④　邵围田：《内蒙古敖汉旗出土秦半两》，《中国钱币》1988 年 2 期。

⑤　魏仁华：《河南南阳发现一批秦汉铜钱》，《考古》1964 年 11 期。

⑥　汤阴西岗战国墓群，1985 年由安阳地区文管会同河南省文物研究所共同发掘。

⑦　刘荷英：《鹤壁出土战国锐角币》，《中国钱币》1989 年 2 期。

⑧　安阳市钱币学会课题组：《安阳地区建国以来出土货币调查报告》，1995 年 2 月(待发)。

⑨　蔡法全等：《新郑郑韩故城出土战国钱范及所反映的铸币工艺》，《中国钱币》1995 年 1 期。

中心区域? 我们分析认为,这种情况极有可能与战争有关。战国晚期,秦兼并六国的步伐加快,逐步吞并了三晋大片领土。公元前 290 年魏献河东四百里于秦,秦在取得河东桥头堡之后,开始向三晋腹地进攻,先兼并韩国的上党地区,然后进攻河内地区。秦攻魏之河内地区的道路有两条,一路由三门峡渡河,过轵道,向东北沿汲、朝歌北上;另一路走上党,过滏阱口,沿漳河东下,北攻赵之邯郸,南攻安阳、汤阴等地。秦国势力最早伸入到这个地区的时间可能在秦昭襄王五十一年(前 256),"攻汾城,即从唐(今山西临汾)拔宁、新中,新中更名安阳"①,即今河南省修武、获嘉县一带。但秦军的这次进攻很快就被韩、赵、魏、楚四国联军打退。《史记·六国年表》载:魏安厘王二十一年(前 256)"韩、魏、楚救赵新中,秦兵罢",《史记·楚世家》"楚考烈王七年(前 256),救赵新中"也记述了这件事。而此时魏国、赵国势力比较强大,决不允许秦对河内地区染指。汤阴在战国晚期属魏地,"赵惠王二十四年(前 275),廉颇攻魏房子,拔之,因城而还,又攻安阳取之"②。公元前 267 年廉颇取魏之几(今河北大名县东南),次年又攻取魏的防陵(今安阳县南)、安阳(今安阳县东南)拔之③。汤阴北距安阳仅 20 公里,距防陵更近,是时安阳、防陵属赵,汤阴成为魏国北方重要城邑,是抗击秦军的前沿阵地,其地理位置十分重要。因此,战国末期,秦与韩、赵、魏三国的战争多次在此展开。魏安厘王二十年(前 256),"秦围赵之邯郸,魏安厘王使将军晋鄙救赵,畏秦,止于汤阴,不进"。"信陵君无忌椎杀将军晋鄙,以救赵"④。信陵君窃符救赵,椎杀大将晋鄙之事,就发生在汤阴降城。1985 年在汤阴西岗发掘出土的大量战国士卒墓,也可证明这一点。在当时形势,秦军攻占汤阴的可能性极小。史载:"(秦)昭襄王四十一年(前 266)攻魏,取邢丘、怀。""(秦)昭襄王三年(前 247)攻魏之高都、汲、拔之"⑤。公元前 242 年"蒙骜取魏酸枣二十城,设东郡"⑥,秦始皇二年(前 241)"秦拔我朝歌"⑦。《史记·穰侯列传》:"拔魏之河内,取城大小六十余"。大约在此时间内,秦军的势力已经到达河内的中心区域。公元前 225 年,秦军水淹大梁,"虏魏王假,魏亡"⑧。从以上史书记载可以看出,秦与魏国的战争一直持续,且步步进逼到河内的中心地区,战争互有胜负。这一时期,汤阴一直处在魏国抗击秦军的前沿阵地。因此关于这批战国半两的埋藏原因,应当和战争有关,这与蒋若是认为的"各地发现多

---

① 《史记·秦始皇本纪》。
② 《史记·赵世家》。
③ 《史记·廉颇蔺相如列传》。
④ 《战国策·赵策》。
⑤ 《史记·秦本记》。
⑥ 《史记·秦本记》。
⑦ 《史记·秦始皇本记》。
⑧ 《史记·六国年表》。

随秦军所到而传入,而于六国发现则绝少,似早期只充军用而非裕财之需"的看法相吻合[1]。汤阴出土的这批半两钱可能作为秦军的军需辎重,在进攻汤阴的战争中,秦军被魏军击败,退守时仓猝间将钱币掩埋,而成为窖藏。从这个窖藏钱币无盛装器物及放置的杂乱情况,也可证明。如果这种推测不误的话,这批半两钱的埋藏时间当在公元前 256 年~前 225 年之间。

五、相关问题的分析与探讨

1. 从汤阴战国半两窖藏看秦钱的铸行情况

公元前 359 年商鞅入秦,三年后秦孝公任用商鞅为左庶长开始变法,通过一系列变革法令,逐步确立了封建制,解放了生产力,从而使秦政治、经济得到前所未有的发展,以致"兵革大强,诸侯畏惧"[2]。此外,随着战争的节节胜利,领地的不断扩大,战争也多在秦国本土以外进行,这样在秦国内部出现了相对稳定的局面。人口增加,农业、工商业迅速发展,一些大、中、小城邑迅速兴起。这些城邑聚集有较多的工商业人口及政府官员、吏卒,商品交换范围日趋扩大,城邑铸币在这一时期已开始出现。《商君书·徕民篇》:"民无一日之徭,官无数钱之费。"《外内篇》:"其家贫而商富,故其食贱者钱重。食贱则农贫,钱重则商富。"[3] 从汤阴出土之半两看,这一时期城邑铸币大小,轻重及文字字体风格均有明显差异。

纵观秦国在战国时期的钱币铸行情况,可以发现秦中央政府曾对钱币铸造采取极端严格的垄断措施,对私铸钱严厉惩罚以维护中央铸钱权,秦律中记有这样一起举报盗铸治狱的案例:"某里五(伍)甲、乙缚诣男子丙、丁及新钱百一十钱、容二合,告曰:丙盗铸此钱,丁佐铸,甲、乙捕索其室,而得出钱容……。"[4] 实际上秦国垄断钱币铸行的情况仅局限在一定的时期和一定的范围内,随着秦国在军事上的节节胜利,版图迅速扩大,这种控制也在逐渐减弱。汤阴出土战国半两窖藏其大小混杂、优劣相间的情况表明,至战国晚期,秦国中央政权对铸币权控制被迫放松,币制相当混乱,私铸、盗铸及恶劣钱充斥于市的局面相当严重,不仅民间私铸钱增多,政府也因货币流通规模扩大,钱币需求量增多,也多铸减重半两。这种应急措施,一定程度上促进了商品交换的发展,满足了流通的需要,但也会带来无穷的恶果。因半两钱大小差别相异,粗劣不一,秦政府为了维护货币的信誉,不得不以法律的形式,强制

---

①　蒋若是:《秦半两钱系年举要》,《中国钱币》1995 年 1 期。

②　《商君书》。

③　《商君书》。

④　《睡虎地秦墓竹简·封诊式》,文物出版社,1978 年。

通行。湖北省云梦县睡虎地秦墓出土的秦简《金布律》载:"官府受钱者,美恶杂之,勿敢异。"①汤阴出土之半两,重者达 21 克以上,轻者仅 1.75 克,相差 12 倍之多,这也是秦钱流通中不分大小同时使用的最好例证。

2. 饼半两新探

该窖藏目前发现饼半两 10 枚,其铸造采用合范工艺,多无错范现象,表明在秦国东扩兼并大片领土的情况下,也吸取了先进地区的铸币技术。山西神木饼半两多见圆穿,或方穿不透,冲凿成圆穿,或铸成圆形状,形同圜钱。而汤阴饼半两一般形体规整,文字方面也较之上述半两有较大的变化,不仅字迹清晰,且形体较长,笔划方折、劲健、布局合理,与神木饼半两相比较差别明显,显非一地所铸。它的铸行时间可能比神木饼半两要晚,技术也较之更加成熟,铸地大约就在河内的某地。我们这样认为是有其历史根据的,从春秋早期卫国耸肩弧裆尖足空首布之始铸,到战国中晚期鹤壁出土魏国货币窖藏都表明这一地区有着铸币技术沿革的习俗以及货币流通的政治、经济条件。汤阴窖藏饼半两的出土其意义不在于一个半两新品种的发现,而在于为饼半两的铸地、分期提供了新的资料。关于神木饼半两的铸行时间,目前有两种说法。其一,认为是秦国早期地方城邑铸币,属初期试铸性质的产品②。其二,认为是秦国东进途中,为适应占领地区政治、经济、文化等背景,约公元前 306 年至前251 年的产品③。以上两种观点,分歧较大,我们认为后者更接近于史实。战国中晚期圜钱一度流通的较广,其最早出现在魏国境内,铭文有"共""垣""共半釿""虞"等。共,今河南辉县;垣,山西垣曲县西南;虞,山西平陆县境内。1973 年山西闻喜县东镇公社出土了一批"共"圜钱,约 700 枚④。1981 年,鹤壁出土一战国货币窖藏,其中"垣"字圜钱 1 179 枚,"共"圜钱 1 枚。从这一地区圜钱的出现、发展、流通来看,主要在魏国河东及河内地区,即今天的山西省南部及河南省西北部一带。秦国在东扩过程中,在继承当地使用圜钱的基础上,铸造一种加重新型半两,即饼半两,极有可能。闻喜之"共"圜钱重在 14.8~18.5 克,径 4.4~4.65 厘米,鹤壁出土之"垣"圜钱径 4~4.1 厘米,重 8~11.5 克,神木之饼半两重 11.5~15.5 克,汤阴出土饼半两重在 11.95 克左右。以上闻喜之圜钱与神木饼半两,鹤壁之圜钱与汤阴饼半两在重量上相近,似乎并不是偶然的巧合。可以这样认为:秦国为巩固新占领的三晋地区,出于政治上的考虑,仿照魏国圜钱而铸加重半两,即饼半两,重量与圜钱基本一致,以提高秦钱的信誉,宜于人们接受,便利其在圜钱流行区域的推行。

基于以上的认识,两种饼半两的始铸时间大体应与秦国东扩,秦军占领上述两个地区的

①　《睡虎地秦墓竹简·金布律》,文物出版社,1978 年。
②　王雪农、刘建民:《秦钱新品种饼半两》,《中国钱币》1994 年 2 期。
③　朱华:《近几年山西出土的一些古代货币》,《文物》1976 年 10 期。
④　关汉亭:《半两钱币图说》,上海书店,1995 年 10 月。

起迄时间相近。从这两种饼半两出土较少、地域性较强的特点,也可以看出秦国铸行饼半两是权宜之计,故铸时较短,流通不广。一旦秦国新占领地区局势好转,统治巩固,其它各种半两便相继流入,饼半两便废止铸造,汤阴出土的半两多元性、复杂性也正好证明这一点。

3.合金成分

用分析和考察铜铸币的合金成分来研究古钱币,戴志强等先生在这方面作了大量的工作。据戴先生考察研究,战国秦铸币的合金成分平均值是:铜 74.59%,铅 16.50%,锡5.97%[①]。我们曾分两次从汤阴半两窖藏中取出 6 枚有代表性的半两钱,作为测试标本。标本 1(币号 49),钱径 3.28 厘米,重 13.4 克,属厚重Ⅰ型;标本 3(币号 9),钱径 2.6 厘米,重 8 克,属厚重Ⅱ型;标本 4(币号 12),钱径 3.03~3.14 厘米,重 7.3 克,属灯笼半两;标本 5(币号 14),钱径 3.40 厘米,重 6.3 克,属大型广穿型;标本 6(币号 57),钱径 2.36~2.46 厘米,重 2.1 克,属小型类,测试结果如下:

汤阴出土半两合金成分

编号	名称	合金成分(%)			
		铜	铅	锡	铁
1	半两	78.16	7.91	2.80	
2	半两	46.90	22.44	20.44	1.37
3	半两	70.91	18.39	6.79	
4	半两	71.44	9.58	7.64	2.73
5	半两	63.33	24.63	6.96	0.43
6	半两	49.58	41.87	0.73	0.71

(注:以上金属成分由郑州大学测试中心测试)

上述测试结果,6 枚标本的合金成分平均值为铜 63.38%,铅 22.47%,锡 7.56%。值得注意的是测试标本 2 的合金成分中,铅和锡的含量都在 20%以上,为高铅高锡青铜铸币。测试标本 6 的铅含量高达 41.87%,锡含量仅 0.73%,为铅基青铜铸币,这样低含量的锡,不应是有意配加的,而是原材料中夹杂的。从测试结果看战国秦半两的合金成分,除高铅高锡青铜铸币和铅基青铜铸币外,其铜含量在 63~78%左右波动,铅含量在 9~17%左右波动,锡含量在 2~7%左右波动,和戴先生的研究结果基本相同。由此可以证明,战国秦半两的

---

① 戴志强、周卫荣:《中国历代铜铸币合金成分探讨》,《中国钱币学会成立十周纪念文集》,中国金融出版社,1992 年。又秦半两合金成分的平均值是:铜 74.03%,铅 15.11%,锡 8.72%。这个数字与战国钱惊人相似,可见"质如周钱"的记载是符合实际的。

铸造没有统一的标准,合金的组成亦无严格的要求,而是根据铸造地材料来源,因时制宜而铸,这样就造成了战国秦半两的大小轻重不一同时流通的局面。这种铅基青铜半两和齐国的刀币、燕国刀币和赵国的小方首布刀币多为铅基青铜铸币的情况大体类同,铅基青铅铸币应是战国晚期铸币的一个特点,而秦统一后所铸行的半两钱,则很少存在这种情况。

汤阴出土战国半两统计表

单位:厘米、克

编号	径	穿	肉厚	字厚	重量	备注
1	3.32	0.70-0.82	0.29	0.39	15.45	字高挺
2	3.28	0.81	0.21-0.28	0.36	13.47	
3	3.24	0.69-0.86	0.20-0.29	0.38	12.2	
4	3.32	0.58	0.19	0.28	12.0	
5	3.03	0.55	0.24	0.33	11.95	带铸柄3.34
6	3.14	0.61-0.65	0.18	0.24	9.5	
7	3.36	0.93	0.16-0.20	0.26	9.4	
8	3.12	0.82	0.18	0.24	8.2	带铸柄3.50
9	2.60	0.52	0.23	0.34	8.0	径小厚重
10	3.07	0.68-0.74	0.20	0.26	7.8	
11	3.06-3.16	1.14	0.14-0.20	0.29	7.4	
12	3.03-3.14	0.78-0.9	0.15	0.26	7.3	
13	3.57	1.08	0.12-0.15	0.24	6.8	
14	3.40	1.11	0.12-0.14	0.23	6.3	
15	2.40	0.77-0.88	0.16-0.21	0.23	4.4	
16	2.72-2.81	0.87	0.12-0.15	0.24	5.0	
17	2.41	0.78	0.15	0.20	4.2	带铸柄2.52
18	2.92-2.98	0.93	0.10-0.13	0.20	4.1	
19	2.53-2.58	0.87-0.93	0.13-0.17	0.21	3.5	
20	2.49-2.55	0.73	0.12	0.23	3.3	
21	2.41-2.44	0.92-0.97	0.12	0.16	2.6	
22	2.23-2.26	0.81-0.85	0.09-0.11	0.15	2.15	
23	2.34	0.86-0.94	0.11-0.08	0.11	2.0	带铸柄2.42
24	2.19-2.36	0.85-0.98	0.08	0.12	1.75	
25	2.48-2.51	0.72	0.18	0.21	4.7	

（续表）

编号	径	穿	肉厚	字厚	重量	备注
26	2.67	0.72	0.14	0.19	4.5	
27	2.58	0.78－0.85	0.12－0.15	0.16	4.0	带铸柄2.80
28	2.34－2.40	0.83	0.15		3.1	
29	3.49	0.7－0.8	0.28－0.31	0.48	19.3	带铸柄3.69
30	3.61	0.79－0.99	0.18	0.23－0.31	10.3	带铸柄3.68
31	2.85	0.79	0.20	0.26	8.3	
32	2.77	0.72－0.86	0.16－0.20	0.23	5.5	
33	2.56	0.75－0.85	0.19	0.24	5.4	带铸柄3.0
34	2.78－2.84	0.72	0.13	0.16	4.7	
35	2.62	0.88	0.13	0.20	4.6	带铸柄2.8
36	2.65	0.75－0.79	0.16	0.20	4.3	带铸柄2.77
37	2.65－2.76	0.9－0.97	0.15	0.17	4.1	
38	2.53－2.6	0.77－0.82	0.14	0.18	4.1	
39	2.71	0.87	0.14	0.17	4.0	带铸柄2.67
40	2.69	0.82－0.85	0.13	0.16	3.9	
41	2.68－2.77	0.72－0.76	0.14	0.15	3.8	
42	2.84	0.74－0.78	0.10	0.17	3.8	
43	2.47	0.98－1	0.15	0.19	3.6	
44	2.25－2.5	0.87	0.17	0.20	3.5	
45	2.25－2.45	0.72－0.76	0.09	0.17	2.8	
46	2.32－2.41	0.79－0.84	0.10	0.14	2.4	
47	2.33－2.42	0.89	0.09	0.12	2.4	
48	2.66－2.8	0.77	0.23	0.28	6.7	
49	2.71	0.78－0.83	0.15	0.20	6.0	
50	2.67－2.83	0.81－0.94	0.14	0.22	4.8	
51	3.17	0.81－0.94	0.31	0.37	21.7	最重者
52	3.33－3.36	0.79－0.83	0.22	0.39	15.2	大字
53	3.5－3.65	0.75－0.9	0.23	0.29	14.0	左读半两
54	2.7－2.8	0.6－0.78	0.23	0.40	10.6	径小厚重
55	3.68－3.78	1.09－1.04	0.11	0.25	8.2	径最大者
56	2.92－3.0	0.9－0.95	0.17	0.22	5.7	
57	2.36－2.46	0.84－1	0.10	0.17	2.1	

第五节 战国钱币

春秋战国时期,安阳称"邺",也称"宁新中",先属魏国,后属赵国。战国时期著名的西门豹治邺的故事就发生在这里。秦昭襄王五十年(前257),秦军攻克"宁新中",更名"安阳",安阳的名字从此见诸史册。经过战国中期魏国的经营,特别是西门豹治邺,破除陋习,兴修水利,开展屯田,发展农业生产等一系列措施,使安阳在一定的时期内,社会稳定,人民安居乐业,经济空前的发展。因此,安阳出土与发现战国钱币较多,除上述我们提到的安阳洪河屯、安阳北郊等出的空首布、林县出土的锐角异形布窖藏、汤阴出土战国半两外,安阳还发现与出土有多种平首布、小方足布、圜钱、刀币、蚁鼻钱等战国时期各国的铸币。

1、1992年,安阳市西部约15公里的洹河中,出土了一批小方足布。这批布币出土时成捆放置,无流通痕迹,品相极好,约有四五千枚之多。但出土后,布币大部分流散民间,我们仅征集到其中的一小部分。从这批方足币的币文看,种类丰富,主要有:安阳、平阴、中都、皮氏、梁、兹、涿、北屈、露、平阳、王氏、祁、马雍、贝丘、郑、乌壤、邬、莆子、梁邑、襄垣等20余种。这批布币品种多,版式繁杂,是安阳市出土小方足布最多的一次(表一:1992年安阳出土小方足布实测数据统计表)(图一六:1~9 图一七:1~12)[①]。

小方足布是战国中晚期三晋地区和燕国等地通行的货币。从出土这一时期的小方足布看,燕国小方足布的文字、币形自有特征,一般币身束腰,背光素且有背文,韩、赵、魏等三晋铸行的小方布币,形制大体相同,无光背的现象。安阳出土的这批小方足布的主要特征为:币面有一直线为中线,地名分书中线两旁,币背为中间一直线,左右两旁为两斜线,其中有形体较大者如"安阳"布,通长5.1~5.2厘米,"梁"布通长为5厘米。其他大多通长为4.5厘米,重在4~7克之间,多数为5~6克。

战国中晚期,安阳先后分属魏赵,在秦兼并六国前的一段时间内,安阳曾归赵。在安阳周围多出土有魏国的桥足布,小方足布一般被认为是韩国的铸币。这批小方足布出土于安阳西部水冶阜城附近,在这一带曾发现过大面积的战国遗址,遗址包括墓葬、灰坑、房基、窖穴等文化内涵,说明战国时期这里的人口稠密商业活动比较发达,从出土小方足布的币文上看,涉及到战国时期韩、赵、魏、燕等各国地名,当是这一时期中原地区货币流通进一步加强的明证。

---

① 刘新明:《安阳出土战国方足布》,《中国钱币》1993年3期。

　　2、1986 年 4 月，汤阴县出土一批战国平首布①，计有安邑二釿 1 枚，平首、圆肩、弧裆、方足、面背有少许鸡血斑，通长 6.6、首宽 2.03、首长 1.8、裆深 1.1、足宽 1.25 厘米，重 26.8 克；安阳布 5 枚，平首、两肩微耸、束腰、方裆、方足，钱面正中从首至裆有一竖线，两侧各有一斜线，通长 4.6、首宽 2.0、首长 1.55、肩宽 2.7、裆深 1.5、足宽 1.1 厘米，重 6.6 克；蔺布 1 枚，与安阳布形制基本相同，通长 4.7、首宽 1.83、首长 1.6、肩宽 2.54、裆深 1.1、足宽 1.1 厘米，重 6.5 克；梁邑布 2 枚，已残，与安阳布形制相同，首宽 1.75、首长 1.45、肩宽 2.5 厘米；襄垣布 1 枚，形制与安阳布基本相同，唯两肩较平，制作规整，通长 4.7、首宽 1.8、首长 1.4、肩宽 2.6、裆深 1.1、足宽 0.95 厘米，重 6.5 克；高都布 1 枚，形制同襄垣布，两肩较平，已残，首宽 1.8、首长 1.45、肩宽 2.7 厘米；涅布 1 枚。

　　3、1985 年，安阳市博物馆征集到一批战国时期的钱币约 30 余枚，其中魏国货币有安邑二釿、垂二釿、四布当釿、梁新釿五十二当乎、梁正尚百当乎（表二：安阳市博物馆藏战国平首布统计表）（图一八：1～7 图一九：1、2）。编号 0091，垂二釿，圆肩、桥足，通长 6.21、柄长 1.72、厚 0.22 厘米，重 27.78 克（图一八：1）；编号 0089，安邑一釿，圆肩、桥足，背“安”，通长 5.7、柄长 1.62、厚 0.15 厘米，重 16 克（图一八：3）。平首小方足布有安阳、平阴、平阳、襄垣、莆子、莆反、梁、祁等十余种。此外，还有 1 枚战国时期楚国铸造的四布当釿连布，编号 0092，通长 8.59、柄长 2.04、厚 0.17 厘米，重 16.8 克（图一九：3、彩版肆）。

　　4、安阳市博物馆还收藏有战国时期的其他货币，如魏国的圜钱、燕国的一化（表三　圜钱统计表）（图一九：5～7）、赵国的刀币（表四　刀币统计表）（图二〇：1、2）、楚国的蚁鼻钱（表五蚁鼻钱统计表）（图二一：1～16）等。

　　5、林州市文管所收藏的 1 枚战国时期魏国铸行的“垣”字圜钱，带铸柄，径 4.20、穿 0.65、厚 0.12 厘米，重 10.5 克（图一九：4）。

　　6、1991 年 8 月，安阳县伦掌乡孟村魏晋时期古钱窖藏内出土 1 枚战国时期燕国铸行的一化，径 1.87、穿 0.56、厚 0.10 厘米，重 1.5 克（图一九：8）。

---

　　①　刘屹华：《浅谈汤阴发现的一批战国平首布》，《中州钱币论丛》，中国金融出版社，1991 年。

表一　1992 年安阳出土小方足布实测数据统计表

单位:厘米、克

编号	币文	通长	身长	肩宽	足宽	重量	备注
001	安阳	5.1	3.55	3.0	3.2	6.6	
002	安阳	5.2	3.6	3.15	3.3	6.0	
003	平阴	4.5	3.2	2.16	2.75	6.5	
004	中都	4.3	3.1	2.6	2.7	6.1	
005	皮氏	4.3	2.9	2.5	2.6	6.3	
006	皮氏	4.4	2.9	2.4	2.6	6.5	
007	皮氏	4.4	3.1	2.3	2.5	6.5	背七
008		4.6	3.1	2.6	2.8	6.5	合面
009	梁	5.0	3.4	3.0	3.3	6.2	
010	兹	4.6	3.3	2.6	2.8	6.5	
011	涿	4.4	3.0	2.5	2.7	5.8	
012	北屈	4.5	3.1	2.6	2.8	6.1	
013	□邑	4.6	3.2	2.6	2.8	6.3	
014	郆	4.6	3.2	2.6	2.9	6.5	
015	虒阳	4.6	3.2	2.7	2.9	6.5	
016	露	4.6	3.2	2.6	2.8	6.2	
017	平阳	4.6	3.1	2.6	2.8	6.6	
018	平阳	4.6	3.1	2.5	2.8	5.0	
019	中都	4.6	3.1	2.7	2.7	6.5	
020	平阳	4.6	3.1	2.6	2.9	6.5	
021	王氏	4.4	2.9	2.5	2.6	5.8	
022	王氏	4.4	3.1	2.5	2.6	6.1	
023	枭邑	4.4	3.1	2.5	2.6	5.9	
024	祁	4.4	3.1	2.6	2.8	6.0	
025	马雍	4.4	3.1	2.5	2.6	5.5	
026	乌壤	4.4	2.9	2.5	2.6	5.5	
027	鄐氏	4.5	3.1	2.5	2.8	6.0	
028	贝丘	4.4	3.1	2.5	2.7	5.5	
029	郑	4.4	2.9	2.5	2.7	5.8	
030	马雍	4.5	3.1	2.5	2.7	5.9	
031	鄔	4.8	3.2	2.6	2.8	6.8	
032	平阳	4.5	3.1	2.6	2.7	5.8	

（续表）

编号	币文	通长	身长	肩宽	足宽	重量	备注
033	平阳	4.93	3.2	2.6	2.8	6.6	
034	平阳	4.7	3.1	2.6	2.9	6.5	
035	平阳	4.8	3.0	2.6	2.7	6.6	
036	祁	4.82	3.1	2.6	2.9	6.8	
037	平阴	4.75	3.1	2.7	2.8	6.8	
038	莆子	4.7	3.1	2.6	2.7	6.8	
039	梁邑	7.62	3.0	2.4	2.7	5.0	
040	襄垣	4.7	3.0	2.4	2.6	6.6	

表二　安阳市博物馆藏战国平首布统计表

单位：厘米、克

编号	币　名	通长	柄长	厚	重量	图　号
0088	安邑二𨨏	6.3	1.8	0.26	25	
0103	安邑二𨨏	6.35	1.64	0.22	21.4	图一八：4
0104	安邑二𨨏	6.43	1.6	0.22	25	图一八：5
0108	安邑二𨨏	6.32	1.7	0.27	27	图一八：6
0091	垂二𨨏	6.21	1.72	0.22	27.78	图一八：1
0106	安邑一𨨏	5.28	1.6	0.15	14	图一八：2
0089	安邑一𨨏（背安）	5.7	1.62	0.15	16	图一八：3
0092	四布当𨨏（连布）	8.59	2.04	0.17	16.8	图一九：3
0093	梁新𨨏五十二当乎	6.18	1.75	0.27	29.3	图一八：7
0094	梁正尚百当乎	5.9	1.7	0.16	13.6	图一九：1
0107	梁正尚百当乎	6.0	1.7	0.13	14	图一九：2
0109	梁正尚百当乎	5.8	1.7	0.18	14.2	

表三　圜钱统计表

单位：厘米、克

编号	币名	径	穿	厚	重量	特　征	图　号
0020	一化	1.94	0.66	0.06	1.25	圆形圆孔	
0021	一化	1.87	0.56	0.07	1.1	圆形圆孔、内外有郭	图一九：7
0115	垣	4.12	0.8	0.13	10.7	圆形圆孔	图一九：5
0116	垣	4.18	0.63	0.11	10	圆形圆孔	图一九：6

表四　刀币统计表

单位:厘米、克

编号	币名	通长	宽	环径	重量	特　征	图　号
0035	明	13.65	1.76	1.58	14.4	直刀、背"左八"	
0036	北	15.4	1.81	1.81	16.85	尖首刀	图二O:1
0037	明	13.8	1.66	1.66	17.6	直刀、背"右土"	
0038	明	13.85	1.65	1.65	16.4	直刀、背"左S"	图二O:2

表五　蚁鼻钱统计表

单位:厘米、克

图　号	币名	长	宽	厚	重量	特　征	编号
图二一:1	各六朱	1.95	1.14	0.30	3.21	形体厚重	0028
图二一:2	各六朱	1.93	1.11	0.3	2.55		0023
图二一:3	各六朱	1.85	1.06	0.24	1.15		0034
图二一:4	各六朱	1.56	0.93	0.2	1.1	小样,无穿孔	0024
图二一:5	咒	1.22	0.91	0.12	0.5		0025
图二一:6	咒	1.34	0.9	0.12	0.5		0026
图二一:7	咒	1.55	0.92	0.26	1.3		0027
图二一:8	咒	1.26	1.1	0.25	1.5		0032
图二一:9	咒	1.5	0.9	0.23	1.19		.0033
图二一:10	咒	1.81	1.14	0.32	2.64		
图二一:11	咒	1.93	1.32	0.2	1.45	合背	
图二一:12	君	1.47	1.27	0.23	2.0	品相好,字体大	0022
图二一:13	君	1.91	1.1	0.22	2.0		0029
图二一:14	君	1.87	1.07	1.26	2.2		0030
图二一:15	君	1.83	1.06	1.19	1.5		0031
图二一:16	君	1.92	1.17	0.16	2.2		

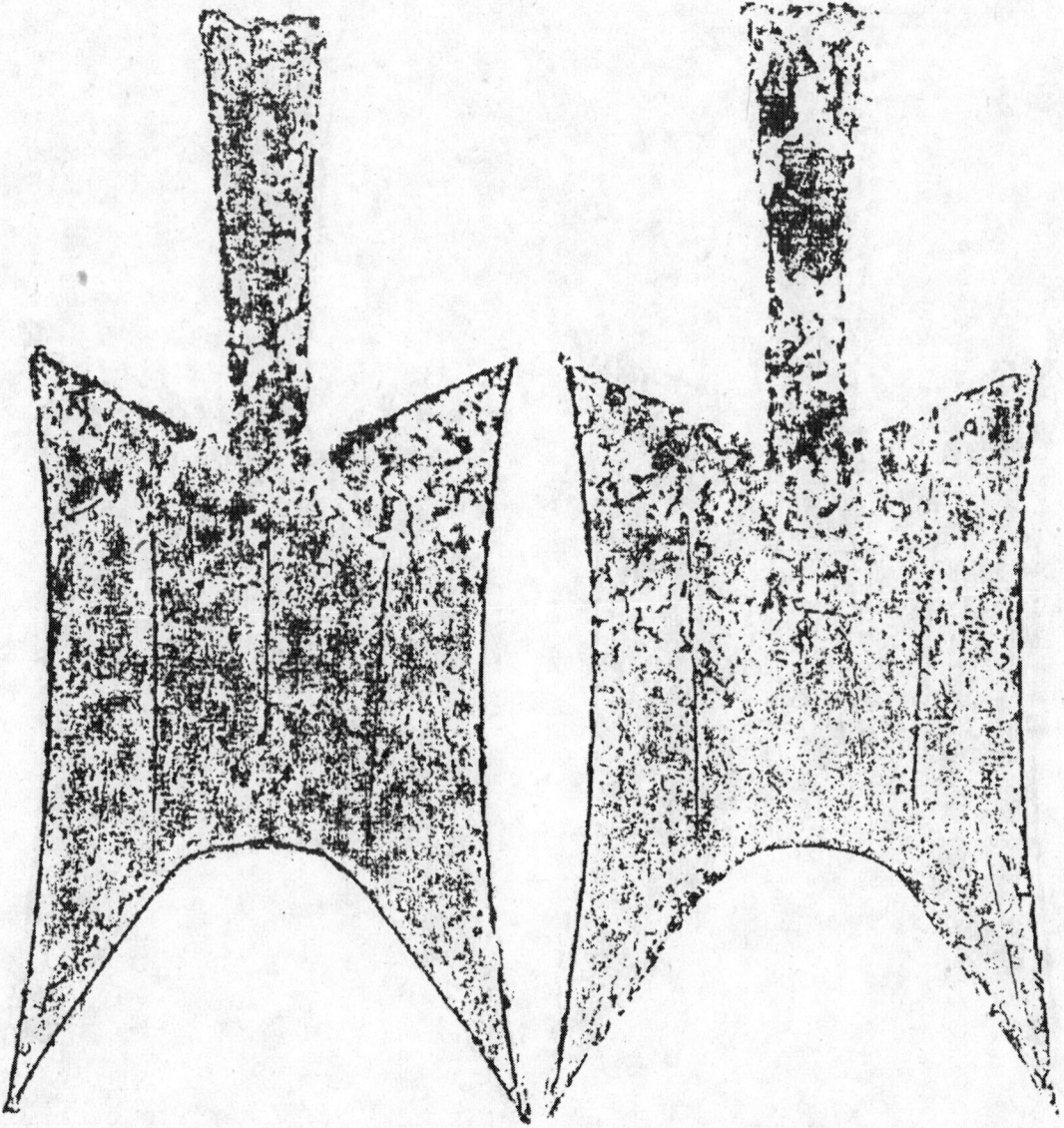

图　一

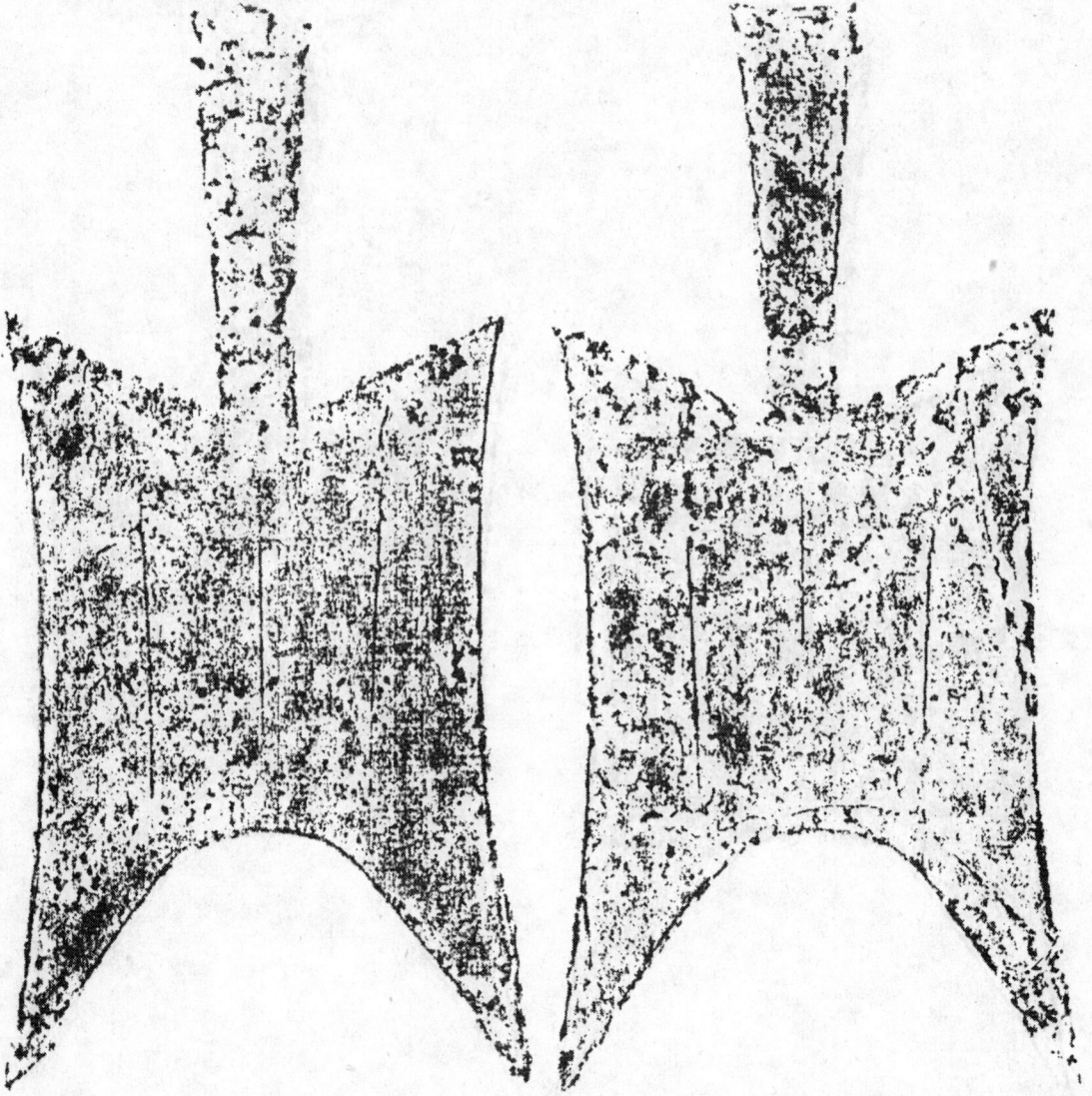

图　二

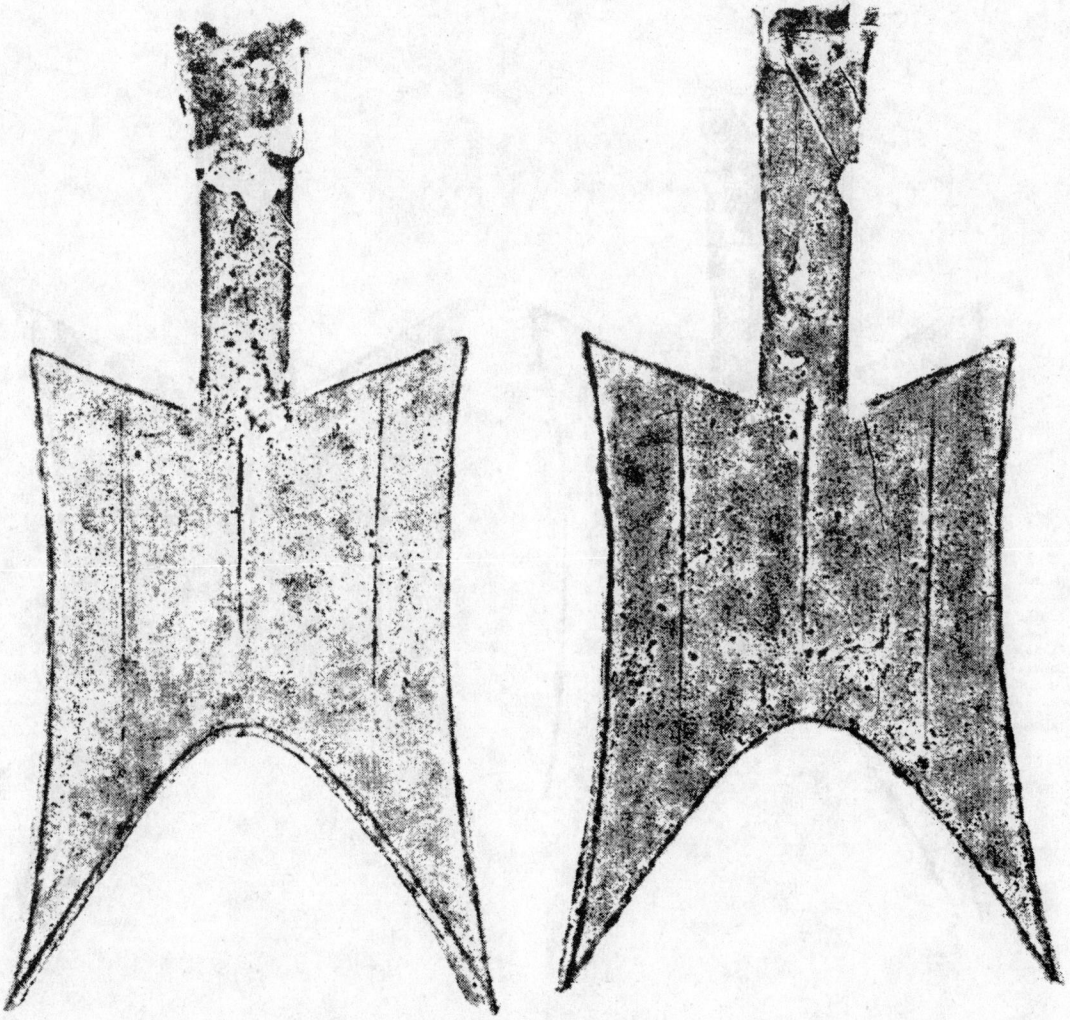

图　三

图 四

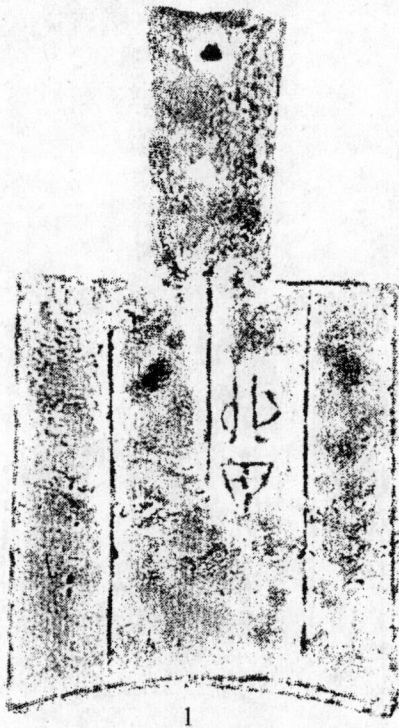

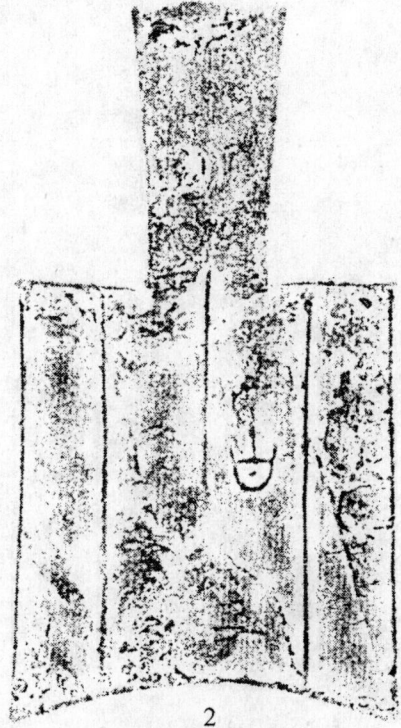

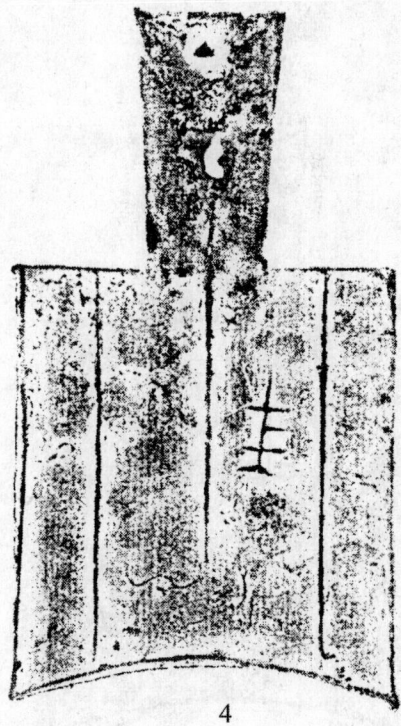

图 五

1

2

3

4

图　六

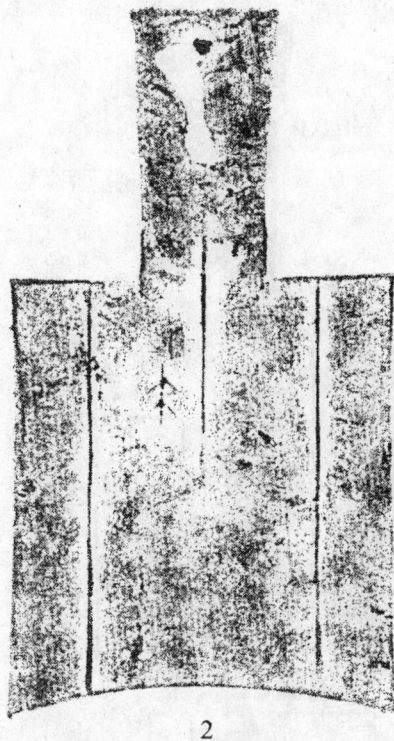

图　七

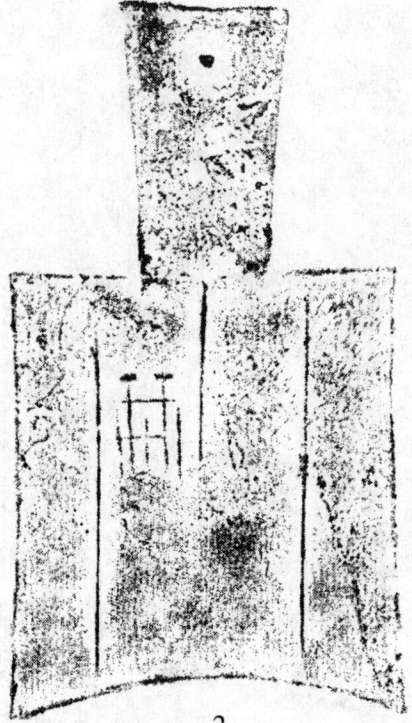

1

2

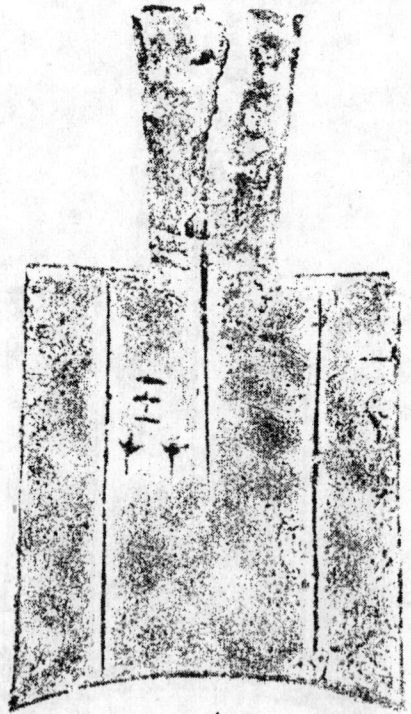

3

4

图 八

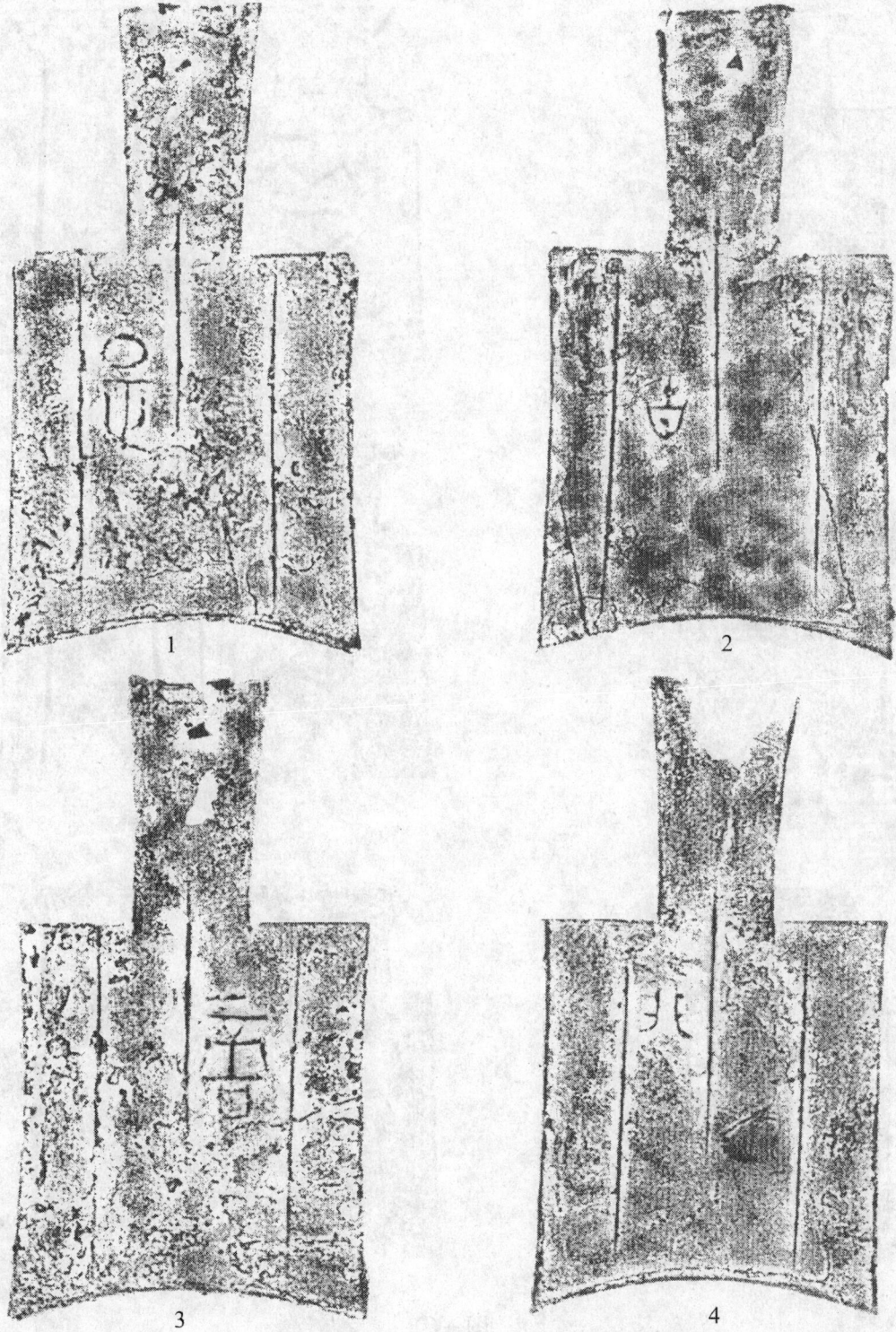

图　九

1

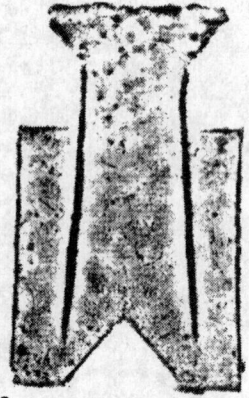

2

3

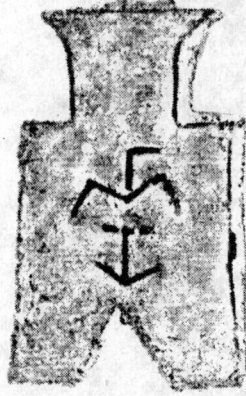

4

5

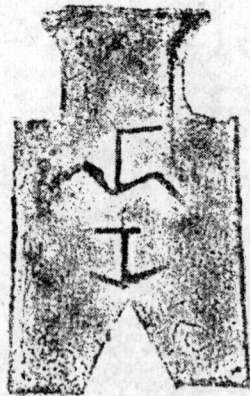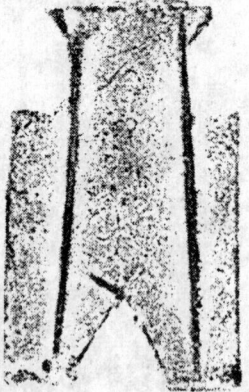

6

图一〇

1

2

3

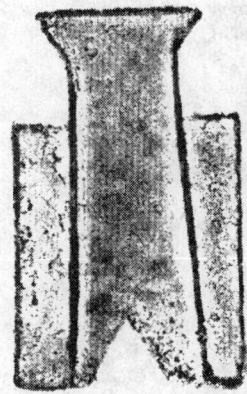

4

5

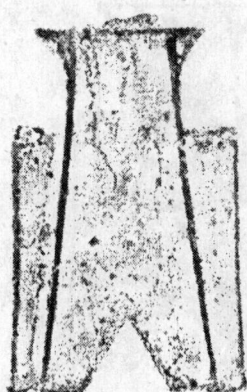

6

图一一

1

2

3

4

5

6

7

8

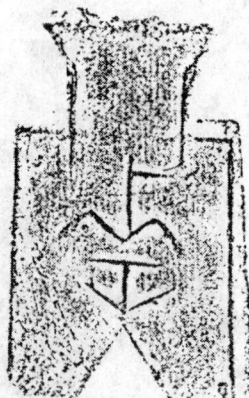
9

图一二

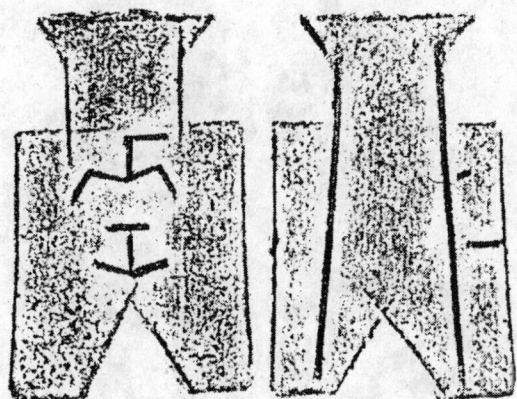

1

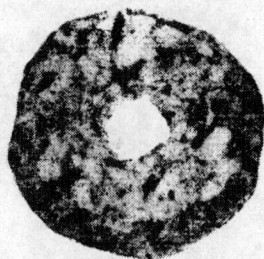

4

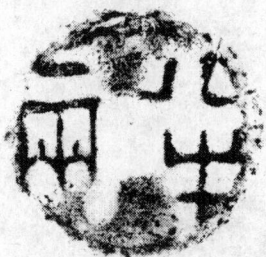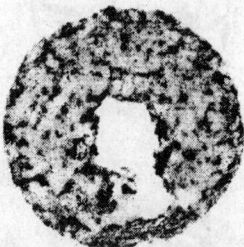

5

2

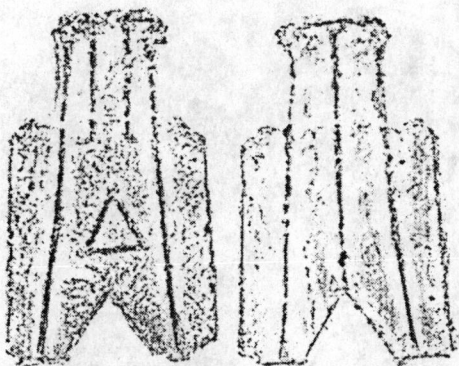

6

3

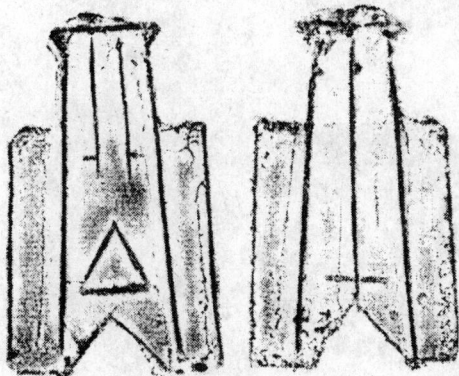

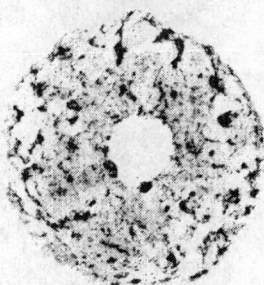

7

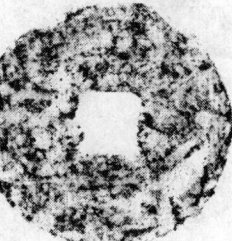

图一三

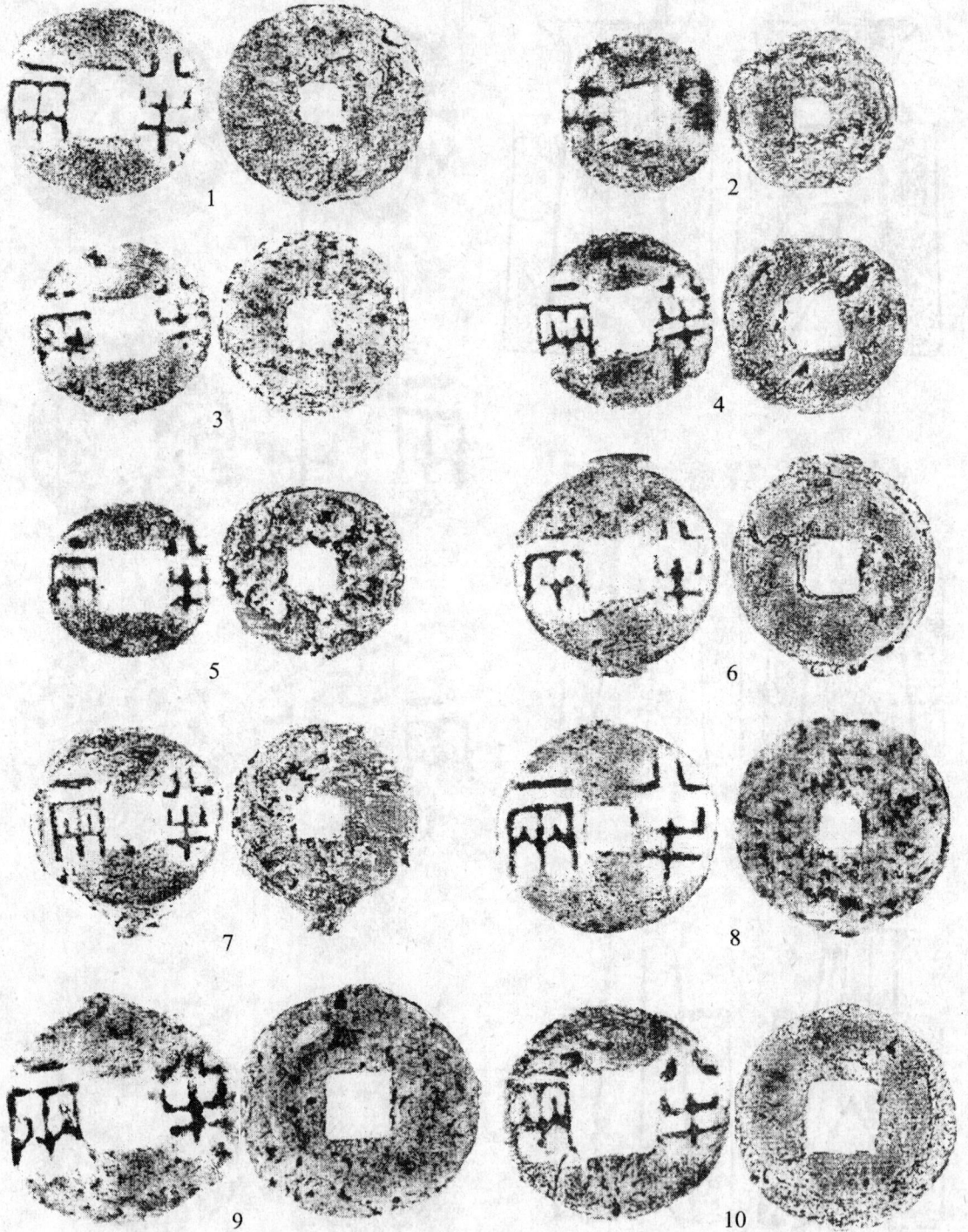

图一四

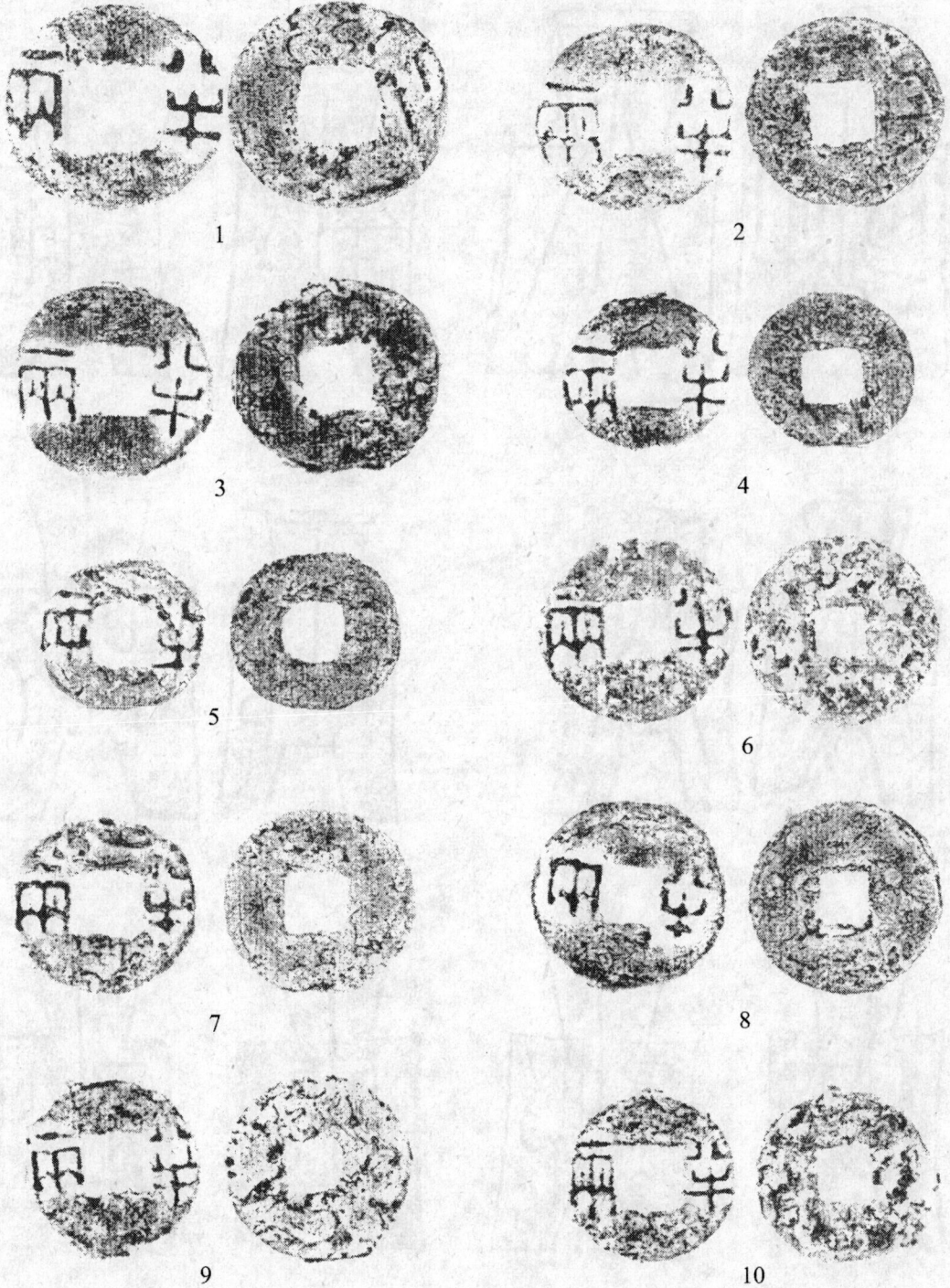

1

2

3

4

5

6

7

8

9

10

图一五

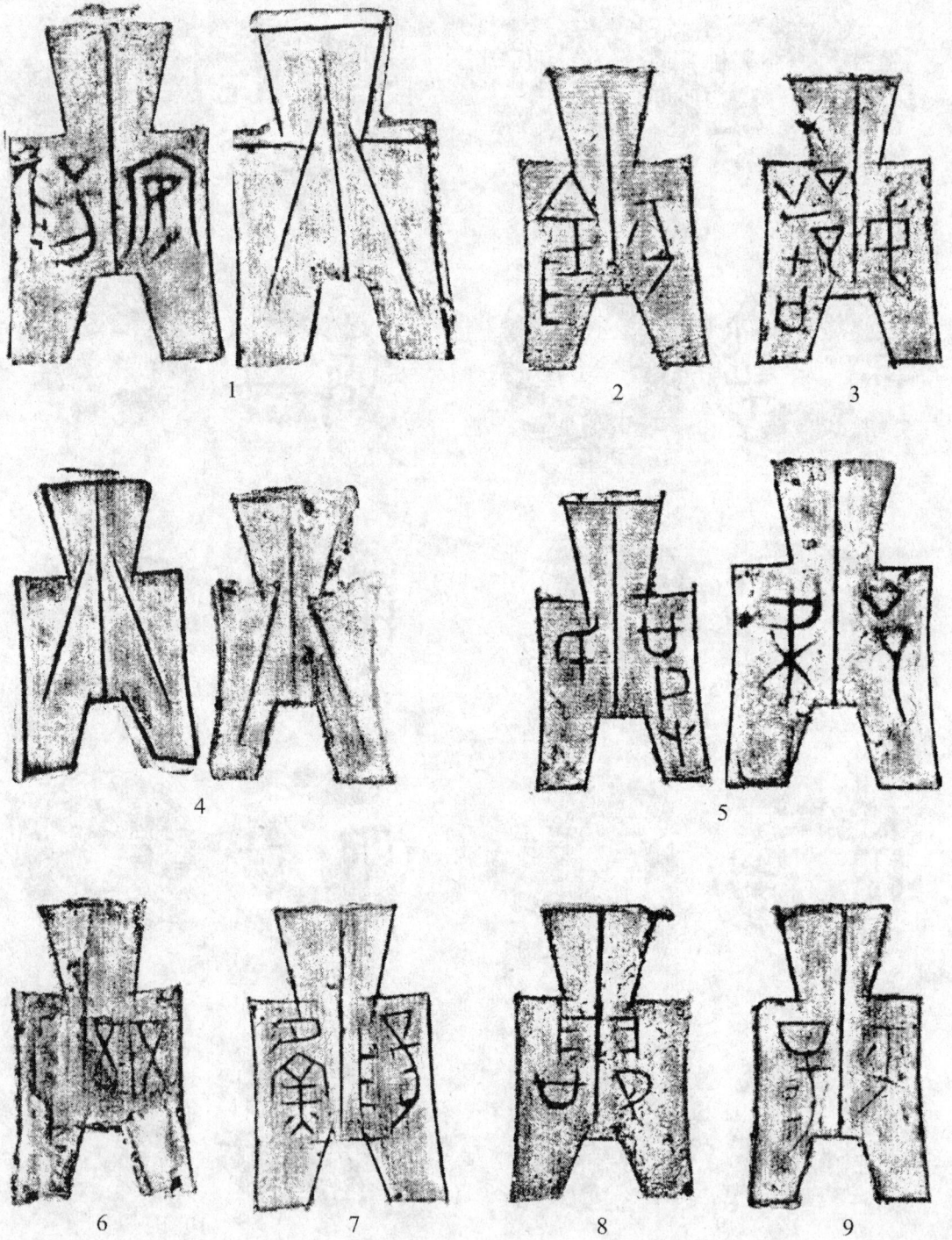

图一六

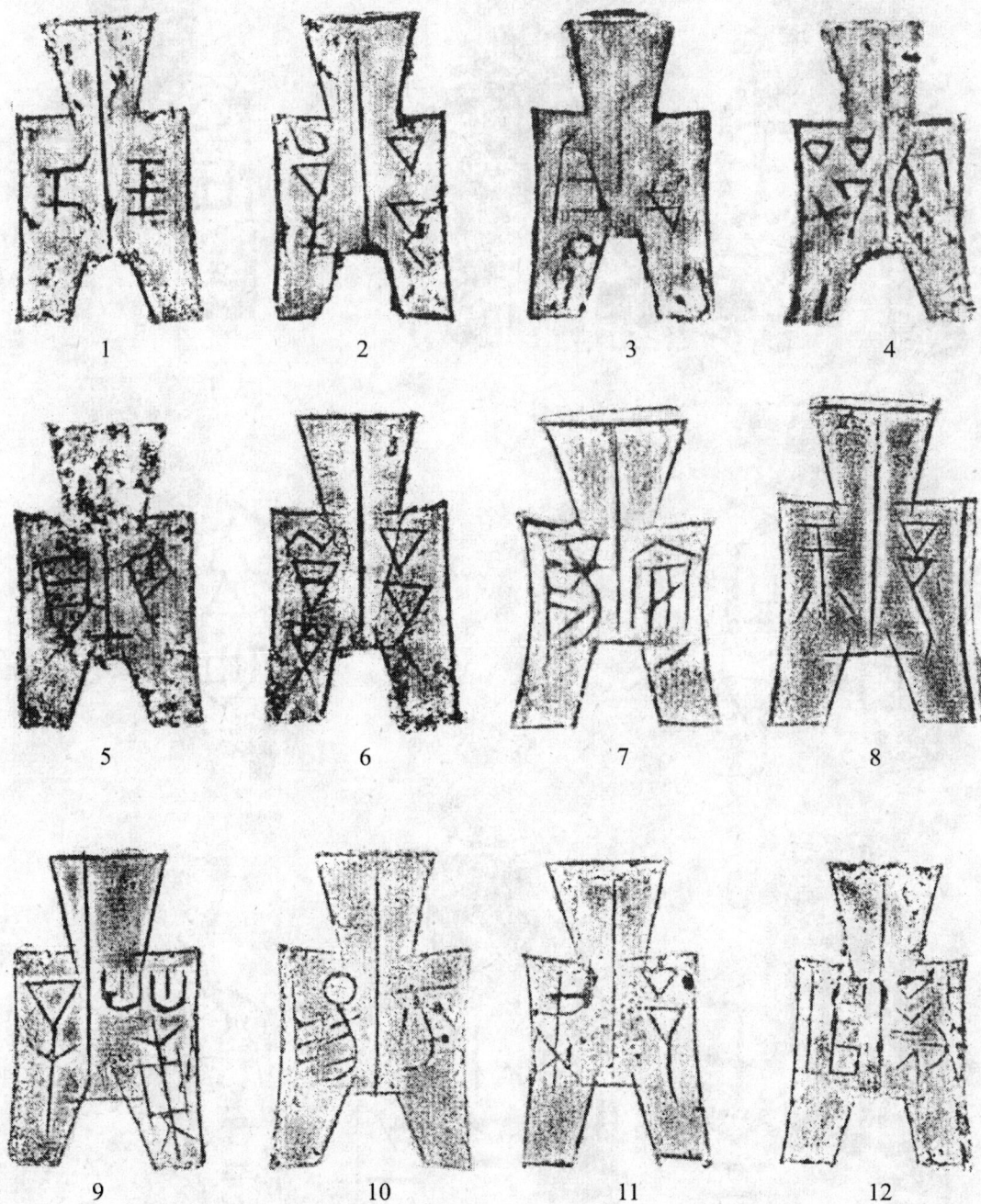

图一七

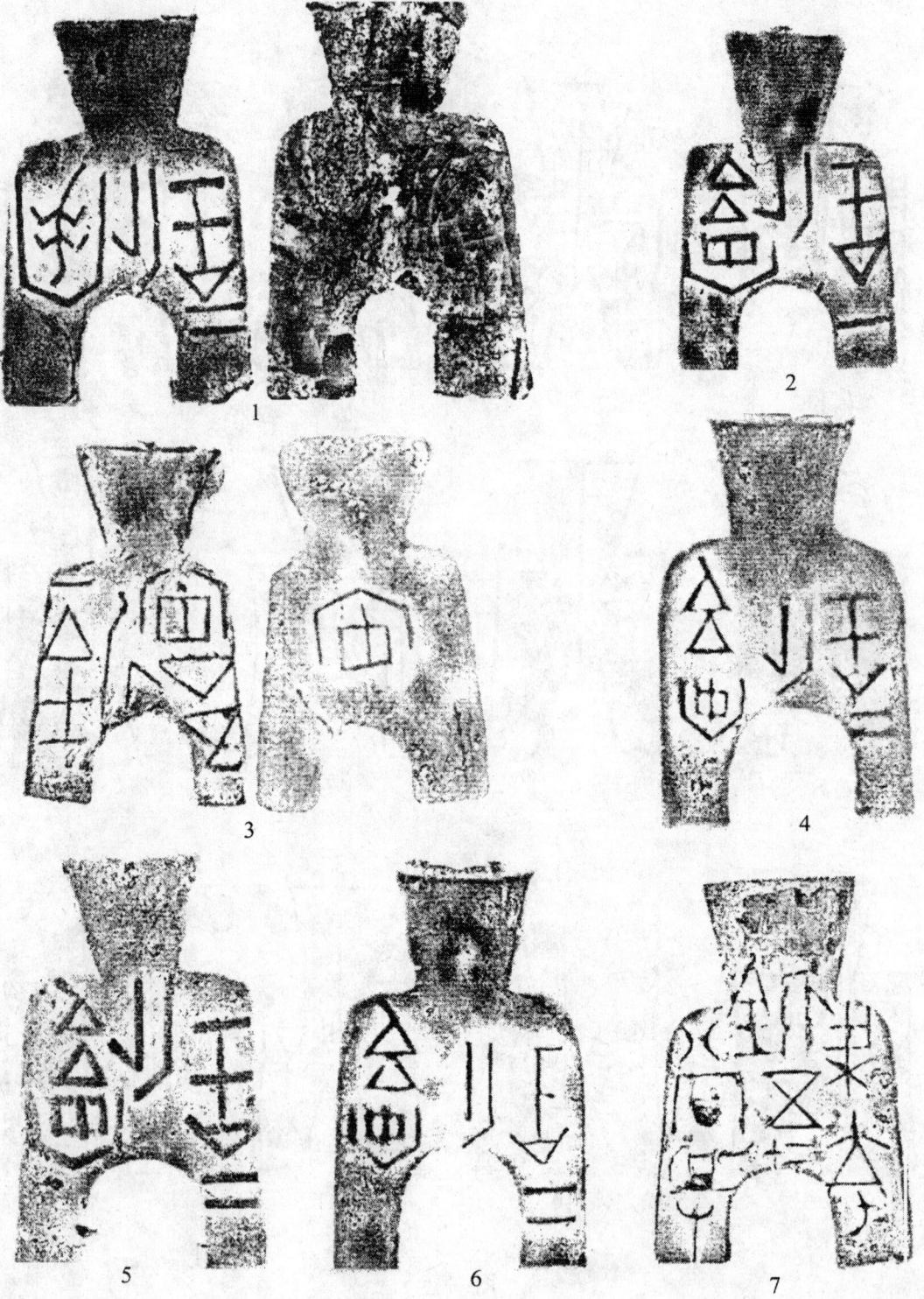

图一八

图一九

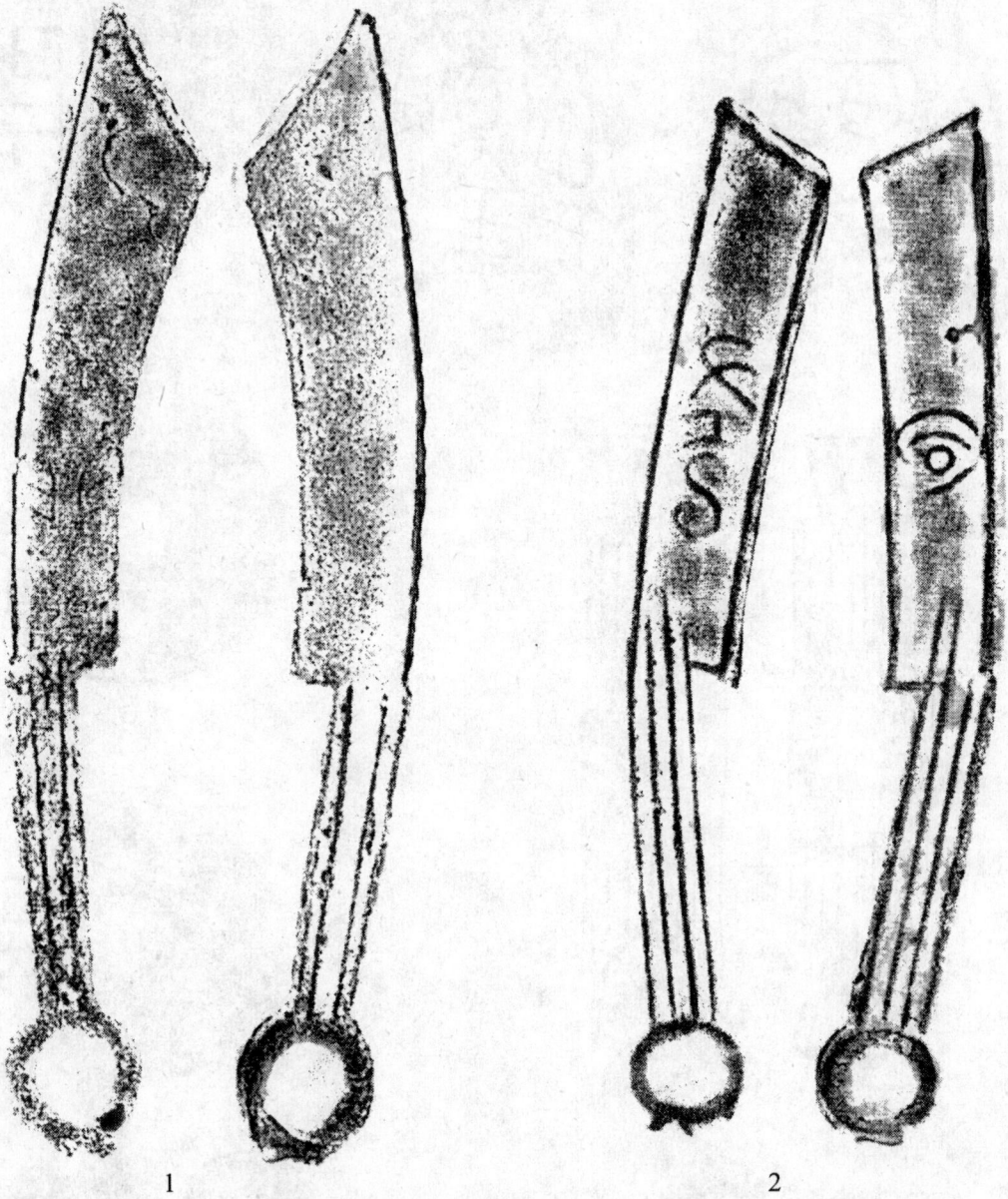

1　　　　　　　　　2

图二〇

1

2

3

4

5

6

7

8

9

10

11

12

13

14

15

16

图二一

第三章　秦汉钱币

公元前 221 年,秦始皇统一中国后,废除其它六国货币,以秦半两为法定货币通行全国。西汉初年,曾沿用秦半两,后改铸四铢半两。汉武帝时把铸币权收归中央,废除旧钱,铸行统一的五铢钱,自此确定了五铢钱在流通中的地位。新莽时期,王莽曾四次改革币制,繁琐的币制引起了货币的贬值,造成了社会的混乱,当王莽"托古改制"失败后,以其货布、货泉作为流通货币。东汉初期,曾使用新莽货泉,其后铸行五铢钱。两汉时期五铢钱在流通领域中一直占据着主导地位,而五铢钱的形制一直沿用到隋代凡 700 余年,在中国货币发展史上占有极重要的一页。

秦始置安阳,属上党邯郸郡。汉分置魏郡理邺,废安阳,入汤阴,属河内。今安阳下属滑县,秦汉时设白马县(县址在今滑县东约 20 公里),属东郡。内黄,文帝九年(前 168)始置县,属魏黄。安阳东汉末年为冀州辖理。秦汉钱币在安阳出土较多,特别是各类五铢钱,不仅数量大,而且种类丰富,具有较高的价值。

第一节　秦钱币

秦始皇统一全国之后,进行了一系列的改革,统一货币就是其主要改革举措之一。战国晚期,我国中原地区业已形成的刀、布、圜、贝四大铸币体系,严重阻碍了各国间贸易及经济的进一步发展,客观上要求统一币制的趋势已十分明显。同时,随着国与国之间贸易的加强,大一统的经济圈已初步形成,货币统一化趋势已渐趋明显。这一客观形势为秦始皇统一货币奠定了物质和思想基础①。秦朝建立之后,废除了原六国的刀、布、贝等货币,以秦半两为法定货币,通行全国。《史记·平准书》记载:"及至秦,中一国之币为三等,黄金以镒名,为

---

① 孔德铭:《春秋战国之际我国铸币区域性的分化与融合》,《中州钱币》(六),1996 年 12 月。

上币;铜钱识曰'半两',重如其文,为下币;而珠玉龟贝、银锡之属,为器饰宝藏,不为币……然各随时而轻重无常。"[1] 国家进一步控制了铸币权,中国古代铸币在形制上得到了统一。统一后的秦半两,"径一寸二分,重十铢。"[2]《西清古鉴》云:"今称一钱五分左右之半两,大抵皆秦半两,今称一钱者,汉八铢半两。"但据考古资料,秦半两大小皆有,合乎以上尺寸、重量者并不多。从秦朝来看统一后时间很短,其铸行半两的时间远不及先秦,故统一后铸行的半两并不多。

安阳地区出土的秦半两不多。1985 年,安阳市博物馆征集到半两 20 余枚。其中有秦统一全国后铸行的半两,具体出土地点不详。编号 0016,生坑绿锈,较厚重,面径较圆,背径呈不规则形;面穿大于背穿,钱文略高,平背,无内外郭;"半"字下笔略短,"两"内"从"字较短,第一笔与下半部分相距较宽,钱文上仍存先秦时期的遗风,径 3.26、穿 1.0、厚 0.15 厘米,重 9.6 克(图一:1)。

编号 0119,生坑绿锈,径特大,略重,面穿稍大于背穿,平背,无内外郭;面文"半两",书写较规范,字体矮短,"两"字左半部分不清。径 3.61、穿 1.10、厚 0.11 厘米,重 8.75 克(图一:2)。

编号 017,生坑绿绣,较厚重,面穿大于背穿,平背,无内外郭;面文"半两",笔画较粗,"半"下半部分较长。径 3.22、穿 1.0、厚 0.14 厘米,重 7.5 克(图一:3)。

此外,1997 年邺城漳河南岸出土一秦半两窖藏,内有秦统一后的半两数十枚。

---

① 《史记·平准书》。
② 《史记索引》引《古今注》。

第二节　西汉钱币

一、出土概况

建国以来,安阳地区出土西汉钱币较多,从出土形式上看,大体可分为遗址出土、墓葬出土、窖藏出土等。一般出土时间、地点、数量及内涵明确,具有较高的价值,是研究西汉钱币不可多得的资料。

(一)半两类

1.榆荚半两

榆荚半两铸行于西汉早期,径小穿大,肉薄无郭,形如榆树之榆荚而得名。安阳市区、林州市、安阳县等都有不同数量的出土。安阳市博物馆收藏有建国以来安阳市出土的榆荚半两上百枚,一般径小轻薄,边沿有流铜,或带有铸柄,字体书写变化较大,重量在 0.35～0.9 克之间。

编号 0170,生坑蓝锈,无内外郭,平背,铸造粗劣,径不规整,边沿有流铜及铸柄;面文"半两",字体纤细,"两"字内呈"十"字。径 1.46、穿 0.5、厚 0.08 厘米,重 0.6 克,安阳市出土(图一:4)。

编号 0171,生坑灰绿锈,无内外郭,平背,外径不规则,有毛边及铸柄痕;面文"半两",字体不清晰。径 1.38、穿 0.64、厚 0.05 厘米,重 0.5 克,安阳市出土(图一:5)。

编号 0178,生坑蓝锈,无内外郭,平背,外径不规则,左上角及右下角皆存有铸柄;面文"半两",字体纤细,"两"字外侧呈弧形,中间简写为"十"字。径 1.4、穿 0.7、厚 0.06 厘米,重 0.45 克,安阳市出土(图一:6)。

编号 0177,生坑绿锈,无内外郭,平背,背穿上有流铜形成的星点,铸造略规整,内外径也较规则;面文"半两",字体略平,字迹不甚清晰。径 2.22、穿 1.02、厚 0.08 厘米,重 1.4 克,安阳市出土(图一:7)。

2.八铢半两

西汉高后二年(前 186),为整顿钱法,遏制私铸,开始"行八铢钱",参照流通中重约八铢左右的秦半两,将汉半两增重,改铸为法定重八铢的新半两钱,通行全国。高后六年(前 182),因盗铸严重,政府被迫"行五分钱",八铢半两前后铸行 5 年,目前在安阳地区有不少发现。

(1)1991 年 8 月,安阳县伦掌乡孟村魏晋时期古钱窖藏出土有八铢半两约 160 余枚。

一般径 2.55~2.65、穿 0.82~0.90、厚 0.081~0.124 厘米,重 3.51~4.4 克[①]。

(2)林州市出土高后八铢半两 1 枚,书体扁平,已隶化。径 3.0、穿 0.9 厘米,重 5 克左右[②]。

3.四铢半两

汉文帝前元五年(前 175)铸行,景帝、武帝时期继续铸行,是西汉早期各类半两中铸行时间最长的,也是目前安阳出土发现西汉较多的钱币之一。在学术界,一般认为文景时期四铢半两形制相同,武帝四铢半两则与前者有别,即为有郭半两。

(1)1982 年,安阳市西郊出土一魏晋南北朝古钱窖藏,出土有文帝时期铸行的四铢半两 6 枚,武帝有郭半两 1 枚[③]。

(2)1991 年 3 月,内黄县西北 13 公里石盘屯乡其林村北 100 米处,农民在挖渠时发现一汉代四铢半两窖藏,距地表约 9.8 米,共 3.75 公斤,同时出土盛装器陶罐 1 件。这批钱币铜质较好,面文清晰,钱币轻重变化不大,可分为有轮郭、无轮郭两种,版别有"十"字两、"人"字两、大字、小字等。我们选取标本 37 枚进行了拓图,并实测了有关数据,其中有郭半两占总数的 30% 左右。一般钱径为 2.25~2.56、穿 0.70~0.76、厚 0.08~0.13 厘米,重 2.3~3.2 克[④](表一)(图一:9~16 图二:1~20)。

(3)安阳市博物馆收藏有建国以来安阳市区及其附近出土的四铢半两数百枚,其中大体也可分为有郭与无郭两种。

编号 0178,生坑绿锈,面无内外郭,平背,面文"半两","半"字缺左上角,"两"字较长。径 2.37、穿 0.72、厚 0.1 厘米,重 2.8 克,安阳市区出土(图二:21)。

编号 0179,生坑绿锈,面无内外郭,平背,右下角留有铸柄痕;面文"半两",字体较长,"半"字上有一星点,"两"字上画较长,蚕头燕尾,隶书风格较明显。径 2.5、穿 0.9、厚 0.1 厘米,重 3.1 克,较少见,安阳市出土(图二:22)。

编号 0180,生坑绿锈,面无内外郭,平背,留有铸柄痕,面文"半两",字体秀美,"两"字内为双"人"。径 2.46、穿 0.78、厚 0.1 厘米,重 3.0 克,安阳市出土(图二:23)。

(4)1991 年 8 月,安阳县伦掌乡孟村魏晋时期古钱窖藏出土有四铢半两 100 枚。分为有郭半两与无郭半两两类。Ⅰ式,无郭半两,面无内外郭,平背,穿孔较大。一般钱径为 1.85~2.45、穿 0.75~0.95、厚 0.107~0.124 厘米,重 2.0~3.8 克;Ⅱ式,有郭半两,一般面有内郭,平背,面文"半两",另有只有外郭而无内郭者。一般钱径为 2.15~2.30、穿

① 安阳市钱币课题组:《河南安阳孟村古钱窖藏整理与研究》,《中州钱币》(九),2001 年 12 月。
② 张增午:《林县出土的古钱币》,《中国钱币》1992 年 1 期。
③ 谢世平:《安阳出土南北朝古钱窖藏》,《中原文物》1986 年 3 期。
④ 内黄县文管所提供资料。

0.73~0.83、厚0.08~0.13厘米,重2.35~2.5克①。其中,我们发现有左读"半两"、面穿下有阴文"十"字及有铸柄带孔等异样者,很有特色(图二:24、25 图三:1)。

(二)三铢

汉武帝元狩四年(前119),下令销毁文帝四铢半两,更铸"文如其重"的"三铢钱",但不久就停铸。"三铢"钱前后铸行不到一年,故存世极少。但"三铢"钱第一次以重量单位"铢"行用于方孔圆钱。这也是武帝第一次重要的货币改革,它废除了钱文半两与实际重量名不符实的情况,为"五铢"钱铸行奠定了物质和思想基础。安阳地区出土三铢较少。1991年8月,安阳县伦掌乡孟村魏晋时期古钱窖藏内出土有三铢1枚,该钱生坑绿锈,面背皆有内外郭,略为轻薄,面文书写规整,径2.4、穿0.7、厚0.107厘米,重2.4克(图一:8)。

(三)五铢

五铢钱自武帝元狩五年(前118)开始铸行,至王莽建国元年(9)废错刀、契刀与五铢钱,在西汉共铸行了120余年。在这120余年内五铢钱的铸造大体上经历了一个先劣后良的过程。西汉五铢种类繁多,先后有郡国五铢、赤仄五铢、上林三官五铢等铸行。西汉五铢在安阳发现的较多,无论是这一时期钱币窖藏,还是墓葬都有大量的出土。

1、1982年,安阳西郊南北朝古钱窖藏,出土2 000余枚古钱币。内有武帝至西汉中晚期的五铢27枚,其中穿上横画者2枚,其他25枚从制作风格上看当为西汉中晚期的铸币。

2、1987年,安阳梯家口村发掘西汉晚期到东汉中期的墓葬8座,共出土五铢钱34枚②。其中出土于西汉晚期到王莽时期墓葬中的五铢共11枚,应为西汉五铢。其形制一般为"五"字中间两笔交股近直,"朱"字方折,广穿,面有外郭,背有内外郭。标本M46:3,径2.6、穿宽0.9、厚0.2厘米(图三:2);标本M41:36,径2.6、穿宽1.1、厚0.2厘米(图三:3)。

3、安阳市博物馆收藏有西汉五铢上千枚,其出土地点大都在安阳市区、郊区及安阳县境内,墓葬、窖藏、遗址均有出土,种类繁多,具有较高的价值。其版别丰富多彩,主要有:穿上、下横画,穿上、下三角、半星,四决文等;从文字书体上看,一般"五"字交笔较直,"五"上下横画有出头者,也有不出头者;"铢"字以方折为主,其"金"字头略小,呈矢镞形。一般铸造精美,字口深峻,文字书体流畅、典雅。

编号0198,生坑,面蓝锈,背灰绿锈,面穿上一横画,面有外郭,背有内外郭。面文"五铢","五"字交笔较曲。径2.42、穿1.02、厚0.1厘米,重2.8克,安阳市出土(图三:4)。

编号0197,面有外郭,背有内外郭。面文"五"字交笔较直,"铢"字"朱"头方折,并略高于"金"旁。径2.64、穿0.88、厚0.17厘米,重4克,安阳市出土(图三:5)。

---

① 安阳市钱币课题组:《河南安阳孟村古钱窖藏整理与研究》,《中州钱币》(九),2001年12月。

② 安阳市文物工作队:《安阳梯家口村汉墓的发掘》,《华夏考古》1993年1期。

编号0217,生坑,灰绿锈,面穿上一横画,面有外郭,背有内外郭。面文"五铢","五"字细长而直,铢字"金"旁简笔。径2.47、穿1.06、厚0.17厘米,重3.6克,安阳市出土(图三:6)。

编号0218,,生坑,灰绿锈,面有外郭,穿下半星,背有内外郭,厚重异常。面文"五铢",字体纤细,"五"字交笔较曲,"朱"字方折且略高于"金"旁。径2.58、穿1.06、厚0.23厘米,重5.1克,安阳市出土(图三:7)。

编号0219,生坑面绿锈,背蓝绿锈,面有外郭,背有内外郭。面文"五铢",字体较大,"朱"头方折,文字书体精美。径2.62、穿0.89、厚0.15厘米,重3.6克,安阳市出土(图三:8)。

编号0220,生坑蓝锈,面有外郭,背有内外郭。面文"五铢","五"字重筑,"朱"头方折,文字书体精美,制作规整,径2.54、穿0.91、厚0.14厘米,重2.9克,安阳县出土(图三:9)。

1991年8月,安阳县伦掌乡孟村魏晋时古钱窖藏内出土西汉五铢很多,约占整个窖藏的20%。该窖藏内出土的西汉五铢不仅数量大,而且种类丰富,具有鲜明的特色。所出西汉五铢大多铸造规整,穿孔略大,面有外郭,背有内外郭,亦有穿下横画,穿上半星者,包括郡国五铢、赤仄五铢、上林三官五铢、宣帝五铢等。一般钱径为2.45~2.60、穿0.95~1.08、厚0.14~0.21厘米,重3.57~4.20克。

二、西汉钱币铸行概略及内黄四铢半两浅析

公元前206年刘邦称帝,建立西汉王朝。汉初货币制度较为混乱,一度使用秦半两。后高祖因"秦钱重难用,更令民铸钱"[1]。公私竞相铸造小型半两,其径不足1厘米,重不足1克,形似榆荚,俗称"荚钱"或"榆荚半两"。高后二年(前186)行八铢半两,允许民间私铸。景帝中元六年(前144),禁止民间私铸,国家收回铸币权,在流通时严禁掺杂,犯者处罪。武帝元狩四年(前119)改行"三铢钱",[2] 重如其文,同时造白鹿皮币并发行"白金三品"。元狩五年(前118)令郡国铸五铢钱,钱文"五铢"首次出现。根据洛阳地区出土五铢钱,学者们研究认为郡国五铢的形制为:圆形方孔,面有周郭,背有内外郭。钱面周郭高而窄,背郭略宽于面郭,背郭面稍弧。文字高挺,但书写特征有明显差异[3]。

元鼎二年(前115),武帝命京师铸赤仄(侧)钱。

元鼎四年(前113)武帝将铸币权收归中央,禁止郡国、民间私铸,回收销毁旧钱,专令上林三官统一铸五铢钱,亦称"上林三官五铢"。其形制为:钱形规整,加工精致,大小整齐,肉

---

① 《史记·平准书》。

② 《史记·平准书》。

③ 蔡运章等:《洛阳钱币发现与研究》,中华书局,1998年。

面平滑,周郭宽窄均匀,郭侧整齐光洁,钱文字迹清晰,书法严谨,文字书写工整,风格一致。"五"字交笔缓曲,"铢"字的"金"旁为三角形,"朱"字上方折下圆折。钱币记号种类以穿上横画穿下半星为主①。钱径一般在 2.5 厘米,重 4 克左右,与钱文"五铢"相统一。自此,我国币制开始了一个相对稳定时间,"五铢"沿用至隋代,凡 700 余年。

四铢半两始铸于汉文帝前元五年(前 175),景帝、武帝时期继续铸行。因此,安阳地区发现的相对较多,特别是 1991 年 3 月内黄县西北 13 公里石盘屯乡其林村北出土四铢半两窖藏,更具有代表意义。内黄位于古黄河北岸,属黄河冲积平原,境内汉时期遗址、遗物均在地表下数米。这次内黄出土之四铢半两窖藏位于地表下 9.8 米深,可以证明内黄 2000 年来地表变化巨大的事实。该窖藏经我们初步整理发现,钱币铸造规整,版别丰富,特别是窖藏钱币均是新铸而未进入流通领域的钱币。从钱币铸造技术上看,钱币大小、轻重规范,字口深峻,显然应是官方铸币,其铸造地点大约就在内黄一带。汉高祖九年(前 198),内黄始置县,属魏黄。内黄置县,可以说明这一地区政治经济都有了较大的发展,在汉政府看来内黄应具有重要地位。置县后内黄一带,在汉初百余年内,以其靠近黄河之利,交通发达,农业灌溉便利,自然经济得到长足发展。因此,汉政府在此设铸钱作坊,官方铸钱应是事实。从内黄出土的四铢半两看,有郭半两占有一定的数量,因此,它的铸造时间应比较晚,可能在武帝时期。而有郭半两与无郭半两同出一个窖藏,并且皆为未经流通的新铸币,说明在汉初四铢半两的铸造前后分期并不十分明显,也可能后期仍使用前期的钱范铸钱,至少在该窖藏中我们无法判断两类钱币铸行的时间先后关系。至于它的窖藏原因,限于资料的缺乏,无法考证。推测起来,可能是因武帝铸五铢,废半两之故。史载:建元元年(前 140),春二月"作三铢钱",建元"五年春罢三铢钱,行半两钱"②。元狩五年(前 118)"罢半两钱"行五铢钱③,窖藏的原因可能与此有关。

---

① 《汉书·武帝本纪》。
② 《汉书·武帝本纪》。
③ 《汉书·武帝本纪》。

第三节　新莽钱币

居摄三年(7)王莽下令于五铢钱外更铸大钱，文"大泉五十"，又行"契刀五百"，错刀"一刀平五千"等。始建国元年(9)，废错刀、契刀及五铢钱，更作"小泉值一"与"大泉五十"并行。始建国二年(10)实行"宝货制"，共五物六名二十八品，天凤元年(14)，又罢大、小钱，铸"货布""货泉"二种。在王莽摄政及代汉自立不长的时间内，四次进行货币改革，引起了严重的货币贬值，给当时经济、贸易等带来了巨大的打击，给人民的生活带来了沉重的灾难。但从另一个方面看，王莽"托古改制"所铸行的刀、布、泉皆文字精美，制作精良，有较高的书法价值和艺术价值，在我国铸币史上有着十分重要地位。

新莽时期铸行的钱币，安阳地区出土的相对较多，除一些比较罕见的货币外，其他的货币如契刀五百、大布黄千、货币及大泉五十、货泉等都有相当数量的发现。特别值得注意的是新近发现的新莽时期铸钱遗址及货泉铜母范等，更为研究这一时期安阳地区货币的铸造与流通，提供了不可多得的实物资料。

一、出土概况

(一)刀币

安阳地区发现有契刀五百、一刀平五千等，滑县文管所征集到1枚契刀五百，通长7.29、圆径2.68、穿宽0.68、厚0.32~0.36厘米，重25.5克，较一般契刀厚重(图三:11)；

1987年，安阳梯家口49号汉墓出土1枚"契刀"，仅存钱身而无刀，内外有郭，径2.9、穿径0.8、厚0.4厘米(图三:10)。

(二)布币

王莽铸行的布币，安阳发现主要有大布黄千及货布两种。大布黄千通长5.35~5.67、郭厚0.18~0.24厘米，重8.5~11.2克(图三:12、图四:1)；货布通长5.72~5.82、郭厚0.24~0.26厘米，重15.9~16.5克(图四:2、3)。

(三)泉币

新莽时期铸行的泉币主要有六泉(小泉值一、幺泉一十、幼泉二十、中泉三十、壮泉四十、大泉五十)、货泉、布泉等。安阳地区主要发现有小泉值一、大泉五十、货泉、布泉四种，除小泉值一外，其他发现均较多(图四:4~8)。

(1)1982年8月，安阳市西郊南北朝古钱窖藏中发现有新莽时期货币17枚，其中有"大泉五十"2枚,钱径分别为2.3厘米、2.8厘米;货泉15枚,分为面有内郭与面无内郭两种①。

(2)1987年,安阳梯家口村新莽时期墓葬内共出土大泉五十35枚,货泉79枚②。大泉五十一般面背皆有内外郭,其"五"字笔法与该墓中Ⅱ型五铢相同,字体纤细,交笔弯曲,重量及钱郭的厚薄有明显差异。径2.6～2.8、厚0.14～0.15厘米(图四:9);货泉计79枚,其中41号墓出土35枚,45号墓出土34枚。此批货泉可分为面有内郭与面无内郭两种,大小重量有明显差异。径2.1～2.2、穿0.7～0.8、厚0.1～0.12厘米(图四:10)。

(3)1984年,安阳市出土一新莽时期窖藏,内有西汉四铢半两1枚,西汉五铢1枚,大泉五十1枚,货泉计3245枚,总重9715.78克③。该批货泉可分为三类:

Ⅰ类:面双重内郭,背有决文,外郭外高内低,成斜坡状。钱背外郭凸起,郭面与地平行;"货泉"两字的书写明显有变化,但相对一致,悬针篆书体工整,文字线条纤细、刚劲、有神。径2.24～2.37、穿0.65～0.75、厚0.14～0.17厘米,重2.8～3.6克。Ⅱ类:正背均有内郭,面内郭为单郭,又有广穿和狭穿两种,背内郭有四决文者,也有不带四决文者。钱面外郭外高内低,又有重轮和宽郭两种。"货泉"两字变化较大,字体或大或小,肥瘦不一,径2.2～2.3、穿0.72厘米左右、厚0.15厘米,重2.8～3.6克。Ⅲ类:面有外郭,背有内外郭,额轮,背有决文与不带决文者两种,货泉二字为悬针篆,但书写变化异常,这部分钱都带有星、月、决文等不同的记号,整体看,制作不及前两类精整(图四:11)。

(4)1985年前后,安阳市文管会征集到安阳县出土的货泉近千枚,后转交市博物馆收藏④。这批货泉为窖藏出土,无其它货币伴出,我们选取其中的20枚作为标本付拓(图五:9～15,图六:1～13),并实测了有关数据(表二)。该批货泉大体可分为三类,即:面无好郭、面单好郭、面双好郭等,背四决文只见于无好郭者。其中编号0409,宽缘、花穿,"货"字重筑、单好郭,是比较特殊的1枚。从该钱的形制,我们可以知道,货泉铸造之后,一般都要进行进一步加工,特别是要对钱币的穿孔进行修整。

这批钱币大多铸造精整,无明显使用痕迹,当是钱币铸造好之后,未能进入流通领域而被埋藏的,那么,这至少可以反映出以下情况:①该批货泉应为本地所铸,因某种原因,而未流通而成为窖藏;②三种类型的货泉同出一个窖藏,且皆为新铸币,说明三类货泉是同时、同地铸造的。从这一点看,货泉在分期方面没有绝对的界线,后期使用前期的钱范铸钱应属正常;③货泉未经流通即进入窖藏其原因应同西汉末东汉初年经济凋敝、通货膨胀加剧以及社

①　谢世平:《安阳出土南北朝钱币窖藏》,《中原文物》1986年3期

②　安阳市文物工作队:《安阳梯家口村汉墓的发掘》,《华夏考古》1993年1期。

③　戴志强、谢世平:《货泉初探—兼论莽钱制作的特征及演变》,河南省钱币学会《中州钱币论文集》,1986年10月。

④　安阳市博物馆提供资料。

会动乱和富豪人家屯聚钱币有关。

(5)1984年,汤阴县城北公路旁古钱窖藏内出土有"大泉五十",其中1枚,径2.56、穿1.07、厚0.10厘米,重2.4克(图七:1);另汤阴县冶炼厂曾捡选出一布泉,径2.99、穿0.78、厚0.28厘米,重9.0克(图七:2)。

(6)1991年8月,安阳县孟村发现一魏晋时期古钱窖藏,内有新莽时期的钱币三种[①]:

①货泉

可分为二式(图四:12 图五:1~8)。Ⅰ式,大型货泉,又可分为面有好郭与面无好郭两种。面有好郭又有单好郭与双好郭之分,其他还有背四决文者、面穿上星等类;另一类为面无好郭,面穿左下、右下常见有决文者。径2.18~2.40、穿0.62~0.74、厚0.17~0.18厘米,重2.7~3.45克。其中1枚面有"泉"无"货"(图五:3),1枚有"货"无"泉"(图五:4),另发现有合面"货泉"(图五:8)、合背"货泉"(图五:5)"饼货泉"及背"货"等异样者。Ⅱ式,小型货泉。其形制明显较Ⅰ式小,一般面背皆有内外郭,穿好略大,轻薄;面文书体变化较大,随意性较强,有的书写精美,有的粗率,甚至有缺笔少笔等现象。径1.50~2.0、穿0.67~0.82、厚0.056~0.12厘米,重0.6~2.15克。这部分货泉可能有部分为私铸,其中"泉"上星点者1枚(图六:14),面文"泉泉"1枚,径2.01、穿0.80、厚0.12厘米,重1.5克(图六:15)。

②布泉

一般面背皆有内外郭,"布泉"二字为悬针篆,其中有面穿上两决文者。径2.55~2.58、穿0.95~1.02、厚0.11~0.14厘米,重2.85~3.30克(图七:4)。

③大泉五十

一般面背皆有内外郭,形制较大,面文"大泉五十",直读,径2.70~2.93、穿0.73~0.87、厚0.21~0.34厘米,重5.5~12.4克。另有"大泉十五"异文者1枚(图七:3)。

(7)1989年10月25日,安阳电厂建筑工地发现一新莽时期钱币窖藏,陶罐盛装,共计4 900余枚,重12.5公斤。其中四铢半两1枚,西汉磨边五铢1枚,新莽时期布泉5枚(剪边布泉1枚、磨边布泉1枚,布泉穿上决文2枚,布泉穿下决文1枚),其余为货泉,占99.8%。货泉共分三型,即面无好郭、面单好郭与面双好郭,其中包括部分剪边、磨边货泉及近十分之一不足1克的小货泉[②]。

---

① 安阳市钱币学会课题组:《河南安阳孟村古钱窖藏整理与研究》,《中州钱币》(九)2001年12月。

② 刘成各:《安阳再次发现货泉窖藏》,《安阳金融钱币论文集》1990年。

二、货泉铜母范

1985年，安阳市博物馆征集到一方货泉铜母范。范为青铜质，生坑绿锈，略成正方形，平背，四周凸起，四角为圆弧形，范正中为一圆形钮，上为货泉二面模，二面模中间下方靠近郭处有一圆形凹槽；钮下为二背模，二背模中间下方靠郭处有一半圆体凸起，上下正好相对应，当为合范时定位所需。范长6.15～6.28、郭厚0.74厘米，重142克。钱模"货泉"二字为悬针篆，面轮略宽。据范观察，该范所铸货泉应为面有外郭无内郭，背有内外郭。范铜质精良，铸造规整，是目前少见的铜母范，应为王莽时期货泉铜母范的代表，从范上钱模看，该钱应属于早期货泉钱范（彩版陆）。

从此范看，所翻铸出来的货泉陶范铸钱时需有两方相合，方可一次性铸造4枚货泉。目前，各地所出土的货泉钱范一般以面、背模6个、8个、10个为多[①]，而面背4模者少见，该货泉铜母范的发现，无疑又为新莽钱范的研究提供了新的资料。

该货泉铜母范出土地点不详。但据豫北安阳一带出土货泉量特别大，种类也特别多这样一个事实，可以证明王莽时期在安阳一带应设有官方的铸钱机构。2001年3月，安阳市老城内天宁寺旧址新莽时期铸钱作坊遗址的发现，首次证明了这一官方铸钱机构的存在。西汉晚期，这一地区政治、经济都得到了相当大的发展，人口增多，人民安居乐业。《水经注·浊漳水》云："汉高帝十二年（前193）置魏郡，治邺县。王莽更名魏城，后分魏郡置东西都尉，故曰'三魏'。"《汉书·地理志》曰："魏郡，高帝置，莽曰魏城，属冀州。"考古发现这一地区附近的鹤壁、林州等地均有汉代冶铁作坊遗址，有着较高的冶铸技术。因此，在西汉末及新莽时期适应当地经济的发展官方在此地开炉铸钱，应是历史的必然，安阳发现的货泉铜母范也许就是本地铸钱遗址的遗物。

三、安阳新莽铸钱遗址

2001年3月，在安阳老城文峰中路西段路北丹尼斯商场工地发现一处新莽时期铸钱遗址[②]。遗址位于老天宁寺北部，今天宁寺塔北约110米。遗址范围约数百平方米，经抢救发掘，发现铸铜炉1座、灰坑2处，几口汉代水井及大量的汉代陶器碎片。在炉体东40米的灰坑内出土大量铸钱作坊遗物，另一灰坑几乎全部为红烧土。主要遗迹及遗物有：

---

①　蒋若是：《"莽"钱疏证》，《洛阳钱币》，中国社会科学出版社，1993年。
②　谢世平：《安阳天宁寺附近发现新莽时期铸钱遗址》，《中国钱币》2002年2期。

1. 铸铜炉

炉底距地表约 3.2 米,呈椭圆柱形,平底,炉膛面积为 1.5 米×1 米,仅存高约 0.35 米的炉体下部。

2. 陶钱范

钱范全部为大泉五十子范,包括面范与背范,背范略少于面范。钱范几乎全部破碎,最大一块范上只有六、七枚钱模,最小的仅存半枚钱模,钱模径 2.8~2.92 厘米。钱范火候不一,出土时硬度差异很大,火候较低的钱范手捻即碎,火候高的坚硬如砖。经拼对复原可见范体为长方形,每范均有十二枚阴文钱模。钱模沿浇铸槽左右分列,浇注口呈喇叭形,浇铸槽多在面范,少数在背范上。钱范厚度不一,多在 2.6~4.6 厘米之间,范背四边均有 45 度倒角,范面均有相对扣合的凹凸榫卯。

3. 坩埚

灰坑内还出了几件小型坩埚,坩埚呈圆柱形,径 8~9、内径 2.8~6.5、高 16~18 厘米。部分坩埚内外壁尚残留锈色斑驳的铜渣。

安阳天宁寺铸钱遗址出土的大泉五十陶范,钱模面文工整,内外郭深厚,应属早期大泉五十式样。新莽铸钱遗址和钱范在黄河以北地区出土此为首例,它为新莽曾在豫北安阳境内设置钱币机构找到了可靠的实物依据。

四、货泉分期及相关问题

王莽天凤元年(14),罢大小钱,改作货布及货泉,"货泉径一寸,文右曰'货',左曰'泉',枚直一,与货布二品并行。"[①] 至东汉光武帝建武十六年(40)"是岁始行五铢钱","天下赖其便"[②]。货泉前后共铸行 36 年。在这 30 余年的时间里,王莽时期铸行 22 年,东汉光武帝时期铸行 14 年,货泉铸行跨西汉、东汉两个时代,其在形制方面应有一定的变化。《货泉初探》一文作者,将货泉分为三期。第一期货泉,即该文中第Ⅰ类货泉,制作十分精细,规格特别工整,从造型设计到铸造工艺,均可谓精工细琢,在莽钱中推为上乘。其铸行时期应在王莽天凤年间,即公元 14~20 年之间。

第二期货泉,即Ⅱ类货泉。是从第Ⅰ类货泉的基础上演变而来,它在很多方面都保留着原有的制作气息,大部分钱还相当精整,同于Ⅰ类货泉,但它的内郭重好消失了。内郭出现广郭和狭郭两种,都以一个粗线条的方框代替两个细线条的方框,外郭也略有变化,出现了

---

① 《汉书·食货志》。
② 《汉书·食货志》。

用宽郭代替外高内低的迹象。这一时期文字版别增多，变化无常，且出现铸钱减重现象，这一类钱铸行时期应在天凤后期或地皇年间(20～23)的几年内。

第三期货泉即该文中Ⅲ类货泉，这一时期货泉制作更趋杂乱，钱身继续减重，内郭消失，钱上出现各种各样的记号，如穿上半星、穿下半星、穿上左决文、穿下右决文等。这类钱的铸行时期应在东汉光武帝时期，即所谓的东汉货泉。

此外，值得注意的是1991年安阳县伦掌乡孟村(岳城水库南区)出土的魏晋时期古钱窖藏中，内有小型货泉，其数量较多，型制小巧，别具一格。这类货泉大体上可分为面有内郭与面无内郭两种，背皆有内外郭。从文字气息来看，有的十分精细，有的稚拙无常，有的铸造精美，有的则制作粗糙。那么这部分货泉铸造年代和性质如何呢？从制作技术上看，这部分钱币无疑存在着官铸与私铸两种情况。王莽时期共进行了四次货币改革，从第二次改革时，它把铸币权由中央垄断下放给各郡国等地方政府，"遣使五十人分赴郡国铸钱"[①] 各郡国分别铸钱，很难保证铸币的成色与工艺，为私铸开启了方便之门，于是，"盗铸钱者不可禁"[②]。这种情况表明，货泉被盗铸现象属正常情况。但官方铸减重货泉又始于什么时期呢？从史书记载看，王莽天凤元年推出的第四次货币改革，这次改革是在前三次币制改革失败，迫不得已的情况下进行的，表现出一定的务实精神，放弃了部分货币政策。之后这一时期是王莽币制较为稳定的时期，但是，随着王莽政治改革的失败，其"齐众庶、抑并兼"受到豪强势力和官僚集团中敌对势力强烈反对，新莽政权处在风雨飘摇之中。地皇元年，王莽再改年号，以图挽救其命运，但这时期，阶级矛盾已尖锐到不可调和的地步，同时，周边少数民族的反叛，也使王莽被动地陷入了民族战争的泥坑而无力自拔。实际上，从这一时期起，农民起义风起云涌，绿林、赤眉等义军拔城夺寨，各地豪强拥兵自重，王莽对政权的控制已出现较大的困难。此种情况下，王莽第四次改革所行的货泉，私铸甚多。为了应付日益增多的国家开支并与民夺利，官方铸行减重货泉应属史实。但从整体上看，官方铸行的货泉，即使出现减重情况，但从型制上和制作精整程度上也应该比私铸的钱币要好得多。从以上分析，可以看出官方铸行的小型货泉当始于王莽末年，其沿用时间也较长，特别是在东汉初年，政权尚不稳定，使用这种减重货泉也属正常。

---

① 《汉书·王莽传》。
② 《汉书·王莽传》。

第四节　东汉钱币

一、出土概况

(一)东汉早、中期铸币

东汉建立之初,市面货币流通以西汉五铢和王莽钱为主。光武帝刘秀建武十六年(40)恢复五铢制钱,重铸五铢。其形制为:①铜略带红色,铸造精致,钱面平整,重3克左右;②钱文清晰,笔划较细,"五"字交股两笔上下端略向外撇,比较宽大,"铢"字的"金"旁加大而作整齐的三角形,如"△","金"旁四点略长,"朱"部圆折,上短下长,有的"朱"字之头高于"金"旁;③个别钱带记号,有的穿上或穿下有星点,有的穿有一横郭,穿下一星点。其后明帝、章帝时代(58~88)所铸五铢钱形制同上,但铸造粗糙,重量略有减轻。安阳地区出土这一时期货币较多,遗址、墓葬、窖藏均有相当数量的发现。

1、1982年安阳市西郊南北朝古钱窖藏出土东汉早中期五铢钱计496枚,分四型:Ⅰ型,"五"字交笔弯曲,"朱"字头圆折,"金"字呈等腰三角形,"金"字四点较长,五铢二字较大,此型铸造精细质量好。Ⅱ型,"五"字交笔弯曲较甚,上下二横相连呈垂直状,"朱"字比"金"字略长,朱头方折,"金"字呈镞状,"金"字中间四点较长,从面文整体看,"五"字显得较大,"铢"字瘦长。Ⅲ型,"五"字交笔弯曲,"朱"字圆折,"金"字旁肥胖,占整个字的三分之二。此型钱币铸造粗糙,轻薄无常,重2克左右。Ⅳ型,"五"字交笔略直,"朱"字上圆折,铸造粗糙,钱面或钱背上有各种记号,如穿上横画、星点,"五"字内下星,左读、合背、及背穿上月纹等。

2、1987年,安阳市梯家口村东汉中期墓葬出土这一时期五铢22枚,"五"字略细长,交笔弯曲,上下两横画出头。"铢"字"朱"头圆折,左右两竖向外放开,"金"字头为三角形,面有外郭,无内郭,穿上一星点,背有内外郭,标本M39:2,径2.6、穿0.9、厚0.12厘米。

3、1991年8月,安阳县伦掌乡孟村出土一古钱窖藏,内有数量较多的东汉五铢,大致可分二型:Ⅰ型,"五"字交笔弯曲,上下两画右不出头,"铢"字"金"旁为三角形,四竖画较长,"朱"头圆折,上短下长,中间一横画极短。"五铢"二字较大,径2.55、穿1.0、厚0.12厘米,重3.4克。Ⅱ型,"五铢"二字较Ⅰ型小,"五"字交笔内收,"铢"字"金"旁上部为三角形,"朱"上为方折下为圆折,上小下长。面无内郭有外郭,背有内外郭,径2.55、穿0.90、厚0.12厘米,重3.3克。此外,这个窖藏中的一些五铢钱面上或面下有竖画、下星等多种记号钱,也应是东汉五铢。

4、安阳市博物馆收藏有安阳市区及其附近出土的东汉五铢数百枚,形制大体同上。编号0350,"五"字交笔弯曲,上下两画左不出头,"铢"字"金"字旁为三角形,四竖画较长,"朱"头圆折,上小下长,面无内郭有外郭,背有内外郭,径2.58、穿0.92、厚0.18厘米,重4克;

编号0354,"五"字交笔弯曲,上下两画均不出头,"铢"字"金"旁为三角形,四竖画较长几乎变成点,最底部一横画极短。"朱"头圆折,上短下长,"五铢"二字较大且长,面无内郭有外郭,背有内外郭,面穿下一阴文"H",径2.58、穿0.97、厚0.14厘米,重3.1克;

编号0349,"五"字交笔内收,上下两画左右出头较长,"铢"字"金"旁为三角形,"朱"头上方折下圆折,面无内郭有外郭,背有内外郭,径2.6、穿0.9、厚0.16厘米,重2.8克;

编号0318,"五"字交笔弯曲,下内部一星点,上下两横画不出头,"铢"字"金"旁为三角形,四竖画较短,"朱"头圆折,上短下长,中间一横画极短。"五铢"二字较大且长,面有外郭无内郭,背有内外郭,径2.58、穿1.0、厚0.12厘米,重2.5克。

5、林州市出土有东汉五铢,每枚径2.3~2.6、穿0.6~0.7厘米,重2.1~3.5克。

(二)东汉晚期钱币

东汉晚期,外戚与宦官交替执政,权力更替频繁,政治一片黑暗。伴随着政治的腐败,农业、手工业因豪强的掠夺及多种军事集团的存在而遭到巨大破坏,经济发展出现停滞趋势。此种形势下,东汉晚期钱币以各种粗劣及剪凿钱流通为主。桓帝"五铢"字迹浅而不显,笔画很粗,肉面多瘢疵,轻薄异常,重2.5克左右。灵帝建宁(108~172)之后盛行各种剪轮五铢和綖环五铢,对前朝铸钱任意剪凿,另有部分铸"对文"钱。灵帝中平三年(186)铸背四出五铢,厚重精美与轻薄之钱并行,重3.5克左右。汉末献帝初平年间(190~193),董卓占长安,取秦始皇金人铸小钱,轻小粗劣,无文章,肉好无轮郭,不磨鑢,此钱铸行意在掠夺民脂民膏,随引起物价上涨,钱货不行。

1. 窖藏出土

(1)1982年安阳市郊古钱窖藏出土有东汉晚期货币四种:①磨边五铢钱664枚。其中带有记号错凿穿孔的1枚,穿上三星,穿下一星及背穿下三星,右三星数枚,另有穿上"小"、竖画者等不同记号钱。②剪边钱共计322枚,这类钱边缘多数剪的规整,也有剪凿的不规整者,另有记号钱数枚。③灵帝四出五铢。④董卓钱计115枚,钱径较小,钱文字十分模糊,或无任何纹饰。此外,该窖藏出土部分西汉五铢、货泉、布泉、东汉五铢等各种类型的对文钱也应为东汉晚期流通的货币。綖环钱中的西汉五铢、货泉、东汉五铢等也应是东汉晚期的杰作。

(2)1991年8月安阳孟村(岳城水库南区)古钱窖藏出土有东汉晚期货币多种:①綖环钱,包括"五铢""货泉"与"大泉五十"綖环钱等,其中1枚凿去"朱"字,径2.60、穿1.30、厚0.147厘米,重2.5克。另有从背向面凿或从面向背凿及穿凿不规则者等。②对文钱,包括半两、货泉、大泉五十、两汉五铢、布泉等对文钱。其中1枚"五"下一星,径1.90、穿0.90、厚

0.071 厘米,重 1.20 克(图七:5);另有 1 枚面穿上一星,径 1.80、穿宽 0.90、厚 0.089 厘米,重 1.20 克(图七:6)。在这些剪凿钱中,值得我们注意的是有两枚五铢钱,一枚凿去左边,一枚凿去右边,形状极不规则(图七:7、8)。从这种钱与其它钱币共出的情况看,它们同是流通货币。这种极不规则因剪凿形成的减重五铢,能够在流通中为人们接受,可以表明东汉晚期货币流通混乱的状况。交换中,人们不再注重钱币的形制、大小等,可能仅注意其重量,也可能这时因钱币铸行状况复杂,货币流通已倒退到称量货币的阶段。③灵帝四出五铢。其中 1 枚,面穿上有"之"阳文符号,径 2.50、穿宽 0.90、厚 0.147 厘米,重 3.90 克(图七:9)。

此外,在这个窖藏中还发现"穿孔五铢",其中部分五铢,据形制及文字看应为东汉五铢,其穿孔位置有多种情况,数量不相同,从 1 孔至 10 孔以上不等(图七:10~13)。穿孔一般成圆形,甚规则,其中有 1 枚穿 4 孔,背穿郭 4 个角各有 1 孔,径 2.55、穿宽 0.90、厚 0.147 厘米,重 2.85 克(图七:11);穿 5 孔者 1 枚,穿上下各 1 孔,"五"字上下各 1 孔,"铢"字中间 1 孔,径 2.65,穿宽 0.90,厚 0.107 厘米,重 2.50 克(图七:12)。这种钱币的穿孔时间是在铸钱后所作或是后期所作,我们无法得知。其是戏作钱,还是另有寓意,目前尚难定论。从穿孔的位置和穿孔的形状观察显为有意而为,而非随意性行为。这种穿孔五铢大量存在,也可能同一定时期或一定区域内的民俗及宗教信仰、迷信谶纬等有关。

(3)1987 年 10 月 1 日,安阳县安丰乡西高穴村西北 500 米处,一个砖厂取土时发现东汉晚期钱币,计 15 斤,无盛装器,绿锈均匀,字体清晰,有的还粘贴在一起,钱的形制相同,圆形大方孔,背平无文。皆为东汉五铢,并有陶、铜器及铁犁铧出土,此地古称"城岸地",为古城遗址。

(4)1993 年安阳县高庄乡出土一魏晋时期的古钱窖藏内有东汉五铢及数量较多的綖环(五铢、货泉)钱,对文钱(五铢、货泉)等。

2.墓葬出土

1971 年,安阳市百货大楼发现一座东汉墓,编号 M1,出土五铢钱 7 枚,多为东汉钱币。

1978 年春,林州市(原林县)桥西村(县城南 2 公里)东北地发现东汉墓一座,计出土钱币 620 余枚,其中有货泉、五铢、剪轮及綖环五铢等。

二、董卓钱略考

关于"董卓小钱",《中国货币史》指出:"公元 199 年袁术、曹操起兵,董卓挟汉献帝入长安,销熔五铢改铸小钱,小钱的重量和数量史书都没有记载,而且钱币学上也还不能确定哪种钱是董卓小钱。"

近年来,有些专家认为"董卓所铸的小钱其面文仍为五铢,只是肉好皆无轮廓"① 并附拓图。观其图,这枚所谓的"董卓小钱"只不过是一枚"五铢铸对文钱"。其理由是:①此钱与史书记载不符;②此钱无出土资料佐证。

文献记载"卓,初平元年(190)二月,乃徙天子都长安,焚烧洛阳宫室,悉发掘陵墓,取宝物。……悉椎破铜人,钟鐻,及坏五钱,更铸为小钱,大五分,无文章,肉好无轮廓,不磨镥。于是货轻而物贵,谷一斛至数十万,自是后钱货不行。"② 《汉书》也有记载:"初平元年,董卓坏五铢钱,铸小钱,悉坏长安铜人马之属以充铸焉。钱无轮郭文章,不便人用。"③ 通过上述记载,我们大体上可以认识到董卓钱的特征,即径"五分",无纹饰,无内外郭及不进行后期加工,铸造粗劣,钱体轻薄。可见,对董卓钱的记载,史书上是比较确定的。我们根据以上记载,去探求一下董卓钱的尺寸与重量。考古发掘出土东汉的汉尺平均值合今天的 23.46 厘米④,由此可推出卓钱径在 1.173 厘米左右。为了证实"董卓小钱"的钱重,我们实测了与"卓钱"直径相同,或近似相同时代较接近的古钱。如西汉武帝时期铸造的小五铢,径 1.22、厚 0.13 厘米,重 0.5 克,三国蜀汉铸行的铁质小"直百"钱,径 1.2、厚 0.12 厘米,重 0.45 克。而稍晚的"五铢铸对文钱"钱径 1.19、厚 0.12 厘米,重 0.46 克。董卓钱在铸造过程中,因铸钱技术的差异,铸钱范次、地域的不同,铸造出来的钱币应有较大的差异。特别是在东汉末年,群雄竞起,逐鹿中原,社会动荡,董卓钱铸造不可能整体划一。因此,与此钱径、重量大小接近的这一时期货币也应计算在内,为董卓钱无疑。按照以上尺寸与重量去寻找,我们从这一时期或稍晚于这一时期古钱窖藏中均可以发现很多符合以上标准的钱币。尽管目前我国没有发现有确切纪年东汉晚期至三国早期墓葬中关于董卓钱的明确资料,但古钱窖藏也应是一个时期铸币沿革的确切反映。

1987 年 6 月许昌县张潘乡盆李村出土一个三国时期铜钱窖藏,重 335 公斤。样品 40 公斤内计有无文钱 11 310 枚,此钱大小不等,径小穿广,肉薄质劣。径 1～1.7 厘米,重 0.5～1 克。钱体正面微弧,凸凹不平,即无好郭,又无轮郭,亦无钱文,既使在个别钱面稍露钱文,不但笔画不全,且歪扭斜勾而不成形,根本无法辩认⑤。

1993 年安阳县高庄乡出土魏晋货币窖藏,计数十公斤,内有"无文钱"较多,钱径与重量基本同上。此外,安阳市博物馆藏"无文钱"数百枚,其径在 1～2 厘米之间,重多不足 1 克。

安阳邺城,许昌许都三国时是五都之二,地理位置十分重要,且也是当时魏国经济发达

① 张南:《秦汉货币史论》,广西人民出版社,1991 年。

② 《三国志·魏志》。

③ 《后汉书·献帝纪》。

④ 国家计量总局、中国历史博物馆、故宫博物院:《中国古代度量衡图集》,文物出版社,1981 年。

⑤ 黄留春、张淑霞:《古城魏都窖藏铜钱浅析》,《中州钱币论丛》,中国金融出版社,1991 年。

的地区之一,这两地古钱窖藏出土东汉末期董卓小钱实属自然。此外,在甘肃庆阳、浙江先锋寺等地也见有出土这种无文钱的报道。

通过出土资料与文献印证,可以确认董卓小钱的形制问题。从董卓"无文钱"来看它有的可能并不是真的无文,只是因铸造粗劣,文字模糊罢了。其径亦非仅仅"五分",而是因铸地不同或其它方面差异有所变化,但一般不会超过太多,在"五分"上下徘徊。从各地出土情况看,董卓五铢钱铸量可能相当大,但它的流通区域并不十分广,仅在河南一带。也说明董卓钱一出台,就引起了"钱货不行",受到了人们的普遍抵制。

第五节 安阳地区出土两汉钱币论略

一、安阳地区出土两汉钱币的形式

两汉(前206~220)包括新莽计400余年,在我国历史上具有重大影响。安阳地区出土这一时期货币主要有两种形式,即窖藏出土和遗址出土(包括墓葬),而以窖藏出土为主要存在形式,墓葬出土次之。从窖藏出土这一时期的货币看主要有以下几个典型的时期。1、西汉早期,出土有四铢半两,窖藏单纯,无相伴货币。如内黄县石盘屯乡其林村货币窖藏。2、西汉晚期和东汉初期,可分为货泉窖藏和西汉货币混合窖藏,以货泉窖藏为主,西汉货币混合窖藏较少见。3、东汉晚期,出土有东西汉混合窖藏,数量较多,品种杂乱,西汉、东汉、新莽等各时期货币相互混杂且同出一窖。另一类为单纯的东汉货币窖藏,窖藏数量少,如1987年安阳县安丰乡西高穴村货币窖藏即为此类。4、魏晋南北朝时期,这一时期古钱窖藏多,出土数量大,杂有大量的东汉、西汉及新莽货币。从其内涵看,一类窖藏内含中有东汉五铢、缋环、铸对文、无文钱、磨边钱(五铢、货泉)、剪边(五铢、货泉、凿对文)等以东汉各类货币为主,如安阳县高庄古钱窖藏。另一类窖藏中则含有较多的西汉货币、新莽货币、东汉货币以及三国两晋南北朝时期货币,时代跨度长,货币种类更为杂乱,如安阳市西郊钱币窖藏,安阳县伦掌乡孟村(岳城水库南区"柏阳城战国遗址"南)货币窖藏等。

另外,从这一时期墓葬出土两汉货币来看,一般出土货币数量少,品种单一,货币时代特色比较明显。一个墓葬出土数枚至数十枚不等。如1987年安阳市梯家口汉墓,分别出土有西汉五铢、东汉五铢及新莽时期货泉及契刀(具体出土情况见表三)。

总之,通过上述几节的分析,我们可以发现安阳地区出土两汉(包括新莽时期)货币主要有以下特色:1、出土量大。这一时期货币总量仅次于安阳地区宋代货币的出土,一般每窖内藏数十公斤至数百公斤不等,据不完全统计共有上千斤。2、货币出土分布不均匀。安阳地区在地形上处于西高东低,即我国第二阶梯向第三阶梯过渡地段,西部林县、安阳县境内以丘陵、山地为主,而东部内黄、滑县则为黄河故道,秦汉时期遗址多在地表下数米。因此,从两汉货币出土看,西部地区的林县、安阳县出土量大,而东部滑县、内黄则很少发现这一时期的货币,形成了安阳地区出土两汉货币地区上的明显差异。3、品种丰富,珍稀品种较多,从安阳地区出土秦汉货币的内涵看,除秦统一后的半两外,其它这一时期的货币基本上都有不同数量的发现,尤以四铢半两、西汉五铢、货泉、东汉五铢及缋环、剪边、对文钱等最多。在这些出土的货币中不乏珍稀品种,如三铢、货泉背四决文、五铢背四出、一刀平五千、饼货泉及五铢合背、合面,五铢面穿上、下平,左读半两、左读五铢等。其中尤以各种各样的五铢钱数量最多,品种最为丰富,我们选取部分安阳出土的有代表性的五铢钱进行了拓图,并实测了有关数据,供读者参考(表四)(图七:14~16、图八:1~15、图九:1~15、图一〇:1~6)。

安阳县孟村古钱窖藏内曾发现"十朱"1枚,为国内外仅见(图一〇:7)。该"十朱"钱径2.90、穿1.0、厚0.18厘米,重6.5克,按汉代一铢合今0.6克左右,该钱重量与自身铭文相吻合。"十朱"不见史载,从其铸造技术看,质地较精,文字书体苍劲古朴,其铢字简写为"朱"。"朱"字作钱文最早出现于东汉末期剪凿的对文钱中,其后出现铸对文钱,因此"十朱"从铭文书体写法看,其出现最早时间当不超过东汉晚期,限于资料的缺乏,"十朱"的铸行时代、原因及政权性质,尚未清楚,有待进一步研究。

二、安阳地区出土两汉钱币的有关问题

关于安阳地区出土两汉货币较多的原因,应同这一地区在当时政治、经济、文化等发展有关。从史书记载看,西汉时期,安阳市所属的五县均置县,如西汉高帝二年(前205)"置隆虑县、属河内郡",汉文帝十年(前168)"置内黄县,属魏黄",滑县,在秦时即已置白马县,汉因之,属东郡所辖。汤阴,西汉高帝二年(前205)设汤阴县。这一地区陆续置县应同其经济发展有较大关系,此后2000余年均没有大的兴废,奠定了安阳地区县市区划的刍形。特别是在东汉末期,曹操建邺城,为五都之一,安阳为京畿之地,进一步促进了该地区各方面的繁荣,成为当时北方政治、经济中心。区域性经济的发展,进一步促进了货币经济的发展,货币的需求与使用量必然增加,自然也就造成了货币遗存现象增加,这应是安阳地区发现两汉货币较多原因之一。

至于窖藏的原因,在古代来讲,多与战乱有关。安阳地区出土两汉货币窖藏时代,我们上面已分析,主要有4个时期,这4个时期除第一个时期外,都是朝代交替时的动荡年代,特别是东汉末期和魏晋南北朝更是我国历史较为混乱的时期之一,朝代更替频繁,战乱持续不断。战乱使钱币埋入窖藏的原因也主要有二,即当战争起时,一些富户人家为逃避兵灾,而将钱币掩埋。另一方面因战争的破坏,经济萧条,人口锐减,出现"千里无人烟"的局面,货币的需求量锐减,造成相对货币量的过剩,也使得一部分钱币被掩埋而成为窖藏。

总之,货币的发展与经济是紧密相关的,在两汉长达400余年的历史中,我国封建社会中央集权统治逐步巩固和加强,经济也步入一个繁荣发展的阶段,我国金属铸币在经过一个时期反复之后,逐步定型。而古都安阳也因其独特的地理位置,在这一时期的货币发展中扮演了重要的角色。

表一 内黄县出土四铢半两统计表

单位:厘米、克

编号	径	穿	厚	重	特 征	图 号
12	2.40	0.70	0.08	2.2	有郭、"十"字"两"、大字	
13	2.40	0.70	0.08	2.2	有郭、"十"字"两"、小字	
14	2.56	0.86	0.11	2.8	有郭	
15	2.43	0.76	0.13	2.3	有郭、细字	图一:9
16	2.40	0.80	0.10	2.35	有郭、小字	图一:10
17	2.56	0.72	0.12	3.2	有郭、较厚重	
18	2.40	0.82	0.12	2.3	有郭、细字、"十"字"两"	图一:11
19	2.41	0.77	0.10	2.7	有郭、小字、"十"字"两"	
20	2.39	0.76	0.10	2.7	有郭、扁字、十字两	图一:12
21	2.45	0.78	0.11	3.0	面径大于背径,较异	
22	2.30	0.80	0.12	2.80	形体小、"十"字"两"	
23	2.30	0.87	0.11	2.2	形体小、广穿、"十"字"两"	图一:13
24	2.45	0.77	0.10	2.6	"十"字"两"	
25	2.45	0.77	0.10	2.6	"人"字"两"、大字	图一:14
26	2.40	0.86	0.14	2.8	小字、隶书、广穿	
27	2.43	0.78	0.10	2.6	小字	图一:15
28	2.38	0.85	0.11	2.6	"十"字"两"、细字	图一:16
29	2.40	0.85	0.11	2.5	"十"字"两"	图二:1
30	2.33	0.79	0.12	2.6	"十"字"两"	图二:2
31	2.40	0.79	0.12	2.9	有郭、小字、"十"字"两"	图二:3
32	2.54	0.84	0.12	2.8	有郭	图二:4
33	2.38	0.81	0.10	2.6	有郭、穿上一星点	图二:5
34	2.42	0.80	0.11	2.8	有郭、小字	图二:6
35	2.39	0.85	0.11	2.5	有郭	图二:7
36	2.38	0.88	0.11	3.0	广穿、字体较粗	图二:8
37	2.44	0.72	0.12	2.7	大字、"人"字"两"	图二:9
38	2.35	0.84	0.12	3.1	"人"字"两"	图二:10
39	2.44	0.81	0.08	2.6	字体隶化	图二:11
40	2.37	0.84	0.12	2.3	"人"字"两"、字体隶化	图二:12
41	2.30	0.70	0.09	2.0	轻薄、有郭、"十"字"两"	图二:13
42	2.40	0.84	0.14	2.7	小字、有郭	图二:14
43	2.49	0.79	0.11	3.2	有郭、"人"字"两"	图二:15

（继续）

编号	径	穿	厚	重	特 征	图 号
44	2.51	0.74	0.11	3.0	"人"字"两"、似有内郭	图二:16
45	2.34	0.73	0.12	2.9	小字	图二:17
46	2.25	0.67	0.10	2.5	小样、大字、"十"字"两"、较异	图二:18
47	2.38	0.88	0.09	2.3	广穿、长字	图二:19
48	2.40	0.84	0.09	2.2	有郭、"人"字"两"、扁字	图二:20

表二 安阳市出土货泉统计表

单位:厘米、克

图 号	径	穿	厚	重	特 征
图五:9	2.29	0.70	0.15	2.9	单好郭
图五:10	2.17	0.64	0.16	2.5	面无好郭
图五:11	2.36	0.80	0.13	2.9	宽缘、花穿、"货"字重筑、单好郭
图五:12	2.32	0.68	0.20	3.4	无好郭、穿上一星
图五:13	2.33	0.68	0.18	3.1	无好郭、穿上一星
图五:14	2.16	0.70	0.12	1.8	无好郭、穿下一星
图五:15	2.20	0.66	0.13	1.8	无好郭、穿下一星
图六:1	2.28	0.66	0.17	3.5	双好郭
图六:2	2.35	0.72	0.17	3.3	双好郭、背四决文
图六:3	2.35	0.65	0.16	2.9	单好郭、背穿右下决文
图六:4	2.32	0.64	0.15	3.8	双好郭、背四决文
图六:5	2.32	0.70	0.16	3.3	双好郭、背四决文
图六:6	2.35	0.71	0.15	3.1	双好郭
图六:7	2.36	0.76	0.15	3.1	穿上三好郭
图六:8	2.33	0.68	0.17	3.3	双好郭
图六:9	2.33	0.73	0.19	3.2	双好郭
图六:10	2.35	0.70	0.15	2.8	双好郭
图六:11	2.28	0.68	0.17	3.0	面无好郭、左下一决文
图六:12	2.27	0.67	0.19	3.1	面无好郭、左下一决文
图六:13	2.23	0.68	0.19	3.2	面无好郭、右下一决文

表三　安阳梯家口村汉墓出土钱币统计表

单位:厘米、克

墓　号	墓　葬　时　代	钱币名称	数量(枚)	备　　注
M46	西汉晚期	西汉五铢	1	
M41	新莽时期	货泉		
		西汉五铢	35	
M43	新莽时期	五铢	1	
M45	新莽时期	货泉	35	
M49	新莽时期	契刀五百	1	残缺刀部
M39	东汉中期	东汉五铢	22	

表四　安阳出土各类五铢统计表

单位:厘米、克

图　号	径	穿	厚	重	特　征
图七:14	2.90	1.0	0.17	3.02	"五"字重筑
图七:15	2.40	0.9	0.14	2.6	合背(180°)
图七:16	2.90	1.0	0.17	3.25	面穿上横画
图八:1	2.45	1.1	0.17	3.07	面四决文
图八:2	2.60	1.0	0.17	2.62	面穿下一星
图八:3	2.60	1.1	0.17	3.24	面穿上一横画
图八:4	2.63	1.0	0.16	4.8	面穿下一星
图八:5	2.60	1.0	0.11	2.66	面穿下一横画
图八:6	2.35	0.9	0.06	1.3	小样
图八:7	2.64	1.1	0.13	3.2	"铢"字异文
图八:8	2.60	0.9	0.16	3.7	阔缘、大字
图八:9	2.60	0.9	0.2	3.7	阔缘、大字
图八:10	2.58	0.9	0.16	3.7	"五"字下一阳文竖画

（续表）

图 号	径	穿	厚	重	特 征
图八:11	2.57	0.9	0.16	3.67	面穿上阳文5竖画
图八:12	2.52	1.0	0.14	2.75	小字
图八:13	2.62	0.9	0.14	2.67	"铢"上一阳文横画
图八:14	2.42	0.9	0.10	2.11	细郭、"五"字异文
图八:15	2.21	1.0	0.07	1.41	细郭、广穿
图九:1	2.40	1.2	0.1	1.67	广穿、长字
图九:2	2.63	0.9	0.08	3.59	左读
图九:3	2.48	0.9	0.08	2.14	左读
图九:4	2.46	0.9	0.07	2.21	左读、细郭
图九:5	2.42	1.1	0.11	2.39	左读
图九:6	2.41	0.9	0.08	2.1	左读
图九:7	2.40	1.0	0.1	2.9	左读
图九:8	2.39	1.0	0.09	1.9	左读
图九:9	2.31	0.9	0.1	1.86	左读
图九:10	2.57	0.9	0.17	3.7	背四决文
图九:11	2.55	0.9	0.17	3.98	背四决文
图九:12	2.51	0.9	0.14	2.82	背四决文
图九:13	2.17	1.0	0.1	1.9	小样
图九:14	2.60	1.0	0.16	3.6	
图九:15	2.60	1.0	0.16	3.2	合背(90°)
图一〇:1	2.50	0.9	0.107	2.10	左读,背四决文
图一〇:2	2.50	1.0	0.147	4.0	面穿上正阳文"平"
图一〇:3	2.40	1.0	0.124	3.4	面穿下倒阳文"平"
图一〇:4	2.50	1.0	0.124	2.60	面穿下横阴文"羊"
图一〇:5	2.48	1.0	0.11	3.0	
图一〇:6	2.34	1.0	0.13	3.0	小样

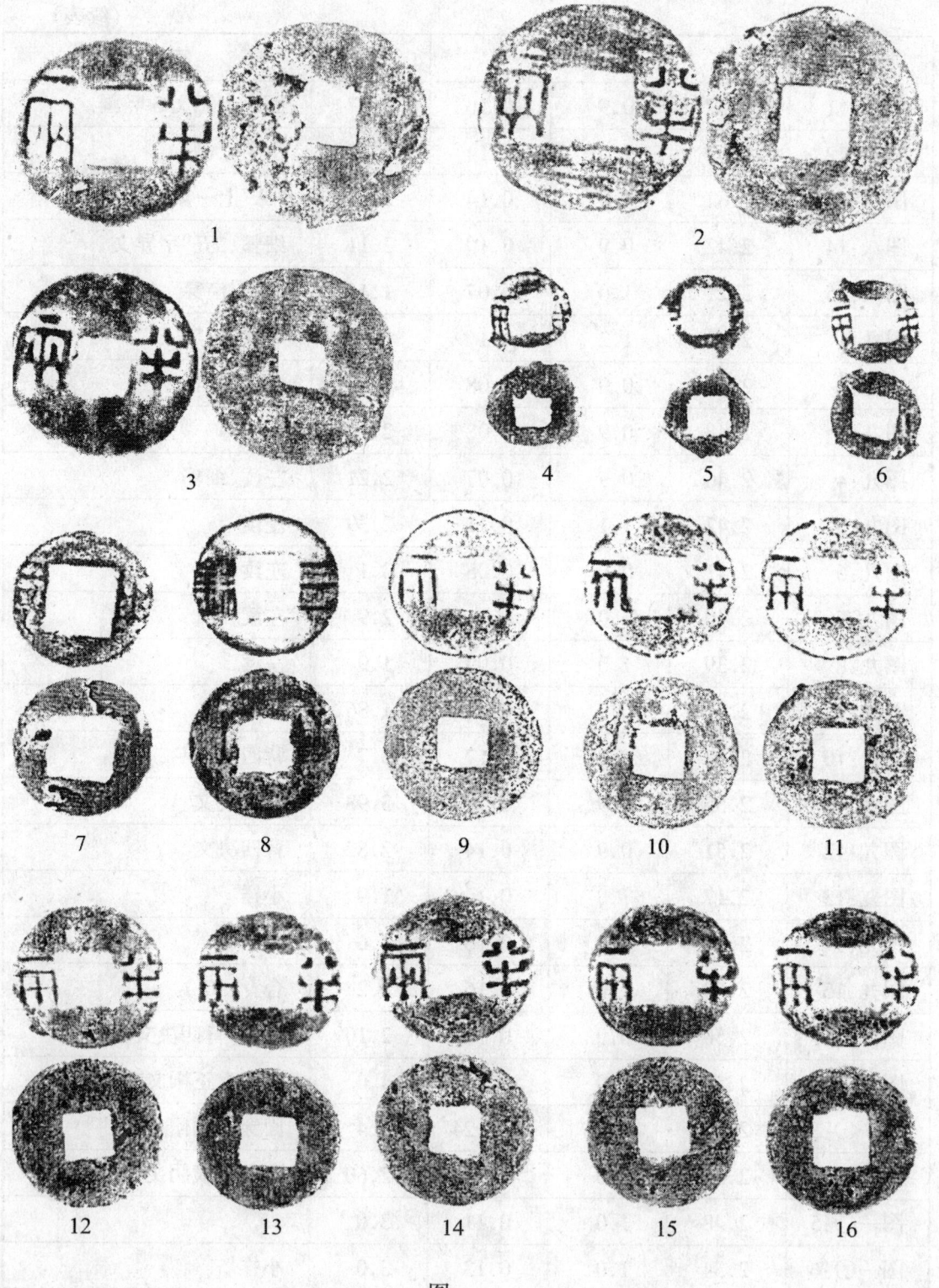

图　一

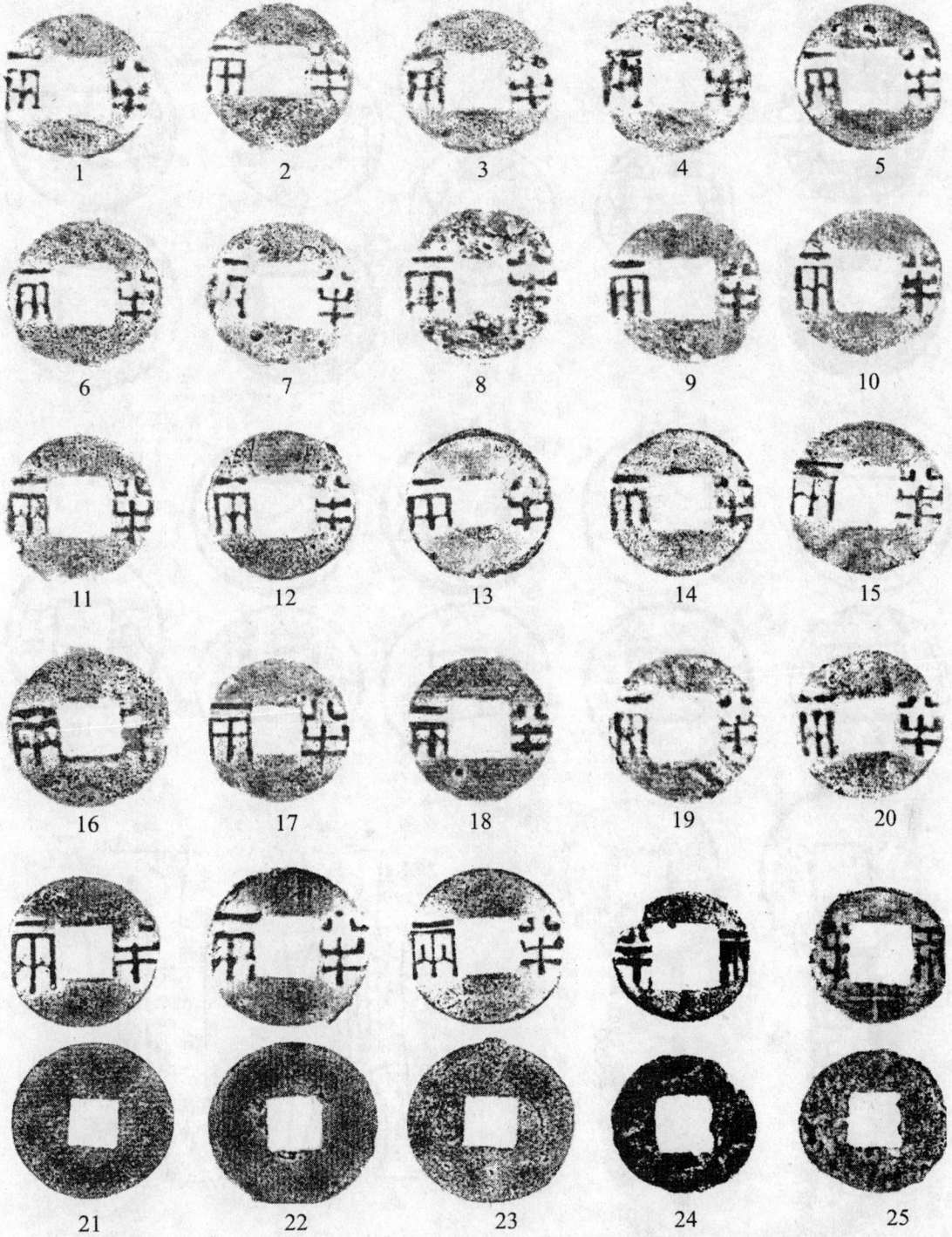

図　二

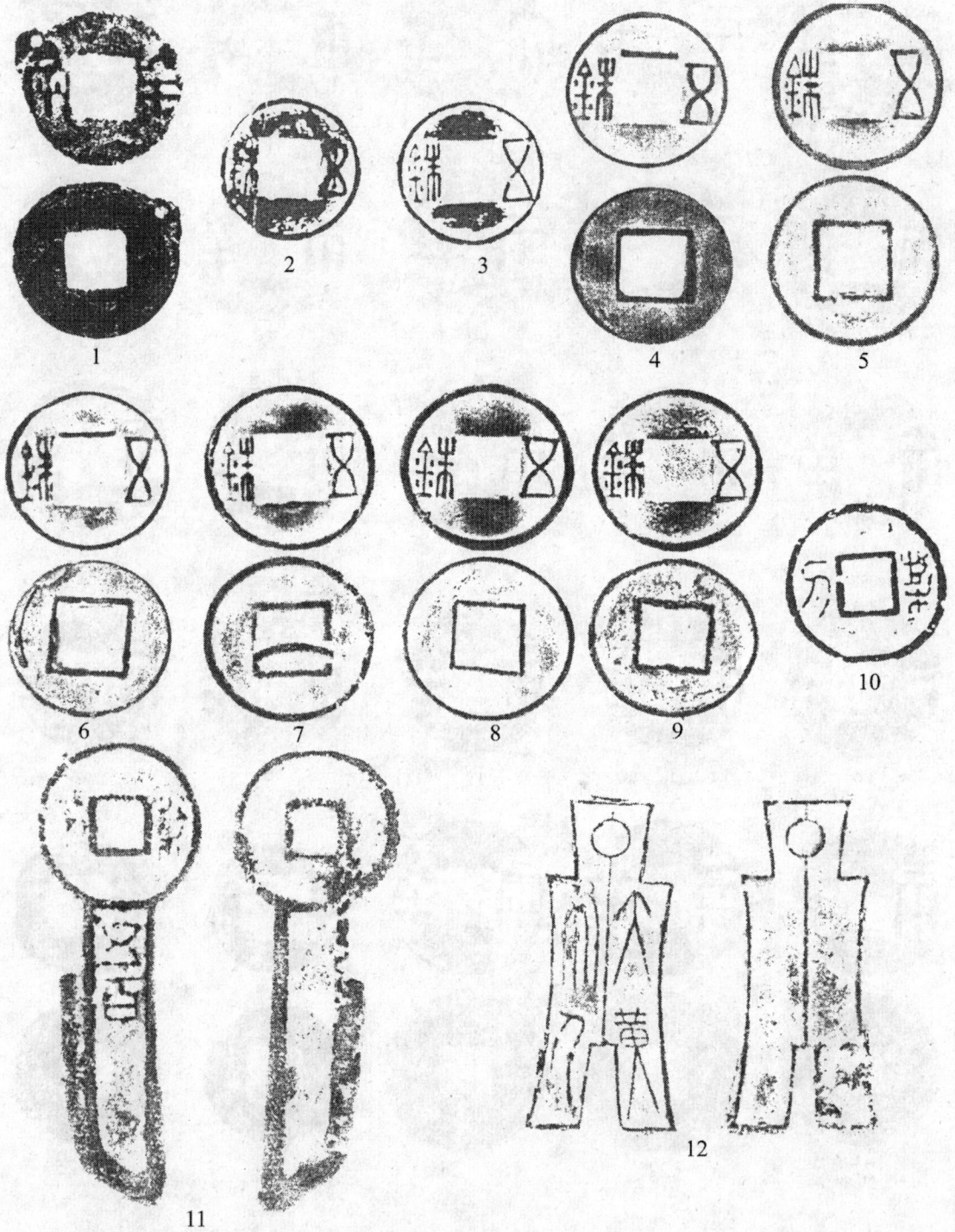

图 三

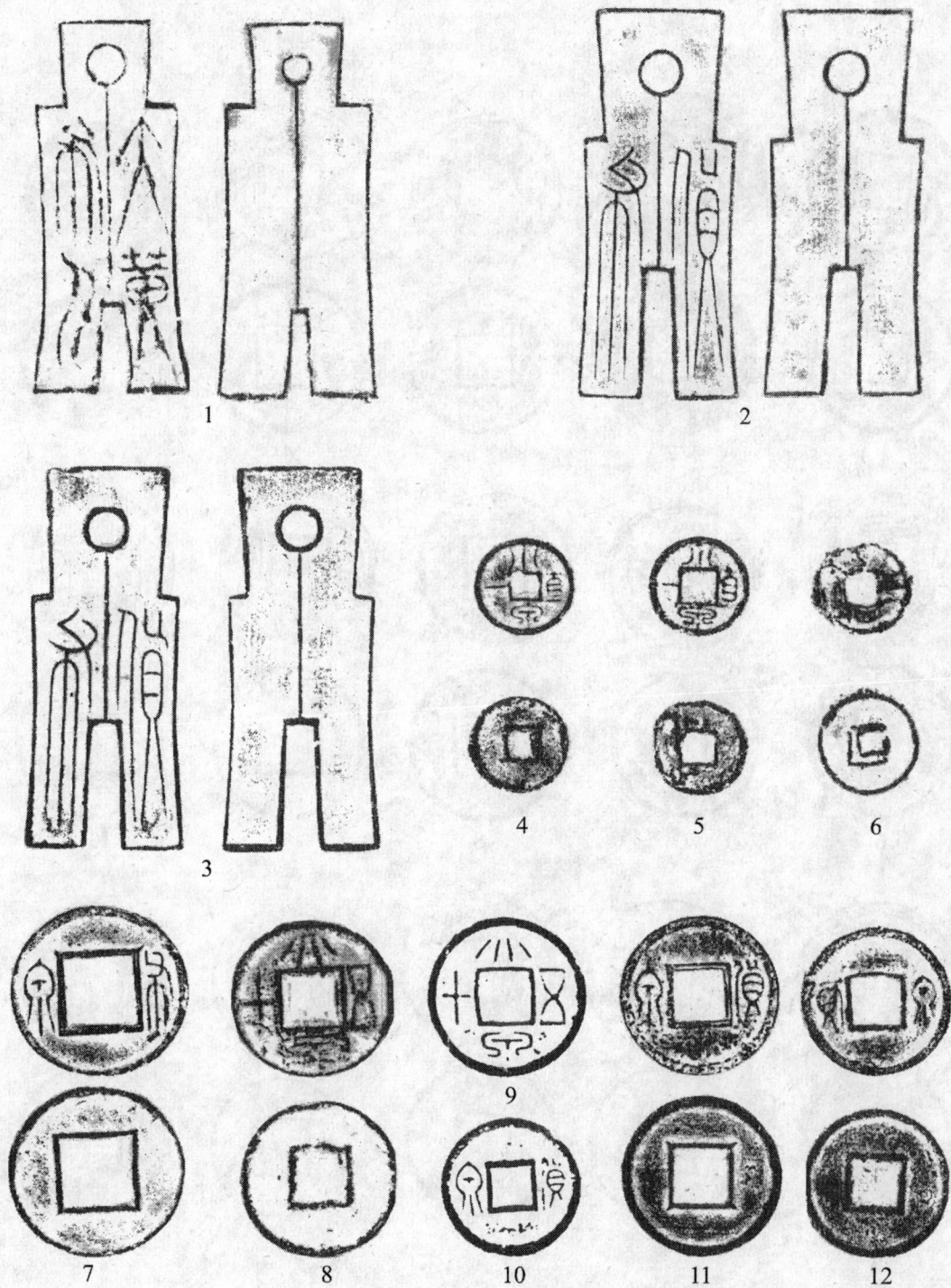

图　四

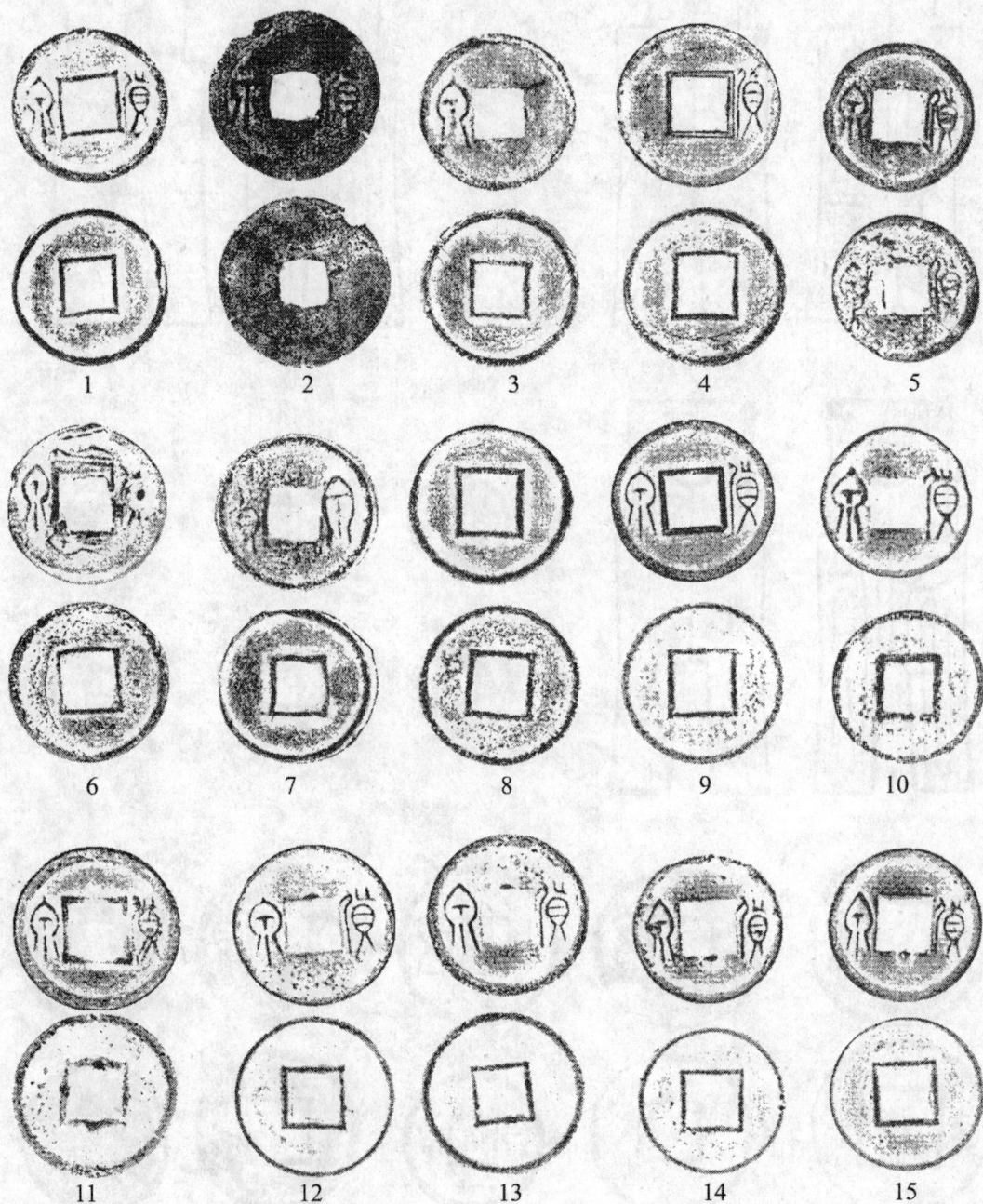

1　　2　　3　　4　　5

6　　7　　8　　9　　10

11　　12　　13　　14　　15

图　五

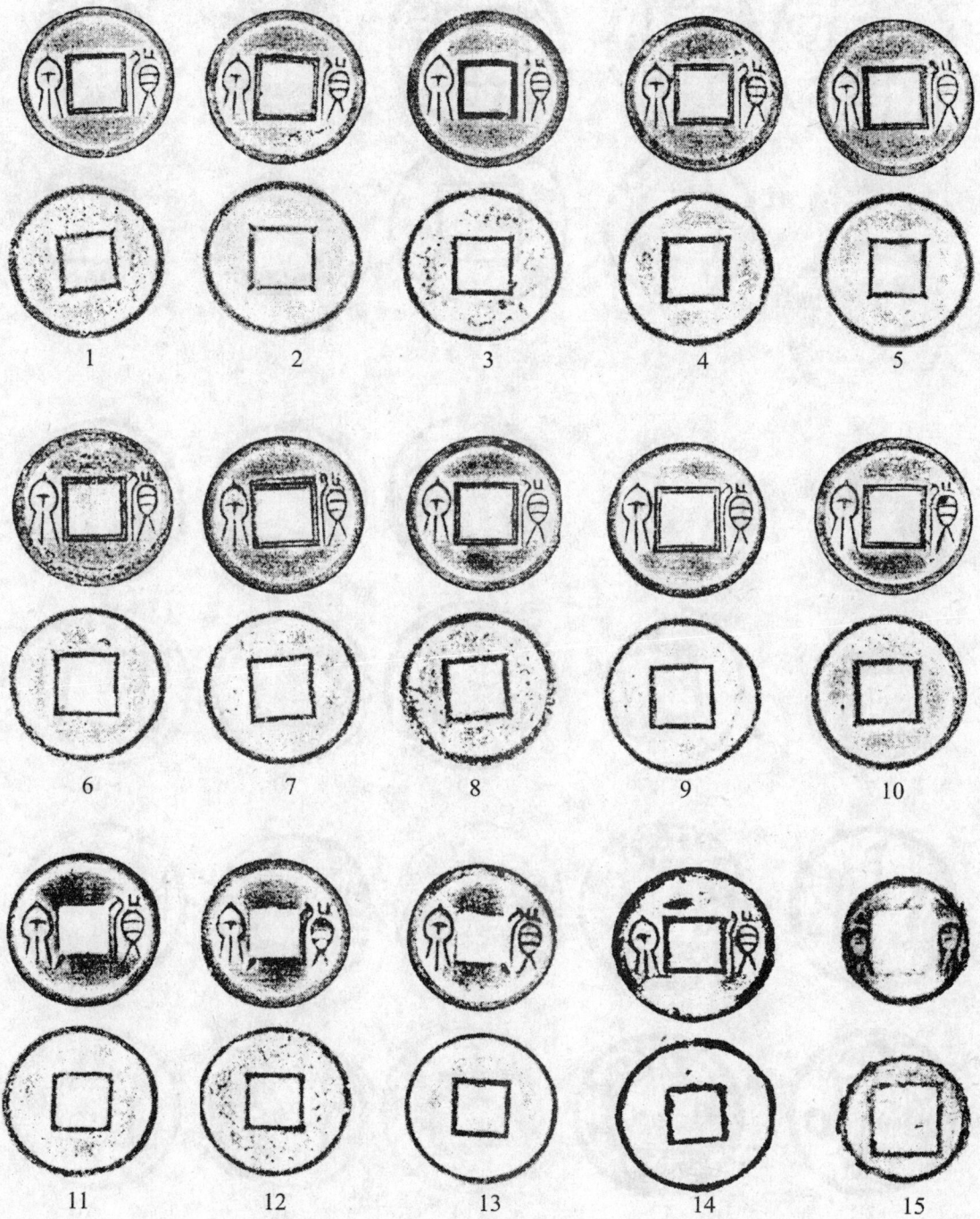

1　2　3　4　5

6　7　8　9　10

11　12　13　14　15

图　六

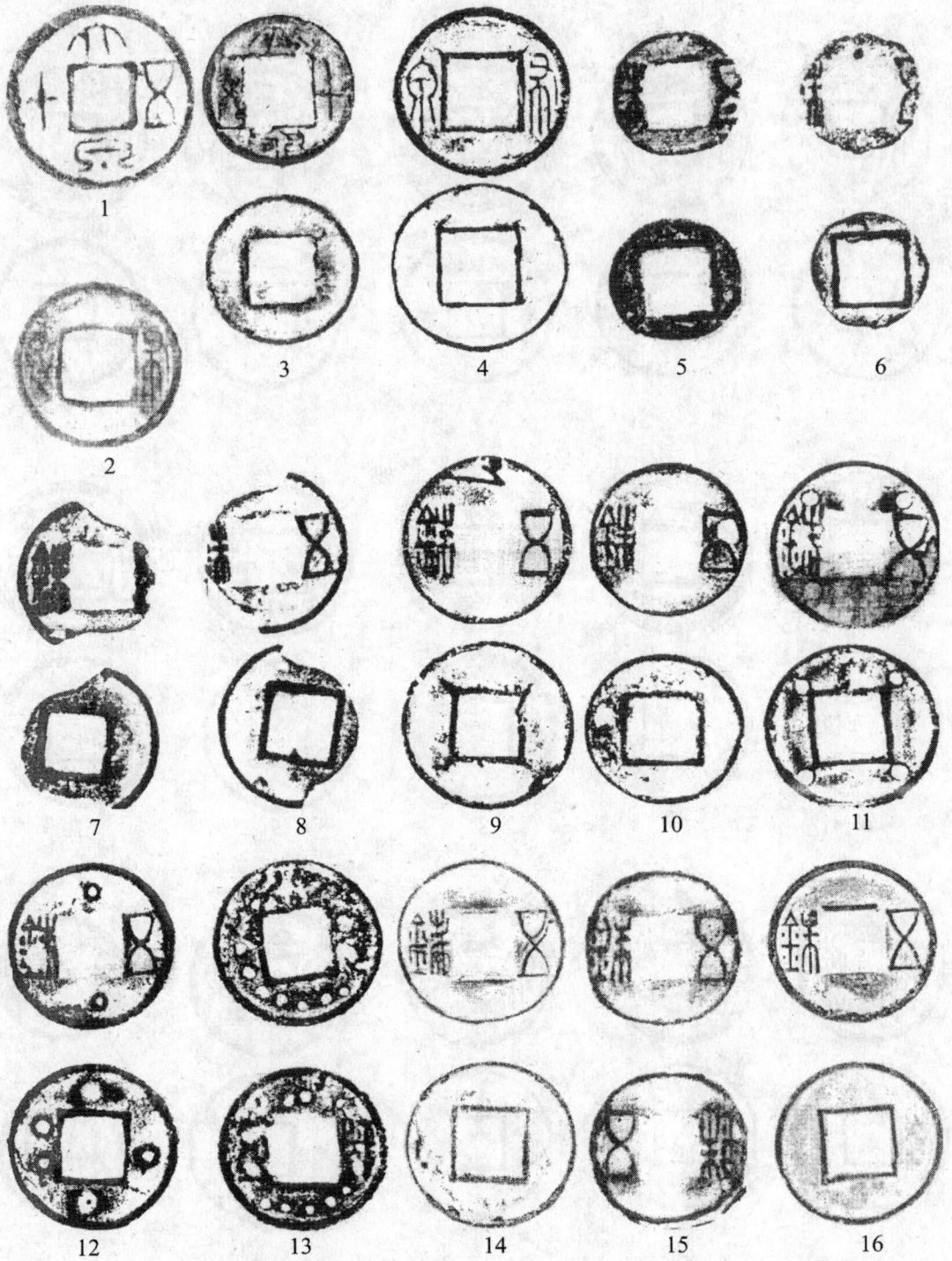

1　　　　　　　　　　　3　　　　　　4　　　　　5　　　　　6

2

7　　　　　8　　　　　9　　　　　10　　　　11

12　　　　　13　　　　　14　　　　　15　　　　16

图　七

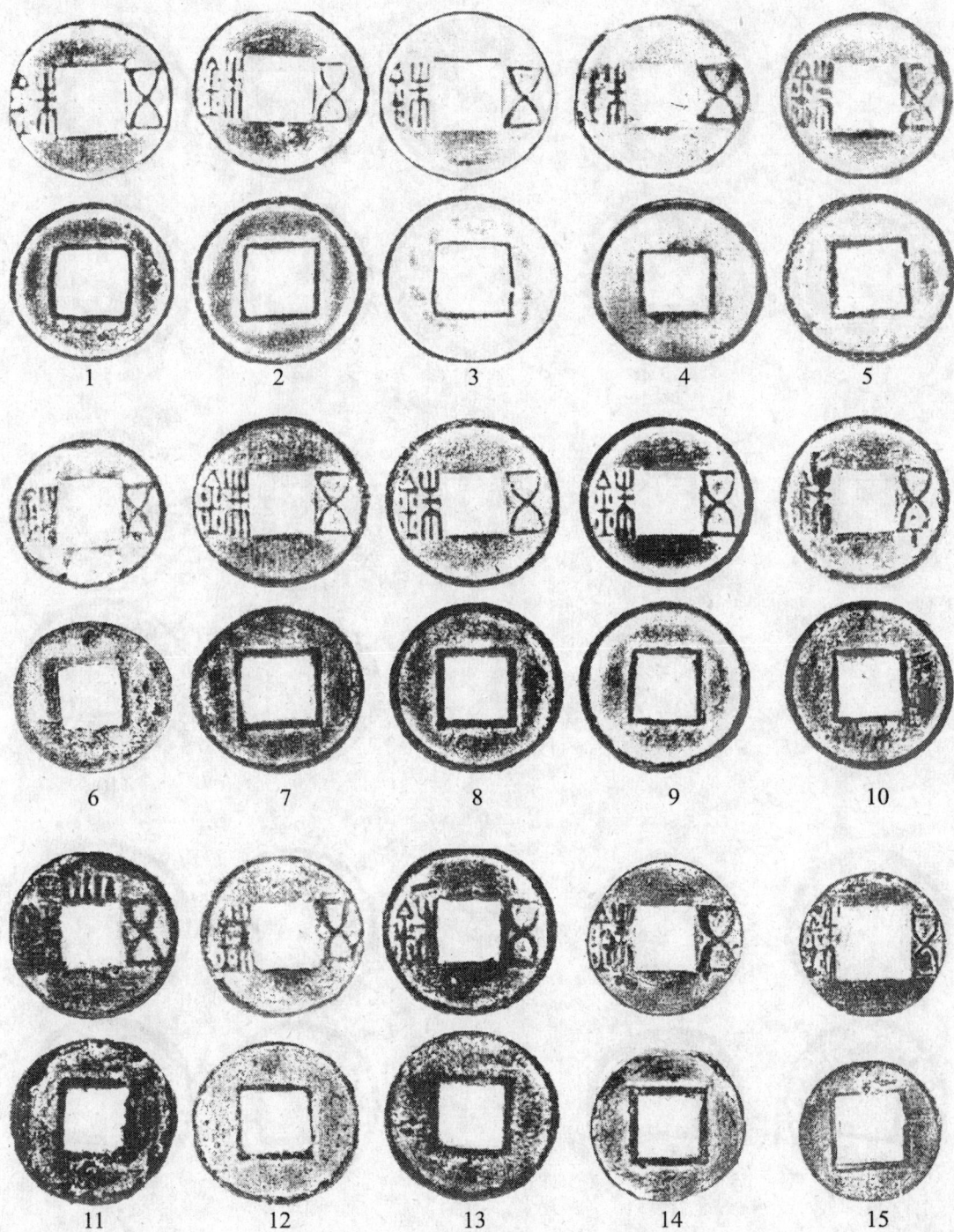

1　　　2　　　3　　　4　　　5

6　　　7　　　8　　　9　　　10

11　　　12　　　13　　　14　　　15

图　八

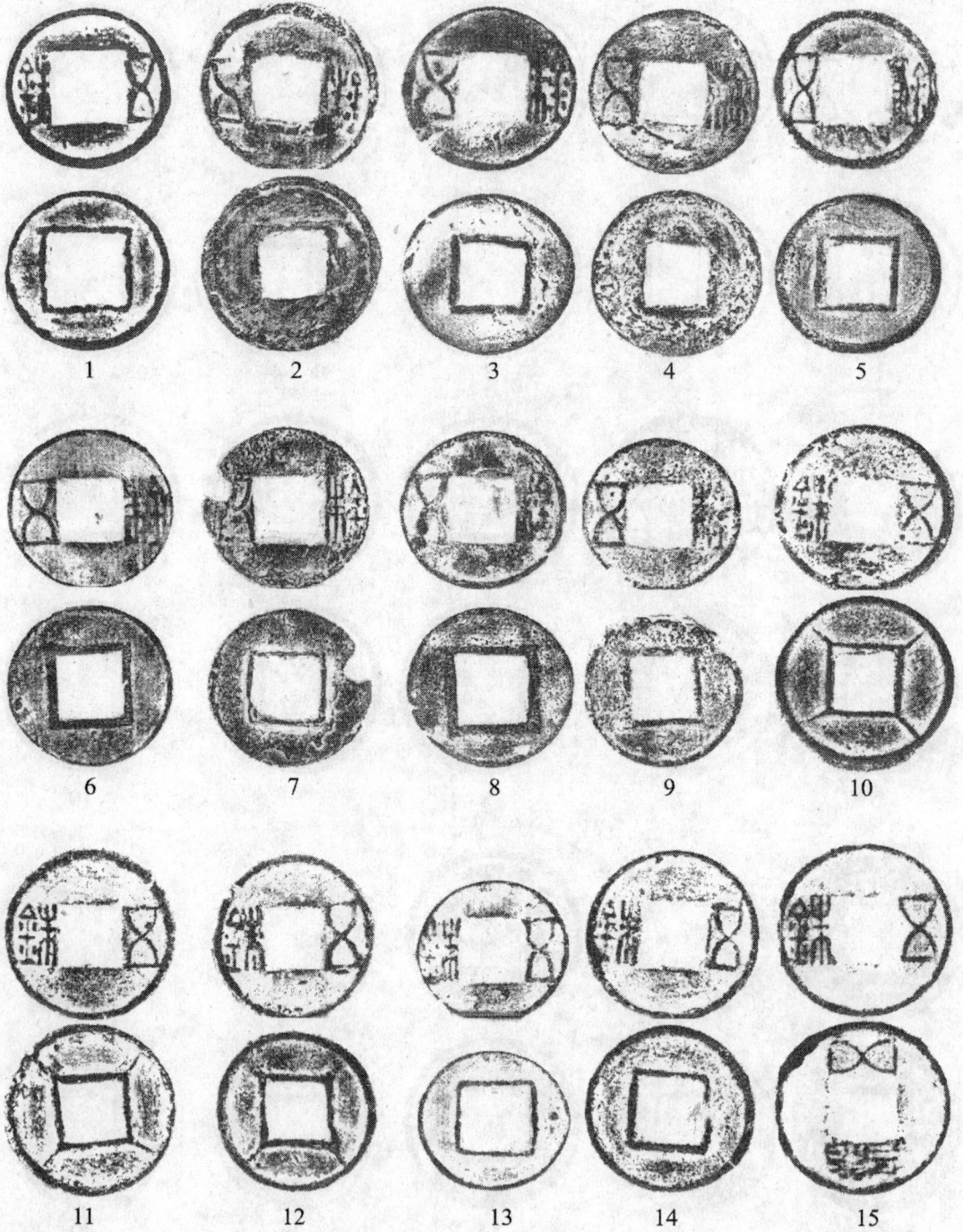

1　　　　　2　　　　　3　　　　　4　　　　　5

6　　　　　7　　　　　8　　　　　9　　　　　10

11　　　　12　　　　13　　　　14　　　　15

图　九

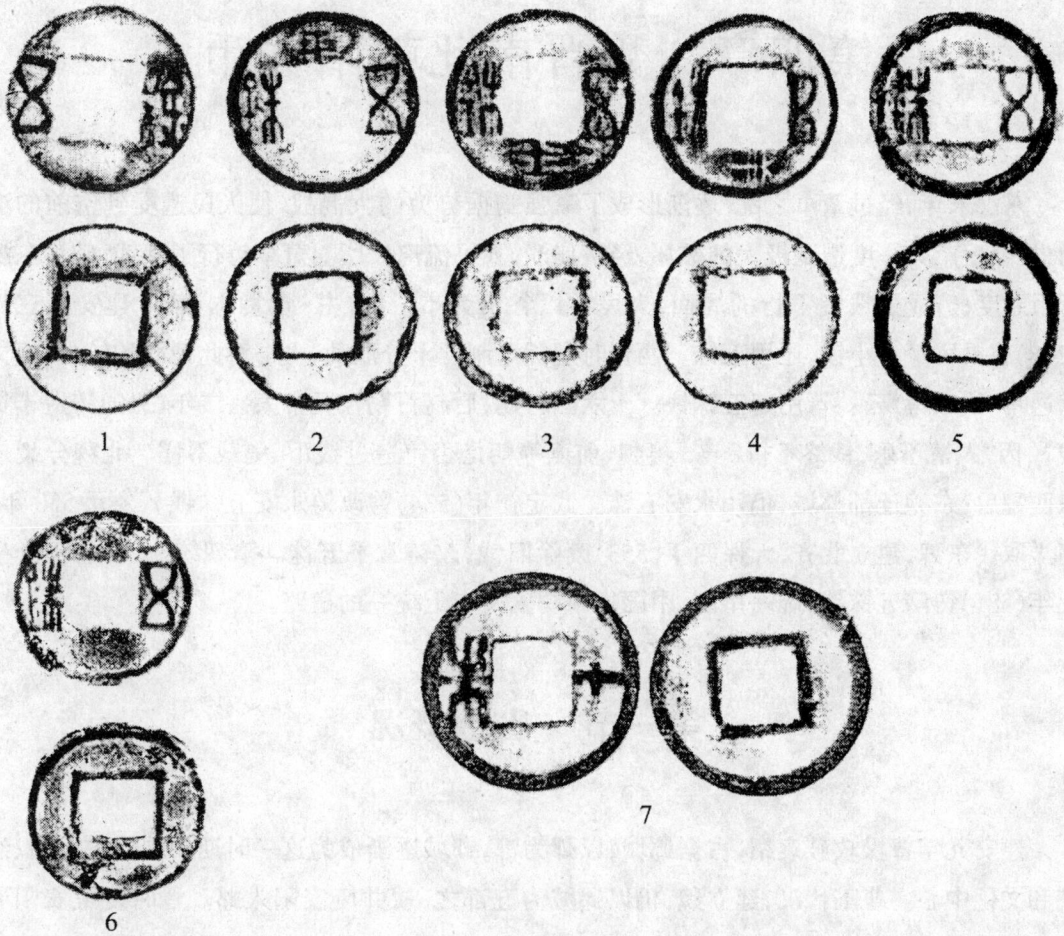

1　　　　2　　　　3　　　　4　　　　5

6

7

图一〇

第四章　魏晋南北朝隋钱币

东汉末年,经过董卓之乱,逐渐形成了豪强割据势力的大混战,使人民遭受到空前的洗劫,社会生产力一度遭到极大的破坏,经济崩溃,人民流离失所。董卓铸行了小钱,破坏东汉货币制度,造成了钱货不行的局面,人民常以谷帛为市。《晋书·食货志》载:"建安十三年(208)曹操罢董卓小钱,还用五铢。"两晋时期货币制度十分混乱,史书对此记载的较少。《文献通考·钱币考》云:"晋用魏五铢钱。"十六国时期,后赵石勒在元帝太兴二年(319)铸造丰货钱①,因"人情不乐,钱终不行"②。冉魏、前燕等朝是否铸造过钱币,史载不详。北魏分裂成东西魏后,东魏迁都邺城,仍用永安五铢。武定初年(534)曾改铸永安五铢钱。公元550年,高洋取代东魏,建立北齐,天保四年(553)废除旧钱,改铸常平五铢。隋朝统一中国,于开皇元年(581)铸隋五铢钱,统一币制,中国货币制度又走上统一的道路。

第一节　　出土概况

建安九年曹操攻破袁绍,占据邺城,以邺为都,邺城逐渐成为这一时期中国北方政治、经济和文化中心。曹丕代汉,建立魏,仍以邺城为五都之一,并废安阳入邺。晋时复置安阳属魏郡。十六国时期,后赵迁都于邺。前燕、冉魏皆以邺为都。南北朝后期北魏分裂,东魏迁都邺城,属魏郡,兼立相州,安阳并入邺,高洋代魏,北齐因之。北周灭北齐,大象二年(580)邺城被焚,迁邺之民于安阳,时相州、邺县等三级治所均迁安阳,仍称邺。隋初复置安阳属相州。历史上看,这一时期以邺都为中心的漳河南北两岸,是广大北方地区的政治和经济中心。安阳北距邺城仅10余公里,是邺都的京畿之地。因此,这一时期是安阳历史上最为繁

---

① 崔鸿:《十六国春秋·后赵录》:"石勒赵王元年四月铸丰货钱。"
② 《晋书·石勒传》。

荣的几个时期之一。从安阳出土与发现钱币来看,这一时期的钱币也是比较多的,在安阳钱币出土与发现中占有重要的地位。建国以来几次重要的发现有:

(1)1982 年,安阳市西郊出土一魏晋南北朝时期古钱窖藏①,共有钱币 1 258 枚,含西汉四铢半两、各类五铢,新莽大泉五十、货泉、布泉,东汉各朝五铢、磨边五铢、董卓无文钱,三国曹魏五铢,三国蜀五铢、太平百钱、直百五铢及其它铸对文钱、剪凿钱等。

(2)1984 年,安阳市机床厂家属院基建工地出土一隋五铢窖藏,大部流失,我们收集到其中的 134 枚。

(3)1988 年,安阳县安丰乡渔洋村南一砖厂出土 1 枚丰货。

(4)1991 年 8 月,安阳县伦掌乡孟村出土一魏晋时期钱币窖藏②,共计 160 余公斤。除本书前面提到外,有三国曹魏五铢,三国蜀直百五铢、小五铢(背阳文"一""二""四""五""八""十一""十二""十六""十八""廿三""廿五""廿八"等)、太平百钱,三国吴大泉当百、大泉当千,两柱、三柱、四柱五铢,两晋五铢及其他对文钱、剪凿钱等。

(5)1993 年,安阳县高庄乡出土一魏晋时期钱币窖藏,约数十公斤。含西汉四铢半两、各类五铢、新莽钱币、东汉各朝五铢、磨边五铢、剪凿五铢、董卓无文钱及曹魏五铢等。

(6)1993 年 7 月,安阳县高庄乡汪流村出土一北魏永安五铢窖藏,共计 530 枚。

(7)20 世纪 70 年代以来,林州市相继出土魏晋时期钱币窖藏 10 余个,共计 140 公斤。主要钱币有:三国曹魏五铢,蜀直百五铢、太平百钱、小五铢、吴大泉当千、大泉当百、两晋五铢及各类剪凿钱、对文钱、隋五铢等③。

(8)20 世纪 70 年代,中国社会科学院考古研究所安阳工作站在殷墟范围内,共发掘隋墓 29 座,其中 16 座出土有隋五铢钱,共计 44 枚。各墓出土数量不等,一般为 1~2 枚,多者 11 枚④。

(9)1988 年以来,安阳市文物工作队发掘隋墓几十座,隋墓内也多出土有五铢钱。

此外,安阳市博物馆收藏有建国以来出土的这一时期钱币有上千枚,除上述提到的钱币外,还有北周时期的布泉、五行大布、永通万国、南朝四铢等较少见的钱币。综上所述,安阳地区出土的魏晋时期钱币以窖藏出土为主要形式,钱币种类丰富,数量大,时代跨度较长,从而证明了魏晋时期货币制度混乱的事实。

---

①　谢世平:《安阳出土魏晋时期古钱窖藏》,《中原文物》1986 年 3 期。

②　安阳市钱币课题组:《河南安阳孟村古钱窖藏整理与研究》,《中州钱币》(九)2001 年 12 月。

③　林州市文物保护管理所提供资料。

④　中国社会科学院考古研究所安阳工作站:《安阳隋墓发掘报告》,《考古学报》1981 年 3 期。

第二节　曹魏五铢

一、曹魏五铢的出土和认定

曹魏五铢历史上争议很多,对其形制、种类也是众说纷纭。1986 年我们在整理安阳西郊出土的古钱窖藏时,曾分离出一种面有轮郭,无好郭,面文"五"字右侧、"铢"字左侧分别被钱币的外轮郭侵压,背具轮、好郭,钱币的边缘多有余铜,未经加工琢磨的一种五铢钱。中原不少的老年人称这种"压五压金"的五铢钱为"咬金"钱。此种五铢钱不同于东汉五铢,也别于剪边五铢,似乎介于二者之间。从出土情况分析,这种五铢钱多与西汉半两、五铢、新莽钱、东汉五铢、五铢对文及其他蜀、吴钱币直百五铢、定平一百、大泉五百、大泉当千等伴出。经过初步的排比分类,我们认为这种"压五压金"五铢当为曹魏时期铸行的五铢钱。

为了彻底澄清曹魏五铢的本来面貌,我们对安阳地区出土的魏晋时期古钱窖藏进行了调查,重新排比安阳西郊古钱窖藏、安阳县高庄古钱窖藏、安阳县伦掌乡孟村古钱窖藏。这种"压五压金"五铢钱,所占窖藏的比例为 1.8% ～2.2% 之间。其中安阳县伦掌乡出土的这种钱币一般径 2.1～2.34 厘米,穿 1.0～1.1 厘米,厚 0.1～0.17 厘米,重 1.55～2.4 克(图一:1～5);安阳市西郊出土的这种钱币一般径 2.07～2.2 厘米,穿 0.9～1.0 厘米,厚 0.12 ～0.14 厘米,重 1.45～2.3 克(图一:6～9);安阳县高庄乡出土的这种钱币一般径 2.05～2.24 厘米,穿 0.9～1.0 厘米,厚 0.12～0.17 厘米,重 1.6～2.5 克(图一:10～12);从以上实测数据可以看出这种"压五压金"五铢钱径最大者可达 2.4 厘米,重达 3.4 克以上,铸造较规整,字迹清晰、高挺。此外,还有一种钱径在 2.1 厘米以下,字迹漫漶,钱重不足 1 克的小钱。从而说明这种"压五压金"五铢钱有早期和晚期之分,其钱币形制特征使人一目了然。但这种"压五压金"的五铢钱历来多不被人重视,为了进一步确定这种五铢钱的铸行年代的上下限,我们查阅了有关考古发掘资料。

中原地区是三国时期的魏国领土,自建安九年(204)曹操占据邺城后,开始经营邺都。曹丕代汉称帝后,迁都洛阳,"以谯为先人本国,许昌为汉所据,长安为西京之遗迹,邺为王业之本基"①。定五都,其中邺都、许都、洛阳均在中原。虽然中原地区至今还没有发现三国时期的纪年墓葬,但出土魏晋与北朝时期的古钱窖藏却较多。在邺城附近出土的古钱窖藏,属魏晋时期的则以东汉五铢为主,属北朝时期的则以永安五铢和常平五铢为主,时代序列比较

---

① 《三国志·魏书·文帝纪》。

清楚。我们在邺城文物管理所收藏的近年来出土的钱币中选拓了曹魏"压五压金"五铢钱数枚(图一：13～15、图二：1～3)，并实测了有关数据。据邺城文物管理所的同志介绍，这种五铢在本地是十分常见的古钱币。值得注意的是最近在豫北某地发现一个三国时期的古钱窖藏，共出土钱币 580 枚，除磨边五铢 6 枚外，其余 574 枚全部为"压五压金"的五铢钱。其中有早期铸造较规整的，也有后期铸造非常粗劣的，大小、轻薄相混杂。从中不难看出，与两晋南北朝时期古钱窖藏相比，三国时期古钱窖藏中曹魏五铢钱所占的比例要大的多。

从以上调查中，就墓葬出土的资料看，在东汉晚期的洛阳烧沟汉墓中的 190 年墓 M147号和洛阳西郊汉墓 M3177 中只出土灵帝四出五铢，而未见"压五压金"的五铢钱，证明在 190 年以前此种五铢钱还未铸行。而在江西南昌三国孙吴高荣墓(238 年以前)和安徽马鞍山孙吴朱然墓(249 年纪年墓)中都出土了"压五压金"的五铢钱(图二：4～6、图二：7～9)。其特征相同，即钱币外郭不同程度的侵压钱文"五"的右侧，"铢"字"金"旁的左侧，穿孔较大，背具轮好郭，边缘多留有毛边，未经凿磨加工。这种五铢钱与蜀汉钱币形制风格截然不同，与孙吴大泉五百、大泉当千等也相去甚远。所以我们认定这种"压五压金"的五铢钱当为曹魏五铢，应是可信的。

我们对安阳及其他地区出土的这种"压五压金"的五铢钱，选取部分有代表性的进行拓图并实测了有关数据(见附表一：曹魏五铢实测数据统计表)。

二、钱范佐证

上节我们已对各地出土的魏晋南北朝时期五铢资料进行了调查排比，并对曹魏五铢进行了认定和选拓。那么，曹魏五铢的钱范是什么样子，它的演变轨迹又是如何呢？这是本节着重要探讨的问题。

现在已知的西汉末期至东汉早期的五铢钱铜范中，有两个带有纪年的五铢钱铜范。其一是西汉末年淮阳王刘玄更始二年(24)的五铢钱铜范(铜范现藏西安市文物局)。其特征为圆角长方形，内有边框，长 12.7、宽 7.6 厘米。范中有一凸起的圆形浇注槽模，底部有交叉"十"字形宽条。范两行各排 4 枚钱模(二面二背)。钱模径 2.65 厘米，穿 1 厘米。钱模一行外边两枚间有两个凹窝，一行外边两枚间有二乳突，当是合范榫，范背有"十"字筋，左侧有阴文篆书一行"更始二年十月工维李刻"10 字。其二是东汉光武帝刘秀建武二年(26)的五铢钱铜范，形制基本同于更始二年铜范，范长 13.04、宽 8.13 厘米，范背有"十"字筋，左侧有阴文篆书两行"建武二年三月丙申太仆监掾苍考工令通丞或令史凤工周仪造"(图三)。

东汉晚期，出现了一种铸无郭五铢钱阳文铜范。铜范为长方形，圆角，四周有边框，长 11 厘米，宽 7.7 厘米，范中有凸起的圆柱及浇注槽模，范两行各 4 钱模(一排 4 枚为钱面，一排 4 枚为钱背),面文"五铢"篆书,因仿东汉磨边五铢钱,"五"字右侧上下呈圆角形,"铢"字的"金"旁上三角形无左画,下部分仅有一半。钱模径 2.26、穿 0.98 厘米。钱模一行外侧两枚间有两个凹窝,一行外侧有二乳突,当是合范榫。平背,无纪年文字与加强筋(图二:10)(该范现藏中国历史博物馆)。这时钱范两端已出现三角形突起部分,为紧固钱用。

曹魏五铢阳文铜范,范为长方形,圆角,周边有框,下部有三角形凸起部分,是定方位的标志,长 11.6、宽 7.2 厘米。范中有两个凸起的圆形体及浇注槽模,范两行各 4 枚钱模(一排为钱面,一排为钱背)。面文"五铢"篆书,为仿铸无郭五铢钱范,但有所增益,重新增加了钱币的轮郭,呈压"五"右侧,压"金"旁左侧之形。钱模径 2.2、穿 0.96 厘米,范背有"十"字筋。无纪年文字,和东汉钱范为同一风格(图四:1)(现藏中国历史博物馆)。

曹魏五铢阳文铜范,范为长方形,圆角,周边有框,上下有圆弧三角形凸起部分,为紧固钱范用。长 9.47、宽 6.2 厘米。范中有两个凸起的圆形体及浇注槽模,范两行各 4 枚钱模(一排为钱面,一排为钱背)。面文"五铢"篆书,为仿铸无郭五铢钱范,但有所增益,重新增加了钱币的轮郭,呈压"五"右侧,压"金"旁左侧之形。钱模径 2.08、穿 1.03 厘米。平背,无纪年文字与加强筋(图四:2)。其余的曹魏五铢阳文铜范一种长 9.98、宽 6.08、钱径 2.06 厘米(图四:3);另一种长 9.93、宽 6.26、钱径 2.03 厘米(图四:4)(以上三件钱范均藏中国历史博物馆)。

从上述五铢阳文铜范中,我们可以清楚地看出曹魏五铢阳文铜范的演进顺序。曹魏五铢阳文铜范是在东汉末年铸无郭五铢钱范的基础上有所增益而成的,它继承了东汉时期五铢钱范的形制,又有自己的新形制。曹魏五铢始铸之时已是东汉末期减重钱币广为流通的时期,也是一个重新调整货币的特殊时期。上述四件钱范中钱模直径分别为 2.22、2.08、2.06、2.03 厘米,不难看出,曹魏五铢继承了东汉晚期铸币风格,并具有自己独特的形制。

三、曹魏时期的货币经济状况

东汉末年,经董卓之乱,逐渐形成了豪强割据势力的大混战,使人民遭到空前的洗劫,社会生产力一度遭到极大的破坏,社会经济崩溃。据文献记载,"(董卓)初平元年(190)二月,乃徙天子都长安,焚烧洛阳宫室,悉发掘陵墓,取宝物……,悉椎破铜人、钟虡及坏五铢钱,更铸为小钱,大五分,无文章,肉好无轮郭,不磨鑢,于是货轻而物贵,谷一斛至数十万。自是后钱货不行。"[①] 这种"钱货不行"的局面当是指某些地区而言。兴平元年(194),长安城中谷

---

① 《三国志·魏书·董卓传》。

价一斛五十万,豆麦二十万①。由此可见东汉五铢钱和董卓小钱还在使用。但是董卓铸行劣质钱,破坏了东汉的货币制度。据王孝通先生的考证,董卓这一破坏性举措,大约销毁掉东汉末年全国货币总量的五分之一(主要是指五铢的总数量)②,其影响是巨大的。这时曹操打起了"兴义民,诛暴乱"的旗帜,采取"挟天子以令诸侯"的策略,用武力消灭豪强割据势力,南征北战,东讨西伐,逐步统一了北部中国,形成了魏、蜀、吴三方割据形势,这对东汉末年的百姓来说,无疑是一个喘息的时期。这时三方立国各有所本,割据之初无不先筹经费,故能裕国而赡军③。

建安九年(204)曹操击败袁绍父子后,占据邺城,鉴于洛阳、长安先后被董卓所毁④,在短期之内不可能恢复,而邺城是"旁及齐秦,结凑冀道,开胸殷卫,跨蹑燕赵"⑤的南北要冲。时曹操拥立汉献帝于许而自己留驻邺城,以此为都图霸,并在经济领域内进行了大力整顿,调整税赋⑥,恢复盐铁官营,抑制豪强兼并⑦,使当时黄河流域的经济得到恢复。曹操十分重视恢复农业生产,许下屯田所在积谷,数年之中"仓廪皆满"⑧。曹操又把屯田措施推广到各州郡,数年间,谷物丰收,仓廪充溢,百姓殷足,社会局势稳定,为曹魏的货币制度奠定了一个稳定坚实的经济基础,一些有识之士也在讨论铸行新币问题。荀悦(148~209)主张恢复五铢钱:"官之所争者谷也,牛马之禁,不待出百里之外,彼于钱取之于左,用之于右,贸迁有无,用而迫之,海内一家,何患焉。""钱实便于事用,民乐行之,禁之难,今开难令绝便事,禁民所乐,不茂矣。"⑨他反对把民间所藏的五铢钱收集起来运到京师用,认为如果五铢不多,政府可以补铸。曹操任丞相后,着手进行经济改革,整顿币制,"罢董卓小钱,还用五铢"⑩。还用五铢之举,其目的:一是将国库中的钱币投放到市场解决一时之需,但国库中当有相当数量

---

① 《后汉书·孝献帝纪》:"兴平元年(194),是时谷一斛五十万。"

② 王孝通:《中国商业史》,上海书店,1984年。

③ 《三国志·魏书·董卓传》。

④ 左思:《魏都赋》,见《文选》。

⑤ 《三国志·魏书·武帝纪》注引《魏书》载曹操令。

⑥ 《三国志·魏书·王修传》。

⑦ 《三国志·魏书·武帝纪》建安元年(196)十月条注引《魏书》:"公曰:'夫定国之术,在于强兵足食。秦人以急农桑兼天下,孝武以屯田定西域,此先代之良式也。'"又《三国志·魏书·任峻传》:"羽林监颍川枣祗建置屯田,太祖以峻为典农中郎将,募百姓屯田许下,得谷百万斛,郡国列置田官,数年积粟,仓廪皆满……"

⑧ 荀悦(148~209),字仲豫,颍阴人,献帝建安元年(196)被曹操征辟入府,历任黄门侍郎,秘书监,侍中等职。他指出藏钱投入流通后,如果还是"不周于用,然后官铸而补之"。参见叶昌:《中国货币理论史》,中国金融出版社,1986年。

⑨ 《晋书·食货志》。

⑩ 《晋书·食货志》。

董卓铸行的小钱,此时绝不会将已罢掉的董卓小钱再行流通,引起不必要的混乱;二是开铸新钱以充实国库,因当时的商品经济比较繁荣,加之征战频繁,消耗至巨,利用原有的铸钱设备,将罢掉的董卓小钱销熔,新铸曹魏五铢钱和原有的五铢钱同时使用,当为情理之中。建安十九年(214)刘备才始铸新币①。由此可知,在三国鼎立以前,曹操和蜀汉都先后确立了自己的货币体系。孙吴于嘉禾五年(236)"铸大钱,一当五百"②,是时,魏、蜀、吴三国分别确立了自己的货币体系,魏行五铢钱体系,蜀行直百体系,孙吴行大钱体系。那么,蜀汉是否铸行过五铢钱?从考古发掘资料看,在三国时期的墓葬中尚未发现一枚蜀五铢,从而证明所谓三国"蜀五铢"为蜀汉所铸是毫无根据的。孙吴是否铸行过五铢钱,史无记载,尽管在孙吴墓葬中出现各种五铢钱,包括一定数量的"曹魏五铢"。"曹魏五铢"在孙吴墓葬中出现,应与建安二十四年(219)孙权上书向曹操称臣,双方商业贸易往来频繁有关。

　　三国文献中,对货币论述较简略,金属货币似不甚通行,而谷帛之属,遂取得货币资格。但从建安以来社会经济发展状况及商业贸易繁荣的情况分析,钱货不行的时间并不长久,区域也不广,在三国鼎立前后,三国间"在政治上虽然此疆彼界,互相敌视足以阻碍商业之发展。然商旅之往来,未加禁止,贸易之事,亦多见于史册。史称魏使至吴,以马易珠玑翡翠玳瑁"③。《丹阳记》谓"江东历代尚未有锦,而成都独称妙,故三国魏市于蜀而吴资西道,凡此诸端,实为魏、蜀、吴三国通商之明证"④。在"魏地,与外夷的贸易如鲜卑酋长曾至魏贡献并求通市,曹操表之为王,鲜卑尝诣并州互市,日本亦尝入贡于魏"⑤。"又常日西域杂胡欲来贡献,而诸豪族多逆断绝,既与贸迁,欺诈诲易,多不得分明,欲从郡还者,官为平取,辄以府见物与共交市,使吏民护送道路,由是民夷翕然称其德惠"⑥。"河南尹内掌帝都,外统京畿,兼古六乡六遂之士。其民异方杂居,多豪门大户,商贾胡貊,天下四会,利之所聚,而奸之所生"⑦。这是后来帝都洛阳的情况。北方经济恢复发展到了稳定的时期,商业贸易繁盛。据《魏都赋》记载,曹操时在邺城的市场聚集着各地的特产,有真定(今河北省正定县南)之梨,中山(今河北省定县)之枣,雍丘(今河南杞县)之粱,清流(今河南省安阳市西北)之稻,襄邑(今河南睢县)之锦绣,朝歌(今河南淇县)之绢绫,房子(今河北高邑西南)之绵纩,清河(今山东临清东北)之缣等⑧。商贾、手工业者云集于市,城内店铺鳞次栉比,商品罗列,"质剂平而

---

① 《三国志》。
② 《三国志·吴书·孙权传》。
③ 王孝通:《中国商业史》,上海书店,1984年。
④ 王孝通:《中国商业史》,上海书店,1984年。
⑤ 王孝通:《中国商业史》,上海书店,1984年。
⑥ 《三国志·魏书·仓慈传》。
⑦ 《三国志·魏书·傅嘏传》。
⑧ 左思:《魏都赋》,见《文选》。

交易,刀布贸而无算,财以工化,贿以商通"①。发达的手工业生产,活跃的商品经济,使邺城不仅成为当时北方政治中心,也成为远在长安、洛阳之上北方最繁荣的都会。邺城如此,其它地方情况如何? 文献记载,如关中地区"勤耕积粟,以丰殖关中",设监盐官②。凉州"邀上修武威、酒泉盐池,以收虏谷,又广开水田,募贫民佃之,家家丰足,仓廪盈溢,乃支度州界军用之余,以市金帛犬马,通供中国之费"③,"魏国的国力,兼足谷运盐二者后盛也"④。从中不难推测:如果在这一时期邺都之内仍然钱货不行,实行以物易物交换形式,显然对当时蓬勃发展的经济是十分不利的。例如邺下之人,在集市上购买二斤真定之梨,五斤信都之枣,如不使用货币,而使用别的等价物品进行交换,将是十分繁难的事情。

四、结　语

纵观三国魏、蜀货币其始铸年代均涉及东汉献帝时期。刘备在建安十九年(214)始铸直百钱,史载明确。曹操铸行五铢在建安十三年罢董卓钱之后看起来也不会有太大的问题。

奠定曹魏基业是在初平三年(192)曹操领兖州牧时,冬诱降黄巾军 30 余万人,选精兵编为自己的青州军⑤,从而扩大了军事力量。由于曹操有了强大的军事力量,先后击败了中原割据势力,完成了中国北方的统一。疆域达及黄河、淮河流域、关中、陇西、豫、冀、鲁、辽东等广大地区。在政治上曹操接纳了毛玠的建议:"宜奉天子以令不臣,修耕植,蓄军资,如此则王霸之业可成"⑥,实行了许多有利于政治统治和恢复经济的政策和措施。政治上实行中央集权制,严厉打击地方割据的豪强贵族势力,整顿吏治、选用有治国用兵术的人才和高才异质的文吏。在经济方面,推行屯田制度,兴修水利事业,恢复治铸、纺织等手工业,从而促进了商业的繁荣。由于商业贸易的繁荣,作为特殊商品货币的社会需求量急剧上升,而当时国库中货币匮乏,钱少物多的矛盾亟待解决。曹魏政权借助汉代帝业,其货币制度也便自然地继承下来。在中国正统封建思想的禁锢下,顺乎民心,有利政权稳定与经济繁荣,因此曹操新铸行的钱币是不会超出汉代五铢钱体系的。这种五铢钱如何体现曹魏时期货币的风格,也只能在东汉末年所铸行的磨边五铢钱上进行增益,这一点从东汉之后的五铢钱范上看出其演变轨迹,魏文帝在代汉称帝之后铸行五铢钱更是自然的事,其形制也必然如其旧。从

---

① 左思:《魏都赋》,见《文选》。
② 《三国志·魏书·卫觊传》。
③ 《三国志·魏书·徐邈传》。
④ 王孝通:《中国商业史》,上海书店,1984 年。
⑤ 《三国志·魏书·武帝纪》。
⑥ 《三国志·魏书·毛玠传》。

"曹魏五铢"演变特征可以看出其铸行时间有早晚之别,早期铸币钱文字迹高挺,"五"字右侧和"铢"字"金"旁左侧侵郭;晚期钱体变小,"铢"字漫漶,或以几点代之"金"旁,甚至"铢"字省"金",呈"朱",这些钱币在江西南昌的高荣墓葬殉钱与安徽马鞍山朱然墓葬殉钱中均可得到印证。

第三节 东魏与北齐钱币

北朝后期,北魏分裂。534年,高欢立元善见为孝静帝,改元天平,迁都于邺,史称东魏。550年,孝静帝禅位于高欢之子高洋,改东魏武定十七年为天保元年,史称北齐。东魏北齐,名为两朝,实则全是高氏掌权,其政治、经济制度有其连续性。《隋书·食货志》载:"齐神武霸政之初,承魏用永安五铢。迁邺后,依旧文更铸,流之四海,文宣受禅,除永安五铢,改铸常平五铢,重如其文。"

东魏北齐时期,安阳为畿内之地。因此,建国以来安阳地区出土这一时期钱币较多,特别是永安五铢和常平五铢出土量相当可观。但由于种种原因,这些新出土的钱币大都流散民间,有确切出土时间、地点、数量和其它有关资料详备者则很少。1993年7月,安阳县高庄乡汪流村北地农民挖土时,在地表下80厘米处出土一永安五铢窖藏,陶罐盛装,共530枚,重3.5公斤,平均每枚重3.5克。我们以此窖藏为例,对安阳地区出土的永安五铢进行分类。

一、高庄窖藏永安五铢的分类

安阳县高庄乡汪流村钱币窖藏为单纯的永安五铢窖藏,其基本特征为:钱文"安"字,篆文上面一画,借用钱币内郭一缘,"永安"二字近方,而"五铢"二字狭长,五字交股较直,铢字"金"首内斜,"铢"字"朱"旁变化较多,有方折,圆折,有的"朱"首上收;背有光背、四决文之别,间有带记号者,不知是有意制作还是铸造形成。其大体上可分为以下几类:

A型:光背。面文"五"字一般交股直笔,"永安"二字篆体近方,计390枚,占窖藏的73.6%。钱径2.31~2.44、郭厚0.13~0.21厘米,重3.1~4.2克(图五:1~2)。

B型:背四决文。面文"五"字大多交股直笔,部分"五"字交笔微曲,计80枚,占窖藏的15.1%。钱径2.31~2.44、郭厚0.13~0.21厘米,重3.1~4.2克(图五:3~5)。

C型:背四出文。面文"五"字交笔微曲,"铢"字"朱"旁变化较多,"朱"首上收,有的"朱"首呈圆折,计60枚,占窖藏的11.3%。钱径2.39~2.41、郭厚0.13~0.20厘米,重3.1~4.1克(图五:6)。

D型:背"土"字。这类永安五铢不见于以上窖藏,但安阳地区时有出土,数量很少,因其背文铸一"土"字,被称为"吉"钱,可能为"土"字加上内郭正好合成"吉"字。背"土"永安五铢的"五铢"二字结体近方,不同于上述三类永安五铢的"五铢"二字结体狭长。一般钱径

2.34、穿 0.7、郭厚 0.15 厘米,重 2.9 克(图五:7)。

　　此外,安阳市博物馆还收藏有上百枚永安五铢,这些钱币大多为安阳市区及郊区出土的,形制大体与 1993 年 7 月安阳县高庄乡汪流北地窖藏的永安五铢相同,也有一些比较独特的品种如:编号 0356,面文"五"字交笔微曲,背左上一小竖画,钱径 2.35、郭厚 0.16 厘米,重 3.5 克(图五:8);编号 0357,面文"五"字交笔微曲,背内郭较宽,左下一竖画,钱径 2.36、郭厚 0.17 厘米,重 2.8 克(图五:9);编号 0358,字体较细,"五"字交笔较直,背内郭较宽,小样,钱径 2.3、郭厚 0.14 厘米,重 3.2 克(图五:10);其余的永安五铢有的背双内郭、四出文、四决文等。一般钱径 2.3~2.43、郭厚 0.15~0.16 厘米,重 2.8~3.6 克(图五:11~15、图六:1~3)。

二、安阳地区出土的常平五铢

　　安阳地区出土的常平五铢,常见有两种类型:

　　A 型:粗字型。钱文字体较粗,"平"字上面横画借用钱币穿孔的下缘,作减笔处理。"五"字交笔圆曲,"铢"字"金"旁三角较直,"朱"字多圆折,背穿有带决文者,其钱郭较细字常平五铢宽。一般钱径 2.45~2.55、郭厚 0.15~0.16 厘米,重 3.6~4.0 克(图六:4~5)。

　　B 型:细字型。钱文字体较粗字型略细,而郭也较粗字常平五铢窄,"五"字交笔圆曲,"铢"字"金"首有的较直,有的向内微斜,背穿多有决文者。一般钱径 2.45~2.48、郭厚 0.15~0.16 厘米,重 3.9~4.0 克(图六:6~8)。

　　安阳县高庄乡汪流村窖藏永安五铢,制作精美,钱体大小、形制、重量都相当一致,当属官方铸造的流通钱币。至于这批钱币为什么会成为窖藏,究其原因,当是在东魏、北魏时期永安五铢出现私铸,体制渐别,出现混乱之后,高洋派人到各州去收取铜材和恶钱,改铸永安五铢之时被人隐藏起来的。不久高洋取得东魏政权,建立北齐,废除永安五铢,改铸常平五铢时,这批钱可能就失去了它的流通价值,而最终成为窖藏。这批窖藏永安五铢的发现,对研究东魏的币制提供了新的资料。

　　此外,在此顺便提及的是南朝钱币在安阳出土的较少,只零散见于这一时期的窖藏中。值得注意的是在安阳曾出土一枚四铢钱,钱径 2.49、郭厚 0.11 厘米,重 2.01 克(图七:15),较为罕见,应为南朝时期刘宋文帝七年(430)时的铸币。

第四节　隋代钱币

　　安阳在北朝时期为邺都京畿之地。大象二年(580)邺城被焚,迁邺之民于安阳,安阳为相州、魏郡、邺县三级治所。这一时期安阳继邺之后,成为河溯地区的政治、经济、文化的中心。因此,建国以来,安阳出土了一大批隋代贵族的墓葬,伴出有大量的隋代五铢钱。此外,也有一些隋五铢窖藏的出土,这些都为研究隋代政治、经济等提供了不可多得的实物资料。

一、出土概况

　　(1)上世纪70年代,中国社会科学院考古研究所安阳工作站在殷墟范围内发掘隋墓29座,其中16座出土有隋五铢钱,各墓出土数量不一,一般为一二枚,最多的达11枚。所出钱币大多握在死者手中,也有的含于口中。五铢钱铜质较好,制作规整,面背皆有周郭,背有好郭,外郭宽平,"五"字交股两笔较直,左边靠穿处有一竖画;"铢"字"金"首三角内斜,"朱"首方折。有大小两种,大者27枚,径2.3、穿径0.9、外郭宽0.25厘米,重2.1克;小者17枚,径2.2、穿径0.8、外郭宽0.25厘米,重1.6克。这两种五铢有同出一墓者,尚未发现有早晚之分①(表一)。

　　(2)安阳县安丰乡北丰村隋开皇九年(589)宋循墓出土隋五铢2枚②。

　　(3)近年来,安阳市文物工作队发掘隋墓近百座,也多有隋五铢出土③。

　　(4)1984年3月,安阳市机床厂家属院基建工地出土一隋五铢窖藏,窖藏距地表约1.5米,陶罐盛装,出土后大部分流散民间,我们后来征集到其中的134枚。其特征同安阳隋墓出土的隋五铢基本类同,即面背皆有郭,背有好郭,外郭宽平,"五"字交股较直,左边靠穿处有一竖画;"铢"字"金"首三角内斜,"朱"首方折,锈色灰白,别于西魏五铢④(表二)。这批五铢大体上可分为大小两类:

　　A型:钱径略大。钱径一般2.3~2.36、穿0.77~0.8、郭厚0.12~0.13厘米,重2~4克,计80余枚。编号032,直径2.33、穿0.8、郭厚0.2厘米,重4克,是这批钱币中最重者(图六:9);编号020,直径2.31、穿0.8、郭厚0.14厘米,重3.1克(图六:10)其余均在2.9克

---

　　①　中国社会科学院考古研究所安阳工作队:《安阳隋墓发掘报告》,《考古学报》1981年3期。
　　②　安阳县文化局:《安阳隋墓清理简报》,《考古》1973年4期。
　　③　安阳市文物工作队提供资料。
　　④　安阳市博物馆提供资料。

以下。这类钱中还有多种带有各类记号者:编号015,面穿上有横画,穿下有星点,背穿左上有斜画,直径2.3、穿0.77、郭厚0.13厘米,重2.85克(图六:11);编号023,背穿上有一斜画,直径2.32、穿0.8、郭厚0.12厘米,重2.4克(图六:12);编号007,背穿有一横画,直径2.3、穿0.8、郭厚0.12厘米,重2.35克(图六:13);编号033,背穿左下有一决文,直径2.35、穿0.77、郭厚0.11厘米,重2.3克(图六:14)。这些记号是特意制作,还是无意所为,需要以后的发现来证实。这一类隋五铢钱中,还有许多有特色、制作精美的钱币,我们付拓了部分,并实测了数据(图六:15、图七:1~11)。

B型:钱径略小。钱径一般2.25~2.27、穿0.75~0.9、郭厚0.10~0.13厘米,重1.9~2.6克。这一类钱径略小,其形体风格同A型钱相同,只是穿孔大小不一,钱体较薄,其中也有带记号者,如背穿右有斜画或背穿左上有决文者(图七:12~14)。

二、安阳出土隋五铢分析

安阳隋墓出土的隋五铢直径2.1~2.3厘米,重1.6~2.1克,一般制作规整,铜质较好;窖藏出土隋五铢直径2.25~2.36厘米,重1.85~4克,平均枚重2.47克。一般制作规整,保存较好;建国以来其他地区出土的隋五铢直径1.8~2.35厘米,重量在1.42~3克之间的较多[1]。

开皇元年(581)九月,隋文帝"以天下钱货轻重不等,乃更铸新钱。背面肉好,皆有周郭,文曰'五铢',而重如其文。每钱一千,重四斤二两。是时,钱既新出,百姓或有私铸"[2]。但是到了隋代晚期钱法渐乱,《隋书·食货志》载:"大业已后,王纲驰紊,巨奸大猾,遂多私铸,钱转薄恶。初铸每千犹重二斤,后渐轻至一斤……货贱物贵,以至于亡。"从安阳墓葬和窖藏出土的隋五铢来看,重一般在2.8~3克之间,当属隋代前期铸币。其面背周郭皆精整,钱文清晰,铜质纯净,铸工精良、钱体较为厚重等正是隋早期铸币的特征。隋代早期五铢正是以其较高的质量标准,确立了在流通领域的主导地位,反映出文帝改革后安定的政治局面,在短短的数年间出现突发性运行的情况。商业流通的发展必然推动货币的流通。文帝注重隋五铢的发行与币制的统一,制作的精整,币值的稳定,成为促进钱币流通的先决条件,迎来了开皇、仁寿年间,海内统一,社会生产恢复和发展,经济长期稳定,市场繁荣的局面。炀帝铸行白钱,铜质或混浊或纯白,降低了隋五铢的质量标准,以致天下盗起,私铸盛行,钱转薄恶,造成了混乱贬值,正反映出炀帝时期政局动荡的局面。安阳窖藏隋五铢所具备的早期特征,为

---

[1]　陈源、孙仲汇:《中国历代货币大系·隋唐五代十国货币·总论》,上海古籍出版社,1991年。
[2]　《隋书·食货志》。

隋五铢的分期提供了实物资料。

表一　安阳殷墟范围内隋墓出土隋五铢钱统计表

墓　号	墓志纪年	五　铢(枚)	墓　葬　分　期
M103	仁寿三年(603)	1	早　期
M104	仁寿三年(603)	2	早　期
M105		1	晚　期
M106		1	晚　期
M107		1	早　期
M108		3	晚　期
M109		8	晚　期
M110		3	晚　期
M201		2	晚　期
M202		1	早　期
M306		3	晚　期
M401		1	早　期
M404	开皇十年(590)	1	早　期
M406		11	早　期
M407		3	晚　期
M502		2	晚　期

注:根据《安阳隋墓发掘报告》制表。

表二 安阳窖藏隋五铢实测数据统计表

单位：厘米、克

编号	钱径	穿径	郭厚	重量	数量(枚)	备 注
001	2.3	0.8	0.12	1.85	1	
002	2.3	0.8	0.12	2.0	1	
003	2.3	0.8	0.12	2.1	1	
004	2.3	0.8	0.12	2.2	1	
005	2.3	0.8	0.12	2.25	1	
006	2.3	0.8	0.12	2.3	1	
007	2.3	0.8	0.12	2.35	1	背穿右侧一横画
008	2.3	0.8	0.12	2.4	1	
009	2.3	0.8	0.12	2.45	1	
010	2.3	0.8	0.12	2.55	1	
011	2.3	0.8	0,12	2.6	1	
012	2.3	0.77	0.13	2.7	1	
013	2.3	0.77	0.13	2.75	1	
014	2.3	0.77	0.13	2.8	1	
015	2.3	0.77	0.13	2.85	1	面穿上一横画，下一星点，背穿左下一斜画
016	2.31	0.77	0.11	2.15	1	
017	2.31	0.8	0.1	2.2	1	
018	2.31	0.8	0.12	2.4	1	
019	2.31	0.8	0.13	2.6	1	
020	2.31	0.8	0.14	3.1	1	
021	2.32	0.8	0.12	2.2	1	
022	2.32	0.8	0.12	2.3	1	
023	2.32	0.8	0.12	2.4	1	
024	2.32	0.8	0.13	2.55	1	
025	2.32	0.8	0.13	2.6	5	
026	2.32	0.77	0.13	2.7	1	
027	2.32	0.8	0.14	2.9	1	
028	2.33	0.77	0.12	2.25	1	

（续表）

编号	钱径	穿径	郭厚	重量	数量(枚)	备　　注
029	2.33	0.8	0.12	2.4	1	
030	2.33	0.77	0.12	2.45	1	
031	2.33	0.77	0.12	2.5	1	
032	2.33	0.8	0.17	4.0	1	
033	2.35	0.77	0.11	2.3	1	
034	2.35	0.77	0.12	2.35	1	
035	2.35	0.77	0.12	2.4	2	
036	2.35	0.77	0.13	2.6	1	
037	2.35	0.8	0.13	2.8	1	
038	2.35	0.75	0.13	2.9	2	
039	2.34	0.8	0.12	2.5	1	
040	2.34	0.8	0.13	2.6	1	
041	2.34	0.77	0.13	2.7	2	
042	2.36	0.8	0.12	2.05	1	
043	2.25	0.8	0.13	2.8	1	
044	2.25	0.75	0.13	2.9	1	
045	2.25	0.8	0.1	1.9	1	
046	2.25	0.75	0.11	2.0	1	
047	2.26	0.77	0.12	2.3	1	
048	2.26	0.8	0.13	2.4	2	
049	2.26	0.8	0.12	1.95	1	
050	2.26	0.77	0.11	2.05	1	
051	2.26	0.9	0.12	2.1	1	背穿右上角一决文
052	2.26	0.77	0.11	2.2	1	
053	2.26	0.77	0.12	2.3	1	背穿左侧一竖画
054	2.26	0.75	0.12	2.5	1	
055	2.26	0.77	0.12	2.6	1	
056	2.27	0.8	0.12	2.2	3	
057	2.27	0.8	0.12	2.3	1	
058	2.27	0.77	0.12	2.4	1	
059	2.27	0.77	0.13	2.6	1	

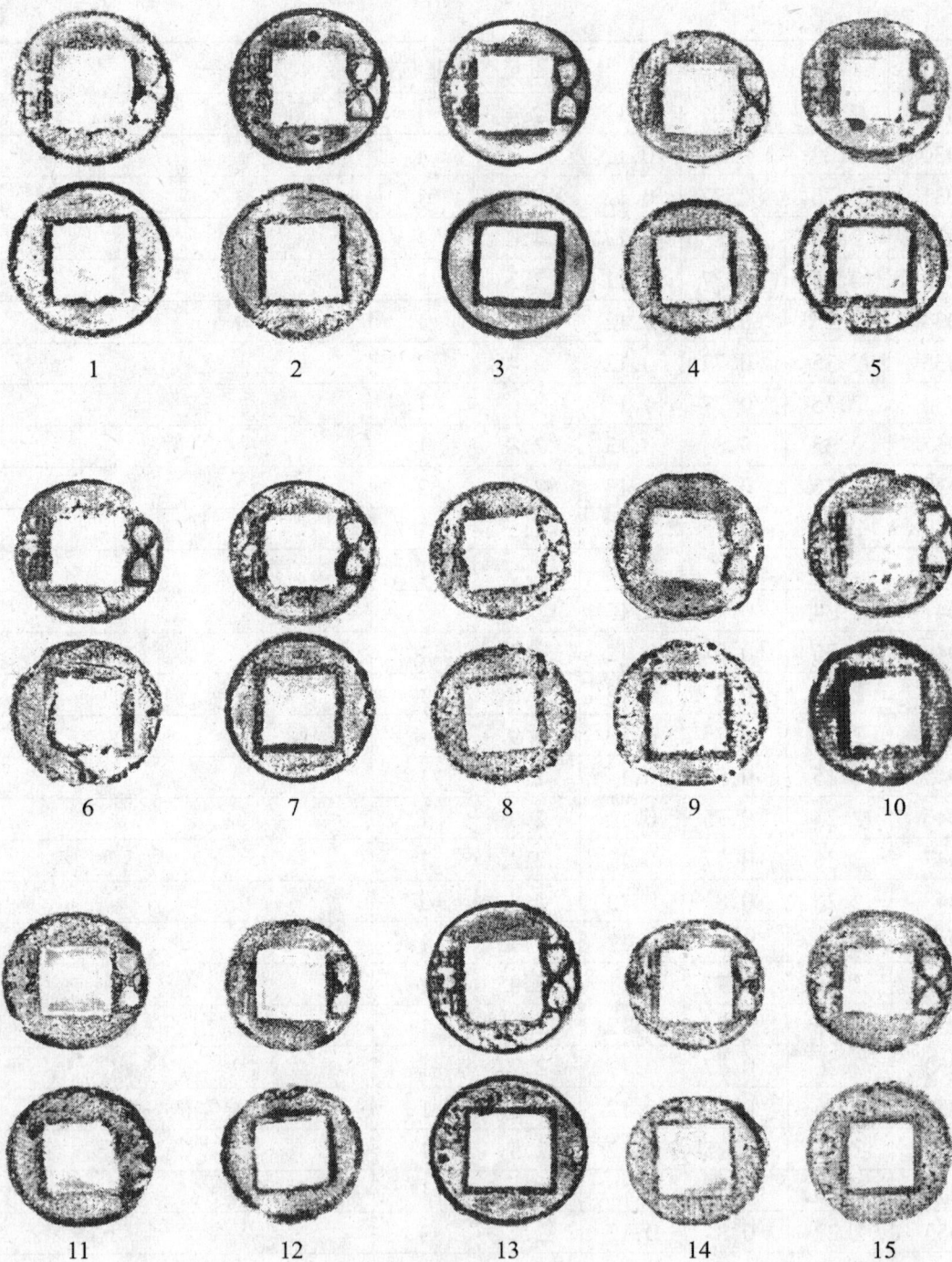

图　一

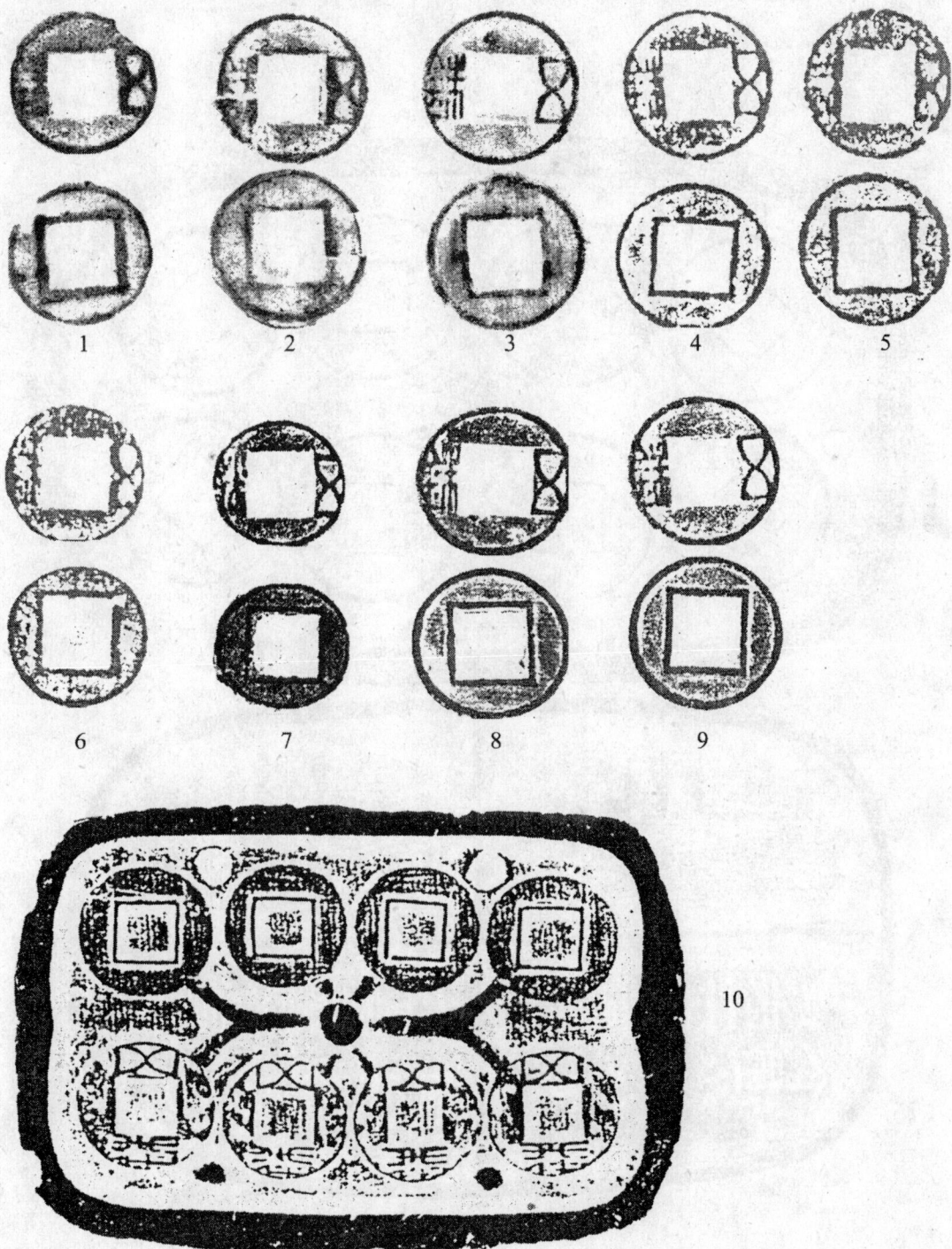

图　二

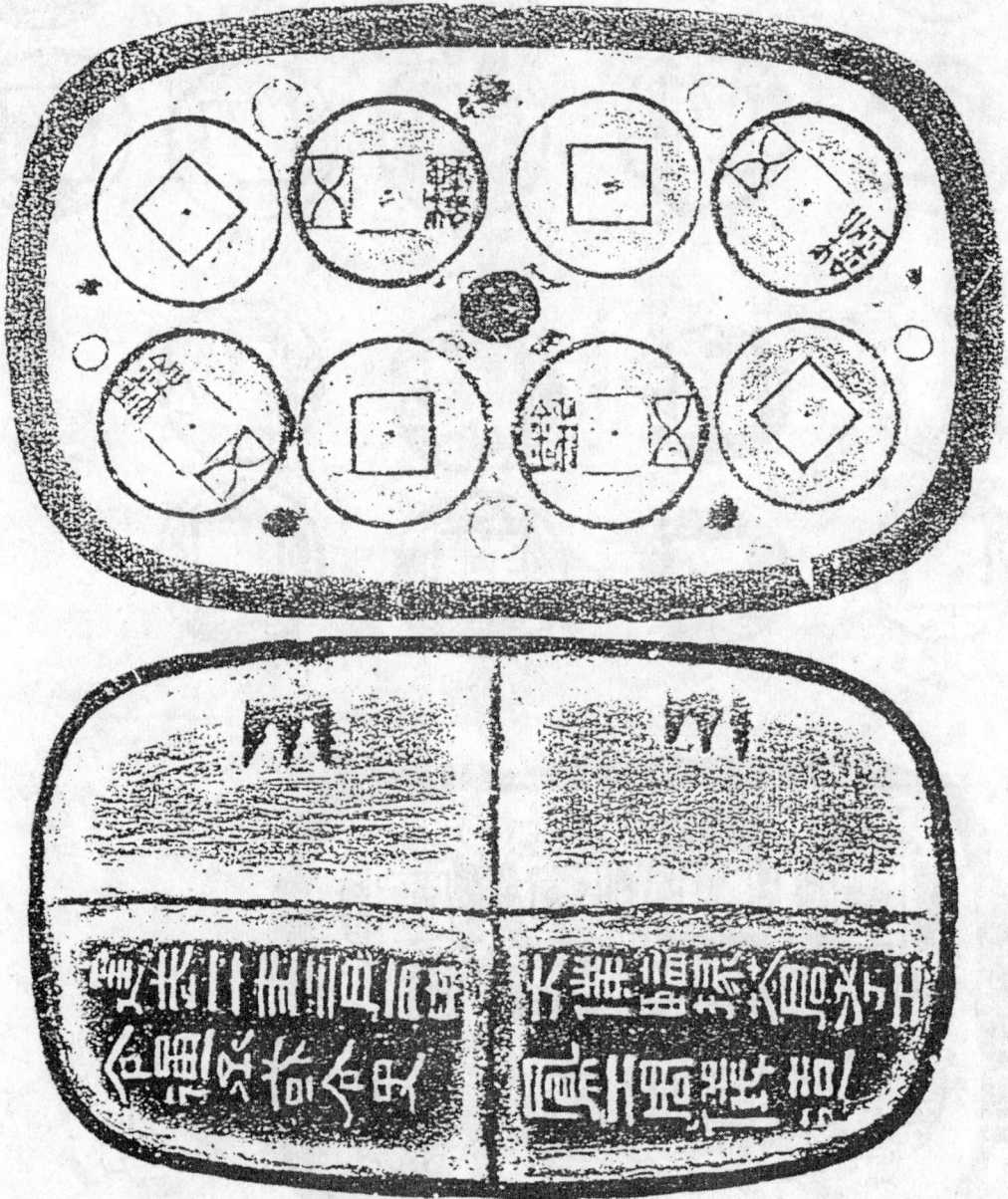

图　三

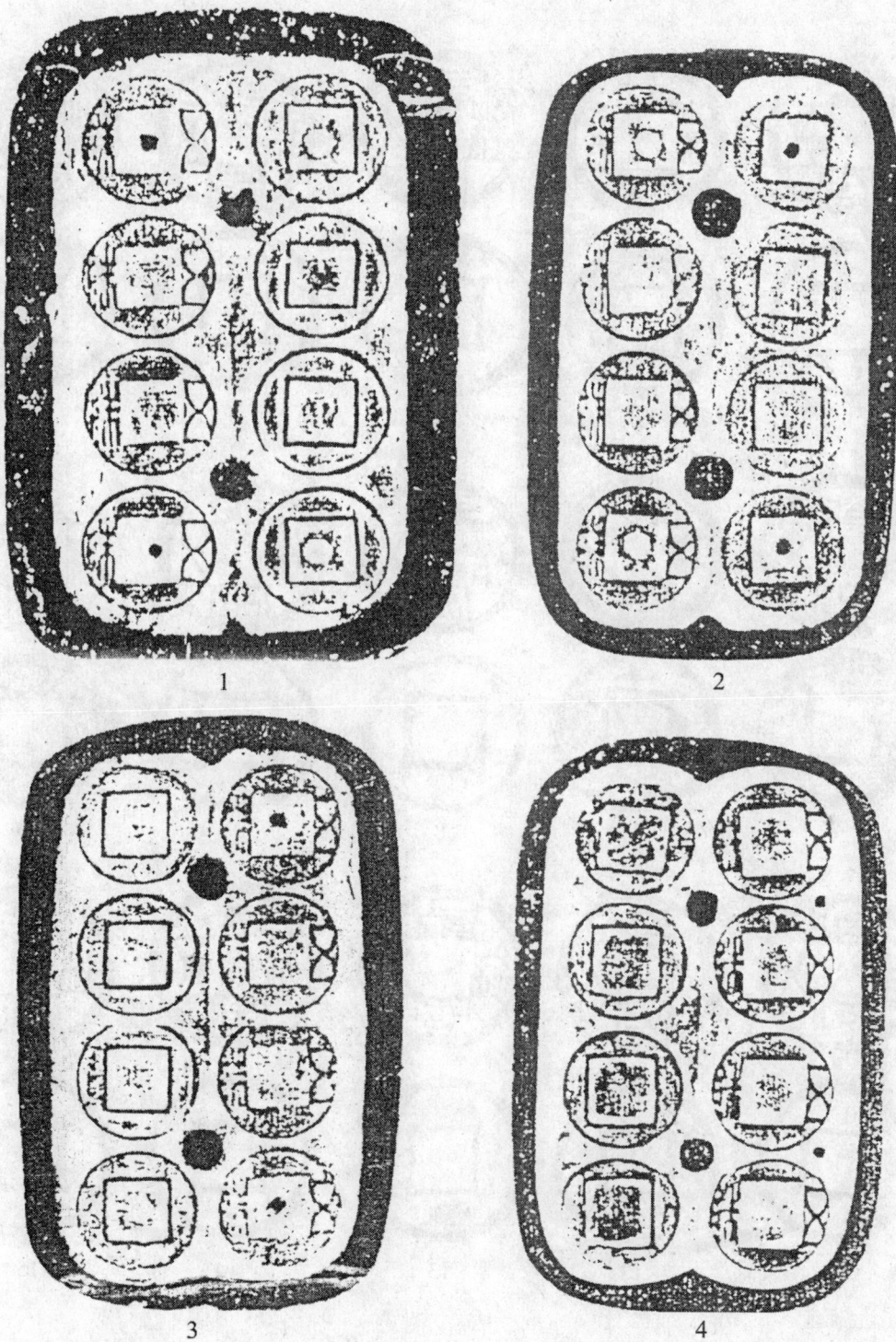

图 四

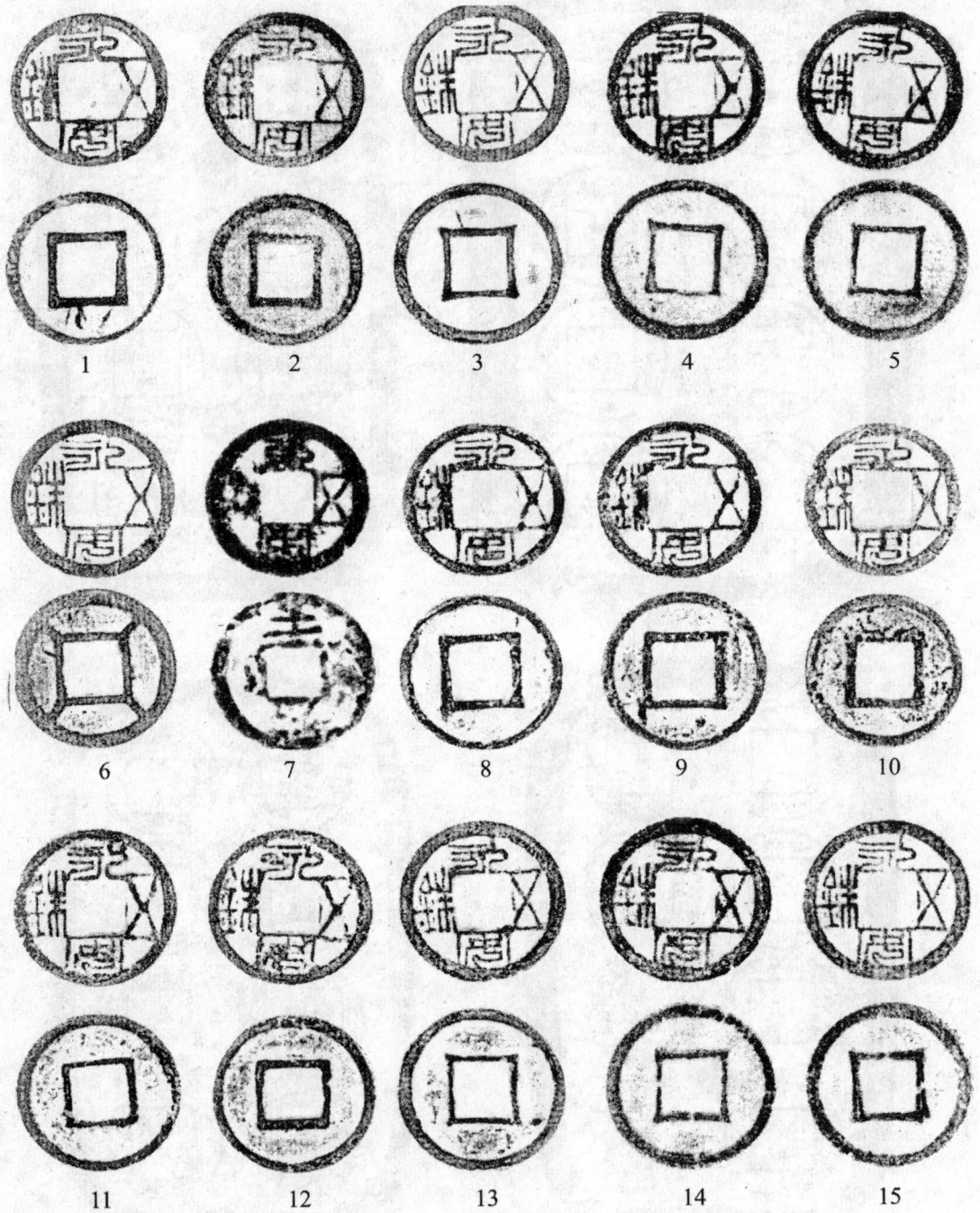

1   2   3   4   5

6   7   8   9   10

11   12   13   14   15

图　五

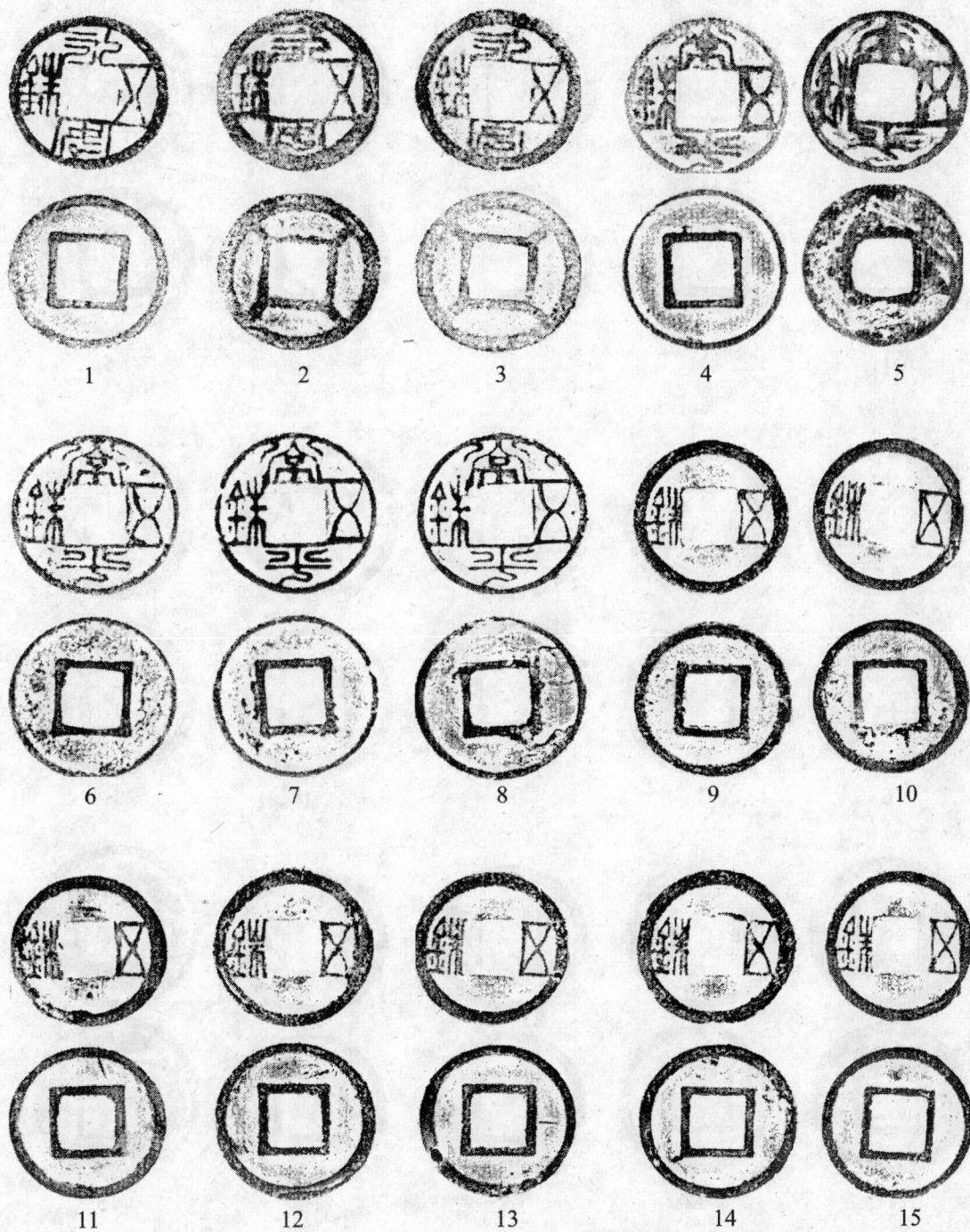

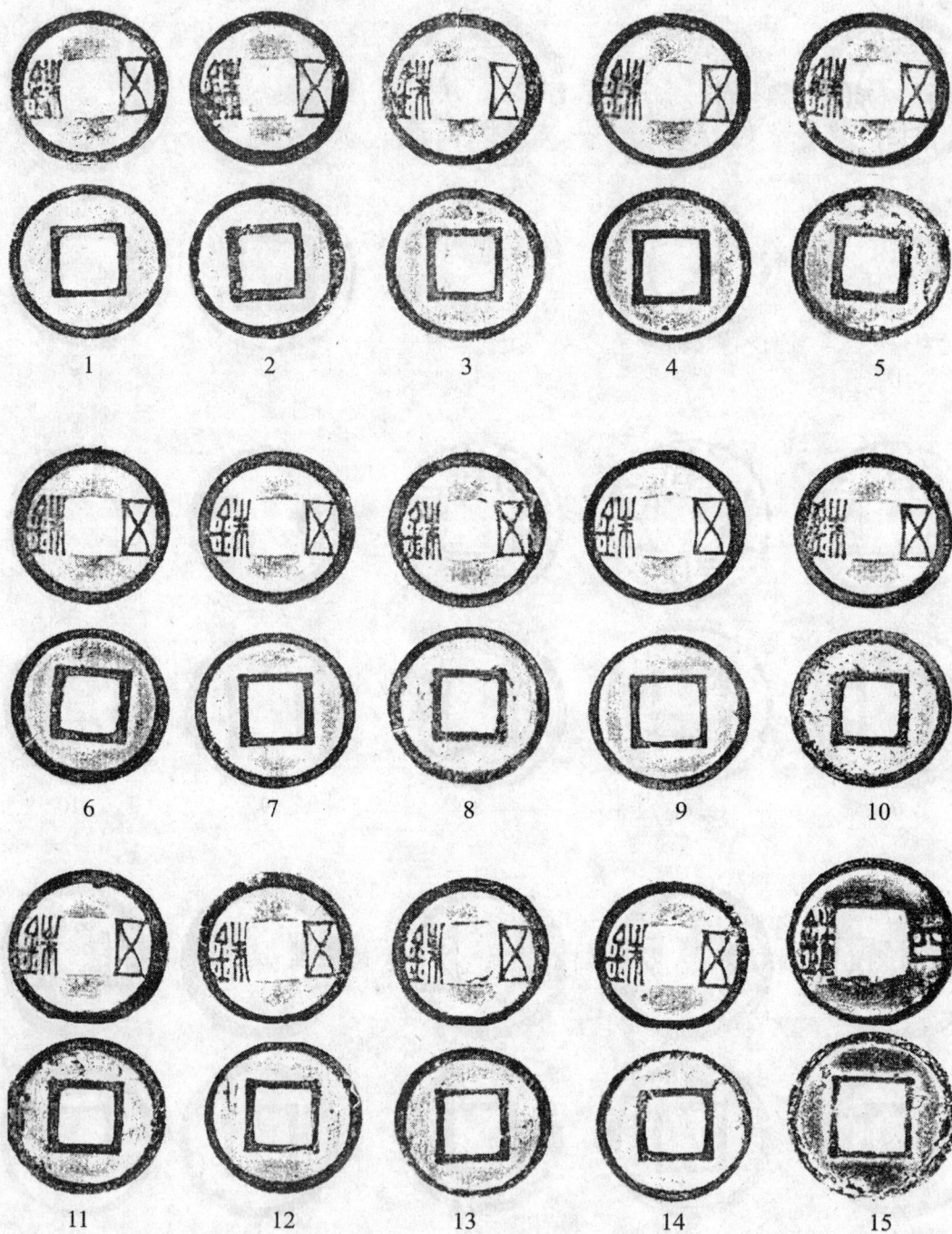

图　七

第五章　唐五代十国钱币

　　十六国，南北朝时期，后赵、冉魏、前燕及北齐均以邺为都，安阳为畿内之地。北周大象二年(580)，杨坚焚邺，迁邺之民于安阳，安阳为相州、邺县及安阳县治所。《旧唐书·地理志》载："后周移邺，置县于安阳，故城仍为邺县。"又云："周大象二年，隋文辅政，相州刺史尉迟迥举兵不顺，杨坚令韦孝宽讨平之，乃焚烧邺城，徙其居人南迁四十五里，以安阳城为相州，理所仍为邺县。"唐高祖武德元年(618)，魏郡复改为相州，置相州总管府，下领安阳、邺、林虑、零泉、临漳、洹水、尧城 8 县①。太宗时，全国分为十道，相州隶属于河北道。唐玄宗天宝三年(745)，州改为郡，改刺史为太守，相州改为邺郡，领六县：安阳、邺、汤阴、林虑、尧城、临漳。五代时，安阳先属梁、唐，置相州昭德军②。继属晋、汉、周，改置相州彰德军，统领安阳、汤阴、邺、林虑四县地。《太平寰宇记》云："梁贞明元年，魏博节度使杨师厚平，乃割相州建节度，为昭德军，军乱，以地归后唐，庄宗入魏，遂却为属郡，依旧隶魏州，晋天福三年，复升为彰德节度。"

　　今安阳地区下属滑县，唐时改郡设滑州置白马，辖七县；林州市，唐武德二年(619)，复置岩州，领林虑县，五年(622)，废岩州，仍属相州。

　　唐是我国封建经济发展的鼎盛时期，表现在铸币方面，即是废弃了行用近千年的"五铢"钱，开创"通宝"钱。钱币铸量大，铸造精良，为以前其它朝代所不及。这也是安阳地区发现唐钱较多的原因之一。五代十国，朝代更替频繁，社会动荡，各政权铸钱粗精不一。一般铸造粗劣，大钱多、铁钱多、铅钱多为这一时期的特点。

---

① 《旧唐书》卷三九。
② 《旧唐书》卷六十。

第一节　唐代钱币

一、出土概况

安阳市区及所属县(市)这一时期的古钱窖藏及墓葬,出土唐钱极多。特别是窖藏出土的唐钱,数量大,内容丰富,更具特色。

1.墓葬出土

(1)1983 年 5 月,安阳市博物馆在安阳市第二制药厂发掘一座唐显庆元年(656)的墓葬,出土有开元通宝。其中 1 枚钱径 2.50、穿 0.70、厚 0.10 厘米[①]。

(2)1972 年,安阳市博物馆在安装公司发掘一座唐代墓葬,编号 72AAM,出土开元通宝 5 枚。1988 年以来,安阳发现唐代墓葬有数十座,其中有确切纪年的有十余座,出土器物和钱币资料十分丰富,但由于考古报告正在编写中,故这部分钱币资料,有待以后整理。

2、窖藏出土

(1)1985 年,安阳市老城区内出土一唐代开元通宝、乾元重宝货币窖藏,共 8 000 余枚,其中开元通宝约占 98%,品种较多,如面"元"第二画有右挑、左挑、双挑及直元之分;另"通"下有一星点及一竖画者,较少见;其余的有花穿及背上、下、左、右等各种星、月纹者极多,这批钱币后来为安阳市博物馆收藏。编号 0550,面"元"第二画右挑,品相极佳,径 2.49、穿 0.65、厚 0.17 厘米,重 4.2 克(图一:1);编号 0528,面"元"第二画右挑,背穿上一仰月,径 2.51、穿 0.66、厚 0.16 厘米,重 4.2 克(图一:2);编号 0537,面"元"第二画双挑,背穿上一斜月纹,径 2.50、穿 0.65、厚 0.15 厘米,重 3.8 克(图一:3);编号 0510,面"元"第二画左挑,"通"字下一星点,径 2.48、穿 0.61、厚 0.19 厘米,重 5.0 克,为这批开元钱中最重的一枚(图一:4);编号 0501,面"元"第二画左挑,"通"字下一斜画,径 2.48、穿 0.63、厚 0.18 厘米,重 4.5 克(图一:5);编号 0547,面"元"第二画左挑,花穿,背穿上一仰月,径 2.46、穿 0.73、厚 0.18 厘米,重 4.3 克(图一:6);编号 0548,面"元"第二画左挑,右侧一星点,背穿上一仰月,径 2.49、穿 0.63、厚 0.17 厘米,重 3.8 克,该钱锈蚀较重(图一:7);编号 0534,面"元"第二画左挑,背穿上一仰月,下一星点,径 2.51、穿 0.60、厚 0.18 厘米,重 4.5 克(图一:8)。值得注意的是该窖藏中还出土一种小开元钱,形制较异,编号 0527,径 2.21、穿 0.64、厚 0.10 厘米,重 1.7 克,是这批开元钱中最轻的一枚(图一:9);编号 0545,径 2.01、穿 0.64、厚 0.12 厘

---

①　安阳市博物馆:《安阳市第二制药厂唐墓发掘报告》,《中原文物》1986 年 3 期。

米,重 2.05 克,是这批开元通宝中钱径最小的一枚(图一:10)。

此外,这批开元钱中还包括大量光背及背面各种星、月纹者,品种极多(图一:11~15)。该窖藏中出土的乾元重宝约占窖藏总数的 2%,大多为新钱,种类也十分丰富。从钱径的大小来看,可分为大型和小型两种。编号 0643,大型,大字,面"元"第二画左挑,背穿上一仰月,径 2.61、穿 0.67、厚 0.15 厘米,重 4.5 克,是这批乾元重宝中钱径最大者(图二:1);编号 0650,大型,大字,面"元"第二画左挑方折,径 2.53、穿 0.65、厚 0.16 厘米,重 4.3 克(图二:2);编号 0648,小型,面"元"第二画左挑,背穿下有星、月纹,径 2.23、穿 0.66、厚 0.17 厘米,重 3.3 克,是这批乾元通宝中钱径最小者(图二:3);编号 0648,小型,有毛茬,背近平,径 2.35、穿 0.67、厚 0.12 厘米,重 2.4 克,是这批乾元通宝中最薄和最轻的,制作也最为粗劣(图二:4)。此外,这批钱中还有一些形制比较奇特的品种,如编号 0640,背穿左右有一条平行的粗直线,径 2.5、穿 0.66、厚 0.20 厘米,重 6.0 克,是这批乾元通宝钱中最重的一枚(图二:5);编号 0684,面"元"字第二画呈弧形,背穿下有一类似英文字母"F"符号,径 2.5、穿 0.58、厚 0.16 厘米,重 4.1 克(图二:6);编号 0651,面"元"字右下接郭处有一星点,背上星下月,径 2.38、穿 0.69、厚 0.16 厘米,重 3.7 克(图二:7);编号 0668,花穿,径 2.31、穿 0.67、厚 0.17 厘米,重 3.5 克(图二:8);在这批乾元钱中我们还选择部分进行了拓印,并实测了数据(图二:9~15)(整个窖藏情况参见表一:安阳市区出土唐代钱币统计表)。

(2)安阳市博物馆收藏有建国以来安阳市区出土的开元通宝多种,约数百枚。大体上可分为大、小两种。大者钱径为 2.49~2.56、厚 0.1~0.15 厘米,重 2.9~4.7 克(图三:1~5);小者钱径为 2.17~2.34、厚 0.1~0.13 厘米,重 2.5~2.68 克(图三:6、7、9)。

(3)唐代早中期钱币在安阳所属的林州市、滑县、汤阴、内黄等地也有较多的出土,开元通宝钱径一般为 2.39~2.53、厚 0.15~0.18 厘米,重 3.0~4.7 克(图三:8)。其中,林州市一个开元通宝窖藏,一次就出开元钱上百斤。据悉,2000 年又有一个新的唐代钱币窖藏在林州市城区内出土,出土钱币约 200 余公斤。林州市出土的这一时期的重轮乾元重宝,每枚钱径为 3.4、穿 0.6 厘米,重 9.5 克左右[1],其中有 1 枚小型重轮乾元重宝较异(图三:10、11)。滑县文物保护管理所收藏 1 枚乾元重宝大钱,面宽缘,花穿,背内郭磨损较重,穿左上一大月纹,径 3.62、穿 0.77、厚 0.26 厘米,重 17 克,很少见(图三:12)。

(4)"安史之乱"期间,史思明占据东都洛阳,曾铸得壹元宝和顺天元宝。安阳市博物馆收藏 1 枚"顺天元宝",径 3.56、穿 0.77、厚 0.32 厘米,重 19 克(图四:1)。林州市文物保护管理所藏 1 枚"顺天元宝",径 3.4、穿 0.8 厘米,重 13.9 克。安阳出土史思明铸造的顺天钱,应与"安史之乱"时期相州安阳一度为叛军重要据点有关。

---

① 张增午:《林县出土的古钱币》,《中国钱币》1992 年 1 期。

（5）林州市唐代晚期货币窖藏内出土会昌开元数百斤，背铸地名计有：兴、洪、蓝、润、昌、梓、宣、益、桂、襄、洛、越、京、兖、荆、福等。我们各选择一枚进行了实拓，并测得有关数据（图四：2～13、图五：1～4）（表二）。

（6）安阳市区及附近地区解放以来出土了许多种会昌开元钱，从背文看主要有：兴、洪、蓝、润、昌、宣、益、桂、襄、洛、越、京、兖、荆、谭、丹、平等十余种，数量很多，一般钱径为2.29～2.45、厚0.10～0.14厘米，重3.34～4.45克（图五：5～9）。其中背"平"者可分为大"平"和小"平"两种，径2.35～2.39、厚0.14～0.15厘米，重3.3～3.75克（图五：10～11）；背"宣"者有1枚背穿上一仰月，径3.34、厚0.1厘米，重2.8克，出土的较少（图五：12）；此外，还发现1枚铅质背"福"开元通宝，较罕见（图五：13）。

（7）滑县出土1枚开元通宝，背穿上"月纹托星"，径2.39、穿0.63、厚0.17厘米，重4.5克，也应是唐代晚期钱币（图五：14）。

二、唐代钱币分期

《新唐书·食货志》载："高祖入长安，民间行綖环钱，其制轻小，凡八九万才满半斛，武德四年，铸开元通宝。"《旧唐书·高祖纪》："武德四年秋七月丁卯，废五铢，行开元通宝钱。"《旧唐书·食货志》亦载："开元钱之文，给事中欧阳询制词及书，时称其工。"因此，唐代早期值国力日盛之时，铸币十分精良，钱文、钱径、重量等方面相当一致。其形制为：面、背俱有内外郭，轮郭规整，铜质纯净，铸造工艺考究，钱文深峻、清晰而规范，笔画略粗，四字端庄沉稳。"安史之乱"使唐王朝从兴盛走向衰落，铸币出现混乱状况，整体来看，这一时期铸行的开元通宝、乾元重宝多数仍精好，其他货币如大历通宝、建中通宝因铸造较少，则不常见。唐代晚期，王室政权衰微，藩镇割据，各霸一方，经济发展出现停滞趋势，工商业、贸易等深受影响。这一时期主要流通背文铸地名的会昌"开元通宝"以及月纹开元和私铸小开元等。一般制作粗劣，钱文模糊，并有铁、铅等钱流世。唐武宗会昌五年（845）开始铸造钱背带有钱监名字的开元通宝。这种钱币与前期开元钱相比，显得较为粗劣。钱径一般为2.3厘米左右，郭厚0.1～0.2厘米，重3.4克左右。面文模糊，背加铸州名或钱监名。从安阳市出土的唐代钱币看，这三个时期的钱币都有不同程度的发现。唐代早期钱币有显庆二年（656）出土的开元通宝，中期钱币有安阳、林州市、滑县等出土的开元通宝、乾元重宝窖藏，晚期的钱币有安阳、林州、汤阴、滑县等出土的会昌开元及其他的铅质、铁质开元通宝等。

三、安阳唐代钱币窖藏分析

1985 年,安阳市区(老城内)出土一个唐代中期开元通宝、乾元重宝钱币窖藏,窖藏情况如前所述。该窖藏是建国以来安阳市区一次出土唐代钱币最多的一个,且只有两种钱币。从出土钱币的形制特征看多呈绿锈或蓝锈,形体差别较小,无任何磨损使用痕迹,字口深峻,铸造较为精良,除极个别残次品外,一般文字规整,边沿修凿整齐,少有错面、错背现象。

史载,唐肃宗乾元元年(758)始铸乾元重宝,与开元通宝参用,以一当十,初铸品约 7 克,径 2.3～2.9 厘米。乾元二年(759)又改铸新的乾元重宝大钱,钱背外郭为重轮,一当五十,重 12～20 克,径 2.4～3.4 厘米。唐代宗宝应元年(762)改为当一文使用,遂行乾元重宝小钱。那么,该窖藏内乾元重宝重多在 3.4～4.5 克之间,径 2.32～2.50 厘米,且皆为新铸之钱币,其铸造时间当在代宗宝应元年,铸行乾元重宝小平钱之时。这样看来,其以新铸之钱入藏,而未进入流通领域,不管因什么原因,它的埋藏时间当离铸造时间不会太久,推测起来,该窖藏时间即在宝应元年(762)铸小平乾元重宝之后不长的时间内。

从该窖藏出土的开元通宝与乾元重宝相比较,可以发现前者铸造要比后者在钱径、穿宽及重量方面要统一,除极个别小钱外,多数钱仍具有早期开元钱的遗风。其中,有一些铸造的极为精美,比之早期开元毫不逊色。而窖藏内的乾元重宝则在铸币方面表现出极大的随意性,其面外郭有宽郭、窄郭之分,文字方面也极富变化,有仿开元者,文字纤细、规整;也有自成一体者,大字、小字各具特色。这种情况反映唐朝中期,国力由强变弱,经济出现萧条的社会现实。两种不同名称,不同风格的新铸币同埋入一个窖藏,其大约有两种情况:一是铸时、铸地相同,埋藏地点与铸造地点相距不远;二是铸地、铸时相差较大,埋藏地与铸造地不在一处,但却因某种外因,出现埋入了同一窖藏的现象。从历史上出土的货币窖藏看,因货币流通受历史的局限,以及水陆交通、地域位置、人文环境等的影响,货币的铸造与流通地大多有一定地理范围的限制,这也是我国货币发展过程中的一个比较突出的特色。唐代晚期所铸开元通宝,即会昌开元,铸钱监竟有 20 余个,也是唐分区域铸钱的明证。那么,从该窖藏所出两种钱文的唐钱皆为新铸钱来看,其大约是前一种情况,即两种钱币铸时铸地相同,其铸造地点可能就在窖藏地的附近,即在今天安阳市区内。

安史之乱时,相州成为叛军盘踞的据点,唐军与叛军的战斗多次在相州及附近展开。史载乾元元年(758)九月,唐肃宗令九节度使讨伐安庆绪,双方近百万大军在城(指安阳市)一带相持,唐军围城达三个月之久[①]。《续安阳县志》亦载:乾元二年(759)正月"郭子仪与安庆

---

① (民国)方策修:《续安阳县志》。

绪战于愁思冈败之(愁思冈在今安阳市西北约10余公里)","三月,九节度使之兵溃于相州"①。此后,史思明杀安庆绪,令其子史朝义守邺,直至代宗宝应元年(762)十一月唐军始克相州,收复河北诸地。"宝应元年,雍王适为天下兵马大元帅,讨史朝义大破之,贼将薛嵩以相州降"②。安史之乱使原本富庶的相州一带,变得凋敝不堪,甚至于出现千里无人烟的局面。《旧唐书》云:"……东至汴郑,达于徐方,北自覃怀,至于相土,人烟断绝,千里萧条。"③ 战乱过后,唐王朝为了恢复战乱地区的经济,特别是受害最严重的相州一带,必然采取新的举措。如改邺郡为相州,召募百姓,垦植荒芜的土地,使得这一地区经济又逐步得到恢复发展。今安阳县宝山灵泉寺内遗存唐代石塔两座,西塔上有建于大历六年(771)的铭记,而清凉山修定寺唐塔则建于建中二年(781)。这些唐代石塔、砖塔精美异常,均为国家级文物保护单位。特别是修定寺唐塔,通体用砖雕刻出大量的佛教人物,纹饰花丽,精美绝伦。佛寺和佛塔在这一时期大量的兴建,表明相州安阳一带在"安史之乱"后经济有所恢复。这种情况下,唐王朝在相州设监铸钱,应属正常。同时,也可利用经济手段,以期进一步恢复该地农业、手工业生产。安阳市区出土的唐代钱币窖藏,其铸造时间应在唐军收复安阳之后的一段时间内,这一点正好与代宗改乾元重宝当一文使用,铸乾元重宝小钱的时间相吻合。从该窖藏出土的钱币看,只有开元通宝和乾元重宝两种,不见唐代中晚期的大历元宝(铸于代宗大历年间,即766~779年),建中通宝(铸于德宗建中初年,即780~783年),以及唐代晚期窖藏中常见的会昌开元(始铸于武宗会昌五年,即845年)。因此,我们认为,这批铜钱的埋藏下限最迟不会超过会昌五年(845)武宗令各州监铸会昌开元钱之时。

至于这批铜钱埋藏的原因,虽然没有确切的资料,但推测起来,大致有二:①安史之乱后,相州安阳一带,经济虽有所恢复,但政局并非十分稳定,寇匪出没,人们的生产、生活时常被这种动荡局面打乱。《安阳县志》载:"代宗大历十年(776)马燧大破田悦于洹水。"④ 这些都说明相州安阳一带时而有动乱,而每次攻城掠地,都有可能造成铸钱工匠逃避,而使铸币埋入窖藏。②安阳一带在唐中期之后,经济发展相对缓慢,商品贸易发展不畅,实际流通中货币的需求量减少,政府新铸钱币过多,而不得采取特殊的措施,将钱币掩埋,以求平抑物价,抑制通货膨胀。

从整个窖藏来看,内含钱币铸造规整,特别是其中的开元钱,无任何磨损使用痕迹,应为官方铸币,但其中有极个别的轻薄粗劣之钱,如标本0681,面文"乾元重宝",背近平,有毛茬,重仅2.4克。这种情况的存可能有两种情况:①为民间私铸币,因某种原因而混在了

---

① (民国)方策修:《续安阳县志》。
② (民国)方策修:《续安阳县志》。
③ 《旧唐书·郭子仪传》。
④ (清)贵泰:《安阳县志》。

官铸钱中。但从这批钱尚未进入流通领域,便已成为窖藏,存在这种情况的可能性似乎不大;②为官方铸钱中出现的残次品,在钱币深加工时,未能剔除。特别是这批钱未经流通即成为窖藏,这种可能性更大。

　　此外,安阳市区及林州市出土的会昌开元,计有 15 种,整体数量较大,它表明唐代晚期相州地区货币流通有所扩大。多个铸地的货币同出一窖,也证明唐代晚期货币流通在相对较大的地域、较大的规模上进行。特别是"安史之乱"后,我国经济重心逐步移至江南一带,南方多种手工业如制瓷、纺织、造船、制茶等得到较大发展,而北方受战乱的影响,经济相对萧条。南方的粮食及手工业产品大量输入到北方,使得南北方交换在较大范围内进行,也促使了货币流通的扩大。但这时期货币铸造水平和质量则开始下降,也是唐王朝在历 200 余年后,一步步走向衰落的标志。

第二节　五代十国钱币

907年朱温灭掉唐王朝称帝,建立后梁政权,中国历史进入五代十国的动乱时期。北方先后有后梁、后唐、后晋、后汉、后周五个政权交替。南方有前蜀、后蜀、南汉、北汉、南唐、南平、吴越、吴、闽、楚等十国各据一方。这一时期是我国货币史上钱币铸造、流通混乱的又一个时期,各种铁、铅钱及其他杂钱并出,不完全统计这一时期铸钱种类约30余种。安阳地区出土这一时期货币数量不多且较零散。

一、五代十国钱币概况及种类

(一)后汉钱币

汉元通宝,后汉隐帝乾祐元年(948)铸。标本号0696,径2.49、穿0.65、厚0.13厘米,重2.8克(图五:15),安阳市出土。林州市出土的相对较多,一般钱径2.4、穿0.6、厚0.13厘米,重3.6克左右。其中有面穿右下星点、背穿上仰月等多种。

(二)后周钱币

周元通宝,后周世宗显德二年(955)始铸,安阳市区及所属安阳县、滑县、林县均有出土。一般钱径2.47~2.57、穿0.59~0.65、厚0.11~0.14厘米,重3.1~4.5克。周元通宝可分为光背、背穿上星点等类。标本0757,背穿上星点,径2.40、穿0.63、厚0.12厘米,重3.2克,林州市出土(图六:1);另外一枚背穿上亦有一星点,径2.48、穿0.65、厚0.17厘米,重4.6克,是周元通宝中较重的一枚,安阳市区出土(图六:2)。

(三)南汉钱币

乾亨重宝,南汉刘䶮乾亨元年(917)铸,分大小两种。标本0784,面文"乾亨重宝",直读,"亨"写成"亍"状,径2.44、穿0.52、厚0.16厘米,重4.5克,林州市出土(图六:3);另一枚,钱径略大,径2.67、穿0.55、厚0.11厘米,重4.2克,安阳市区出土(图六:4)。

(四)前蜀钱币

安阳出土有天汉元宝、乾德元宝、咸康元宝等几种。总体来看,前蜀钱币铸造粗劣,面文多漫漶不清,错背、错穿者极多。

1. 天汉元宝

天汉元年(917)铸,安阳市区及所属的林州市、安阳县、滑县均有出土。标本0670,径2.38、穿0.60、厚0.10厘米,重2.9克,安阳市区出土。标本019,背穿上月纹,径2.35、穿

0.65、厚0.14厘米,重3.0克,滑县出土(图六:5)。

　　2.乾德元宝

　　后主王衍乾德年间(919～924)铸,安阳市区、林州市、汤阴县均有出土。标本0698,径2.36、穿0.59、厚0.19厘米,重3.7克,安阳市区出土(图六:6);标本0786,背错轮,径2.34、穿0.60、厚0.15厘米,重3.1克,林州市出土(图六:7);标本016,径2.38、穿0.60、厚0.16厘米,重3.7克,汤阴县出土(图六:8)。

　　3.光天元宝

　　前蜀高祖王建光天元年(918)铸,小平钱,安阳市区、安阳县、林州市、汤阴县等地均有出土,数量尚多。钱径一般2.31～2.80、穿0.60～0.69厘米,重3.1～4.1克。标本015,径2.31、穿0.69、厚0.12厘米,重3.0克,1984年汤阴城北公路旁宋金钱币窖藏出土(图六:9);标本0704,径2.33、穿0.64、厚0.12厘米,重3.3克,安阳市区出土(图六:10)。

　　4.咸康元宝

　　咸康元年(925)铸,小平钱,安阳市区、林州市、滑县等地均有出土。钱径一般2.29～2.34、穿0.65～0.68、厚0.10～0.14厘米,重2.7～3.3克。标本020,径2.32、穿0.66、厚0.14厘米,重3.3克,滑县出土(图六:11);标本0722,径2.29、穿0.65、厚0.10厘米,重2.7克,林州市出土(图六:12);另外安阳市区出土的一枚,径2.34、穿0.60、厚0.13厘米,重3.1克(图六:13)。

　　(五)南唐钱币

　　安阳地区共发现有唐国通宝(篆书、楷书)、大唐通宝等几种。

　　1.唐国通宝

　　李煜显德六年(959)铸。有折十、篆文大铜钱,小钱有铜、铁二种,钱文篆隶、篆楷成对,制作较精美。安阳市区、林州市、汤阴县等地均有一定数量出土。小平铜钱,有篆楷两种,篆书为多。安阳市区出土篆书唐国通宝,钱径2.44～2.50、穿0.53～0.59、厚0.12～0.16厘米,重3.4～4.7克。其中1枚,篆书,宽郭,径2.47、穿0.50、厚0.16厘米,重4.7克(图六:14)。1984年汤阴城北公路旁宋金钱币窖藏出土1枚楷书唐国通宝,宽郭,隔轮,径2.50、穿0.57、厚0.12厘米,重3.6克(图六:15)。

　　2.大唐通宝

　　铸时稍晚于唐国通宝,铜质小平钱,制作较粗劣。林州市出土1枚,径2.20、穿0.60、厚0.13厘米,重3.2克(图七:1)。

　　3.开元通宝

　　目前,安阳市区、林州市等地均见有南唐铜质开元通宝出土,皆为小平铜钱,有篆、隶两种,以篆书为多,钱径一般2.21～2.51、穿0.53～0.61、厚0.10～0.15厘米,重2.0～3.8克

（图七:2～5）。

　　（六）闽钱币

　　开元通宝,铜钱,闽王王审知（916～924）铸行,有大、小两种,小钱有篆、隶两种书体,为对钱。此外,据《十国纪年·闽史》载:"王审知为闽王,二年,铸铅钱,与铜钱并行。"《古泉汇考》引《十国春秋》云:"龙德二年（922）铸大铁钱,以开元通宝为文。"目前,安阳地区发现的铅质、铁质开元通宝,大体上都是这一时期的钱币。标本0471,铅质,小字,面有外郭,无内郭,背有内外郭,形制略小,径2.41、穿0.66、厚0.14厘米,重3.8克,安阳市博物馆收藏;标本0530,铁质,大字,轻薄异常,穿略呈圆形,轮郭不规整,径2.41、穿0.53、厚0.12厘米,重2.4克,安阳市博物馆收藏。

二、安阳五代十国钱币考略

　　安阳五代十国时期称相州,先属梁,梁末帝贞明元年（915）相州入于晋。《资治通鉴》载:"梁天雄节度使杨师厚平……梁主然之,以贺德伦为天雄节度使,置昭德军于相州,分魏州将士府库之半,入昭德,于是天雄军乱,军校张彦福德伦降晋,晋王至魏。"又"后唐庄宗同光四年邺都乱,遣李绍荣招谕之,讨邺兵劫李嗣源入邺都,李嗣源弃相州。明宗天成二年（927）邺都军乱讨平之,后晋高祖天福三年（949）建邺都置彰德军,出帝天运二年（945）辽兵至相州,引还。"后汉高祖刘嵩（刘知远）"天福十二年（958）磁州贼首梁晖袭取相州杀辽守兵,辽主取相州杀梁晖,遂屠其城。"[1] 从上述记载,可以看出,安阳在五代时期,兵戎不断,或为流寇所据,或为地方军阀所占,动乱异常。后汉时期,辽主再屠其城,《资治通鉴》载:"辽主德光发大梁,至相州,驱其妇女而北,遗民仅七百人,而骷髅至十余万。"可见,安阳在五代动乱的形势下,归属不定,几易其主,人民或被屠房,或流离失所,使得这一地区人口锐减,社会生产和商业贸易等都遭到了极大的破坏。表现在铸币及流通方面,即铸币少而粗劣,货币流通不畅。因此,这一时期各割据政权都普遍地实行货币减重、贬值和区域性通货膨胀,币制混乱。安阳出土这一时期货币较少。从目前已知的安阳及其所属县（市）出土五代十国的钱币来看,多零散存于宋金时期的货币窖藏内,而不见单纯的这一时期的货币窖藏或墓葬。另一方面,也表明五代十国动荡的社会给货币流通和经济发展带来了极大的破坏。各割据政权都把注意力集中在保存政权和对外战争,而无暇顾及统治地区的经济发展。从安阳地区出土这一时期的钱币数量看,以后周铸行的周元通宝、南唐的唐国通宝为多,而其他割据政权的铸币则十分少见,或仅一二枚,这种情况的出现与历史记载相吻合。后周世宗柴荣时,积极开拓

---

　　① （民国）方策修:《续安阳县志》。

国土,注意发展统治区内经济,基本上统一了当时的北方,是一个较稳定的政权,为北宋统一奠定了物质基础。周元通宝铸造精美,堪比唐朝开元通宝,其铸造数量较多,出土较多也属自然。而南唐政权存世数十年,盘踞江淮一带富庶地区,国内也相对稳定,且为北宋最后一个所灭,故其铸币部分铸造精美,且数量多,在与后周、北宋的战争及贸易交往中,流通至北方一带,也是可能的。

表一　安阳市区出土唐代钱币窖藏统计表

单位:厘米、克

标本号	钱币名称	径	穿	厚	重量	特　征	备　注
0510	开元通宝	2.48	0.63	0.18	4.50	"通"字下一撇	
0507	开元通宝	2.50	0.66	0.18	4.50	背穿下月纹	
0510	开元通宝	2.48	0.61	0.19	5.00	"通"字下一星点	
0524	开元通宝	2.49	0.65	0.18	4.80	直"元"	
0528	开元通宝	2.51	0.66	0.16	4.20	背穿上月纹	
0531	开元通宝	2.46	0.66	0.15	3.87	背穿左竖画	
0535	开元通宝	2.36	0.72	0.13	2.90	花穿	
0536	开元通宝	2.48	0.68	0.16	3.60	背穿上月纹,笔画纤细	品相极好
0537	开元通宝	2.50	0.65	0.15	3.80	双挑"元"	
0539	开元通宝	2.52	0.63	0.17	4.00	背上月下星	
0543	开元通宝	2.51	0.64	0.16	4.40	背穿上月纹	
0544	开元通宝	2.54	0.66	0.14	4.10	"通"字下一竖画,背穿上月纹	较异
0547	开元通宝	2.46	0.73	0.18	4.30	花穿,背穿上仰月	
0548	开元通宝	2.49	0.63	0.16	3.80	"元"字右一星点	
0550	开元通宝	2.49	0.65	0.17	4.20	右挑"元"	品相极好
0554	开元通宝	2.48	0.66	0.17	4.00	右挑"元"	
0555	开元通宝	2.52	0.67	0.18	4.40	右挑"元"	

（续继）

标本号	钱币名称	径	穿	厚	重量	特　征	备　注
0556	开元通宝	2.50	0.68	0.16	4.30	右挑"元"	
0557	开元通宝	2.53	0.66	0.18	4.50	右挑"元"	
0561	开元通宝	2.50	0.65	0.17	4.40	右挑"元"	
0526	开元通宝	2.21	0.60	0.10	2.00	小样	
0527	开元通宝	2.12	0.64	0.10	1.70	小样	或为私铸
0545	开元通宝	2.01	0.64	0.12	2.05	窄轮、小样	或为私铸
0639	乾元重宝	2.48	0.65	0.16	3.90	背穿下月纹	
0641	乾元重宝	2.43	0.64	0.16	3.80	大字、窄轮	
0642	乾元重宝	2.34	0.74	0.15	3.60	小字、花穿	
0643	乾元重宝	2.61	0.67	0.15	4.50	背穿上月纹	仿开元
0644	乾元重宝	2.50	0.66	0.20	6.00	背近平,穿左右两横画	较异
0646	乾元重宝	2.38	0.65	0.17	4.00	小字	
0647	乾元重宝	2.30	0.62	0.17	4.50	大字	
0648	乾元重宝	2.23	0.66	0.17	3.30	大字、窄轮、小样	
0649	乾元重宝	2.32	0.61	0.17	3.80	小字	
0650	乾元重宝	2.53	0.65	0.16	4.30		仿开元
0651	乾元重宝	2.38	0.69	0.16	3.70	窄轮、背上星下月	
0665	乾元重宝	2.47	0.65	0.15	4.00	直"元"、背下月纹	
0668	乾元重宝	2.31	0.67	0.17	3.50	小样、花穿	
0666	乾元重宝	2.47	0.76	0.16	3.60	小样、小字	
0684	乾元重宝	2.50	0.58	0.16	4.10	背穿下"干"	较异
0682	乾元重宝	2.32	0.65	0.14	3.40	小字	
0681	乾元重宝	2.35	0.67	0.12	2.40	有毛茬、背近平	或为私铸

表二　林州市出土会昌开元钱统计表

单位:厘米、克

图　号	径	穿	厚	重	州名或监名(钱背)
图四:2	2.43	0.58	0.12	3.4	兴
图四:3	2.35	0.63	0.12	3.25	洪
图四:4	2.44	0.60	0.13	3.5	蓝
图四:5	2.30	0.64	0.13	3.3	润
图四:6	2.36	0.63	0.16	4.6	昌
图四:7	2.47	0.61	0.14	4.1	梓
图四:8	2.39	0.75	0.11	3.2	宣
图四:9	2.37	0.58	0.14	3.6	益
图四:10	2.40	0.64	0.13	3.6	桂
图四:11	2.41	0.60	0.13	3.8	襄
图四:12	2.41	0.58	0.13	3.2	洛
图四:13	2.34	0.67	0.11	3.2	越
图五:1	2.32	0.62	0.11	3.9	京
图五:2	2.31	0.59	0.11	3.0	兖
图五:3	2.34	0.62	0.18	4.3	蓝
图五:4	2.45	0.62	0.15	4.7	荆

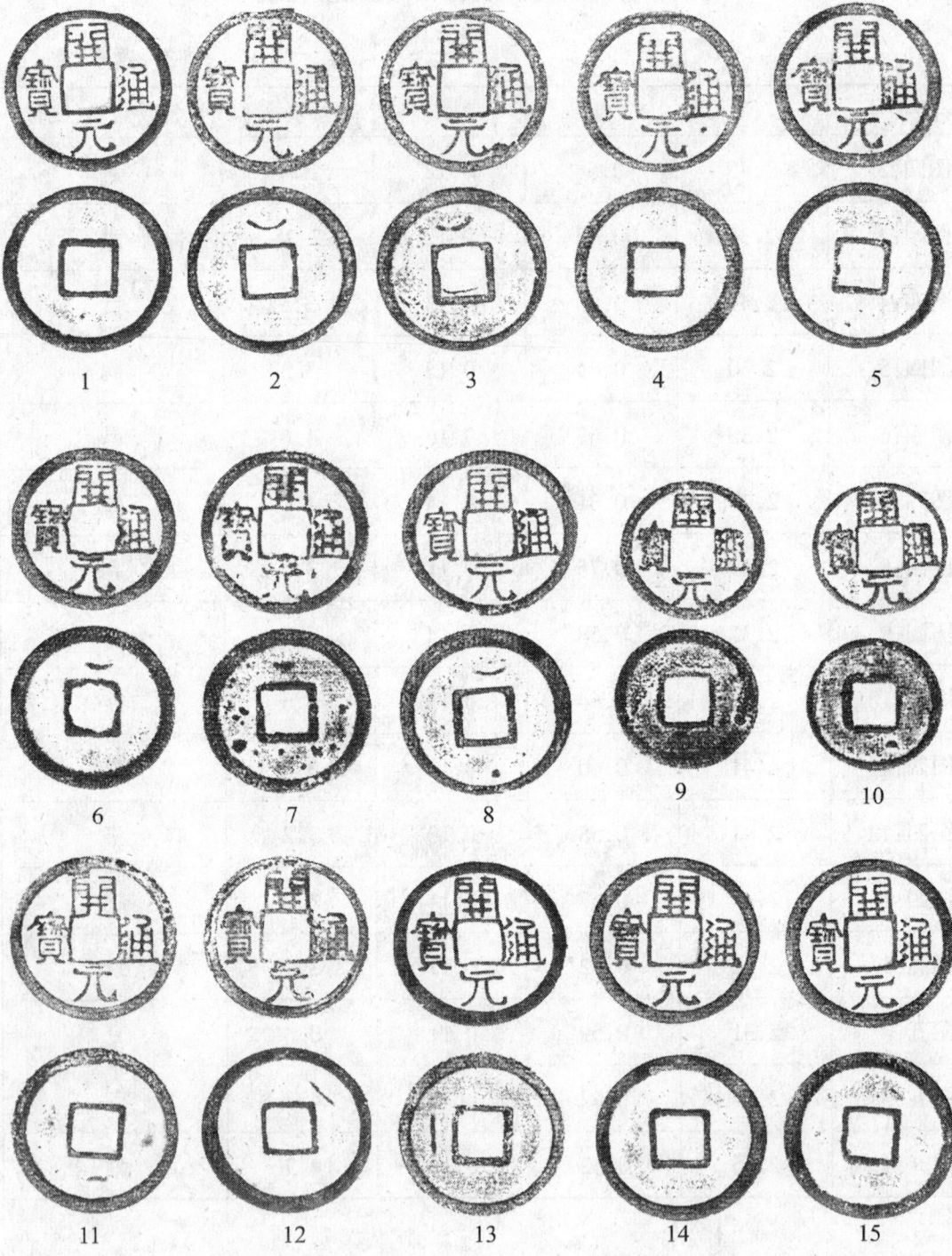

图　一

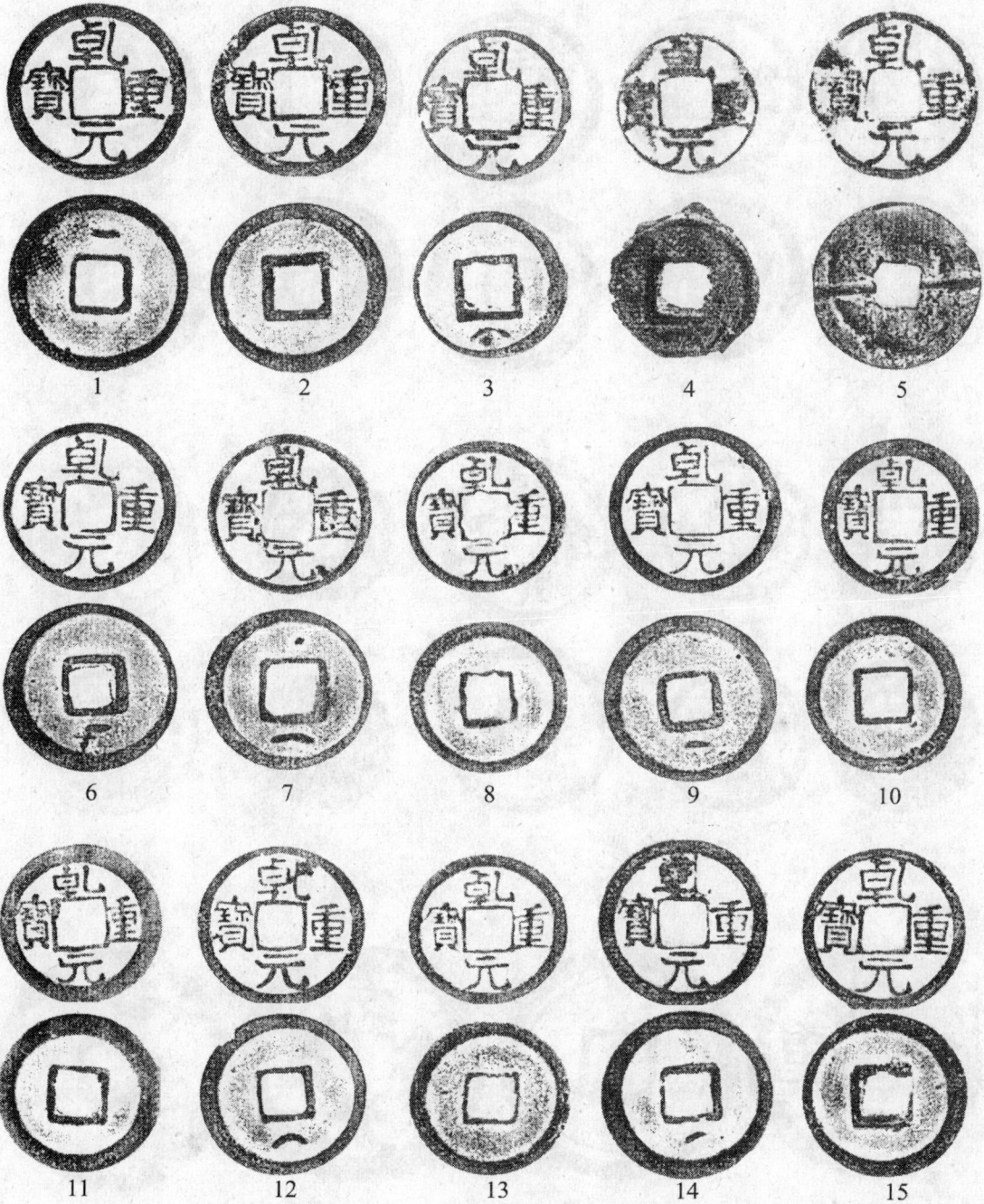

图 二

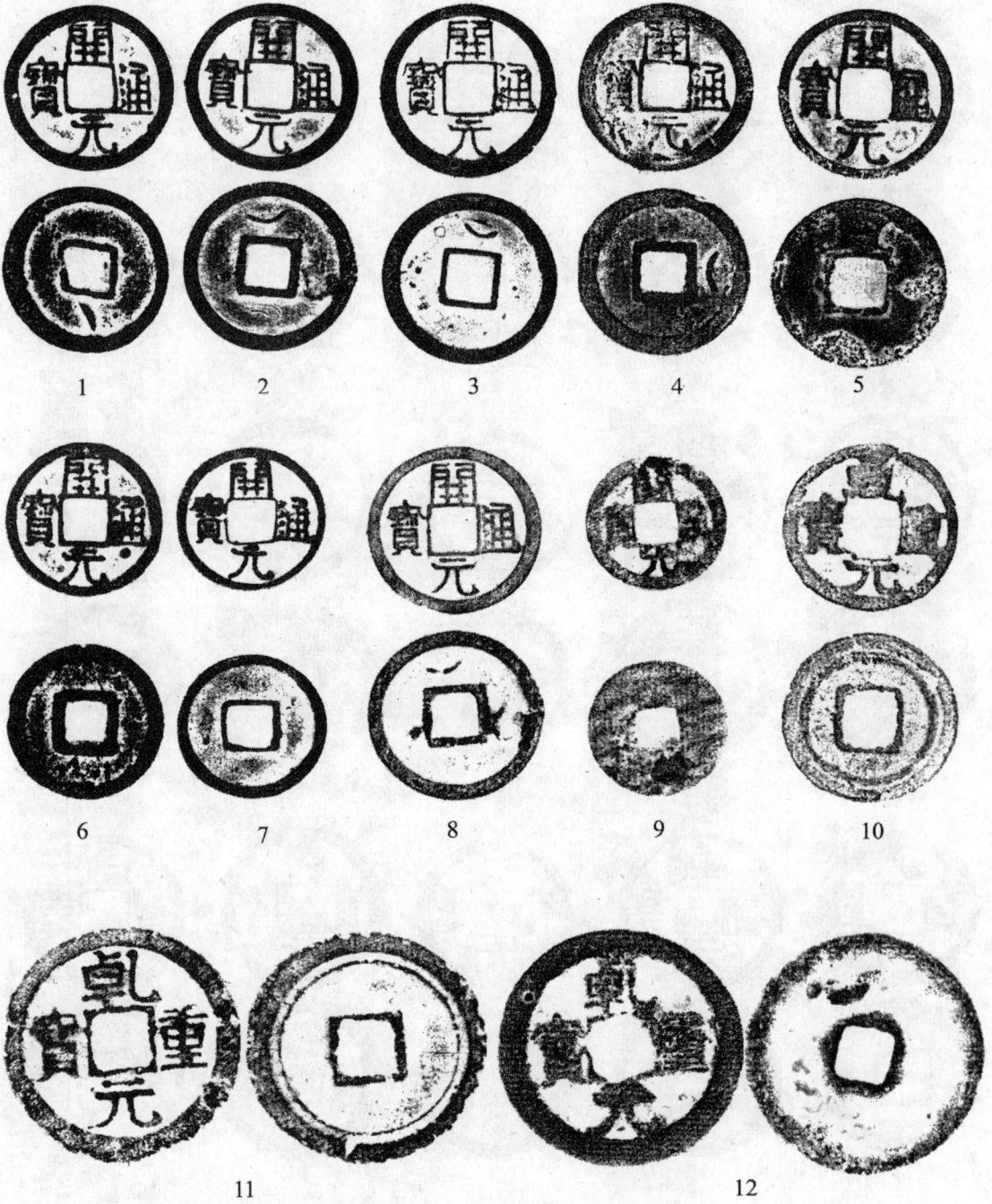

图　三

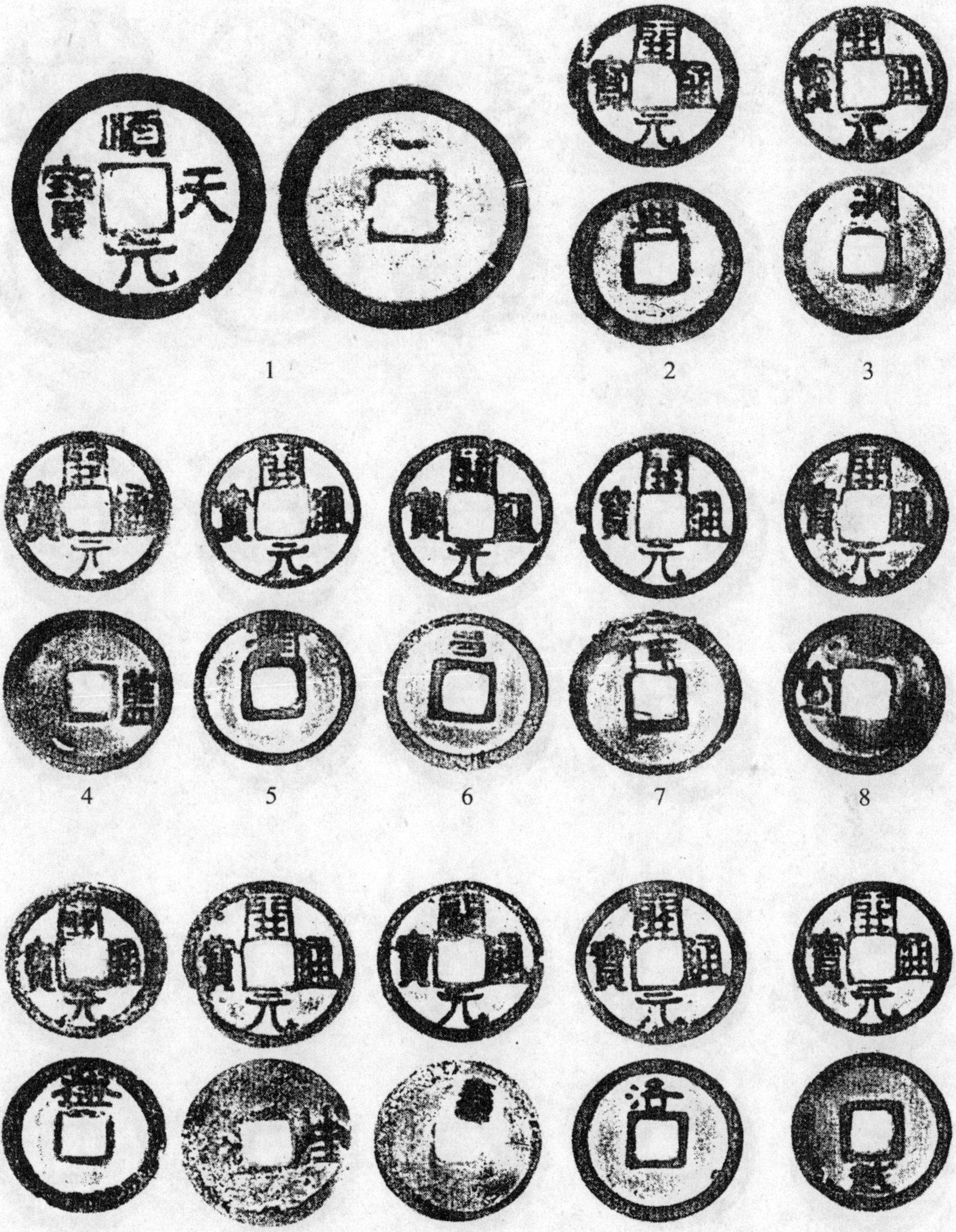

图　四

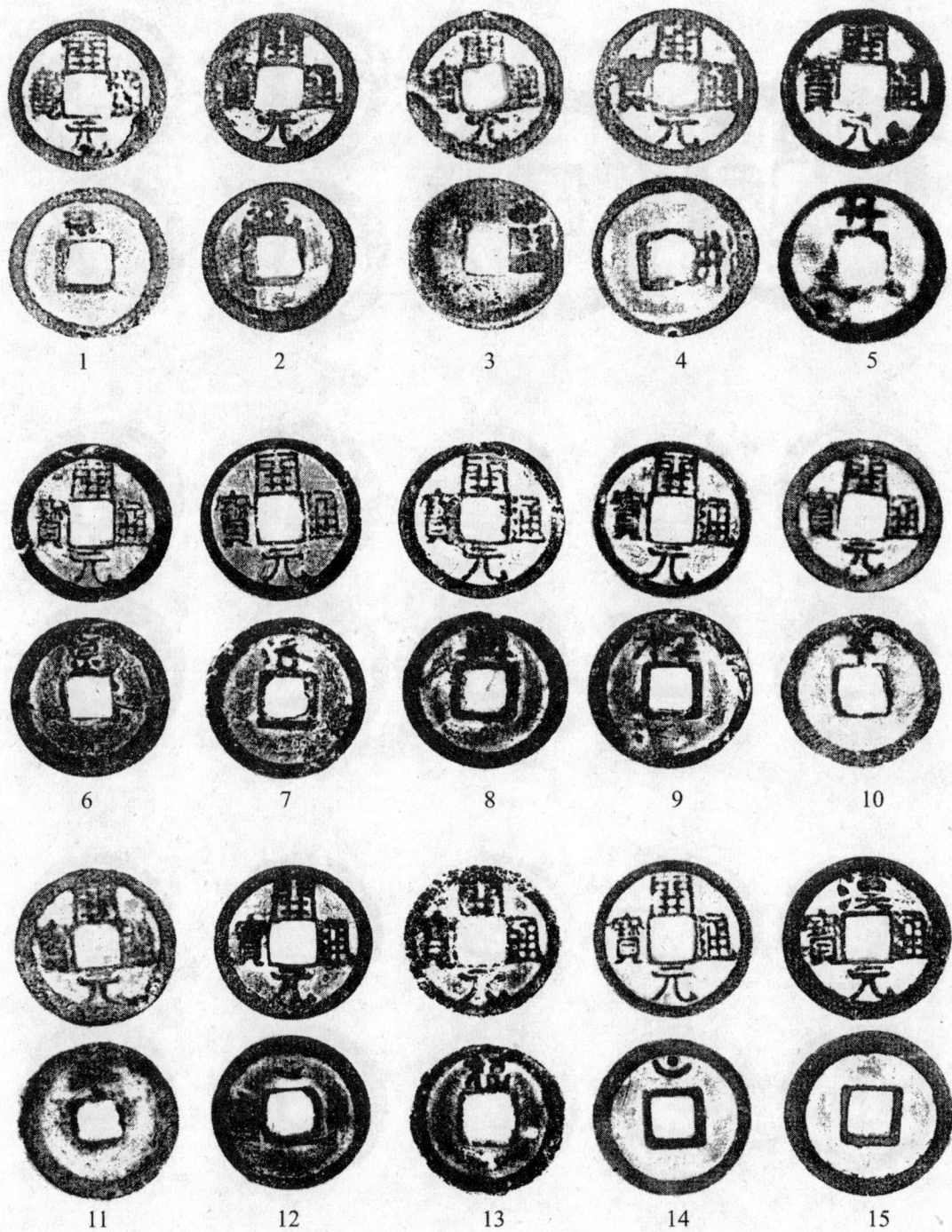

图　五

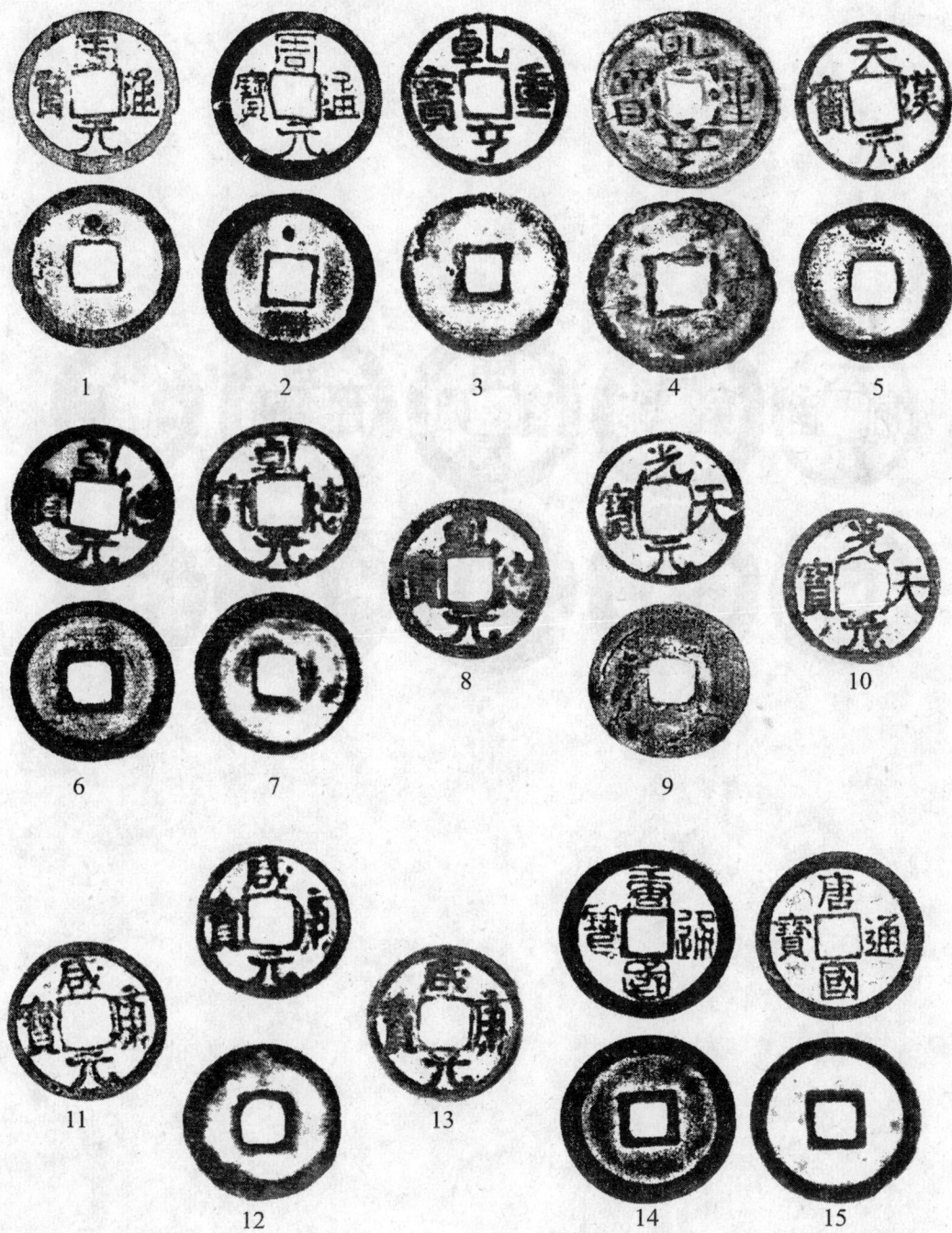

图　六

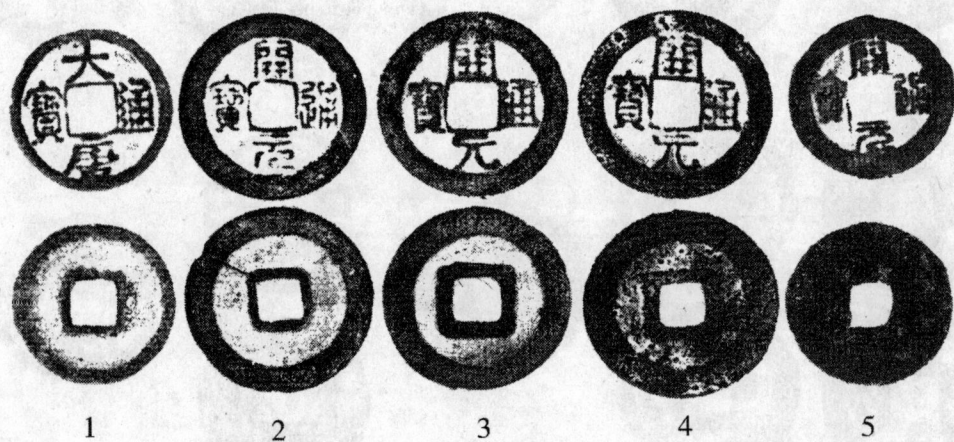

1　　　　　2　　　　　3　　　　　4　　　　　5

图　七

第六章　宋辽西夏金钱币

　　宋初,州郡沿革无大增减,安阳为相州治所。宋太宗至道三年(997)行政区划调整,新增没路一级行政机构,全国划分为十五路,相州隶属河北西路,置彰德军节度,辖安阳、汤阴、临漳、林虑四县①。熙宁五年(1072)"省永和县入焉"(今安阳县东 15 公里)。宋时,汤阴在宣和二年(1120)改属浚县仍属相州,内黄属河北东路大名府。金袭宋制,章宗明昌三年(1192)彰德升为府,以彰德军名之,统领安阳、林虑、汤阴、临漳、辅岩五县②。林州市在宋时称林虑县,属彰德府,金宣宗贞祐三年(1215)升为林州,兴定三年(1219)又分安阳地,增置辅岩县(今安阳市西 20 公里),属林州。滑县,唐代曾改郡,设滑州置白马(今滑县城东 20 公里)辖七县,宋初设置滑州,后改州设灵河郡,宋神宗熙宁六年(1073)废郡复设滑州置白马辖三县,金元时滑州隶属山东大名府,辖两县两镇。

　　北宋时期,安阳临近都城东京汴梁,政治经济较为繁荣。安阳地区出土的宋代钱币即达几十种,且数量大以万斤计,差不多宋金时期各朝各代的铸币,都能在安阳找到实物。从安阳发现的北宋钱币看,有铜钱、铁钱及银铤多种,表明北宋铸币的多元性。两宋时期共铸有45 个年号钱,5 个国号钱,其中有 3 个年号铸了非年号钱,如宋初铸行的宋元通宝,仁宗宝元年间铸行的皇宋通宝,徽宗建中靖国年间铸行的圣宋元宝等。北宋钱币的特点是素背,少见背星、月纹者,以小平钱为主,兼行折二、折三、当五及当十钱,且对钱盛行。南宋钱币钱背面常有纪年、纪地、纪值、纪方位、纪流通区域等文字,以折二钱为主,小平钱次之,并大量使用铁钱及铅钱。金时,安阳为金朝统治,因南北对峙的存在,经济相对落后,故这一时期金人铸钱较少,流通中以北宋遗存的钱币为主,不见单纯的金代钱币窖藏出土。

---

　　①　《宋史》卷八十六。
　　②　《金史》卷二十五。

第一节　宋辽西夏金钱币出土概况

一、宋金钱币

宋金钱币在安阳出土颇多,可分为铜钱、铁钱及银铤三大类。

(一)铜钱的出土概况

1. 窖藏出土

(1)建国以来,安阳市区出土多批宋金铜钱窖藏,1985 年安阳市博物馆一次从市物资回收公司征集到这一时期的铜钱 350 余公斤。从北宋初年铸造的宋元通宝至北宋末年的政和通宝基本上包含了北宋时期各种年号钱、非年号钱及篆、隶、真、草书等各种对钱,也有大量北宋时期铸行的折二、折三、折五、折十等大铜钱。在这批铜钱窖藏中以北宋神宗熙宁年间(1068~1077)、元丰年间(1078~1085)等铸行的年号钱最多,约占 70%,而北宋仁宗明道年间(1032~1033)铸行的明道元宝最少。金代铜钱发现的较少,散见于以上钱币窖藏中,以正隆元宝、大定通宝为主。南宋钱币相对发现的较少,零散见于上述窖藏中,较多的为南宋初年铸行的建炎通宝、绍兴元宝等,较少的为淳熙元宝、乾道元宝等[①]。

其中 1 枚宋元通宝,直读,径 2.51、厚 0.12 厘米,重 3.8 克;太平通宝,直读,径 2.46、厚 0.13 厘米,重 3.8 克;淳化元宝,旋读,草书、真书两种,径 2.5~2.6、厚 0.12~0.13 厘米,重 3.5~3.93 克;至道元宝,旋读,径 2.5、厚 0.12 厘米,重 3.9 克;咸平元宝,旋读,径 2.48、厚 0.15 厘米,重 4.1 克;祥符元宝,旋读,小字,背穿右一星点,径 2.56、厚 0.13 厘米,重 4.0 克;景德元宝,旋读,径 2.47、厚 0.13 厘米,重 3.5 克;天圣元宝,旋读,宽缘,径 2.6、厚 0.12 厘米,重 6.0 克;天禧通宝,旋读,宽缘,径 2.53、厚 0.14 厘米,重 4.0 克;明道元宝,旋读,径 2.57、厚 0.13 厘米,重 4.0 克;景祐元宝,旋读,小字,径 2.5、厚 0.13 厘米,重 4.4 克;皇宋通宝,直读,径 2.43、厚 0.16 厘米,重 4.2 克;庆历重宝,旋读,折三,径 3.02、厚 0.2 厘米,重 7.7 克;至和通宝,直读,宽缘,径 2.51、厚 0.13 厘米,重 4.2 克(图一:1~15);嘉祐元宝,旋读,径 2.48、厚 0.14 厘米,重 3.5 克;治平通宝,直读,径 2.51、厚 0.13 厘米,重 3.7 克;熙宁重宝,旋读,径 2.93、厚 0.18 厘米,重 8.2 克;元祐通宝,旋读,径 2.94、厚 0.15 厘米,重 6.7 克;绍圣通宝,直读,径 2.35、厚 0.15 厘米,重 3.9 克;元符通宝,旋读,径 2.55、厚 0.15 厘米,重 4.5 克;圣宋元宝,旋读,径 2.48、厚 0.13 厘米,重 3.7 克;崇宁通宝,旋读,折十,径

---

① 安阳市博物馆提供资料。

3.45、厚 0.26 厘米,重 11.4 克;大观通宝,折十,直读,径 4.22、厚 0.22 厘米,重 18.4 克;政和通宝,直读,径 2.48、厚 0.18 厘米,重 3.92 克;宣和通宝,直读,径 2.54、厚 0.15 厘米,重 4.0 克(图二:1～11)。

南宋钱币有:建炎通宝,直读,径 3.18、厚 0.16 厘米,重 7.0 克;绍兴元宝,旋读,背上月下星,径 3.03、厚 0.18 厘米,重 7.0 克;乾道元宝,旋读,径 2.79、厚 0.15 厘米,重 6.1 克(图三:1～3)。

(2)建国以来,林州市出土宋金时期铜钱窖藏 10 余个,主要地点在市区交通局办公楼旧址、五龙镇岭后村、河顺镇东寨村等地,总计约 1 000 余公斤。北宋铜钱主要有宋元通宝、太平通宝、天禧通宝、皇宋通宝、嘉祐元宝、治平通宝、元丰通宝、元祐通宝、元符通宝、崇宁通宝(折十)、大观通宝(小平、折十)、政和通宝等。金代钱币主要有:正隆元宝、大定通宝等。南宋钱币有:绍兴元宝、建炎通宝、淳熙元宝(背穿上月下星及背"十一""十二""十三""十六"等)。其中 1 枚庆历重宝,旋读,径 2.90、厚 0.17 厘米,重 7.8 克(图三:4);元丰通宝,旋读,径 2.53、厚 0.14 厘米,重 4.3 克(图三:5);大观通宝,直读,径 2.4、厚 0.13 厘米,重 3.3 克(图三:6);建炎通宝,直读,径 2.37、厚 0.15 厘米,重 3.2 克(图三:7);淳熙元宝,旋读,背上月下星,径 2.94、厚 0.13 厘米,重 5.2 克(图三:8);淳熙元宝,旋读,背"十六",径 3.0、厚 0.14 厘米,重 6.8 克(图三:9)。此外,值得注意的是在林县出土的南宋初年的钱币中,有 1 枚建炎通宝,小平钱,背"川"字较少见(图七:11)。该市出土宋金钱币数量大、种类多为安阳地区各县(市)之冠①。

(3)1984 年 9 月和 1985 年 4 月,汤阴县城人民路北出土了两个宋金铜钱窖藏,共约 800 公斤,上迄秦汉半两下至金大定通宝,计 56 种钱币。包括北宋各朝铸行的各种年号钱和非年号钱,以及折二、折三、折五、折十等大铜钱;南宋钱币有:建炎通宝、绍兴元宝、隆兴元宝等;金代钱币有正隆元宝和大定通宝等 2 种②。其中 1 枚庆历重宝,旋读,径 3.01、厚 0.17 厘米,重 8.72 克;熙宁重宝,旋读,径 3.25、厚 0.14 厘米,重 6.8 克;建炎通宝,直读,径 3.01、厚 0.15 厘米,重 5.5 克;绍兴元宝,旋读,背上星下月,径 2.99、厚 0.18 厘米,重 6.5 克;隆兴元宝,旋读,径 3.01、厚 0.15 厘米,重 6.7 克;大定通宝,直读,径 2.5、厚 0.16 厘米,重 3.9 克(图三:10～13 图四:1～2)③。

(4)1989 年,汤阴县城东关出土一个宋金时期铜钱窖藏。内含北宋各朝铸行的各种年

①　林州市文管所提供资料。另见张增午:《林县出土的古钱币》,《中国钱币》1992 年 1 期。
②　汤阴县文管所提供资料。另见王清波、司玉叶:《汤阴出土的宋金铜钱窖藏》,《中国钱币》1989 年 1 期。
③　汤阴县文管所提供资料。另见王清波、司玉叶:《汤阴出土的宋金铜钱窖藏》,《中国钱币》1989 年 1 期。

号钱和非年号钱,以及折二、折三、折五、折十等大铜钱;南宋钱币有建炎通宝、绍兴元宝、淳熙元宝(背上月下星);金代钱币有正隆元宝、大定通宝等。其中1枚南宋建炎通宝,小平钱,径2.4、厚0.21厘米,重4.9克,厚重异常(图四:3)①。

(5)1985年8月,内黄井店乡大冯村发现一个宋金钱币窖藏,计85公斤。以北宋中晚期钱币为主,间有部分五铢、开元通宝等汉唐钱币。南宋钱币有建炎通宝、隆兴元宝等,金代钱币有正隆元宝、大定通宝等。其中1枚庆历重宝,旋读,径3.02、厚0.17厘米,重8.3克;大观通宝,直读,小平钱,径2.55、厚0.15厘米,重4.2克;大定通宝,直读,径2.65、厚0.15厘米,重3.7克,制作精美(图四:4~6)②。另外有1枚崇宁通宝,折十,"宝"字下一星,较少见(图七:9)。

(6)1987年10月,内黄县东庄镇一寺庙旧址,发现一个宋金时期铜钱窖藏。窖藏钱币或多或少分散置放在相距不远的五六处坑内,未发现盛装器皿,总计有150公斤。其中以北宋各朝铸行的各种年号钱和非年号钱,以及折二、折三、折五、折十等大铜钱为主,间有少量的南宋和金代钱币。其中1枚崇宁通宝,背"十"字,十分罕见③。

(7)滑县文管所也收藏有建国以来滑县各地出土的宋金铜钱很多,总数约有50余公斤。其内含大约与安阳市区以及所属县(市)宋金时期的铜钱窖藏种类相同。即以北宋钱币为主,间有少量南宋及金代钱币④。

2.墓葬出土

(1)1969年,安阳豫北纱厂发现一座宋墓,编号69ADM,出土宋代钱币5枚,其中有元丰通宝、熙宁重宝等北宋中晚期钱币。

(2)1987年12月13日,安阳市托运三站发现一座宋墓,编号71ASM,出土宋代钱币7枚,其中有崇宁重宝、崇宁通宝等宋代晚期钱币。

(3)1972年,安阳钢铁厂发现一座宋墓,编号72AGM,出土宋代钱币5枚,其中有政和通宝、大观通宝等宋代晚期钱币⑤。

(4)1992年,河南安阳新安庄西地宋墓M44出土铜钱4枚,两两压垫于墓志的东北、西南两角。1枚为崇宁重宝,另3枚为崇宁通宝。M44:16-1,直径3.6、厚0.3厘米,宽郭、方孔,正面隶书铭"崇宁重宝",背无文。M44:15-1,直径3.6、厚0.3厘米,窄郭、方孔,正面瘦金书铭"崇宁通宝",背无文。M36出土铜钱计26枚,出土于墓室内淤泥之中,皆为小平

---

① 汤阴县文管所提供资料。另见王清波等:《汤阴出土的宋金铜钱窖藏》,《中国钱币》1989年1期。
② 内黄县文管所提供资料。
③ 内黄县文管所提供资料。
④ 滑县文管所提供资料。
⑤ 以上3例均由安阳市博物馆提供资料。

钱。包括至道元宝、咸平元宝、天禧通宝、天圣通宝、嘉祐通宝、熙宁通宝、元祐通宝、元符通宝、皇宋通宝、政和通宝等共计 10 种。M104 出土铜钱 4 枚,全部置于黑瓷罐内,计有开元通宝、元丰通宝等 2 种[①]。

(5)1971 年,林州市西环城路西侧出土一座宋代壁画墓,出土有唐代开元通宝及宋代皇宋通宝、淳化通宝、至道通宝、咸平元宝、祥符元宝、至和元宝、熙宁元宝计 13 枚[②]。

此外,安阳近年考古发现宋代墓葬有几十座,皆有不同数量宋代钱币出土,因资料未公布,情况不详。另外,值得注意的是,在本书编写过程中,2002 年 11 月 27 日下午,安阳市红旗路与洹滨南路交叉处,又出土一个宋代铜钱窖藏,约 10 000 枚。

(二)铁钱的出土概况

(1)1983 年,林州市河顺镇申村唐宋冶铁遗址附近发现一个铁钱窖藏,出土北宋铁钱 3 500枚。内含圣宋元宝、大观通宝、崇宁通宝、崇宁重宝、政和通宝、政和重宝等(表一)。尤其是政和重、通宝共计 2 700 余枚,占窖藏总量的 76.1%[③]。其中出土的 1 枚崇宁通宝,御书,旋读,径 3.24、厚 0.23 厘米,重 6.56 克;崇宁重宝,隶书,直读,径 3.21、厚 0.27 厘米,重 8.9 克;大观通宝,御书,大样,径 3.27、厚 0.27 厘米,重 9.3 克;大观通宝,御书,小样,径 3.0、厚 0.26 厘米,重 7.3 克;大观通宝,御书,小样,小字,径 3.08、厚 0.27 厘米,重 8.5 克;政和通宝,篆书,直读,径 3.14、厚 0.21 厘米,重 5.17 克;政和通宝,楷书,直读,径 3.16、厚 0.28 厘米,重 7.3 克(图四:7~13)。

(2)"文化大革命"中,滑县文物保管所在该县八里营乡征集到北宋铁钱 16 枚(表二),内有北宋晚期的政和通宝、大观通宝等大铁钱,据锈色观察,应为墓葬出土[④](图五:1~8)。

此外,安阳发现其它大铁钱还有熙宁通宝、元丰通宝、元祐通宝、绍圣通宝等(图五:9~10、图六:1~6),从其特征来看非安阳市出土。

二、辽西夏钱币

辽是五代时期我国北方游牧民族契丹族建立的国家,历时 200 余年。西夏是活动于宁夏一带的党项族建立的国家,从 1078 年元昊建国到 1277 年为蒙古所灭,历时近 200 年。历史上辽、西夏与北宋长期并立,但游牧民族经济、文化落后,反映在铸币方面,则是铸钱时间

① 中国社会科学院考古研究所安阳工作队:《河南安阳新安庄西地宋墓发掘简报》,《考古》1994 年 10 期。
② 林县志编纂委员会:《林县志》,河南人民出版社,1989 年。
③ 孔德铭、谢世平:《林县北宋铁钱窖藏浅析》,《北宋货币研究》,中国金融出版社,1995 年。
④ 滑县文管所提供资料。

短,铸币数量少且铸造技术落后,钱币粗劣。目前,安阳地区发现辽、西夏钱币有大康元宝、寿昌元宝、乾统元宝、天盛元宝及乾祐元宝(铁钱)等。

1.大康元宝

辽钱,辽道宗大康年间(1075～1084)铸。《辽钱考》云①:"按咸雍十年冬,改明年为大康,当是宋神宗熙宁八年(1075),《辽史》'大'作'太',近见大康钱颇多,无论元宝、通宝,皆旋读,背无文,惟元宝字大而缘狭,通宝钱字小而缘阔。"林州市出土1枚大康元宝,字体粗率、外缘略阔、背错郭、制作粗劣,径2.34、穿0.61厘米,重3.3克(图六:7)。

2.寿昌元宝

辽道宗寿昌年间(1095～1101)铸币,《辽钱考》云:"寿昌元宝,平钱,亦道宗钱,《辽史·食货志》载:道宗钱,世有四等,曰咸雍,曰大康,曰大安,曰寿隆。今考道宗钱尚有清宁,共五等,史曰四等,误也。又钱文作寿昌,考之他籍,亦无作寿隆者,是亦史之误也。"寿昌元宝,面文旋读,背无文,元字皆左挑,昌字亦有长短之别,长昌阔缘较小,短昌狭缘较多。林州市出土1枚,面狭缘,字体略大,仿开元,元字左挑,背郭磨损较重,径2.31、穿0.57厘米,重3.4克(图六:8)。

3.乾统元宝

辽天祚帝乾统年间(1101～1110)铸。《辽史·食货志》:"天祚之世,更铸乾统、天庆二等新钱。"《汇泉考》亦云:"乾统元年(1101)为建中靖国元年(宋徽宋年号),乾统元宝钱,元左挑,旋读,背无文,有大字小字二种,大字狭缘较多,小字阔缘较少。"安阳市、林州市各发现两枚,两种形制。其一,字体纤细,窄缘,径2.38、厚0.10厘米,重2.7克;其二,字体粗率,阔缘,径2.42、厚0.12厘米,重3.0克(图六:9、10)。

4.天盛元宝

西夏仁宗天盛年间(1149～1169)铸,有铜、铁钱两种,铜钱多,铁钱少。宋史载:西夏天盛十一年(1160)"始立通济监铸钱"。钱文书写规范,布局合理,铸造技术较其他辽、西夏钱略高。林州市出土1枚,楷书,字体端正,制作规整,径2.39、厚0.13厘米,重3.9克;安阳市区出土1枚,径2.39、厚0.13厘米,重2.69克(图六:11)。

5、乾祐元宝(铁质)

西夏仁宗乾祐年间(1170～1193)铸,有铜、铁钱两种,铜钱少,铁钱多。安阳市区出土1枚,铁质,径2.41、厚0.17厘米,重3.0克。

此外,在安阳出土的宋辽西夏金钱币中,有一些较有地方特色或较少见的品种,代表了这一时期我国钱币铸造与流通的一个方面,我们列表作简单的介绍(表三)(图七:1～12、图八:1～9)。

---

① 郑家相:《辽钱考》,《辽代货币论文集》,内蒙古人民出版社,1990年。

第二节　安阳出土宋金钱币论略

一、宋金钱币出土的特点

从整个安阳地区出土宋金钱币来看,大致有以下特点:①出土铜铁钱数量极大,品种丰富。据不完全统计,安阳市区及所属县(市)总计出土宋金钱币可达 5 000 公斤以上,包括北宋历朝铸行的年号钱、非年号钱,以及金和南宋早、中期货币。其中北宋钱币占绝大多数,约占总数的 99.5%,而金及南宋钱币仅为 0.5%。②从货币出土形式看,多以窖藏形式存在,墓葬出土的数量较少。窖藏出土数量大,品种多,一般一窖出土少至数十公斤,多者有上百公斤,乃至上千公斤。如 1984 年 9 月和 1985 年 4 月汤阴县城关人民路等地出土宋金货币计 800 余公斤;1987 年 10 月内黄县东庄镇出土宋金货币 150 公斤;林州市岭后村一次出土这一时期的铜钱窖藏上千斤。而安阳地区这一时期的墓葬出土的钱币,数量较少,且种类单一。③宋金钱币窖藏分布广,遍及五县四区。从我们调查统计看,安阳市区及所属县(市)均有宋钱币窖藏出土。在这里犹以安阳市区、林州市、汤阴、内黄县窖藏最多。而安阳县、滑县文管所收藏的货币中,也以宋金货币为多,均有数十至上百公斤,但由于出土资料多已散佚,出土时间、地点及数量均不可考,故我们统计时略去。④从货币质地来看,除纸币外,铜钱、铁钱及银铤均有不同数量的发现。从已公布的资料看,宋代银铤出土较少,而安阳市区出土的一窖银铤及内黄发现的截半银铤较为罕见,乃宋代钱币中的珍品,是难得的珍贵实物资料,它不仅反映了安阳地区在宋代货币流通规模及货币发展的深度与广度,也在一定程度上反映了宋代相州政治、经济、文化等方面的状况。在安阳已出土的钱币中,铜钱最多,约占总量的 99%,铁钱仅在林县有窖藏发现,滑县仅出土有 10 余枚,而银铤数量最少,仅数件。⑤铜、铁钱分别出土,不见相互混杂并出现象。从安阳地区出土的这一时期钱币窖藏看,铜钱窖藏内不见铁钱并出,而铁钱窖藏更是单纯的铁钱。至于滑县出土的少量铁钱,系墓葬出土,且资料已佚,铜铁钱是否伴出,情况不详。这种情况表明:宋金时期铜铁钱流通有明显区域界线,在使用过程中,因铜钱较铁钱贵重,它们之间应有严格区分及比值,并且不同的区域按规定使用不同的钱币。

二、宋金钱币窖藏的原因

安阳地区出土宋金钱币窖藏较多的原因,我们认为应同宋、金之际社会动荡、政权交替及经济衰退等有重要的关系。北宋时期,安阳置相州及彰德军节度,为河北重镇,是金人南下攻宋的要道和必经之地,也是北宋抗金的重要据点。北宋末年,金人南侵,逐步占领河朔地区。靖康二年(1126)金军攻陷宋都汴梁,掳掠徽、钦二帝北上,这一地区大部分为金人所占,北宋灭亡。但在南宋初期,金人的统治并不十分巩固。《安阳县志》载:"钦宗靖康元年(1125)金人破相州。"又云:"康王构开大元帅府于相州。""高宗建炎二年(1128)金人陷相州,守臣赵不试死之。"可见,北宋末年到南宋初年这一段时间内宋金双方在相州一带曾展开拉锯战,争夺相当激烈。

康王赵构南迁后,建立南宋偏安政权,宋金形成对峙局面,双方开展了长期的战争。而在北方汉族人民也自发抗击金军,揭竿而起,形成多股抗金势力。如王彦领导的"八字军"就以太行山为依托,进行抗金斗争,势力曾一度扩大到今河南省黄河以北的新乡、辉县、林州等地。此外,在河东泽州(山西晋城)、潞州(山西长治)有红巾军,河东吕梁山区和太岳山区有李宋臣领导的起义军,河北与河南交界处(漳河南北)为"忠义军"所控制①。这些抗金汉族义军,坚持了相当长的一段时间,沉重打击了金人在河北、河东地区的统治。也给这些地区造成了长期动荡的局面,使得这些地区手工业、农业不兴,经济凋敝,大批北方汉人流离失所,被迫南迁。因钱币多而笨重,不易随身携带,故仓促间将钱币埋入窖藏的现象十分普遍。其次,从窖藏的内容看多以北宋各朝铸币为主,内有金及南宋初期的建炎通宝、绍兴元宝,但皆数量少。其中年代最晚的为淳熙元宝,淳熙为南宋孝宗赵奢的年号,时间为 1178~1189年。金世宗大定十八年(1178)始铸大定通宝,时间也与此相近,因此,我们认为安阳地区所发现的宋金铜钱窖藏,其埋藏时间多在 1189 年前后。此后,随着金人南压,汉人抗金武装被消灭,南宋政府偏居东南一隅,退出黄河南北大片领土,金人在这一地区统治逐渐稳固。这就为人民安居乐业及手工业、农业的发展和经济的复苏奠定了基础,随着政局的稳定及发展,铜钱埋藏现象已基本上不存在。当然,这时期窖藏钱币较多,也还同金朝大量发行纸币,章宗明昌五年(1194)实行"限钱法",官宦之家"凡有所余,尽令易诸物收贮之""余皆没入"②的货币政策及当时通货膨胀有关。

此外,安阳这一时期钱币出土情况也反映这样一个问题,即在金人统治下,货币的流通仍以北宋各朝铸币为主,金人自行铸币为辅的情况。存在这种情况的原因可能有三个:①少数民族政权,在北宋时期使用北宋铸币作为国内贸易、交换之货币由来已久,北宋时期在宋与辽、西夏的对峙中,除战争之外,和平时期也存在着官方和民间贸易交换,北宋还在辽及西夏边境地带设有榷场及官员管理贸易。澶渊之盟(1004)后,北宋曾在宋辽边境开放雄州(今

---

① 朱绍侯主编:《中国古代史》(中册),福建人民出版社,1982 年。
② 《金史·食货志》。

河北雄县)、霸州(今河北霸县)、安肃军(今河北徐水)、广信军(今河北保定西北)四处榷场,在榷场双方互相交换商品,北宋进口辽的羊、马、骆驼等,而辽则进口宋的茶叶、瓷器、布匹等和套购大量的宋代铜钱。如仁宗皇帝三年(1051)定州路安抚史言:"雄州、广信、安肃军榷场北客市易,多私以铜钱出境。"① 在与西夏的贸易中,更是如此,"民间贸易日夕公行""门市不讥,商贩如织"②。为此宋政府多次颁布"为禁甚严"的钱出关法。北宋"钱禁法"违禁处罚条例曾规定:"凡以铜钱出外界者,一贯以上首犯处死,从犯不及一贯者,河北、河东、京西、陕西人决配广南远恶州军本城,广南、两浙、福建人配隶陕西,居停资给,违禁人者,与犯人同罪。"③ 元祐六年(1091),尚书省也上书言:"将铜钱出中国界者,三路(陕西、河东、河北)及余路立徒流、编配、首从等法。"④ 但走私铜钱所带来的巨大利润,使不法之徒铤而走险。而"四夷皆仰中国之铜币,岁出塞外者不赀"⑤。一直到北宋灭亡之际,仍"多用中国小平钱"⑥,以至造成了北宋大量铜钱"边关重车而出,船舶饱载而回"⑦,而在国内则形成钱荒的局面。解放以来,在内蒙、辽宁、河北以及宁夏等原来辽、西夏少数民族政权控制下的区域内出土大批宋代铜铁钱都证明了这一点。金人代辽而立,其对宋钱的使用应非常熟悉,故金人在消灭北宋后仍就使用宋钱用于自己统治区内的贸易和交换。可见,《金史·食货志·钱币》载"金初用辽宋旧钱"应属史实。②金人是少数民族,其经济、文化、科技相对落后于中原汉民族,其铸币技术相对也要落后,还不具备大批量铸钱的能力。另外,也由于大批汉族工匠南迁,他们虏掠汉族工匠铸钱数量究竟有限,金人统治区域内铜矿少,开采技术复杂,也是限制金人铸钱的原因。同时,金人大量发行纸钞,纸钞的泛滥,使得铜钱的实价高于名价,铸钱成本提高,也限制了金人铸造钱币的发展,这种情况又促使了大量的铜钱进入窖藏隐匿而待升值,这也是这一时期钱币窖藏出土较多的原因之一。③北宋时期铸造各种货币数量极大,在金人统治中原的前期,因战争造成经济萧条的局面,使得货币需求量较少,而北宋遗币又相当多,一定时期内足够流通需要,金人自然不需要铸造大量钱币,即可坐享其成。《金史》载"金立国之初,用辽宋旧钱,虽伪齐刘豫钱亦用之"⑧,直到立国48年后始铸正隆元宝钱。在中国历史上,货币的沿袭时间可以相当长久,从汤阴1985年城北人民路出土的宋金铜钱窖藏中,杂有半两、五铢、货泉、开元等以前多个时代的货币,也可证明这一点。

① 《续资治通鉴长编》卷一七一。
② 《续资治通鉴长编》卷一、二、四。
③ 《续资治通鉴长编》卷四六一。
④ 《续资治通鉴长编》卷一三二。
⑤ 《续资治通鉴长编》卷二八三。
⑥ 《宋史·食货志》。
⑦ 《宋史·食货志》。
⑧ 《金史·食货志》。

　　总之,安阳地区出土宋代钱币种类多,数量大,为历史上其他朝代所不及。它反映了这样一个事实,即在宋代相州安阳一带经济繁荣,工商业发达,商品贸易和交换规模扩大,是宋金时期货币经济较为发达的地区之一。从历史记载看,这一时期安阳一带人口增多,村庄星罗棋布,如元祐年间《相台志》系统记载了当时相州 4 县的村名,仅安阳就有 310 个村庄之多①。可见,北宋元祐年间相州之地,确是处处鸡犬之声相闻。相州的繁荣客观上看同当时其优越的地理位置以及名相韩琦三知相州有重大关系。史载:"韩忠献三守相,凡渠水之利莫不修复。"② 同时,他还注意发展手工业,诸如酿酒、制瓷等,减轻百姓负担。在他的治理下,安阳繁荣于一时,成为河朔名城,北宋末期康王构开大元帅府于此,北宋灭亡后,其被迫南渡,起点也在相州。随着地区性工商业的发展,货币需求量增加,货币流通广泛,同时州内也曾开炉铸钱,如利城铁监,一度于北宋末期铸行铁钱。值得注意的是,在林州市泽下乡岭后村出土的金代货币窖藏中,伴出有瓦文"长钱"与"市用钱"等字样,这与金代货币流通的实际情况相吻合。《金史》载:"时民间八十为陌,谓之短钱,官用足陌,谓之长钱。"③ 短钱即民用钱,陌同佰;长钱、短钱制约始于北宋。北宋时期,由于数次出现钱荒,故民间钱币流通中,铜钱短缺,而不得不实行短钱制。按宋代"官方规定七百七十文为一贯"④。同样,在近期面世的宋代钞版拓图上也有:"公私从便主管并同见钱七百七十陌流转行使。"⑤ 但实际上宋代短陌制有三种类型:一是省陌;二是行陌;三是市陌,而在流通中各行业自定短陌,各不相同⑥。金代继北宋而鼎立于中国北方,故在货币流通中也继承了北宋短陌制,只是以八十为陌,与北宋略有不同。岭后村位于今林州市东南部,西临淇河,隔河相对为临淇盆地,地势较平坦,历史上是林县比较富饶的地区之一。从历史上看,林州在北宋时属相州彰德军,金宣宗贞祐三年(1215)升为州,属河北西路彰德府。兴定三年(1219)曾于安阳县西部置辅岩县,属林州⑦。由此可见,林州在金时因地理位置较重要,经济一度得到发展,而升县为州。岭后村发现的金代钱币窖藏,出土有上千斤,数量极大,以北宋铸行的铜钱为主,部分为金代正隆元宝、大定通宝及南宋时期货币。从其伴出的瓦文判断,该窖藏货币可能为官方储币,即官方所用的长钱,因某种原因而埋入窖藏。

---

① (明)崔铣:《嘉靖彰德府志》(又名《邺乘》)。
② (清)贵泰:《安阳县志·金石录》,许有壬创建鲸背桥(今安阳桥)记语。
③ 《金史·食货志》。
④ 彭信威:《中国货币史》,上海人民出版社,1985 年。
⑤ 吴筹中:《中国货币文化宝库中的两颗明珠——两宋钞版新探与文字辨析》,《中国钱币论文集》,中国金融出版社,1985 年。
⑥ 程民生、张瑞生:《论宋代钱陌制》,《中州钱币》1995 年 12 月。
⑦ 林县志编纂委员会:《林县志》,河南人民出版社,1989 年。

三、有关南宋钱币诸问题

北宋钦宗靖康二年(1126)金兵攻陷宋都汴梁,虏徽、钦二帝北上,北宋灭亡。康王赵构南渡称帝,建立南宋政权,北宋末及南宋初,相州安阳为金宋争夺的要地,许多重要的战争多在此展开。靖康二年"金人攻城急,命康王构为天下兵马元帅,速领兵入卫,京城陷,康王开大元帅府于相州,有兵万人,分为五军,下令诸郡守与诸将,议引兵渡河"①。高宗建炎二年(1128)"金人陷相州,守臣赵不试死之"②。至此,相州之地完全为金人所占。章宗明昌三年(1192)置彰德府,以彰德军名之,统领安阳、林虑、汤阴、临漳、辅岩五县③。可见,南宋时期相州为金人腹地,南宋势力很难至此。南宋钱币目前在安阳地区发现的不多,其来源主要有两个,其一,是这一时期宋金钱币窖藏内偶有所出,但数量一般极为有限,且种类比较单一;其二,是近期个人收藏、征集的一部分,其出土地点已不可考,来源也不同。从目前南宋钱币在安阳的发现看,源于本地出土的如安阳市区、林州市、汤阴县等均有一定数量。其中林州市出土主要有建炎通宝、绍兴通宝、隆兴元宝、乾道元宝、淳熙元宝背"上月下星""十一""十二""十六"等;安阳市出土的有:建炎通宝、绍兴通宝、绍兴元宝、乾道元宝、淳熙元宝背"九""十三"等;汤阴出土的有:建炎通宝折三、小平,绍兴元宝背上月下星等。

此外,安阳市博物馆征集的南宋钱币有建炎通宝(折三)、绍兴元宝(折三),淳熙元宝背"春十、十二、十三、十四、十五、捌、同捌、同十"等,绍熙元宝背"元、二、三、四",嘉泰通宝背"元、三、四"等,开禧通宝背"元、三",嘉定通宝背"元、二、三、四、十一",大宋元宝背"二",绍定元宝(铁)背"元",绍定通宝(铜)背"三、四",景定元宝背"二",咸淳元宝背"三"等。

历史上看南宋与金长期处于对峙状态,战争一直不断,互有攻守,但双方也有一定的贸易往来,安阳地区出土南宋铜钱即为明证。但从钱币出土数量上看,这种经济交往局限在一定的时期或一定范围内。在南宋与金的关系上,对峙是主流。从钱币种类上看,安阳出土的南宋钱币也以早中期的钱币为多,铜钱为主,铁钱发现较少,其中又以南宋初期铸行的建炎通宝、绍兴元宝为最多,版别也最为丰富。

①　(清)贵泰:《安阳县志》。
②　(清)贵泰:《安阳县志》。
③　(清)贵泰:《安阳县志》。

第三节　林州北宋铁钱及反映的问题

　　1983 年,林州市河顺镇申村唐宋冶铁遗址附近的东寨村发现一个完整的宋代晚期铁钱窖藏,出土了北宋徽宗时期(1101～1125)铸行的圣宋元宝、大观通宝、崇宁通宝、政和重宝、政和通宝等大铁钱近 4 000 枚,其中以政和通宝篆书、楷书为最多,我们曾对这一古钱窖藏进行了初步的整理与分析[①]。

　　该窖藏位于今林州市河顺镇东寨村东南 500 余米处,距林州市约 10 余公里。窖藏距地表 2 米,未发现盛装器物。所出铁钱多与红烧土掺杂在一起,放置零乱无序。我们分析认为这一批铁钱当为附近北宋利城监所铸,从其铸造及未经修整的情况看,这批铁钱未经流通便被掩埋而成为窖藏。《重修林县志》载:"利城在县北三十里。城址已湮……唐初有铁冶,宋至和二年(1055)以官无利岁用鼓铸,韩琦奏罢之。"[②]《文献通考·征榷门》:"宋兴,凡诸军产铁有四监,其一曰相州利城。"另《安阳集·魏王家传》云:"公(韩琦)以疾乞上旄节守便郡,命以节度使知相州。利城军铁冶,四十年前铁矿兴废,山林在近易得矿碳,差衙前二人,岁纳课铁一十五万斤,自后采伐山林渐远,所费侵大,输纳不前,后虽增衙前六人,亦败家业者相继,本州遂于六县中白差上等人户三十家充军户,更不兴扇,止令纳铁课民甚为苦,公奏停止。"[③] 可见相州利城监在唐宋时期一度规模相当大,但因矿石及山林愈来愈开采不易等原因,在北宋时即有兴废。因史料的缺憾,利城监并无设钱监铸铁钱的记载,但从这一地区出土的铁钱窖藏看,利城铁监显然在北宋晚期铸行过铁钱,即使没有设钱监,也应有官方铸钱的作坊。东寨村出土的这一铁钱窖藏即为该钱监(或作坊)的遗物。这批铁钱的含铁量高,种类较多,形制厚重精美,乃北宋铁钱中的代表品种之一。

一、林州北宋铁钱金属成分分析与夹锡钱问题

　　我们曾对这批铁钱取样化验:铁 95.7%、碳 3.34%、硅 0.73%、锰 0.11%[④]。而现代铸铁金属成分一般为铁 93.75%、碳 3.2%、硅 1.8%、其它 0.25%,二者相比差别并不明显。从林州铁钱化验结果看,无疑这批铁钱不是夹锡钱。那么北宋晚期铸行的夹锡钱到底是铁

①　孔德铭、谢世平:《林县北宋铁钱窖藏浅析》,《宋代货币研究》,中国金融出版社,1995 年。
②　王怀斌修、李见荃纂:《重修林县志》(民国二十一年)。
③　(民国)方修策:《续安阳县志·大事记》。
④　该项化验由安阳市机床厂理化试验室进行。

钱还是铜钱呢？《文献通考》云："夹锡钱始于(崇宁)二年(1103)。河东运判洪中孚言：二虏(指辽、西夏)以中国铁钱为兵器，若杂以铅、锡，则脆不可用，请改铸夹锡当三当十大铁钱，从之。"① 至于河北路行夹锡钱的情况文献记载有："崇宁四年(1105)二月甲申，置陕西、河北、京西路，诏以河北夹锡当五钱改铸当三钱。"② "大观元年(1107)四月乙未，诏以河北夹锡当五钱改铸当二夹锡钱。"③ 大观四年(1110)二月壬辰，"诏罢河东、北，京东、西等路铸夹锡钱。"④ "政和元年(1111)四月己卯，淮南路罢行使夹锡钱，诏江南、荆湖、广东、京西、河北路皆如之。"⑤ 北宋晚期，特别是徽宗时期，蔡京当政，是夹锡钱盛行的时期，而利城监所铸铁钱，从其金属成分上看，绝非夹锡钱。从现代技术方面用金属成分分析的方法去研究探讨夹锡钱的问题，以前未曾看到过。我们这次有益地尝试也许对解开北宋夹锡钱究竟是铜是铁之迷，大有裨益。

二、窖藏原因探析

关于这批铁钱窖藏的原因，我们认为大至有二：其一，北宋末年，社会动荡不安，使经济发展出现停滞趋势。特别是蔡京当政，大量铸行夹锡钱和当十大钱，严刑峻法，强制各地通行。此外，也因铜铁钱的比值差别较大，各地盗铸严重。《宋史·食货志》载：崇宁时期"两浙盗铸尤甚，小平钱益少，市易濡滞"，"时钱币苦重，条序不一，私铸日甚"。且蔡京为政，几度沉浮，铸钱政策极不稳定，一时铜、铁、夹锡钱及交子，充斥于市，稍易则需车载斗量。私铸钱份量轻、质量差，严重干扰了北宋末年的货币流通，造成极严重的货币贬值，通货膨胀日益严重。"时关中钱甚贱，夹锡欲以重之，其实与铁钱等，物价日增，患甚于当十……"⑥。北宋末年严重的通货膨涨，造成铁钱的价值过轻，加上夹锡钱的排挤和相对的钱币过剩，而被人掩埋而成为窖藏。从这一时期货币出土情况看，北宋铜钱绝大多数见于金代中期以前铜钱窖藏，而北宋铁钱则多数出土于北宋晚期铁钱窖藏中，二者在窖藏时间上存在着明显的差异。且在已发现的钱币窖藏中极少出现铜铁钱相互混杂并出的现象。建国以来，北宋铁钱在今天陕西、四川、甘肃及河南等省出土量极大，少则数百斤，多者可达十余吨。从全国来看与林

① 《文献通考·钱币》。
② 《皇朝纲要》卷十七、十八。
③ 《皇朝纲要》卷十七、十八。
④ 《皇朝纲要》卷十七、十八。
⑤ 《皇朝纲要》卷十七、十八。
⑥ 《宋史·食货志》。

州铁钱窖藏时间基本相同且数量较大的铁钱窖藏主要有西安社会路①、宝鸡市眉县城关②、山西柳林县③等。它们在钱币内容方面虽与林县铁钱窖藏有一定的差别,但钱币埋藏的下限基本相同,都是在徽宗宣和时期。这种情况表明,北宋晚期铁钱窖藏原因大多与徽宗时期蔡京当政,铸行大铁钱与夹锡钱所引起的通货膨涨、铁钱实价高于名价有一定的内在联系。

其二,靖康元年(1126),罢政和敕陕西路用铜钱断徒二年配千里法④。根据这一记载,我们可以推测,这批铁钱铸于徽宗末年靖康年间罢政和钱之时(在北宋,现行年号铸以前年号钱的情况也是存在的)。时值北宋末年,战争频繁,靖康元年(1126)金兵大举南侵,宋金在此地展开激烈的争夺战。《续安阳县志》云:"钦宗靖康元年金人破相州。"注曰:"《通鉴》:斡喇布欲还,郭药师曰,南朝未必有备,不如姑行,从之,至邯郸,遣药师以二千骑前驱,进破相、浚二州。"⑤ 但金军这次进攻被宋军击败,"诏王云副康王构使金军,许割三镇,至磁州,州人杀云,构还次相州"⑥。南宋建炎二年(1128):"东京留守统制薛广及金人战于相州,败死。金乌珠围相州,守臣赵不试知势不可为,不得已登城与金人约,勿伤百姓,金人许诺,乃先纳其家人井中,随以身赴井,命提辖管官宝以上,然后启门,州人皆免于死。"⑦ 之后,这一地区便为金人统治。这批铁钱因铸时距北宋灭亡时间太近,随着金人的侵入,也许铸钱工匠为躲避兵灾,而逃命南迁,仓促间把这批钱币掩埋,使得这批铁钱尚未进入流通领域便成为窖藏。此外,从该窖藏出土时的情况如钱币放置杂乱,没有盛装器物,也可证明这一点。

另外,在这次开展的钱币的调查中,我们在滑县也发现一小批铁钱,该铁钱大约出土于滑县东部八里营乡一带,同时征集的还有1枚铜质崇宁重宝(隶书)。从铁钱锈蚀的情况推测,应为墓葬出土。我们把这批铁钱与《陕西北宋铁钱》《西安出土北宋铁钱》所附拓片相比较⑧,可以发现,滑县铁钱与陕西大铁钱在形制、文字书体方面差别很明显,而与上述林州出土的铁钱应有一定的渊源关系。从附表中我们不难发现,滑县铁钱标本09、010、014、017与林州铁钱标本019、022、013、010除重量外,径、穿、厚以及文字书体等有着较大的一致性。重量的不同,可能因钱币锈蚀情况的差异,流通过程中磨损以及付拓时剔除土锈的多少而产

① 阎福善、李延等:《西安社会路出土十四吨铁钱》,《陕西金融》,《钱币专辑》(20),1993年。
② 延晶平:《眉县出土四吨北宋钱》,《陕西金融》,《钱币专辑》(20),1993年。
③ 文佰、张国彪:《对"陕西发现北宋河东小铁钱"的出土地及有关情况之考查》,《中国钱币》1993年1期。
④ 《宋史·食货志》。
⑤ (民国)方修策:《续安阳县志·大事记》。
⑥ (民国)方修策:《续安阳县志·大事记》。
⑦ (民国)方修策:《续安阳县志·大事记》。
⑧ 阎福善:《陕西北宋铁钱》,《考古与文物》1995年5期。党顺民:《西安出土北宋铁钱》,《中国钱币》1994年1期。

生误差。基于上述分析,我们有理由认为,滑县出土的铁钱也应是利城监所铸。

通过对安阳地区出土的北宋铁钱进行分析,可以明确几点:①利城监在北宋晚期随着铁钱流通区域扩大到河北北路,官方在此铸造了一定数量的铁钱;②利城监铁钱的所行区域,应有一定的限制,大约只在河北西路的一定区域流通,即今河南省北部一带。

表一 林州市出土铁钱统计表

单位:厘米、克

标本号	钱币名称	钱 径	穿	郭 厚	重量	特 征
1	圣宋元宝	3.25	0.67	0.29	8.90	行书、穿上仰月、大样
2	圣宋元宝	3.00	0.62	0.20	7.00	行书、小样、面窄郭
3	圣宋元宝	3.10	0.60	0.31	9.40	行书、大样
4	圣宋元宝	3.10	0.68	0.25	8.00	行书、小样、面宽郭
5	崇宁通宝	3.30	0.68	0.30	10.1	御书
6	崇宁通宝	3.35	0.68	0.30	10.2	御书
7	崇宁通宝	3.85	0.71	0.35	11.7	御书
8	崇宁通宝	3.30	0.70	0.27	9.90	隶书
9	崇宁通宝	3.21	0.69	0.22	8.10	隶书
10	大观通宝	3.25	0.70	0.30	9.20	御书
11	大观通宝	3.24	0.66	0.31	9.80	御书
12	大观通宝	3.38	0.75	0.38	11.5	御书
13	大观通宝	3.30	0.67	0.35	11.7	御书
14	大观通宝	3.18	0.60	0.33	10.2	御书
15	政和通宝	3.23	0.80	0.33	10.0	篆书、带铸柄
16	政和通宝	3.18	0.68	0.30	10.9	篆书
17	政和通宝	3.20	0.74	0.30	10.0	篆书
18	政和通宝	3.17	0.71	0.30	9.40	篆书
19	政和通宝	3.21	0.85	0.27	9.60	篆书
20	政和通宝	3.28	0.68	0.33	10.3	隶书
21	政和通宝	3.25	0.80	0.31	10.4	隶书、背上星
22	政和通宝	3.30	0.80	0.32	10.5	隶书
23	政和通宝	3.23	0.64	0.31－0.34	11.5	篆书
24	政和通宝	3.34	0.69	0.34	11.1	隶书
25	大观通宝	3.27	0.66	0.27	9.40	御书
26	政和重宝	3.13	0.70	0.29－0.34	9.20	楷书、折二
27	崇宁通宝	3.30	0.64	0.30－0.36	10.0	御书
28	政和重宝	3.12	0.68	0.28－0.31	9.40	楷书、折二

表二 滑县出土铁钱统计表

单位：厘米、克

标本号	钱币名称	径	穿	厚	重量	特征
09	政和通宝	3.22	0.68	0.30	6.70	篆书、直读
010	政和通宝	3.29	0.84	0.27	7.60	隶书、直读
011	政和通宝	3.20	0.85	0.27	8.90	隶书、小字
012	政和通宝	3.14	0.80	0.28	8.10	隶书、小字
013	大观通宝	3.20	0.80	0.27	6.60	御书
014	大观通宝	3.30	0.69	0.31	10.3	御书
015	政和通宝	3.21	0.86	0.28	8.00	隶书、广穿
016	政和通宝	3.28	0.80	0.29	8.50	隶书、小字
017	大观通宝	3.24	0.73	0.30	9.50	御书

表三 安阳市出土宋金辽西夏钱币统计简表

单位：厘米、克

图版号	钱币名称	径	穿	厚	重	特征	出土地点
图七：1	宋元通宝	2.46	0.62	0.14	3.7	背穿右星	滑县
图七：2	至和重宝	3.01	0.58	0.20	9.4	楷书，折三	汤阴县
图七：3	熙宁重宝	2.80	0.61	0.20	8.0	隶书，折二，大字	汤阴县

（续表）

图版号	钱币名称	径	穿	厚	重	特　　征	出土地点
图七:4	熙宁重宝	面2.60 背2.93	0.60	0.18	7.4	异样,背大于面,边沿斜削,折二	安阳市
图七:5	元丰通宝	面2.55 背2.94	0.75	0.19	7.0	异样,背大于面,边沿斜削,折二	安阳市
图七:6	元丰通宝	面2.92 背2.65	0.64	0.26	9.6	异样,面大于背,边沿斜削,折二	安阳市
图七:8	崇宁通宝	3.46	0.90	0.28	11	瘦金书,折十,异"宁"	汤阴县
图七:9	崇宁通宝	3.48	0.76	0.27	11.1	瘦金书,折十,"宝"字下一星	内黄县
图七:7	元丰通宝	3.01	0.60	0.15	4.5	行书,背穿上月	安阳市
图七:10	政和通宝	2.53	0.60	0.13	4.3	隶书,小平,"文"政	安阳市
图七:12	宣和通宝	3.01	0.77	0.17	7.2	隶书、折三、"和"字异样	汤阴县
图八:1	淳熙元宝	2.97	0.72	0.15	6.5	背"十一"	林州市
图八:2	淳熙元宝	2.97	0.69	0.15	6.7	背"十二"	林州市
图八:3	淳熙元宝	3.07	0.71	0.17	7.0	背"十三"	安阳市
图八:4	淳熙元宝	2.94	0.71	0.15	6.8	背下星上月	林州市
图八:5	正隆元宝	2.59	0.54	0.14	3.9	金钱,小平,"正"左上有一星	内黄县
图八:6	正隆元宝	2.4	0.53	0.14	3.5	金钱,小字,小样	安阳市
图八:7	大定通宝	2.51	0.56	0.15	3.7	背"申"	安阳市
图八:8	大定通宝	2.52	0.54	0.13	3.85	背"西"	安阳市
图八:9	大定通宝	2.5	0.54	0.13	3.76	宝下一星	安阳市

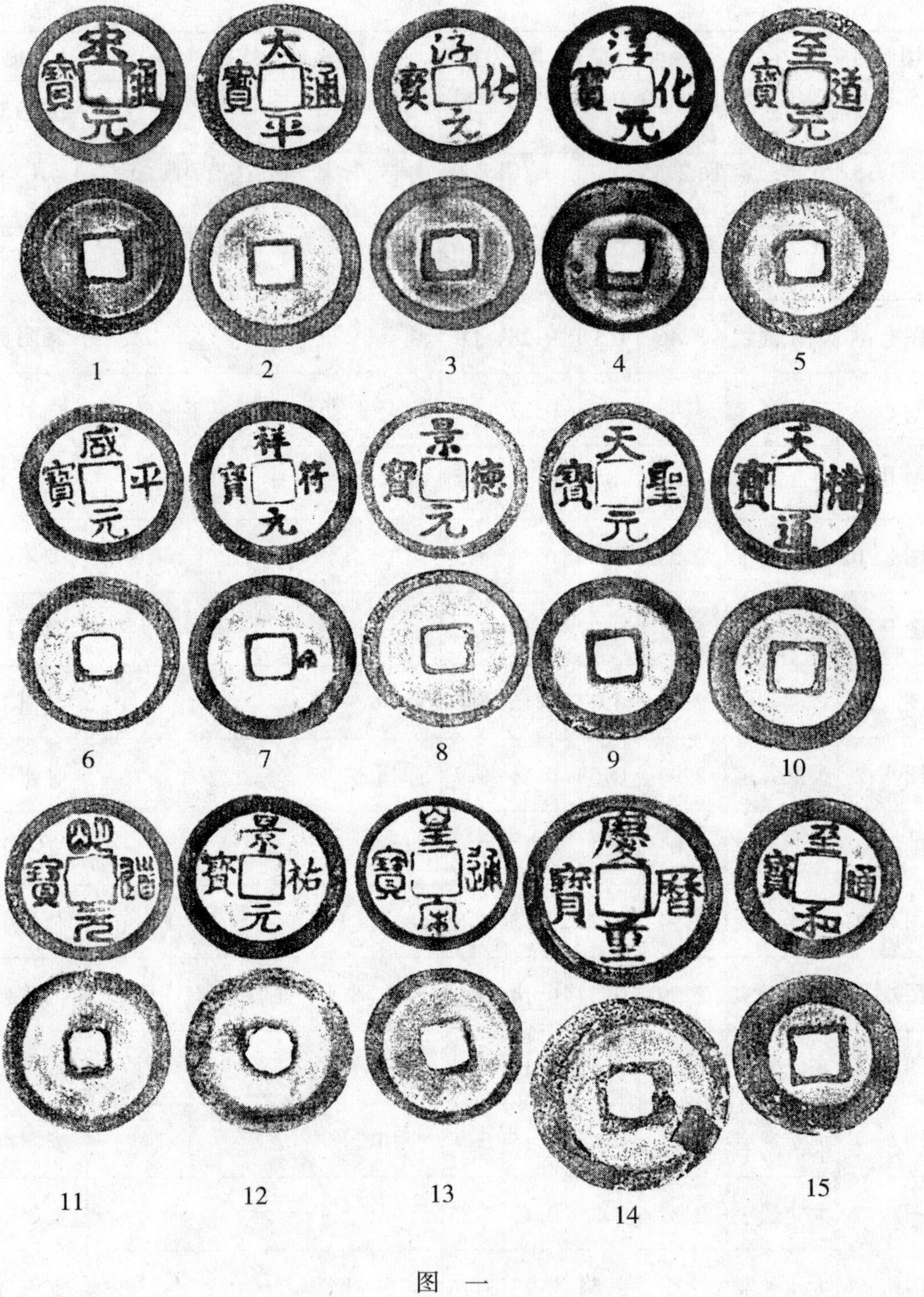

图　一

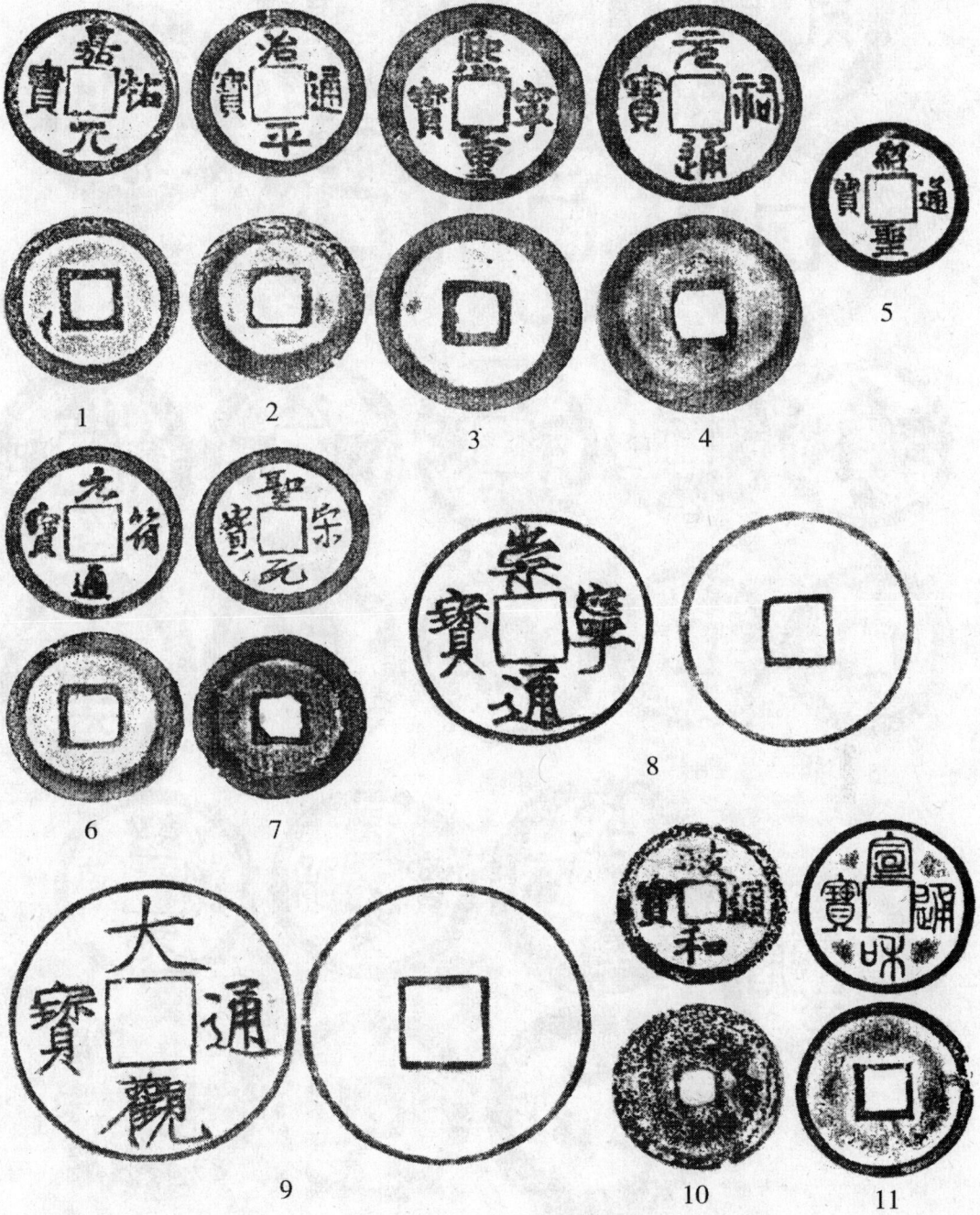

图　二

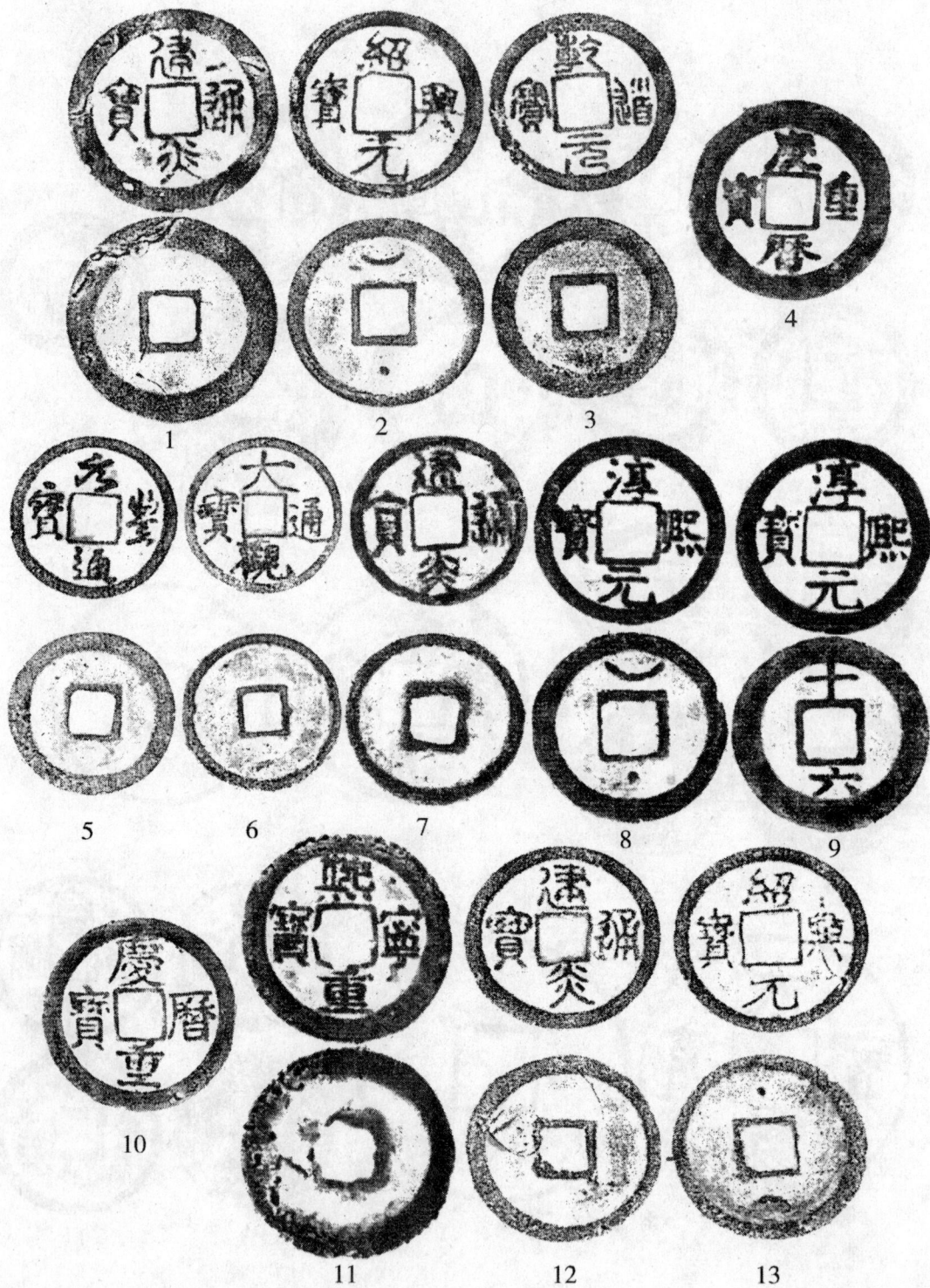

图 三

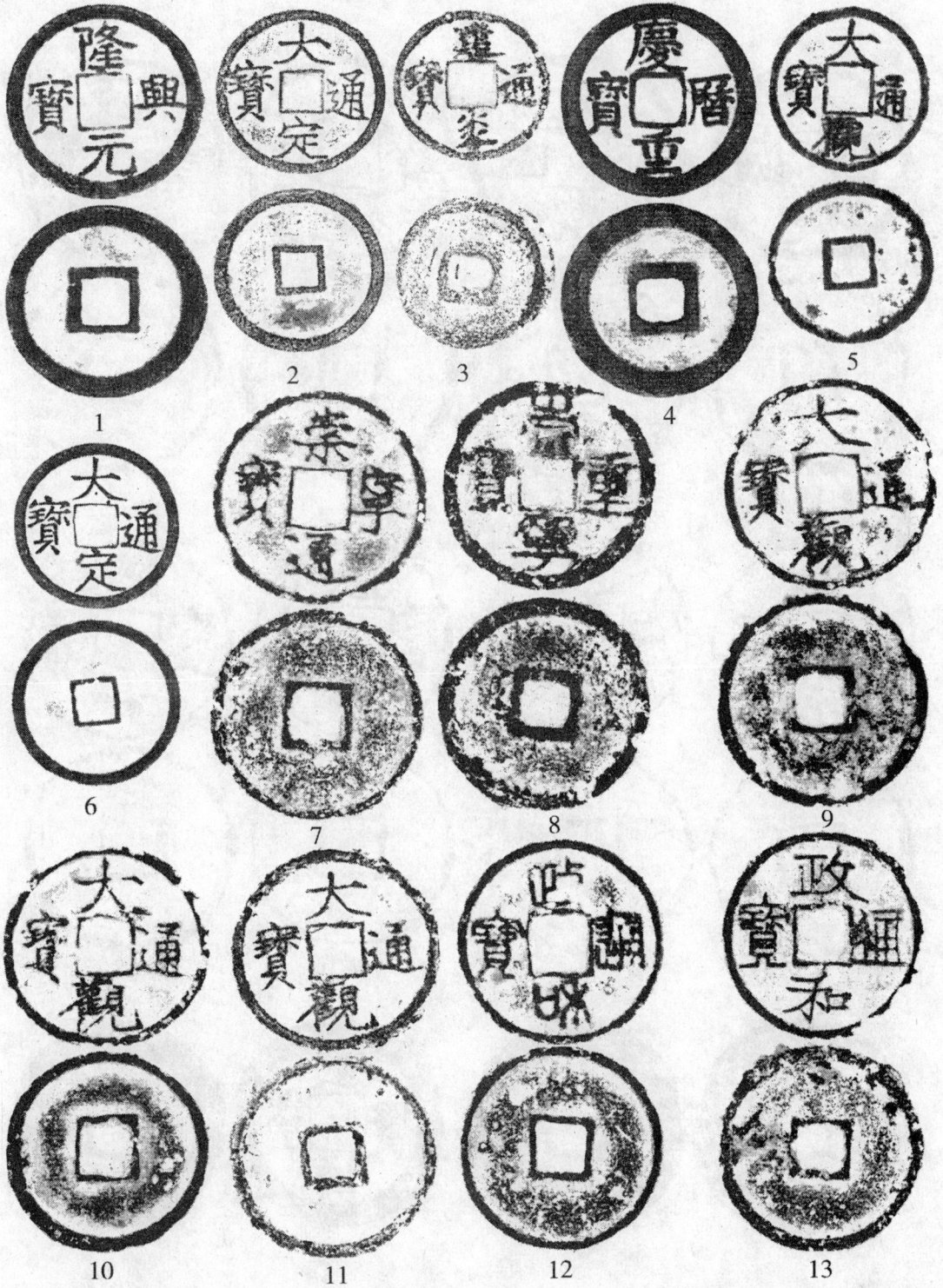

图　四

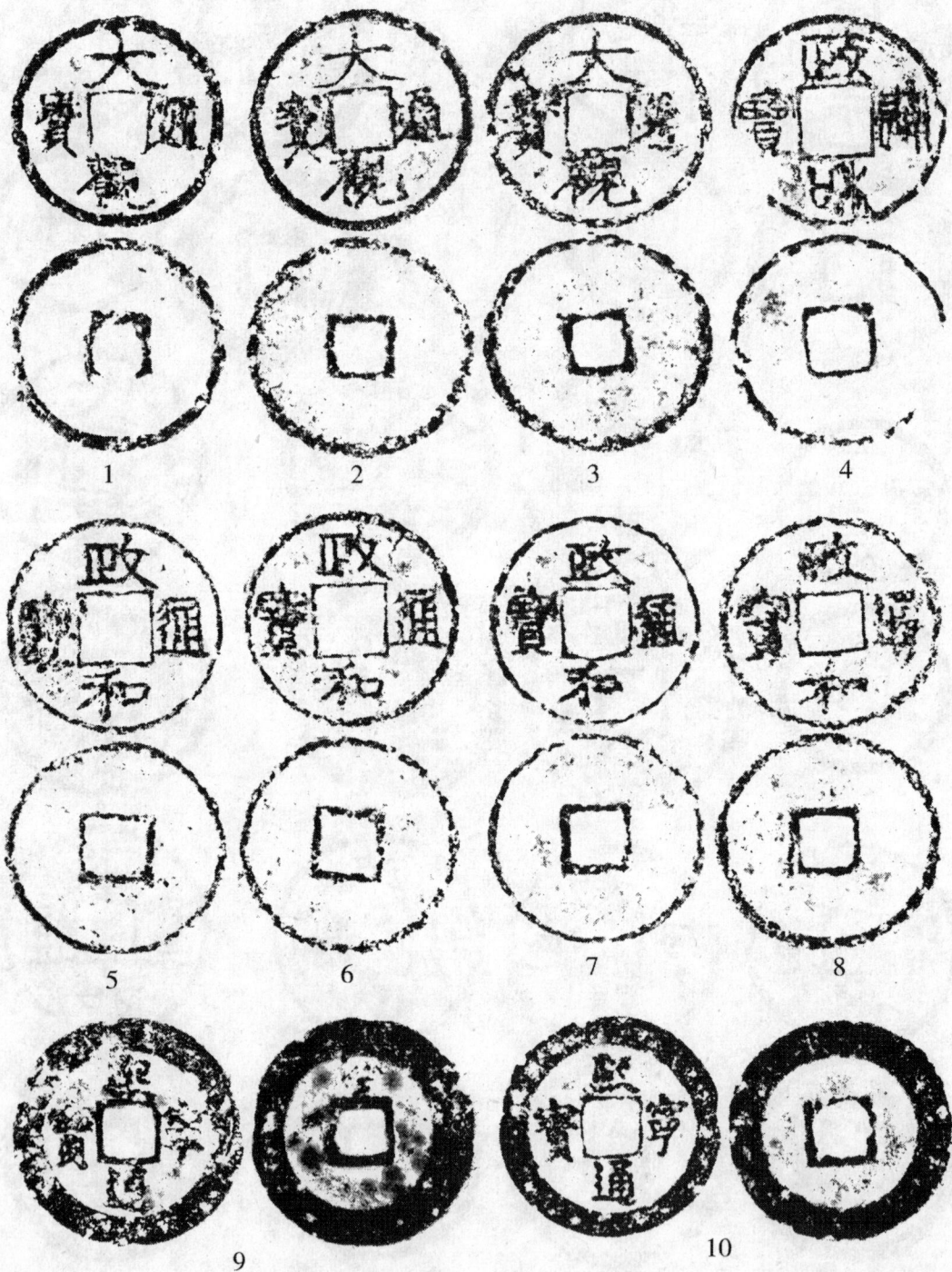

图 五

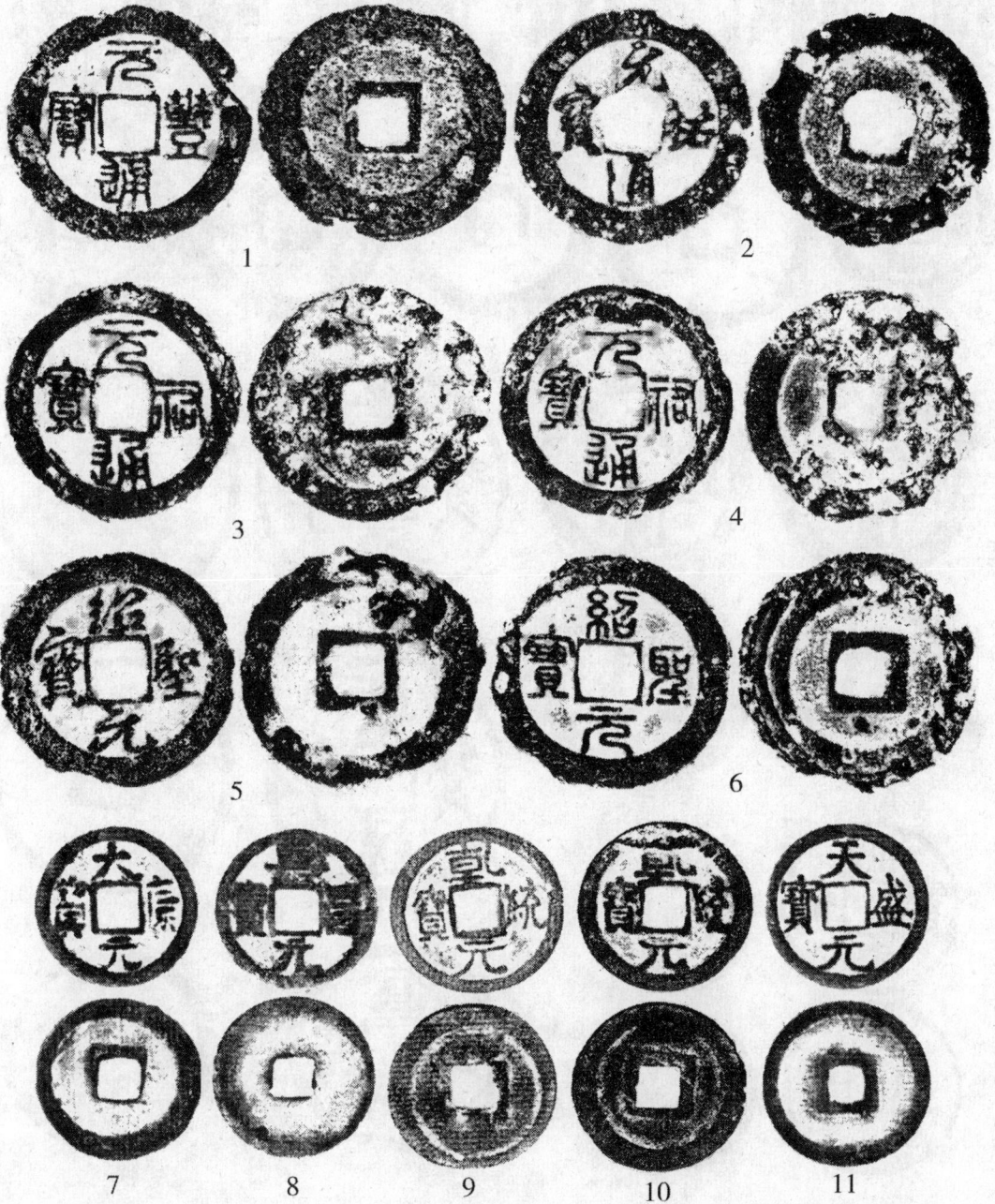

图　六

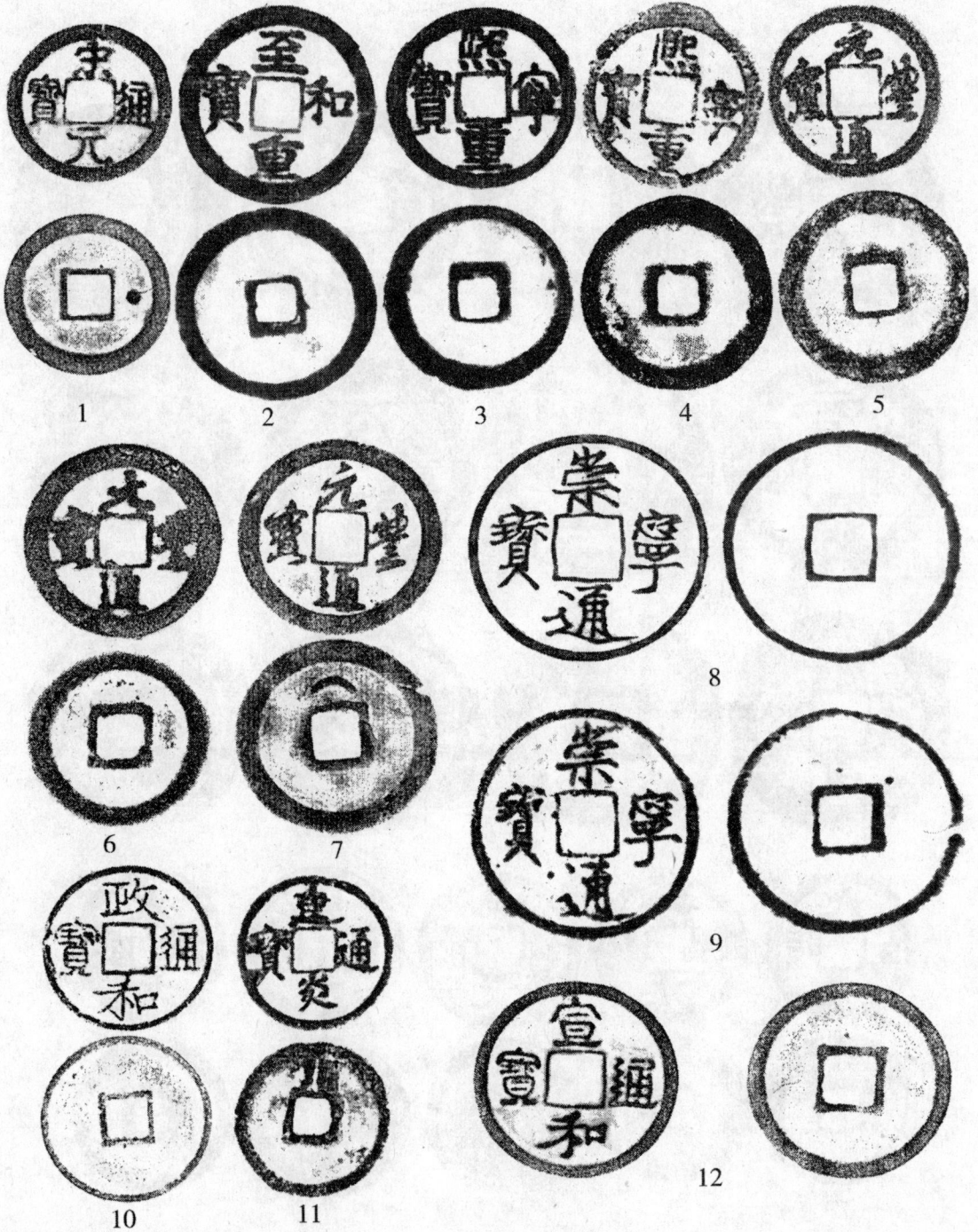

1   2   3   4   5

6   7   8

9

10   11   12

图 七

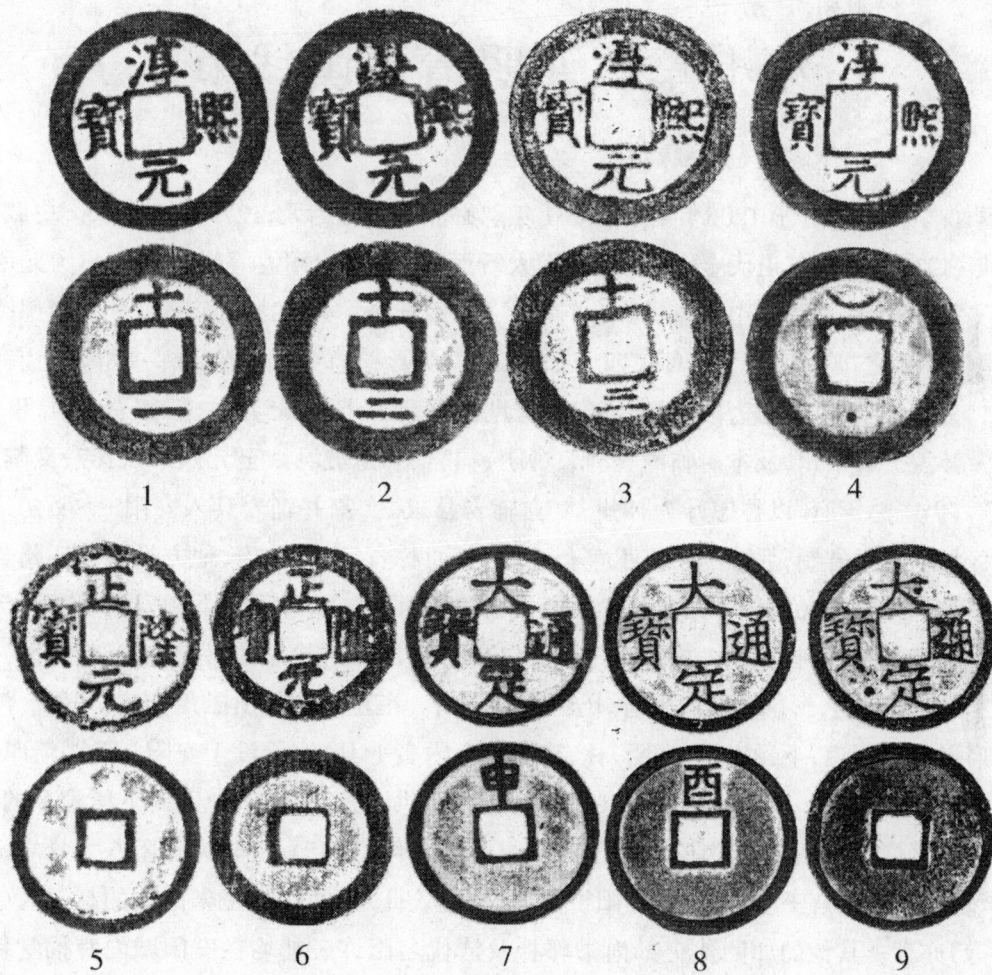

图　八

第七章　元明清民国钱币

蒙古孛儿铁木真于 1206 年建国,1271 年忽必烈定国号为元,1279 年灭南宋。史载:"太祖八年(1213),分兵三道伐金,命皇太子徇太行而南,取磁相怀孟等州。"① 相州为元所占。元朝实行行省制,全国建中书省、行中书省,下以路、府、州、县隶之。彰德府改为彰德路,直隶中书省,谓之"腹里"②。元太宗四年(1232):"立彰德总帅府,领卫辉一州。宪宗二年(1261),割出卫辉以彰德为散府,属真定路。"世祖至元二年(1265)复立彰德总管府,下辖录事司及怀孟卫辉四州,及本府临漳、安阳、汤阴、辅岩、林虑五县。至元四年(1267)又割出怀孟卫辉,仍立总管府,以林虑升为林州,复立辅岩县隶之,割并辅岩县入安阳③。明初,全国行政区划仍沿行省制,后改为十三承宣布政使司,通称省,废路改府,地方设省、府、州、县四级制。洪武元年(1368)彰德路改为彰德府,隶属河南承宣布政使司,下领安阳、临漳、汤阴、林、武安、涉、磁州六县一州。成祖永乐二年(1402)四月,封子朱高燧为赵王开府彰德,建赵王府④。清承明制,彰德初属河南省,仍辖六县一州。雍正年间划出磁州,内黄归属。清末,彰德府属彰卫怀道,下领安阳、汤阴、林、涉、临漳、内黄七县,府治设于安阳。元明清时安阳一度政治稳定,农业、工商业空前发展,文化发达,民风纯正,为我们今天留下了很多的古迹古物。位于原安阳城北的安阳桥,建于元世祖至元二年(1265),清时为安阳八大景之一,曰"鲸背观澜",有许有壬撰写"创建安阳桥碑记"留世。此外,明代赵王朱高燧的赵王府(今名高阁寺)亦存。其他的如明代吏部尚书郭朴及清代名臣许三礼均在安阳城内有祠堂传世。这一时期安阳文化发达,明有崔铣撰《嘉靖彰德府志》,清有贵泰撰《安阳县志》(嘉庆)传世,保留了很多安阳地方历史的资料。

---

① 《元史》。
② 《元史》。
③ (清)贵泰:《安阳县志·地理志》。
④ (民国)方策修:《续安阳县志·大事记》。

第一节　元明钱币

一、元明钱币出土概况

1、元代钱币安阳出土的较少,据目前所知有:至正通宝、大元通宝(八思巴文)等。其中1枚至正通宝,径 2.94、穿 0.52、厚 0.18 厘米,重 7.22 克(图一:1)。大元通宝,径 3.98~4.56、穿 0.97~1.09、厚 0.34~0.36 厘米,重 18.4~28.1 克。元代纸币及其他钱币均未发现。

2、1969 年 7 月安阳市电池厂发现一明万历年间的墓葬,编号 69ADM,除出土一批明代瓷器外,还出土 3 枚万历通宝铜钱。

3、明代铜钱安阳境内以前曾时有发现,但从品种及数量看,比起两汉、隋唐及两宋铸币要少得多。建国后,在安阳地区濮阳、清丰两县交界处曾出土一罐明代万历通宝钱,随后1993~1995 年在安阳县北部及西部也有几处明代洪武通宝的小型窖藏出土。据统计,上述出土铜钱总重约 48 斤,而且品类只限洪武、万历通宝两种,其中洪武钱约占 10 斤,万历钱在38 斤左右。

4、安阳市出土发现的其他明代铜钱

大中通宝,1361 年朱元璋铸于应天府宝源局,安阳地区发现有"当十""小平"二种。标本 1318,径 4.02、穿 0.96、厚 0.33 厘米,重 19 克,安阳市出土。标本 0977,径 2.32、穿0.56、厚 0.15 厘米,重 3.1 克,林州市出土(图一:2)。

其他的明代铜钱有:洪武通宝,径 2.3~2.38、穿 0.5~0.56、厚 0.12 厘米,重 3.6 克;宣德通宝,径 2.5、穿 0.55、厚 0.13 厘米,重 3.2 克;嘉靖通宝,径 2.52~2.54、穿 0.5~0.58、厚 0.13~0.17 厘米,重 3.8~3.9 克;万历通宝,径 2.52~2.54、穿 0.51~0.66、厚 0.11~0.17 厘米,重 3~4 克,其背部有各种符号,如星点、阴文竖画、阴文横画等;泰昌通宝,径2.49~2.57、穿 0.51~0.54、厚 0.11~0.14 厘米,重 3.2~4.2 克;天启通宝,有背"十一两""皖""户"(图一:3)"工"及光背等类,其中标本 1339,背"十一两",径 4.86、穿 0.9、厚 0.26厘米,重 31.4 克;崇祯通宝,种类繁多,背有满文"宝泉"及汉字"户""五监""二"(图一:4~5)"贵""官""新""一""宝泉"等,一般钱径 2.31~2.92、穿 0.50~0.64、厚 0.1~0.17 厘米,重2.1~4.8 克;另发现有崇祯通宝私铸钱,标本 1345,径 1.66、穿 0.41、厚 0.08 厘米,重 0.9克。

5、安阳发现的南明政权所铸钱币有:隆武通宝,铜铁钱两种,其中标本 1363,铁质,径

2.36、穿 0.47、厚 0.15 厘米,重 3.4 克;标本 1364,铜质,背"户",径 2.4、穿 0.6、厚 0.12 厘米,重 3.3 克。永历通宝,有光背(图二:6)及背"壹分""明""工"等类,其中标本 1365,背"壹分",径 3.61、穿 0.71、厚 0.14 厘米,重 10.1 克,安阳市出土。弘光通宝,其中 1 枚钱径 2.55、穿 0.49、厚 0.09 厘米,重 3.0 克,安阳市出土(除标明外,其他资料均由安阳市博物馆提供)。

二、明洪武通宝万历通宝分类研究

《中国货币史》在论及出土铸币时曾说:"明朝钱比元朝多,但比其他朝代少,尤其是万历以前,不仅比不上宋代,就连汉唐也远不如。"这种论点从安阳地区出土情况进一步得到了印证。鉴于上述情况,所以目前钱币界在明代货币研究方面,仍存在许多薄弱环节,有待进一步深入研究。我们根据安阳出土明代钱币实物,重点对洪武通宝万历通宝等明钱的版别及有关问题进行初步探讨。

(一)洪武通宝

《明史·食货志》载:"太祖即位,颁'洪武通宝',其制凡五等:曰'当十''当五''当三''当二''当一'。当十钱重一两,余递降至一钱止。各行省皆设有宝泉局,与宝源局并铸,而严私铸之禁。洪武四年(1371)改铸大中,洪武通宝大钱为小钱。"从上述记载不难看出,洪武初所铸五等制钱铸行时间不足四年,其中当十、当五、当三、当二等即开始改铸为小平,亦即"当一"钱。又因洪武元年(1368)至八年(1376)又停止了各省的铸造,十年(1377)时又恢复各省宝泉局。二十年(1387)起又停铸了两年多,从二十二年(1389)六月改定制钱后,才又全面恢复铸制。通过上述文献资料并结合安阳出土现状,这种时铸时停的局面,证明了洪武钱在数量上少于先朝钱的论断基本上是可信的。自然,这一时期所铸的绝大部分应是当一的小平钱。从后世出土看,当一小平钱也是洪武钱中最多者,而当二以上大钱出土数千枚中不见一二,这也证实了洪武初大钱改铸小钱这一历史记载的真实性。因为当一制钱在洪武钱中数量最大,所以其版别也最繁。《历代钱币图录》中论及洪武小平钱版别时,将其分为 12 种,即:光背、背右一钱、背上平、背上鄂、背上京、背上浙、背上济、背上桂、背下桂、背下福、背下豫、背右广等。然而《历代钱币图录》中在版别区分上,只是着眼于钱体背文的不同,而对于钱体的其他内容却忽略了,所以这种区分方法应该说是不全面的。我们认为,对于古代铸币版别与划分应该考虑其整体与系统性,这体现在如下几个方面,即:应从钱体的整体到局部,从显明到细微,从钱背到钱面,从纹饰到钱文等。例如从钱体形制、钱文体例、内郭外轮、面背标识、纹饰异同、文字特征、字文结体、笔画特点等等方面逐一进行对比、区分和归纳。下面我们通过对安阳境内出土的近 5 公斤洪武制钱的鉴别、归类,将其版别区分为如下 28 种:

(1)面背窄缘大字,洪字接轮离郭(图一:7);

(2)面宽缘,窄通宝大字(图一:8);

(3)面宽好郭,分通宝大字(图一:9);

(4)大字,背圆穿(图一:10);

(5)大字,宝字接轮离郭,进武(图一:11);

(6)小字,洪字左星,窄好郭(图一:12);

(7)宽武,背左侧月(图一:13);

(8)小字,分水洪,无尾通(图一:14);

(9)洪离郭离轮,武长勾,背穿上似字(图一:15);

(10)短竖洪,长点宝(图二:1);

(11)点洪,长竖接轮,宽宝(图二:2);

(12)宽缘小字,退武(图二:3);

(13)宽缘大字,垂点尔宝,进武(图二:4);

(14)洪下星,武短勾窄宝(图二:5);

(15)离郭洪,扁武(图二:6);

(16)缩洪,短勾进武,大宝(图二:7);

(17)大洪字,进武,斜尔宝(图二:8);

(18)大字,高颈通尖足贝(图二:9);

(19)分水洪,短颈通(图二:10);

(20)细字,窄武,小通(图二:11);

(21)抱水洪,长尾开通,大宝(图二:12);

(22)弯竖洪,粗横武(图二:13);

(23)长足洪,退小武(图二:14);

(24)宽进武,背竖月(图二:15);

(25)隐起文,星足洪(图三:1);

(26)大点洪,平首通(图三:2);

(27)大通下星,宽武(图三:3);

(28)小武,分首通,窄宝(图二:4)。

从上述对洪武通宝当一制钱版别拓本的排比对照中,可以看出尽管版别繁杂,其在铸制工艺上还是比较精整的。如"洪"字倘再过细区分的话,其笔体变化可能更为繁多,然其文字整体风格神韵基本上是统一的。其余三字和"洪"字的情形一样,从文字笔画、结体和笔触变化上,均存在这样那样的差异,而这种种不同正反映出钱币铸制过程中其钱范版式在工艺上的繁复多样。这种状况我们结合有关资料大致可以推断出当时钱币铸造的大体情形。首先,从管理上中央分设为两个铸钱系统,即设在京师工部的"宝源局"与户部下设各行省的"宝泉局",这样便形成了一种众多铸制点的普铸局面,在各个铸币工场从事雕制"母钱"的工匠人数上也将相应增多,通过各处众多雕母工匠的"人手一雕""一人多雕",极易造成母钱钱体上特别在字文结体方面的种种差异(当然是很细微的),这样连带形成"样钱"字文样式的众多变化,于是很自然的造成铸币版别的多样性。当然这只是我们作出的一种初步推断。这种钱面字文笔触上的多样性给铸造版式的分析鉴别带来相应的难度,但同时也加深了研究者对于铸币钱体各方面的进一步认识。另一方面,这种多样化的版式也给后人带来比较广泛的多方面的研究兴趣和浓厚的鉴赏趣味,为今后钱币学界开展明钱研究奠定基础,同时也是钱币研究由宏观到微观的一种有意的尝试。

(二)万历通宝

万历通宝是明代铜钱出土数量较多的钱币,其铸行的当一制钱也是非常精整的,分为"金背""火漆""镟边"三种。然至目前,泉界对此尚未做出明确的区分。史载:"万历四年命户、工部,准嘉庆式铸万历通宝及火漆钱,一文重一钱二厘,又铸镟边钱,一文重一钱三分,颁行天下,俸粮皆银钱兼给。"[①]《西清古鉴》载:"万历中开局鼓铸,降钱式每钱百文重十三两,必轮郭周正文字明洁,盖仿古不惜铜,不爱工之意,使私铸无利,不禁而止。"由以上资料看到,明万历通宝是一种极为工整的钱币。1988年我们曾清理了一个明万历钱窖藏,其出土地点在安阳与濮阳交界处,该地原来有一较大墓冢,当地人称"娘娘坟",传说为万历帝一个妃子的墓地。1987年秋当地人在坟旁取土时,无意中挖出一个明代黑釉罐,里面盛满铜钱。征得有关方面同意,我们对这一窖藏进行初步整理,铜钱总重为17.5公斤,每公斤约合228~232枚,总数约4 000~4 060枚。该窖藏为清一色"万历通宝"小平钱,未发现其他钱币,这批钱币锈色不重,铸制精整,钱文清晰,穿孔周围尚可见贯穿的痕迹。钱径多在2.55左右,枚重在3.8~4.6克之间,从整个窖藏看,约95%以上铜钱可断定未经流通使用过,看不到因使用磨损的痕迹。经过进一步排比区分,可以看出其中的版别种类是很多的。彭信威《中国货币史》说:"一般记载说万历钱精整,的确万历钱中有特别精整的,但万历钱版别特别多,精整的大概为初年所铸,后来发生战事,就变得轻小粗涩,有许多是私铸。"关于万历钱的版别在古书中多有涉及,例如:《中国民间钱币珍藏》一书列出两品;《古钱学纲要》列出一品;《衡门百泉谱》列出一品;《古钱新典》中列出一品;《大连泉友拓影》列出四品;《历代古钱图说》中列出十品;《简明钱币辞典》中列出十品;《戴玉庭拓中外钱币珍品》列出五品;《王嘉荫品泉录》中列出五品;《古钱币图解》中列出十五品。上列十本钱币专著共列万历通宝小平

---

① 《明史·食货志》。

钱不同版别 54 品,但这些版别尚存在相互引用翻录的现象。现将不同版名摘录如下:背二分 1 枚、背鹤 1 枚、旋背 1 枚、背 0 1 枚、背天 1 枚、背厘 1 枚、背分 1 枚、背江 1 枚、背二厘 2 枚、背户 3 枚、面星 2 枚、背工 3 枚、背历 4 枚、样钱 4 枚、背公 4 枚、背天 5 枚、背星 6 枚、合背 6 枚、背月 7 枚、背正 7 枚。从中我们不难看出,钱币版别的研究是钱币研究中一项重要的工作。同时我们也看到在钱币版别的研究区分中,以往泉界多重视钱背的文字记号,很少去区分面文上的种种差异,这种区分方法仅局限在为了寻找珍稀的品种。对上述娘娘墓窖藏出土的钱币,我们不但注意到钱背的星、月、日、点、画等钱纹记号,同时也注意到文字字体的结体变化。在面文的版别区分中,分别以面文 4 个字的 1 个字为中心,将其列为"萬"字版别;"曆"字版别;"通"字版别;"寶"字版别以及钱体形制与面背特征的版别等五类。现分述如下:

1. "萬"字版别

(1) 平分草字头(图三:5);

(2) 弧形草字头、高颈 (图三:6);

(3) 大字连冠(图三:7);

(4) 弧形、平分草字头 (图三:8);

(5) 收足"萬"(图三:9);

(6) 小字,离郭,弧分草字头(图三:10);

(7) 异"萬"、接郭(图三:11);

(8) 右高肩(图三:12);

(9) 细字方折(图三:13);

(10) 退"萬"(图三:14)。

2. "曆"字版别

(1) 分禾(图三:15);

(2) 连禾(图四:1);

(3) 首分禾(图四:2);

(4) 隶禾(图四:3);

(5) 扁日(图四:4);

(6) 扁异日(图四:5);

(7) 小字(图四:6);

(8) 异日(图四:7、13)

(9) 左高肩(图四:8);

(10) 结郭(图四:9);

(11) 宽字(图四:10);

(12) 大字(图四:11);

(13) 长日(图四:12)。

3. "通"字版别

(1) 双点通(图四:14);

(2) 平首通(图四:15);

(3) 降通(图五:1);

(4) 退通,高颈通(图五:2);

(5) 实首通(图五:3);

(6) 尖起通(图五:4);

(7) 升走之(图五:5);

(8) 接轮大字通(图五:6);

(9) 降走之(图五:7);

(10) 进通小字(图五:8);

(11) 分首通(图五:9);

(12) 大字,退通(图五:10);

4. "寶"字版别

(1) 连足贝(图五:11);

(2) 小字(图五:12);

(3) 宽足小贝(图五:13);

(4) 收足长点贝(图五:14);

(5) 右高肩大贝(图五:15);

(6) 分足长点贝(图六:1);

(7) 大字(图六:2);

(8) 宽足小贝(图六:3);

(9) 左高肩宝盖头(图六:4);

(10) 斜点宝盖头(图六:5);

(11) 正点宝盖头(图六:6);

5. "万历通宝"钱背版别

(1) 背宽内郭

(2) 窄穿

(3) 背窄内郭

(4) 背无好郭

(5) 背穿上星

(6) 背穿上星,窄内郭

(7) 背宽郭,左上星

(8) 背穿上双星

(9) 背右上星

(10) 背窄外郭,足下星

(11) 宽缘穿下半星

(12) 背左下星

(13) 穿右星

(14) 穿下连内郭仰月纹

(15) 背右下斜画,连轮

(16) 背穿下星连好郭

(17) 背右上一星接郭连轮

(18) 穿右星月纹

(19) 背宽缘,穿下阳文四竖画

(20) 背轮郭上粟纹

(21) 背穿上阴文竖画

(22) 背穿上阴文十字

(23) 背穿右阴文一星

(24) 背穿上下阴文星

(25) 背穿上星

(26) 背穿下星

(27) 背穿下日纹

由于版别较多,我们只测量了数据,未完全拓图(图六:7~13)。

通过以上对钱体面文与钱背各方面版式上的排比区分,明万历通宝版别上的纷繁多样是十分明显的,那么它们之间是否有规律可寻呢? 目前限于手头实物资料不足,尚不能全面认识各种版式与其铸制来源脉络。不过我们从中看出一种,即"背穿正上星"的万历小平钱,其面文"通"字均为双点式走之旁,而其它的多为单点。我们知道,明代各行省的铸币局是属户部宝泉局管辖的,而工部宝源局的铸制只是设在京师。那么从明初以来,如太祖铸行的"大中""洪武"等钱币,其背文凡属各省铸造的,均有各行省的单字标记,而这些钱币面文"通"字走之旁均为双点,如大中通宝背文鄂、京、平、济、桂、福、浙、豫、广等,洪武通宝中背文鄂、京、浙、桂、济、广等。而在其后如永乐通宝、景德通宝、弘治通宝、嘉靖通宝、隆庆通宝等小平钱其面文通字走之均是单点,显然是宝源局铸造的。那么我们从钱币面文"通"字走之的单点和双点即可确认其应分别属于宝源局和宝泉局,如从字面文义分析的话,一点为源,多点为泉,其理也是甚为显明的。再者从钱体重量看,也可做出如下判断,即那些枚重在 5 克以上者,其面文"通"字走之均为单点,就是说均属京师宝源局系统,例如在万历通宝中有 1 枚特大型铜钱其面文也是单点通,很可能就是京师宝源局的镇库之钱。

此外,钱币的重量也应是区别种类或钱币版别的一种依据,明史有明确记载"金背及火漆钱,一文重一钱二分五厘……旋边钱重一钱三分"。按《中国度量衡史》考证:"明代一斤合今 596.82 克。"通过核算可知万历通宝金背及火漆钱合今 4.66 克,旋边钱合今 4.85 克。但是根据国家计量总局、中国历史博物馆、故宫博物院主编的《中国古代度量衡图集》中两件万历年间衡器来看与《中国度量衡史》所考证明代斤重有一定差距。中国历史博物馆馆藏"万历戥子"共两件,一件戥杆牙质,悬二毫,砣、盘为白银鎏金,底部均刻"万历年造",戥杆上有两钮,第一钮开端五两,最大称量二十两,分度值为一钱,第二钮开端零,末端五两,分度值为二分,以第二钮较一两,重 36.5 克。推算每斤合今 584 克。另一件紫檀木杆,白银砣、盘。砣底部刻"万历年造"四字,杆三面嵌银分度,有三钮。第一钮开端十两,最大称量六十两,分度值为一两;第二钮开端五两,末端二十两,分度值为一钱,第三钮开端零,末端五两,分度值为二分。以第三钮校一两,重 35.8 克。推算每斤合今 572.8 克。综合文献与实物考证明万历年间每斤的平均值合今 584.54 克。由此推算明万历通宝一钱二分五厘金背及火漆钱重应合今 4.5667 克,一钱三分的镟边钱重应合今 4.7493 克。从实测钱币数据看"双点通"的万历钱重在 3.9～4.1 克之间,那些钱重在 4.8 克以上的万历通宝可能均是镟边钱。在论证万历小平钱过程中我们也实测过数枚天启通宝背上十、右一两的大钱重分别在 34.5 克左右,由此推算金背、火漆钱重应合今 4.3125 克,镟边钱钱重应合今 4.485 克,是接近事实的。

继万历钱之后,泰昌钱是明代铸钱较少的一种。泰昌年间尚未铸造。明史载天启元年铸泰昌钱,而天启通宝是明代铸造较多的一种钱币。在安阳所发现的天启钱有四五种,其中有天启通宝背穿上十、右一两,小平制钱有背穿上户、背穿上、下工、光背等。这种小平制钱多数与清代钱币同出,其数量也不多。崇祯钱较天启钱发现的较多,其中有背上星、背上日、背上甲、乙、丙、丁、戊、己、庚、户、工、江、新、旧、官、局、贵、清忠、忠等。折二钱有背上星、背右二等。背右工左五、背右监左五与当十钱,尚未发现。据有关文献介绍当五以上的钱币好像是"铸于云南省",就当时情况这些大钱不会广泛流通,所以在中原地区是很难见的。我们在崇祯钱中见到不少的轻薄钱币,应属私铸钱币的范畴,有数量较少的背为满文的崇祯钱,我们认为这种钱币可能是清代民间铸造的小钱。上述这些崇祯钱中绝大多数是在清代窖藏中发现的,或为民间传世的钱币,在安阳境内尚未发现明代天启崇祯钱币窖藏。另外在安阳还发现零星的明末清初农民起义政权、地方割据政权铸行的钱币,但数量不多,其中有永昌通宝大钱与小平钱、大顺通宝、兴朝通宝、利用通宝(图六:14)、昭武通宝(图六:15)大钱与小钱、洪化通宝等钱币。

第二节　清民国钱币

一、清代钱币

(一)铜钱

20世纪80年代初期安阳市区(老城内)出土一个清代货币窖藏,计200余斤,先为市物资回收公司收购,后被市博物馆收藏。从明末铸行的崇祯通宝到清末宣统通宝,时间跨越300余年,其中还发现有日本、安南等国铸币,约占窖藏总量的0.1%。清初铸行的顺治通宝最少。

康熙通宝,约400枚,背有满文宝泉、宝源为多,其它有背满文"宝",汉文前、昌、章、宁、同、广、东、苏、江、河等十余种。其中1枚背满汉文"昌",径2.82、厚0.11厘米,重4.5克(图七:1);另1枚宽缘,背满文"宝泉",径2.61、厚0.1厘米,重3.75克(图七:2)。

雍正通宝,20余枚,背满文宝泉、宝源、宝云等数枚。其中1枚,宽缘,背满文"宝泉",径2.58、厚0.14厘米,重4.4克(图七:3)。

乾隆通宝,8000余枚,有"山字隆"及背满文宝泉、宝源、宝黔、宝广、宝苏、宝昌、宝浙、宝云、宝晋、宝巩、宝川等十余种。其中1枚,异"隆",宽缘,大字,背满文"宝泉",径2.78、厚0.16厘米,重6.4克(图七:4)。

嘉庆通宝,5000余枚,背满文宝泉、宝源、宝直、宝福、宝晋、宝浙、宝桂、宝云、宝黔等十余种。其中1枚,宽缘,长字,背满文"宝泉",径3.06、厚0.17厘米,重7.6克(图七:5)。

道光通宝,10000余枚,背满文宝泉、宝苏、宝东、宝福、宝源等十余种。其中1枚背满文"宝东",径2.47、厚0.14厘米,重4.4克(图七:6)。

咸丰通宝,600余枚,背满文宝浙、宝泉、宝源、宝河等十余种。

同治通宝,背满文宝浙、宝昌、宝泉、宝源、宝直、宝苏、宝昌等十余种,其中有一枚背满文"宝泉当十"者。其中1枚背满文"宝云",汉字"山",径2.24、厚0.12厘米,重2.8克(图七:7)。

光绪通宝500余枚,背满文"宝泉",穿上有往、来、列、宙、阳、宇等;"宝河",穿上有"0";"宝源"穿上"日";"宝津",穿上"0""一";机制光绪通宝有"宝东、宝直、宝苏、宝南、宝广"等。其中1枚背满文"宝河",上月下星,径2.18、厚0.12厘米,重2.6克(图七:8);另两枚机制光绪通宝,其一,背左满文"广",右汉文"广",上"库平",下"一钱",径2.4厘米(图七:9);其二,错穿,背满文"宝广",径2.3厘米,重2.9克(图七:10)。

宣统通宝，有满文"宝泉、宝河、宝广"等，另有机制宣统通宝1枚。

太平天国，背"圣宝"，1枚，径2.62、厚0.17厘米，重5.75克（图七：11）。

其它的有日本铸行的宽永通宝，200余枚，背有汉字"足、文、元"等（图七：12～15）；越南钱币有景兴通宝、景盛通宝、光中通宝、明命通宝、嗣德通宝等10余枚。

清代奉行"以银为本，用钱为末"的货币政策，铜钱的铸行相对较少，但因清朝离我们今天时间较近，故清代铜钱存世还是比较多的。从清代钱币的出土与发现看，像安阳市区一次出土这么大数量且种类繁多的清代铜钱窖藏还是较少见的。这批铜钱中以乾隆、嘉庆和道光时期铸行的钱币最多，基本上反映了清代货币铸行情况和社会发展情况。1644年清军入关，先后平定了南明福王政权，鲁王、唐王政权及关内各地人民的抗清斗争。康熙二十年（1681）清军又平定了吴三桂、耿精忠、尚可喜等发动的"三藩之乱"，国家渐趋统一。又经过康熙、雍正二朝精励图治，至乾隆王朝时期，人口增多，耕地增加，城市兴盛，交通发达，南方的资本主义萌芽也得到较大的发展，我国封建地主经济和政权走上了它的最后一个高峰。随着全国性经济的繁荣，清代中期商品交换和流通在更大规模和程度上进行，铸币额大量增加，安阳市区清代货币窖藏在货币的内涵上正体现这一社会发展货币铸造和流通的史实。该窖藏内发现有日本宽永通宝和越南等外国货币，特别是宽永通宝有200多枚。宽永是日本天皇后水尾的年号，相当于我国明天启四年至崇祯十六年（1624～1643），宽永通宝，铸于1626～1867年，历时240余年，铸量大，种类丰富，因此流入中国也相对较多。越南的景兴通宝，铸于1740～1777年，光中通宝铸于1788～1792年，景盛通宝铸于1793～1800年。这一时期是我国的清朝乾隆嘉庆之际，为清政府的兴盛时期。此外，在林县一些清代货币窖藏中也发现有日本宽永通宝，越南的景兴、兴中通宝等，这种情况体现了清代我国海外贸易的扩大及国与国政治、经济联系的进一步加强。在内陆地区出土的清代货币窖藏发现较多的外国货币，说明了清代中国与日本、越南经济、文化交流得到较大的发展，这种情况影响到铸币上，即是外国货币大量注入，而融入国内货币的交换流通。中国人民和日本人民一直保持着密切的经济、文化联系，特别是清代中叶双方贸易十分繁盛，中国商船航日，最多时一年达100余艘。这次在安阳发现这么多的宽永通宝也正好说明这一点。

总体来看，这批铜钱上起明末崇祯通宝，下至清末的光绪通宝、宣统通宝，历时300余年。时间跨度长，内涵丰富，除官铸钱外，也有南明政权铸币，吴三桂地方铸币以及太平天国铸币，外国铸币，此外还有部分机制方孔圆钱。其绝大多数为小平钱，大小、粗劣不一，发现有极个别的清代铁钱。值得注意的是，该窖藏属晚清窖藏，但没有发现铜元或银元。可以看出，清代货币流通中，银元、铜元与制钱并不混合流通。限于资料，窖藏的原因与时间有待进一步探讨。推测起来，清末银元、铜元盛行，人民乐用，方孔圆钱历2 000余年已走入其末路，在它的冲击下，铜钱已为人们所鄙视，而不得不被窖藏。

除上述窖藏外,清代铜钱在安阳及所属县市出土是比较多的。林县出土的钱币中通宝有顺治、康熙、乾隆、嘉庆、道光、雍正、同治;重宝有咸丰、同治、光绪;元宝有咸丰。另滑县发现有1枚顺治通宝,背满文"宝泉",径2.69、厚0.12厘米,重4.4克,其面文棱角雕凿痕迹明显,应为雕母,较为罕见(图八:1)。此外,安阳市博物馆还收藏有咸丰重宝:当五十者有宝巩、宝泉、宝源、宝苏,其中1枚背满文"宝源",径5.4厘米(图八:2);当十者有宝河、宝泉、宝源、宝苏、宝直等。其中1枚背满文"宝河",径3.89、厚0.26厘米,重17克(图八:3);当百者有宝直、宝陕、宝源等。同治重宝,当十者有宝巩、宝泉、宝河、宝云等。另外还发现1枚鎏金光绪元宝,背有满文"宝直",较少见。

此外,安阳地区还发现有其它的这一时期钱币,其中不乏珍品。如昭武通宝,背"壹分",径3.55、厚0.19厘米,重10.3克,林州市出土(图八:4);顺治通宝,背"户",径2.61、厚0.13厘米,重4.1克(图八:5);乾隆通宝,背满文"宝阿""十",新疆阿克苏局铸,径2.43、厚0.1厘米,重3.25克(图八:6);乾隆通宝,新疆喀什铸,径2.40、厚0.1厘米(图八:7);乾隆通宝,宽缘,大样,背满文"宝泉",径2.7厘米(图八:8);咸丰重宝,当十,小样,背满文"宝泉",径3.1厘米(图八:9);光绪通宝,新疆铸,当十,径2.5～2.6、厚0.11～0.13厘米,重3.75～3.95克(图九:1、2);太平天国,背"圣宝",径2.47、厚0.14厘米,重4.4克(图九:3);文永久宝,日本铸,背弧线纹,径2.67、厚0.09厘米,重3.5克(图九:4);乾隆通宝,私铸,背满文"宝泉",径1.8厘米(图九:5)。

(二)铜元

清代末年,铜价剧涨,民间毁钱为铜严重,市面出现钱荒,为救钱荒,光绪二十六年(1900),李鸿章奏准在广东开铸铜元,此为中国铜元的创始。广东铜元铸行后,商民乐用,市间畅行,各省纷纷仿铸。清代铸行的铜元有光绪元宝和大清铜币两种,各省多有铸造,安阳地区出土与发现清代铜元较多。

1985年前安阳市区出土一个民国时期铜元窖藏,约50余斤,10 000余枚。内有清代"户部"光绪元宝,广东户部大清铜币,以及河南、湖南、湖北、浙江、江苏、北洋、四川、清江、安徽、福建、广东等省铸造的光绪元宝铜元,另有汴、湘、鄂、宁、浙、直、川、皖、淮、粤等大清铜币铜元。该窖藏内清代铜元约占三分之一,民国铜元占三分之二,是一个单存的铜元窖藏。清代多省铸造的铜元藏于同一窖内,说明了铜元在清末流通的广泛性和普遍性,以及清末货币流通以银元、铜元为主币的史实。清代铜元与众多民国铜元混杂在一起,也证明民国时期仍使用清代铜元作为货币流通。铜元较之铜钱,机器制造,大小整齐划一,图案清晰,边沿圆滑,有固定格式,标准重量和质量,特点较为明显。铜元、银元在清代的出现并非偶然现象,它是清末外国势力影响加深和近现代科学技术日趋发展的结果,它的出现和在流通中颇受欢迎的情况表明,我国2 000年来货币流通中的主力军——方孔铜钱,已走入穷途末路。银元和铜元采用近现代科学技术制造,对清政府来说是被迫的,但也是大势所趋,从另一方面看也促进了西方近现代科技向中国传播,为封建的中国走入近现代国际社会奠定了基础。

清代铜元因距今时代较近,安阳及所属各市县均有较多数量的发现。林州市文管所保存有光绪元宝、大清铜币等清代铜元,径 3.2～3.3、厚 0.15～0.3 厘米,重 9.8～10.8 克左右。

二、民国铜元

民国元年(1912)三月二日,孙中山颁布临时大总统令,对新造铜元样式做了明确规定:"……拟另刊新模,鼓铸纪念币(即民国开国纪念币),其余通用新币,中间应绘五谷模型,取丰岁足民之义,垂劝农务本之规。"[①] 从此,各地铜元局纷纷开铸带有嘉禾和交叉双旗图案的铜币,民国铜元自此始。民国时期,各省大多铸有铜元,且数量较多,而民国距今时间仅有50 余年,故民国铜元相对遗存较多,在今安阳市区及所属市县均有大量发现。它主要表现为两种形式,一是出土发现,即窖藏出土;二是传世品,即民间长期珍藏而存世。这两部分发现数量不详,种类方面却体现出了较多的一致性,表现出浓厚的地方特色。

1985 年安阳市区出土铜元窖藏,其中 1 枚河南省造当贰百文铜元,径 4.19、厚 0.29 厘米,重 28.7 克(图九:6);河南省造当百文铜元,径 3.99、厚 0.25 厘米,重 22.3 克(图九:7);河南省造当贰拾铜元,径 3.19、厚 0.16 厘米,重 10 克(图九:8);民国八年(1919)山西省造贰拾文铜元,径 3.25、厚 0.16 厘米,重 10.5 克(图九:9);民国十年(1921)山西省造贰拾文铜元,径 3.26、厚 0.18 厘米,重 11.2 克(图九:10)。

1990 年,安阳老城内出土的铜元,其中 1 枚民国二十年河南省造百文铜元,径 3.98、厚 0.20 厘米,重 20.5 克(图一〇:1);河南省造十文铜元,径 2.84、厚 0.16 厘米,重 7.4 克(图一〇:2);中华民国开国纪念币十文铜元,径 2.84、厚 0.16 厘米,重 7.2 克(图一〇:3);民国八年(1919)山西省造贰拾文铜元,沙版,径 3.19、厚 0.24 厘米,重 10.1 克(图一〇:4);民国三年(1914)四川军政府造当壹百文铜元,背"汉",径 4.0、厚 0.15 厘米,重 16.9 克(图一〇:5);湖南省造当十文铜元,径 2.85、厚 0.16 厘米,重 7.0 克(图一〇:6);湖南省造当制钱贰拾文铜元,径 3.20、厚 0.14 厘米,重 9.2 克(图一〇:7);民国十一年(1922)湖南省宪成立纪念,当廿铜元,径 3.24、厚 0.24 厘米,重 10.7 克(图一〇:8);西藏铜元,背三山两日,径 2.95、厚 0.16 厘米,重 8.68 克(图一〇:9)。

---

① 转引自张培林、吴振强、王守万:《中国机制铜币》,辽沈书社,1991 年。

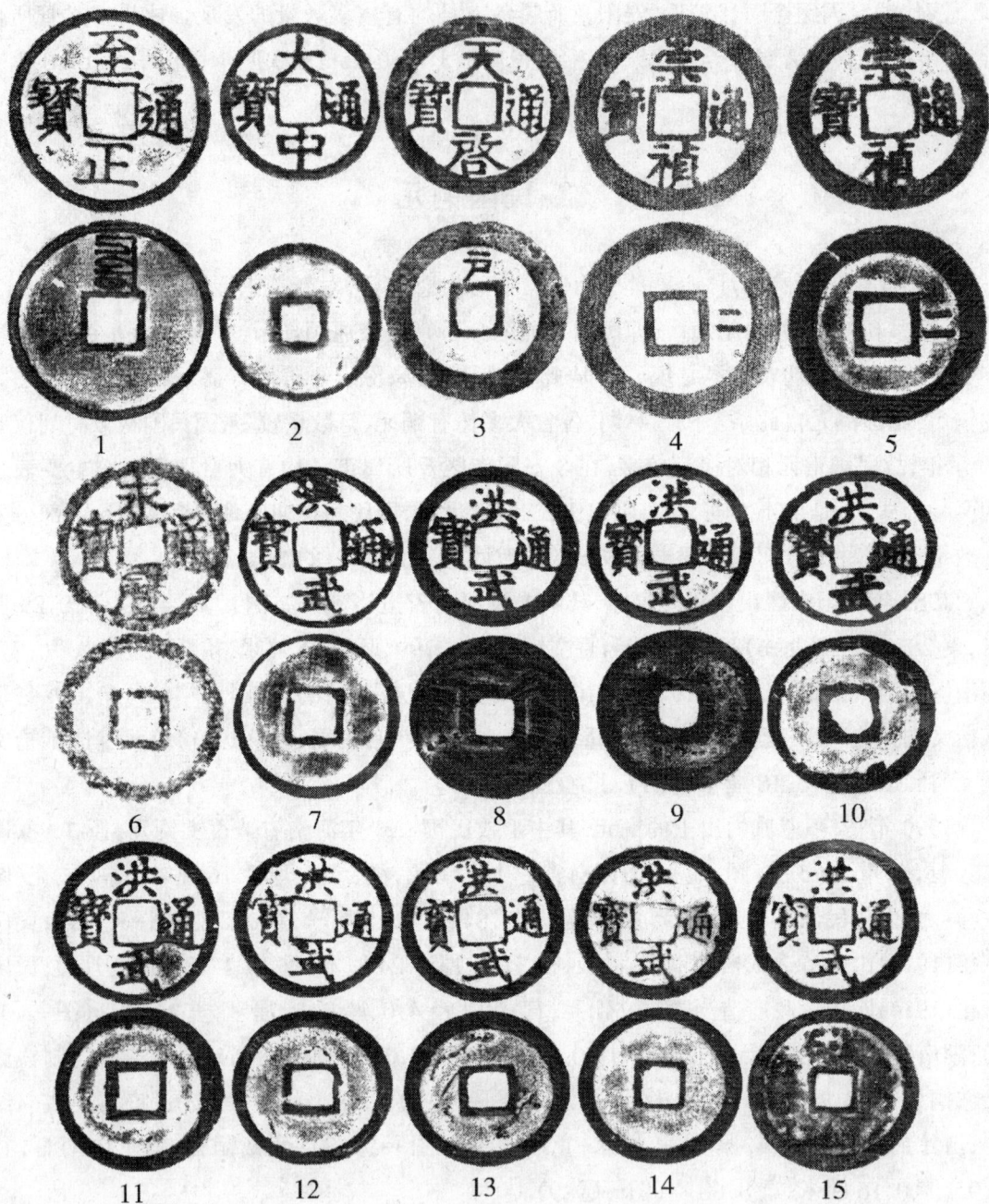

图　一

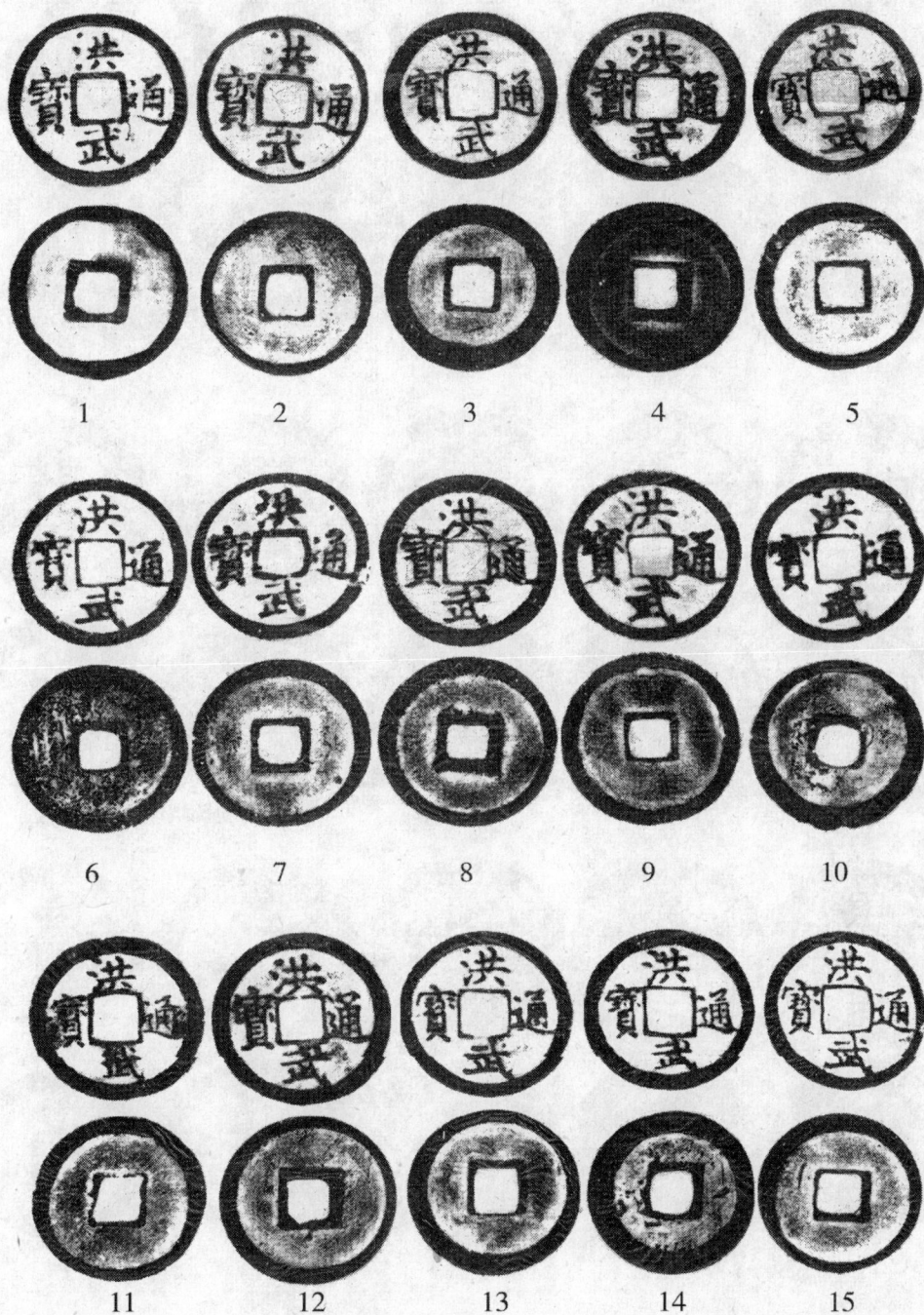

1　　　2　　　3　　　4　　　5

6　　　7　　　8　　　9　　　10

11　　　12　　　13　　　14　　　15

图　二

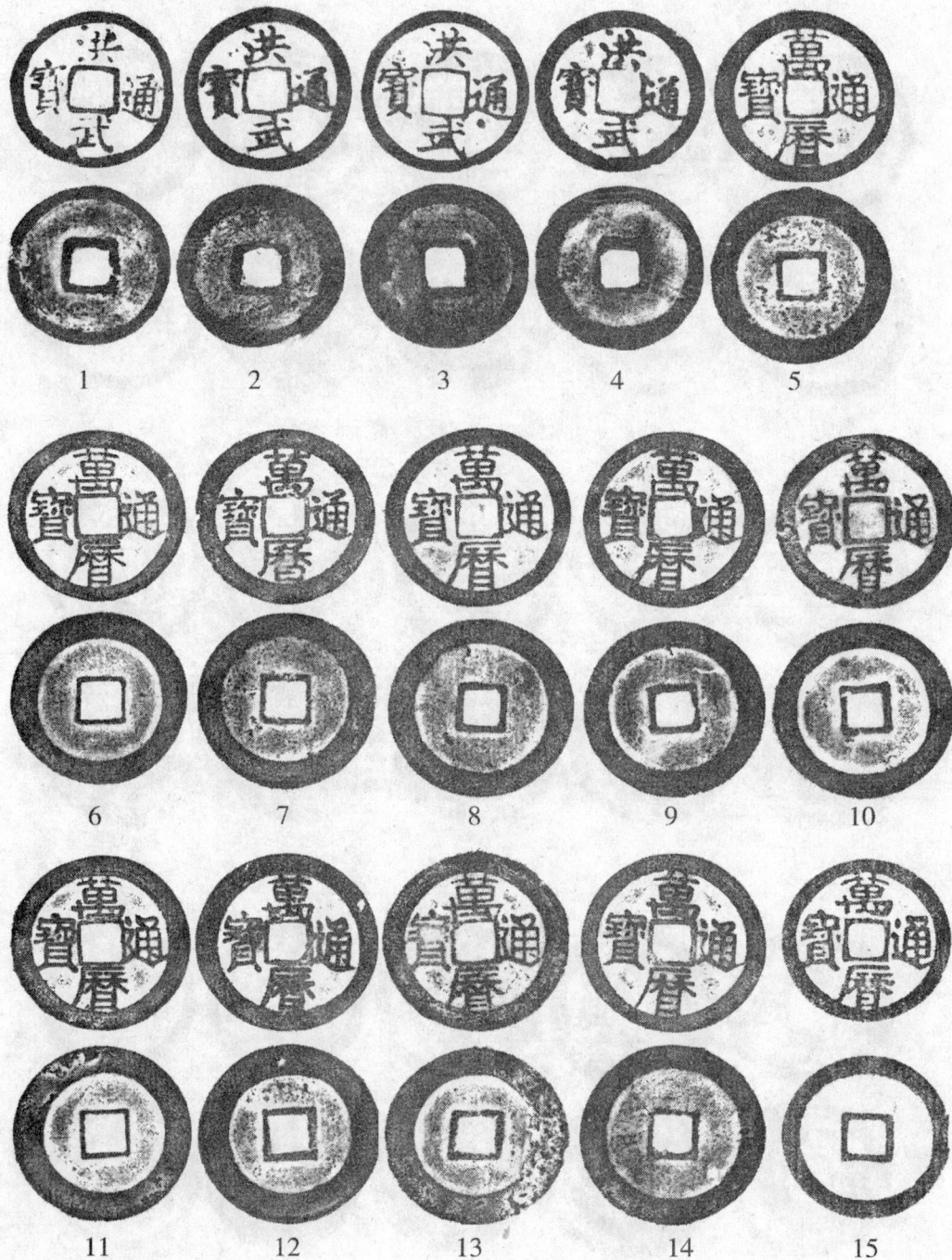

1　　　　2　　　　3　　　　4　　　　5

6　　　　7　　　　8　　　　9　　　　10

11　　　　12　　　　13　　　　14　　　　15

图　三

1　　2　　3　　4　　5

6　　7　　8　　9　　10

11　　12　　13　　14　　15

图　四

1　　　　2　　　　3　　　　4　　　　5

6　　　　7　　　　8　　　　9　　　　10

11　　　12　　　13　　　14　　　15

图　五

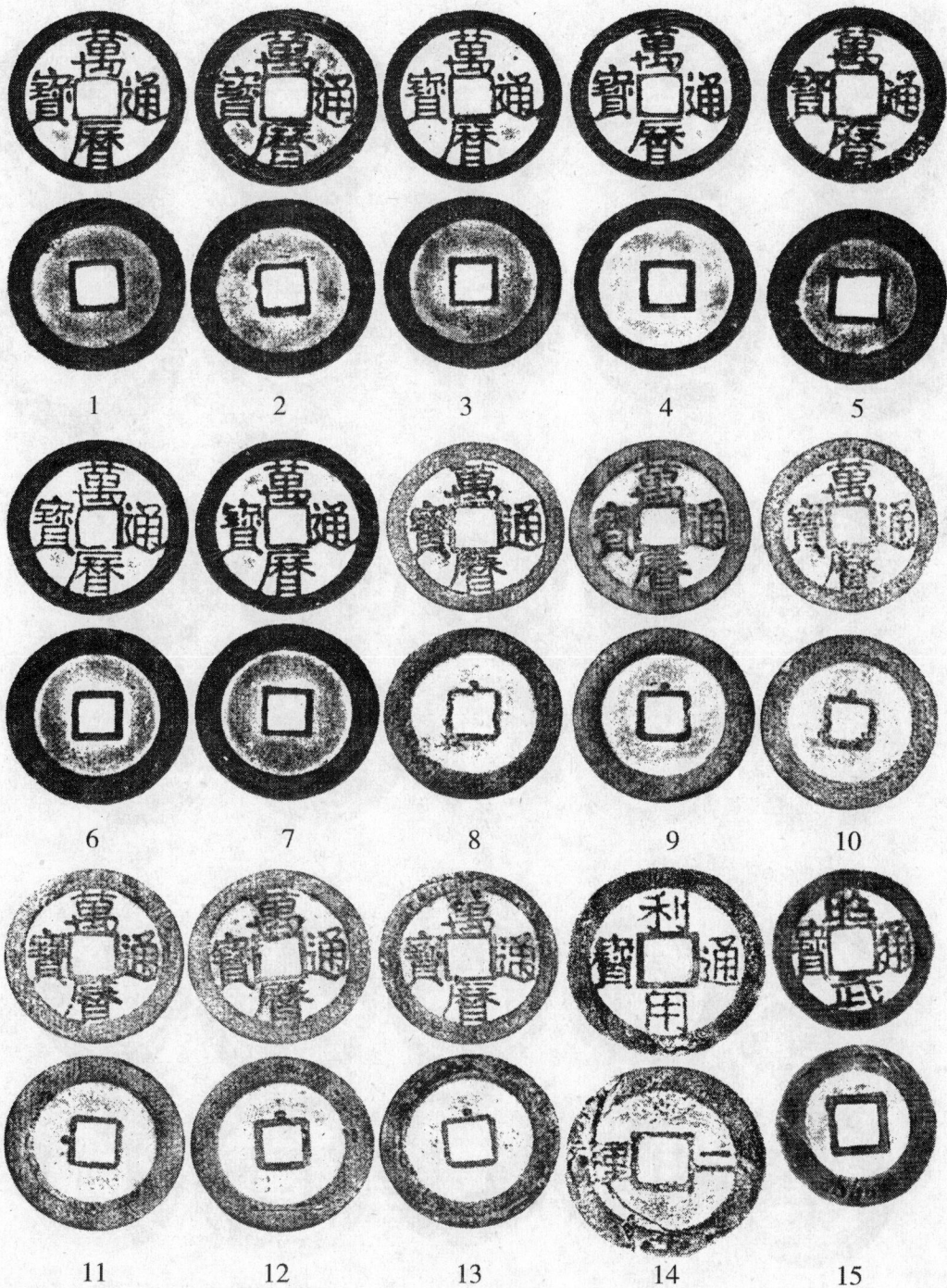

图　六

图　七

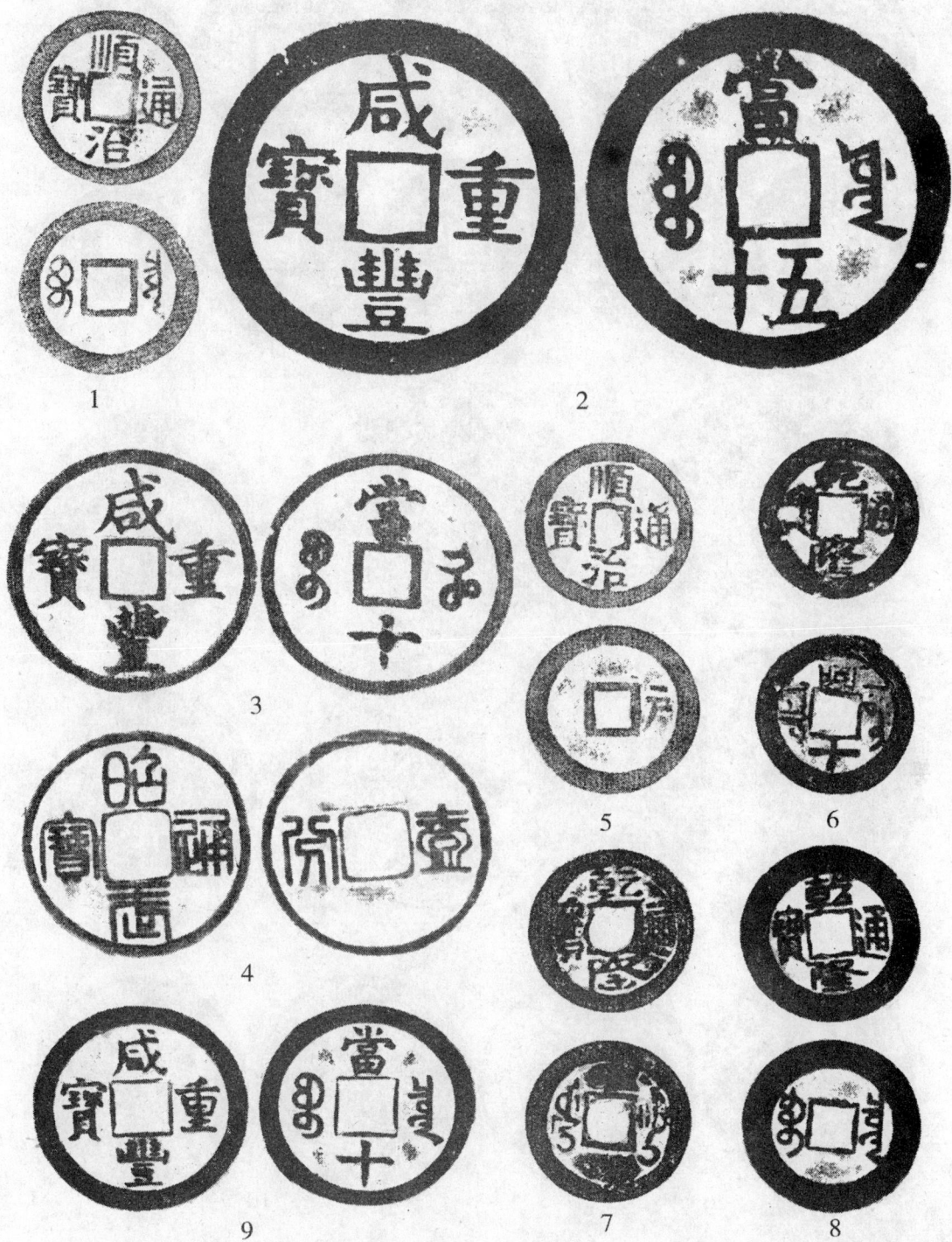

图　八

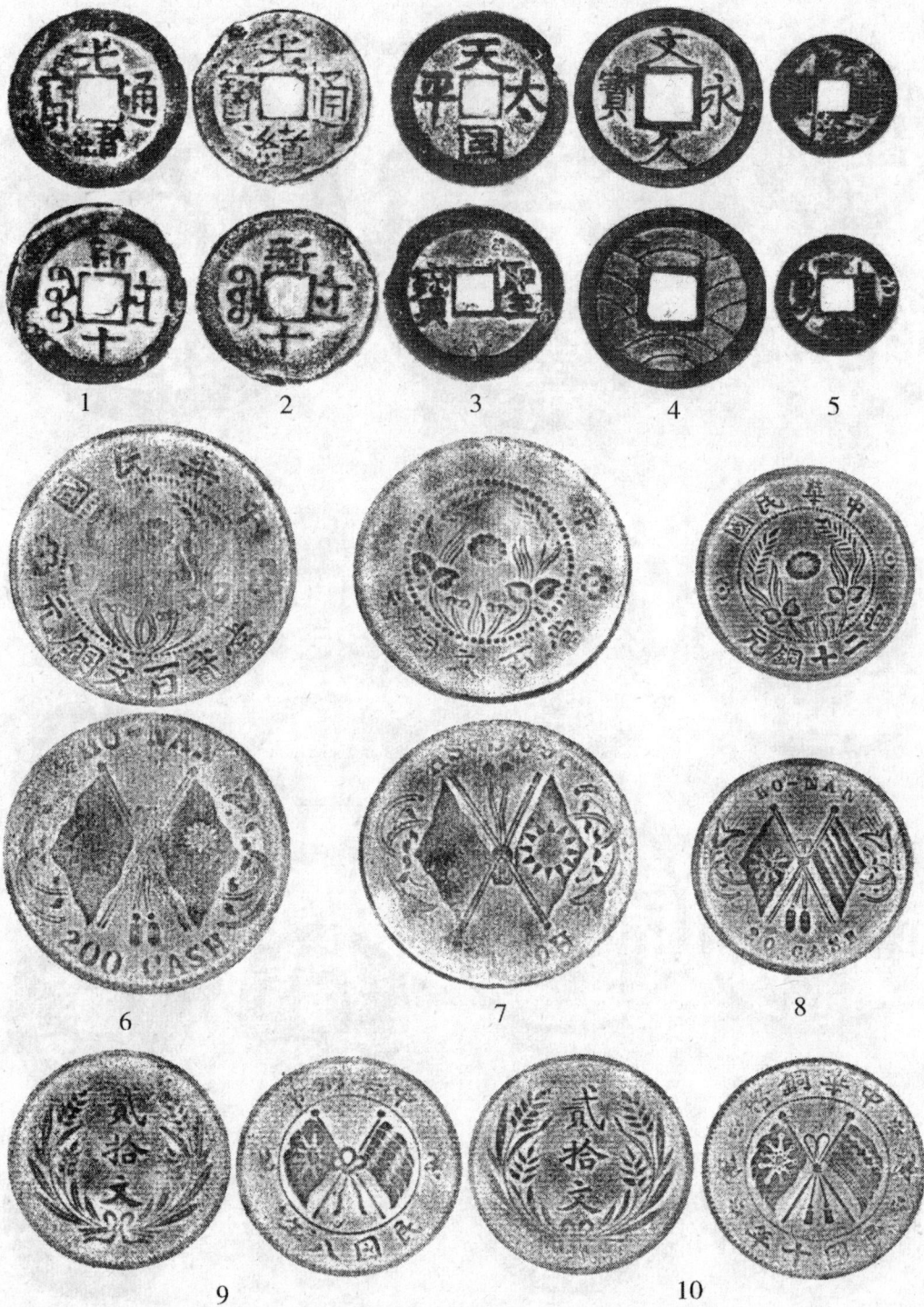

图　九

图一〇

第八章　安阳金银币纸币与根据地钱币

安阳是中华民族的发祥地之一,号为七朝古都,伴随着殷邺文化的辐射,区域性货币经济得到发展,为以中国为主的东方铸币文化的形成与发展做出了极大的贡献。安阳作为殷邺文明的发源地,历史上曾流通过一些珍贵的金银币、纸币。但因社会变迁、朝代更迭及战乱、灾疫等影响,这些钱币多已散佚或失传,能够为我们今天发现的少之又少。安阳金银币从唐代的鎏金开元通宝、宋代的银锭、明代银元宝至清代安阳地方银元宝、湖北厘金银元宝及鎏金光绪通宝等等,数量虽少,弥足珍贵。

我国纸币大约起源于唐代的飞钱,至两宋时期已日臻成熟,奠定了现代纸币的刍形。安阳目前发现的纸币有明代大明宝钞壹贯文、清代咸丰四年大清宝钞伍佰文及民国纸币、根据地货币、林县地方纸币、流通券等等,都是不可多得的钱币资料。

第一节　金银币

一、唐鎏金开元通宝

鎏金开元通宝,钱略为厚重,小字,字口深峻,面背有内外郭,背错郭,钱缘略阔,背穿下一偃月。通体鎏金,面部有部分脱落,"元"第二笔左挑,径 2.98、穿 2.65、厚 0.14、重 3.8克,从形制看,其应为唐代中期偏后的铸币,1985 年前后安阳市区出土。

二、宋代银锭

1.安阳银锭出土情况

(1)1990 年在修复许三祠堂时,由挖土机于地表下数米处挖出宋代银锭一窖,约五六件。具体出土地点在今天的安阳市老城内西冠带巷小白塔正北许三礼祠堂内。银铤出土后即秘密地流散民间,大多不知所终。我们征集到其中的一件。银铤为船形,扁平束腰体,弧形头,呈灰白色,通长15.25厘米,两端宽度8.9、腰宽6.1、厚2.0厘米,重1955克。面左上角有"酃"字,右上角有一铭文"谷"字,左上与左下有"酃家记"三个阴文戳记,腰部有阴文"出悉"二字,右也有"酃家记"两个阴文戳记,腰部有刻文"五分"。背布满不规则形气孔,孔径长达1.8厘米①。

(2)内黄县文管所征集到宋代银铤(截半)一件。银铤为船形,目前保存为束腰,头部为弧形,呈灰白色,背布满气孔。长8.0厘米,宽5.5～7.0厘米,重650克。戳文为"适"及"□□二四年二□",戳记下有三个打上去的圆圈②（图一:1）。

2.相关问题

上述两件银铤实物,形制相同。内黄发现的银铤上有年月,惜不清楚,仅可见"二四年二"等字样,其形制为截半,即银铤的一半。截半银铤《元宝图录》中收录有3件③,可见截半银铤的发现,并非偶然。从其所留下的截口看,切割痕迹十分明显,它极有可能是在交换过程中,采取的临时性措施。即在交换时,由于找零的需要,而不得不截取银铤,以使等价交换。这种情况的出现,也是白银在作为货币流通之初等级少,尚未成熟而出现的特殊情况。内黄银铤重650克,若完整应为1 300克。按《宋代银铤考》一文所列,宋代银铤每两在30.093～30.19克之间计算,此银铤为33两多。根据目前所发现的宋代银铤铭文来看,多见伍拾两,也有二十五两、二十六两、拾贰两、陆两等④,而三十三两银铤则是首次发现。另外,其戳记下有个并列的圆形印记,也为其它宋代银铤所不常见。

安阳市区出土的银铤在老城许三礼祠堂下。许三礼(1625～1691)字典三,号西山,河南彰德人,清代兵部督捕右侍郎,祠堂始建于清康熙三十四年(1695)。按宋金时安阳古城的位置考,今许三礼祠堂的位置应在当时安阳城的西北角。宋代银铤在安阳的发现绝非偶然,它同当时安阳政治、经济、文化等发展有极大的关系。宋时安阳为相州治所,其陆路、水路交通便利,工商业发达,为河朔一带著名的城市。仁宗至和二年(1056)韩琦任相州知州,注重兴修水利,开展屯田,清除一些课捐杂税,发展农业生产,减轻人民负担,使安阳繁荣于一时。史载:"宋仁宗至和二年命韩琦以节度使知相州,停铁课。""韩琦瀹高平渠。"⑤《彰德府志》

---

① 谢世平:《宋代银铤考—兼论安阳发现的"酃家记"银铤》,《中州钱币》(一)1989年12月。
② 内黄县文管所提供资料。
③ 中国钱币学会陕西省分会:《元宝图录》,三秦出版社,1992年。
④ 中国钱币学会陕西省分会:《元宝图录》,三秦出版社,1992年。
⑤ (民国)方策修:《续安阳县志·大事记》。

云:"琦临乡郡,尝瀹高平渠水入城,于城西北隅筑濠置水碨……以舒民劳。"[1] 许有壬《鲸背桥记》云:"韩忠献三守相,凡渠水之利,莫不修复。"[2] 在工农业发展的基础上,韩琦在州内牙城修甲库,凡五十六间,由是兵械当万计,以备不测。并在其治所后园内修昼锦堂,园内建筑雄伟秀丽,典雅古朴,当时达官贵人、名人学士来此作客甚多。从以上记载不难看出,安阳在北宋时期经过名相韩琦的治理农业、手工业等确实得到了较大的发展,成为当时富甲一方的地区。自然随着地域经济的发展,商业繁荣,货币需求量增加,贵重金属运用于流通领域亦是客观规律。这大约就是安阳能够发现宋代银铤的原因。

三、明银元宝

内黄县出土一件银元宝,宽 6.45、高 5.1 厘米,重 380 克,应是明代元宝中的珍品。银元宝为灰白色,有黑色锈,呈马蹄形,底部椭圆形而平,有较多的坑点,上部四周卷起上翘,内有戳记"十足色"及"全□"(图一:2)。据其形制及铭文看应为明代银元宝,清代元宝一般存有年号日期及银号,似与之有较大的差异,史载,明初禁用金银政策至英宗正统元年开始松动,弘治时政府钱钞皆折银计算。嘉靖四十一年(1562)的一条鞭法"计亩征银",使得白银在流通中取得合法地位,白银为各阶层人民所普遍接受。但这一时期形制基本上还是元代模式,为"元宝"形,两端稍稍卷起,又称马蹄银。因此,该元宝大约就是这一时铸行的。明代银元宝发现的相对较少,该元宝在内黄县的发现填补了安阳地区出土明代元宝的空白,是不可多得的实物资料。元宝上的铭记"十足色",应是对该元宝银子成色的标记,其意同后期元宝上的"足色宝""足色银"是一样的。

四、清代金银币

1.清鎏金光绪元宝

钱体略为厚重,径略大,面文"光绪元宝",直读,背满文"宝直",通体鎏金,有少部分脱落。径 2.41,穿 0.46,厚 0.12,重 3.3 克。1985 年安阳市出土。清代在金银币占主导地位的情况下,鎏金铜钱的出现,反映了这一时期货币流通的一个侧面,较为罕见。

2.清代银元宝

安阳是清代南北陆路交通的中心地带,是联系京师与南方的咽喉。光绪十年(1884)创

---

① (明)崔铣:《彰德府志》。
② (民国)方策修:《续安阳县志·大事记》。

设车马局,并在漳河上设有渡口。独特的地理位置,促进了这一地区经济发展,因此,清代银元宝在此多有发现与出土。

(1)《元宝图录》载安阳地区的元宝有:

乾隆四年(1739)三月,林县(今林州市)银匠李玉,长11.1厘米,重1 900克(图二:1);

光绪□年□月,林县万亨,长11.3厘米,重1 875克;

宣统□年□月,林县万聚□,长11.6厘米,重1 850克(图二:2);

光绪□年□月,滑县刘公,长11.4厘米,重1 900克(图三:1);

□□年□月,汤阴县□三合,长11.6厘米,重1 900克(图三:2);

宣统□年□月,汤阴县李曾盛,长12.0厘米,重1 850克(图四:1);

汤阴县,长4.6厘米,重182克(图四:2);

滑县,长4.2厘米,重166克(图四:3);

林县,长4.5厘米,重179克(图五:1);

林县,长4.7厘米,重183克(图五:2);

安阳县,长4.2厘米,重158克(图五:3);

安阳县,长5.2厘米,重214克(图五:4);

安阳,长4.3厘米,重166克(图五:5);

从形制看,大型者多为马蹄形,重在1 850克左右,小型者多为亚腰形,重在180克左右。按清制前者为50两制元宝,后者为5两制元宝。大型者多印制或打印有时代、年月及州县、银号或匠人名,小型者只署州县名。从元宝上题名的年代看,其最早见于乾隆四年(1739)三月,最晚为宣统年间。而以光绪年间的为多,时代相距约170余年。从重量看,大型者最重为1 900克,最轻者为1 850克,相差50。小型者最重为214克,最轻者106克,相差108克,较为悬殊,大型者共计6件,分三个等次,即1 850克(2件)、1 875克(1件)、1 900克(3件)。小型者共计7件,重量皆不相同。从元宝铭文及题记看,涉及到安阳地区内的大部属县,即林县(5件)、安阳县及安阳(3件)、滑县(2件)、汤阴(3件),涉及到银号有万亨、万聚□(皆为林县),涉及到工匠人名有李玉、刘公、李曾盛及三合计四人。

清代实行以白银为主币的货币流通政策,在自铸银元出现之前,除使用一些外国流入的银元如西班牙、法国、荷兰的银元外,国内主要流通自行打制元宝,在贸易交换中,大宗者使用大型元宝(50两)、中型元宝(10两),而一般的交换则使用小型元宝(5两)和1两以下的碎银。通过我们上述的分析,可以看到,清代中期到晚期在安阳地区白银打印与使用是比较广泛的。伴随着清代中期之后政治的相对稳定,工农业生产的恢复和发展,安阳一带人口增多,耕地面积扩大,经济得到一定的发展。彰德府所属安阳、汤阴、涉、武、临漳、内黄、林县等七县,县城面积扩大,城市建设规模基本稳固,现今多保存完好。境内一些水陆交通码头迅速兴起而扩大为集镇,漳河、洹河、卫河黄金水道,水运繁忙。安阳县的水冶、铜冶,内黄的楚旺、林州的盘阳、滑县的道口等交通要道和水运码头迅速发展,而成为人口集中,区域性工商业贸易及物资集散中心。此外在一些偏远的地区,伴随着庙会的出现,集市贸易也大规模兴起。城镇的兴起,贸易范围的扩大,客观上对货币的需求量增加,促进了这一地区以银为主导货币的流通与发展,因此,银元宝在这里发现不是偶然的,它是地区性经济发展的产物。

此外,值得注意的是,在上述著录的元宝中,尤以林县(今林州市)的元宝为多,这应与其独特的地理位置有较大的关系。林县以太行山为界与山西接壤,北以漳河与河北毗邻,是我国第二阶梯向第三阶梯过渡地区,境内遍布山地和丘陵,为三省交界地带。历史上因地域关系与山西交往频繁而深受山西文化的影响。特别是对中国近代经济史有着重要影响的晋商阶层的出现与发展,也影响到林县。林县西部一些山口和河流横切山脉而形成山谷,曾是晋商出山的一个重要交通要道,故林县在清代出现了较多的商人和银号、钱庄。除了上述见到的万亨、万聚等银号外,见于著述的还有中和成等,都证明了林县在清代经济繁荣、社会发展,银号、钱庄兴盛的状况。

(2)1982年2月和1983年6月安阳县安丰乡沙场工人在漳河挖沙时,先后挖出两鞘银元宝,一鞘出土于北丰村漳河滩中,一鞘出于铁路桥东侧河床中,此地为古漳河渡口处。这两鞘银元宝的银鞘上有原编号"二号""四号"字样,火烫而成,银鞘为一段杉木(彩版捌:2),中间开槽以两锭元宝相合成椭圆形为一组置放,一鞘中装20锭元宝,共10组,银鞘两端有铁箍和穿钉固定,穿钉的一端装置小铁环,运送时用于捆绑。现安阳县文管所藏有其中一整鞘20锭银元宝,每锭元宝重1 870克左右,总重37 400克。其中一锭编号20,长11.80、宽5.13厘米,重1 875克(图六:1);编号21,长11.45、宽5.20厘米,重1 875克(图六:2)。另一鞘元宝曾交售安阳市人民银行,银鞘存文管所。这批元宝皆呈马蹄形、两端上卷、平底,灰白色,轻重相差无几。在仰面上铸有阳文款识"湖北厘金",右铸"光绪五年",左铸"五月",下铸"公济益"。

"厘金"亦称"厘捐"或"厘金税",旧中国的一种商业税。主要是在水陆交通要道设立关卡征收。清咸丰二年(1853)开始施行。当时清政府为筹措军饷以镇压太平军,最初在扬州仙女镇(今江苏省江都县江都镇)设厘所,对该地米市课以百分之一的捐税,百分之一为一厘,故称厘金。以后各省相继仿行,遍及全国①。湖北厘金,当是湖北省地方征收的厘金税。"湖北厘金"元宝,《元宝图录》中收集有4件,其形制同上,年代为光绪二十六年(1900)四月、九月、十二月,银号为"官钱局"。从时间上看它比漳河出土的"湖北厘金"元宝晚20余年,重量上看后者分三个等次,即1 850、1 900、1 950克,大体也与安阳出土的相同。但银炉号却

---

① 辞海编辑委员会:《辞海》,上海辞书出版社,1982年。

不一样,后者为"官钱局"。"公济益"可能为民间铸银作坊铺号,这种情况极有可能是,光绪年间湖北厘金解送京师之初,银元宝为民间铸银铺所铸,后因官方设铸银局而由官方收回以保证元宝重量与成色。湖北官钱局,由地方官办,成立于光绪二十二年(1897)正月,由总督张之洞发起创办。起因是:"湖北省钱少价昂,商民交困……臣(张之洞)等与司道熟商,惟有设立官钱局,制为钱票、银元票精加刊印,盖用藩司印信及善后局关防,编立号码,层层检查,如有私造者,照私铸制钱银元例严行惩办,通行湖北省内外,此票与现钱一律通用,准其完纳丁漕厘税。"① 可见,湖北官钱局成立之初是以发行纸币为目的的一个地方官方金融机构。光绪二十五年(1899)二月,开始发行银元票。至于其什么时候开始铸造银元宝,尚未见记载。《元宝图录》中所收录的光绪二十六年(1900)十二月"湖北厘金"、光绪三十年(1904)二月(云梦县)"湖北盐饷"及宣统三年(1911)七月"湖北统捐"等元宝上,也铸有"官钱局"。可见,"官钱局"铸造元宝至迟也在光绪二十六年(1900)四月。其铸造的元宝,应以湖北厘金、捐税、盐饷等税收为主,专供押送中央政府之用。从"湖北厘金"元宝的出土与发现看,湖北在光绪年间,经济相对发达,工商业贸易兴盛,其"厘金"税收极高,故上供清政府税额也大。

安阳在清末时设有驿道,是南北陆路交通的主要干线,在洹河上建有安阳桥,在漳河边设有渡口,光绪十年(1884)又设有官方的车马局。因此,在古渡口遗址附近的漳河内发现"湖北厘金"整鞘银元宝并非偶然。漳河位于河南省北部,是河南、河北两省的天然分界线,距安阳市约十余公里。它一年四季水位变化极大,冬季为枯水期,水位下降,甚至出现断流,而夏天则因山洪爆发,洪水汹涌,河道四溢,人马渡河困难。在这批元宝出土以前,当地老百姓传说:清朝时期湖北地方向清政府送官银的马队在严密的护送下行至安阳县丰乐镇漳河渡口,时值阴雨季节,漳河突发洪水。民谚曰"好马跑不过漳河浪",可见漳河洪水极大,流速极快,马队到渡口受阻。按照清政府规定,这批官银必须在规定的期限内送至京师,否则论罪。负责押运的官员不敢在此长时期的停留以至延误日期,就组织渡船,强行渡河,当数条装载银两、人员、马匹的渡船尚未行至河中央就陆续被汹涌的洪水冲翻,落入水中,被洪水冲走。消息传到京师,清政府责令漳河附近的临漳、磁县、安阳县等地组织人员打捞,因打捞未果,故以后此事不再追究。这次北丰村漳河中出土的银鞘银元宝,与民间的传说相吻合,说明了事情的真实性。此事发生时间也应在光绪五年(1879)夏季。

此外,这次北丰村古漳河渡口发现的光绪年间"湖北厘金"银元宝及银鞘,再现了清末官银包装、运送及押解路线的实际情况。特别是清代银鞘首次发现,填补了文献的空白,也是我国目前发现的清代末期官银包装的惟一实物。通过出土资料与传说印证,使我们基本上可以了解到清末地方税金上交清政府项目及银两包装,押运期限规定,运送路线等情况。从

① 《张文襄公全集》卷四五。

整鞘银元宝看,每鞘重约百斤,每匹马最多可驮两鞘,即 100 公斤左右。这与电影、电视中杜撰以马驮箱运送银两的情况完全相悖,弥补了史料的不足。

3.清代银元

清代银元据我们调查,安阳地区没有窖藏出土,只散见于一些钱币收藏家手中,其种类主要有北洋造"光绪元宝"(库平七钱二分),背有英文及龙纹图案,"响银一两"背龙纹图案,西藏"甘丹颇章"银币。宣统三年"大清银币",背英文"ONEDOLOAR"及"壹圆"和龙纹图案。湖北省造"宣统元宝""库平七钱二分"背有英文及其他图案等等。其中 1 枚光绪元宝,北洋造,"库平七钱二分",径 3.93、厚 0.26 厘米,重 26.65 克(图七:1);宣统三年大清银币,"壹元",径 3.9、厚 0.26 厘米,重 26.8 克(图七:2);宣统元宝,湖北省造,"库平七钱二分",径 3.97、厚 0.25 厘米,重 26.53 克(图七:3);饷银一两,背龙纹,径 3.97、厚 0.28 厘米,重 35 克(图七:4)。

根据史载,北洋"光绪元宝"铸于清光绪二十五年之后;"饷银一两"为新疆铸币;宣统三年"大清银币"铸于 1911 年,天津造币总厂;湖北省造"宣统元宝"铸于宣统元年(1909);西藏"甘丹颇章"银币,清道光二十年(1840)始铸,正面中央铸一个八角形图案,外环铸藏文,"甘丹颇章战胜四方"八字,背面中间为一花盆,四周铸藏民族象征吉祥如意的扎西达杰图案,币值为一钱五分,较少见。清史载清政府于光绪十五、十六年(1889～1890)在广州设造币厂,铸造成出第一批光绪元宝,后各地纷纷仿效,这些银元采用西方科学技术,开创了我国机器造币的先河,其图案清晰,大小、重量整齐划一,质量也有保证,乐于为人们接受,它一进入流通领域,即迅速为人们接受。

安阳地区发现的外国银元有墨西哥鹰洋、法国银元、奥地利银元、西班牙银元、香港贸易银元(立人)等品种。这些银元在内地发现同清代货币政策有关。清初由于战后经济的残破以及赋税征银、海禁等原因,出现货币流通中"银荒"的情况。康熙中期之后采取较为开放的政策,解除海禁。我国对外贸易扩大,以茶叶、瓷器等为主商品大量输出到世界各地,贸易顺差扩大,外国银元大量涌入到国内,而使用于国内贸易交换。这种情况一直持续到鸦片战争时期,因外国鸦片及商品大量侵入,我国贸易开始出现逆差,形成大量的白银外流。这一时期外国银元流入我国数量是较大的,即便是内陆地区也可见到这些铸造精美的外国银元,这也是直接促使我国自行铸造银元的原因之一。

五、民国银元

1912 年元旦孙中山在南京宣布就任中华民国临时大总统。民国元年(1912)南京造币厂首铸"孙中山像开国纪念银币",开创民国铸造银元之先河。此后各省纷纷开铸民国银元。

铸造甚多,存世也多,其中尤以"孙中山像"和"袁世凯像"银元(俗称袁大头)最为流行。目前安阳地区发现的民国银元主要种类有:

1912年中华民国开国纪念币。面孙中山像,背竖排壹元,径3.9厘米,厚0.26厘米,重26.9克。

1912年四川军政府造壹元银币。面中间四川银币,上"军政府造",下"壹元";背中间"汉"字,上"中华民国元年"。径3.93厘米,厚0.24厘米,重25.7克。

1914年袁世凯像壹元银币。面中间为袁世凯像,上"中华民国三年",背嘉禾图案,中间竖排"壹元"。径3.9厘米,厚0.27厘米,重26.85克。

1915年袁世凯像壹元银币。面中间为袁世凯像,上"中华民国八年",背嘉禾图案,中间竖排"壹元"。径3.9厘米,厚0.27厘米,重26.8克。

1920年袁世凯像壹元银币。面中间为袁世凯像,上"中华民国九年",背嘉禾图案,中间竖排"壹元"。径3.92厘米,厚0.26厘米,重26.94克。

1929年广东省造贰毫银币。面为孙中山像,背嘉禾图案,上"中华民国十八年",中间竖排"贰毫",下"广东省造"。径2.33厘米,厚0.13厘米,重5.3克。

1933年孙中山像壹元银币,又称船洋。面中间为孙中山像,上"中华民国二十二年";背中间为"一船两帆"图案,两侧为"壹元"。径3.96厘米,厚0.26厘米,重26.65克。

1934年孙中山像壹元银币,又称船洋。面中间为孙中山像,上"中华民国二十三年";背中间为"一船两帆"图案,两侧为"壹元"。径3.96厘米,厚0.25厘米,重26.63克。

"拥护共和纪念"库平三钱六分银币。面中间为唐继尧像,上"军务院抚军长唐",下为嘉禾图案;背中间为"双旗一星"图案,上"拥护共和纪念",下"库平三钱六分"。径3.32厘米,厚0.19厘米,重13.49克。

安阳发现的其它民国银元还有北洋造银元,西藏地方政府铸造的"甘丹颇章"银元,中华民国八、九、十、十一年广东省造20毫银币,中华民国十八年广东省贰毫银币及中华民国十七年黄花冈起义纪念币(每10枚当一圆)。

民国钱元从图案上看其大体经过三个阶段。即第一阶段,民国初年孙中山就任中华民国临时大总统,铸造以"孙中山像"为主的民国开国纪念币及其他铸币;第二阶段,1912年2月,临时参议院选举袁世凯为临时大总统,袁世凯在北京成立临时政府,自此后开始铸行"袁世凯侧面像"的银元,直至民国八、九年之后;第三阶段,自1933年初国民政府放弃采用金本位币制计划,确定银本位币制,公布"银本位币铸造条例草案"。同年上海中央造币厂据此条例开铸此币,即以孙中山侧像为正面,背为一船两帆的新型银元。此后各省纷纷仿铸,曾大量发行流通,至1935年国民政府实行法币政策,将白银收为国有,停铸银元,市面银元限期以法币收兑,银元不再成为合法货币为止。

就安阳发现的民国银元看,从民国初的开国纪念币到民国二十三年法币实行前夕的"孙中山像"壹元银元都有不同数量的发现,时间长约 20 余年。铸造地区除中央造币厂外,其他省区的有广东、北洋、四川、广西、湖南、湖北等。1935 年民国实行法币政策后,银元被宣布为非法货币,但银元的流通实际上并未从此停止,在民间的贸易中银元仍充当着重要的角色。此外,在安阳还发现有一定数量的民国时期西藏地方政府铸行的"甘丹颇章"银元,该币正面铸有"甘丹颇章,战胜四方",较为珍贵。证明了西藏在民国时期与内地联系交往的加强以及关系密切的程度,是汉藏不可分的历史明证。

第二节　纸　币

一、明清纸币

1. 大明通行宝钞壹贯纸币

洪武七年(1374),明朝设立宝钞提举司,第二年三月,立钞法,发行大明宝钞。安阳民间发现一张"大明通行宝钞"壹贯纸币（彩版柒）。

该币已装裱成条幅,幅上有七言绝句一首,曰:"宝钞当时著大明,原期天下可通行,局开铸造司提举,纸是桑皮印押呈。"落款"兹录论泉绝句,丙子秋月,十笏山房"。第一字"宝"及"十笏山房"下分别有印,篆书"瑞璜""郭漱石"及"郭瑞璜"（阴文）。该"宝钞"呈青蓝色,宝钞下有关于大明通行宝钞发行始末简介,其文曰:"案大明宝钞一贯,文考钞法,始于唐之飞钱,至宋则有交会,金则有交钞,元代钱币以钞为主,明太祖定天下,始行钱法,而民间以为不信,由是钱钞并用,明史食货志,洪武七年设宝钞提举司,明年诏中书省造大明宝钞,以桑穰为料,其制方高一尺,广六寸,质青色,外为横文花栏题其额,曰'大明通行宝钞',其内上两旁复为篆文八字,曰'大明宝钞,天下通行',中间钱贯十串,为一贯,其下云:'中书省奏准,印造大明宝钞与铜钱通行使用,伪造者斩,告通赏银二百五十两,仍给犯人财产。'"以下介绍明朝发行宝钞的种类,行用情况及终明一代宝钞钞法的变更、废行等明代钞法沿革兴废的大体情况,全文600余字,末有"丙子新秋,十笏山房主人,录于漱石轩",之下有一方阴文方印"郭瑞璜印"。从文中记载可知,这张"大明通行宝钞壹贯"纸币,曾经由郭瑞璜（号漱石）鉴赏并装裱。郭瑞璜,史书无载,其大约是清末或民国初年的钱币收藏家。

《明史》载:"洪武四年(1371)……有司责民出铜,民毁器皿输官,颇以为苦,而商贾沿之旧习用钞,多不便用钱。七年(1374)帝乃设宝钞提举司,明年始沿中书省造大明宝钞,命民间通行,……其等凡六,曰一贯、曰五百文,曰三百文,曰二百文,曰一百文……商税兼收钱钞,钱三钞七。""洪武十三年(1380),会中书省废,乃以钞属户部,铸钱属工部,而改宝钞文'中书省'为'户部'与旧钞兼行。"这张宝钞上标明有户部,可以证明安阳发现的"大明宝钞壹贯文"纸币是洪武十三年即公元1380年以后印制的货币。考之《明史》,成祖之后印刷的宝钞也署洪武年号。《续文献通考》云:"惠帝建文四年十一月……自后终明世,皆用洪武年号。"明代发行纸钞不备金银本钱,只许以金银向政府换纸钞,因此,明钞是不兑换纸币。明代中期之后,纸币的发行泛滥无度,终致纸钞贬值,纸钞的信誉近于崩溃,特别是明初禁用金银的货币政策至明英宗正统年间开始松动,"朝野卒用银,其小者用钱……钞壅不行"。弘治时期,政府钱钞皆折银计算,纸币已名存实亡。随着明中叶南方一些城市资本主义萌芽的发展和明代全国性工商业兴盛,白银已获得正式货币地位,并成为流通中的主要货币。白银在货币流通中地位的确立,逐步排斥了其他货币类型,纸钞因信誉扫地,在明孝宗(1488~1505)和武宗正德(1506~1521)年间,废止不行。因此,我们可以认为,这张"大明通行宝钞"壹贯纸币是1380~1521年间发行的。

2.咸丰四年大清宝钞

安阳市博物馆藏有一张"咸丰四年大清宝钞伍佰文"纸币(彩版捌:1)。纸呈黄灰色,印字为淡蓝色,略残,纸币最上方为云纹,中间以圆圈"大清宝钞"四字,下以横线相隔。长17.5、宽9.5厘米。纸币正中方格内,右印字为"字第□□号",毛笔书写"阜八千四百六十三"中间为"准足制钱伍百文",右为"咸丰肆年制"及篆书阴文印"远怀道",中间靠下为方形九字篆书阴文"大清宝钞"等印。中间方圈左右上为龙纹,中为云纹,下为波浪纹。右书"天下通行",左为"均平出入"。下部方圈内文曰"此钞即代制钱用,并准按成交纳地丁、钱粮一切税课捐项,京外各库一概收解,每钱钞贰千文抵换官司票银壹两"。字上有红色阴文方印"宇谦钱铺",此外,左上有毛笔书"才",左下有"王存中",右下有"广聚"等字样,宝钞背面记流通情况。

清代咸丰时期受太平天国起义的打击,清政府内外交困,财政已接近崩溃。为维护清政府的统治,搜刮资财,解救危机,开始铸发大钱,并大量发行纸币。咸丰三年(1853)由户部奏请先在京城开设官号,为"乾豫、乾恒、乾益、乾丰"四官号,第二年开设"五宇"。后将官钱铺改名为"官钞局"收钞发钱。以后,清政府又下令各省在省会及商业繁荣之地设立官钱总局和分局。该币上有"宇谦钱铺",即咸丰四年(1854)官钱铺之一,宇谦官钱铺,表明该币由"宇谦"钱铺发行,"阜"字应为批号,而"八千四百六十三"即该币的编号。左下"王存甲",应为人名,或为该币的持有人,或为该币的验钞人。右下"广聚"意思不详,可能为钱庄名,或是其它。从钞面文字看,此币可以代替铜钱使用,并可用其交纳一切税收及课捐,也可用其换兑相应的银两。"伍佰文"为大清宝钞最低的一等,最高者为"百千文"。一般纸币面额大,获利甚丰。初发行时由于发行数额有所控制,民间仍能行用,以后随着清政府及地方纸币无限发行,引起通货膨胀,民间拒用,纸币信誉一落千丈。之后这种纸币逐渐退出历史舞台,至光绪三十年(1904),成立户部银行,发行国家银行钞票,我国真正意义上的纸币至此始。

二、民国政府钱币

1.纸币(中央银行、中国银行、交通银行、中国农业银行等发行的纸币)

以中央银行、中国银行、交通银行等为代表的国民政府法币,自实行后,在民国时期的安阳及其郊县流通极为广泛,特别是在以安阳城为据点的国民党统治区法币流通更为广泛。因此,法币在今日的安阳保存的较多。

(1)中央银行:"壹角""贰角""贰角伍分""伍角"等小面额纸币。其它有中华民国十七年上海版、蓝色、紫红色及中华民国二十五年红色孙中山像、灰色、紫红色、绿色花团孙中山像加水印头像"壹元";中华民国十九年上海版紫红色"伍圆"。中华民国十七年上海版、中华民国二十五年孙中山像、中华民国三十年、三十一年紫红色、蓝色"拾圆";中华民国三十一年烟灰色"贰拾圆";中华民国三十一年红色、三十四年绿色"壹佰圆";中华民国三十四年紫红色"肆佰圆";中华民国三十一年红色、三十三年灰色及带"法币"字样褐色"伍佰圆"及蓝色"伍佰圆";中华民国三十四年中央银行褐色"壹仟圆"(带"法币"字样)、紫色"壹仟圆";中华民国民国三十一年紫红色"贰仟圆"(图八:1、2 图九:1、2)。

此外,还有中华民国十九年上海版灰绿色"关金拾圆",中华民国三十七年红色、灰绿色"关金伍萬圆"等。

(2)中国银行:上海版褐色竖排"壹角";中华民国二十四年上海版灰色天坛图案、天津版马拉犁图案"壹圆";中华民国二十九年红色孙中山像"拾圆"。

(3)交通银行:中华民国三年天津版紫色火车图案、中华民国二十年上海版红色火车图案"壹圆";中华民国二十四年绿色大海轮船图案"伍圆"。

(4)中国农民银行:中华民国二十九年红色浇水图案"拾圆";中华民国二十年绿色"伍佰圆"。

其它的有中华民国三十一年中央储备银行发行的蓝色孙中山像"壹佰圆"。

2.镍币

镍币作为国民政府纸币的辅助货币,民国时期安阳流通的也较多。目前发现的有:中华民国二十五年、三十一年"廿分",中华民国三十一年"半圆",中华民国二十五年"拾分",中华民国二十九年、三十年"十分",中华民国二十九年、三十年"五分"等镍币。

三、日伪钱币

安阳自 1939 年 11 月沦陷至 1945 年 8 月日本投降长达 8 年,在日伪的统治下,这一时期以安阳城为中心的广大日伪统治区主要流通伪华北政府纸币、伪满洲国钱币和日本国钱币。这些钱币在安阳地区目前发现的较多,主要有中国联合准备银行中华民国二十三年、二十七年紫色"壹角"、蓝色"贰角"、红色、黄色"伍角",中华民国二十七年、三十三年绿色等"壹圆"(图一〇:1);蓝色关公像、绿色关公像宝塔图案等 10 余种版别的"拾圆"(图一〇:2);"伍拾圆""百圆""伍百圆"各一种及民国三十二年"壹角"、民国三十年"伍分"、民国三十一年"壹分"铝币等。

伪满洲国钱币有：大同三年(1934)"壹分"(铜币)"壹角"铜币,康德元年、二年、四年、六年(1939)"五分"铜币,康德元年(1934)"壹角"和康德三年(1936)"壹分"等。

日本国钱币有：昭和六年"一钱"镍币、大正七年"一钱"铜币和昭和八年、九年、十一年、十二年"十钱"圆孔镍币,昭和十一年"五钱"圆孔镍币。

四、地方钱币

1. 林州"中和成"号壹仟文、伍百文纸币(图一一、图一二)。1995年我们在林州市进行建国以来历代钱币出土调查时,发现两张较少见的民国三年(1914)林县地方"中和成"号纸币,纸币分为"壹仟文"和"伍百文"。两张纸币背面纹饰、文字完全相同,正面大部相同,只是字号及票面文字略有差异。纸币正中图案部分长174,宽87厘米,外围饰以花卉、古器物、植物等各种图案,正中上部为"中和成"三字,以下部分右边分别为"官字第壹叁贰号"及"清字第贰叁四号",中间为凭票取大钱壹千文(另一为伍百文),左上为"中华民国叁年五月五日",下为"林邑临淇",正中及左下分有菱形和长方形戳印"中和成记"。纸币背面文字记述林县"中和成"号纸币发行的原因、颜色、种类及通行范围等具体情况。四角自左至右圆圈内为"林县纸币"四字。其文曰："署林县事艾,为布告事照得林邑金融濡滞,市面行用凭条辗转折扣流弊滋濡,兹据商务会分会会长王乐书等,公议改良纸币并议订单行、简章六条,呈清核示前来,查阅所拟简章尚属周妥,应准立案,除批示外合行告印阖邑绅商军民人等,查照一体遵用勿违,特告。计开：一此项纸币正面盖用商铺字号,背面钤印商会图记,以资信用而杜作伪；一此项纸币分赭绿红紫蓝五色,褐色三千文,绿色二千文,红色一千五百文,紫色一千文,蓝色五百文；一此项纸币与现钱同全境一律通用,不准折扣；一此项纸币准在本县完粮纳税；一此项纸币不准涂抹更改违者作废；一此项纸币自发行之日起凡各铺户旧日凭条限三个月内一律收回,不再行用。中华民国三年□月□日,署知事艾德元。"中间钤阳文篆书印章"林县商务分会图记",左下为阳文四字篆字印章"林县知事"。

2. 民国三十年林县地方"壹圆"流通券

目前,发现有两种版别。两种版别正面相同,蓝、黄色图案相间,长14.5厘米,宽71厘米。正中间为蓝色牌门楼及树木、山川等图案,图案上方横排红色楷书"林县地方流通券"等文字,左右黄、蓝花团内竖排"壹圆",右左"壹圆"上方分别有"临""时"黑色两字。图案下方横排"中华民国三十年印",右左钤红色阳文方形印章"总经理章"、"副经理章"各一枚,四周饰以蓝色网状波浪纹,左上和右下角有数字"1",左下和右上为大写"壹"字。背面图案有两种版式,其一,正中为红色网状团花菱形图案,正中横排"壹圆",两侧有大数字"1"。编号

012189、041879；其二，背面图案相同，但图案上方横排英文"THE LOCAL CURRENCY NOTES OF LIN □□IEN"，下方正中有"1941"，左右分别为英文签名，当为总经理与副经理之签名。编号 A069872（图一三）。据调查这种流通券还发行有"伍角"一种。

3．民国二十八年滑县兑换券

此券长 10.7 厘米，宽 6.4 厘米，票面正中上方印有滑县兑换券楷书券名，四角印有空心"贰"字，右面横写"贰角"票值。左面图案为山海关，票为蓝色印刷，正中加印 5 位数红色序号，右下方盖有二方红色篆刻私章，票面左右印有"每拾角兑壹元，民国二十八年印"。此券背面竖印"印行条例"，内容是：为调济地方金融，遵照省令规定由县政府会同财务委员会发行此券，完粮纳税通用。使用期限以民国二十八年（1939）度丁粮征齐扫数特为限①。

此外，安阳县六河沟煤矿民国时期还发行一种"壹元"的地方纸币，比中国联合准备银行票壹元券略小，呈肉红色、黑心。

五、林县地方纸币考略

（一）关于林县"中和成"号纸币

民国时期我国地方纸币盛行，《中国近代纸币》一书指出："内地如陕、豫、鄂、赣、晋、绥、察各省无论矣；即沿海一带，中部如苏北，南部如潮汕，北地如威海卫等，莫不有私票之流通。"这一时期我国区域性纸币泛滥的原因是自然经济，政治不统一及帝国主义在经济上对中国的侵扰，造成白银大量外流等。地方纸币的泛滥破坏了中国大一统的货币制度，使得民国时期金融混乱，经济发展出现严重障碍。反之地方纸币使农村商品流通的地域性增强，巩固了自然经济，便利地方豪强和军阀势力对辖区内人民的榨取和掠夺。

安阳地方纸币由来已久，清末即有安阳县渔洋镇的民间票帖。林县地方纸币不见史载，目前发现仅二张，从票面文字上看，它发行于民国三年，即 1914 年 5 月，是我国民国时期较早的地方纸币之一。其印制的较精美，纸质也好，文字记载较为详备。是研究民国初期地方纸币重要资料之一，它的发现无疑为民国货币增添了一个新品种。这种"中和成"号纸币，从性质上看它同于明清时期"宝钞"一类，仍以铜钱为汇兑单位，实际上是一种钱票，是一种不完全的货币，与现代意义上由银行发行的纸币有一定的差异。首先，从价值尺度上看，它是以制钱票的形式出现的，即规定赁票可以取大钱多少文，它的票面价值与实际价值很难一致，在流通过程中信誉不能保障。该纸币是以林县商会为主管，未设储备金同时对它的发行数量、额度又无限制，必将造成严重的通货膨涨。从它的流通手段上，只在一县内流通，它仅

① 于农：《抗战时期的豫北地方流通券》，《中州钱币》（十）2002 年。

能使商品交换在极狭小的范围内进行,又非国家信用担保。但林县民国三年纸币,以县知事名义发行,又规定可以在本区内用此纸币完粮纳税,因此它也具有半官方的性质,与一般的私帖、凭条之类又有一定区别。

民国初年,林县主要流通清末的铜钱及铜元、银元等,为了流通便利的需要和清除市面凭条流弊,在民国初年以林县商会为主管发行地方纸币以填补清朝灭亡之后,纸币消亡的空白,是一种应急性措施,从现有资料看,它的发行数量有限,流通也不广。随着 1923 年以后河南省银行、河南兴业银行、河南农工银行等纸币发行,这种地方纸币逐渐减少,1935 年国民政府实行法币政策,这种货币可能永远退出了流通领域。

(二)关于民国三十年林县地方流通券

林县地方流通券,不见史载。民国三十年,即为 1941 年。抗日战争时期,林县属中国共产党晋冀鲁豫边区抗日根据地太行区的重要组成部分。1940 年 2 月中共太南区委决定将林县划为林县和林北县,3 月 10 日,林北县行政办事处(即抗日政府)于任村成立。3 月 11 日,国民党四十军军长庞炳勋率部由山西进驻林县,军部设在原康。在这一阶段,林县南北分属国民党统治区和共产党领导的抗日根据地。1939 年 10 月 15 日,晋冀鲁豫边区政府在邯郸成立冀南银行,并发行冀南币。1940 年冀南币在抗日政府的林北县开始流通,而国民党统治区继续使用法币。林县地方流通券上的发行日期为 1941 年。从上属记载可知,我党领导的抗日政府林北县在 1940 年开始使用冀南币后,为保持货币流通的稳定和统一,在较短的时间内不会很快又发行其它地方性的货币,并且在我党目前保存的文献上也没有发行这种钱币的记载。从地域关系上看,林县当时南北分割,我党领导的抗日根据地称林北县,与林县地方流通券上"林县"内容不符。因此,从这几方面来看,林县地方流通券当不会是我党领导的抗日根据地发行的。1941 年,林县南部地区属国民党统治区,称林县,主要使用法币,但当我党领导的林北县使用冀南币后,其为了控制统治区内的经济,并与抗日政府发行的冀南币相对抗,完全有可能发行一种全新的地方流通券。这一地方流通券目前仅见 1941 年版的伍角、壹圆券两种,而没有更晚发行的货币。可见这一货币发行数量不多,流通时间不长。1944 年林县全境即解放,统一使用冀南币和鲁西币,这种地方流通券便永远退出了历史的舞台,这一时间也正好与国民党在林县统治的时间相符。综上所述,林县地方流通券当是国民党统治的林县地方政府(现林州市南部)为应付暂时的金融形势,于 1941~1944 年发行流通的地方性货币,具体流通情况尚待进一步研究。

第三节　革命根据地货币

　　抗日战争时期,1941 年 7 月中共晋冀鲁豫边区抗日民主政府正式成立,下设太行、太岳、冀南三个行政公署,安阳为晋冀豫边区抗日民主政府太行公署第五专署区。今天的安阳县西部、林州市、内黄县、滑县等都是抗日根据地组成部分。在境内西部与太行山接合部的林县,1944 年即全境解放,先后有八路军前方总部、中共晋冀鲁豫中央局太行区第五地委等党政机关在此驻扎。因此,在安阳区域内发现有较多的革命根据地钱币。

一、冀南银行纸币

1.伍拾圆

　　a、竖幅,正面红色,火车头图案。正上横排"冀南银行"四字,下为"伍拾圆"及"民国三十一年印",钤蓝色方形印章"经理印章""副理印章"各一枚,左、右下角各有"伍拾"字样。背面蓝灰色,正上方为"BANK OF CHINAN",中为"50",下为"FIFTY YUAN"(50 元)及"1942"等。编号为 B0687241、D4122469、E6188685(图一四:1)。通幅高 10.5 厘米,宽 5.1 厘米。

　　b、横幅,正面蓝色,左侧略残,火车、铁路及树木图案。左侧横排"伍拾圆",西侧各竖排"平原"二字(左侧字已残缺),下"中华民国三十年印"。钤红色方形印章"经理印章""副理印章"各一枚(左侧印章已残)。背为红色,图案模糊。编号 D/A104337,通幅长 12.1 厘米,宽 6 厘米。

2.壹百圆

　　a、正面蓝色,中间为"宝塔"图案,下"中华民国三十四印",左右各竖排"壹百圆"及"平原"字样,四角各有"壹佰"及花朵图案。钤红色方形印章"监□""行长"各一枚。背为红色,上有"BANK OF CHINAN",下为"ONE HUNDRED YUAN""1945",中间为一椭圆形图案及叠压网状图案。编号 C6218253、B314174(图一四:2)、C4793582、B211590、L086238。通幅长 12.2 厘米,宽 6.2 厘米。

　　b、正面蓝色,中间为桥梁、门楼、山丘等图案,下"中华民国三十三年印",左右竖排"壹百圆"及"太行"。钤红色方形印章两枚。背为红色,有英文及英文签名。通幅长 15.3 厘米,宽 7.4 厘米。编号 F124953(残半)。

　　c、正面褐红色,中间为树木、城楼、台阶椭圆图案,左右竖排"壹佰圆",下"中华民国□□□",右钤红色方形印章"经理印章"一枚,背为蓝色,网状图案,英文及英文签名。编号

1/A951203,残长 6.1 厘米,宽 6.3 厘米。

3. 贰百圆

正面蓝色,一人从井中提水图案。右上横排"冀南银行",中间"贰百圆",下"中华民国三十一年印",四角各有"贰百"字样。钤红色方形印章"经理印章""副理印章"各一枚。背为褐红色,网状图案,上为"BANK OF CHINAN",下为"TWO HUNDRED YUAN""1942"。编号 EH675338,通幅长 11.5 厘米,宽 5.2 厘米(图一四:3)。

4. 伍百圆

a、正面蓝色,中为耕作劳动图案,上方横排"冀南银行",下为"中华民国三十四年印",左右竖排"伍百圆",四角各有"伍百"字样。钤红色方形印章"经理印章""副理印章"各一枚。背上为"BANK OF CHINAN",下为"FIVE HUNDRED YUAN"及"1945"。编号 G884608,通幅长 13.9 厘米,宽 6.6 厘米。

b、正面为绿色,中为耕作劳动图案,上方横排"冀南银行",下为"中华民国三十四年印",左右竖排"伍百圆",四角各有"伍百"字样。钤红色方形印章"经理印章""副理印章"各一枚。背上为"BANK OF CHINAN",下为"FIVE HUNDRED YUAN"及"1945"。编号 EB701698,通幅长 13.9 厘米,宽 6.6 厘米。

c、正面为褐红色,中为耕作劳动图案,上方横排"冀南银行",下为"中华民国三十四年印",左右竖排"伍百圆",四角各有"伍百"字样。钤红色方形印章"经理印章""副理印章"各一枚。背面为蓝色,上为"BANK OF CHINAN",下为"FIVE HUNDRED YUAN"及"1945"。编号 ME229983,长 13.7 厘米,宽 6.6 厘米。

d、灰绿色,正面为火车、城堡图案。图案下为编号及"中华民国三十三年",上方左右角各有"500",下方左右角各有"伍百"字样。钤红色方形印章两枚。背为灰褐色,有英文及英文签名。编号 M591788,通幅长 12.6 厘米,宽 5.7 厘米。

e、正面右侧为农业收获图案。左侧横排"伍百圆",正上方横排"冀南银行",下"中华民国三十七年印",四角各有"伍百"字样。钤蓝色方形印章"经理印章""副理印章"各一枚。背为蓝色,饰卷草纹,中间菱花内"伍百圆",下有"1948",四角圆圈内各有"500"字样。编号〈CD〉227621、〈CL〉909798(图一四:4),通幅长 11.5 厘米,宽 5.5 厘米。

5. 贰仟圆

正面周围图案为蓝色,火车头图案为黑色。左侧菱形花卉图案中竖排"贰仟圆",下"中华民国三十七年",四角各有"贰仟"字样。钤红色方形印章"经理之章""副理之章"各一枚。背为灰色,上为"BANK OF CHINAN",中为"TWO THOUSAND YUAN",下为"1948",左右圆形图案内各"2000"字样。通幅长 12.3 厘米,宽 6.0 厘米。

二、晋察冀边区银行纸币

壹仟圆:正面蓝灰色,自上而下分别为"晋察冀边区银行""壹仟圆""草原牧马图案"(有马、车、水草等)及"中华民国三十五年"。上方左右角各有"壹仟圆",下方左右角各有"1000"字样。钤红色方形印章"经理之章""副理之章"各一枚。背呈褐红色,有英文及英文签名。编号〈AC〉9821087,通幅长 13.5 厘米,宽 7.5 厘米。

三、北海银行纸币

1. 壹百圆

a、正面为红色,烈士纪念碑图案。左右各有横排"壹百圆"及竖排"山东"。正上方横排"北海银行",下为"中华民国三十五年",四角分有"壹百"字样。钤蓝色方形印章"总经理章""经理印章"各一枚。背为褐色,上为"BANK OF BAI HAI",中间花卉图案中有"100",下方有"1946"等字样。编号 T1982674,通幅长 12.6 厘米,宽 6.3 厘米(图一五:1)。

b、正面为蓝色,土地犁耕图案。左侧花卉内横排"壹百圆"。正上方横排"北海银行",左右边界空白处有"山东"二字,左下方有"中华民国三十五年"。钤红色方形印章各一枚。背为褐红色,四周饰有谷穗、花卉图案,正上方有英文"BANK OF BAI HAI",下有"1946"及英文签名。编号 A210565,通幅长 14.4 厘米、宽 6.5 厘米。

2. 贰百圆

a、正面为红色,锄草图案。左右各有"贰百圆",正上方横排"北海银行",下有"中华民国三十三年印",左右空白处各有"山东"二字。钤黑色方形印章"总经理章""经理印章"各一枚。背面为蓝色,有英文"BANK OF BAI HAI"及"SHAN DUNG"等。编号 A0707784。通幅长 12.3 厘米,宽 6.3 厘米。

b、正面为红色,拖拉机图案。左侧花卉内横排"贰百圆",下有"中华民国三十七年印"等。左右空白处各有"山东"二字,钤黑色方形印章"总经理章""经理印章"各一枚。背面为蓝色,中间有大字"200",下"1948"。编号〈BB〉B654795,通幅长 12.5 厘米,宽 6.5 厘米(图一五:2)。

c、伍百圆

正面蓝色,左侧为汽车、树木及山川等图案,正上方横排"北海银行",下有"中华民国三十六年印",左右空白处各有"山东"二字。钤红色方形印章"总经理章""经理印章"各一枚。背为烟灰色,中间有大字"500",下有"1947"。编号 EQ191023,通幅长 12.5 厘米,宽 6.5 厘米(图一五:3)。

四、中国人民银行纸币

1.壹佰圆

正面右侧工厂图案,左侧耕作图案,中间竖排壹佰圆,正上方横排"中国人民银行",下"中华民国三十七年"。钤红色方形印章"总经理章""副经理章"各一枚。背面为桔黄色,中间为"100",下有"1948"字样。编号〈ⅡⅢⅠ〉G9356457,通幅长13.0厘米,宽6.7厘米(图一六:1)。

2.贰佰圆

a、正面紫红色长城图案。左侧花团内横排"贰佰圆",左下有"中华民国三十八年"字样。背面为紫红色,编号〈ⅡⅢⅣ〉35485752、〈ⅢⅡⅠ〉45950227、〈ⅢⅠⅡ〉20612771,通幅长13.1厘米,宽6.97厘米。

b、正面炼钢图案。右侧横排"贰佰圆",下为"中华民国三十八年"字样。编号〈ⅢⅡⅣ〉37413802、〈ⅣⅡⅡ〉37413802、〈ⅢⅤⅣ〉11372431、〈ⅢⅤⅣ〉97448572(图一五:4),通幅长13.1厘米,宽6.9厘米。

3.伍佰圆

正面为紫红色,一人荷锄走在路上,图案上有小桥、流水、房屋、树木等,中间竖排"伍佰圆",下有"中华民国三十八年"。钤"总经理章""副经理章"各一枚。背为蓝色,正中横排"中国人民银行",上下左右各有"500"字样,最下为"1949"。编号〈ⅡⅢⅤ〉7910902,〈ⅥⅩⅧ〉5070389,〈ⅧⅦⅨ〉8337717,〈ⅥⅤⅣ〉1697124(图一六:2),通幅长13.4厘米,宽6.8厘米。

4.壹仟圆

a、正面左侧为工厂,右侧为耕作图案。中间竖排"壹仟圆",下为"一九四九年印",钤红色方形印章"总经理章""副经理章"各一枚。背紫红色,中间为大型轮船图案。编号〈ⅩⅨⅧ〉3655551,通幅长13.1厘米,宽6.9厘米。

b、正面为收获图案,有马拉车、收割及电线杆、工厂等场景,左上横排"壹仟圆",中间下有"中华民国三十八年",钤红色方形印章"总经理章""副经理章"各一枚,背为蓝灰色,中间竖排"壹仟圆",下"1949"。编号〈ⅠⅢⅡ〉08028175,〈ⅡⅠⅢ〉03483587,〈ⅢⅣⅤ〉84068727,〈ⅢⅣⅤ〉84068727,〈ⅢⅣⅤ〉15576916(图一六:3),通幅长13.4厘米,宽6.8厘米。

c、正面为拖拉机耕地图案,正中竖排"壹仟圆",下为"中华民国三十八年",左右钤红色方形印章"总经理章""副经理章"各一枚,背中间为农民收割图案。编号〈ⅠⅢⅡ〉9161109,〈ⅠⅢⅡ〉59519872,通幅长14厘米,宽7.5厘米。

　　d、正面左侧为椭圆形马拉犁耕地图案,右侧横排"壹仟圆",左右钤红色方形印章"总经理章""副经理章"各一枚,右下方有"中华民国三十七年印"字样,背中间为天坛图案。编号〈ⅢⅧⅤ〉975154,通幅长 14.6 厘米,宽 5.8 厘米。

　　5.伍仟圆

　　正面中间为拖拉机收获图案,左右各竖排"伍仟圆",钤红色方形印章"行长印章""副行长印章"各一枚,下为"一九四九年"。编号〈ⅥⅤⅣ〉4604286,通幅长 13.8 厘米,宽 7.3 厘米(图一六:4)。

　　6.壹萬圆

　　a、正中为马拉犁耕作图案,背为牛、羊吃草图案。编号〈ⅡⅠⅢ〉46313526,下"一九四九年",通幅长 14 厘米,宽 7.5 厘米。

　　b、正面中间轮船大海图案,左右各竖排"壹萬圆",钤红色方形印章,"行长印章""副行长印章"各一枚,下"一九四九年"。编号〈ⅡⅠⅢ〉46688900(图一六:5)、〈ⅠⅡⅢ〉98287418,通幅长 13.9 厘米,宽 7.3 厘米。

五、革命根据地货币与国民党币、日伪钱币的斗争情况

　　1.第一阶段(1937~1945):抗日战争时期根据地货币与日伪货币的斗争

　　1937 年 11 月,日军侵占安阳后,大、中商号南迁,工厂倒闭,市场一度萧条。这一时期在日伪统治下的朝鲜银行、河南实业银行先后在安阳设立机构。1938 年 2 月伪临时政府成立中国联合准备银行,发行纸币。主要流通于河北、山西、山东、河南四省,豫北的安阳是它流通的重点区域。联银自设立以来,就以统制金融为目的。一是以该行纸币收换法币,套取国民政府外汇,破坏抗战经济,同时与革命根据地货币争夺市场,破坏根据地经济建设。这一时期,由于日伪统治着京广路沿线的城市和地区如安阳、汤阴、宜沟等地,因此在这一地区日伪中国联合准备银行发行的"联合票",在安阳大量流通。此外,伪满洲国钱币、日本国钱币也在一范围内流通,解放后都有一定数量的发现。此时,民间借贷转入地下活动,市场凋敝,金融活动萎缩。

　　抗日战争期间,中国共产党领导的革命根据地——晋冀鲁豫边区政府,于 1939 年 10 月 15 日成立了冀南银行,并在太行、冀南同时发行冀南币,支援战争,扶植生产,搞活流通,打击日伪货币。此时安阳专署设在林县,先后成立了冀南银行太行五分行及各县支行,开展存款、贷款等金融业务,支援了根据地社会经济发展,培养了一批银行干部,创造了管理金融工作的经验,为安阳金融体系的建立奠定了基础。冀南银行纸币的发行,深受广大人民群众的拥护。但日伪为破坏我根据地钱币,大量印制假冀钞。1942 年,"各地发现假票甚多,以五、

六专区最多,武安、漳德(安阳)等地都有伪造机关"①。安阳作为日伪据点,是当时印制假冀钞的中心之一。但是,在抗日战争中,冀南银行(太行)坚持了本位币职能,与日伪货币、地方势力发行的货币进行了坚决的斗争,支持了根据地的生产建设和抗日战争。

林县属抗日根据地晋冀鲁豫边区政府太行区,冀南银行成立后,在我党领导的林北县冀南币成为主要流通货币。抗日政府坚持巩固冀南币,保护"法币",肃清土杂钞、打击伪钞,在方式上除财政征收以冀南币为计算单位外,实行通货管理和以伪击伪的办法,保持了冀南币的绝对优势。对国民政府的"法币",随着中国革命的进程,也由最初的保护"法币",等值流通到停止流通,等值兑换、贬值兑换到停止兑换,直至最后宣布为非法币。总体上看安阳这一时期钱币种类繁杂,革命根据地钱币、国民政府钱币、日伪钱币和地方钱币在不同的区域内交叉流通,较为混乱。

2.第二阶段(1945~1949):解放战争时期以根据地货币为主导的新钱币流通体制的形成

1945年8月,抗日战争胜利后国民政府接管安阳。中国银行、交通银行、河南省银行、安阳县银行以及金店纷纷复业或开业。这一时期,安阳市场上流通的法币严重贬值,面值有20元、50元、100元,后又有500元、5 000元、10 000元等。1947年5月,刘邓大军围攻安阳后,国民政府官方银行南迁,军队撤走,安阳成为一座孤城。地方政府、土匪盘踞城内,为维持其生存,被迫使用革命根据地发行的冀南币、中州币。1947年解放区停止国民党货币的使用,冀南钞1元兑换法币5元。1948年,冀钞1元兑换法币20至25元。解放战争后期安阳流通的货币种类繁多,使用不便。为统一货币,在我党控制的林县、安阳县、内黄、滑县等地大量投放冀钞,逐渐以冀南币统一了这一地区的货币。

为了扰乱革命根据地金融秩序,维持其生存,地方土顽势力竟大量伪造假冀南币。1947年11月28日,太岳区各机关和银行发出联合指示,指出,从8月份以来,国民党在济南、保定、安阳等地大量印制假票,向解放区推行。为此,解放区军政机关在临漳的柳园和安阳的崔家桥,摧毁了制造假票的大本营,缴获正印制的200元假票和500元的版样。1949年安阳解放后,又破获伪造冀南币的印刷厂7处,石印机6架,大小石版30余块,搜出假冀南币、中州币达4 282.9万元。随着安阳的解放,这一地区的制假票窝点才彻底被摧毁。

1948年12月1日,中国人民银行成立,安阳开始发行人民币,收回地方券,逐渐统一了货币,我国货币史又翻开了新的一页。

---

① 中国人民银行金融研究所、财政部财政科学研究所:《中国革命根据地货币》,文物出版社,1982年。

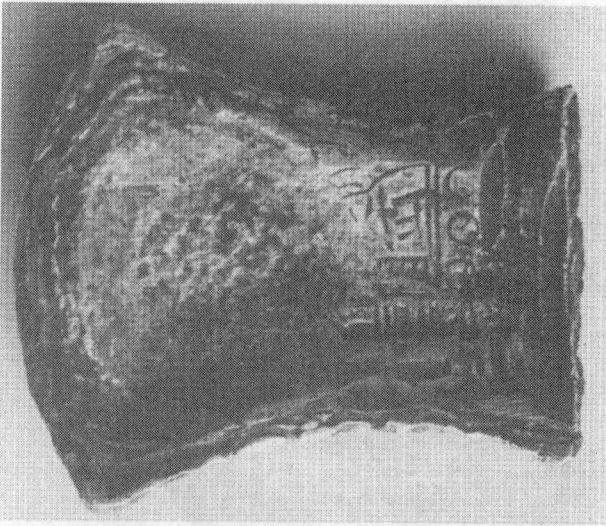

1

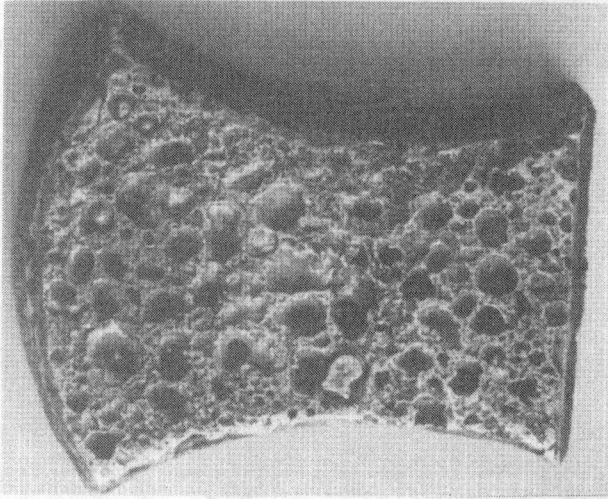

2

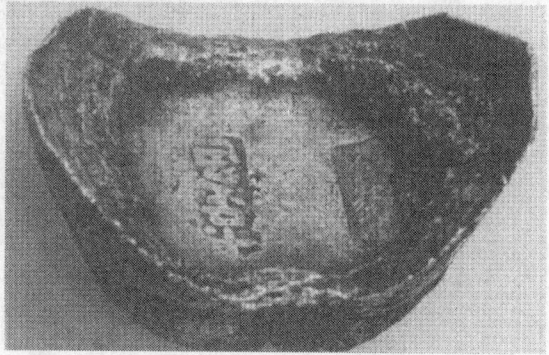

图　一

1

2

图　二

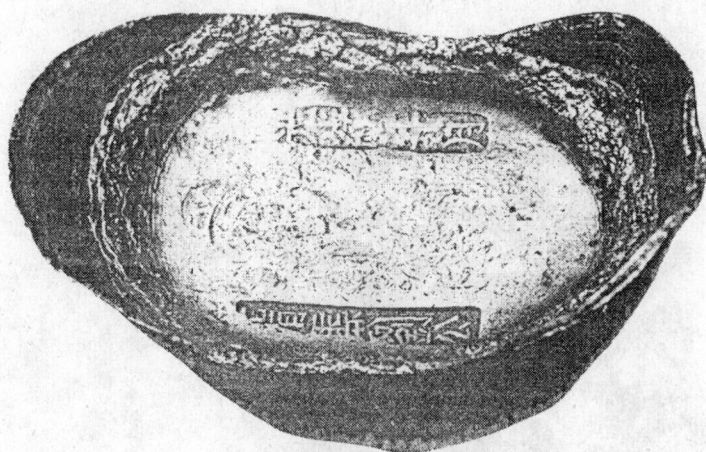

1

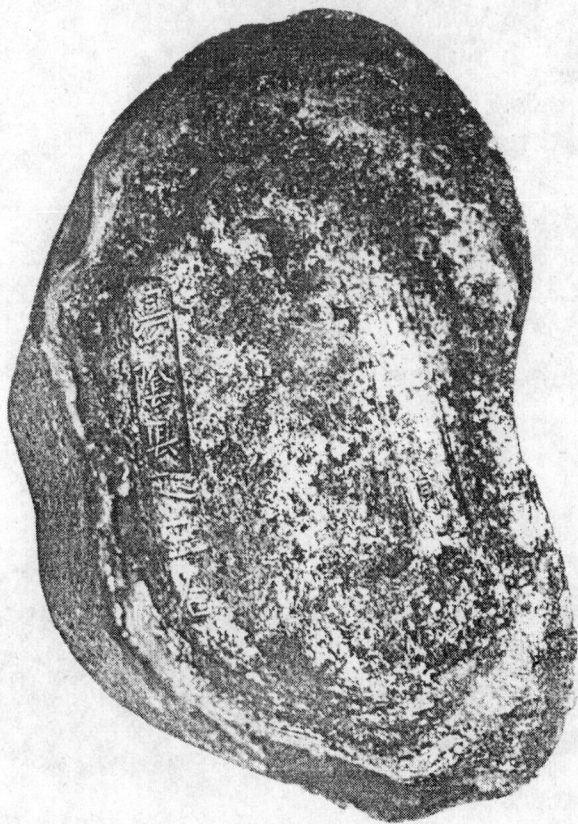

2

图 三

1

2

3

图 四

1

2

3

4

5

图　五

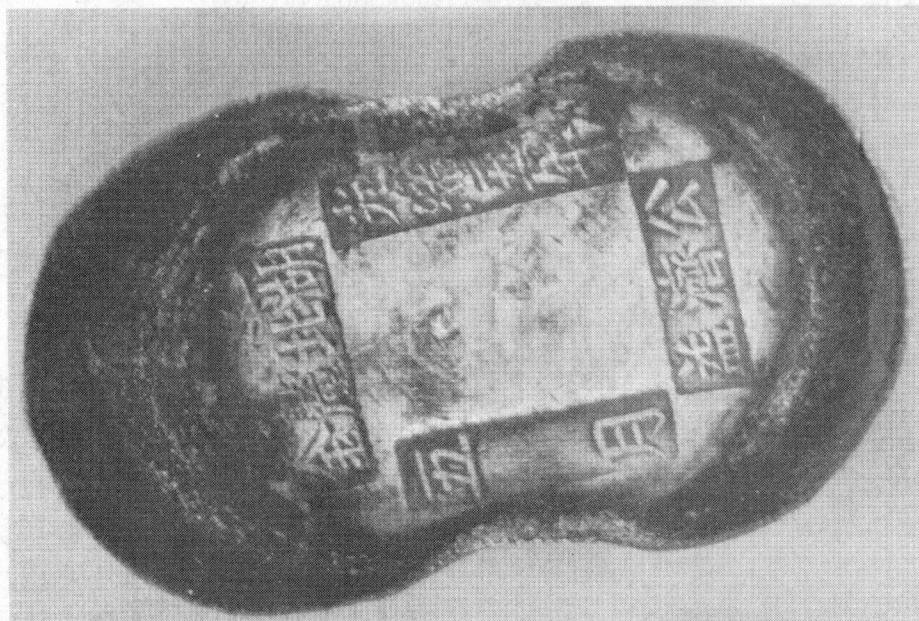

1

2

图　六

1

2

3

4

图　七

1

2

图 八

1

2

图 九

1

2

图一〇

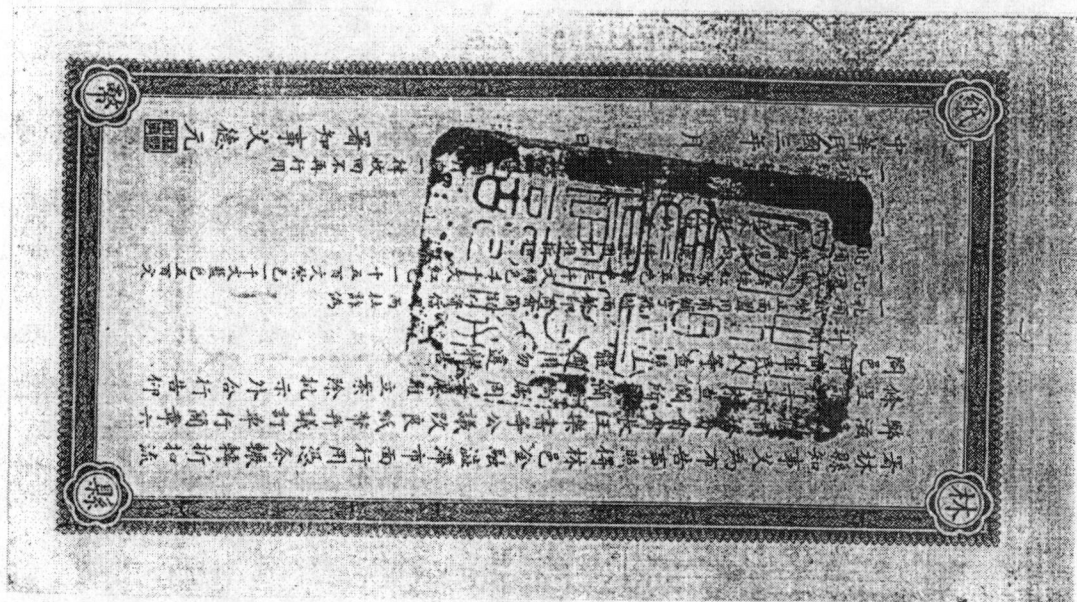

图一一

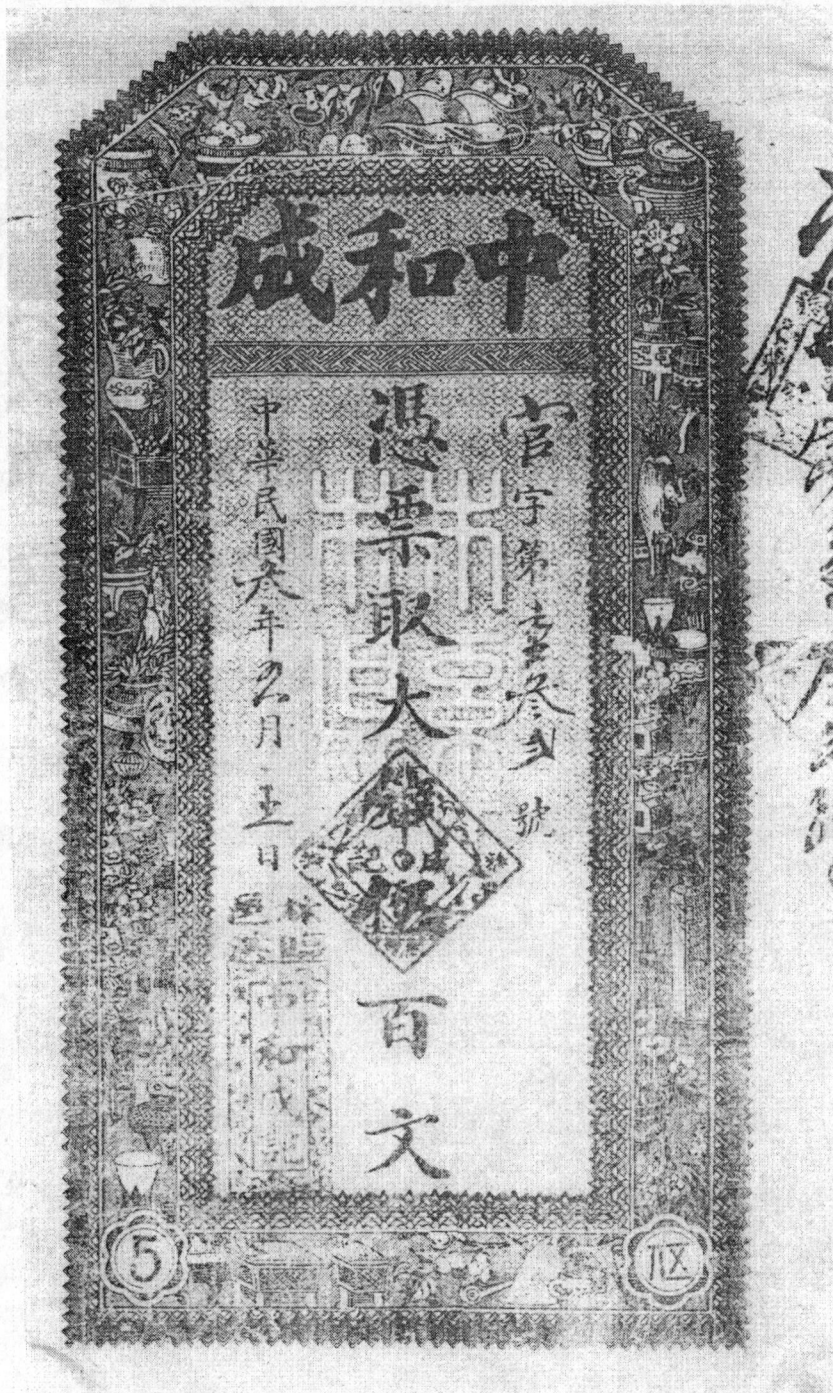

图一二

林县地方流通券（正面）

林县地方流通券（背面）

图一三

1

2

3

4

图一四

1　　　　　　　　　　　　2

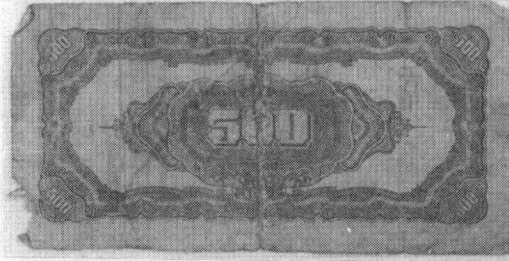

3　　　　　　　　　　　　4

图一五

1

2

4

3

5

图一六

后　记

　　《安阳钱币发现与研究》系《河南省钱币出土与发现研究》系列丛书之四。它是在 1995 年安阳市钱币学会开展的安阳地区建国以来历代钱币出土情况调查的基础上,历时数载编撰而成的。

　　在本书编撰过程中,得到了河南省钱币学会的指导,得到了中国人民银行安阳分行、安阳市文化局、安阳市博物馆、人民银行汤阴县支行、人民银行滑县支行、人民银行内黄县支行、人民银行林州市支行、人民银行安阳县支行及汤阴县文管所、滑县文管所、林州市文管所、内黄县文管所、安阳县文管所等单位的大力支持,得到了文博系统热心者张晓琴、贺贵明及钱币爱好者龙振山、傅春喜、刘新明等同仁的大力帮助,在此一并致谢。

　　本书主要由安阳市博物馆孔德铭、焦智勤、谢世平等同志编写完成,其中绪论、第一、三、五、六、七、八章及第二章部分章节主要由孔德铭撰写,第二章一、三、四节及第四章主要由焦智勤撰写,谢世平也参与了第一章、第七章等章节的编写工作。全书由孔德铭、焦智勤、吴金保、余江保、芦天奇等最后审定完成。拓片焦智勤、孔德铭、谢世平,图片摄影焦智勤、李自省等。

　　由于我们资料搜集尚有遗漏,作者水平有限,本书难免存在疏漏、谬误之处,尚祈读者指正。《安阳钱币发现与研究》若能给您的钱币研究、鉴赏带来少许裨益,将是编者最大的荣幸。

安阳市钱币学会

鹤壁钱币发现与研究

鹤壁市钱币学会　　鹤壁市文物局

目　录

第一章　先秦货币

鹤壁境内,西高东低。西部为太行山脉南段及其余脉丘陵,东部为华北大平原的一部分。羑河、汤河、淇河均发源于西部山区,从西向东横贯境内。古黄河自西南来,纳淇河,后东北向而去,纵贯全境。至迟在新石器时代中期的裴李岗文化时代,我们的祖先就已经生息繁衍在这片肥沃的土地上,创造了高度发达的原始农耕文化,淇县花窝发现有裴李岗文化遗址,鹤壁刘庄发现有仰韶文化遗址。在晚于仰韶的龙山时代,鹤壁地区的古文化遗址更加密集,在浚县大赉店、大八角都发现了文化堆积丰富的龙山遗址。先商时,鹤壁地区属先商文化卫辉类型所在地①。进入早商时期,鹤壁也是商人活动的重要地区。在大赉店遗址、鹿台遗址② 都发现了丰富的早商文化内容。在 1992 年配合鹤壁开发区供水线施工发掘中,在著名的辛村墓地北面的几个探方中均发现了二里岗文化层叠压在先商文化层之上的现象。晚商时鹤壁属于商王畿,淇县城(朝歌)为商陪都。商亡后,鹤壁属纣子武庚辖地,武庚叛乱,周公迁封康叔于斯,为卫国。春秋时,由于赤狄的侵扰和内部腐败,卫国势日衰。春秋中期起,原处山西境内的晋国强大起来,向东不断扩张,占有太行山以东,河、淇间原属卫的大片土地。鹤壁为晋所有。战国时赵、魏疆域在此犬牙交错,鹤壁分属赵、魏③。韩的势力也曾一度伸展到此④。

鹤壁出土的先秦时期货币主要有贝币、空首布和圜钱等。

---

① 邹衡:《夏商周考古论文集》,文物出版社,1980 年。
② 二县一市文物普查资料汇编。
③ 《史记·晋世家》、《卫康叔世家》、《赵世家》、《魏世家》。
④ 《史记·韩世家》。

第一节　贝　币

　　鹤壁地区发现的贝币,以1981年8月浚县屯子乡前石桥村村民张献遂挖土挖出的30枚海贝与1982年4月市博物馆在辛村征集的一批海贝最为重要。这两批海贝出土时,均紧密堆放在一起,没有明显穿系痕迹,周围没有其他物品,显系当时将海贝当做财富埋放起来的窖藏。浚县屯子乡的那批贝币出土地距离鹿台遗址不远。鹿台遗址发现有属于仰韶及早、晚商的文化堆积,推测系晚商或更早的贝币埋藏。出土贝币中有海贝,有仿制石贝。从出土海贝的情况看,全部为货贝,个体有大有小,有轻有重,质地亦不尽相同,有的坚硬,有的酥松,有的洁白光滑,有的表面覆盖有一层黄色钙质层,有的钙质层部分脱落,露出白色钙质贝体,有的全部出露为白色酥松贝体。一般长3~1.7、宽1.8~1.2、厚1.04~0.73厘米,背孔径0.73~0.50厘米。背孔有圆形、椭圆形、方形及不规则形诸种,这说明古人在磨孔时由于缺乏对付贝体脆硬的钙质的有效办法而无法控制背孔的形状。同时表明磨孔方法简单,磨出孔只为穿系方便,并无他意。仿制石贝背均磨出两个孔,两孔孔径相同(彩版贰:1,表一)。

　　鹤壁市博物馆从辛村农民手中征集的海贝,虽不能确指其出土地点和情况,但当在辛村及其周围,可能从西周卫国残墓中散出[①]。这批海贝数量较大,亦全为货贝,分藏于市博物馆和文物工作队文物库房(彩版贰:2,表二、三)。贝体一般长3.0~1.07、宽2.16~1.08、厚1.82~0.55、背孔径2.12×1.54-0.33厘米或为磨背式,重5.4~2.1克。浚县海贝全为大穿孔式,在含有晚商文化遗存的鹿台遗址附近出,推测为晚商时所遗或更早。鹤壁辛村所出海贝有大穿孔式和磨背、近磨背式,疑为西周残墓散出。一般认为大穿孔式货贝比磨背式货贝早[②],但两者有并行时间。

---

　　① 根据《浚县辛村》所述辛村西周墓地8座大型墓中的6座,M21、M42、M2、M1、M6、M5;6座中型墓中的5座,M60、M20、M8、M4、M19及54座小型墓中的一部分,共出土海贝4 372枚。有成系而出的,每系数目有22枚、24枚、26枚的。常二系或三系并列,缀在柔带上作装饰用。大型墓M2中贝为车饰,小型墓M77中死者腹上置贝12枚,口中含贝1枚。古人用贝作装饰用,正像用金、银、铜质物作装饰用一样,说明贝与金银、铜质物一样是古人很重视的财富。实际上辛村墓中的贝也不会全作装饰用,有的墓中,估计贝仅作为财富的象征而放置。因此我认为辛村墓中的贝既作为财富的象征,因而也是货币。周卫荣《中国青铜铸币起源研究》(《日本仙台金属博物馆纪要》)1997年27号称"上古财富与货币二种概念是重合的"。

　　② 《中国钱币大辞典·先秦编·货贝》,中华书局,1995年。

表一　浚县屯子乡前石桥村出土贝币一览表

单位:厘米

藏品编号	币类	长	宽	厚	背孔径	贝体特征
00726	货贝	3	1.8	1.04	0.73	背部磨出1孔
00727	货贝	1.7	1.2	0.75	0.50	同　　上
00729	货贝	2.2	1.4	0.73	0.58	同　　上
00728	石仿贝	2.2	1.7	0.80	0.65	背部磨出2孔,2孔孔径相同
00730	石仿贝	2.8	2	0.99	0.57	同　　上
00731	石仿贝	2.5	2	0.89	0.55	同　　上

表二　鹤壁市博物馆藏浚县辛村出土货贝一览表

单位:厘米、克

序号	长	宽	厚	背孔径	重	贝体特征
1	2.96	2.10	0.97	2.12×1.54	5.4	背大穿孔(呈椭圆形,质稍酥)
2	2.32	1.76	1.12	0.70	3.5	背小孔式,质稍酥
3	2.24	1.61	1.82	1.51×1.06	2.6	背椭圆形大孔,色甚白,坚硬
4	2.45	1.83	0.64	1.64×1.16	3.2	背椭圆孔,色质同上
5	2.24	1.81	1.17	0.86	3.4	质稍酥
6	2.30	1.68	1.14	0.61	3.1	质酥
7	2.03	1.47	0.97	0.81	2.1	质酥
8	2.33	1.72	1.17	0.52	3.5	质酥
9	2.43	1.71	1.21	0.53	3.6	质酥
10	2.21	1.22	1.16	0.61	3.3	质酥

表三　鹤壁市文物工作队藏浚县辛村出土货贝一览表

单位：厘米

藏品编号	长	宽	厚	背孔径	贝体特征
001096	2.05	1.30	1.04	0.52×1.25	背孔大且不规则，表面全出露为白色钙质，近乎磨背式
001094	1.80	1.39	0.65	1.32×0.79	近磨背式
001098	1.50	1.22	0.67	0.92×0.6	同上
001109	1.97	1.31	0.55		磨背式，表面白且坚硬光滑
001111	2.73	2.16	0.76		磨背式
001113	2.06	1.4	0.75		近磨背式
001088	2.78	1.91	1.38	0.53	背凸，两侧有结节，贝表有淡黄色层
001089	2.0	1.4	0.92	0.83	贝表全部出露为白色钙体
001090	1.47	1.08	0.76	0.43	贝体质坚好，黄色覆层基本未脱落
001091	2.95	2.02	1.43	0.76	贝表蚀甚，通体褐色
001092	1.83	1.3	0.86	0.56	同001090、001093
001093	2.50	1.78	1.23	0.71	黄色表覆层半脱落
001095	1.70	1.27	0.84	0.49	同001090
001101	2.14	1.63	1.05	0.33,0.63	背一大一小两孔
001106	3.0	2.08	1.44	0.60	面白色且坚硬光滑
001108	1.7	1.33	0.92	0.49	面齿不显

第二节　空首布

一、耸肩尖足空首布

（一）出土情况及出土布币简介

1974年4月在浚县城西南20公里处小艾庄遗址范围内，村民在平整土地时发现耸肩尖足空首布，为窖藏。空首布为陶罐盛装，在罐内作环状叠压排列，币面没有文字，约有百枚以上。出土后大部分散失，文物部门只收回数枚，现浚县博物馆收藏有其中的5枚[1]。这5枚耸肩尖足空首布一般布身厚0.12～0.15、通长13.8厘米，首长5.6、厚1.57厘米，首上宽1.73～1.81、下宽1.12～1.15厘米，布身长8.89～9.6、中部宽5.65～5.75厘米，带首内范芯重30.5～35克，可分为二型：A型弧裆如00736（浚县博物馆藏品总号，以下简称总号）（其钱币分类号，以下简称分类号0011），銎首斜下残掉一三角形状部分，一耸肩尖角亦残去，两尖足尖角亦残去，一足残去多，一足残去少。布身两面相同无文字，中部各有三竖纹（图一）。B型圆角平直裆型如00735（总号）（分类号为0010），整个裆部的梯形状显低平，裆顶略宽，裆顶与两尖足内侧线相交处呈圆转角状。一耸肩尖角残去，一尖足大部分残掉，一尖足残去尖角。布身两面无文相同，中部各有三竖纹（图二）。00734（总号）（分类号为0009）整个梯形状裆部显高耸，裆顶略窄，裆顶与两尖足内侧线相交处呈圆角状。一耸肩尖角残去较多，一耸肩尖角残去尖角，一尖足残去尖角，一尖足残去大部。布身两面无文相同，中部各有三竖纹。余两枚00733（总号）（分类号为0008）和00732（总号）（分类号为0007）残甚，特征与前面描述的3枚大致相同。

（二）起源及铸行地研究

耸肩尖足空首布发现地浚县为古黄河流经之地[2]，直至金代明昌五年（1194）古黄河才改道东走。浚县附近有淇水，《诗·卫风》又曰："淇水在右。"《汉书·地理志》："共县北山，淇水所出，东至黎阳入河。"[3] 鹤壁境内的汤河（汤阴县因在其南而得名）也为一条古老的河流。据载："源出河南汤阴县西。东流合万金渠旧洹河至内黄县西南入卫河，水名荡水。唐贞观

---

① 浚县小艾庄区遗址为一处龙山至商代的文化遗址，并有春秋战国时期的文化遗存。

② 据《书·禹贡》：故道自今河南武陟东北流至浚县西折北至河北平乡北，东北流分为"九河"，最大一支为干流，北流至深县南折东北至静海东南入海。

③ 浚县古称黎阳。

时,以水微温改名汤水。"① 鹤壁北部的羑河亦很出名,据载:"源出河南汤阴县北,东流经安阳至内黄县西流至汤河。"②《史记·殷本纪》"纣囚西伯羑里"的羑里即因此水而得名。《汉书·地理志》:"荡阴有羑里城,西伯所拘。"《水经注》:"夏曰夏台,殷曰羑里。"综上所述,今天鹤壁市行政区域所包括的鹤壁市区(旧汤阴县西部)、浚县和淇县,正处在华北大平原与太行山脉相交处③,自古为富足肥沃之地。殷时属商王畿之地。周公平定武庚叛乱之后,封康叔封于此。《史记·卫康叔世家》曰:"以武庚殷余民封康叔为卫君,居河、淇间故商墟。"今鹤壁市区正在其封地内。所以西周时鹤壁属卫。直到西周晚期卫仍较强大,如"(武公)四十二年,犬戎杀周幽王,武公将兵往佐周平戎,甚有功,周平王命武公为公"(见《史记·卫康叔世家》)。在今天鹤壁市区南辛村发现的规模宏大的西周卫国贵族墓地也反映了卫在西周时的国势尚可,但到春秋早期卫的国势已开始下降④。到春秋中期卫懿公以后,由于政治腐败,国势日衰,加上赤狄与晋的侵扰,首都先由朝歌迁到楚丘,后又迁到帝丘,只存有今濮阳以南很小的一块地盘。卫原有的国土大部分都被晋所侵占,还有一部分被宋等其他国家所分割。春秋中期以后卫实际上已成为晋的附庸国。晋献公晚年,晋疆已"西有河西,与秦接境,北边翟,东至河内"⑤。所谓河内就是指原卫国的地盘,可见自春秋中期起今天的鹤壁市行政区域已归属晋。

耸肩尖足空首布过去发现较少,因而研究亦较少。《古钱大辞典》下册 40 页载《续泉汇》云:"此种大布,流传甚少,幼云新获五枚有文者三……伯寅续收数枚,亦无文字。"又载《俑庐日札》曰:"大铲布,古泉汇录无文者一枚,续泉汇卷末又录三品。各有一字曰〇曰〈曰一。陈寿卿谓为最古无文字时品。误也。予在京师得数枚。有字者亦三品。曰𠆢曰十曰卜。皆记数目,此布与寻常空首殆先后所制。空首布之小者亦多记数目。"解放以后,随着考古发掘

---

　　① 《中国古今地名大辞典·汤河》,香港商务印书馆,1982 年 11 月。
　　② 《中国古今地名大辞典·羑水》,香港商务印书馆,1982 年 11 月。
　　③ 古人往往选择山地与平原相交处进行发展,因为山地闭塞而广阔的大平原又易遭水患和侵扰。山地与平原相交处则非常理想。
　　④ 见于《春秋经传》鲁隐公二年(前 721):"郑人伐卫,讨公孙滑之乱也。""四年春,卫人来告乱。""五年四月,郑人侵卫牧。""五年卫之乱也,郕人侵卫。"隐公七年"戎伐之(凡伯)于楚丘"(楚丘卫地,戎人居然在此地伐周王使者)。庄公三年春鲁"溺会齐师伐卫,五年冬公会齐人、宋人、陈人、蔡人伐卫"。六年春"王人救卫"。二十八年春"齐人伐卫",卫人败绩。可见自春秋早期起鲁郑等卫的邻国就经常欺负卫,插手其内部事务,连郕这样的小国也敢伐卫。前 660 年卫被赤狄灭国。齐桓公为之复国后,卫则基本上成了一个风雨飘摇、向别人乞讨的小国。随声附和地参与对别国有利的征伐和盟会。在春秋晚期的政治舞台上,卫已成了一个很次要的配角。
　　⑤ 《史记·晋世家》。

出土的日益增多①,对这种空首布的研究也比较深入了。有人认为这种耸肩空首布由特大型平肩空首布演变而来,盛行于春秋中期到战国中期,而对于无文耸肩尖足空首布仅言春秋战国时期,未言始于春秋何时②。也有人认为耸肩尖足空首布起源于耒③。虽然铸行于周王畿的平肩弧足空首布是由原始布演变而来,但耸肩尖足空首布却不可能由原始布演变而来④。虽然《中国钱币大辞典》所列山西拣选的"重191.5克"和"⊥"原始布确有略耸肩现象,但这种微耸肩不可能进一步发展,因为从工艺角度上讲,耸肩比较难范铸,而从实用上讲耸肩易折(这从好多传世或出土的耸肩尖足空首布肩皆残可证)。有人认为耸肩尖足空首布由特大型平肩空首布演变而来,这同样不可能。因为:①大中型尖足布重于大中型弧足布;②尖足布铸行于晋,而弧足布铸于周王畿,两地不相统属;③从器形上看,两者不相仿。弧足布肩足不易折断,尖足布肩足易折且难铸,人们为何要由好入坏,由简入繁呢?可见耸肩尖足布的来源应另找出路。于是有人认为它起源于农具耒⑤,其说甚确。由此可见空首布存在两个系列:①周王畿地区(伊洛平原)西周原始布→春秋弧足平肩布(→战国时平首布);②晋国境内西周农具耒→春秋耸肩尖足布(→战国尖足平首布)这两个系列最后在战国晚期统一于平裆方足平首布。实际上中国早期的金属铸币,其形状是丰富多彩的。它们铸行于不同的地区,来源于不同的农具、工具或武器的形状,这正是西周到春秋列国纷争,经济文化的不一致所造成的。浚县小艾庄这5枚耸肩尖足空首布有弧裆有平直裆(裆内侧线与裆顶相交处呈圆转状)。从总体上来说,弧裆布当比平直裆早,但又不绝对,两者有并行期。弧裆形也有大中小型,其中小型当较晚,而平直裆形也有大中小型,其大中型又当较早。所以就耸肩尖足空首布钱来说,弧裆或平直裆不是划分时代的绝对标准。同时裆或弧或平直并不一定绝对,它们间还有过渡形制(如前述圆转平直裆型)。综上所述,耸肩尖足空首布应始铸于晋国境内,随着晋国的东扩、南扩、北扩,它的铸行范围也随之东扩、南扩、北扩。而卫国在春秋早期国势已衰,不可能铸行耸肩尖足空首布。因为:①卫国原有的货币传统是青铜鱼形币和海贝及骨、蚌仿贝,在政治衰微、经济凋敝的情况下,它没有能力和精力在铸币上进行革新,现实经济也没有这个需要。这和周代应国一直使用贝币的情况是相仿的⑥。②到目前为止,还

---

①　1958年以来山西侯马、运城、稷山(1935年河南汲县发现了小型无文耸肩空首布)相继出土了大、中、小各型有文、无文耸肩尖足空首布(摘自《中国钱币大辞典·先秦编》)。

②　《中国钱币大辞典·先秦编·耸肩空首布·无文耸肩空首布》,中华书局,1995年。

③　白秦川:《耸肩尖足空首布起源于耒说》,《中国钱币》1989年1期。

④　其一,后期原始布的通长没有超过尖足布的通长,最长的后期原始布只与战国中期的小型的尖足布相等(均为11.7厘米);其二,后期原始布有铭文,而尖足布多无;其三,原始布与尖足布形状上互不相仿(见白秦川文)。

⑤　白秦川:《耸肩尖足空首布起源于耒说》,论证甚详。《中国钱币》1989年1期。

⑥　平顶山市钱币学会课题组:《应国墓地出土贝化初探》,《中州钱币》1997年9月。

没有在确信为卫国领土的范围内发现任何与金属铸币铸造有关的西周到春秋早期考古遗迹。相反晋国境内却发现了大量的铸造耸肩尖足空首布的铸范等遗物。如果说耸肩弧档尖足空首布年代较早的话,在原属晋疆的山西运城、寿阳、稷山也发现了大批弧档布,要比可能曾属卫疆的安阳洪河屯、林县、浚县等地发现的多得多。而且这些地区春秋早期以降,先为赤狄侵占,后归晋。因此,在太行山以东发现的耸肩尖足空首布,均为晋国铸造随着晋国军事扩张而流通到原卫境的,或晋国占领原卫地后所铸,或卫在成为晋附庸国的情况下与晋交往频繁,由晋境流入卫境的。总而言之,这类耸肩空首布应属晋国铸造,卫国并没有铸过这种布币。这种布币在地域上的扩展,应是由晋南开始向北、东、南三面辐射。而不是“此布创铸于漳水流域卫地,后由其入晋,而逐步扩展于汾水流域之晋地”[1]。因此,“耸肩尖足布钱各式出土的范围,均在晋的旧疆之内,大抵在太行山以西,中条山以北,汾水以东。至于河南汲县魏墓出土600多枚是解放前的事。大抵说来,这型空首布钱集中出土于太行山南部的两麓,是晋国(波及卫国)的铸币可以确信无疑”[2]。浚县小艾庄的5枚耸肩尖足空首布钱,属无文耸肩尖足空首布中型,有弧档和圆转平直档两种。时代约在春秋中期晚段,属于晋国东扩后于旧卫地所铸或铸于旧晋疆然后流通到原卫地新晋疆的。

二、平肩弧足空首布

这类布钱鹤壁市博物馆藏有2枚。①藏品号99,面中竖与左竖间有一“𠨉”字,近人皆释为“益”。布首横截面是“◯”形,纵截面呈“\|”形。面略有郭,背郭近无,通体部分有绿锈。面背皆有三平行直竖纹,皆为中间一道竖纹位置高,其上段已入布首表面。两侧两道竖纹位置相同,上端近肩。残余空首上端左上尚遗有原穿孔下部一小部分。重19.4克,空首上残,宽1.73、残高2.94、肩宽4.98、布身高5.72、底宽5.18、弧足高0.57、布身厚0.1厘米(图三)。②藏品号为100。面中竖与右竖间中部有一“𠂤”字,近人未释,或疑即“庚”字省笔。布基本完整,只是从布身中部左上至右下断开,断线基本呈直线。首破,横截面呈“◯”形,纵截面呈“\|”形。面背有郭。面背皆有三平行直竖纹,皆为中直竖位置高,上段已进入空首表面。通体部分有绿锈。空首中部有一截面为不规则三角形的穿,穿从首面中部偏左斜至首背中部偏左。首面中上部有一半圆形凸起。重24.6克,首上宽2.28、下宽1.76、高3.55、肩宽4.92、布身高5.56、底宽5.09、弧足高0.74厘米(图四、彩版肆:1)。

“益”字平肩弧足空首布为春秋中晚期周王畿内金属铸币。其面文“益”字当为吉语

---

① 郑家相:《中国货币发展史》,三联书店,1958年。
② 朱活:《古钱新探》,齐鲁书社,1988年。

（"益"旁为齐赒化钱"赒"字所从，故"益"义当为"宝货"之类）。有人认为在铸造这些空首布时二枚或三枚空首布并列于一范，在每一钱面上刻一字，则这两个或三个字组成一句吉语。"益"字布当属此类。"臽"字空首布，字不识，或疑即"庚"字省中竖。属于天干字，亦为这类平肩弧足空首布的传统。平肩弧足空首布币的发现范围基本上在周王畿内，其币文可释为地名者，其地亦在这一范围内，故该类布币铸行于周王畿无疑。从春秋早期至战国中期，平肩弧足布经历了一个不断减重的过程，由春秋早期的特大型到春秋中晚期的大型，再到春秋晚期至战国早期的中型，最后是战国早、中期的小型[①]。铸币减重是中国铸币史上一个普遍现象。后期的铸币减重多属发生经济危机时政府为解决财政危机的权宜之计，或私铸。而早期的铸币减重则是经济发展的表现。因为随着经济和商业交换的不断发展，早期重且大的铸币显然不能适应需要。其理由是：①携带不便；②随着商业的繁荣，小额交易大量涌现，在价值下降的海贝及其他实物货币不能适应需要的情况下，厚重大币亦不能适应需要；③流通中需求的通货总量也大大增加，在铜产量不能无限制地增加的情况下，只能靠减轻通货个体的重量，来增加通货总量，因为铸币相对于称量金属货币的最大优点就是，每一铸币个体均被强制地给予一定价值量而后参与流通，铸币的这个特点使人们能够用有限的铜就能满足一定时期一定区域内的通货总量需求。鹤壁这两枚"益"字与"庚"字平肩弧足空首布显然已属于相当长时间的减重后的类型，约当这类布中的中型布，时代约为春秋晚期到战国早期。

---

① 《中国钱币大辞典·先秦编·平肩空首布》，中华书局，1995 年。

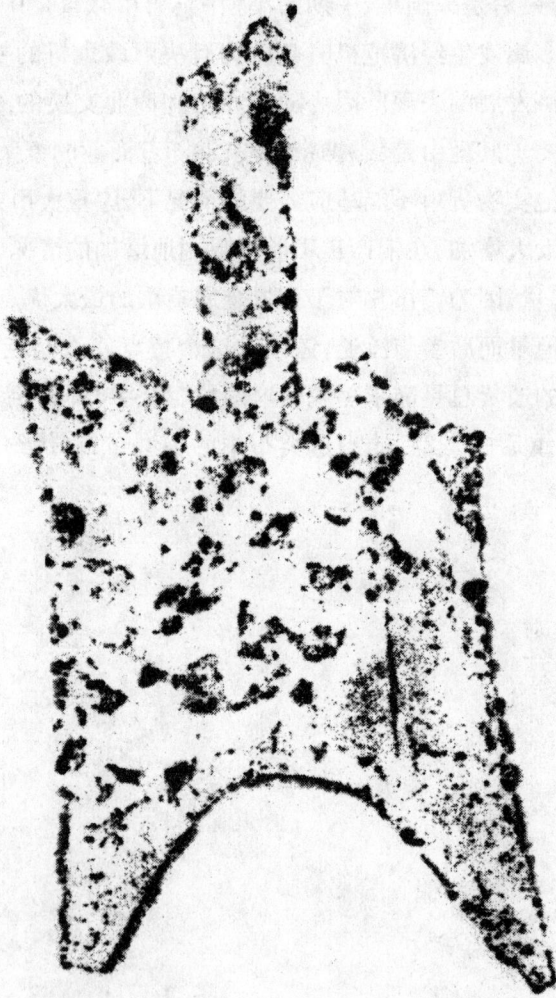

图　一

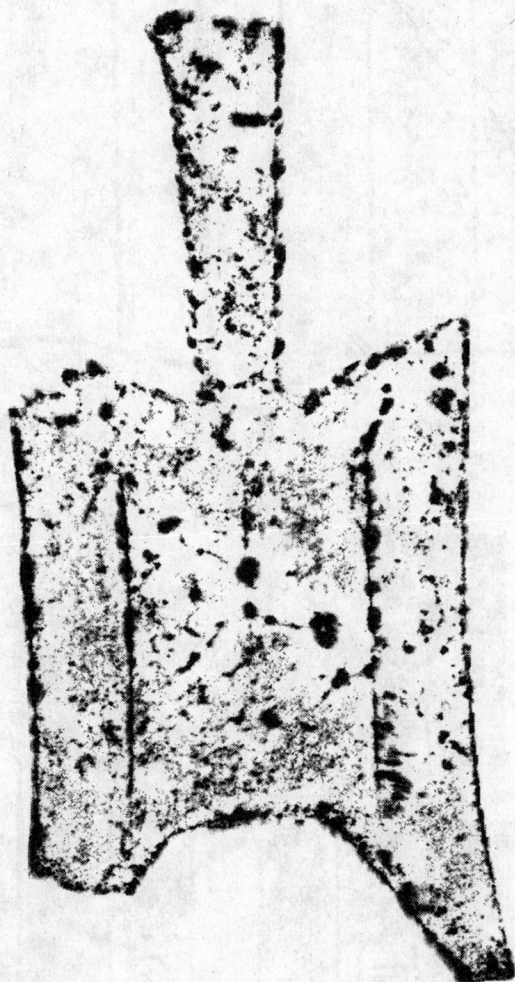

图　二

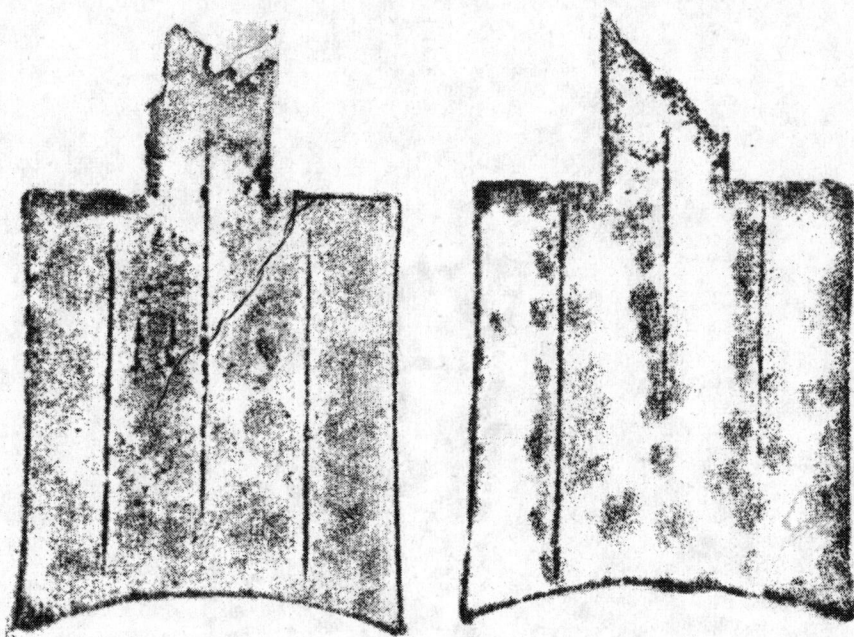

图　三

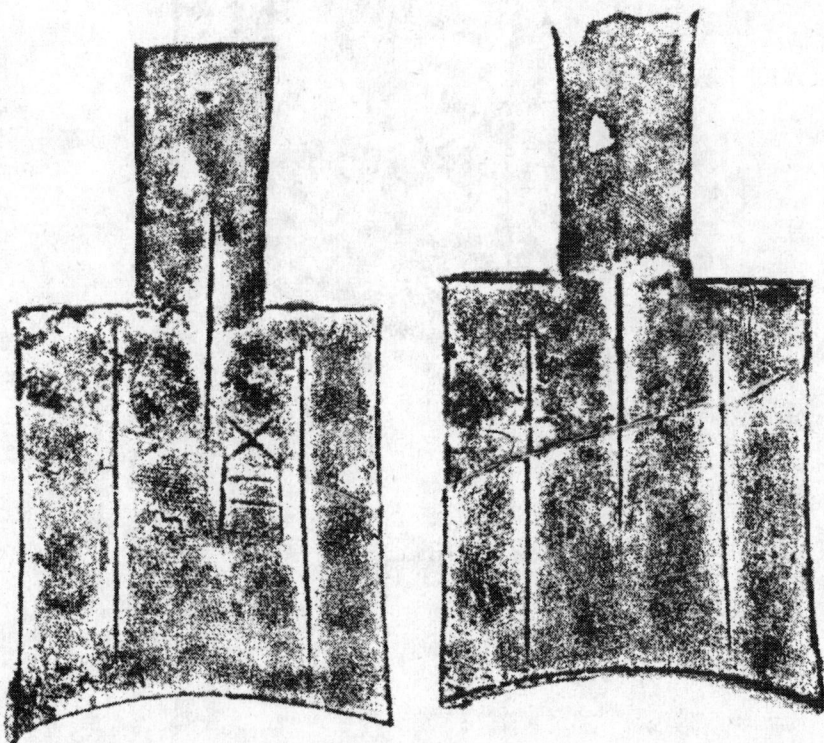

图　四

第三节　平首布和圜钱

一、出土与收藏情况

鹤壁地区历年来屡有战国铸币出土,其中尤以石林公社狮跑泉村发现的有 4 870 枚战国货币的窖藏最为重要。1981 年 11 月,我市石林公社宋家狼卧沟大队第四生产小队狮跑泉村社员胡三林和泥脱坯,挖出 3 个东周时期埋葬货币之罐,内贮古币约 70 斤,系青铜铸币。出土地点在狮跑泉老村西北 500 米左右,新建村西南地 200 米处坡地中,距南头原岸10 米,距地面 1 米左右。3 个罐南北并列成一行。狮跑泉村所在地区的地貌为从太行山余脉向华北大平原过渡的浅山丘陵地带,村内外沟壑纵横,是战争年代比较理想的避难地。这个战国钱币窖藏最引人注目的是出土了锐角异形布 3 538 枚,其中所谓公字布 3 537 枚,垂字布 1 枚。另外,市及浚县博物馆和淇县文管所历年来亦收集一些战国平首布与圜钱。

二、各种钱币分类介绍

鹤壁地区迄今发现的战国铸币有锐角垂、公字布,安邑一、二钅斤布,梁正币百当孚布,垣字圜钱及带有"平阳""平阴""安阳""宅阳""梁邑""长子""合邑""鲁阳""王氏""乌邑""祁邑""蒲子""处如""铸""鄢氏""兹(畿)城""郎""闲""戠垣""中都""皮氏""俞爰""屯留"等币文的平档方足平首布。

锐角垂字布共 2 枚(其中 1 枚为浚县博物馆藏品),分别重 8.1、8.8 克,厚 0.14、0.11、通高 5.28、5.11,底宽 3.24、3.11 厘米。锐角公字布共 3 537 枚,实测 52 枚,重 3.2~7.2克,一般重 5.0~6.2 克,有 2 枚轻者分别重 3.6 与 3.2 克,有 4 枚重者分别重 6.4、6.7、6.8及 7.2 克;厚 0.08~0.22、通高 4.29~5.18、底宽 2.44~3.02 厘米(锐角异形布详情见表一,图一~七、图八:1~3,彩版肆)。安邑一钅斤布共 3 枚,重 12.0~14.8 克,厚 0.13~0.18、通高 5.3~5.44、底宽 3.32~3.5 厘米(详见表五:15~17,图一五:6、图一六:1)。安邑二钅斤2 枚,均系早年省里调来,分别重 25.3、26.6 克,厚 0.18、0.19,通高 6.82、6.79,底宽 4.2、4.22 厘米(详见表四:18、19,图一六:2、图一七:1)。梁正币百当孚布共 11 枚(其中浚县 1枚、淇县 2 枚),实测 7 枚,重 10.2~14.5 克,厚 0.09~0.13、通高 5.6~5.96、底宽 3.86~4.04 厘米(详见表四:20~26,图一七:2、3,图一八:1、2,彩版肆)。垣字圜钱共 1 180 枚,实测 4 枚,重 7.0~8.7 克,厚 0.1~0.13、孔径 0.72~0.85、钱径 3.95~4.15 厘米(见表五备注,图二二:5,图二三:1~3)。平档方足平首平阳布共 26 枚,实测 16 枚,重 5.3~6.3 克,厚 0.08~0.13、通高 4.6~4.7、底宽 2.73~2.98 厘米(详见表二:1~16,图八:4~6,图九,图一〇,图一一:1)。平阴布 1 枚,重 6.3 克,厚 0.1、通高 4.6、底宽 2.89 厘米(表二:17,图一一:2)。安阳布共 45 枚,实测 25 枚,重 3.5~7.3 克,厚 0.07~0.15、通高 4.3~4.92、底宽 2.76~3.17、肩宽 2.16~2.8 厘米(详见表二:18~27,表三,图一一:3~6,图一二)。宅阳布共 14 枚,实测 9 枚,重 5.3~6.1 克,厚 0.1~0.13、通高 4.4~4.6、底宽 2.55~2.82 厘米(详见表二:28~30,表四:1~6,图一三,图一四:1~3)。梁邑布共 18 枚,实测 8 枚,重 3.2~6.7 克,厚 0.07~0.11、通高 4.36~4.72、底宽 2.61~3.02 厘米(详见表四:7~14,图一四:4~6,图一五:1~5)。长子布共 4 枚,实测 3 枚,重 5.7~6.3 克,厚 0.11~0.12、通高 4.5、底宽 2.70~2.98 厘米(详见表四:27~29,图一八:3~5)。合邑布 1 枚,重 6.5 克,厚 0.12、通高 4.5、底宽 2.78 厘米(图一八:6,表四:30)。鲁阳布 1 枚,重 5.8 克,厚 0.09、通高 4.5、底宽 2.82 厘米(图一九:1,表四:31)。王氏布 1 枚,重 5.4 克,厚 0.12、通高 4.53、底宽 2.81 厘米(表四:32,图一九:2)。乌邑布 1 枚,重 5 克,厚 0.09、通高 4.5、底宽 2.67 厘米(表四:33,图一九:3)。祁布 1 枚,重 5.3 克,厚 0.12、通高 4.46、底宽 2.6 厘米(表四:34,图一九:4)。蒲子布 1 枚,重 6.5 克,厚 0.11、通高 4.68、底宽 2.8 厘米(表四:35,图一九:5)。处如布 1 枚,重 5.6 克,厚 0.1、通高 4.61、底宽 2.87 厘米(表四:36,图一九:6)。铸布 1 枚,重 5.9 克,厚 0.15、通高 4.5、底宽 2.84 厘米(表四:37,图二〇:1)。鄎氏布 1 枚,重 5.2 克,厚 0.1、通高 4.5、底宽 2.88 厘米(图二〇:2,表四:38)。畿城布 1 枚,重 4.2 克,厚 0.08、通高 4.3、底宽 2.64 厘米(表四:39,图二〇:3)。郎布 3 枚,实测 1 枚,重 4.8 克,厚 0.08、通高 4.6、底宽 2.83 厘米(表四:40,图二〇:4)。闵字布 5 枚,实测 2 枚,重 5.3~6.3 克,厚 0.09~0.1、通高 4.3~4.5、底宽 2.8~2.9 厘米(表四:41、42,图二〇:5、6)。戠垣布 6 枚,实测 2 枚,重 6.3~5.6 克,厚 0.13~0.11、通高 4.4~4.5、底宽 2.8~3.03 厘米(表四:43、44,图二一:1、2)。中都布 2 枚,重 5.8~5.7 克,厚 0.11~0.09、通高 4.4~4.5、底宽 2.82~2.94 厘米(表四:45、46,图二一:3、4)。皮氏布 2 枚,重 5.8~5.8,厚 0.13~0.11、通高 4.5~4.44、底宽 2.67~2.62 厘米(表四:47、48,图二一:5、6)。榆旲布 3 枚,实测 2 枚,重 6.2、6.2 克,厚 0.1、0.11、通高 4.4~4.4、底宽 2.91~2.73 厘米(表四:49、50,图二二:1、2)。屯留布 2 枚,重 6.3~6.2 克,厚 0.1、通高 4.5~4.6、底宽 2.88~3.09 厘米(表四:51、52,图二二:3、4)。

上述所有钱币,除特别注明者外,均出自狮跑泉窖藏。

(三)钱币研究

(1)锐角异形布研究

A. 战国时河内地区为三晋共有

异形布旧谱已有著录，但由于先辈泉家多据传世采集品而考证之，故多失之不确。解放后，见诸报道的确切异形布出土地点有十几处之多，绝大部分位于古代的"河内"地区。《史记正义》张守节曰："古帝王之都多在河东、河北，故呼河北为河内，河南为河外。又云河从龙门南至华阴，东至卫州，东北入海，曲绕冀州，故言河内云也。"可见所谓"河内"大致指太行山南端以东，黄河以北，古黄河下游上段以西，漳水以南地区。这一地区西周时属卫及一些小国如共等，春秋时大部分地区渐属晋，卫的势力渐小渐东移，最后只有今濮阳周围一小块地。战国时期，这一地区的归属较为复杂。韩国占有其南部部分地区，赵有其北，魏有其中部。如《史记·赵世家》云："献侯少即位，治中牟。"《正义》云："相州荡阴县西五十八里，有牟山，盖中牟邑在此山侧也。"《赵世家》又云："敬侯六年，赵始都邯郸。"赵都中牟37年，中牟在河内。"敬侯四年，魏败我兔台，筑刚平，以侵卫。"《正义》曰："兔台、刚平并在河北。"（按：河北即河内）"成侯三年伐卫，取乡邑七十三。"（按：多在河内）"五年，魏败我怀。"（按：怀在河内南部）"十年，攻卫，取甄。"（按：甄在河内东北）"武灵王四年，与韩会于区鼠。"《正义》区鼠"盖在河北，此区鼠非属赵即属韩"。"九年，齐败我观泽。"《正义》："括地志云：观泽故城在魏州顿丘县东十八里也。"《诗·氓》："送子涉淇，至于顿丘。"顿丘在今河南浚县。或曰"顿丘县故城在今直隶清丰县西南25里"[1]。地望在河内。"（惠文王）十一年，董叔与魏氏伐宋，得河阳于魏。"（春秋晋河阳邑。《春秋·僖公二十八年》：天王狩于河阳。故城在今河南孟县西三十五里属河内）《史记正义》："秦上党郡今泽、潞、仪、沁等四州之地，兼相州之半，韩总有之。"（相州之半，属河内，韩总有之）赵惠文王："十七年，乐毅将赵师攻魏伯阳……十八年秦拔我石城。王再之卫东阳，决河水。""赵与魏伯阳。"《正义》："括地志云：伯阳故城一名邯会城，在相州邺县西五十五里，七国时魏邑，汉邯会城。"（故城在今河南安阳县西北[2]，在河内）而《史记正义》又云："《括地志》云：'石城在相州林虑县西南九十里。'疑相州石城是。"东阳，《地名大辞典》云："春秋晋地，《左传·襄公二十三年》：赵胜率东阳之师以追之。杜注：东阳，晋之山东，魏郡东，广平以北。战国时为卫地，后属赵。《国策·齐策》亦云：兼魏之河南，绝赵之东阳，则赵魏亦危矣。按，汉以前，东阳大抵为晋之太行山东地。"《史记·赵世家》又云："（惠文王）二十三年，廉颇将，攻几，取之。"《正义》：几"当在相潞之间也"。"（孝成王二十一年）廉颇将，攻繁阳，取之。"《集解》徐广曰："在顿丘。"《正义》："《括地志》云：繁阳故城在相州内黄县东北二十七里。应劭云繁水之北故曰繁阳也。"《史记·秦本纪》：昭襄王五十年十二月王"攻汾城，即从唐拔宁新中，宁新中更名安阳。"《集解》徐广曰："一作曼。此赵邑也。"可见今安阳

① 《中国古今地名大辞典·顿丘县》，香港商务印书馆，1982年11月。
② 《中国古今地名大辞典·邯会县》，香港商务印书馆，1982年11月。

或为赵邑。《史记·韩世家》:"懿侯二年,魏败我马陵。"《地名大辞典》马陵在直隶大名县南。《春秋》公成七年八月戊辰,诸侯同盟于马陵。杜注:"卫地,阳平元城县东南有地名马陵。"《韩世家》:"昭侯二年,宋取我黄池。"黄池在今河南封丘县南,《春秋·哀公十三年》:公会晋侯及吴子于黄池。杜注:"封丘县南有黄亭,近济水。"韩宣惠王十六年:"秦败我修鱼。"春秋郑地,今河南原武县东有修武亭,亦曰修鱼。即此。《左传·成公十年》晋人及郑子然盟于修泽。《正义》:"修鱼,韩邑。""虏得韩将鳃,申差于浊泽。"《括地志》云:浊泽在"顿丘县东十八里"。韩桓惠王:"十年,秦击我于太行。"《正义》:"太行山在怀州河内县北二十五里也。"《水经注·沁水》秦昭王四十四年,白起攻太行,道绝而韩亡,韩王降。时野王属韩。《水经注·淇水》:"地居河、淇之间,战国时皆属于赵。"《水经注·济水》:"秦攻赵,邯郸且降,传舍吏子李同说平君胜……同死,封其父为李侯。"故徐广云:"河内平皋县有李城,(今河南温县东)即此城也。"《竹书纪年》云:"梁惠成王三年,郑(韩)城邢丘。"《赵世家》成侯十三年,魏献荥阳。《地理风俗记》云:"陈留有外黄,故加内,《史记》云赵廉颇伐魏取黄即此县。"《史记·魏世家》云:"惠王元年,公孙颀自宋入赵,自赵入韩。"宋在三晋东南。能自宋入赵说明赵至少有河内东缘,然后才可自宋入赵。公孙颀不可能走的是西线,因为若走西线则可自宋直接入韩,因为此时韩已灭郑,公孙颀可直接入韩,不必绕道。由此可见属于古河内地区的中牟、兔台、怀甄、区鼠、观泽、河阳、伯阳、石城、东阳、繁阳、宁新中、李城、黄等皆曾属赵,而马陵、黄池、修鱼、野王等皆曾属韩。上述大量史料很清楚地表明,河内地区由于正处于韩、赵、魏三国交界处的交通要道上,加以土地肥沃、经济发达,为三国所反复争夺。三国的疆界在此犬牙交错。一地今为赵地,明或为魏地,终战国之世这种状况并没有根本的改观,所以不能因为锐角异形布多出于河内地区就遽定此类布为魏国独铸。

B. 锐角异形布铸行时代、地区及性质研究与相关问题的探讨

旧谱把带"涅"字的大型锐角布或归属赵,或归属韩。今人多以为这类布中的"涅"字非地名,而释为"百涅"之类。涅为金库之义。依据中国古代铸币由大到小、由重至轻的规律,这些大型锐角布当比由"公""垂"两类构成的小型锐角布要早。大型锐角布发现虽然少,但从面文和形制上看,显然没有小型锐角布规范,这是时代较早的标志。其实韩、赵、魏本均源于晋,经济文化发展水平和风俗习惯差别并不大。加以三国地域相邻,相互间各种交往频繁,所以在经济文化的发展上很容易显示出一致性。晋国原有的铸币传统是耸肩尖足布系列。自春秋晚期以降,三国在这一基础上,各自发展自己的铸币。春秋晚期至战国早期三国的铸币有一定的差异。如赵国的平首尖足布系列和魏国的安邑釿系列以及前述韩国的大锐角币。但自战国中期开始,随着三国间经济联系的加强,三国铸币的发展趋势是逐渐走向统一。这种布币中以公字布最多,垂字布比较少,未见其他文字,说明已比较规范化。是否规范化和规范化的程度如何往往是判断一个铸币体系时代早晚的主要标志。如可以确定为战

国早期魏国铸币的安邑釿系列,其安邑二釿重 17.5～32.3 克[1],摆动达 14.8 克。安邑一釿重 11.2～17.5 克,摆动较小,也达 6.3 克。安邑半釿重 6～8.1 克,摆动最小,但亦达 2.1 克。不同系列和国别的差别则更大,如文安半釿竟有 19 克,文安一釿仍如此[2]。而同是魏国铸币的战国晚期梁当乎系列则截然不同,最重的梁重釿五十当乎重 25.5～31 克,摆动 5.5 克[3],轻一档的梁重釿百当乎重 12～15.5 克,只摆动 3.5 克,梁正币百当乎摆动稍大为 5.3 克(10.5～15.8 克),而梁半币二百当乎则重 6.5 克左右,几乎无摆动了。从战国早期至晚期,古代计量手段肯定有所改进,但短时期的改进不会太大。所以摆动减小直至消失的原因,是随着货币经济的发展,货币使用的范围的扩大和频繁,人们对于铸币的重量越来越关心,精确度要求越来越高,是时代前进的标志。我们再来看所谓垂字布其重量基本上在 8～10 克间摆动,摆动幅度只有 2 克左右。而公字布,从对狮跑泉窖藏所出的测量结果来看其重量基本上在 5～6 克摆动,摆动幅度只有 1 克,已相当规范了。所以从时代上来讲所谓公字和垂字锐角布只能是始铸于战国中期[4],这是锐角布的规范程度和铸币个体重量所决定的,而所谓垂字布较重,发现也较少,重量摆动幅度稍大,始铸时代当略早于公字布。公字布是这类布的主流。至于这类布的国别,我们认为不能强行划定它为某国所铸。与中国先秦钱币相联系的地域类型有两种:铸地和发行区。铸地一般说来应是发行区之一,但发行区不一定局限于铸地。时代越发展,发行区就越大,而且铸地和发行区还可以分离,如枎比堂圻布就是战国晚期郑地商人专为对楚国贸易而铸造的称量货币。因为这类布多发现于战国楚疆而其铸范却发现于韩都[5]。同样小型锐角布韩、赵、魏都铸,而其发行区则主要在三国交往频繁的河内及其周围地区。它是韩、赵、魏三国为了相互间商贸的方便,同时铸行的同一种货币,它是韩、赵、魏三国试图在三国首先统一铸币而进行尝试的产物。这种尝试也是战国中晚期整个中国铸币逐步走向统一过程的一个重要组成部分。这类布币中的垂字布重 8～10 克,与战国早期盛行的重十几克的铸币(如最常见的安邑二釿重 17.5～32.3 克,邯郸尖足布重 10.5～15.6 克)相比,其重量已显著下降,这也是前述整个先秦时期中国青铜铸币重量逐步递减过程中的一个组成部分。垂字布可能是由韩国最先铸行的一种主要用于与

---

①　安邑釿系列重量见《中国钱币大辞典·先秦编》,中华书局,1995 年。

②　彭信威:《中国货币史》,上海人民出版社,1988 年。

③　《中国古钱大辞典·先秦编》,中华书局,1995 年。

④　有人举《战国策·秦策》:"王又举甲兵而攻魏,杜大梁之门,举河内。"《史记·魏世家》安厘王八年(前 268):"秦拔我怀……十一年秦拔邢丘。"秦庄襄王三年(前 247)攻魏之高都、汲拔之,赵惠文王五十七年(前 298)乐毅攻魏伯阳等证据说明河内属魏但其时皆在战国晚期,而我们论证的锐角布铸行的时间在战国中期,所以河内地区战国晚期多属魏并不妨碍我们的论点。何况终战国之世,河内地区非全为魏有,韩、赵皆亦有河内之一部分,虽然多少大小随时而变。

⑤　刘宗汉:《枎比堂圻布新考》,《中国钱币》1993 年 2 期。

赵、魏两国进行交易的钱币。因为韩国早期有大型锐角布，并且 50 年代中期林县发现一先秦钱币窖藏①，是出土这类布币的窖藏中惟一一处出土垂字布较多者，而林县地近韩上党，战国曾一度属韩。《史记正义》"兼相州之半，韩总有之"。但随着通货需求量的增加，这种 8～10 克的铸币已不能适应商贸的需要，有减轻个体铸币重量的必要。这也就是所谓的公字布产生的原因。公字布重 5～6 克，这已是先秦时期中国青铜铸币最后的最佳重量。所谓"公"字和"垂"字，其具体字义尚待探讨，但有一点可以肯定，那就是它们都不是地名。正因为不是地名，所以它们才具有特殊性，是三国共同为在同一地区的商贸而铸造的货币。三晋布币绝大部分均有地名，齐刀"即墨之法化""安阳之法化""齐之法化""齐返邦长法化""齐法化"上也有地名："即墨""安阳""齐"等，燕刀上的"明"也为"燕"地名，连楚的金版上也有地名。币文地名如"齐""明"等为泛指地名，其他多为确指地名。战国晚期楚蚁鼻钱上的字不是地名，但它通行于全楚境，在通行性和铸地广泛性上又与锐角布相似。推而广之，先秦铸币凡具文字为泛指地名或不为地名者，其往往具有通行性和铸地广泛性——即在多国多地内铸造和流通（本章先后论及的有公、垂、闪、铸、垣、共、零、陕等字钱币）。所以我们肯定地说，这种小型锐角布为一种特殊铸币——即三晋为相互贸易而共同铸行的一种货币。《史记·魏世家》魏安厘王十一年有一段非常有意思的无忌对魏王说的话："夫存韩安魏而利天下，此亦王之天时已。通韩上党于共、宁，使道安成，出入赋之，是魏重质韩以其上党也。今有其赋，足以富国。韩必德魏爱魏重魏畏魏，韩必不敢反魏，是韩则魏之县也。魏得韩以为县，卫、大梁、河外必安矣。"《集解》："徐广曰，朝歌有宁乡。"《正义》："共，卫州共城县。宁，怀州修武县，本殷之宁邑。《韩诗外传》云：'武王伐纣，勒兵于宁，故曰修武。'今魏开通共宁之道，使韩上党得直路而行也。"《括地志》云："故安城在郑州原武县东南二十里。时属魏也。"可见这段话中的共、宁、安城都在河内。这段话很清楚地反映了韩魏在河内地区的商贸往来状况。其赋可富国，可见商贸交易潜力之巨大。这也从侧面支持了小型锐角布为韩、赵、魏三国专为河内地区的贸易而铸行的货币这一观点。

垂字布面文"垂"，古文作"𡹉"。《说文》："草木花叶垂，象形，凡垂之属皆从垂。"古时该字或像花叶之状与公字作公平之义一样为吉语类，这也继承了平肩弧足空首布的传统。

有两枚公字布（表一中序号为 24、25 者）均重 3 克多一点，是迄今为止公字布中仅见，较特殊，币值当为常见公字布的一半。战国铸币诸系列中，小币值者，往往极少见。如安邑半釿与梁半币二百当釿就极罕见。这种小币值的公字布的重量已是安邑半釿与梁半币二百当乎币重量的一半或更轻。说明这时对于小币值的辅币需求并不迫切。在纸币诞生之前，金属铸币往往摆脱不了或多或少的称量货币的性质，也就是说国家政权虽然强制给与一定重

---

①　张增午：《河南林县出土的古钱币》，《中国钱币》1992 年 1 期。

量的铸币以一定币值,但即使就当初给与的币值来说,它也与铸币重量所决定的价值成正比,并且差距不大。即使后来铸币上不标重量,只以元宝、通宝名之,其购买力仍与其本身的重量息息相关。有一枚公字布(表一中序号为 44 者)面仅有左右两竖纹,中无公字,但就其形制特征看应为公字布。可见这类布之所以采取这种形制,是因为这种形制比较特殊,异于他类布。不铸文字亦可区分于他类布,这也是我们认为它是三晋战国中期共铸币的论据之一。通过研究发现公字布是可以分类的,一般说来背或面记范次之数用筹码表示者如六写作"⊥"或"⊤"者,为韩或魏铸。而用古数字(篆字)写法表示者如六写作"∧""∨"或"<"者,应为赵国所铸,这有赵燕刀布文字中数字写法为证。筹码示数可能源于周王畿,即今河南中部一带。此外在合金的颜色、成分及足部分叉角的大小等具体形制特征等方面也不尽相同,反映其铸造地点的多样化,凡是三晋有条件的城邑均可铸造。但不能认为其铸造地只局限在河内地区。三晋不在河内的城邑亦可铸之[1],再拿到河内边境交界处进行交易。鹤壁市博物馆藏品号 1336 重 7.2 克,厚 0.22 厘米为所见最重最厚者。余有几枚重 6 克多一点的,厚在 0.2 厘米以下。多因带泥或锈太多致重,绝大多数重量均在 5～6 克间摆动。也有极少数轻至 4～5 克间,多因残损之故。面文"公"字,前人释"谷"或借竖划及布身边缘作"容",恐非确,释"公"当得之。"公"说文作"⑻"形与布文极类。《书》:"以公灭私",《说文》:"平分也,从八从厶。"即公平之义也。当指用货币作媒介的商贸交易要公平或劝人要从公无私,或指铸币本身大小轻重等符合约定俗成的标准,因而比较公平,没有欺诈。集中体现追求商业利益和扩大私有财富的愿望的金属铸币上却铸有"公"字,这真是一件具有讽刺意义的事。闵字平首方足布币文"闵",倪模《古今钱略》:"右布面文作闵,似亦闵字。江秋史云闵即蔺字,见《说文》,读若粦。"有人云闵即蔺,古地名,战国赵邑,在今山西离石县西[2]。我们认为币文"闵"字字形虽然变化多样[3],但均释"闵"问题不大。闵,《说文》:"火貌。"蔺,《说文》:"莞属,草也。"二字音同义异。即使二字相通,也不能认为币文蔺是赵邑蔺。因为带"闵"字的铸币种类、数量都很多。如闵字圆足平首布为战国中期中山国铸币闵[4];闵字圜钱重 11.2 克[5],处于先秦中国青铜铸币合理减重过程的战国中期阶段,应为战国中期铸币,与"垣""共"字圜钱一样为战国中期三晋铸币;闵字平首尖足布及闵半平首尖足布为战国中晚期赵国铸币;闵

① 河南新郑发现有公字布范,见蔡全法、马俊才:《新郑郑韩故城出土的战国钱范、有关遗址及反映的铸钱工艺》,《中国钱币》1995 年 2 期。

② 《中国钱币大辞典·先秦编·闵·平裆方足平首布》,中华书局,1995 年。

③ 《中国钱币大辞典·先秦编·闵·平裆方足平首布》收字形 18 种,《闵·尖足平首布》收字形 4 种,《闵·直刀》收字形 1 种,《闵·圆足平首布石范》1 种,《闵·圜钱》又 1 种,《闵半·尖足平首布》12 种,张颔《古币文编》亦录字形几十种。

④ 《中国钱币大辞典·先秦编·闵·圆足平首布石范》,中华书局,1995 年。

⑤ 《中国钱币大辞典·先秦编·闵·圜线》,中华书局,1995 年。

字圆足圆首布则为战国晚期韩国铸币①;闪字平裆方足平首布则为战国晚期钱币,铸行于三晋两周。这些铸币有同样的"闪"字,但分属于不同的国家和时代。故币文"闪"非为确指地名,它与春秋周王畿平肩弧足布上的单字吉语类性质一样,为战国中晚期三晋及中山国铸币习惯用的一个吉语字。

垣字圜钱面文为"垣"字无疑,古近今人皆以垣为地名。垣,"墙卑曰垣,高曰墉"②。《书·梓材》:"若作室家,既勤垣墉,惟其余涂塈茨。"《说文》:"墙也,从土亘声。"字作垣,与币文"垍"略异。其所从亘部,《说文》云:"求亘也,从二从回,回古文回,象亘回形。"可见"垣"字本义为回曲形的矮墙,即城墙,代指城邑。我们认为币文垣代指城邑,非确指某地。有人引《史记·魏世家》魏武侯:"二年,城安邑、王垣。"及《索隐》按:"《纪年》十四年,城洛阳及安邑、王垣。徐广云:垣县有王屋山,故曰王垣。"认为币文垣为确指地名,在今山西垣曲县东南③,恐非是。史载云王垣,非今曰垣。垣字圜钱,币文单字,先秦币文单字者有下列几种情况:①天干地支,常见于空首布;②数字;③吉语。但由于古人铸钱时是成批铸造,一范多币,即使一范一币也是多范并列叠置,所以就某一铸币来说它只有单字,意义不大,但若和当时与它同铸的其他币上的单字联系起来,就有一句多字的吉语。而天干地支与数字则多用来记范次,用一字即可,但也是和其他数字或干支联系起来,它才有意义。定论为地名,且又为单字者很少见,如燕明刀上的"明"(燕)及"齐之法化"上的"齐",为单字地名,但燕、齐皆为国名,显泛指地名,非确指。确证为确指地名且又为单字铸于币面者,几乎不见。有些人将诸如"梁邑"之类二字合隶为"鄩",则为将两字并为一字,那是另外一回事。垣实为地名后缀字如"戴垣"等。故垣字圜钱的性质与锐角布一样,"垣"单字非确指地名,是战国中期三晋共有的铸币,三晋均铸造之。

这里必须指出的是还有一种单字"共"圜钱,我们认为它与单字"垣"圜钱、"公"及"垂"锐角布的性质是一样的,即三晋战国中期共有铸币,非为确指魏国共地。共本为古国名。《诗·大雅·皇矣》:"密人不恭,敢拒大邦,侵阮徂共……"文王所灭共在今甘肃泾川县北五里④。或曰周国名,伯爵,即共伯和之国。则共本指一国,非确指一地。即使后来成为一卫邑名称,它若出现在钱币上也应是"共邑""共城"之类,不能仅铸一"共"字,"共"作芡形,《说文》云:"共,同也。"又收一字作㐭形,为共古文。段注:"众也,合也,皆也。礼爵人于朝,与众共之。"《孟子·滕文公上》:"夏曰校,殷曰序,周曰庠,学则三代共之。"《论语·公冶长》:"愿车马、衣轻

① 河南新郑发现有闪字圆足圆首布范,见蔡全法、马俊才:《新郑郑韩故城出土的战国钱范有关遗址及反映的铸钱工艺》,《中国钱币》1995年2期。

② 沙青岩:《说文大字典》,天津市古籍书店影印,1980年。

③ 《中国钱币大辞典·先秦编·垣·圜钱》,中华书局,1995年。

④ 《中国地名大辞典·共》,香港商务印书馆,1982年。

裘,与朋友共,敝之而无憾。"《史记·赵世家》:"魏、韩、赵共灭晋,分其地。"则共本为共同拥有之义。《古钱大辞典》图 576 录一品平肩弧足空首布,李佐贤《古泉汇》曰:"类二字,又类共字,字减笔。"字作"芇"形。我们知道这为铸于周王畿的春秋布币上常见的单字吉语类,此共字义即为公共用币吉语无疑。总之共字圜钱的共字为共同之义,非确指地名。

我们不能把先秦布币上的文字都与相关的地名硬拉在一起。狮跑泉窖藏共出先秦古币 4 870 枚,是同类窖藏中出土量比较大的一个,其中尤以出土了 3 537 枚公字布、1 枚垂字布和 1 180 枚垣字圜钱最为引人注目。锐角布和垣字圜钱共计 4 718 枚,二类钱币这么多地共存于一个窖藏本身就说明这两类钱关系密切,当时铸造量均大,这也是我们认为"公""垂""垣"字钱为战国中期三晋共同铸币的理由之一。垣字圜钱重 8 克左右与垂字布相当,二者处在前述中国先秦铸币合理减重过程的同一发展阶段上,即处于重十几克铸币与重 6 克铸币之间。共字圜钱略重[1],可能出现时代稍早,或轻者尚未出土,但基本属于同一类货币。铸于战国中期的秦城邑半两亦重 8～15 克[2]。可见重十几克到 8 克左右是战国中期中国先秦铸币的时代特点(少量齐大刀除外)。此外铸币面文仅有一字为泛指地名的尚有梁正币、半币和重钖系列,此中的梁字指代魏国,非仅指大梁,如"明"刀的"明"指代燕国,"齐之法化"与"齐法化"之"齐"指代齐国一样(魏在迁都大梁之前不会自称为梁,故梁正币、半币、重钖系列系魏公元前 361 年迁都大梁以后所铸,为战国中晚期币。)面文为"闵"字的铸币也是这样,详见前面的考证。一般说来先秦铸币面文仅有一字而又不带邑旁(右阝部)的一般不为确指地名,为吉语之类或泛指地名。这是从空首布开始的传统。先秦币中还有一种霝字平档方足布,有人云通"潞",为战国韩地[3]。恐非是,《说文》云:"霝,雨零也。"亦当属吉语类。又有一类"陕"字钖、一钖、半钖系列平首方足弧档布,旧谱释历、虞、魏等字,皆误。有人著文释为"陕"字,论证甚详。认为陕为泛指地名,大致即今晋南至河南三门峡一带,战国时分属韩、魏。币为魏币[4]。

(2)其他问题的简单探讨

平阳布全出自狮跑泉窖藏,为战国晚期平档方足平首布。战国晚期布币铸行区内的平阳有:①赵平阳,今山西临汾一带,韩哀侯徙郑后赵有之;②魏平阳,今河南滑县南;③赵平阳,在临漳西南。有人云:通过对平阳方足布实物及出土地点、币文的字形结构、历史文献进行比较研究,初步可以认为,至少如上述圆头阳、三角阳、日字阳三种平阳布属于赵国铸币的

---

①　《中国钱币大辞典·先秦编·共·圜钱》,中华书局,1995 年。

②　关汉享:《半两货币图说》,11 页,上海书店出版社,1995 年。

③　《中国钱币大辞典·先秦编·霝·平档方足平首布》,中华书局,1995 年。

④　张颔:《魏厌(陕)布考释》,《中国钱币》1985 年 4 期。

可能性是较大的,铸造地亦应为今之临汾一带①。见解甚确。平阴布狮跑泉窖藏出土 1 枚,为战国晚期青铜币。从战国晚期平档方足平首布铸行区域考察,布面"平阴"地当指今河南孟津县东北,为东周故地,则平阴布为周王畿铸币。也有人以为平阴在今山西阳高东南,为赵币。并引《中国历代货币大系》1799 所录 1 品作例②。观该品币文阴字间有三短横,而《古钱大辞典》录 2 品及《中国钱币大辞典》所列 8 品和狮跑泉窖藏出者皆无短横。故有短横者少见,盖周王畿铸,无短横者多,与赵平阳布字相对照,盖为赵铸。狮跑泉窖藏所出安阳布钱体较小,腰身明显内收,字体略呈长方形,安字下多有一斜笔者,为代郡之"安阳"所铸③。即赵东安阳所铸币。仅有 1 品(表二中序号为 19 者),币文不甚清,阳字作"彡"形较异,安字下或无横,疑赵西安阳所铸(图一一:4),背有 5 字,无"小"形竖线纹。

狮跑泉窖藏出的梁邑布均为小型,是魏国战国晚期青铜铸币。张崇懿《钱志新编》:"梁从粱省文也,疑战国时魏都大梁所铸。"古本《竹书纪年》魏惠王九年"徙都大梁"。在今河南开封。鹤壁市博物馆藏安邑系列币共 5 枚,其中狮跑泉窖藏出"一釿"3 枚,省调来"二釿"2枚。马昂《货布文字考》:"《史记》魏武侯享国十六年,二年城安邑。《水经注》云安邑,禹都也。春秋时魏绛自魏徙此。"《汉书·地理志》河东郡有安邑。《括地志》云:"安邑故城在绛州夏县东北十五里。"则安邑釿为魏币,铸于魏惠王九年徙都大梁之前。时为战国早中期。

小型平档方足平首布是三晋两周地区战国晚期铸币走向统一的产物,除形状大致相同外,重皆在 6 克左右是它们的最大共同点。重 6 克,也就相当于十二铢即半两,这也是秦半两能统一中国铸币的基础。6 克左右是当时最佳铸币重量,也是秦统一前中国青铜铸币合理减重过程的最终结果。由于铸币个体重量的大为减轻,到战国晚期市场上流通的铸币数量已非常大。如《史记·秦始皇本纪》秦王政九年:"有生得嫪,赐钱百万;杀之,五十万。"这也是像狮跑泉这类的战国晚期钱币窖藏为什么能拥有这么多铸币的原因。

狮跑泉窖藏共出 5 类 28 种币文铸币。其中确定为赵国所铸和可能为或部分为赵国所铸的共有 16 种,其中确定为魏国所铸和可能为或部分为魏国所铸的共有 14 种,其中确定为韩国所铸和可能为或部分为韩国所铸的共有 7 种,其中确定为周所铸和可能为或部分为周所铸的也共有 7 种。综合前述该窖藏中赵国铸币与魏国铸币无论从种类和数量上看均占绝大部分。而其中赵国铸币无论从种类和数量上看又都比魏国铸币略占优。故我们认为狮跑泉窖藏所在地至少在窖藏入地时属赵。虽然《竹书纪年》记载魏约在魏惠王九年(前 361)以繁阳与赵中牟相交换,但终战国之世,三晋间边界变更频繁,相互间犬牙交错。如按前说繁

① 朱华:《试谈方足平阳布》,《中国钱币》1989 年 2 期。
② 何琳仪:《燕国布币考》,《中国钱币》1992 年 2 期。
③ 《中国钱币大辞典·先秦编·安阳·平档方足平首布》,中华书局,1995 年。

阳前 361 年左右以后应属赵,但《史记·赵世家》孝成王二十一年(前 245)又云:"廉颇将,攻繁阳取之。"可见前 361 年以后繁阳又归魏。赵中牟(今鹤壁市区)是否曾与魏繁阳交换,交换后是否又归赵,史均无明载。因此就窖藏货币内容看,战国晚期今鹤壁市区属赵的可能性大。狮跑泉窖藏为赵国铸币窖藏。从钱币量大和位置偏僻隐密来看,估计窖藏和战乱有关。盛装狮跑泉窖藏所出钱币的三个陶罐中的两个被市文物部门收藏。两罐均为泥质灰陶,外卷沿,高直领,微斜肩宽,故腹圜底。一罐肩部平素无纹,一罐肩部饰纵列直条状绳纹。两罐腹底均被杂乱地拍印上互相交错叠压的数十小块绳纹(彩版伍:1)。其中一罐腹中部有一印戳(彩版伍:2)。陶罐时代特征为战国晚期。

表一 锐角异形布一览表

单位:厘米、克

序号	重	厚	通高	底宽	币体特征、背文及藏品号	图号
1	8.1	0.14	5.28	3.24	面背均有郭。藏品号 00739	一:1
2	8.8	0.11	5.11	3.1		一:2
3	5.5	0.14	4.70	2.86	背中底有一短横借中竖成一"七"字。藏品号 1343	一:3 彩版肆:2
4	5.8	0.15	4.68	2.75	背有"刀"字应释"匕",类赵刀白人上的匕字,此币赵铸,或韩魏仿赵币铸	一:4
5	5.8	0.12	4.78	2.77	面文公字上下部分间有"一"字,本纪范次,多在钱背,今在面文中,罕见。数字纪范次,为赵尖足平首布、晋耸肩尖足空首布的传统,后亦用于他类布	一:5
6	5.2	0.12	4.8	2.76	面文中部有"一"字	一:6
7	6.2	0.14	4.6	2.74	铸钱合金含铁量大,钱体色发黑	二:1
8	5.8	0.12	4.87	2.87	背右下模铸一"∧"形"六"字	二:2
9	4.8	0.09	5.03	2.98	面右上有一"⌒"形,当为"一"字,划里略弯,背仅为左右二竖线,少中直线	二:3
10	5.3	0.12	4.94	2.84	背文借三直线作"川"形,疑即"三十八"之义	二:4
11	5.8	0.2	4.76	2.9	背底有"一"字,或借中竖为"七"字	二:5
12	5.7	0.14	4.82	2.87	背左下有一"丁"字,为筹数码"六"。筹数码盛于周王畿,韩国近之而仿,可能为韩币	二:6

（续继）

序号	重	厚	通高	底宽	币体特征、背文及藏品号	图号
13	6.2	0.17	4.75	2.85	面左"一"字	三:1
14	5.8	0.15	4.70	2.92	背底铸一斜横，借中竖成一"七"字。藏品号1345	三:2 彩版肆:3
15	5.6	0.17	4.70	2.87	背中成"⊥"形，按赵布铸数传统当读为"十一"，按韩筹码则为"六"。藏品号1339	三:3
16	5.4	0.11	4.78	2.67	背作"丫"形赵燕传统。布首凸起一块，类大型锐角布，或为合范不严造成	三:4
17	6.0	0.12	4.29	2.82	背铸"十"字	三:5
18	5.3	0.12	4.82	2.86	背作"十"形，疑即"卜"字	三:6
19	5.5	0.1	5.18	2.92	背作"丅"，即筹码"六"，韩币	四:1
20	5.7	0.14	4.83	2.92	背右、中竖间有"一"字	四:2
21	5.4	0.12	4.89	2.76	背作"十"字，"十"或"七"字	四:3
22	5.5	0.11	4.98	2.87	背铸一"八"字	四:4
23	6.0	0.12	5.05	2.93	钱体黑，类序号7。背有"丫"形即"九"字	四:5
24	3.6	0.08	4.34	2.49	面文公字上部作"儿"形，圆转，较少见	四:6
25	3.2	0.08	4.33	2.44	背左上角一小圆圈，未详何义	五:1
26	5.0	0.15	4.68	2.84	背作"土"形，即"十一"字	五:2
27	5.8	0.11	4.75	2.78	背作"三"形，即筹码"五"	五:3
28	5.5	0.14	4.75	2.76	背作"三"形，即"三"字	五:4
29	6.0	0.13	4.77	2.91	背有"一"字	五:5
30	5.5	0.15	4.84	2.77	残去占三分之一的角，面"公"字下有"丨"形，即"十"字	五:6
31	6.4	0.17	4.78	2.94	此币背文无论隶释为"六十"还是"十六"，均为古篆字与筹数码之混合，而赵燕币示数喜用古篆字，韩魏币喜用筹数码，故笔者以为此币背示数法混合赵燕与韩魏二类示数传统	六:1
32	6.7	0.14	4.75	2.94	公字布中较重者，背有"十"字	六:2

（续继）

序号	重	厚	通高	底宽	币体特征、背文及藏品号	图号
33	5.4	0.13	4.76	2.81	背作"十"形,即"七"字	六:3
34	4.7	0.1	4.61	2.7	公字布中较轻者,背作"亅"形,即"九"字	六:4
35	5.7	0.11	4.99	2.81	面"公"下有"一"字	六:5
36	5.0	0.12	4.77	2.89	背作"丶"形,疑即"人"字	六:6
37	6.8	0.13	4.96	2.85	公字布中较重者,背作"亻"形,疑即"人"字	七:1
38	5.6	0.12	4.7	2.74	面文右边有"十"字	七:2
39	5.8	0.11	4.78	2.82	面左上有"∧"形,即"六"字	七:3
40	5.5	0.18	4.74	2.85	背"七"字	七:4
41	5.5	0.1	4.96	2.95	背作"∟"形,疑即"六"字横书	七:5
42	6.4	0.15	4.75	2.81	通高正常然较重,背作"卄"形,即"十七"或"七十"	七:6
43	5.4	0.11	4.73	2.83	背右上有"十"字	八:1
44	5.8	0.11	5.03	3.02	面仅有左右两竖线,中无"公"字	八:2
45	6.1	0.15	4.6	2.86	背有筹码"六"。藏品号1335	八:3
46	5.8	0.14	4.7	2.78	藏品号1337	
47	5.3	0.12	4.78	2.76	藏品号1338	
48	7.2	0.22	4.89	2.83	实测样品中最重、最厚者。藏品号1336	
49	5.9	0.17	4.74	2.76	藏品号1334	
50	5.7	0.12	4.78	2.98	藏品号1333	
51	5.6	0.13	4.72	2.79	藏品号1332	
52	5.9	0.18	4.69	2.80	藏品号1342	彩版肆:4
53	5.8	0.16	4.64	2.45	藏品号1341	
54	6.0	0.14	4.81	2.86	藏品号1340	

备注:1.序号1、2为垂字布,序号3～54为公字布。

　　　2.序号1者为浚县博物馆藏品,序号2～54为狮跑泉窖藏出。

表二 狮跑泉窖藏出土铸币实测表

单位:厘米、克

序号	币文	重	厚	通高	底宽	币文特征及藏品号	图号
1	平阳	5.5	0.1	4.6	2.83	藏品号 1260	八:4
2	平阳	5.6	0.08	4.7	2.73	藏品号 1265	八:5
3	平阳	5.3	0.12	4.6	2.84	藏品号 1259	八:6
4	平阳	6.1	0.09	4.7	2.87	藏品号 1258	九:1
5	平阳	6.2	0.1	4.6	2.8	藏品号 1256	九:2
6	平阳	5.4	0.1	4.6	2.82	藏品号 1274	九:3
7	平阳	5.4	0.1	4.7	2.84	藏品号 1273	九:4
8	平阳	6.3	0.13	4.6	2.87	藏品号 1264。阳字日字头内无横呈半圆形	九:5
9	平阳	5.8	0.1	4.7	2.94	藏品号 1263。币文笔划粗,异品	九:6
10	平阳	5.7	0.1	4.6	2.91	藏品号 1285	一○:1
11	平阳	5.3	0.11	4.6	2.9	藏品号 1270	一○:2
12	平阳	5.7	0.09	4.7	2.98	藏品号 1269	一○:3
13	平阳	6.0	0.11	4.6	2.82	藏品号 1268	一○:4
14	平阳	5.5	0.09	4.7	2.80	藏品号 1272	一○:5
15	平阳	5.8	0.09	4.6	2.83	藏品号 1271	一○:6
16	平阳	6.0	0.09	4.6	2.87	藏品号 1267	一一:1
17	平阴	6.3	0.1	4.6	2.89	藏品号 1286	一一:2
18	安阳	5.4	0.13	4.6	2.95	藏品号 1223	一一:3
19	安阳	4.3	0.07	4.6	2.76	藏品号 1224。面郭低,背郭几无,纹饰模糊,磨损程度大	一一:4
20	安阳	7.3	0.15	4.76	3.17	藏品号 1233	一一:5
21	安阳	5.1	0.1	4.57	2.87	藏品号 1234	一一:6
22	安阳	5.6	0.12	4.59	3.03	藏品号 1219	一二:1
23	安阳	5.5	0.09	4.50	3.03	藏品号 1245	一二:2

（续继）

序号	币文	重	厚	通高	底宽	币文特征及藏品号	图号
24	安阳	5.9	0.11	4.50	3.08	藏品号 1246	一二:3
25	安阳	4.6	0.12	4.30	2.76	藏品号 1251	一二:4
26	安阳	4.4	0.08	4.6	2.94	藏品号 1249	一二:5
27	安阳	5.2	0.09	4.7	2.97	藏品号 1250	一二:6
28	宅阳	6.1	0.13	4.6	2.7	藏品号 1196	一三:1
29	宅阳	5.5	0.12	4.5	2.71	藏品号 1193	一三:2
30	宅阳	5.7	0.1	4.5	2.76	藏品号 1186	一三:3

表三　狮跑泉窖藏所出部分安阳布实测表

单位:厘米、克

藏品号	重量	通高	肩宽	厚
1232	5.1	4.45	2.63	0.10
1230	5.0	4.76	2.16	0.09
1231	5.8	4.65	2.70	0.11
1228	3.5	4.49	2.64	0.09
1225	3.8	4.69	2.66	0.08
1229	5.2	4.59	2.63	0.11
1226	5.7	4.69	2.77	0.10
1227	4.4	4.30	2.49	0.09
1221	5.6	4.92	2.72	0.12
1222	5.6	4.77	2.50	0.11
1218	5.5	4.77	2.67	0.10
1216	6.4	4.74	2.75	0.11
1215	5.2	4.56	2.77	0.11
1220	5.7	4.74	2.79	0.11
1217	4.7	4.51	2.80	0.08

表四　战国铸币实测表

单位:厘米、克

序号	币 文	重	厚	通高	底宽	币体特征及藏品号	图号
1	宅阳	5.8	0.11	4.50	2.55	藏品号 1185	一三:4
2	宅阳	5.8	0.11	4.5	2.66	藏品号 1191	一三:5
3	宅阳	5.4	0.11	4.5	2.82	藏品号 1192	一三:6
4	宅阳	5.3	0.10	4.5	2.57	藏品号 1188	一四:1
5	宅阳	5.5	0.10	4.4	2.66	藏品号 1195	一四:2
6	宅阳	5.8	0.10	4.5	2.73	藏品号 1187	一四:3
7	梁邑	5.8	0.10	4.59	2.94	藏品号 1293。背少一斜纹	一四:4
8	梁邑	6.6	0.11	4.72	2.9	藏品号 1308。梁邑小型布中较重者	一四:5
9	梁邑	4.6	0.09	4.36	2.61	藏品号 1309	一四:6
10	梁邑	4.9	0.10	4.72	3.02	藏品号 1296。背纹深入首部	一五:1
11	梁邑	6.7	0.11	4.66	2.84	藏品号 1298	一五:2
12	梁邑	3.2	0.07	4.42	2.61	藏品号 1300。此布较小且轻	一五:3
13	梁邑	5.0	0.10	4.60	2.79	藏品号 1303。面文梁字上竖不出头	一五:4
14	梁 邑	4.8	0.09	4.68	2.85	藏品号 1306。面文梁字上竖不出头	一五:5
15	安邑一釿	14.8	0.18	5.30	3.49	藏品号 1201。背平面郭近无	
16	安邑一釿	13.1	0.16	5.44	3.50	藏品号 1202	一五:1
17	安邑一釿	12.0	0.13	5.30	3.32	藏品号 1200	一六:1
18	安邑二釿	25.3	0.18	6.82	4.20	藏品号 1196。背首部阴文"充"字	一六:2
19	安邑二釿	26.6	0.19	6.79	4.22	藏品号 102	一七:1
20	梁正币百当孚	10.2	0.09	5.70	3.88	藏品号 1210。背平面郭近无	
21	梁正币百当孚	13.4	0.11	5.70	3.95	藏品号 1208。背平面郭近无	
22	梁正币百当孚	14.5	0.13	5.60	4.04	藏品号 1204	
23	梁正币百当孚	13.7	0.11	5.70	3.94	藏品号 1207。钱体发黄(合金含锡少故)	一七:2
24	梁正币百当孚	11.5	0.10	5.77	3.92	藏品号 00737	一七:3 彩版肆:5
25	梁正币百当孚	13.2	0.12	5.96	3.92		一八:1
26	梁正币百当孚	13.9	0.11	5.80	3.86		一八:2
27	长子	5.7	0.12	4.50	2.70	藏品号 1326	一八:3

（继续）

序号	币 文	重	厚	通高	底宽	币体特征及藏品号	图号
28	长子	5.9	0.11	4.50	2.98	藏品号 1328	一八:4
29	长子	6.3	0.12	4.50	2.96	藏品号 1329	一八:5
30	合邑	6.5	0.12	4.50	2.78	藏品号 1128	一八:6
31	鲁阳	5.8	0.09	4.50	2.82	藏品号 1290	一九:1
32	王氏	5.4	0.12	4.53	2.81	藏品号 1325	一九:2
33	乌邑	5.0	0.09	4.50	2.67	藏品号 1316	一九:3
34	祁	5.3	0.12	4.46	2.60	藏品号 1282	一九:4
35	蒲子	6.5	0.11	4.68	2.80	藏品号 1199	一九:5
36	处如	5.6	0.10	4.61	2.87	藏品号 1324	一九:6
37	铸	5.9	0.15	4.50	2.84	藏品号 1292。币文乃铸造之义,非地名	二〇:1
38	鄢氏	5.2	0.10	4.50	2.88	藏品号 1291	二〇:2
39	畿城	4.2	0.08	4.30	2.64	藏品号 1317	二〇:3
40	郑	4.8	0.08	4.60	2.83	藏品号 1179	二〇:4
41	闵	5.3	0.09	4.30	2.80	藏品号 1311	二〇:5
42	闵	6.3	0.10	4.50	2.90	藏品号 1314	二〇:6
43	戴垣	6.3	0.13	4.40	2.80	藏品号 1318	二一:1
44	戴垣	5.6	0.11	4.50	3.03	藏品号 1320	二一:2
45	中都	5.8	0.11	4.40	2.82	藏品号 1183	二一:3
46	中都	5.7	0.09	4.50	2.94	藏品号 1184	二一:4
47	皮氏	5.8	0.12	4.50	2.67	藏品号 1284	二一:5
48	皮氏	5.8	0.11	4.44	2.62	藏品号 1283	二一:6
49	榆㠱	6.2	0.10	4.40	2.91	藏品号 1288	二二:1
50	榆㠱	6.2	0.11	4.40	2.73	藏品号 1289	二二:2
51	屯留	6.3	0.10	4.50	2.88	藏品号 1330	二二:3
52	屯留	6.1	0.10	4.60	3.09	藏品号 1331	二二:4

备注:1. 序号 18、19 者系早年从省里调来,序号 24 者系浚县博物馆藏品,序号 25、26 者系淇县文管所藏品,余皆系狮跑泉窖藏出。

2. 另实测垣字圜钱 4 枚,重 7.0～8.7 克,厚 0.1～0.13、孔径 0.72～0.85、钱径 3.95～4.15 厘米,藏品号为 1362～1365,图号为二二:5,图二三:13。1 180 枚垣字圜钱均出自狮跑泉窖藏。

表五　狮跑泉窖藏出土货币一览表

铸币名称	铸　地	铸造国别	铸造时代	主要流通时代	主要流通区域
锐角垂字布(1枚)	今山西、河北中部、河南中北部一带	先为韩后及赵、魏	战国中期	战国中晚期	河内地区及周围
锐角公字布(3 537)枚	今山西、河北中部、河南中北部一带	韩、赵、魏	战国中期	战国中晚期	河内地区及周围
平阳布(26枚)	今山西临汾	赵	战国晚期	战国晚期	三晋两周
平阳布(2枚)	今山西阳高	赵	战国晚期	战国晚期	三晋两周
安阳布(45枚)	今河北蔚县或阳原	赵(东安阳)	战国晚期	战国晚期	三晋两周
宅阳布(14枚)	今河南荥阳	韩	战国晚期	战国晚期	三晋两周
梁邑布(18枚)	今河南开封	魏(大梁)	战国晚期	战国晚期	三晋两周
安邑一釿布(3枚)	今陕西夏县	魏	战国早期	战国	先为魏后及三晋两周
梁正币当乎(6枚)	今山西、河南一带	魏	战国晚期	战国晚期	三晋两周
长子布(5枚)	今山西长子	赵	战国晚期	战国晚期	三晋两周
合邑布(1枚)	今陕西合阳(或不详)	魏(或不详)	战国晚期	战国晚期	三晋两周
虞(或鲁、渔)阳布(1枚)	今山西平陆(或河南鲁山、北京密云)	魏(或韩、燕)	战国晚期	战国晚期	三晋两周
王氏布(1枚)	今河南洛阳	周	战国晚期	战国晚期	三晋两周
乌邑布(1枚)	今山西介休(或河南偃师)	赵(或周)	战国晚期	战国晚期	三晋两周

（续表）

铸币名称	铸　地	铸造国别	铸造时代	主要流通时代	主要流通区域
示邑布 （1枚）	今山西祁县	赵	战国晚期	战国晚期	三晋两周
蒲子布 （1枚）	今山西隰县	魏	战国晚期	战国晚期	三晋两周
处如布 （1枚）	今陕西延庆东（或其它）	赵、魏、韩、 周四说	战国晚期	战国晚期	三晋两周
铸布 （1枚）	今山西、河北中部、 河南中北部一带	韩、赵、魏、周	战国晚期	战国晚期	三晋两周
鄏布 （1枚）	今山西沁水（或它地）	韩（或周）	战国晚期	战国晚期	三晋两周
兹（畿）城 布（1枚）	今山西离石	赵（或周）	战国晚期	战国晚期	三晋两周
郎（葛、鄑） 布（3枚）	今山西、河南某地	韩、赵、 魏三说	战国晚期	战国晚期	三晋两周
闪布 （5枚）	今山西、河北、河南	韩、赵、魏、周	战国晚期	战国晚期	三晋两周
戴垣布 （6枚）	今山西襄垣	赵	战国晚期	战国晚期	三晋两周
中都布 （2枚）	今山西平遥	赵	战国晚期	战国晚期	三晋两周
皮氏布 （2枚）	今山西河津	魏	战国晚期	战国晚期	三晋两周
俞叏布 （3枚）	今山西榆次	赵	战国晚期	战国晚期	三晋两周
屯留布 （2枚）	今山西屯留	韩	战国晚期	战国晚期	三晋两周
垣字圜钱 （1 180枚）	今山西、河北、河南	韩、赵、魏	战国中期	战国中晚期	河内及周 围地区

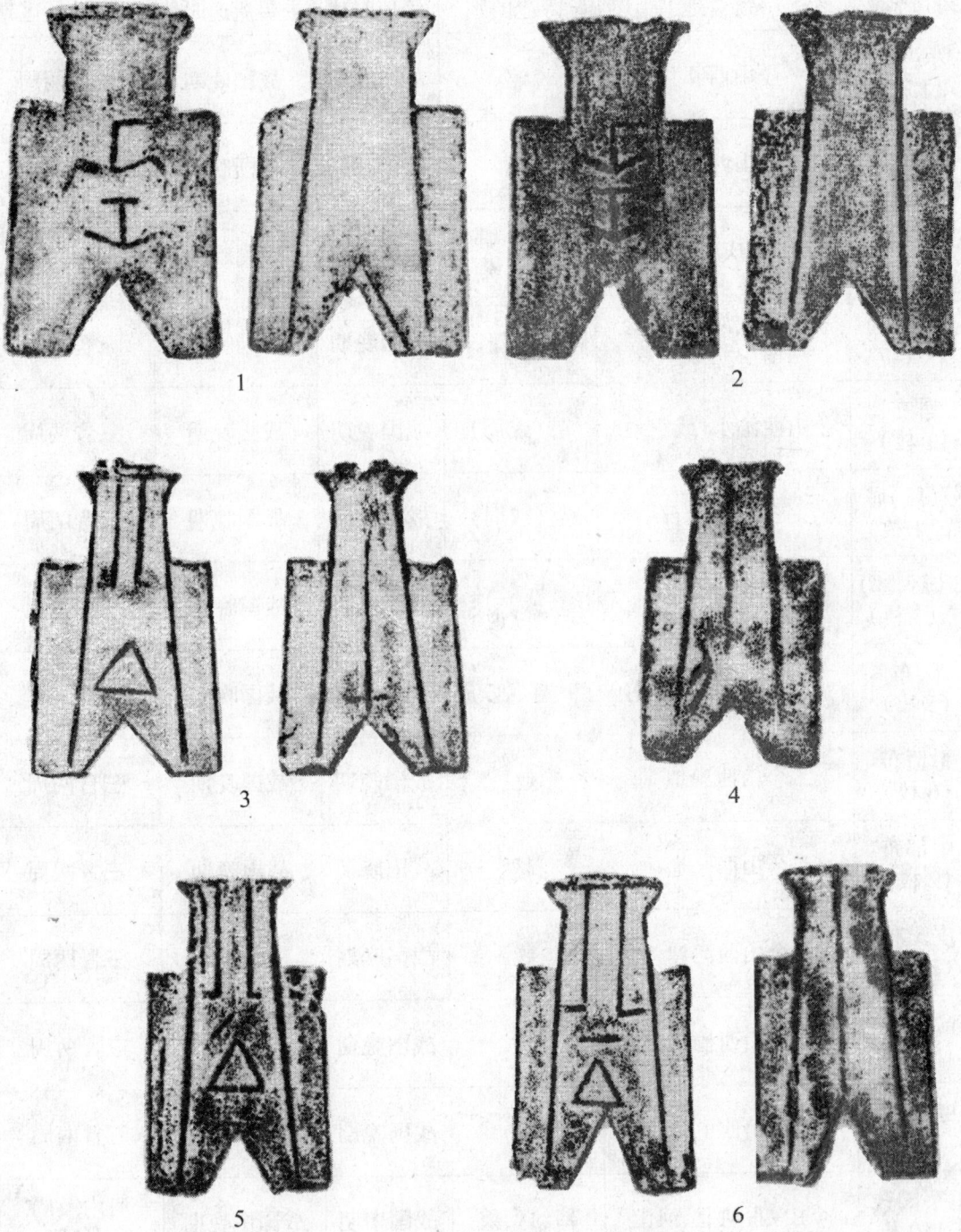

图　一

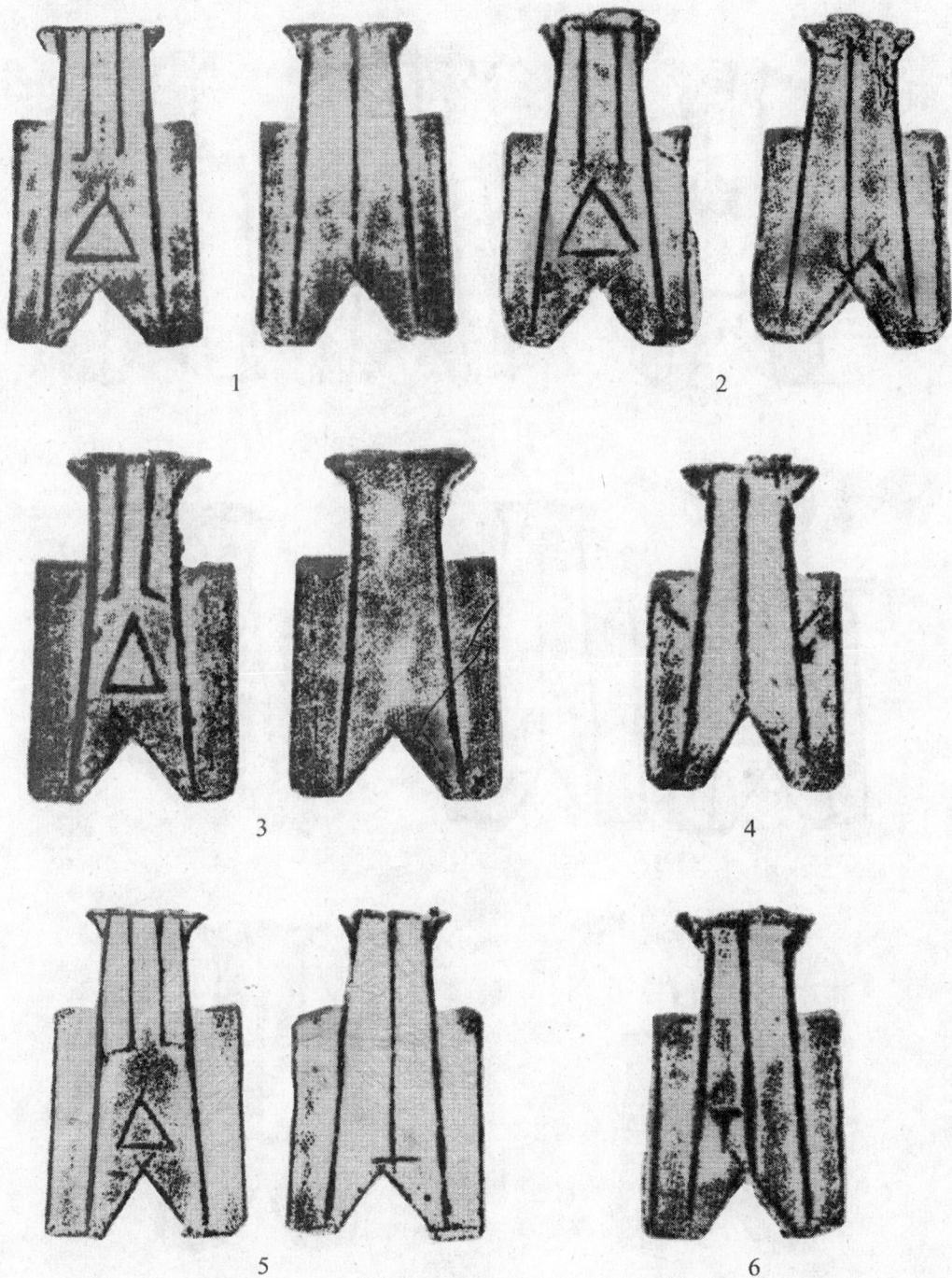

图　二

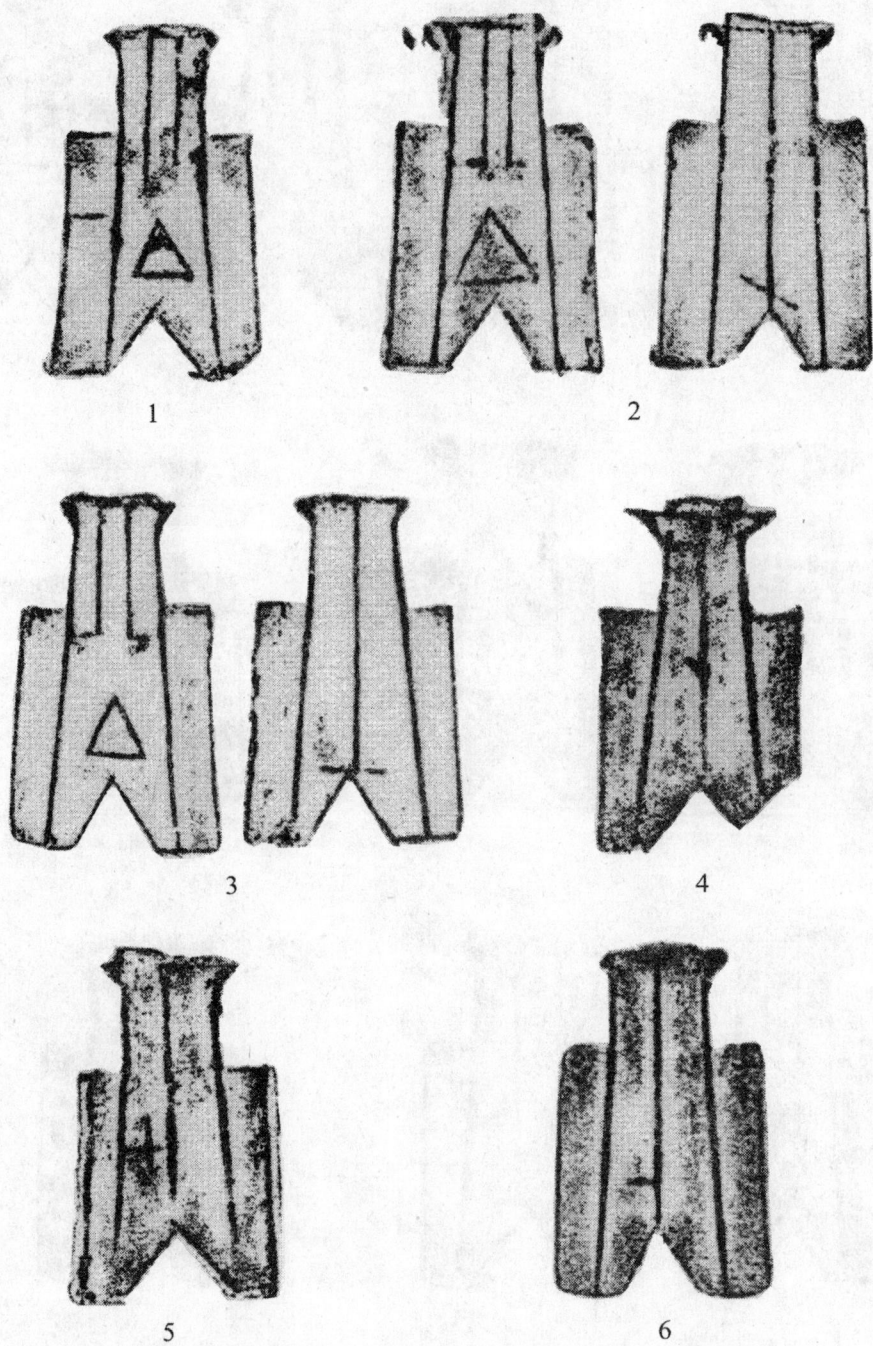

1　　　　　　　　　　　　　　2

3　　　　　　　　　　　　　　4

5　　　　　　　　　　　　　　6

图　三

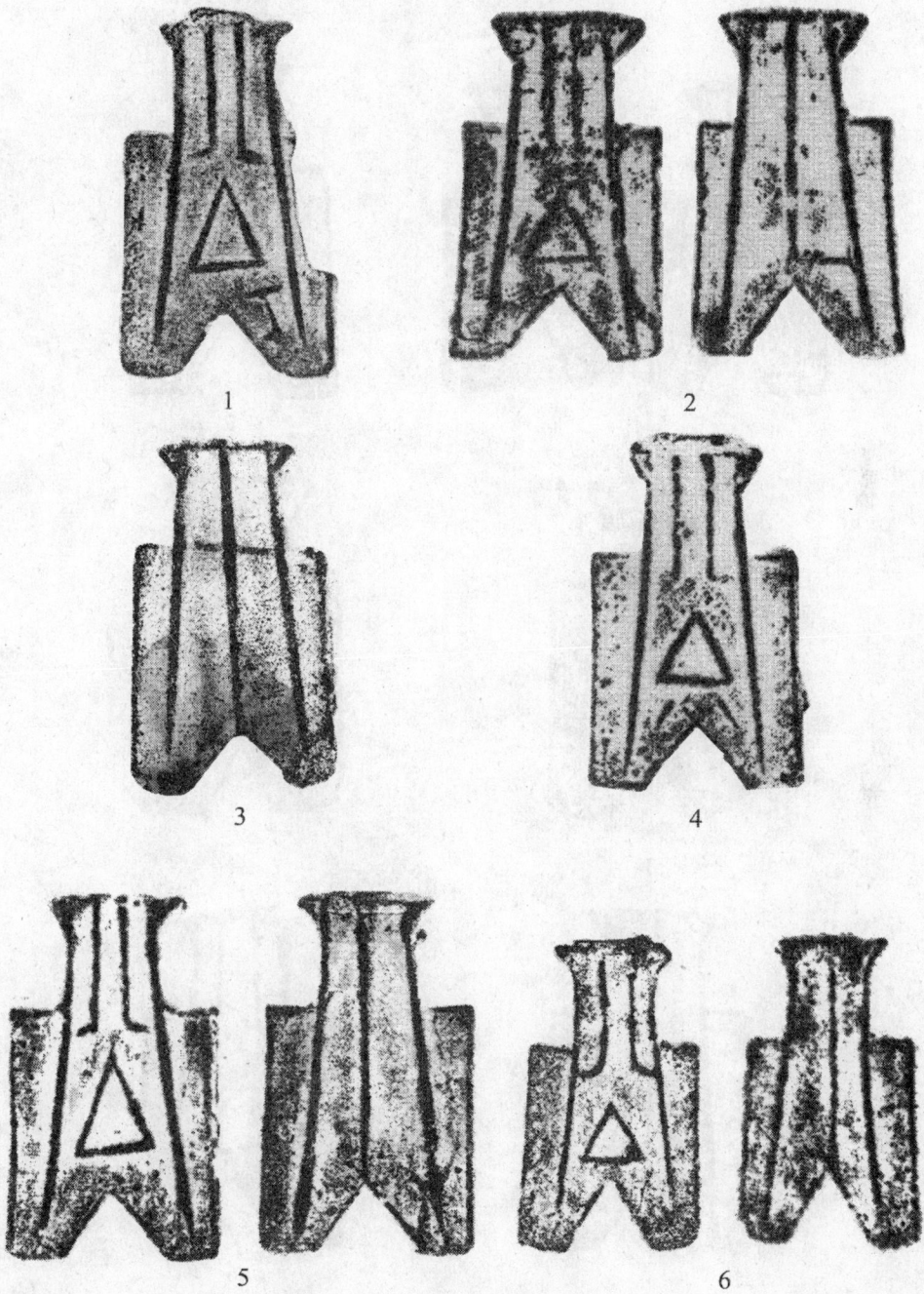

图　四

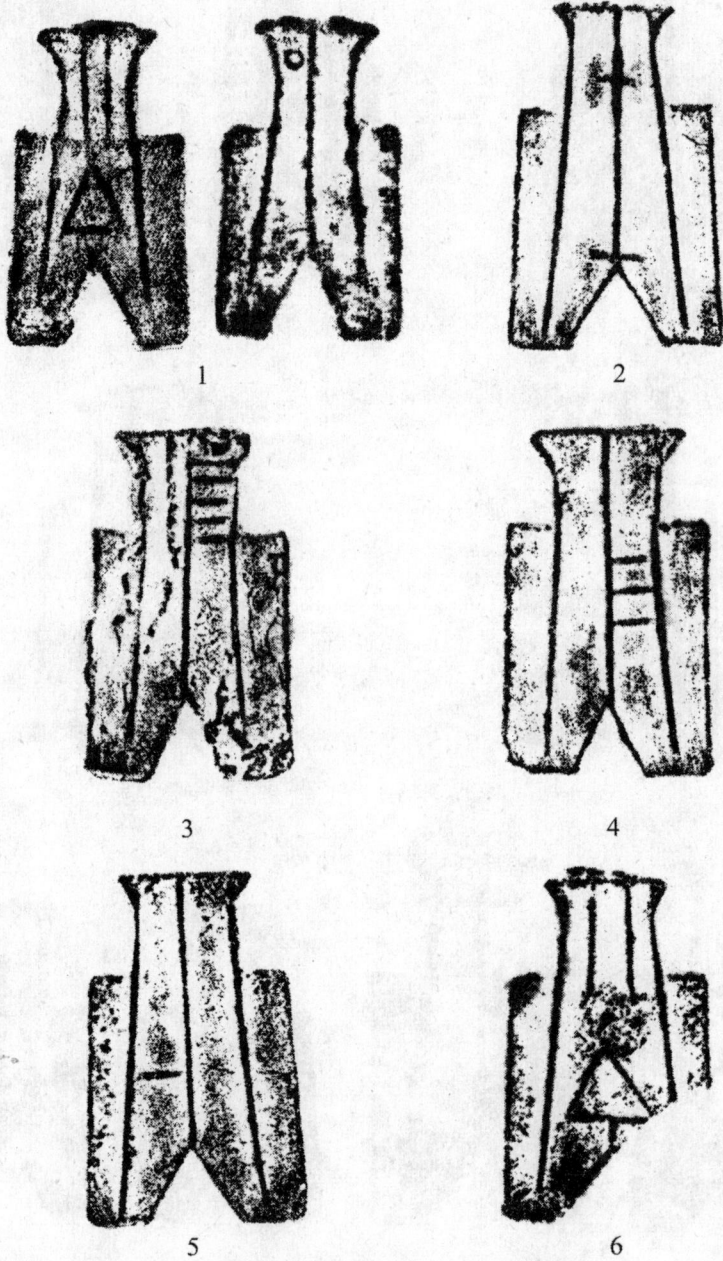

图　五

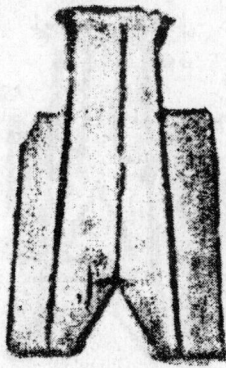

1

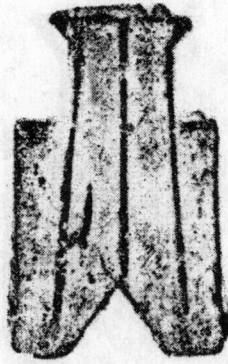

2

3

4

5

6

图　六

1

2

3

4

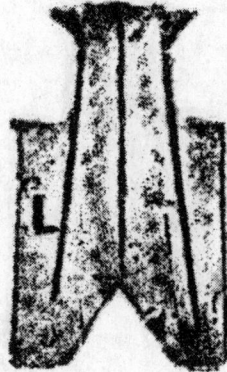

5

6

图　七

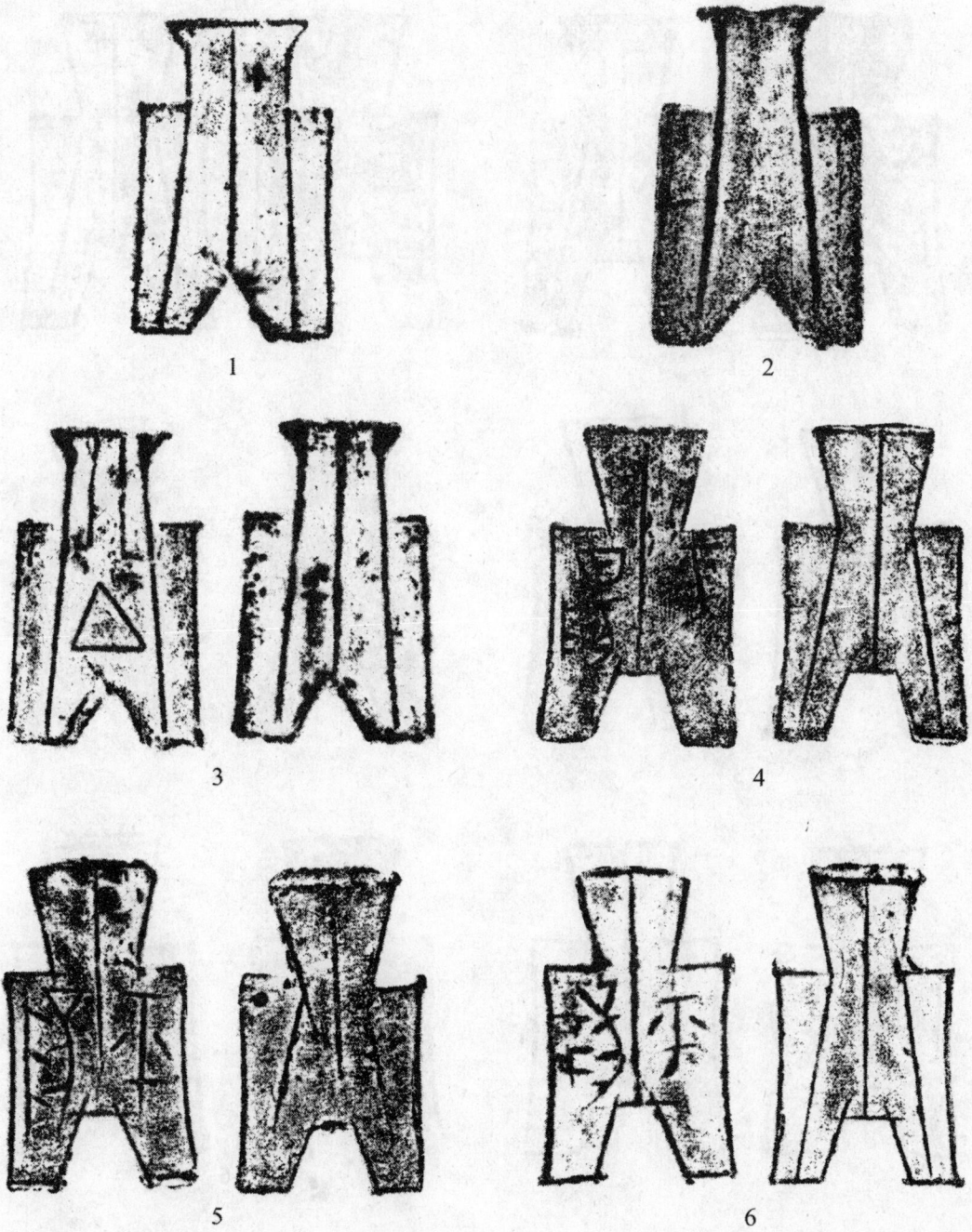

图 八

1　　　　　　　　　　　　　　　2

3　　　　　　　　　　　　　　　4

5　　　　　　　　　　　　　　　6

图　九

1　　　　　　　　2

3　　　　　　　　4

5　　　　　　　　6

图一〇

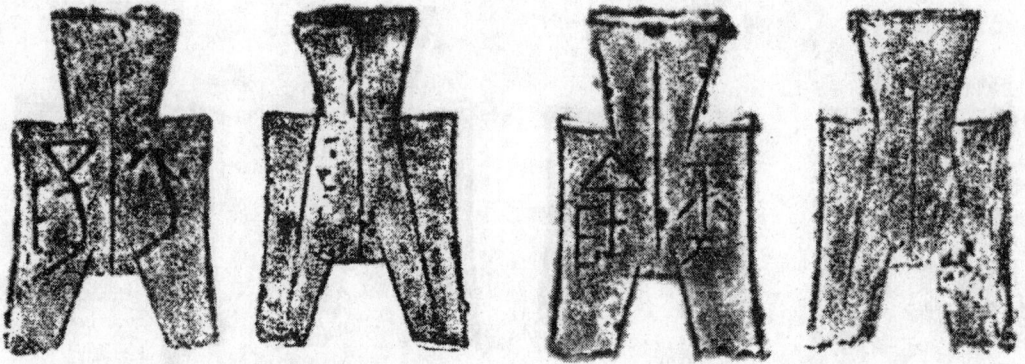

1　　　　　　　　　　　　　　　　2

3　　　　　　　　　　　　　　　　4

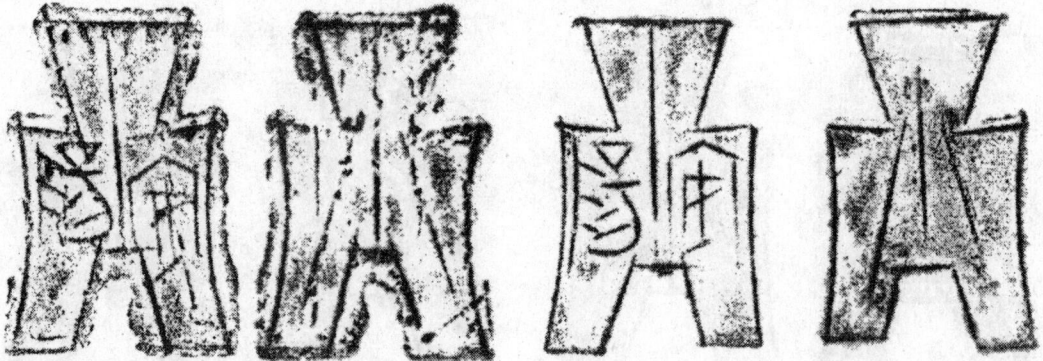

5　　　　　　　　　　　　　　　　6

图一一

图一二

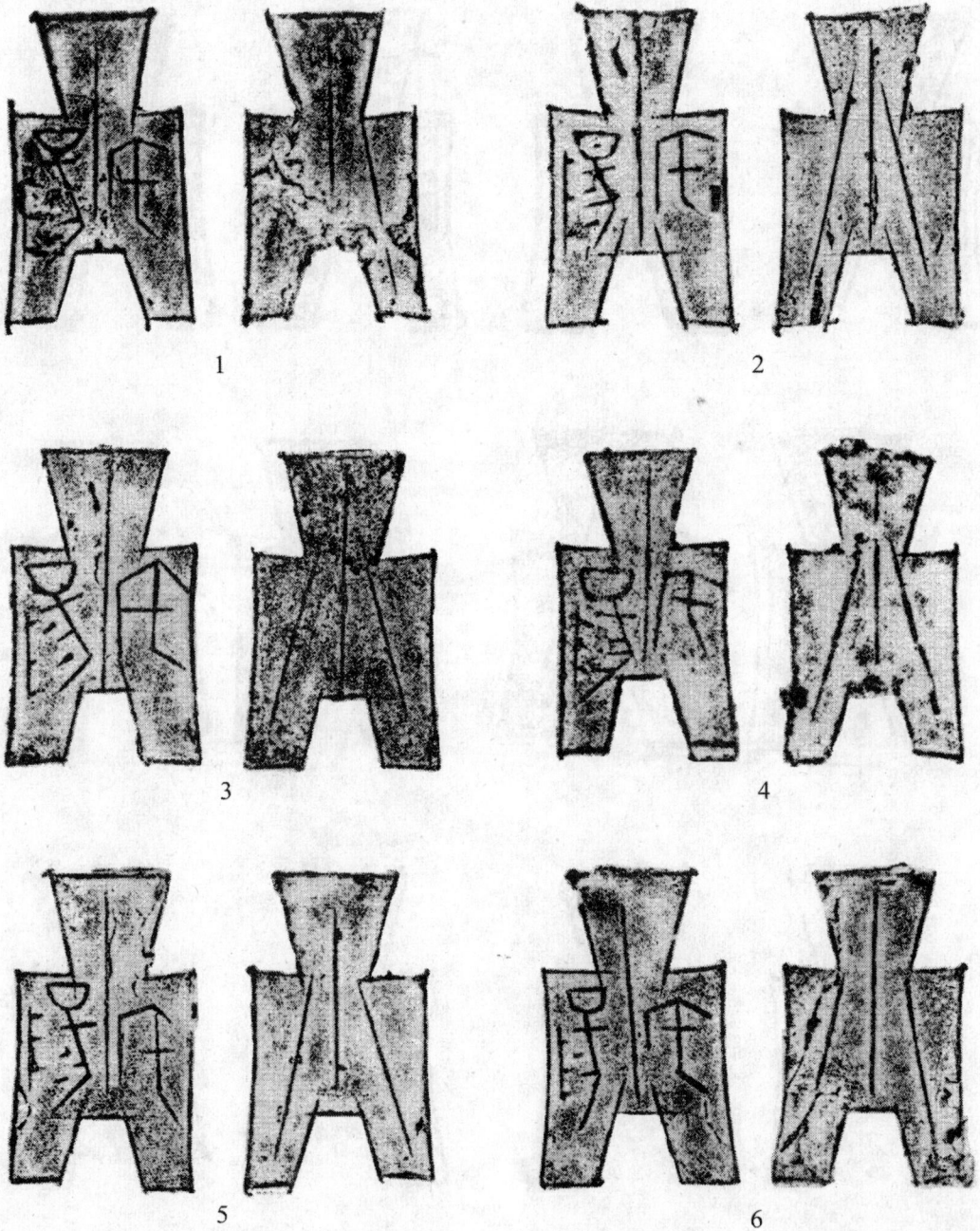

1

2

3

4

5

6

图一三

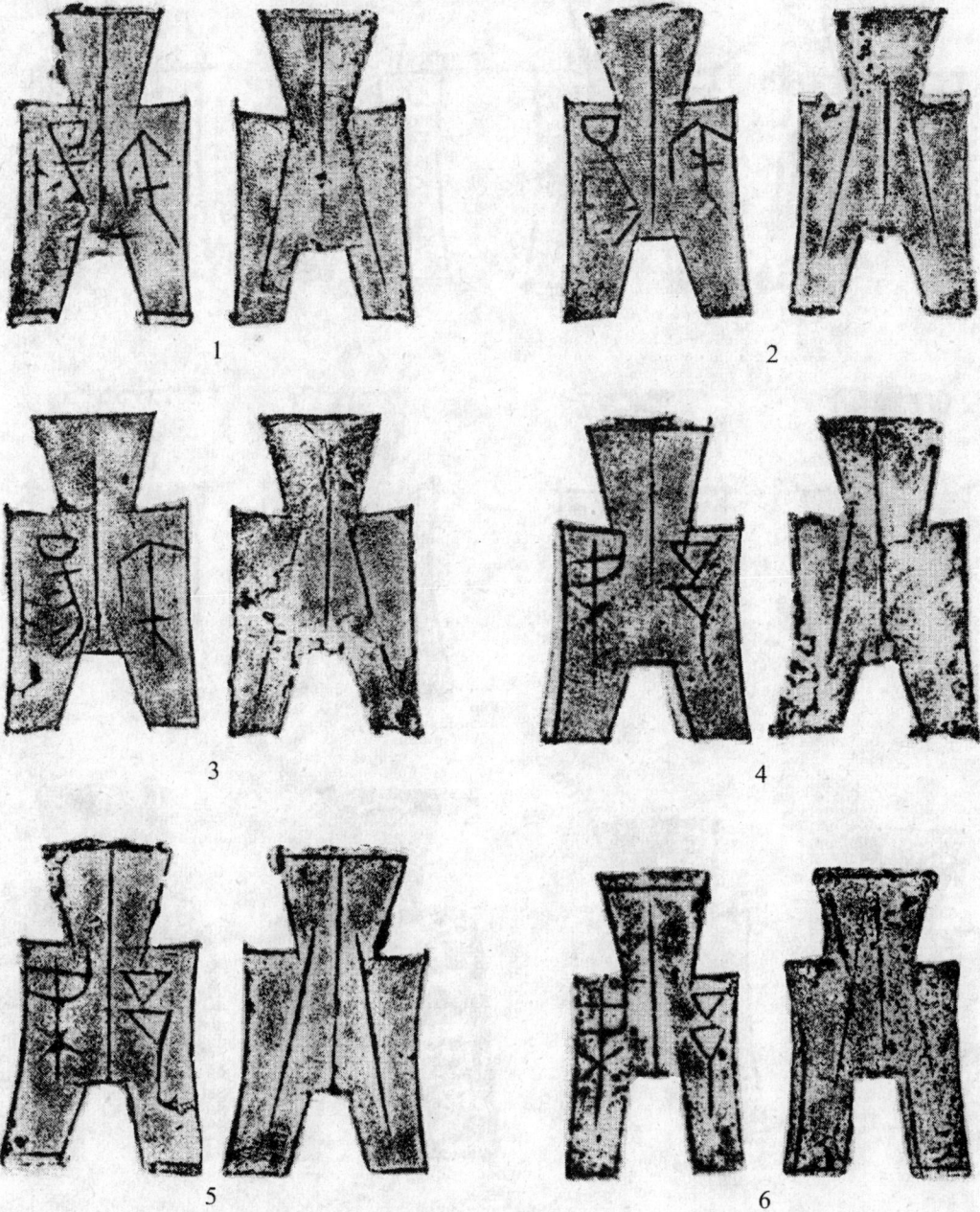

1　　　　　　　　　　2

3　　　　　　　　　　4

5　　　　　　　　　　6

图一四

图一五

1

2

图一六

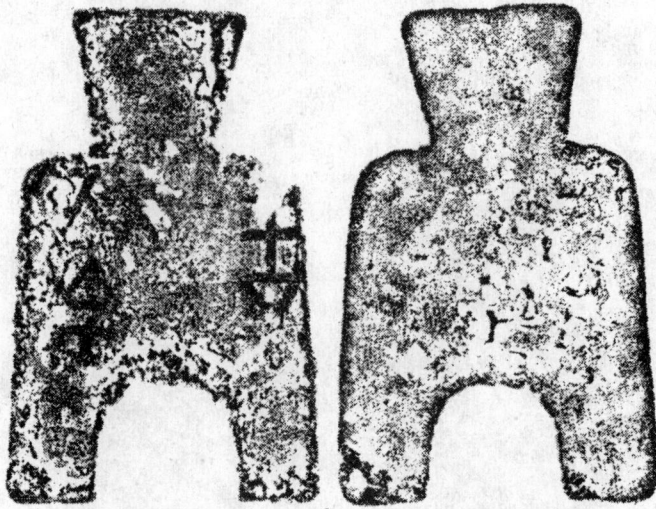

1

2

3

图一七

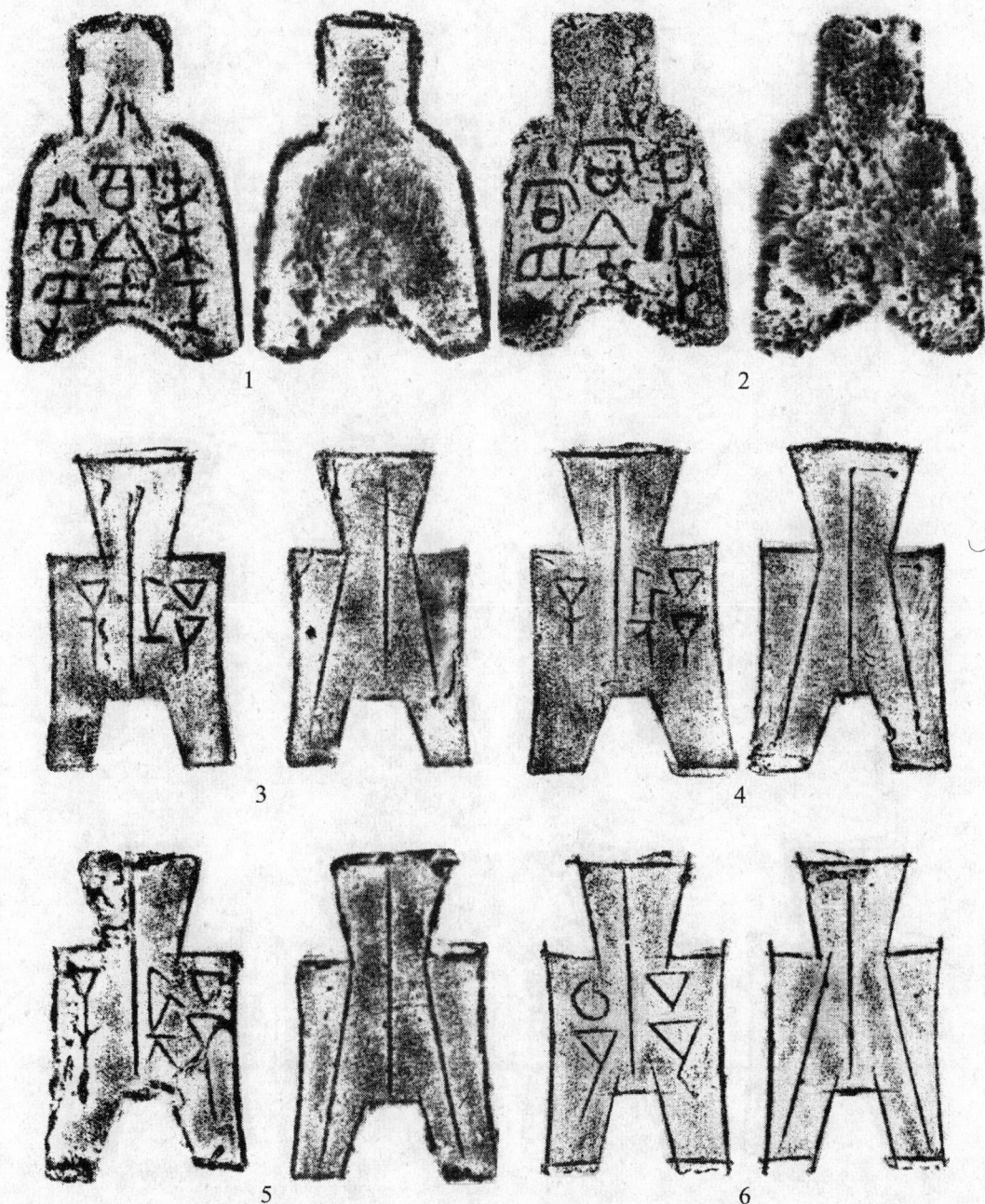

图一八

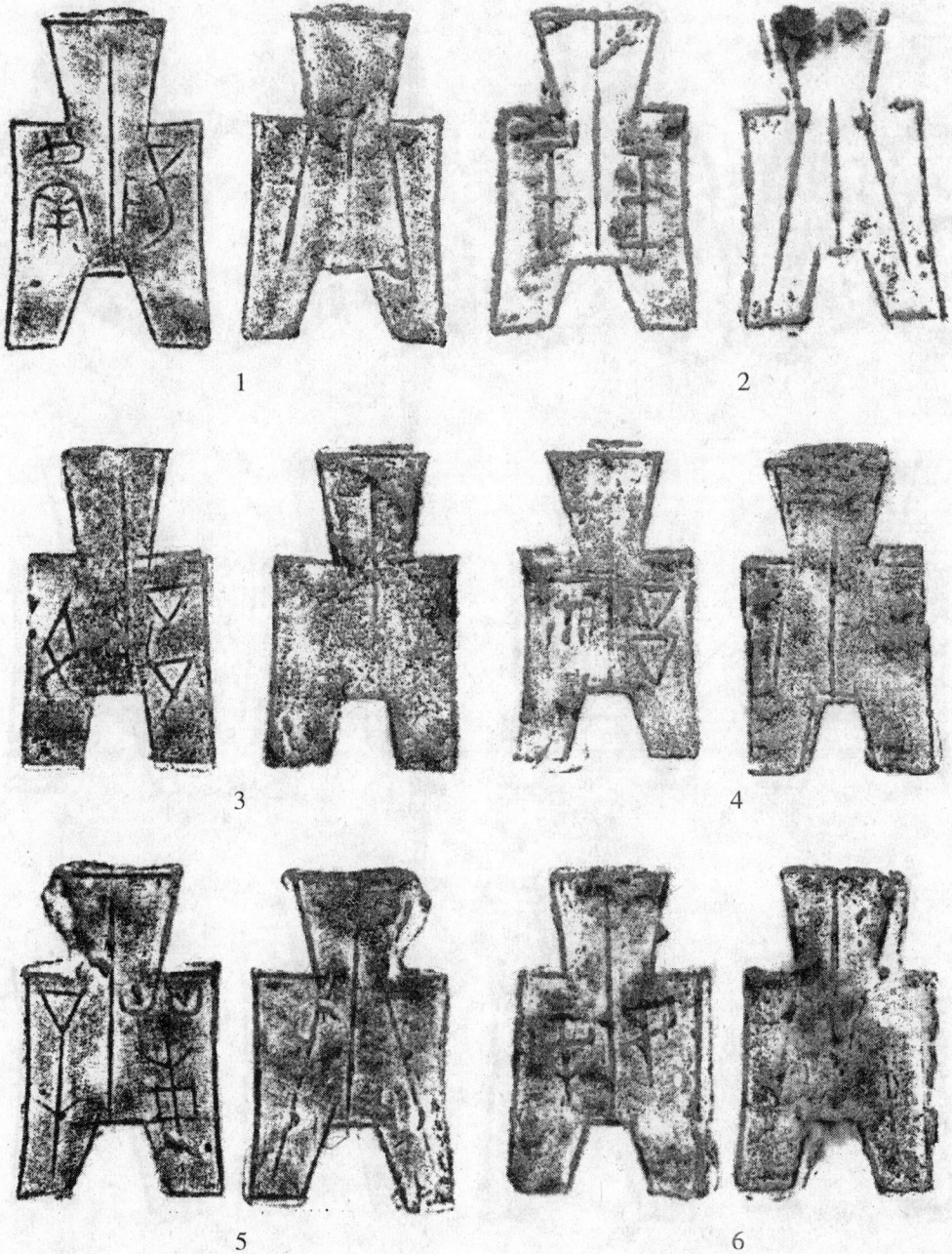

图一九

图二〇

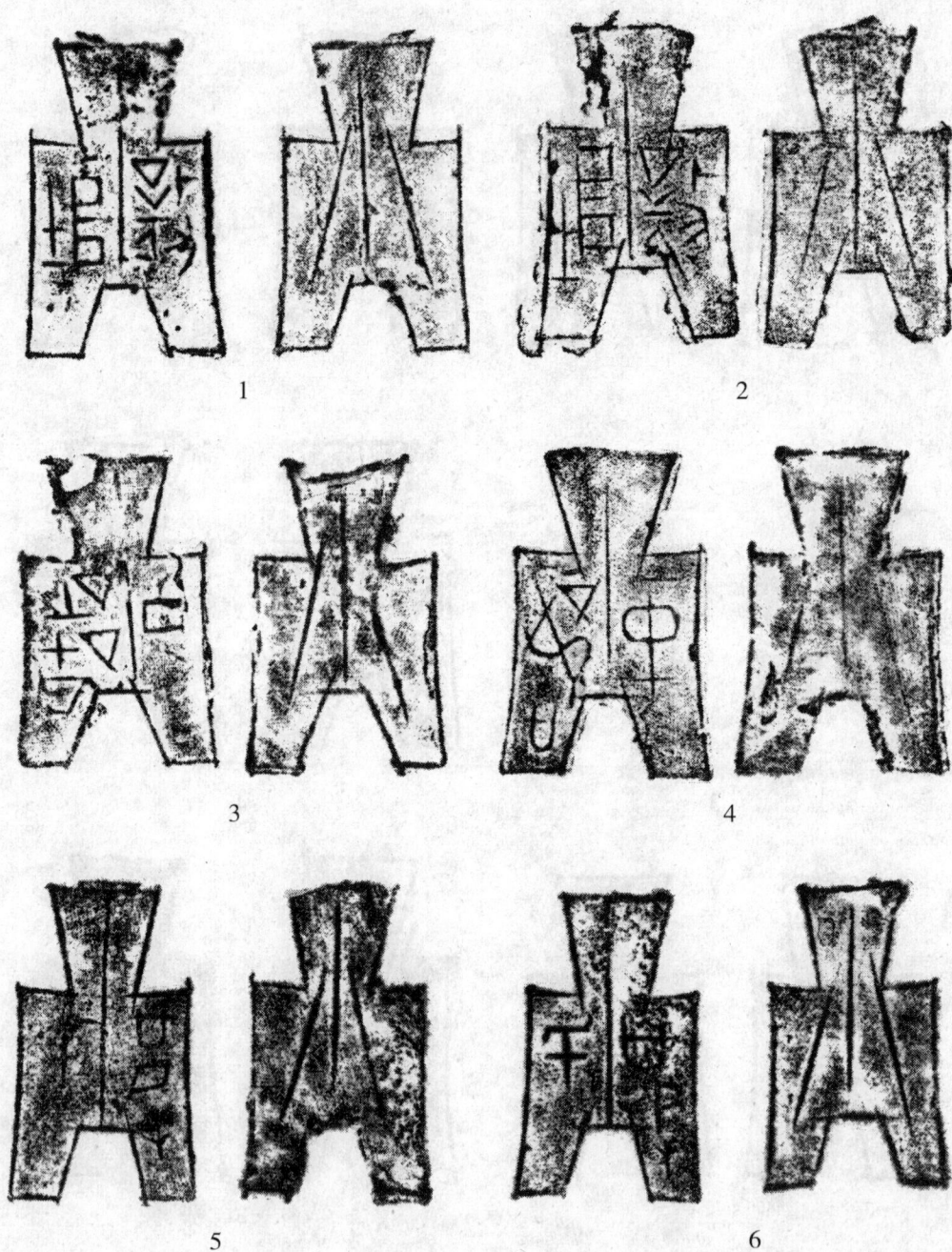

1　　　　　　　　2

3　　　　　　　　4

5　　　　　　　　6

图二一

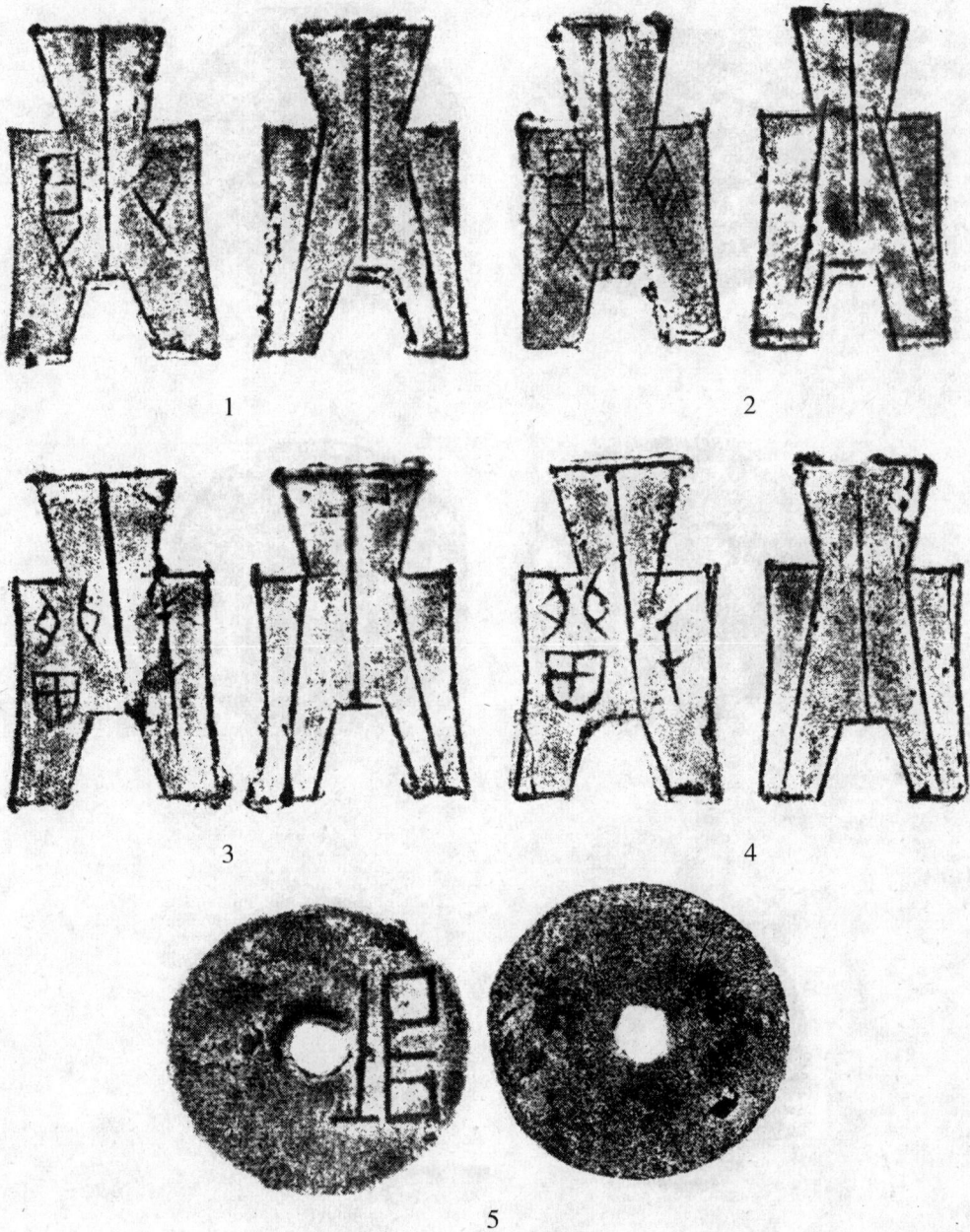

1

2

3

4

5

图二二

1

2

3

图二三

第二章 秦汉魏晋南北朝钱币

第一节 秦汉魏晋南北朝时期的政治、经济、文化概况

公元前 221 年,秦王政结束了战国以来封建诸侯长期割据的局面,统一了全中国,建立了一个前所未有的大一统的国家。统一战争结束后,为了有效地统治这个庞大的封建帝国,秦始皇调整和扩充官制,建成一套适应封建统一国家需要的新的行政机构,分天下为 36 郡,鹤壁属邯郸郡。西汉高祖二年(前 205)在河内郡置荡阴县,鹤壁属荡阴县辖地,设黎阳县(今浚县)、朝歌县(今淇县)。秦汉时期,鹤壁境内农业生产技术不断进步,已广泛使用铁制农具和耕牛,农业发展、国殷民富。浚县素有"滑浚收,顾九州"之说。在今鹤壁鹿楼乡发现了战国至秦汉时期的冶铁遗址,遗址内发现了大量的生产工具铸范[1],这不仅说明了这一时期鹤壁地域手工业的发达,也说明了当地商业和农业的发达。东汉灵帝建宁二年(169)已开始煤炭的开采[2]。三国两晋南北朝时期,鹤壁地域建置几经变化,三国时置朝歌郡,属魏;东晋置黎阳郡;东魏置黎州。晋太康年间,鹤壁煤炭的开发利用已有比较详细的记载。自两晋开始,佛教文化得到发展。东晋后赵石勒在黎阳大伾山东麓依崖凿高 22.7 米石佛现存。东魏孝静帝兴和三年至武定七年(541~549)兴建五岩山石窟[3],现存佛龛 41 孔,佛像 154 尊。东西两处佛教文化遗存遥相呼应,充分反映了这一时期佛教文化在鹤壁地域的发展兴盛。

---

① 鹤壁市文物工作队编:《鹤壁鹿楼冶铁遗址》,中州古籍出版社,1994 年。
② 鹤壁市地方志编纂委员会编:《鹤壁年鉴·概况》,中州古籍出版社,1993 年。
③ 鹤壁市地方志编纂委员会编:《鹤壁年鉴·概况》,中州古籍出版社,1993 年。

第二节　秦半两

　　鹤壁市迄今,未发现有确切时代特征的秦代墓葬,故出土的秦半两钱极少。1993 年 11 月,鹤壁市郊区鹿楼乡扶贫建筑公司在市朝霞街东段征地建商品楼,在其征地范围内,经钻探发现古墓葬 18 座。其中 1 座位于征地范围内西南角(编号:93HLM216),为小砖人字形封门的土洞墓。此墓经现场发掘人员根据出土器物及墓葬形制判断为西汉晚期到东汉早期时期的墓葬。值得注意的是在该墓东后室发现了 1 枚半两钱(编号:93HLM216:22)。除此外,不见其他钱币同出。

　　该钱绿锈生坑,周边不规整,呈不规则圆形,文字高挺隐起,肉面不光洁,平背,背略大于面。钱上方偏留一小铸口。重 5.6 克、钱径 3.2、穿径 0.95、肉厚 0.12 厘米,字厚(含肉) 0.27 厘米。观其面貌特征,颇具秦铸钱风格,应为秦始皇统一中国后早期所铸半两钱,现存鹤壁市文物工作队(图一)。

图　一

第三节　两汉钱币

一、半两钱

(一)出土与发现情况

(1) 1992 年 5 月,在市砖瓦厂东约 300 米处发掘的 154 号墓(编号:92HLM154)内出土半两钱 1 枚。

(2) 1996 年 4 月,市淇滨经济技术开发区桂鹤小区市物价局家属楼基建工地发现钱币窖藏一处,我们将其定为淇滨开发区窖藏,其中半两钱 3 枚。

(3) 1986 年 3 月,市木材公司发现的一处墓葬中,出土半两钱 3 枚。

(4) 浚县博物馆藏半两钱 5 枚。

(5) 淇县文物保管所藏半两钱 6 枚。

(二)形制与时代特征之分析

鹤壁地域内出土与发现的西汉半两钱,其数量虽然不多,但特点却是各不相同的,大体上表现了不同时期的不同特点。

1.八铢半两

浚县博物馆所藏的半两钱中,有 1 枚较大者(图一:1)。钱体稍带绿锈,制作较好,外径较圆,无内外郭。文字浅平,方折规整。"两"字内从双"人"形,"人"字出头较高。"半"字折笔方折,横平竖直。钱文内连穿孔,外接外沿。书法略带秦时遗风,属小篆体。钱径 3.12、穿径 0.98、厚 0.10 厘米,重 4.4 克。浚县博物馆早年接收几批钱币捐赠,均为当地农民盖房挖地基时所得,几批古钱混合存放,故无法确知其详细出土地点。淇县文物保管所也存 1 枚与上述半两大体相仿者。钱体绿锈生坑,面文浅平,方折。"两"字上面稍短,"两"内从"双"人,"人"字直笔较长。"半"字两平画基本等长,下平划两端微上翘。钱体制作规整,肉面光洁,周边茬口整齐,钱面略显隐郭,左上方留有小铸口,钱径 3.12、穿径 0.92、字厚 0.17、肉厚 0.12 厘米,重 4.7 克(编号:淇 080－533,图一:2)。

2.五分钱

淇滨开发区窖藏所出 3 枚汉半两钱中有 1 枚字体狭长者,与其他 2 枚不同(图一:3)。此钱文字狭长浅平,方折,"两"内从双"人",位置较高,"半"字两横划等长,中竖较长。钱体绿锈,钱径 2.31、穿径 0.88、厚 0.08,重 1.4 克。现藏鹤壁市文物工作队。

3.四铢半两

各地所出汉半两钱中以四铢钱为最多,品类最复杂。鹤壁市发现的半两钱中可定为四铢半两的有如下几种:

图一:4。此钱外表有一层绿锈,制作精好。"两"字内双"人",上横画与肩等宽。"半"字上横笔方折,下横笔与上横笔等长,下横笔有波势,中竖稍短。钱有使用痕迹。面可见隐约外郭,平背。钱径2.37、穿径0.84、厚0.13厘米,重2.3克。1996年鹤壁市淇滨经济技术开发区窖藏出土,现藏鹤壁市文物工作队。

图一:5。此钱文字与上图稍异,文字行笔拘谨,稍显瘦长。"两"内双"人"已趋简化,"人"出头消失。"半"字头与上横笔方折,两横笔等长,中竖稍短。钱径2.45、穿径0.83、厚0.12厘米,重2.5克。此钱为淇县文管所藏品,出土地点不详。

图一:6。钱文较前二者已具明显变化。"两"字下半部外侧竖笔有内弧趋向,上横笔有波势,笔端上挑趋势明显,笔画已经隶化。"半"字首部略圆折。此钱径2.38、穿径0.83、厚0.17厘米,重3.7克。现藏淇县文物保管所,出土地点不详。

图一:7。此钱"两"字写法同上,"半"字中竖稍斜。钱径2.35、穿径0.84、厚0.12厘米,重3.0克。现藏浚县博物馆,出土地点不详。

图一:8。"两"字上横有波势,"两"内从双"人"形,"人"字出头较短,"半"字结体左斜。钱径2.51、穿径0.86、厚0.10厘米,重2.8克。现藏浚县博物馆,出土地点不详。

图一:9。钱文清晰方正,"两"字简化成"而"。钱径2.34、穿径0.69、厚0.12、肉厚0.09厘米,重2.5克。此品为浚县博物馆藏品,出土地点不详。

图一:10。钱文长方,"两"字简化成"而",上横笔已显隶意。钱径2.23、穿径0.74、厚0.13厘米,重2.5克。现藏浚县博物馆,出土地点不详。

图一:11。钱体左侧有一铸口。"两"字简化,中竖出头抵上横划。"半"字下横笔波势明显,中竖较粗,径2.35、穿径0.71、厚0.13、肉厚0.09厘米,重2.5克。现藏淇县文管所,出土地点不详。

图一:12。此钱文字较为特殊。"半"字上横折笔消失,与其他半字写法迥异。"两"字不清晰。钱穿孔上方有一圆孔。钱体左上方有一较小铸口。钱径2.26、穿径0.67、厚0.11厘米,重2.2克。穿孔上方之圆孔,似人工有意所为,其作用可能为佩带系绳之用,1992年5月鹤壁市砖瓦厂铁路口北200米处M154号墓出土。现藏鹤壁市文物工作队。

图一:13。此钱面文几乎被磨平,"半"字无存,"两"字只剩少许。钱径2.32、穿径0.80、厚0.08厘米,重2.0克。1996年市淇滨开发区窖藏所出,现藏鹤壁市文物工作队。

从以上所列举四铢半两来看,其文字特征明显可分为三种类型。第一种类型:文字粗放,字形稍长,"两"内"人"字出头消失,成"而"形。"两"字上横笔波势明显,已隶化。如图一:5~8。第二种类型:文字方正秀丽,"两"字上横较长与肩同宽,内从双"人","人"字出头稍高。"半"字首部方折,下横笔有波势,已近隶意。如图一:4。第三种类型:字形宽放,"两"字简化成"丽",中竖有出头与不出之别。文字具篆隶气韵。如图一:9～11。图一:12,虽"半"字首部下横划折肩无存,但观其制作风格,似应归属第三类。

综上所述,我们将鹤壁地区发现的汉铸四铢半两钱大体上分为三个时期,即汉文帝时期,景帝时期和武帝时期。文帝时期的半两钱有图一:5、6、7、8,景帝时期的有图一:4,武帝时期的有图一:9、10、11、12和13。

二、五铢钱

建国以来,随着文物考古事业的开展与深入,鹤壁市发现了大量的五铢钱,其中主要是位于市东郊的后营汉墓区墓葬所出。后营汉墓区目前经发掘的墓葬达上百座之多,其中绝大部分随葬有五铢钱币,少则1枚,多则上千枚。这不仅反映了当时货币的情况,也反映了当时鹤壁地域人口与经济的发展情况。近年五铢钱出土情况如下:

(1)1990年12月,市文物工作队在鹤壁集乡毕吕寨村东发掘西汉墓葬一座,出土铜钱40余枚,其中五铢钱10枚。

(2)1990年6月,市轻化物资供销公司2号墓出土五铢钱2枚。

(3)1990年,鹿楼乡50号墓、66号墓共出土五铢钱116枚。

(4)1991年5月,第五煤矿北79号墓出土五铢钱1枚。

(5)1993年5月,市淇滨开发区3号墓出土五铢钱7枚。

(6)1993年,第八煤矿木场215号墓出土五铢钱65枚。

(7)1994年9月,国营浚县农场棉纺厂汉陶窑址内出土五铢钱1枚。

(8)在市鹿楼乡冷泉村砖厂取土区采集到五铢钱6枚。

(9)1996年11月,淇滨开发区农用汽车装配厂12号墓出土五铢钱16枚。

(10)1995年,浚县钜桥乡桃园村东8号墓内出土五铢钱7枚。

(11)1996年,鹤壁淇滨开发区发现铜钱窖藏一处,其中有五铢钱21枚。

(12)鹤壁市文物工作队于1989年建队,从1989～1996年,在后营汉墓区发掘汉墓200余座,共出土五铢钱3100余枚。

鹤壁市文物工作队建队以前,田野考古发掘工作由市博物馆负责进行,其历年发掘汉墓数量未统计在内。除此之外,浚县博物馆、淇县文物保管所还藏有一定数量的五铢钱。我们通过对文物工作队历年来发掘的汉墓所出的五铢钱以及市博物馆部分藏品初步整理,其形制特征,大致可分为五种类型:

A型:钱体制作粗精不一。面有外郭,背有内外郭。面文"五铢"二字稍微宽放,"五"字交笔斜直或微有弧曲。"铢"字"金"字旁有的为三角形,有的为箭镞形,四点较短,"朱"字折笔上方折下圆折,上折笔大多较宽短,个别稍长。钱径在 2.5～2.6 厘米之间,重量 2.4～3.8 克不等,最重的一枚达 4.7 克。钱面记号有穿上横郭和穿下半星两种。如图二:1,面穿上横郭。面外郭深峻、背内外郭浅平,内外郭均较窄。"五"字交笔斜直,字形宽放。"铢"字"金"字旁呈箭镞形,四点较小,"朱"字折笔上方折下圆折。钱径 2.55、穿径 0.96、厚 0.14 厘米,重 2.4 克。1993 年 9 月后营汉墓区第 210 号墓出土,现藏市文物工作队。图二:2,钱体绿锈,制作粗劣,币文浅显不清,面外郭稍窄,背外郭宽窄不均。"五"字交笔斜直微曲,"铢"字"金"字旁箭镞形,"朱"字上方折下圆折。钱径 2.63、穿径 0.93、厚 0.22 厘米,重 3.7 克。1994 年 3 月后营汉墓区第 241 号墓出土,现藏市文物工作队。图二:3,面背内外郭稍宽。面穿下半星。篆文工整严谨,"五"字交笔微弧曲,"铢"字"金"字旁为三角形,"朱"字上方折下圆折。钱径 2.54、穿径 0.95、厚 0.18 厘米,重 3.3 克。出土单位同上,现藏市文物工作队。图二:4,此钱铜色青灰,制作一般。面有外郭及穿上横郭,背有内外郭,稍窄。"五"字交笔微曲,"铢"字"金"字旁为长三角形,"朱"字上笔方折稍长,下笔圆折。钱径 2.56、穿径 0.94、厚 0.18 厘米,重 4.3 克。1991 年 10 月后营汉墓区第 116 号墓出土,现藏市文物工作队。图二:5,面外郭平整直落,背外郭斜落。穿孔方正。"五"字交笔斜直微曲,"铢"字"金"字旁略呈箭镞形,四点较短,"朱"字上方折下圆折。钱径 2.57、穿径 0.95、厚 0.18 厘米,重 3.4 克。1988 年后营汉墓区第 3 号墓出土,现藏市文物工作队。

B 型:此型以文字宽放、"五"字交笔弧曲为主要特点。重量不足 3 克者居多,其他特征基本同 I 型。在所选用标本中有一枚背穿左上下排列阴刻"十五"二字。如图二:6,面背轮郭宽窄不均匀。面文宽放。"五"字交笔弧曲,"铢"字"金"字头呈三角形,四点较细、略长,"朱"字上方折下圆折。钱径 2.52、穿径 0.90、厚 0.16 厘米,重 3.1 克。1987 年市烟草局基建工地 2 号墓出土,现藏市文物工作队。图二:7,面背轮郭较窄,钱体右上方轮郭缺之,钱穿孔右上流铜不到,背穿左上下排列阴刻"十五"二字。"五"字交笔弧曲。"铢"字"金"字旁为三角形,四点稍圆,"朱"字上方折下圆折。钱径 2.59、穿径 0.96、厚 0.15 厘米,重 2.9 克。1986 年 3 月市砖瓦厂家属院 7 号墓出土,现藏市博物馆。图二:8,钱体绿锈生坑,面背轮郭较窄,背有内郭,面穿上横郭。"铢"字"金"字旁呈箭镞形,四点较圆,"朱"字上方折下圆折。"五"字交笔弧曲。钱径 2.44、穿径 0.89、厚 0.18 厘米,重 3.4 克。1991 年 10 月后营汉墓区 128 号墓出土,现藏市文物工作队。图二:9,钱面外郭,背有内外郭。面外郭较背外郭稍宽。"五"字交笔弧曲,"铢"字"金"字旁为箭镞形,四点较细,"朱"字上方折下圆折。钱径 2.58、穿径 0.90、厚 0.15 厘米,重 2.7 克。1986 年市砖瓦厂 239 号墓出土,现藏市博物馆。

C 型:钱径大小变化不大,但铸造不精,多数粗劣。此型钱文"五"字瘦长,"五"字两交笔略弧曲,相交处成一短竖,钱径在 2.5 厘米左右,重量 3.2～4.6 克不等。"铢"字"金"字旁有三角形和箭镞形,"朱"头上方折下圆折。钱文铸造粗劣,甚至短笔少画。如图二:10,面有外郭及穿上横郭,较窄,背有内外郭,背外郭宽窄不均匀。"五"字瘦长,交笔微曲,相交处成一短竖。"铢"字"金"字旁没有铸出,与钱肉平。"朱"字上方折,右侧缺笔,下笔圆折。钱径2.56、穿径0.92、厚0.10厘米,重4.6克。1987年大河涧乡将军墓村砖厂9号墓出土,现藏市文物工作队。图二:11,基本特征同上,"铢"字虽全部铸出,但粗劣不清晰。钱径2.55、穿径0.94、厚0.18厘米,重4.0克。1993年后营汉墓区第241号墓出土,现藏市文物工作队。图二:12,"五"字特征同上,"铢"字字口有流铜,"金"字头为箭镞形,"朱"字上方折下圆折。中横较长连金点。钱径2.54、穿径0.99、厚0.18厘米,重3.2克。1991年9月后营汉墓区107号墓出土,现藏市文物工作队。

D型:此型制作精整,轮郭较宽,文字工整秀丽,"五"字交笔弧曲,与上下两横画基本垂直,"铢"字"金"字头呈小三角形或小箭镞形,四点较小,"朱"字上方折下圆折为其主要特征。根据面文结体差异,又可分为四式:

Ⅰ式:制作精好,面外郭较前几型为宽。"五"字交笔弧曲自然,与上下两横画基本成垂直状。"铢"字"金"字旁为小三角形,四点短小,"朱"字上方折下圆折,上折笔较窄,下折笔稍长,两折笔相距稍近。有"铢"字"金"旁较"朱"旁略低矮者。钱径在2.5～2.6厘米左右,重量不等。面有穿上横郭或穿下半星等记号。如图二:13,基本特征如上述,面穿上横郭,外郭较宽,背郭稍窄。钱径2.58、穿径0.94、厚0.17厘米,重3.2克。1988年后营汉墓区3号墓出土。图二:14,基本特征同上,面无内郭。钱径2.56、穿径0.94、厚0.17厘米,重3.6克。出土单位同上。图二:15,轮郭较窄,面穿上细横郭,笔画纤细,钱径2.56、穿径1、厚0.16厘米,重2.7克。1987年石林乡砖厂2号墓出土。以上之品均藏市文物工作队。图三:1,面无内郭,背内外郭较细,"铢"字"金"旁比"朱"旁略低矮,四点为小圆点。钱径2.63、穿径0.93、厚0.19厘米,重3.9克,出土单位同图二:13。

Ⅱ式:基本特征同Ⅰ式,惟"五"字曲笔弧曲较甚,两端内收,略成"S"形,与Ⅰ式"五"字曲笔与二横画近乎垂直稍有不同。如图三:2,此钱绿锈生坑,面有穿上横郭。钱径2.64、穿径0.77、厚0.22厘米,重4.0克。1987年石林乡砖厂2号墓出土。图三:3,面文特征与上同,面无内郭。钱径2.51、穿径0.94、厚0.17厘米,重3.9克。1988年后营汉墓区3号墓出土。上述两品现藏市文物工作队。

Ⅲ式:基本特征同Ⅰ式。制作精整,面轮郭较宽,文字纤细工整。"铢"字"朱"部上折笔与下折笔间距稍大,与Ⅰ式两折笔相距较近略有不同。如图三:4,"铢"字"金"字旁为小箭镞形,"朱"部上方折下圆折,间距稍大。钱径2.6、穿径0.97、厚0.19厘米,重3.3克。1988年后营汉墓区3号墓出土。图三:5,面外郭较宽,"金"字旁为小三角形。钱径2.63、穿径0.88、厚0.21厘米,重3.4克。出土单位同上。图三:6,面穿上横郭,"金"字旁为小三角形,

"金"部较"朱"部略低,钱径2.59、穿径0.95、厚0.16厘米,重2.8克。1987年石林乡砖厂2号墓出土。以上之品现藏市文物工作队。

Ⅳ式:以轮郭较宽,文字呆板,"五"字交笔与上下两横画垂直,转折处不自然形成折角为主要特征。如图三:7,绿锈生坑,"金"字旁为三角形,四点较长。钱径2.73、穿径0.92、厚0.20厘米,重4.0克。1987年烟草局基建工地1号墓出土。图三:8,钱体绿锈,面穿上横郭,"金"字旁为箭镞形,四点较长。钱径2.66、穿径0.96、厚0.21厘米,重3.3克。1991年后营汉墓区144号墓出土。此两品现藏市文物工作队。

E型:此型较前几型相比,面文特征有较大变化。主要表现为:"铢"字"朱"字上折笔为圆折,"金"字旁为三角形,较大,头下四点较长,略成短竖。除这些主要特征外,根据面文结体的差异又可分为两式:

Ⅰ式:制作规整,面文工整,文字笔画纤细。"五"字交股弧曲,上下两横画多有出头。"铢"字"金"字旁为等腰三角形、稍大,头下四点略长,"朱"头圆折或微圆折,折肩不外侈,下笔圆折。如图三:9,文字工整秀丽,郭边稍窄。"金"字旁呈等腰三角形,四点稍长。"朱"字上笔微圆折,不外侈。"五"字交笔弧曲,上下两横划不出头。钱径2.59、穿径0.97、厚0.15厘米,重3.1克。1986年后营汉墓区293号出土。图三:10,钱体绿锈,面外郭较宽、平直,面穿上有一"丁"型纹,背外郭稍窄、斜落,背有内郭。钱径2.63、穿径0.91、厚0.17厘米,重3.5克。1985年8月市木材公司4号墓出土。图三:11,轮郭稍窄,"五"字交股弧曲,二横画左右出头。"铢"字"金"字旁大等腰三角形,头下四点细长。钱径2.58、穿径1、厚0.16厘米,重3.2克。1988年后营汉墓区4号墓出土。图三:12,基本特征同上,绿锈生坑,"五"字交笔错铸成双画。钱径2.6、穿径0.88、厚0.17厘米,重2.9克。1988年后营汉墓区4号墓出土。图三:13,钱体绿锈。"五"字交笔弧曲,二横画稍出头,"铢"字金头大三角形,四点细长,朱部上圆折,下方折。钱径2.55、穿径0.98、厚0.14厘米,重2.3克。1988年市人民银行基建工地7号墓出土。图三:14,制作精好,字口、轮郭均较深峻。"五"字较宽放,"铢"字特点同上。钱径2.57、穿径0.92、厚0.15厘米,重2.3克。1991年后营汉墓区138号墓出土。上述钱币图三:9、10现藏市博物馆,11～14现藏市文物工作队。

Ⅱ式:与Ⅰ式相比,面貌特征较为复杂,文字不及Ⅰ式秀丽。制作粗劣,字形宽放,字形、笔画粗细不一,较粗者居多数。"铢"字"朱"头圆折较Ⅰ式为甚,且折肩外侈与Ⅰ式不类,为其主要特征,如图三:15,制作粗劣,面外郭及背内外郭宽窄不均,肉面不平整。"五"字宽放,笔画较粗,交股弧曲。"铢"字"金"字旁为三角形,四点较长,"朱"字头圆折,较宽放,折肩外侈有左飘意向,下折笔圆折,中竖稍长。钱径2.58、径0.91、厚0.14厘米,重3.1克。1987年市人民银行基建工地7号墓出土。图四:1,字形宽放,"铢"字"朱"头较宽大,折肩顶端右飘。钱径2.57、穿径0.90、厚0.18厘米,重3.4克。1991年后营汉墓区144号墓出土。图四:2,版式及出土单位与上同,钱径 2.57、穿径 0.85、厚 0.16 厘米,重 3.75 克。图四:3,"铢"字"金"字旁为大三角形,"朱"字头折肩外侈,面穿下一星。钱径 2.59、穿径 0.92、厚 0.14 厘米,重 2.8 克。1986 年市砖瓦厂 2930 号出土,现藏市博物馆。图四:4,字形稍长,"铢"字"金"字旁为长三角形,四点较长,"朱"字上下均圆折,上折笔外侈,面穿上有星、月组合纹,月上星下纵向排列。钱径 2.57、穿径 0.96、厚 0.14 厘米,重 2.9 克。1987 年人民银行基建工地 2 号墓出土。图四:5,钱体绿锈生坑,特征同上。钱径 2.55、穿径 0.90、厚 0.14 厘米,重 3.8 克。1986 年市砖瓦厂 293 号墓出土,现藏市博物馆。图四:6,绿锈生坑,"五"字错铸,交股呈双画。钱径 2.6、穿径 0.93、厚 0.14 厘米,重 2.6 克。1992 年后营汉墓区 164 号墓出土。图四:7,面背绿锈,"铢"字"金"字旁为大三角形,"朱"字圆折外侈。钱径 2.62、穿径 0.94、厚 0.17 厘米,重 3.4 克。1986 年市砖瓦厂家属院 7 号墓出土。以上未注明收藏处所者现均藏市文物工作队。

上述五型五铢钱,大多为墓葬中所出,目前尚未发现汉代钱币窖藏。从墓葬形制及出土器物分析,其演变规律较为清晰,西汉早期墓葬发现较少,西汉中期以后渐多,直至东汉中晚期均有不同程度的发现。所出钱币也基本上表现出了这样的特点。

A 型,西汉中、晚期墓葬中均有出土,中期较多,晚期较少。观其形制特征:面有外郭,背有内外郭,轮郭大多较窄且高,也有稍宽者,钱径一般在 2.5～2.6 厘米左右,重量 3 克以上者居多,3 克以下者少见。其文字特征:"五"字交笔有直笔、有弧曲,字形较宽放。"铢"字"金"字旁有的是三角形,有的为箭镞形,"朱"字上方折较阔,下圆折。

A 型钱与满城中山靖王刘胜墓所出的五铢钱形制特征基本一致。刘胜墓中所出的五铢钱,其中"五"字交股直笔、弧曲共存[①]。刘胜卒于武帝元鼎四年,墓中所出五铢钱均为武帝时期不容置疑。由此可以推断,鹤壁汉墓所出 A 型、B 型五铢均为武帝时期五铢钱,其中"五"字交笔缓曲,制作精好,文字规整统一者应为武帝三官五铢。其他如"五"字交笔较直,字形宽窄不一者为郡国五铢,这也和各郡国各自铸钱没有统一版式的特征相符合。

B 型除"五"字弧曲较 A 型为大以外,其他特征与 A 型同。

C 型,"五"字瘦长,两交笔微弧曲,相交处呈一短竖。"铢"字"金"字旁有三角形、镞形,"朱"字上方折,下圆折。这一类型与西安出土的昭帝元凤四年铭五铢泥范母的钱的特点基本相同[②],故应为昭帝时期所铸。

D 型 I 式:制作精细,"五"字交笔弧曲,与上下两横画基本垂直,两横画左右多见出头,"铢"字"金"旁有的较低矮,有的与"朱"部平齐。"朱"字上下两折笔相距较近,上折笔多数较

①　李建丽、赵卫平、陈丽凤:《满城汉墓钱币新解》,《中国钱币》1991 年第 2 期。
②　陕西省钱币学会编著:《秦汉钱范》,三秦出版社,1992 年。

窄。轮郭有宽有窄都较深峻。钱形与宣帝神爵二年四月铭五铢泥范母上所列五铢钱型相符,应为宣帝时期所铸五铢钱。

Ⅱ式五铢钱与Ⅰ式基本相同,惟"五"字交笔略向内收。蒋若是先生在《洛阳烧沟汉墓》中将此种形式的五铢钱列为第二型,年代上限定为宣帝时[1]。另外,宣帝神爵二年四月铭五铢钱泥范母中第一行第二枚钱模,"五"字交笔弧曲,近两平画处略向内收。此二者可证 D型Ⅱ式也应是宣帝时期所铸五铢。

D 型Ⅲ式:此型式与宣帝五铢无论在形制上还是面文特征上多有相似之处。但是,仔细观察比较二者,便可发现差异。宣帝五铢,以出土的钱范及钱币实物观察,面背轮郭虽间有宽窄,但均较深峻。面文书写工整,"五"字交笔弧曲与上下两平画基本垂直,"铢"字"金"字旁间有小三角形、箭镞形,"朱"字方折较窄,下部圆折,且上下两折笔相距较近为其主要特征。陈介琪先生原藏"神爵四年正月丙辰造,三月癸巳筑"铭宣帝时五铢范[2] 也较具体表现了上述特点。宣帝以后的元帝建昭五年五铢范[3],却表现出与宣帝钱细微的差异,即"铢"字"朱"字上方折笔与下圆折笔之间相距较宣帝钱稍远这一特征。这些差别虽然细微,但大体上可以看出宣、元五铢之间细小的差别。本文 D 型Ⅲ式特征与元帝建昭五年范特征基本相符,因此我们将其定为元帝时期五铢。

D 型Ⅳ式:文字呆板,"五"字交笔转折处形成折角,与上述武、昭、宣、元钱不同,似为西汉晚期五铢。

E 型:"铢"字写法与前四型不同,"朱"字为圆折型。"朱"字圆折为东汉五铢钱基本特征。鹤壁所发现的东汉五铢钱中,其特征也不尽相同,我们暂将其分为Ⅰ式、Ⅱ式。Ⅰ式五铢钱与传世的东汉建武十七年铜母范所列之五铢钱面貌特征相似,据此可知 E 型Ⅰ式为东汉早期五铢,即所谓"建武型"五铢。东汉一朝铸钱,史有明载者仅光武及灵献二帝。东汉早期五铢,有建武十七年铭钱范传世,其面貌较为清楚。东汉末期灵帝铸四出五铢,晚期特征也颇为可知。唯其间明、章、和、殇、安、顺、冲、质、桓帝诸帝有无铸钱,史志失载。然各地所出可知为东汉五铢钱中,有相当一部分面貌特征与"建武型"及灵帝四出五铢相异,如本文 E型Ⅱ式,面貌特征相当复杂。按史无明载东汉下诏禁郡国铸钱,史载:"……时长安铸钱多奸巧,乃置伦为督铸钱掾,领长安市。"[4] 可见郡国有权铸钱。既然郡国有权铸钱,各郡国在铸钱技术和铸造方法上就难求一致,表现出了相当的复杂性。因此,我们将第Ⅴ型2式这些面

① 蒋若是:《洛阳烧沟汉墓》第十章,科学出版社,1959 年。
② 资料参见《中国钱币》1996 年第 3 期邹志谅文《汉昭宣铢陶母范塑造工艺研究》中所附范拓图 6。
③ 蒋若是:《西汉五铢钱型集征》,《陕西金融·钱币专辑 15》,1991 年,陕西省钱币学会编著:《秦汉钱范》,三秦出版社,1992 年。
④ 《后汉书·第五伦传》。

貌特征复杂的五铢暂定为东汉中期以后的五铢钱。

三、剪轮钱、綖环钱及其他

鹤壁历年发掘出土的五铢钱中,有相当数量的剪轮五铢或磨郭五铢钱。根据剪磨程度的不同,大致可以分为三种:

第一种:钱币外郭被磨去一部分,只剩下一周细如线状的外轮。从币文特征判断,大多为西汉五铢。如图四:8~12。

第二种:面背外郭全部磨去。但面文基本完整。如图四:13、14。

第三种:钱体剪磨较甚,面文剪磨只剩一半,如"铢"字只剩"朱"旁。如图四:15,图五:1、2。

以上三种剪轮五铢钱,西汉晚期以及东汉中晚期墓葬中均有发现,以东汉中晚期墓葬中发现最多。如1991年11月后营汉墓区第142号东汉晚期墓中出土880余枚五铢钱,绝大部分为剪轮五铢,其中第二种、第三种据多数。

1986年,市博物馆文物组在公路段家属院发掘东汉晚期墓葬一座(编号M1)。在该墓所出钱币中发现1枚"綖环钱"。此钱外郭较完整,钱肉仅剩少许,径2.58、厚0.16、重1.0克(图五:3)。东汉中晚期,货币贬值严重,尤以东汉末年为甚,投机者把一些精好的五铢钱重新熔化,改铸轻薄恶小的小钱,甚至把一枚钱冲凿成内外两部分使用,各种恶劣轻薄的剪轮钱和綖环钱充斥市场,鹤壁所出这枚綖环钱从地域上反映了当时币制的混乱情况(上述诸币,现均藏市文物工作队)。

另外,1985年8月市农林局养鸡场3号墓出土1枚钱面记号较为特殊的五铢钱。此钱钱肉上铸五个小孔:钱穿上下各一,"铢"字中间一个,"五"字交笔与上下平画空白处各一(图五:4)。各小孔面背周围都铸起一圈细小轮郭,钱经2.62、穿径0.91、厚0.17厘米,重3.8克。现藏市博物馆。

剪轮五铢钱标本数据表

单位：厘米、克

图　号		钱径	厚度	重量	备　　注
图 四	8	2.33	0.10	1.60	后营汉墓区 142 号墓出土
	9	2.36	0.10	1.75	同　上
	10	2.44	0.19	3.40	后营汉墓区 241 号墓出土
	11	2.43	0.18	2.70	同　上
	12	2.41	0.17	2.00	后营汉墓区 142 号墓出土
	13	2.24	0.16	1.80	人民银行工地 2 号墓出土
	14	2.41	0.10	1.50	烟草局工地 2 号墓出土
	15	1.9	0.15	1.30	后营汉墓区 249 号墓出土
图 五	1	1.88	0.13	1.30	冷泉村砖厂采集
	2	1.78	0.16	1.10	市砖瓦厂 2 号墓出土

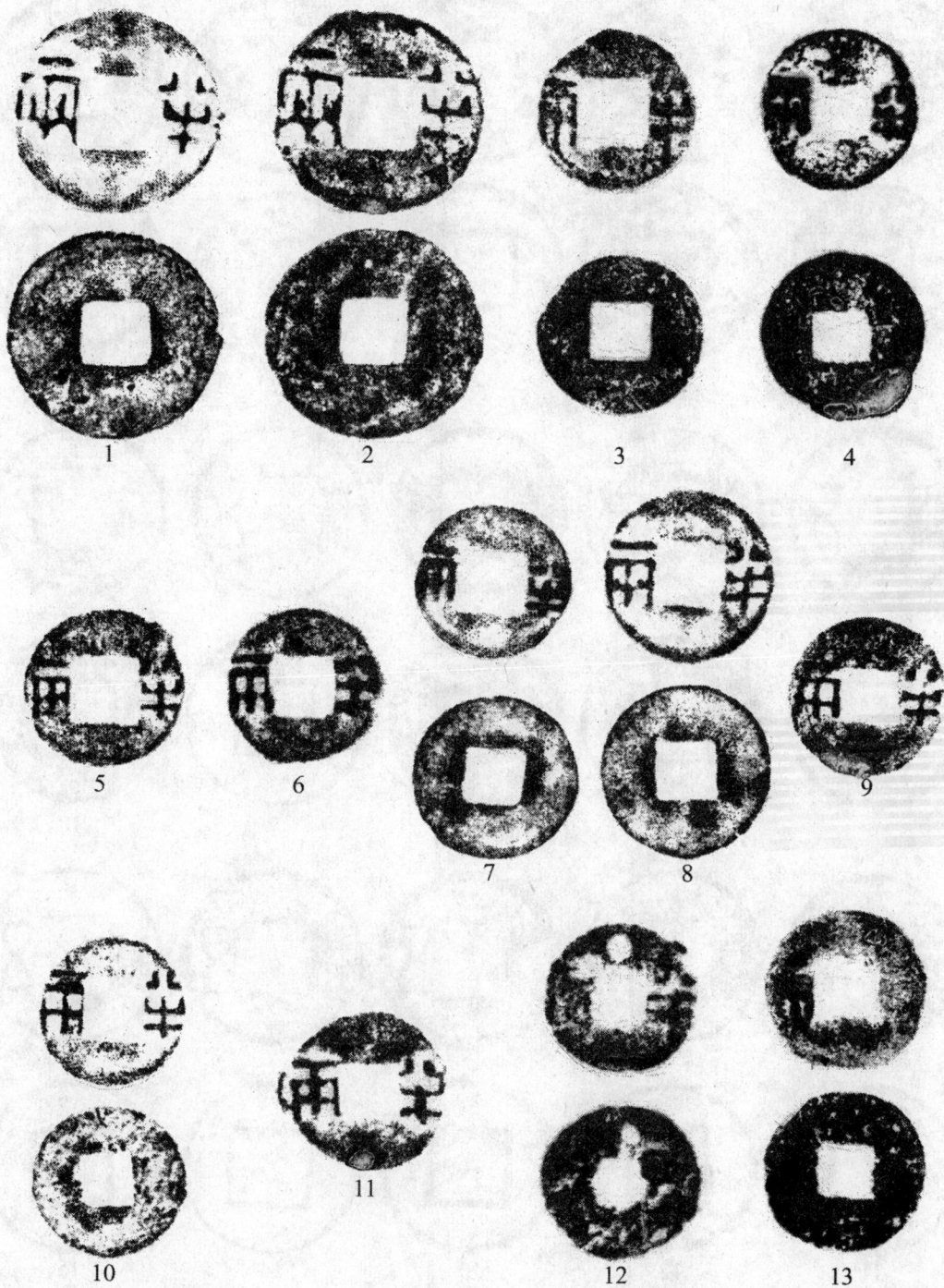

图　一

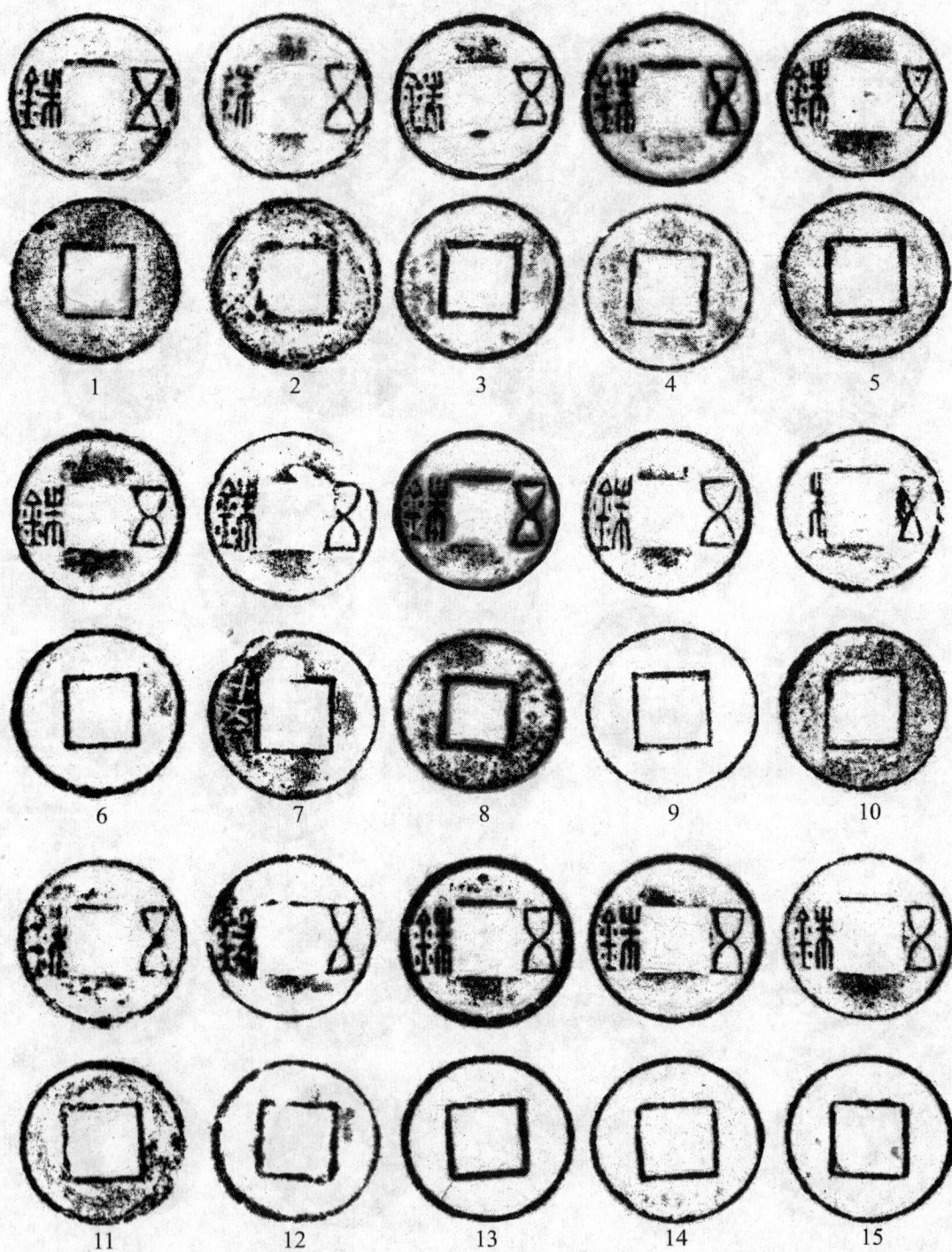

图　二

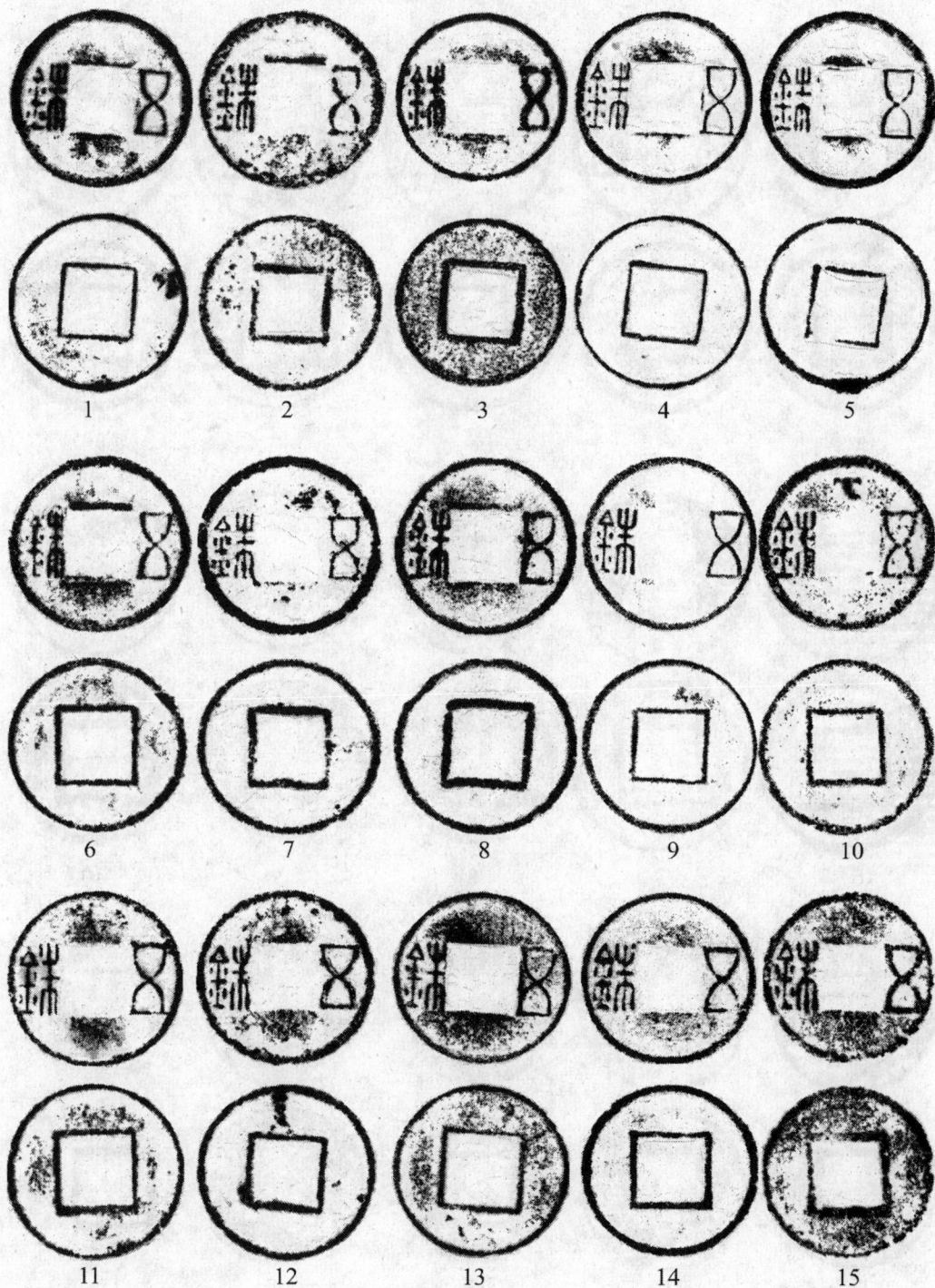

图　三

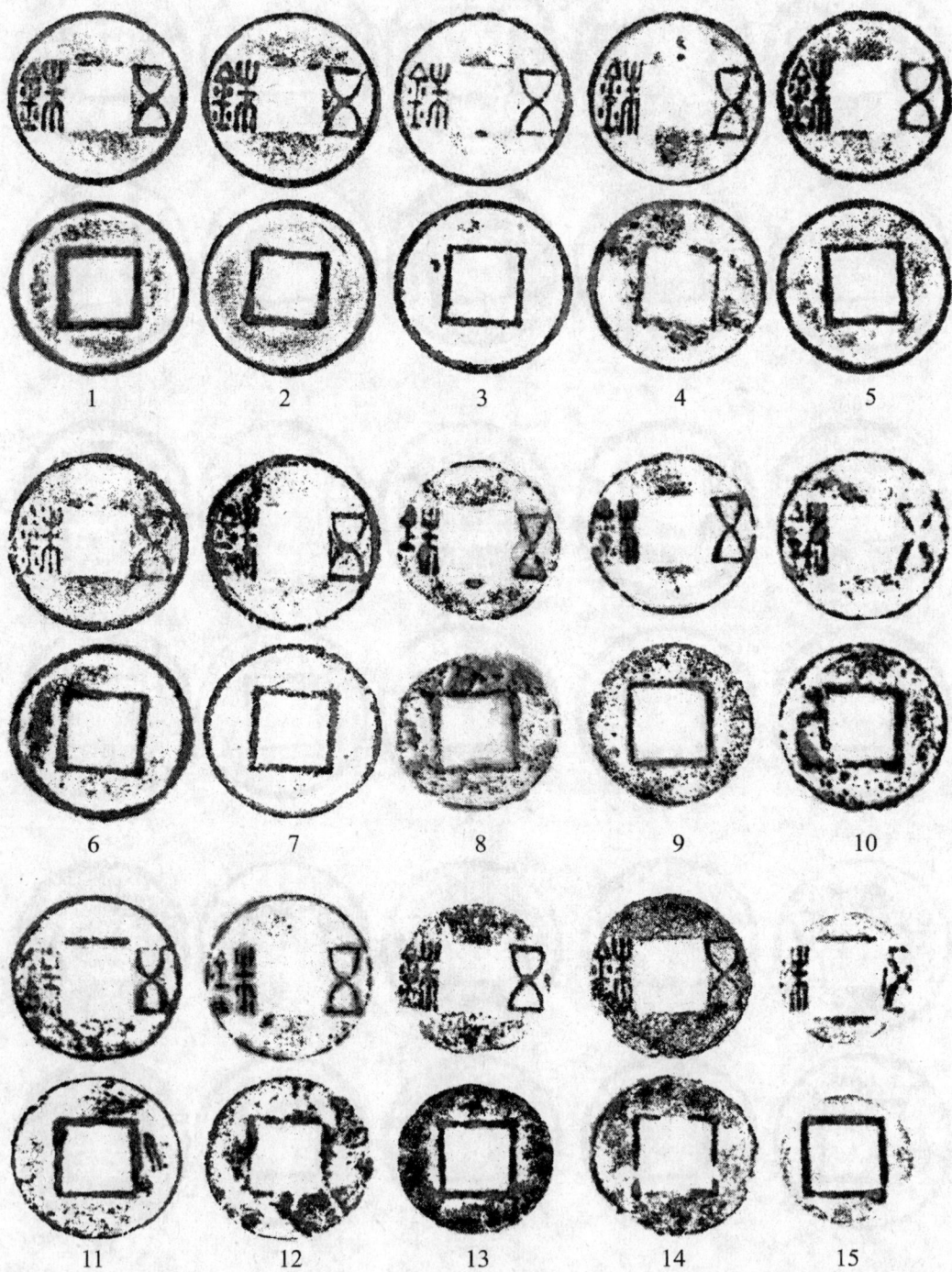

图　四

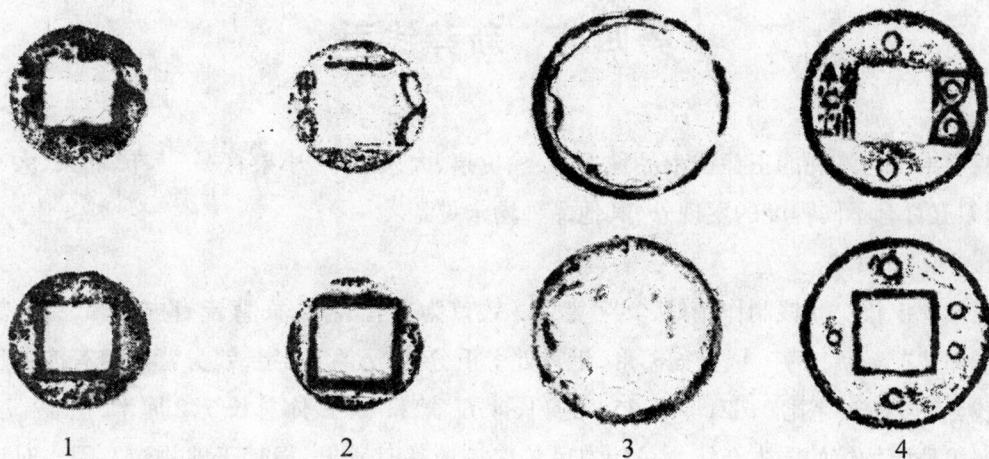

| 1 | 2 | 3 | 4 |

图　五

第四节　新莽钱币

　　鹤壁出土与发现的王莽钱币品种不多,除货泉、大泉五十、小泉直一、货布、布泉、大布黄千、契刀五百有不同程度的发现外,其他品种均未见到。

　　1. 契刀五百

　　仅发现 1 枚。此钱制作精好,文字隽秀。钱首为方孔圆形,面背皆有内外郭,穿孔左右分列篆书体"契刀"二字。钱身如刀形,近首处上下分列"五百"二字,钱身背面铸有波浪形花纹。钱首径 2.93、穿宽 0.82、厚 0.35、刀身长 4.6、宽 1.43、钱体总长 7.2 厘米,重 17.7 克。该钱据浚县博物馆的同志介绍为早年农民盖房挖地基时所出,捐献于博物馆。因当时记录缺失,现无法确知其详细出土地点,实物现藏浚县博物馆(图一:1)。

　　2. 大泉五十

　　发现稍多,均为墓葬所出。如:1987 年市烟酒仓库 1 号墓出土 10 枚,2 号墓出土 15 枚。1995 年浚县矩桥乡桃园村东 9 号墓出土 70 枚。历年来后营汉墓区 106 号墓、169 号墓、63号墓、259 号墓、154 号墓等共出土 130 余枚。上述二百多品大泉五十钱,其制作特征,重量及文字风格多有不同。轮郭有宽有窄,有的平直,有的圆弧,有的内向斜落。重量在 4.1 克~9.5 克之间。面文风格有的粗犷,有的隽秀。"大"字写法,其肩部有半球形、平折形和缓折形三种。"五"字交笔与两平画相接处有内收、垂直、缓曲三种。"十"字横笔有连内外郭与不连之别,连内外郭者字形宽短,不连者瘦长。"泉"字也有宽窄之别。另外还有文字错铸成双画一种。如图一:2,"大"字肩部呈半球形,"十"字横画不连内外郭。图一:3,基本特征同上,面背内外郭较宽。图一:4,面背皆有内外郭。外郭较宽,内郭背稍宽于面。"大"字肩平折。"五"字交笔缓曲。"泉"字宽放,字头接内郭。"十"字平画较长,连内外郭。图一:5,制作一般。修穿不整,"大"字、"十"字呈双画,"泉"字上下接内外郭,"五"字交股与平画垂直。图一:6,制作精好,面背内外郭均较窄,文字外连外轮,内接内郭。"大"字肩基本平折。图二:1,文字离郭。"大"字特征同上。图二:2,文字笔画纤细隽秀,面背外郭稍窄,面内郭四决。"大"字肩平折形。烟草局 1 号墓出土。图二:3,文字风格基本同上,惟"十"字横划较短,面穿左郭边有一断口,面外郭内向斜落。图二:4,面背皆有内外郭。面外郭平直,背外郭圆弧,"大"字写法为缓折,烟草局 2 号墓出土。图二:5,文字特征基本与上同,边郭较窄。上述钱币现藏市文物工作队。

　　3. 小泉直一

　　小泉直一是王莽在始建国元年(9)施行第二次币改时的产物。这种钱在鹤壁发现不多,仅1枚,出自后营汉墓区164号墓中。此钱面背皆有内外郭。面文浅平。钱径1.36、穿径0.34、厚0.17厘米,重0.8克。现藏市文物工作队(图二:6)。

4.大布黄千

1991年发掘的后营汉墓区106号墓中出土大布黄千3枚,与9枚大泉五十共存。1992年发掘的164号墓中出土大布黄千1枚,小泉直一(见上文)1枚。二墓所出的大布黄千币,制作均较为精整,重量在10克左右。如图二:7,钱体绿锈生坑,背大于面。布身长4.44、背肩宽2.24、腰宽1.90、厚0.24厘米,重9.4克。106号墓出土。图三:1,背大于面,身长5.62、面肩宽2.12、背肩宽2.30、腰宽1.82、2.02、厚0.27厘米,重10.6克。164号墓出土。

5.货布

具有详细出土地点的仅1枚,为1987年故县村唐新亭砖厂3号墓出。此钱绿锈生坑,制作精整,文字纤细狭长。布身长5.81、肩宽2.13、厚0.26、孔径0.52厘米,重12.0克(图三:2)。另外,浚县博物馆还保存有9枚,通长在5.6～5.9厘米之间,重量最重者18.9克,最轻者12.8克,其中一枚(图三:3)编号00761,品相较好,文字清晰,面背合范不齐,布长5.68、厚0.26厘米,重17.8克,此批货布锈色相同,估计为同一坑位所出,因记录缺失,出土地点不详。

6.布泉

仅发现1枚。1986年3月6日市砖瓦厂家属院7号墓中所出。7号墓为东汉时期墓葬。该钱制作精整,文字狭长,穿孔较大。外郭较窄,内向斜落,面背内郭四决。钱径2.58、穿径0.97、厚0.14厘米,重215克(图三:4),现藏市博物馆。按莽铸布泉,史传失载。7号墓所出这枚布泉钱,面文特征极似莽钱。文字写法与货布货泉中的“布”“泉”二字相同。文字笔画纤细,俗称悬针篆,且“泉”字中竖断笔,是王莽钱的基本特征,加之所出墓王莽时代特征明显。这些足以说明这枚布泉为王莽时期所铸无疑。

7.货泉

发现数量不多,但出土频率较其他莽钱为大。目前出土有莽钱的十几座墓葬当中,有90％以上出有货泉,其中出土较多的有两座墓,一为鹤壁集乡毕吕寨村1号墓,二是鹿楼乡后营汉墓区155号墓。这两座墓各出货泉30枚。除此外,其他墓葬出土数量仅以枚计,数量总和不足百枚。这些货泉当中,制作特征多有不同。根据特征的不同,大致可以分为三种。第一种:面背皆有内外郭,以面穿重郭为重要特征。钱面外郭,外高内低,成斜坡形。钱背外郭凸起,较面外郭为高,此类钱重量及大小稍有差别,重量一般在2.8～3.7克之间。钱面除穿孔为重郭外,记号较少。如图三:5,钱体绿锈,钱面外郭内向斜落成斜坡形,较浅平。面穿重郭。钱径2.38、穿径0.71、厚0.17厘米,重2.8克。鹤壁集乡毕吕寨村1号墓出土。图三:7,基本特征同上,唯钱径稍小。第二种:面背皆有内外郭,面内郭不重,面外郭有的为斜坡形、有的平直。穿孔及字体有大有小,重量 2~3 克不等。图三:8,面外郭呈斜坡形、内郭不重,文字及穿孔较小。钱径 2.31、穿径 0.60、厚 0.13 厘米,重 2.8 克。后营汉墓区 144 号墓出土。图三:6,基本特征同上。文字及穿径稍大。钱径 2.34、穿径 0.70、厚 0.17 厘米,重 2.9 克,鹤壁集乡毕吕寨村 1 号墓出土。图三:9,面背轮郭平直浅平,字形及穿孔较大,钱径 2.32、穿径 0.78、厚 0.11 厘米,重 2.4 克。此钱为红旗街派出所移交,出土地点不详。第三种:此类以钱面无内郭为主要特征。从总体看,制作不及前两类精整。面外郭基本上都为斜坡形,背内外郭凸起。文字均为悬针篆,书写风格有差异,有的字形宽大,有的瘦长。钱面记号较前两种普遍,大多为星点状。所处位置有差别,有穿上、穿左下角、穿右下角诸种。重量 2 克多,不足 3 克者占多数。如图三:10,面无内郭,无记号。外郭较宽,斜落。背内外郭稍窄,较深。面文字体较小。钱径 2.29、穿径 0.64、厚 0.16 厘米,重 2.8 克。后营汉墓区 157 号墓出土。图三:11,面文精好纤细,无记号。钱径 2.27、穿径 0.73、厚 0.16 厘米,重 2.5 克。此钱为浚县窖藏所出,现藏浚县博物馆。图四:1,文字笔画及制作不及图三:11,面穿右下角有一星点记号。轮郭特征同上。钱径 2.27、穿径 0.66、厚 0.17 厘米,重 2.7 克。后营汉墓区 157 号墓出土。图四:2,制作粗劣,字形笔画粗大,面穿左下角点状记号,“货”字上部铜液未到,可能为私铸。钱径 3.2、穿径 0.78、厚 0.15 厘米,重 2.4 克。后营汉墓区 155 号墓出土。

　　以上三种货泉,第一、二种,无论制作风格还是文字气息,都有相似之处。区别仅在于面穿郭重棱与单郭之别。第三种则一改前两种制作风格,取消了面内郭,钱面上增加了以往莽钱中不常见的星点记号,并且制作精粗不一。按天凤元年(14)废大小钱,改行“货布”“货泉”二品并行,货泉“径一寸,重五铢,文右曰‘货’,左曰‘泉’,枚值一……”[①],可见货泉的制作是有一定规范的。王莽本人复古、好名、好货,善于突发奇想,这从他在居摄二年(7)到天凤元年(14)短短 8 年中实行 4 次莫名其妙的币制改革也可显露端倪。在这种思想支配下,设计成面内重郭货泉钱也不足为奇。因此,面内重郭货泉钱应为天凤元年王莽第四次币改初期的铸币。《汉书·食货志》又载:“货布与货泉并行尽六年,毋得复挟大钱矣……莽以私铸钱死,及非沮宝货投四裔,犯法者多,不可胜行,乃更轻其法:私铸作泉布者,与妻子没入为官奴婢……”,既然私铸已免死罪,那么民间铸钱风更盛。私铸即盛,钱币面貌就难求一致,那种面内郭不重之货泉(即本文第二种)可能就是在这种情况下重新出现的。但这并不意味着面单内郭货泉钱都是私铸,而是这种单郭作法又为官铸所采用,而使制作风格从双郭复回为单郭。从时间上推断也应是双郭者在前,单郭者后铸。若就绝对时间而论,现还缺乏有力佐证,不能断言。第三种,钱面取消内郭,增加了许多以往莽钱不常见的星点记号,且位置不

---

① 《汉书·食货志》。

同,这应该是铸权分散的表现,目前论者都将此型定在莽亡以后至东汉复行五铢钱之前铸币,即"光武货泉"。

8. 无文钱

1992年发掘的后营汉墓区155号墓中出土的钱币当中,有1枚无文钱。此钱绿锈生坑,面平夷,无文字,穿右有一凸起铸痕,厚薄不均,背有内外郭,且背穿径大于面穿径。此钱径2.32、面穿0.54、背穿0.71、厚0.12~0.22厘米,重3.7克(带锈)。仔细观察,此钱铸造时只使用了背范,无面范。按此钱与30枚货泉共存,且背范特征与货泉背相似,应为使用货泉背范所铸(图四:3)(以上未注明收藏单位的钱币,均为市文物工作队藏品)。

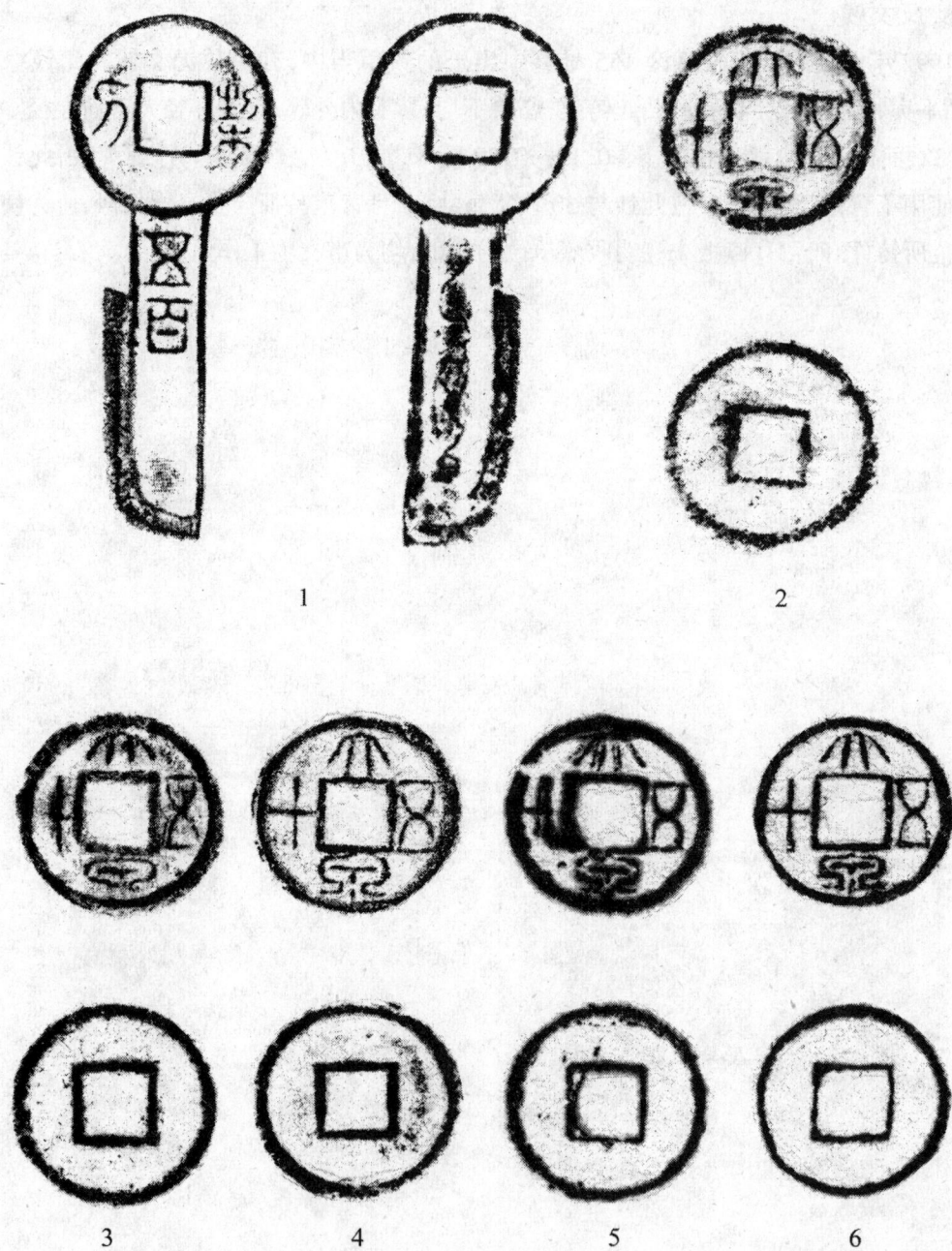

图　一

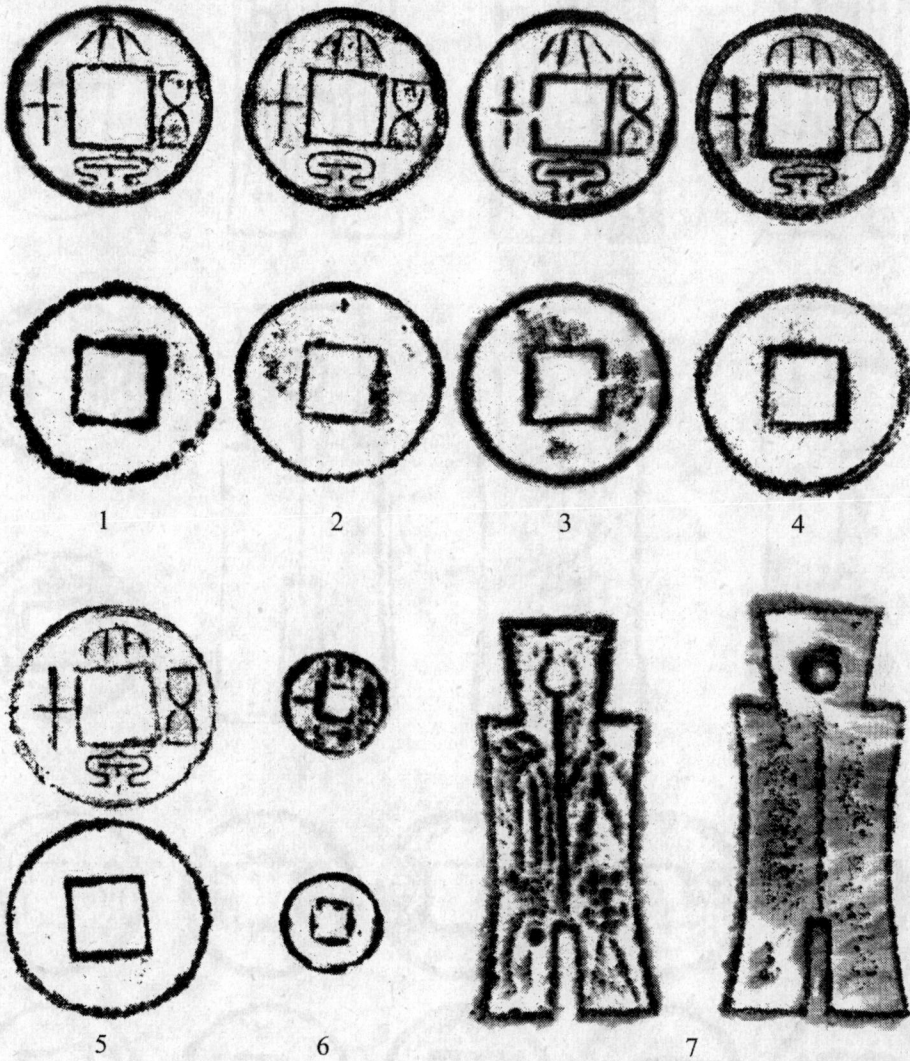

图　二

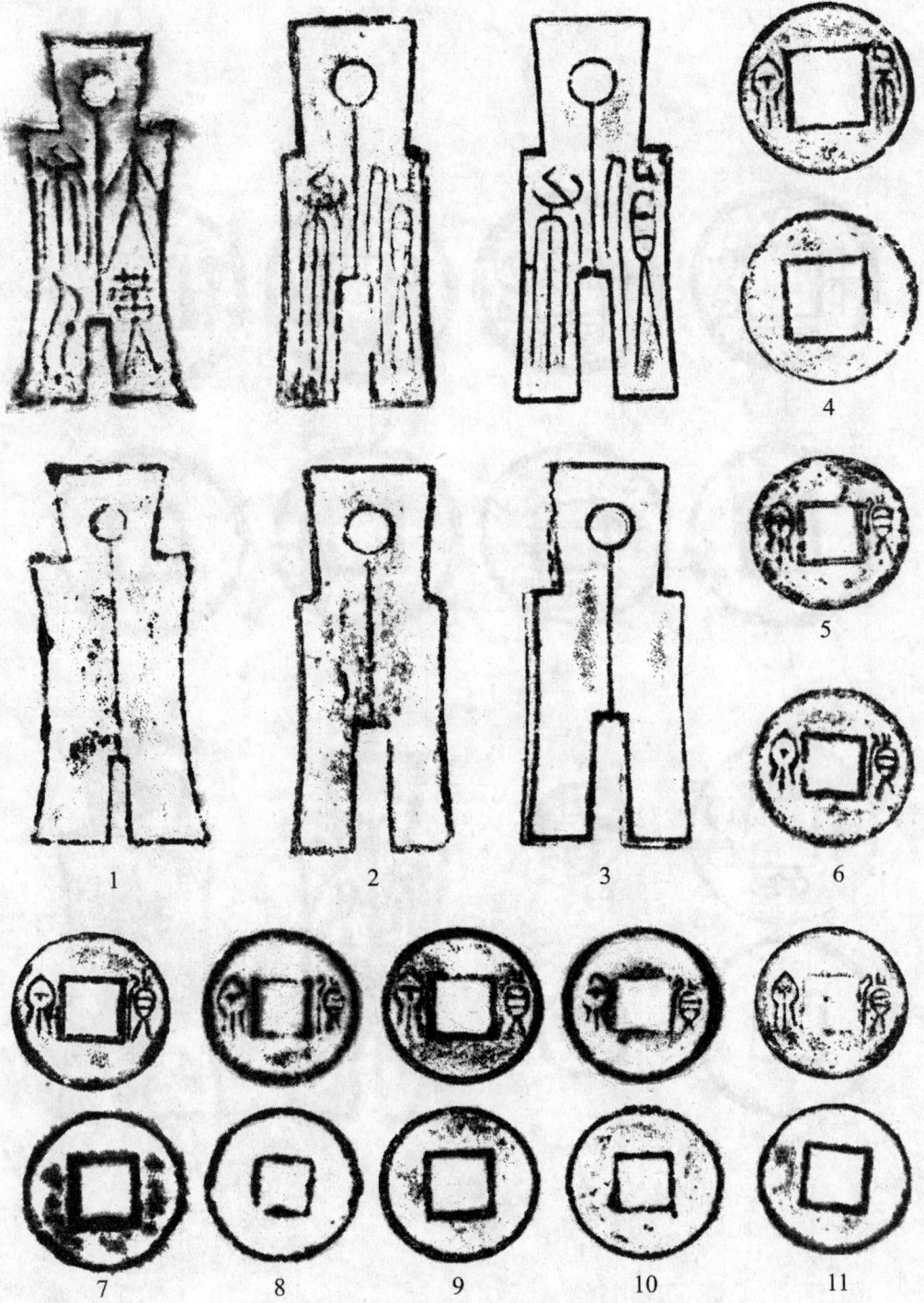

图　三

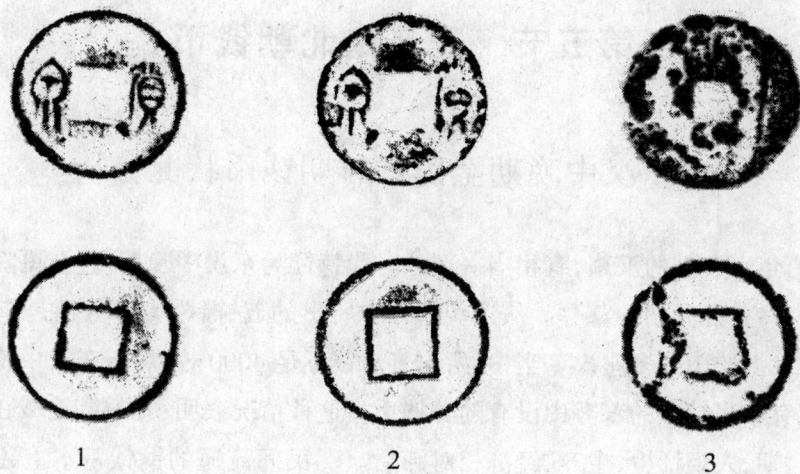

图　四

第五节　魏晋南北朝钱币

一、东汉中晚期至魏晋时期钱币状况分析

鹤壁市历年来发掘的汉墓,有相当一部分时代特征为东汉中晚期,甚至更晚一些。这其中应该包括一些曹魏时期的墓葬。从这些墓葬中所出的五铢钱,大部分还是东汉中晚期为多。另外,已发掘的 200 多座汉墓当中,所出五铢钱不足 4000 枚,属于东汉中晚期的也只有千枚左右,还有相当数量的墓葬中没有随葬钱币。这种情况表明:①鹤壁地域在东汉中晚期至三国曹魏时期,人烟稀少,生产、经济相对滞后。②民间流通的铜钱基本上还是历来旧存的东西汉五铢钱,即使董卓铸恶薄小钱,致使钱法大坏,其影响也未波及至此,否则这种影响会在墓葬中有所表现;③地处偏远,生产滞后,实物货币经济占主导地位,铜钱不为民间生活中的主要媒介物,即使三国鼎立后曹魏更铸五铢钱,情况也是如此,及至西晋无所改变。

二、南北朝钱币

南北朝是我国历史上大分裂、大动荡的时期,政权交替更立。表现在货币方面,则形成多元化的币制特点,缺乏统一性和连贯性。各政权各自铸钱,名目繁多。如北朝北魏铸太和五铢、永平五铢、永安五铢,北齐铸常平五铢,北周有布泉、五行大布、永通万国等。南朝宋、齐、梁、陈则有四铢、二铢、五铢、太货六铢等等。总之,这个时期是中国币制极为混乱的时期。鹤壁地域发现的这个时期的钱币品种不多,且数量较少。

1. 永安五铢

市区内目前未见出土报道。浚县博物馆馆藏有 1 枚,为早年农民挖土时所得,捐献于浚县博物馆,出土地点记录未详。此钱面文精好,钱背绿锈。钱面内郭上、下、左分别由永、安、铢之字笔画围成,穿右缺郭。"五"字上横中间断笔。背内郭较宽不决。钱径 2.37、穿径 0.75、厚 0.17 厘米,重 3.2 克(图一:1)。按永安五铢始铸于北魏末年的孝庄帝永安年间 (528~530),其后东魏、西魏均有铸造,故存世数量较多,版别亦相当复杂,计有背穿上土字、背内郭四出、四决、不决等数种。浚县博物馆藏这枚普通永安五铢钱应该为北魏永安年间铸钱。

2. 常平五铢

常平五铢,为北齐文宣帝天保四年(553)铸,其时代、面貌均较为清楚,制作仿永安五铢

钱。浚县博物馆馆藏 4 枚,均为早年出土,出土地点记录不详。编号 00791(图一:2),钱径 2.49、穿径 0.86、厚 0.18 厘米,重 4.3 克。其他 3 枚,编号为 00792、00793、00794,重量分别为 4.5、4.1、4.1 克,钱径均为 2.46 厘米、穿径为 0.79、0.81、0.78 厘米、厚 0.19、0.20、0.19厘米。

3. 五行大布

北周武帝建德三年(574)铸。淇县发现两枚。此二钱面貌特征相同,面背轮郭细腻精整,文字离郭,篆法绝工。二者惟笔画粗细稍有不同。编号 077:钱径 2.74、穿径 0.75、厚 0.22 厘米,重 4.4 克(图一:3)。编号 094:钱径 0.75、穿径 0.77、厚 0.22 厘米,重 5.1 克(图一:4)。北周铸钱,除五行大布外,还有布泉(玉箸篆,不类莽钱)、永通万国等,以其文字篆法绝工、铸造精美为六朝之冠。上述两枚五行大布现藏淇县文物保管所。

4. 萧梁五铢

我们在整理浚县博物馆藏历年农民捐赠的窖藏钱币时,发现 1 枚形制较小的五铢钱。钱径 2.2、穿宽 0.88、厚 0.14 厘米,重 2.8 克。此钱面背皆有内外郭,面文"五"字交笔微曲,"铢"字"金"字旁为小三角形,四点较长,"朱"字上下折笔较长,均为方折,且向两边开放(图一:5)。这枚钱与丁福保《古钱大辞典》上所附一枚面部文字特征、大小及制作风格极为相似[1],丁氏将其定为刘备所铸,当误。此钱又与目前钱币界认可的南朝陈五铢文字风格大小都不相同,陈五铢钱径较大,"铢"字"朱"旁写法上方折下圆折,下折笔较上折笔长,且不向两边开放[2]。此钱"铢"字"朱"旁写法类似于北魏的永安五铢"朱"旁写法,太和五铢笔意也类似于此。按南朝梁铸梁五铢(又叫大样五铢)在武帝天监年间,即 502 年到 520 年,北朝北魏铸太和五铢及永安五铢在 495 年到 529 年,时间上大体相重合,"朱"字上下方折且向两边开放大概为这一时期文字特征之一。另外,我们又观察到,浚县这枚五铢面文特征与浙江戴国兴先生保存的梁四出五铢钱范面文特征基本相同[3]。按梁五铢重 3 克[4],与浚县博物馆藏这枚钱差别不大。综上所述,我们认为浚县博物馆馆藏这枚钱为南朝梁天监年间铸大样五铢,即梁五铢。

---

① 丁氏拓图见《古钱大辞典》上编,第 214 页,中华书局,1982 年。
② 彭信威:《中国货币史》图版三十七,15 图,上海人民出版社,1958 年;孙仲汇:《古钱》图一八,《梁陈五铢及太货六铢》图 2,上海古籍出版社,1990 年。
③ 《中国钱币》1985 年第 4 期。
④ 千家驹、郭彦岗:《中国货币史纲要》,上海人民出版社,1985 年。

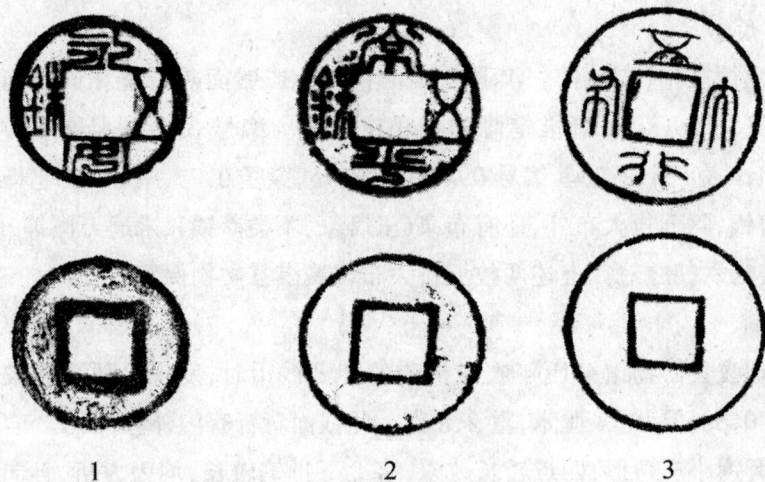

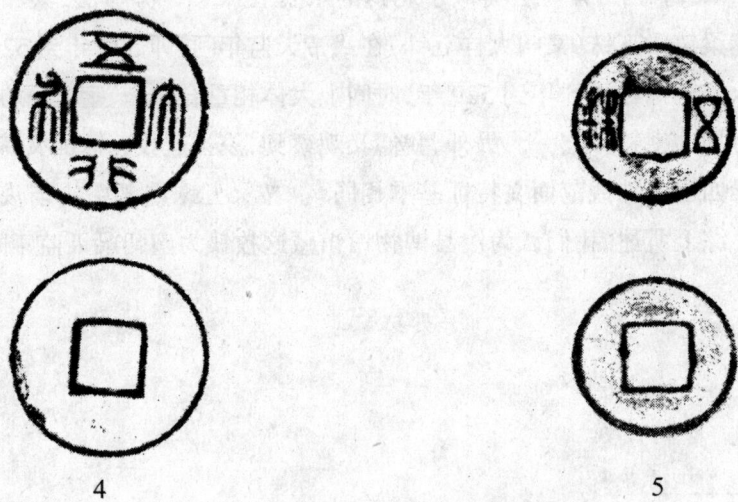

图　一

第六节　钱币出土情况小结

　　鹤壁市所发现的秦汉时期的钱币,以随葬为主要存在形式,遗址、文化层内只有零星出土,未发现这一时期的钱币窖藏。从出土地点看,绝大部分集中在鹿楼乡后营汉墓区内,占发现数量的80%左右,其他为市区周围各乡镇零星出土。从出土情况看,各墓葬随葬钱币情况多寡不一,少则数枚,多则数百枚,大多数随葬钱币的墓葬出土量在数枚至几十枚之间,上百枚者极少见,具有明确出土地点的钱币数量不足3 000枚,其他如捡选、捐赠、出土地点不明者未记在内。估计总数约在4 000枚左右。出土品种,秦至西汉前期的半两钱发现极少,约占发现总数的1%。五铢钱则相对较多,除东汉灵帝的四出五铢外,其他各期均有出土,时代特征及顺序较为明显。然而,所有这些情况均不能表明这些钱币为本地所铸,截止到目前还没有发现本地铸钱的蛛丝马迹。按秦汉时期鹤壁地域的冶铸业是有所发展的。如在市区西南发现的冶铁遗址,其时代从战国晚期延续至西汉晚期或许更晚一些。1960年在遗址中发现13座汉代冶铁炉和周围许多未经熔炼的铁矿石块[1]。1988年揭露遗址面积415平方米,发现5座陶窑和大量的冶铁范模。这些范模均为生产工具范[2],未发现钱范,从而证明冶铸遗址内不铸钱。另外,后营汉墓区内目前所发掘的墓葬中,西汉时期较少,而东汉时期的相对较多,且大部分墓葬当中随葬有兵器,如刀、剑、戟、钩襄、匕等等。从以上这些情况推测:①鹤壁市在秦汉之际,农业生产、手工业虽有持续发展,但货币经济相对滞后,实物经济占主导地位;②民间流通的钱币均为其他郡县所铸,本地不铸钱;③钱币流通渠道狭窄,流通范围不广,有相当部分的钱币应该是随军所至,与某种政治事件有关。

　　魏晋南北朝时期的钱币在鹤壁市区内没有出土与发现,上文所列几种南北朝钱币均为浚县、淇县二地所出,因记录的缺失,出土情况不明,且发现数量极少,不能够全面地反映鹤壁地域这一时期货币铸行及流通情况。然而,这有限的几枚钱币却为鹤壁地域历代古钱的出土与发现,提供了珍贵的品种资料。

---

①　河南省文化局文物工作队:《河南鹤壁市汉代冶铁遗址》,《考古》1963年第10期。
②　鹤壁市文物工作队:《鹤壁鹿楼冶铁遗址》,中州古籍出版社,1994年。

第三章　隋唐五代十国钱币

　　隋至唐初,鹤壁地域归卫州。唐武德六年(623)归相州辖。五代时历属梁、唐、晋、汉、周的汤阴辖地。这一时期的几百年间,鹤壁的经济、文化持续向前发展。唐朝时期著名文学家谢偃、著名诗人王梵志均为今浚县人。随着经济的发展,至迟在唐末,鹤壁窑已开始烧制瓷器,并逐渐发展成为我国北方一处重要的民用瓷生产地。1985年,在市第六中学院内发现一座唐开元二十六年墓,墓志中有鹤壁一词。由此可见,"鹤壁"作为地名词在唐朝开元年间甚至以前已经出现了。

　　这一时期鹤壁地域的钱币出土在墓葬、窖藏中均有不同程度的发现,以窖藏发现为主。窖藏的钱币,无论品种还是数量上,均超过了墓葬出土,且基本上全部为晚期窖藏所出,如宋金时期的钱币窖藏。截止到目前,还未发现隋唐五代时期的钱币窖藏。

第一节　隋朝钱币

一、出土与发现情况

　　鹤壁地域发现的隋五铢,数量不多。按发现情况的不同可分为墓葬出土与窖藏出土两种。1985年9月,市博物馆在砖瓦厂家属院发掘隋朝墓葬一座(编号M1),其中出隋五铢5枚。1986年3月6日又发现隋墓一座(编号M7),其中出五铢1枚。1981年,浚县新镇乡农民马记彦挖土时发现铜钱400公斤左右。1984年,浚县白寺乡左洼村群众翻地时,挖出铜钱200公斤左右。这两次所发现铜钱均捐献于浚县博物馆。经清理,发现十几枚隋五铢钱,其中10枚经有关部门鉴定为三级品。由于两次发现的钱币捐献后,混放在一起,将出土地点打乱,故无法判定何者为某处所出。

二、钱币类型与分期

　　市区发现的隋五铢与浚县窖藏所出的隋五铢,数量总计不足 20 枚。经仔细观察,两处所出钱币特征大体相同,铜质均较纯净,铜色稍显清白。根据字形特点及"五"字交笔行笔走向的细微差异,基本上可分两种版式,现以浚县博物馆所藏 10 枚三级品为例说明之:

　　Ⅰ式:面文"五"字稍显狭长,左侧有一竖划。两交笔行笔走向分别由左上至右下、右上至左下,两笔相交,重量在 3 克以上。如图一:1,"五"字行笔特点如上述,钱径 2.33、穿径 0.78、厚 0.13 厘米,重 3.1 克。

　　Ⅱ式:"五"字较Ⅰ式字形稍显宽放,中间两笔行笔特点,左边一笔由左上内斜行至中间再折回左下,右边行笔方法与此相反,两笔在中间相接而不是相交,重量大多不足 3 克。如图一:2,笔法如前述,钱径 2.33、穿径 0.77、厚 0.13 厘米,重 2.75 克。

　　以上二式,虽面文"五"字行笔方法稍有差异,但总体风格基本相同,铸造精整,面文笔画清晰,惟Ⅱ式较Ⅰ式稍轻。此二式应属同型,二者铸行时间不会相差太远。按隋铸行五铢钱,在开皇元年(581)九月[1],并规定每一千文钱重四斤二两[2],每枚应重 3.168 克,Ⅰ式钱重基本与此合。另外,隋开皇五铢钱面貌较为清楚,有西安地区隋开皇九年[3]、十六年[4] 纪年墓所出隋钱可证。因此,我们认为,Ⅰ式钱应为隋开皇年间所铸五铢钱。Ⅱ式钱总体风格与Ⅰ式基本相同,惟重量比Ⅰ式稍轻,似有减重现象,但从其铸造风格和精整程度看,其铸行时间不会比Ⅰ式相差太远,或略晚于Ⅰ式,至迟不会晚至炀帝大业时。

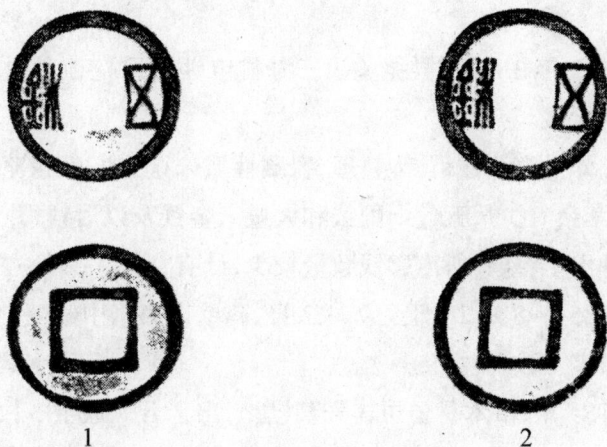

1　　　　　　　　　　　2

图　一

---

① 《隋书·食货志》。
② 《隋书·食货志》。
③ 郑洪春:《西安东郊隋舍利盒清理简报》,《考古与文物》1988 年 1 期。
④ 李域铮、关双喜《隋罗达墓清理简报》,《考古与文物》1984 年 5 期。

第二节　唐朝钱币

一、钱币出土情况

鹤壁地域发现的唐钱,根据发现情况的不同可分为三种形式:①墓葬出土;②遗址内出土;③钱币窖藏内发现。以窖藏发现为主,数量大,品种多。墓葬出土次之,遗址内发现最少。

窖藏发现:截止到目前,发现含有唐钱的钱币窖藏共有 7 批:

⑴1975 年,鹤壁市大湖东岭宋金时期钱币窖藏,其中含开元通宝 784 枚、乾元重宝 83枚。

⑵1980 年,鹤壁集乡龙家村钱币窖藏内含开元通宝 2 784 枚、乾元重宝 52 枚,其余多为宋金钱币。

⑶1996 年,鹤壁市淇滨开发区宋金时期钱币窖藏内含开元通宝 900 余枚。

以上 3 批钱币窖藏现已整理,各种钱币数量已有确切统计。除此外,还有 4 批待整理:

⑴1981 年,浚县新镇乡马姓农民挖土时挖出铜钱 400 公斤左右。

⑵1984 年,浚县白寺乡左洼村群众翻土时,挖出铜钱 200 公斤左右。

⑶1986 年 3 月 27 日,浚县矩桥乡张姓农民挖地基时,发现铜钱 9.5 公斤。以上现藏浚县博物馆。

⑷1992 年 3 月,淇县城关镇三海村申姓农民挖地基时发现铜钱约 100 公斤,现交淇县文物保管所藏。

以上 4 批窖藏钱币,待整理,窖藏性质未确定。经粗略翻看,内均含唐开元通宝及乾元重宝钱,其余有少量五代十国钱和大量宋金钱及以后钱币。

墓葬出土:墓葬所出唐钱数量较少,计有:

⑴1985 年 8 月 28 日至 9 月 2 日,鹤壁市第六中学院内发现唐开元二十六年墓一座,内出开元通宝 7 枚[①]。

⑵1985 年,市木材公司 3 号墓(唐),出土开元通宝 3 枚,放置在墓主右手旁。

⑶1991 年 6 月 3 日,市长风路 88 号墓(五代),出开元通宝 2 枚。

⑷1992 年 3 月 14 日,鹿楼乡西鹿楼村东唐墓(编号:M168),出开元通宝 1 枚。

---

①　王文强、霍保臣:《鹤壁市发现一座唐代墓葬》,《中原文物》1998 年 2 期。

⑸1993 年 2 月 22 日,淇滨经济开发区大赉店村北 1 号墓(宋墓),出开元通宝 1 枚、乾元重宝 1 枚;2 号墓(宋墓)出开元通宝 1 枚。

⑹1993 年 7 月 19 日,市第二十六中学院内 2 号墓(宋墓),出开元通宝 1 枚。

⑺1995 年 2 月 9 日,鹤壁集乡东头村西金代墓葬,出土开元通宝 1 枚、乾元通宝 1 枚。

遗址出土:遗址内出土唐钱较少,仅开元通宝 1 枚。出自鹿楼冶铁遗址 3 号窖(唐窖)工作坑内①。

二、钱币品种、类型及分期

目前,鹤壁地域发现的唐朝钱币有开元通宝和乾元重宝两种。

1. 开元通宝

出土与发现的唐钱中,开元通宝钱数量最多,品类也最复杂。根据铸造特点及文字特征的不同可分为五种类型:

A 型:面文特征:"开"字布白均匀;"通"字头较小,开口较大,走旁四点不连;"元"字上横较短,距第二横较近;"宝"字贝内二横与左右竖笔不连。另外,根据面文分布特点又可分为二式。

Ⅰ式:面文四字离外轮较远,外离郭、内寄郭。重量一般在 4 克左右者居多,最重者达 4.8 克,也有轻到 2.3 克者。钱径一般在 2.4～2.5 厘米左右,郭宽一般为 0.2 厘米。"元"字均为左挑,钱体面背基本不见记号,制作均较精整。如图一:1～4。

Ⅱ式:文字特征与Ⅰ式基本相同,铸造不及Ⅰ式精好,与Ⅰ式最大区别在于"开元"二字距外郭较近,甚至相接。"元"字有左挑、双挑等。面外郭宽窄不均匀,重量悬殊也较大,最重者 4 克左右,最轻者只有 1.3 克。此式制作也较Ⅰ式变化较大,钱背制作除光背以外,还出现了星、月等记号。记号有星点、直划、月纹等,所处位置各不相同。如图一:5,"元"字左挑,光背。图一:6,面重文,底层钱文右旋,"元"字左挑。图一:7,面背绿锈,"元"字双挑。图一:8,制作粗劣,钱体较薄,"元"字左挑,轮郭、文字略高于钱肉,钱背与面文四字对应处较厚,字形隐现。图一:9,背穿左半星。图一:10,制作粗劣,面绿锈生坑,背穿左有一大半星,穿下小半星。图一:11,背穿右上方斜月。图一:12,背穿下俯月,左挑元。图一:13,背穿左竖月。图一:14,背穿下直纹。

B 型:文字特征以"通"字头扁长、开口较小,走旁四点相连,"元"字首画较长,距次画稍远,"宝"字贝内二横画与左右两竖笔相连为主要特征,除此外,面文"通"、"宝"二字字形也有

① 鹤壁市文物工作队:《鹤壁鹿楼冶铁遗址》,中州古籍出版社,1994 年。

瘦长与宽短之别,"元"字次画有左挑、右挑等。钱体记号较多,计有星点、月纹、祥云、祥云与月组合纹,星、月组合纹等。钱径一般在 2.4~2.55 厘米之间,重量在 3~4 克之间者居多。如图二:1,光背,"元"字左挑。图二:2,"元"字右挑,光背。图二:3,面"通"字下一星。图二:4,面"宝"字下一星,背穿上仰月。图二:5,面外郭较宽,背穿上一星。图二:6,背穿下斜月(右斜)。图二:7,背穿上俯月。图二:8,背穿上仰月,"元"字双挑。图二:9,背穿下仰月。图二:10,背穿上仰月,穿左一星。图二:11,背穿上仰月,穿下祥云纹。图二:12,背穿上祥云与仰月组合纹。

C 型:文字特征同前。穿孔被铸成八角形。如图二:13,面"宝"字下一星,背穿上云纹,穿孔为八角形。图二:14,面外郭较宽,背铸造时型腔错位,钱体厚薄不均。此二品均为淇滨开发区窖藏所出。

D 型:面文特征同 B 型、C 型钱相似,惟钱径较小,一般在 2.1~2.3 厘米左右,铜质粗精不一,重量差别悬殊,重量不足 3 克者居多,最轻者只有 1 克左右。钱体也多见星、月记号。如图二:15,钱面轮郭、文字制作较规整。背外郭宽窄不一,穿上云纹。图三:1,制作不精,面背轮郭宽窄不一,背内郭上、右缺郭。图三:2,制作粗劣,面"通"字、"宝"字下各有一星,背穿上仰月。图三:3,制作粗劣,铜质不精,含杂质较多,钱肉不平,文字不清晰。以上均为淇滨开发区窖藏所出。图三:4,"元"字双挑,背郭浅平,面外郭一半稍宽,一半近失,肉面粗糙,铸造不精。

E 型:为会昌开元。发现的会昌开元计有润、梁、蓝、荆、越、潭、洛、桂、广、兴、京等 11种。铸造粗精不一,文字大多模糊不清,钱径在 2.30~2.44 厘米之间,重量 3~4 克之间者居多,个别达 4.5 克,(图三:5~15)。其中广、京、蓝、荆、越、洛、兴字为淇滨开发区窖藏所出;"润"字钱为浚县窖藏所出,现存浚县博物馆;"梁"字钱为鹤壁集乡龙家村窖藏所出,现存市博物馆;"潭""桂"字钱为淇县文物保管所藏品,出土地点不详(以上未注明收藏单位者,现均藏市文物工作队)。

以上 A~E 型开元钱,基本上可分为三期,即初唐、中唐、晚唐三个时期。

初唐开元钱,以 A 型为代表,首铸于唐高祖武德四年,也称为武德开元。此型钱铜质纯净,制作精整,轮郭深峻。面文四字端庄沉稳,布白匀称秀丽,"元"字首画较短,"通"字头较小,开口较大,走旁四点各不相连,"宝"字贝内为二短横,不与左右竖笔相接。史载:"开元钱之文,给事中欧阳询制词及书,其字含八分及隶体……"[①]。我们在整理时发现,虽同为初唐开元,但面文布白略有差异,本文将其分为 I 式、II 式。

I 式钱,文字极工,字体离郭,布白疏朗秀丽,制作极精,且钱面背基本无记号,应为武德

---

① 《旧唐书·食货志》。

年间经钱监严密督造的开元钱。其中一枚钱径较小,重2.3克(图一:4)之开元钱,虽钱径、重量与制不合,但钱文及制作风格基本不变,大概为武德年间民间所铸。Ⅱ式钱,"开元"二字离外郭很近,甚至相接,无论制作风格,还是面文布白,均较Ⅰ式略逊,且钱背开始出现记号,其铸造年代也应较Ⅰ式略晚,应为武德以后所铸。四川万县高宗永徽五年(654)冉仁才墓、湖北郧县中宗嗣圣元年(684)李徽墓所出开元钱[1],面文布白特征与Ⅰ式钱相似,又为一证。

中唐开元钱,以B型钱为代表。钱文特征较A型钱有变化,最明显是"通"字头扁长,开口较小,走旁四点相连,"元"字首画较长,"宝"字贝内二横画与左右竖笔相接。文字风格已失去初唐开元欧文之神韵。这种字形风格的开元钱始铸于中唐时期[2]。另外,唐肃宗乾元元年(758)所铸乾元重宝钱,"元"字写法与B型钱"元"字写法近似,首画均较长。由此可见,"元"字首画加长,为这一时期普遍书写风格。

晚唐时期开元钱,目前学术界普遍以唐武宗会昌年间(841~846)铸会昌开元以后。这一时期的开元钱,除少部分会昌开元铸造稍工整外,其余铸币精度已达谷底,铜质不纯,钱文模糊,轮郭不整,本文E型钱,即会昌开元钱,也表现出这种特点。

C、D型钱,面文特征与B型钱相似,钱径变小,铜质不纯者占多数,且铸造粗劣薄小,轮郭不整,应为中唐及以后各个时期私铸币。史载:高宗"显庆五年(660)以恶钱多,官为市之,以一善钱售五恶钱,民间藏恶钱以待禁弛……明年,以商贾不通,米帛踊贵,复行开元通宝钱,天下皆铸之。然私钱犯法日蕃……"[3]。可见当时私铸日盛,官不能禁。D型钱也一定程度上反映了当时的私铸钱币状况。

2. 乾元重宝

1996年,在市淇滨开发区发现的铜钱窖藏中,内含乾元重宝钱26枚。墓葬中也有零星出土,数量极少。除此外,浚县博物馆还馆藏有少量乾元重宝。经初步整理,这些乾元钱大致可分为四大类型:

A型:钱径较大,钱背重轮浅平,隐约可见,钱文不清晰,钱径3.32、穿径0.70、厚0.36厘米,重20.4克(图四:1)。此型钱仅发现1枚,为浚县博物馆藏品,出土情况不详。

B型:钱径较A型稍小,面文楷书,背轮不重。如图四:2,钱径2.93、穿径0.70、厚0.22厘米,重7.5克。此型钱也仅1枚,为浚县博物馆藏品,出土情况不详。

C型:钱径在2.40~2.55之间,重量均在3克以上,最重者为4.4克,铸造粗精不一,轮

---

① 资料、拓图均参见徐殿魁:《唐代开元通宝的主要品类和分期》一文,《中国钱币》1992年第3期。
② 资料、拓图均参见徐殿魁:《唐代开元通宝的主要品类和分期》一文,《中国钱币》1992年第3期。
③ 《新唐书·食货志》。

郭有阔狭之分,文字有大小之别,光背者占多数,间有星点等记号。如图四:3,铸造一般,背轮郭浅平,大字,光背,钱径2.53、穿径0.66、厚0.14厘米,重3.8克。图四:4,小字,背外郭较阔,光背,绿锈,钱径2.48、穿径0.65、厚0.14厘米,重3.6克。图四:5,钱体绿锈,面背外郭稍阔,大字,钱径2.45、穿径0.66、厚0.15厘米,重量3.4克。图四:6,小字,面背外郭一侧较阔,一侧稍狭,钱径2.48、穿径0.65、厚0.14厘米,重3.4克。图四:7,绿锈生坑,铸造稍精,外郭较窄,大字,光背,钱径2.52、穿径0.67、厚0.17厘米,重3.8克。图四:8,绿锈生坑,小字,阔缘,背穿上仰月,钱径2.52、穿径0.63、厚0.15厘米,重4.1克。图四:9,背穿下椭圆形星点,狭郭,钱径2.53、穿径0.64、厚0.17厘米,重4.4克。图五:1,外郭较窄,背穿左云纹,钱体绿锈,钱径2.49、穿径0.64、厚0.17厘米,重3.7克。图五:2,外郭较阔,小字,背穿上一平画,钱径2.54、穿径0.65、厚0.12厘米,重3.3克。

D型:钱径在2.4厘米以下,重量不足3克,面貌各异。如图五:3,面文铸造精整,大字,狭郭,背轮郭较阔,浅平,绿锈,钱径2.37、穿径0.62、厚0.13厘米,重2.9克,图五:4,铸造粗劣,背轮郭近平,钱径2.35、穿径0.65、厚0.13厘米,重2.7克。图五:5,铸造不精,背穿下俯月,钱径2.37、穿径0.65、厚0.12厘米,重2.8克。图五:6,背外郭较阔,面外郭稍窄,面文小字,钱径2.36、穿径0.65、厚0.12厘米,重2.0克(上述C、D型钱标本选自淇滨开发区铜钱窖藏,现均藏市文物工作队)。

有关历史文献记载:"肃宗乾元元年(758)经费不给,铸钱使第五琦铸'乾元重宝'钱,径一寸,每缗重十斤,与开元通宝参用,以一当十,亦号'乾元十当钱'……第五琦为相,复命绛州诸炉铸重轮乾元钱,径一寸二分……以一当五十……"[1],"代宗即位,乾元通宝钱以一当二,重轮钱以一当三,凡三日而大小钱皆以一当一。自第五琦更铸,犯法者日数百,州县不能禁止……"[2]。由文献记载推断:B型钱应为"十当钱"即当十乾元重宝钱;A型钱为后铸重轮当五十钱;C型钱为以后一当一小平钱;D型钱为私铸钱。

3. 顺天元宝

顺天元宝,为唐朝中期"安史之乱"时史思明在东都洛阳所铸,史称当时史思明因"恶得壹(即得壹元宝钱)非长祚之兆,故改其文曰'顺天元宝'"[3]。

鹤壁地域发现的1枚顺天元宝,钱径3.67、穿径0.80、厚0.31、外郭宽0.4厘米,重21.2克,背穿上有一仰月纹。出土地点不详。现藏浚县博物馆(图五:7)。

---

① 《新唐书·食货志》。
② 《新唐书·食货志》。
③ 《新唐书·食货志》。

表一　Ａ至Ｄ型开元钱数据表

单位：厘米、克

图	号	钱 径	穿 径	厚 度	重 量	
图一	1	2.54	0.62	0.18	4.80	A型Ⅰ式,龙家村窖藏出土,藏市博物馆
	2	2.53	0.66	0.14	4.20	Ⅰ式,淇滨区窖藏出土,藏市文物队
	3	2.32	0.65	0.12	2.30	同　上
	4	2.51	0.68	0.14	3.80	同　上
	5	2.50	0.66	0.17	4.00	A型Ⅱ式,淇滨区窖藏出土,藏市文物队
	6	2.50	0.63	0.16	4.10	Ⅱ式,县窖藏出土,藏浚县博物馆
	7	2.46	0.62	0.14	3.50	Ⅱ式,淇滨区窖藏出土,藏市文物队
	8	2.28	0.64	0.06	1.30	同　上
	9	2.47	0.59	0.14	3.40	同　上
	10	2.51	0.66	0.14	3.50	同　上
	11	2.50	0.70	0.13	3.30	同　上
	12	2.39	0.63	0.13	3.20	同　上
	13	2.50	0.68	0.14	3.60	A型Ⅱ式,浚县博物馆藏品
	14	2.35	0.62	0.14	2.90	A型Ⅱ式,龙家村窖藏出土,藏市博物馆
图二	1	2.53	0.62	0.14	4.20	B型,淇滨区窖藏出土,藏市文物队
	2	2.48	0.69	0.12	3.20	同　上
	3	2.44	0.60	0.11	3.20	B型,浚县博物馆藏品
	4	2.46	0.64	0.15	3.70	B型,淇滨区窖藏出土,藏市文物队
	5	2.49	0.63	0.14	3.80	同　上
	6	2.50	0.66	0.14	4.00	同　上
	7	2.40	0.66	0.14	3.30	同　上
	8	2.50	0.67	0.15	3.70	同　上
	9	2.46	0.69	0.13	3.70	同　上
	10	2.44	0.64	0.15	3.90	B型,浚县博物馆藏品
	11	2.44	0.61	0.13	3.80	B型,淇滨区窖藏出土,藏市文物队
	12	2.45	0.69	0.12	3.50	B型,龙家村窖藏出土,藏市文物队
	13	2.40	0.65	0.16	2.30	C型,淇滨区窖藏出土,藏市文物队
	14	2.51	0.62	0.06～0.19	3.80	同　上
	15	2.30	0.67	0.13	2.80	D型,其他同上
图三	1	2.27	0.71	0.13	2.80	同　上
	2	2.09	0.73	0.09	1.80	同　上
	3	2.11	0.65	0.11	1.30	同　上
	4	2.30	0.69	0.14	0.30	D型,龙家村窖藏出土,藏市博物馆

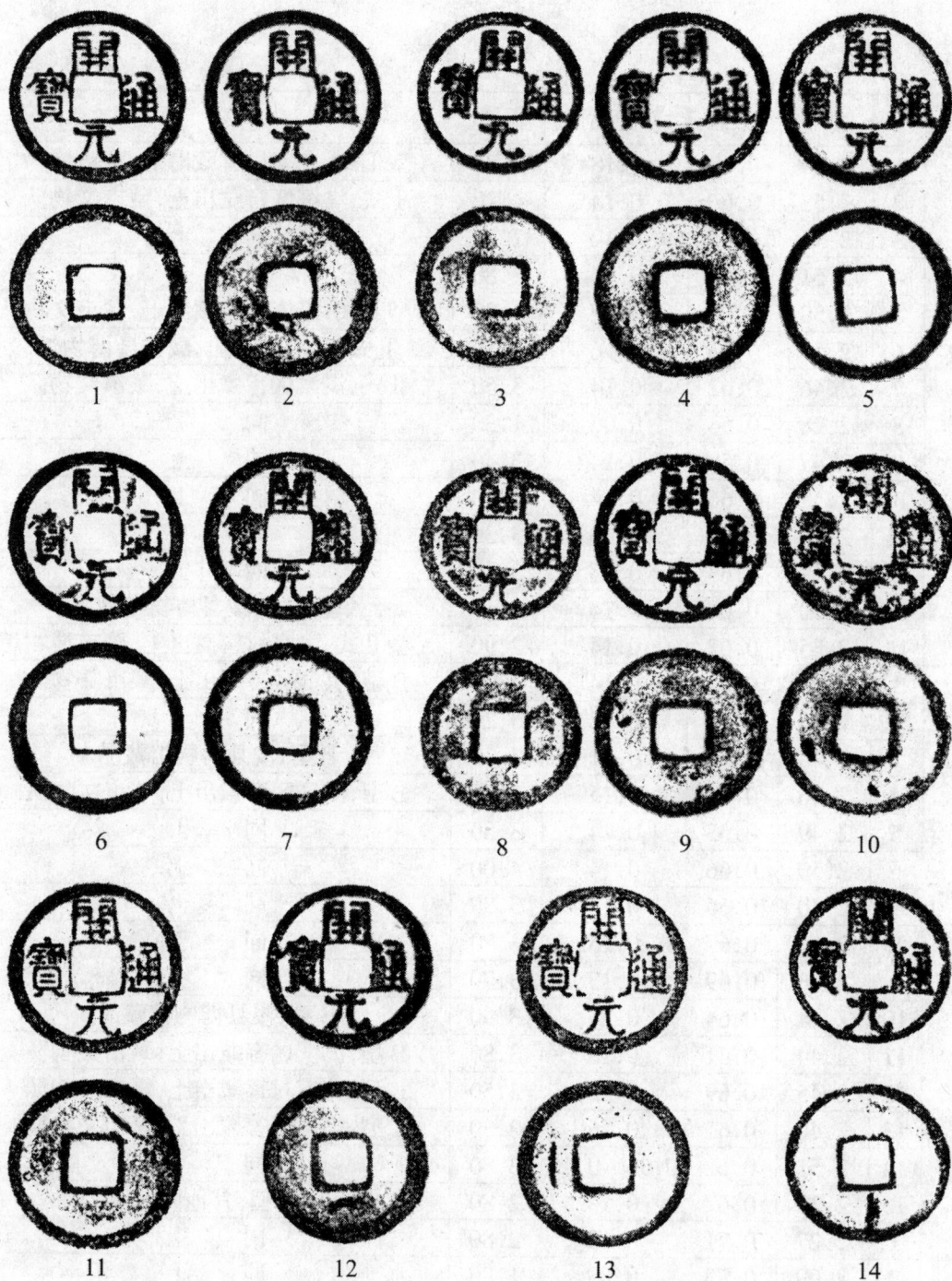

1　　　　2　　　　3　　　　4　　　　5

6　　　　7　　　　8　　　　9　　　　10

11　　　　12　　　　13　　　　14

图　一

1   2   3   4   5

6   7   8   9   10

11   12   13   14   15

图 二

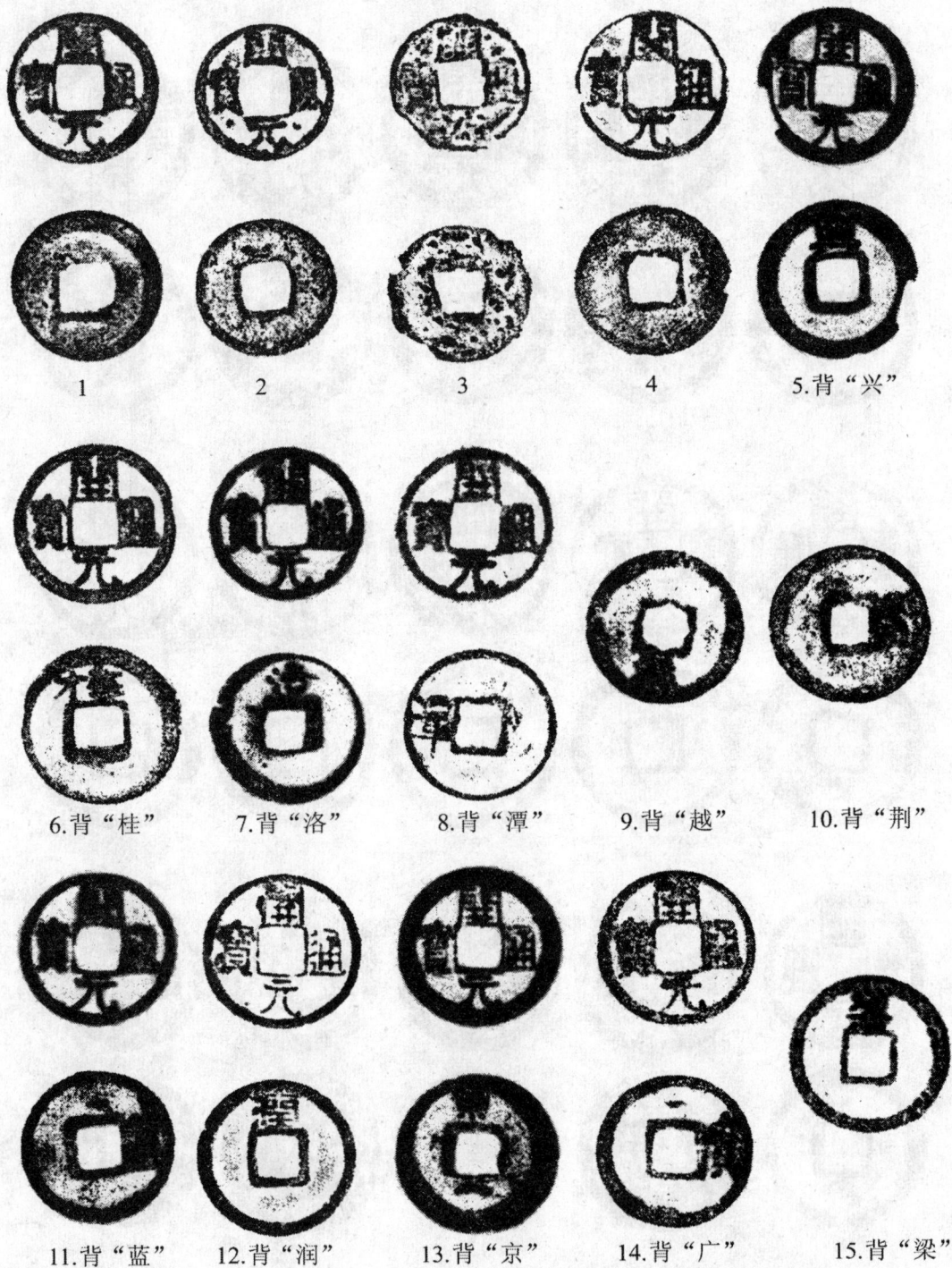

1　　　　　2　　　　　3　　　　　4　　　　5.背"兴"

6.背"桂"　　　7.背"洛"　　　8.背"潭"　　　9.背"越"　　10.背"荆"

11.背"蓝"　　　12.背"润"　　　13.背"京"　　　14.背"广"　　　15.背"梁"

图　三

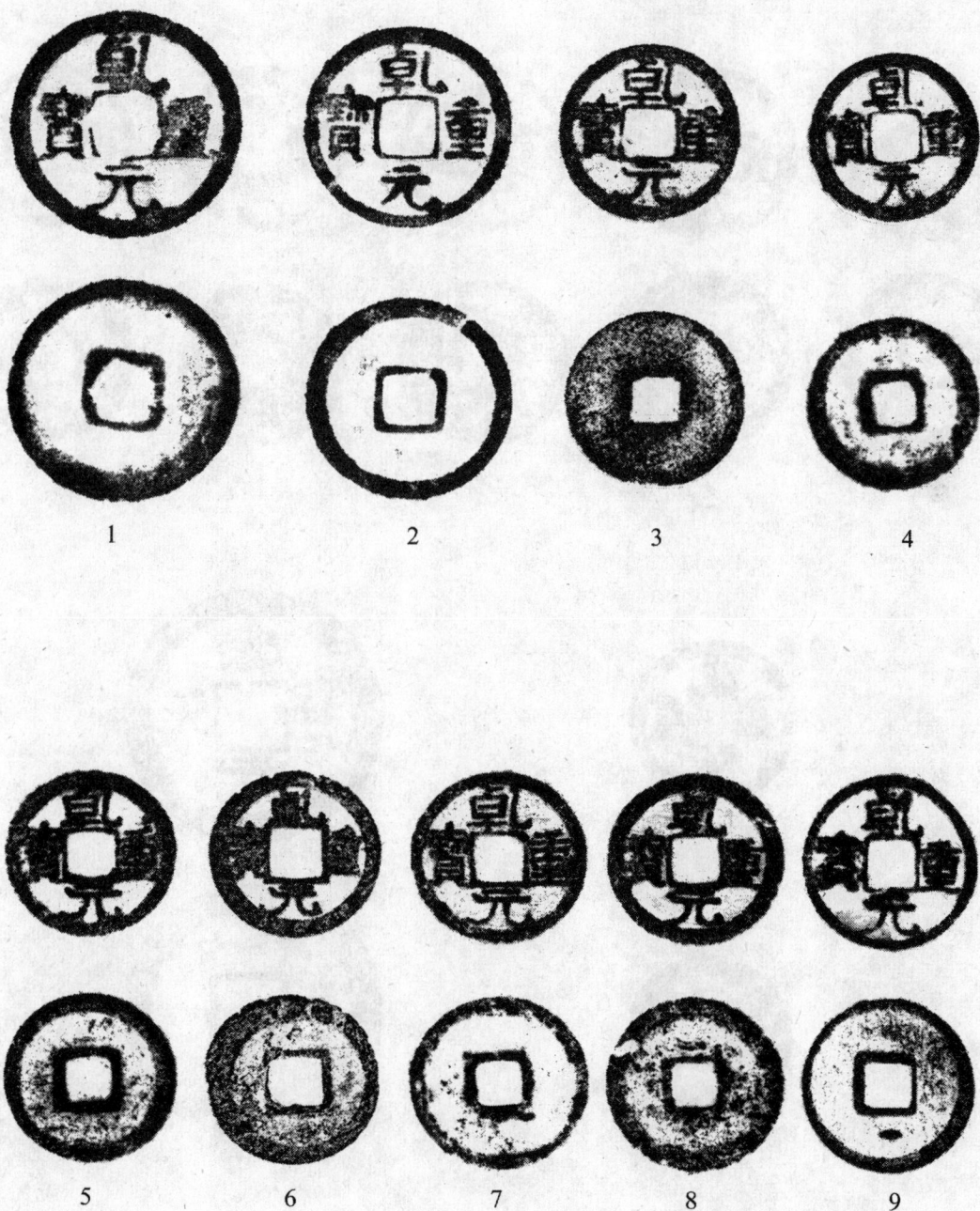

图　四

1　　　　　　2　　　　　　3　　　　　　4　　　　　　5

6　　　　　　　　　　　　7

图　五

第三节　五代十国钱币

五代十国,是中国历史上又一个分裂动荡的时期。这一时期,各政权相继铸钱,币名繁杂,大部分为年号钱。鹤壁境内发现的这一时期铸币品种计有汉元通宝、周元通宝、唐国通宝、开元通宝(篆书)、天汉元宝、光天元宝、乾德元宝等种,且几乎全部出自窖藏中,未发现墓藏中出土。

1. 汉元通宝

为五代汉隐帝乾祐元年铸[1],此钱史无明载。1992年3月,淇县城关镇三海村钱币窖藏中发现1枚,钱体绿锈,背穿上仰月。此钱径2.48、穿径0.64、厚0.12厘米,重2.8克。现藏淇县文物保管所(图一:1)。

2. 周元通宝

五代周世宗显德二年(955)铸。1996年淇滨开发区铜钱窖藏出土2枚,淇县三海村窖藏也有发现,数量不详。浚县博物馆馆藏2枚。如图一:2,背穿上流铜,穿右一星,钱径2.46、穿径0.62、厚0.16厘米,重4.0克。淇县三海村窖藏发现,现藏淇县文管所。图一:3,平背,绿锈生坑,钱径2.55、穿径0.64、厚0.14厘米,重3.3克。图一:4,光背,钱径2.37、穿径0.60、厚0.16厘米,重3.4克。此二品为淇滨开发区窖藏所出,现藏市文物队。浚县博物馆馆藏2枚,其一,背穿下一星,钱径2.54、穿径0.65、厚0.14厘米,重3.7克;其二,背穿右竖月纹,钱径2.59、穿径0.58、厚0.14厘米,重3.4克(图一:5、6)。

3. 唐国通宝

为五代南唐李璟交泰年间(958~960)铸行,有篆、真、隶三种书体。淇滨开发区窖藏发现12枚,均为篆书体,阔缘。如图一:7,轮郭、字口深峻,背轮郭浅平,钱径2.50、穿径0.58、厚0.18厘米,重4.1克。图一:8,钱径稍小,径2.44、穿径0.54、厚0.14厘米,重3.8克。图一:9,阔缘,花穿,钱径2.51、穿径0.53、厚0.18厘米,重4.6克。

4. 开元通宝

篆隶二体对钱,阔缘,五代南唐李璟所铸。淇滨开发区窖藏发现30枚,有篆、隶二体,如图一:10,阔缘,篆书体,钱径2.55、穿径0.58、厚0.12厘米,重3.2克。图一:11,阔缘,隶书体,钱径2.50、穿径0.65、厚0.13厘米,重3.4克。图一:12,阔缘,隶书体,背郭四决,钱径2.47、穿径0.63、厚0.12厘米,重3.4克。

---

[1]　丁福保:《历代古钱图说》,上海书店,1986年。

5. 天汉元宝

五代前蜀王建天汉元年(917)铸。淇县城关镇三海村窖藏发现 1 枚,此钱面背绿锈,铸造不精,钱径 2.30、穿径 0.58、厚 0.17 厘米,重 3.9 克(图一:13)。

6. 光天元宝

五代前蜀王建光天元年(918)铸,淇县三海村窖藏发现 1 枚,此钱平背,绿锈生坑,面文光字为行书,钱径 2.32、穿径 0.61、厚 0.11 厘米,重 2.8 克(图一:14)。

7. 乾德元宝

五代前蜀王衍乾德年间(912~924)铸,淇县三海村窖藏发现 1 枚,钱径 2.37、穿径 0.58、厚 0.13 厘米,重 3.7 克(图一:15)。

淇县城关镇三海村窖藏钱币现存淇县文物保管所。

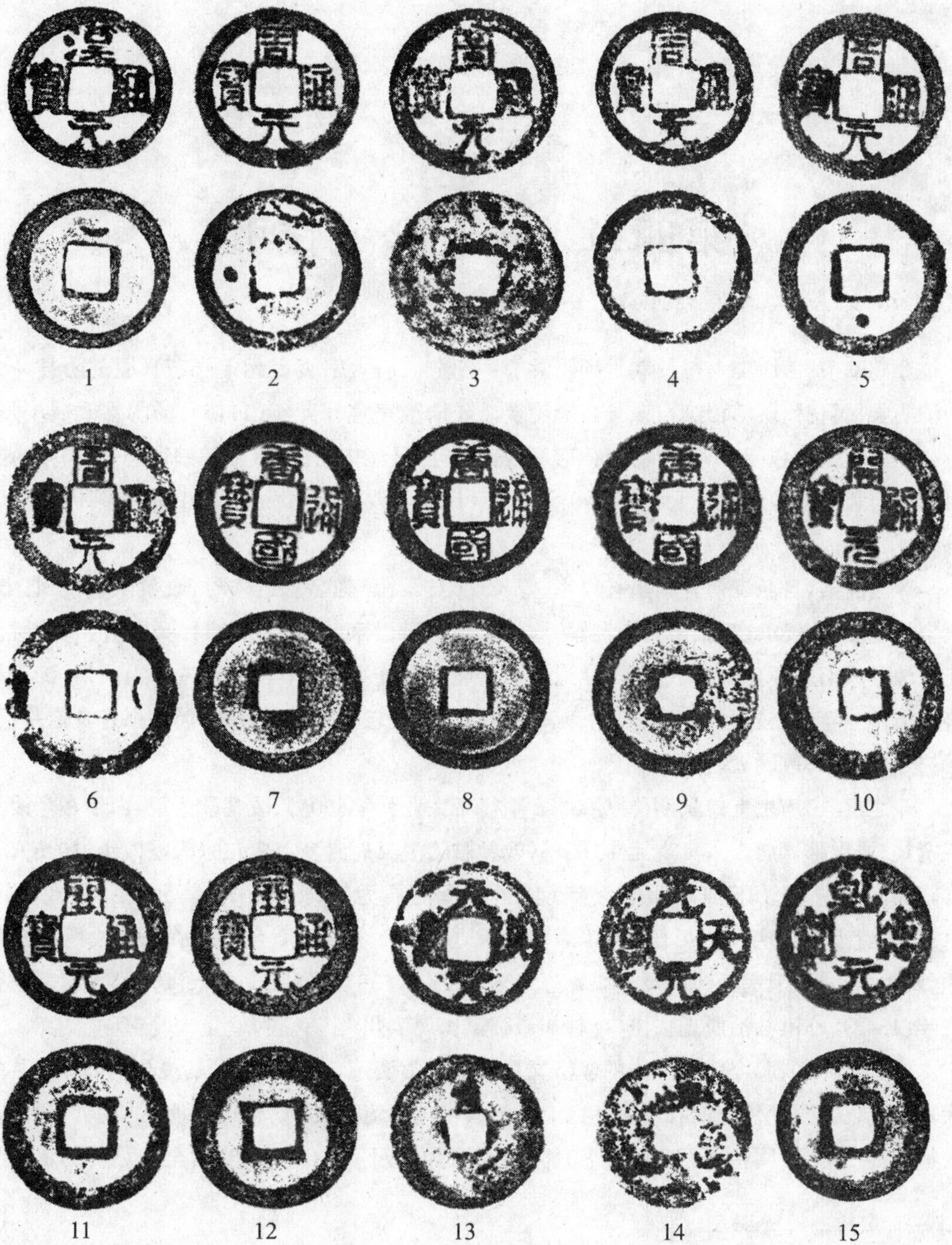

1　　2　　3　　4　　5

6　　7　　8　　9　　10

11　　12　　13　　14　　15

图　一

第四章　宋辽金元钱币

今鹤壁市区,历史上曾长期为汤阴县的一部分。唐太宗贞观元年(627),原荡阴县易名为汤阴县,属相州所辖;此后,该县名沿用至今。宋徽宗宣和元年(1119),汤阴县改属浚州,不久复属相州。金朝,汤阴县为彰德府所领,而汤阴县境内之鹤壁(今鹤壁市鹤壁集)则为当时彰德府著名五镇之一。元惠宗至正廿七年(1367),改彰德府为彰德路,汤阴县仍归其领辖①。

今之浚县,自西汉初置黎阳县以来,曾长期以"黎阳"为名。五代时,改黎阳为浚州。宋太宗端拱元年(988),于黎阳置通利军,属河北道。宋徽宗政和五年(1115),置浚州,治所设于今浚县城南之浮丘山巅,仍归河北道辖。金熙宗皇统八年(1148),改浚州为通州;旋于海陵王天德三年(1151),复易为浚州。元世祖至元元年(1264),再置浚州,属中书省真定路;至元二年(1265),改属大名路②。

今之淇县,历史上曾长期称"朝歌"。隋炀帝大业元年(605),改朝歌为卫县,治在今浚县卫贤集,属汲郡。唐太宗贞观元年(627),改朝歌为卫县鹿台乡。宋仁宗天圣四年(1026),卫县归通利军领辖。宋神宗熙宁元年(1068),降卫县为镇,归黎阳县。元宪宗蒙哥五年(1255),置淇州;迁大名、彰德、卫辉诸路漏版之4 500余户入鹿台,置临淇县,治所设于朝歌,属大名路,而卫贤集改属州辖。元惠宗至元三年(1337),省临淇县入淇州。元惠宗至正二年(1342),临淇县治所迁临淇(今林州市临淇),属淇州③。

宋、金、元各朝,今鹤壁境内的经济文化较前异常繁荣。市东部,尤其浚县全部和淇县的大部,土沃田肥,是传统的农耕发达区。从浚县境内穿流而过的永济渠(即今之卫河,原为古大运河的一部分,明朝以后改称现名),开凿于隋大业四年(608),是当时全国重要的水运干

① 《汤阴县志》。
② 《浚县志》。
③ 《淇县志》。

道①。农业及水运业的发达,为手工业和采矿业的发展提供了得天独厚的条件。鹤壁集古瓷窑位于今鹤壁市郊区的鹤壁集乡,是我国古代北方的一处重要瓷器烧造场所。该窑瓷器烧造业兴于唐朝晚期,而以宋、元年间为最盛②。1960 年,文物工作者在今鹤壁市鹤壁集乡古楼河村附近,发现了一处北宋时期的采煤遗址,这是我国迄今所发现的一处时代最早的古代煤矿遗址③。至金朝,鹤壁还开始了对煤炭副产品矾石的利用,时诗人郦权作诗对此进行了描述④。农业、手工业、采矿业的发达,必然带来货币经济的繁荣。鹤壁境内已发现的古代钱币,以两宋时期者数量最丰,种类也最多,并且,辽、金、元各朝钱币亦有一定数量的发现。北宋神宗熙宁七年(1074),政府还曾在今浚县境内置黎阳监(时称卫州黎阳监),岁铸钱3.5 万缗;当年十月十四日诏黎阳监,岁增铸折二钱 5 万缗。元丰三年(1080),诏监铸钱 20万缗⑤。

今立于鹤壁市西南的玄天洞砖塔为北宋时所建,今存于浚县大伾山峭壁的《袈裟》《题大伾寺》等摩崖碑刻则是元朝人之所为⑥。这些丰富而灿烂的古代文化遗产,同今所发现的彼时所铸行的钱币一样,皆乃当时鹤壁境内经济文化繁荣的生动写照。

第一节　两宋钱币

一、两宋钱币出土概况

建国以来,鹤壁境内出土了大量的两宋钱币。这些钱币的绝大部分是铜钱,另有极少量的铁钱和铅钱。该市现馆藏的两宋钱币,以出土于钱币窖藏者为最多。此外,文物工作者进行考古发掘时,还从北宋及其以后时代的遗址和墓葬中出土了相当数量的两宋钱币。

1. 窖藏出土:建国以来,鹤壁境内发现钱币窖藏多处,从中出土了大量的两宋钱币。

⑴1975 年发现于鹤壁市大湖东岭的钱币窖藏。该窖藏计出土两宋钱币 24 种 5 644 枚。其中,北宋钱币有宋元通宝、太平通宝、淳化元宝、至道元宝、咸平元宝、景德元宝、祥符元宝、

---

① 《浚县志》及上海辞书出版社 1980 年 8 月第 1 版《辞海》93 页《永济渠》条。
② 河南省文物研究所 1985 年编:《河南古瓷窑址资料汇编》。
③ 杨宝顺:《河南省鹤壁市古煤矿遗址调查报告》,《考古》1960 年 3 期。
④ 郦权诗收录于《全金诗》,其诗曰:"青山不爱宝,岁岁出矾铜。公场数千丈,利井供百鼎。谁开争夺源,败此丘壑胜。"
⑤ 北宋王存等人所编《元丰九域志》及《宋史·食货志》。
⑥ 《大伾山志》,中州古籍出版社,1985 年。

祥符通宝、天禧通宝、天圣元宝、明道元宝、景祐元宝、皇宋通宝、至和元宝、嘉祐元宝、治平元宝、元丰通宝、元祐通宝、绍圣元宝、圣宋元宝、崇宁通宝、政和通宝、宣和通宝等,计 23 种 5 621 枚;而南宋钱仅有绍兴元宝 1 种 23 枚。除两宋钱币外,尚出有五铢、货泉、开元通宝、唐国通宝、乾元重宝和正隆元宝,共计 6 种 952 枚。该窖藏地层情况不详,但据其出土有正隆元宝和绍兴元宝看,其时代应为晚于正隆年间(1156~1160)的金朝时期。详见本章末所附表一《1975 年鹤壁市大湖东岭钱币窖藏出土钱币统计表》。

(2)1980 年发现于鹤壁市鹤壁集乡龙家村的钱币窖藏。该窖藏是村民挖房基时发现并报告给文物部门的。经清理,发现钱币皆装于一距地表深 1 米的瓷缸里。瓷缸外壁施以青釉,口部覆一器托为盖。窖内出土两宋钱币 37 种 25 934 枚。其中北宋钱有宋元通宝、太平通宝、淳化元宝、至道元宝、咸平元宝、景德元宝、祥符元宝、祥符通宝、天禧通宝、天圣元宝、明道元宝、景祐元宝、皇宋通宝、庆历重宝、至和元宝、至和通宝、嘉祐元宝、嘉祐通宝、治平元宝、熙宁元宝、熙宁重宝、元丰通宝、元祐通宝、绍圣元宝、绍圣通宝、元符通宝、圣宋元宝、崇宁通宝、崇宁重宝、大观通宝、政和通宝、宣和通宝等,计 32 种 25 652 枚;南宋钱有建炎通宝、绍兴元宝、绍兴通宝、乾道元宝、淳熙元宝,计 5 种 282 枚。除两宋钱外,尚出有半两、五铢、货泉、开元通宝、乾元重宝、唐国通宝、乾德元宝、周元通宝、正隆元宝、大定通宝、宽永通宝等,计 11 种 3 123 枚。该窖藏所出土的绝大部分钱币是宋钱,但同时又伴出 2 枚铸于日本后水尾天皇宽永五年,相当于明崇祯元年(1628)的宽永通宝,而且其中所藏有的宋、金之后的钱币仅其 2 枚,此现象很怪异。鉴于文物工作者对该窖藏的清理是在村民首先发现若干时间之后,因而不排除这 2 枚宽永通宝钱是当代人混进去的可能性。由于未见其盛钱之缸,故不能对这座钱币窖藏的时代做出推断。详见本章末所附表二《1980 年鹤壁市龙家村钱币窖藏出土钱币统计表》。

(3)1981 年发现于浚县新镇乡的钱币窖藏。村民挖土时发现之。共出土钱币 400 千克左右,其中大部分是宋钱。

(4)1984 年发现于浚县白寺乡左洼村的钱币窖藏。村民深翻田土时发现之。共出土钱币 200 千克左右,其中大部分是宋钱。

(5)1992 年春发现于淇县城关镇三海村的金朝钱币窖藏。村民挖房基时发现之。窖藏距地表深 1 米,出土钱币约 100 千克,其钱皆装于一罐。所出者主要是两宋钱币,计有宋元通宝、太平通宝、淳化元宝、至道元宝、咸平元宝、景德元宝、祥符元宝、祥符通宝、天禧通宝、天圣元宝、明道元宝、景祐元宝、皇宋通宝、庆历重宝、至和元宝、至和通宝、嘉祐元宝、嘉祐通宝、治平元宝、治平通宝、熙宁元宝、熙宁重宝、元丰通宝、元祐通宝、绍圣元宝、元符通宝、圣宋元宝、崇宁通宝、崇宁重宝、大观通宝、政和通宝、宣和元宝、宣和通宝、建炎通宝等多种。此外,尚出有五铢、货泉、开元通宝、乾元重宝、天汉元宝、汉元通宝、光天元宝、大安元宝、正隆元宝、大定通宝等数种。

⑹96HQK 钱币窖藏 1。位于鹤壁市淇滨经济开发区桂鹤小区的市物价局家属楼建设工地。1996 年 4 月 30 日,工地施工人员发现之,报告给鹤壁市文物工作队,该队当即派人前往清理。窖内共出土钱币 50 余千克。其钱皆装于一黑釉瓷缸里,而瓷缸则置于一口大底小的土坑里。土坑横截面呈圆形,上口直径约 2.9 米,底部直径约 2.5 米,坑口至坑底深约 2.6 米。坑内填土的大部分包含物为元朝瓷片,小部分为金朝瓷片,又据其他情形判定,该窖藏的时代为元朝。

该窖藏共出土钱币 46 种 14 143 枚,其中两宋钱币 37 种 13 000 枚,其他时代的 9 种 1 143 枚。在 37 种两宋钱币中,属于北宋的有 32 种 12 868 枚,属于南宋的有 5 种 132 枚。北宋钱币有:宋元通宝、太平通宝、淳化元宝、至道元宝、咸平元宝、景德元宝、祥符元宝、祥符通宝、天禧通宝、天圣元宝、明道元宝、景祐元宝、皇宋通宝、庆历重宝、至和元宝、至和通宝、嘉祐元宝、嘉祐通宝、治平元宝、治平通宝、熙宁元宝、熙宁重宝、元丰通宝、元祐通宝、绍圣元宝、元符通宝、圣宋元宝、崇宁通宝、崇宁重宝、大观通宝、政和通宝、宣和通宝;南宋钱币有:建炎通宝、绍兴元宝、绍兴通宝、隆兴元宝、乾道元宝。这次所出宋钱,数量最多的是元丰通宝,达 2 101 枚;最少的是隆兴元宝,仅 2 枚。宋钱以外的其他钱币有 9 种 1 143 枚。详见本章末所附表三《鹤壁市 96HQK 钱币窖藏 1 出土钱币统计表》。

2. 遗址出土:建国以来,鹤壁境内发掘的多处宋、元时期的遗址,尤其是鹤壁集古瓷窑遗址中,出土了相当数量的两宋钱币。兹举数起出有宋钱的鹤壁集古瓷窑遗址发掘事例在下面(发掘事件均发生于鹤壁集古瓷窑遗址保护区内):

⑴1978 年 6、7 月间,文物工作者发掘探方 78HHT1,在宋、元时期瓷窑区的瓷片和灰渣堆积中,出土钱币 8 种 9 枚,其中皇宋通宝 2 枚,咸平元宝、天禧通宝、治平元宝、元丰通宝、元祐通宝、大观通宝和宣和元宝各 1 枚,皆为北宋钱币。同北宋钱所伴出的,尚有开元通宝 3 枚,瓷器和烧瓷用具 100 多件。

⑵1978 年 7、8 月间,发掘探方 78HH2,在瓷窑区瓷片和灰渣堆积中,出土北宋铜钱 20 多枚(枚数未得其详),计有天禧通宝、天圣元宝、明道元宝、景祐元宝、皇宋通宝、治平元宝、熙宁元宝、元丰通宝、元祐通宝、绍圣元宝、元符通宝、圣宋元宝、崇宁重宝、政和通宝、宣和通宝 15 种。其中,该探方的第一层属元朝早期,内出北宋钱币 10 余枚,计有天禧通宝、景祐通宝、治平元宝、熙宁元宝、元丰通宝、元祐通宝、圣宋元宝、崇宁重宝、政和通宝和宣和通宝 10 种;第二层属金朝,出土北宋钱币 8 枚,计有天圣元宝、明道元宝、景祐元宝、皇宋通宝、治平元宝、熙宁元宝、绍圣元宝和元符通宝 8 种;第三层属北宋晚期,内出宋钱 3 枚,即天圣元宝、元丰通宝和元祐通宝各 1 枚;第四层属北宋中期,出土宋钱 2 枚,即皇宋通宝和元祐通宝各 1 枚。所出宋钱在对探方各考古学地层时代的判定中,具有重要的佐证作用。

(3)1978 年 8 月,发掘探方 78HHT3,在属于北宋的第三层内,出土北宋铜钱咸平元宝和绍圣元宝各 1 枚;在口开于第三层表的灰坑 78HHT3H3 中,亦出土景德元宝、皇宋通宝、熙宁元宝各 1 枚。

(4)1980 年 9 月,发掘北宋瓷窑遗址 80HHY5,其窑区之生产及生活遗物堆积中出土北宋铜钱 6 枚,计有元祐通宝 2 枚,景德元宝、祥符通宝、皇宋通宝和熙宁元宝各 1 枚。

(5)1980 年 5 月,发掘元代灰坑 80HHH1,在坑内堆积里出土北宋铜钱皇宋通宝和元祐通宝各 1 枚;在灰坑外之东的煤渣堆积中出土北宋铜钱 3 枚,即祥符元宝、元丰通宝和绍圣元宝各 1 枚。

3. 墓葬出土:建国以来,鹤壁境内发掘的北宋及其以后时代的墓葬中,有多座出土了两宋钱币。

兹举数例在下面:

⑴鹤壁市鹤壁集公社鹤壁集大队第九生产队砖瓦厂宋墓 M1,发掘于 1983 年 10 月。这是一座砖室墓,穹窿顶,各转角处不错缝,属于北宋晚期。内出土北宋铜钱 4 枚,计有天圣元宝和熙宁元宝各 1 枚,元丰通宝 2 枚。此外,尚出有白釉瓷碗、残提梁柿皮色釉小瓷罐等冥器,共计 49 件。其钱置于墓主人腰部一侧及两腿内侧。

⑵91HLM85,北宋砖室墓,位于鹤壁市砖瓦厂原起土场南端,1991 年 5 月发掘。内出土北宋铜钱 9 种 9 枚,即宋元通宝、咸平元宝、祥符元宝、祥符通宝、皇宋通宝、嘉祐元宝、嘉祐通宝、元丰通宝和大观通宝各 1 枚;尚伴出 1 件骨镞。由于受渗水、渗入之泥沙等自然力的影响,铜钱散于墓内各处,原始位置不明。

⑶91HLM133,明末墓,位于鹤壁市前进路南段,发掘于 1991 年 10 月。这是一座平面呈长方形的土洞墓,仰身直肢葬。出土北宋铜钱 3 枚,即治平元宝 1 枚,熙宁元宝 2 枚;并出有明朝铜钱 6 枚。其钱皆置于墓主人右侧。

⑷93HHM2,北宋墓,位于鹤壁市西北市第 26 中学院内,发掘于 1993 年 7 月。这是一座平面呈八角形的穹窿顶石砌单室墓。墓内出土北宋铜钱 11 种 18 枚:皇宋通宝和嘉祐通宝各 2 枚,熙宁元宝 4 枚,元丰通宝 3 枚,咸平元宝、景德元宝、天圣元宝、至和通宝、治平元宝、元祐通宝和政和通宝各 1 枚。伴出开元通宝铜钱 1 枚及白釉瓷碗 1 件。因受渗水冲击,其钱至该墓被发掘时已不在原始位置,呈现出散乱放置之象。

⑸93HLM214,北宋墓,位于市南 4 千米的鹤壁矿务局八矿煤矸石堆东侧,发掘于 1993 年 9 月。这是一座纪年墓,墓主张展于北宋哲宗绍圣元年(1094)的"冬月初七日"下葬。该墓砖砌,绘有彩色壁画,平面呈八角形。内出土北宋铜钱 3 枚:皇宋通宝、治平元宝和元祐通宝各 1 枚。尚伴出陶瓮、白釉瓷罐、白釉盘、白釉碗和陶墓志各 1 件。其钱置于墓主人身处的棺床上。

⑹95HHM3,金墓,位于鹤壁市鹤壁集乡东头村,发掘于1995年5月。为一座平面呈八角形的攒尖顶砖室墓。出土北宋铜钱7种13枚,计有熙宁元宝4枚,元丰通宝3枚,元符通宝2枚,祥符元宝、祥符通宝、明道元宝和绍圣元宝各1枚;南宋铜钱2种2枚,即建炎通宝和绍兴元宝各1枚。尚出开元通宝、乾元重宝和正隆元宝铜钱各1枚,铜钗及铜镜各1件。

二、北宋钱币种类

鹤壁出土的北宋钱币,其数量和种类,都占已出土的两宋钱币的大部分。它们绝大部分是铜钱,另有极少量的铁钱和铅钱。迄今为止,鹤壁馆藏的北宋出土钱币共34种,即:宋元通宝、太平通宝、淳化元宝、至道元宝、咸平元宝、景德元宝、祥符元宝、祥符通宝、天禧通宝、天圣元宝、明道元宝、景祐元宝、皇宋通宝、庆历重宝、至和元宝、至和通宝、嘉祐元宝、嘉祐通宝、治平元宝、治平通宝、熙宁元宝、熙宁重宝、元丰通宝、元祐通宝、绍圣元宝、元符通宝、圣宋元宝、崇宁通宝、崇宁重宝、大观通宝、政和通宝、宣和元宝、宣和通宝、靖康通宝等。

1. 宋元通宝

宋元通宝,直读。若据"宝(寶)"字"目"部的不同写法,可分其为三类。

(1)"目"部左下角与右下角缓折类。出土数量最多。如图一:1,缘、郭、字俱浅。"目"部边框四角皆缓折,字体上、下等宽。图一:2,"目"上窄下宽,最下之横画弧曲较甚;左、右两竖自上向下呈外侈趋向。

(2)"目"部边框四笔皆弧曲类。该类"目"部的边框,几乎围成一个圈圈。出土数量最少(图一:3)。

(3)"目"部边框四角方折类。如图一:4,缘阔;面之缘、郭皆深峻。图一:5,"通"字右下角有一自右上方斜向左下方的直道,背穿下有一俯月。

2. 太平通宝

铜钱,隶书,直读。铸制多精整。缘、郭多清晰而完整,面缘阔细多均匀。其面文有笔画粗细、字体大小之别。如图一:6,钱文笔画较粗。图一:7,花穿,背穿右一月。图一:8,字画纤细。图一:9,此品特别,即在钱穿四角以外的肉部,规则地分布着四个其圆心之间的连线成一矩形的圆孔;其圆孔之间的距离,上下纵行之长大于左右横行之宽。这些圆孔显系有意所为。

3. 淳化元宝

(1) 真书。缘有阔、细之别,字画有粗壮和纤细之分。如图二:1,缘阔;面缘右上部有一在浇铸时铜液未至而成的缺口,此缺口自面缘延伸到背缘。字画粗壮。图二:2,缘细,面郭阔而深峻。字画纤细。

(2) 行书。面缘阔、细不等,字体有大、小之别。如图二:3,面缘阔,钱文字体较小。图二:4,缘细,钱文体形较大。

(3) 草书。缘之阔细,穿径之大小及钱文之大小皆有别。细缘钱字体比阔缘钱字体稍大。如图二:5,缘阔,钱文体形较小。图二:6,面缘细,钱文字体较大。

4. 至道元宝

铜钱,真、行、草三种书体都有,尤以草书者为多。

(1)真书。依面文笔画粗细可分为两类。一类笔画较粗(图二:7)。一类笔画较细(图二:8)。

(2)行书。面缘阔而规整,或有花穿(图二:9、10)。

(3)草书。版式甚多。如图二:11,笔画纤细;"道"之走之部细长,呈弧状向右上方挑起。图二:12,"道"之走之部短而位置靠左,致"道"字显右倾。图三:1,"至"字笔画粗,其中部笔画成为一实心的圆点。图三:2,"道"之走之部短而靠左,致"道"字右倾甚。

5. 咸平元宝

铜钱,旋读。字体风格较少变化,面缘多低浅,面郭多高挺。如图三:3,面郭右下角有缺,乃铸制时铜液未至而形成。图三:4,因铸制时型腔错位而成花穿。图三:5,穿方正。图三:6,字画较粗壮。

6. 景德元宝

铜钱。缘之阔细,钱体之大小等皆有别。

如图三:7,钱文高挺,四字皆连轮。图三:8,四字皆隔轮。图三:9,钱体甚轻薄。图三:10,面之缘、郭阔。四字皆连轮;"元"字笔画细,其左下之撇画修长。图三:11,面之缘、郭细。四字皆隔轮;"元"字左下撇画短。

7. 祥符元宝

铜钱。"元"字写法多变。

(1)"元"字左下的撇画细而不太长。此类钱数量最多。如图三:12,花穿。面文低浅,字体较小,"符"字身矮。图四:1,"元"字左下撇画短。

(2)"元"字形体宽大,撇画细长(图四:2)。

(3)"元"字笔画肥壮,撇画粗短(图四:3)。

(4)"元"字形体较大,笔画较粗,撇画长(图四:4)。

(5)"元"字形体较小,笔画纤细,撇画修长(图四:5)。

8. 祥符通宝

铜钱。面缘多规整、阔细均匀,背缘则多阔细不匀。面缘和面文多高挺。背之缘部同肉部大多区别分明。钱体呈褐银色。

依字体大小,分其为三类。

(1) 字体较小类。此类钱的面文字体较小,其横列文的高度多小于穿径长度,面文四字皆隔轮。面之缘、郭多细。此类钱数量最多。如图四:6,钱文笔画粗重,致四字的内部结构模糊。图四:7,笔画淡,四字基本清晰。图四:8,钱体较厚重。

(2)字体大小中等类。此类钱文的形体大小中等,横列的"符""宝"二字修长,四字中有连轮者。缘较其他两类阔,或有花穿(图四:9～11)。

(3)字体较大类。此类钱文的形体较肥大,四字多连轮接郭。面缘多细,面郭多高挺而阔细均匀。如图四:12,背缘低浅,无背郭。图五:1,缘、郭阔细均匀。图五:2,因浇铸时型腔错位,致背之缘、郭畸形。

9. 天禧通宝

铜钱。面缘多高挺而阔细均匀,面郭多低浅而纤如细线;背之缘、郭多低浅而清晰。钱体多呈红褐色。据"宝"字形体的差异,可分其为三类。

(1)"宝"字形体宽大类。此类钱的"宝"字形体宽大,笔画清晰;其余三字形体亦较它类显大。如图五:3,背穿左下有一月纹连轮。图五:4,笔画粗重。

(2)"宝"字风格同上,只是形体较小。钱文笔画清晰。面缘阔细不匀,面郭极低浅(图五:5、6)。

(3)"宝"字体长类。"宝"字形体长,"宝""禧"二字笔画模糊(图五:7、8)。

10. 天圣元宝

除 1 枚铅钱外,余均为铜钱。

天圣元宝铅钱。如图五:9,1986 年 4 月出土于鹤壁市淇滨经济开发区的 96HQK 钱币窖藏 1。钱色发灰,质地软,穿口呈"▽"形。面缘阔细均匀,面郭多处缺断,背之缘、郭则甚低浅而模糊。钱文作真书,风格甚粗糙。"元"字下部两笔相距甚远,"宝"字则作"寳",从"二"从"貝"。

天圣元宝铜钱。有真、篆两种书体。多不精整,且使用痕迹明显,磨损程度较甚。文字清峻者少,尤其篆书体者,"圣"字多不清晰。真、篆书"宝"字都作"寳",从"王"从"尔"。

(1)真书。依"元"字写法分两类。第一类"元"字右下部的竖折钩画运笔和缓,致"元"字略和隶体。如图五:10,缘细,钱体厚重。"天"字左下的撇画纤细。图五:11,缘稍阔。第二类"元"字右下部的竖折钩画运笔有力。如图五:12,细缘,花穿。"天"字左下的撇画自右上向左下渐粗。

(2)篆书。依钱文笔画的粗细,可分为两类。第一类笔画较粗。如图六:1,面缘细,花穿。字体模糊。面有锈痕。图六:2,缘阔,钱文清晰。第二类笔画较细。(图六:3、4)。

11．明道元宝

铜钱，真、篆体都有。钱文与面缘多高挺，背之缘、郭则多浅。面之缘、郭多阔细均匀，背之缘、郭向肉的过渡处则呈缓坡状。肉多厚薄不匀，有的肉部有破损漏洞。

（1）真书。钱文书体较少变化。如图六：5，背近平；钱文笔画较粗，字迹不够清。图六：6，穿近圆。图六：7，面缘阔，钱文笔画肥腴与纤瘦相间。图六：8，钱体厚重，穿广。

（2）篆书。分两类。第一类，面缘阔而均匀，钱径较大。如图六：9，背之缘、郭低浅近无。图六：10，面之缘、郭俱阔，背之缘、郭低浅而可识。第二类，面缘细，钱径较小（图六：11）。

12．景祐元宝

铜钱，旋读，真、篆书体都有。

（1）真书。缘、郭宽度不等，重量亦参差。精整者鲜见。书体风格基本一致。如图六：12，缘细，穿广。钱文结构显疏朗。图七：1，缘阔，穿狭。

（2）篆书。铸制不精。缘之阔细、穿之广狭及字体之深浅皆有别。如图七：2，缘细；穿广，花穿。图七：3，缘阔。背之缘、郭错位。钱文模糊。

13．皇宋通宝

铜钱，直读。钱体精整者较少见，体表多粗糙。面缘多阔细均匀，但多低浅。字体风格有异。

（1）真书。据钱文字体大小的不同，可分为两类。第一类，钱文形体较大，而钱体重量和钱径亦大。如图七：4，"皇"字从"白"，"曰"部四角有锋尖；"宝"字从"目"。图七：5，"皇"、"宋"二字显宽肥。"皇"字从"凸"，"曰"部上横与左右两竖缓曲为一画，两肩圆折。"宋"字"木"部的横画甚长，左右两端呈下垂状。"宝"字从"目"。图七：6，花穿，"宋"字畸形。钱体粗糙，但有相当程度的磨损，说明曾进入流通领域。图七：7，"皇"字从"凸"；"宝"字从"曰"，作"寶"。第二类，钱文形体较小，钱体重量较轻，钱径较小。如图七：8，花穿。钱文书风严谨，因字浅而致笔画模糊。图七：9，钱文模糊，书体较粗糙。此品或为私铸之劣品，但有磨损痕迹，估计亦曾进入流通领域。如此劣品尚可流通，当时钱币的私铸之盛可窥一斑。

（2）篆书。书体严谨，书写风格多变。如图七：10，字体大。"皇"字从"凸"；"宝"字之头部两肩弧圆，"目"部边框的上面两角方折。图七：11，穿广，花穿，背之缘、郭错位。图七：12，字体较小。"皇"字从"凵"；"宝"字从"珏"，作"寶"，"目"部边框呈椭圆形。图八：1，花穿，字小。"皇"字从"凸"。

14．庆历重宝

铜钱，真书，直读。面缘多阔而规整，穿多方正。背之缘、郭阔细不匀。面、背之缘俱低浅，尤以背缘为甚。面肉多平滑。钱体呈红褐色。

依面缘之阔细可分为两类。

(1)阔面缘类。此类钱径较大,体较重,皆直读,此类数量最多。如图八:2,缘、郭规整。钱文笔画浓重,字迹不够清晰。图八:3,缘、郭低浅。笔画较清晰。图八:4,钱文清晰,笔画纤细。

(2)细面缘类。此类钱径较小,体较轻。如图八:5,穿广。钱文笔画浓重,字迹不够清晰。

15.至和元宝

铜钱,旋读,真、篆体都有。

(1)真书。据"宝"字的不同风格,分为三型。

A型:"宝"字肥大,身高同穿径相当。如图八:6,背之缘、郭平夷模糊。图八:7,背之缘、郭清晰。"至"字身高。图八:8,花穿。"至"字身高,连轮接郭。

B型:"宝"字肥矮,身高小于穿径。"元"字左下撇画直而长,"至"字均隔轮离郭。面缘细。如图八:9,背之缘、郭浅而清晰。图八:10,钱体厚重,背之缘、郭模糊。背绿锈生坑。

C型:"宝"字瘦长,身高同穿径相当。如图八:11,字甚浅。图八:12,穿狭。

(2)篆书。据"和"字的不同书写风格,可分为两型。

A型:"和"字高大。"至"字作"㞢","宝"、"元"二字亦较B型者高大。面缘阔。如图九:1,钱体轻薄,穿广,"和"字"禾"部的顶端俯视。图九:2,"和"字"禾"部的顶端仰视。

B型:"和"字矮,显肥短。"宝"、"元"二字较小。如图九:3,"至"字省笔,作"㞢"。

16.至和通宝

铜钱,直读,亦有真、篆二体。

(1)真书。钱文风格大致同。面郭低浅,背之缘、郭大多阔而规整(图九:4、5)。

(2)篆书。缘阔而规整。钱文笔画丰腴,致字迹不够清晰。字体风格近似。如图九:6,肉面光滑。"至"字笔画细。图九:7,花穿,钱面粗糙。"至"字笔画肥。

17.嘉祐元宝

铜钱,旋读,亦有真、篆二体 。面缘多规整。

(1)真书。版式甚多。如图九:8,钱文高挺而清晰。"元"字的两横近于等长,并联结为一体。图九:9,"宝"字曲身。图九:10,字体结构宽松,有飘逸之气。字大。"元"字上横短。图九:11,字小。"元"字右下的竖折画无钩。"宝"字更瘦长,曲身。图九:12,广穿,字小。

(2)篆书。背之缘、郭甚浅。版式较多。如图一〇:1,穿广,字体大。"宝"字肥。图一〇:2,穿狭,"宝"字瘦。图一〇:3,花穿。

18.嘉祐通宝

铜钱,直读。亦有真、篆二体。

(1)真书。缘、郭及钱文俱浅。有大字者和小字者两类。大字者,其面缘稍高而清晰,

"祐"字肥。如图一〇:4,面缘细,背之缘、郭完整而清晰。图一〇:5,面之缘、郭俱阔;背之缘、郭模糊。小字者,其面缘与钱文俱低浅而模糊。如图一〇:6,花穿。

(2)篆书。钱文不够清,书风基本一致。面缘有阔、细之别。如图一〇:7,面缘阔,"宝"字之"目"部作"目"形。图一〇:8,面缘细。"宝"字"目"部作"目"形。

19. 治平元宝

铜钱,有真、篆二体,无古篆。旋读。

(1)真书。面缘细而均匀,背之缘、郭多清晰而完整。钱文高挺而清晰;"治"字三点水的下面两点联为一笔,使"治"字具行书风格。如图一〇:9,"元"字竖折钩画方折。图一〇:10,背缘右下似为铸钱时之浇口痕迹。图一〇:11,面穿左下一星,背穿右下一月。"平"字左边点画呈圆点状,右边点画呈三角形,中竖纤细。

(2)篆书。缘多阔细不匀,背郭清晰。钱文高挺,书写风格少变。如图一〇:12,"治"字右上部之起笔仰视;"宝"字"目"部上下等宽。图一一:1,花穿。"治"字右上部之起笔平直。图一一:2,缘细。"治"字右上部之起笔仰视;"宝"字"目"部上宽下窄。图一一:3,钱文笔画浓淡相间。穿斜,致钱文呈散乱分布之象。图一一:4,穿与穿左下肉部有一横截面近似椭圆的孔洞。此洞显系钱铸成后,用刀具切凿而成。

20. 治平通宝

铜钱,有真、篆二体,直读。

(1)真书。背之缘、郭多浅。有 A、B 两型。

A 型:"平"字体肥,其余三字大小与 B 型相当。如图一一:5,体轻,缘、字俱浅。背穿左有一曲线形锈结。此品似为私人之盗铸。图一一:6,精整。字清晰而规整。

B 型:"平"字体瘦。如图一一:7,"治"字三点水部与"台"部联结疏松;"通"字高大;"平"字中竖长。图一一:8,"治"字三点水部同"台"部相连;"通"字身矮;"平"字中竖短。

(2)篆书。多精整。"平"字有三种写法。如图一一:9,"平"字作"乎"。背穿上有一锐角形竖道连轮,"宝"字"目"部边框形似圆圈。图一一:10,"平"字作"乎"。"宝"字"目"部上宽下窄,边框形似半圆。图一一:11,"平"字作"乑"。"通"字作"甬"。图一一:12,"通"字作"甬"。

21. 熙宁元宝

铜钱,亦有真、篆二体。皆旋读。面缘细,背之缘、郭完整而清晰。钱文写法甚多。

(1)真书。"熙""元"二字风格多变。如图一二:1,花穿,背穿右一锐角形直道连轮。"元"字显呆板,其左下的撇画短。图一二:2,"元"字笔力遒劲,左下的撇画长而粗重。图一二:3,书法严谨。横列的"宁"、"宝"二字修长。图一二:4,"熙"字作"熙";"元"字左下撇画甚长。图一二:5,"宁"字省笔,作"宁"。背有锈结。图一二:6,"元"字具行书风格。图一二:7,

"熙"字作"熙";"元"字书法粗劣。

(2)篆书。"熙"字风格多变。图一二:8,"熙"字之"火"部在下,作"朩";"元"字身高,接郭连轮;"宝"字头之左、右两脚长垂。图一二:9,"熙"字"火"部在下,作"尖";"元"字瘦高。图一二:10,"熙"字"火"部移于右下;"元"字肥宽,第二笔横画右挑。背之缘、郭错位。图一二:11,"元"字第一笔横画右上折而接郭,第二笔横画右挑。图一二:12,"熙"、"宁"二字皆省笔;"宝"字"目"部下横弧曲。

22. 熙宁重宝

大小、轻重不一,但不辨其何为当十,何为折三,何为折二。皆铜钱,真、篆二体,旋读。版式繁多。

(1)真书。如图一三:1,穿广,字肥大而方。"熙"字作"熙"。图一三:2,面穿左上一半星。"熙"字作"熙";"宝"字瘦高。图一三:3,"宁"、"宝"二字的头部两脚缓折而下;"宝"字最下两画分别向外平折。图一三:4,背穿左一纤月。字浅甚。图一三:5,花穿,厚重。背有锈结。

(2)篆书。如图一三:6,甚轻薄。缘、郭、字俱浅。图一三:7,"宁""宝"之"宀"部的两脚下垂甚长。图一三:8,"熙"字之"火"部作"癶"。图一三:9"熙"字"火"部竖长而曲;"宝"字身高。图一三:10,"熙"字右上部作"ɛ",与他品作"ᖯ"不同,此写法可视为省笔。

23. 元丰通宝

铜钱,行、篆二体,旋读。

(1)行书。依钱体大小、轻重分两型。

A型:钱径、重量和字均小。重多在4克以下,钱径在2.5厘米以下。此型属小平钱。如图一三:11,甚轻薄而粗劣。字浅。"元"字书法极陋。此品当为私铸。图一三:12,字画粗。"元"字结构紧凑。背穿下一横。图一四:1,钱文笔画较细。背穿右上一星。

B型:钱径、重量和字均大。重在7克以上,钱径在2.8厘米以上。此型为折二钱。如图一四:2,"元"字头上之点画高悬,近轮;"通"字瘦高。图一四:3,背之缘、郭错位。背穿左一星。图一四:4,缘阔。钱文笔画粗重。字矮。"元"字尤显肥短。

(2)篆书。亦分两型。

A型:钱径、重量与字均小。重4.5克以下,钱径3厘米以下。此型为小平钱。如图一四:5,面缘阔,横列的"丰"、"宝"二字修长,纵列的"元"、"通"二字肥宽。图一四:6,缘、郭深峻,面缘细。钱文低浅,笔画较淡。

B型:钱径、重量及字均大。重6克以上、钱径2.8厘米以上。此型为折二钱。如图一四:7,面缘阔。字体肥大,笔画细。图一四:8,字低浅而模糊。图一四:9,花穿。字画浓重,"元"字瘦。

24.元祐通宝

铜钱,有行、篆二体,小平、折二两等。版式甚多。

(1)行书。小平、折二两等。

A.小平钱。重多在4.5克以下,钱径多在2.5厘米以下。如图一四:10,缘、郭、字俱浅。"元"字略呈"允"字形。图一四:11,花穿。"允"字形"元"。图一四:12,"元"字之横画不连笔。图一五:1,"元"字近似"允"字,但起首之笔顿笔重。图一五:2,面缘阔。"元"字点画紧卧于横上;"元"、"通"二字肥宽。

B.折二钱。重6克以上,钱径2.8厘米以上。如图一五:3,字浅。"元"字点画高悬,与横画丝连。图一五:4,"元"字略呈"允"字形,其点画与横画由细线连。

(2)篆书。小平、折二两等。

A.小平钱。重多在5克以下,钱径2.5厘米以下。如图一五:5,穿狭,面缘阔,背之缘、郭低浅近平。字浅。图一五:6,字清晰。"元"字两横紧挨,"祐"字"右"部右下笔短,"宝"字"目"部边框呈半椭圆形。图一五:7,"祐"字"右"部右下笔长,"宝"字"目"部中宽。图一五:8,"元"字二横连,"宝"字"目"部近方。

B.折二钱。重7.5克以上,钱径2.8厘米以上。如图一五:9,穿广、字大。"元"字宽肥;上横细,自左至右渐粗;下横长,自左至右渐细。"宝"字"目"部边框呈半椭圆形。图一五:10,"元"字两横粗细相当,"宝"字"目"部边框圆。图一五:11,"元"字瘦高,两横间距大。

25.绍圣元宝

铜钱,行、篆二体,小平、折二两等。旋读。

(1)行书。小平、折二两等。

A.小平钱。版式繁多。"绍"字书写风格多变。如图一五:12,"绍"字"刀"部楷书,"元"字点画同横画连为一笔。图一六:1,面缘阔,字画粗。"绍"字"刀"部为楷书,但形体变小,撇画右移;"圣"字"耳"部成"目"字形。图一六:2,"绍"字"刀"部呈横置的"S"形,"圣"字"耳"部上横长;"元"字点画与横画分开。图一六:3,面缘阔。"绍"字"刀"部呈阿拉伯数字"7"字形;"元"字的最上一笔成横画。图一六:4,"绍"字"刀"部成两点,"元"字横画的左右两端不连笔。

B.折二钱。出土较少,钱文风格一致。如图一六:5,缘有缺,面文"元"字之下有一星。字浅,"绍"字"刀"部呈横置的"S"形。

(2)篆书。小平、折二两等。

A.小平钱。重5克以下,钱径2.6厘米以下,字较小。"宝"字风格多变。如图一六:6,花穿,面郭浅而断续。字小,"宝"字"目"部近方。图一六:7,字端正。"宝"字"目"部的两竖弧曲。图一六:8,穿花而狭,面缘阔,背缘浅。字画浓重。"宝"字"目"部扁。图一六:9,字画纤细,"宝"字"目"部呈半椭圆形。图一六:10,"宝"字"目"部近圆。

B.折二钱。数量少,钱文风格一致。如图一六:11,"绍"字之"口"部形体小而位置靠右,"宝"字"目"部之边框呈半椭圆形。

26.元符通宝

铜钱,行、篆二体,亦有小平、折二两等。旋读。

(1)行书。小平、折二两等。

A.小平钱。缘之阔细不一。"符"字有高矮两种,"元"字写法则有三种。如图一六:12,"元"字点画高悬,与横画不连;"符"字身高。图一七:1,"元"字点画高悬,与横画丝连。图一七:2,"元"、"符"、"通"三字俱矮,"符"字尤甚。"元"字点画位低,与横画紧连。

B.折二钱。钱文风格近同,但"元"字写法分两类。如图一七:3,穿近圆。"元"字左下撇画末端不挑。图一七:4,"元"字左下撇画上挑,与第二笔横画连。

(2)篆书。小平、折二两等。折二钱多不精整,小平之缘、郭多高挺。如图一七:5,折二。面郭阔,字肥大。图一七:6,小平,花穿。字瘦,不够清晰。图一七:7,面之缘、郭细,字修长。

27.圣宋元宝

铜钱,行、篆二体,小平、折二两等。皆旋读。

(1)行书。小平、折二两等。

A.小平钱。"元"字风格多变。如图一七:8,背绿锈生坑。面缘阔。"元"字右下画右伸甚长,两横画间距大;"宝"字连轮接郭。图一七:9,面缘细,笔画清朗。"元"字两横丝连,左下撇画末端上折而与第二笔横画连。图一七:10,背穿左下有月连轮。缘、郭规整,面缘阔。字体较瘦,"圣""元"二字接郭。"元"字两横间距小,上横短。图一七:11,"元"字第一笔成圆点,其点画高悬,与横画丝连。图一七:12,"元"字点画与横画紧挨。"聖"字"王"部省笔。

B.折二钱。钱文风格单调。如图一八:1,精整。面缘阔而匀。"元"字第一笔呈倾斜之短横状,"宝"字左下之点画大而圆。

(2)篆书。钱文书写风格的变化主要表现在"宝"字"目"部写法的变化上。

A.小平钱。缘、郭阔细不等。如图一八:2,字小,"宝"字"目"部之两竖弧曲,致"目"的上、下两端等宽,中部宽度最大。图一八:3,字大,缘细。"宝"字"目"部呈半椭圆形。图一八:4,花穿,面缘阔,"宝"字"目"部扁圆。

B.折二钱。缘阔,字大。如图一八:5,字画粗。"宝"字"目"部呈半椭圆形。图一八:6,穿方。面之缘、郭高挺。字浅,笔画细。"宝"字"目"部近圆,"元"字左下画长而连轮。

28.崇宁通宝

皆当十的铜钱,旋读。重多在11~12.5克之间。字体风格近同。如图一八:7,精整。缘细,笔画亦甚纤细。图一八:8,花穿。笔画粗壮。图一八:9,钱径小,体轻薄,铸制粗劣。缘、郭俱浅。"宁"字末笔较短。钱径接近当十钱常品,故此钱应定为崇宁通宝当十钱之盗铸品。

29．崇宁重宝

仅有当十铜钱。重多在 8~12 克之间,钱径多在 3.4 厘米以上,厚多在 0.2 厘米以上。钱文风格少有变化。如图一八:10,面之缘、郭、字俱浅,笔画淡。图一八:11,缘、郭阔,钱文笔画浓重。图一八:12,钱体甚轻,但钱径与崇宁重宝常品接近。

30．大观通宝

皆铜钱。多为小平,亦有大钱。书写风格近同。如图一九:1,小平。笔画粗。图一九:2,小平。笔画细。图一九:3,大钱。"大"字横画倾斜,使字体颇显生气。图一九:4,大钱。"大"字端正,略显呆板。图一九:5,大钱。此品特别。其缘的大部分及肉的一小部分被剪磨去(缘残余甚少),致该钱的平面成一上宽下窄的人面形。周边呈弧曲状。钱体左右之最大横宽 3.82 厘米,上下之最大纵长 3.22 厘米。

31．政和通宝

绝大部分为铜钱,亦有极少量的铁钱。铜钱有小平和大钱两种,铁钱则唯折二一等。书体以隶、篆为主,此外尚有个别真书者。

(1)隶、真书。鹤壁出土的政和通宝钱,往往在同一枚钱上既有隶书字,又有真书字。为避免同钱异名的现象,应将一枚钱上多数文字的书体名称作为该钱文字的书体称谓。依此,则鹤壁出土的政和通宝钱文的书体,就既有隶书,又有真书,但真书的数量极少。如图一九:6,大钱,隶书。"政"字从"攵","和"字为真书。图二〇:1,小平,隶书。缘阔。"政"字从"支","和"字隶体意浓。图二〇:2,小平,真书。"宝"字为瘦金体。图二〇:3,折二,铁钱,隶书。钱面锈甚。此钱为浚县博物馆藏。

(2)篆书。字体风格少有变化。"政"字俱从"支","和"字之"口"部皆在左。如图二〇:4,大钱,缘阔。"宝"字"目"部方。图二〇:5,小平,缘细。字画细。"和"字瘦,"宝"字"目"部近圆。图二〇:6,小平。"宝"字"目"部扁。

32．宣和通宝

铜钱,亦有隶、篆二体,小平、折二两等。皆直读。

(1)隶书。小平钱缘较细,折二钱缘较阔。版式较多。"通"字及"宝"字之"目"部写法多。

A．小平钱。如图二〇:7,缘甚细,字浅。"通"字之"走之"部连笔,"宝"字之"目"部呈椭圆形;"通"、"宝"二字修长。图二〇:8,花穿。"通"字之走之部不连笔,"宝"字"目"部呈半椭圆形。

B．折二钱。如图二〇:9,背穿右下一纤月。"通"字从"辶";"宝"字"目"部呈半椭圆形。图二〇:10,"通"字从"辶";"宝"字"目"部近方,其两竖略弧。图二〇:11,缘阔,字小。"通"字从"辶","宝"字"目"部方。图二一:1,"宝"字"目"部呈上窄下宽的梯形。图二一:2,此品特别。其缘部有四个呈规律性分布的缺口,乃钱铸成后用刃具切凿而成。这四个缺口的中点连线,可大致组成一矩形。

(2)篆书。"和"字"口"部皆在左,"宝"字"目"部均呈半椭圆形。"和"、"通"二字的书写风格多变。如图二一:3,小平。"通"字从"辶","和"字从"禾"。图二一:4,折二。"和"字从"禾",上端方折。图二一:5,折二。"通"字从"辶";"和"字从"禾",上端缓折。图二一:6,"和"字从"禾",上端仰视。

三、南宋钱币种类

南宋时期,由于纸币盛行,金属货币铸行量较少。而在当时的金属铸币中,铁钱数量远远多于铜钱。

金在灭北宋前夕,就已占领了鹤壁。后蒙古人灭金,鹤壁又沦于蒙古人治下。今之鹤壁所出土的南宋钱,大多是在当时的商品交换过程中辗转而来的。鹤壁与南宋之地相距颇远,辗转至此的南宋钱不会很多。建国以来,鹤壁出土的南宋钱较少,此现象与当时的历史背景相吻合。鹤壁现已出土的南宋钱,除了1枚铅钱外,余均为铜钱,无铁钱。此点似乎足以为怪,因为南宋朝的铁钱远多于铜钱,而且南宋政府为了防止铜钱外流,曾在邻近北方的江北地区强力推行铁钱。然而,作为货币,铜钱在商品交换中的信誉远胜于铁钱,故不管南宋人的愿望如何,北方人在同南宋人的贸易中,更愿意接受的是铜钱而非铁钱。因而,在鹤壁已出土的南宋钱中,只有铜钱而无铁钱的现象是不难理解的。南宋之初,高宗赵构尚记靖康之耻,曾兴图北之计,同北方的联系较多,因而高宗朝所铸的建炎钱和绍兴钱,较之于他种南宋钱更多地流入了鹤壁。建国以来,鹤壁已出土的南宋钱中,高宗朝所铸行的建炎钱和绍兴钱占了总量的大部分。

鹤壁已出土的南宋钱计有9种:建炎通宝、绍兴元宝、绍兴通宝、隆兴元宝、乾隆元宝、淳熙元宝、嘉定通宝、淳祐元宝、咸淳元宝。

1. 建炎通宝

有小平和大钱,真、篆二体。直读。

(1)真书。有小平和大钱,钱文风格少变。如图二一:7,小平。面缘细,字浅而模糊。图二一:8,大钱。面缘阔而深,笔画粗壮。"宝"字"目"部呈半椭圆形。图二一:9,背之缘、郭浅,笔画细而清晰。"宝"字"目"部梯形,而上横弧曲。

(2)篆书。皆大钱。"炎"、"通"二字风格多变。如图二一:10,"炎"字上面之"火"部的左、右两点位置高,其顶端高于"人"的顶端。图二一:11,"炎"字上面之"火"的两笔点画的顶端与"人"的顶端位平。图二二:1,"炎"字上面之"火"的两笔点画之位低,其顶端低于"人"的顶端。

2．绍兴元宝

真、篆二体，有小平钱和大钱。面之缘、郭多高挺。多铸制不精。旋读。

（1）真书。钱文风格少有变化，但"元"字写法异。如图二二：2，小平钱。穿广，"元"字形体较瘦，第二笔横画的左端顿笔。背穿左有月。图二二：3，大钱。穿狭，字画较细，"元"字体宽，其第二笔横画长而中段向上弧凸。图二二：4，字浅。"元"字第二笔横画右端顿笔。

（2）篆书。皆大钱。重5.5～8克。"元"字写法异。如图二二：5，"元"字左下画末端位置高于右下画末端位置。背穿左一月，穿右一星。图二二：6，"元"字左下画末端位置与右下画末端位置近平。背穿上一仰月，穿右下一星。图二二：7，"元"字左下画末端位置低于右下画末端位置。背绿锈生坑。

3．绍兴通宝

出土较少，皆真书，大钱，直读。"宝"字瘦，"绍"字书法异。如图二二：8，缘阔。"绍"字从"糸"；其"刀"部的上横向左不透头。图二二：9，面缘细。"绍"字"刀"部上横向左透头，直而短。背有锈结。图二二：10，"绍"字从"纟"；其"刀"部的上横向左透头，且长而凹。

4．隆兴元宝

数量较少，其书体风格大致有两种。如图二二：11，书法严谨，笔画遒劲，四字皆为楷书。"宝"字瘦。图二二：12，字不端正。"宝"字肥。

5．乾道元宝

有真、篆二体，皆旋读。

（1）真书。"元"字写法大致有三种。如图二三：1，缘、郭俱阔，字高挺。"元"字修长，第二笔横画短，字小。图二三：2，"乾"字左、右结构紧凑，"元"字第二笔横画长。图二三：3，缘细，字肥大。"乾"字左右结构的联结松散；"道"、"元"、"宝"三字皆右倾，尤以"元"字右倾甚；"元"字第二笔横画长而右伸。

（2）篆书。数量甚少，且多锈重。其书体风格基本一致。如图二三：4，"乾"字"卓"部末端左折而挑；"宝"字头的左、右两脚下伸而长。"乾"、"元"二字显肥。

6．淳熙元宝

真书，旋读。如图二三：5，折二。缘、郭、字俱浅。背穿上仰月，穿下星。背无纪年之数，乃淳熙七年以前所铸。"元"字颇显雍容大方，盖其结构宽放之所致。

表一　两宋钱币标本数据表

单位:厘米、克

钱文	图号		钱径	穿径	厚度	重量	钱文	图号		钱径	穿径	厚度	重量
宋元通宝	图一	1	2.14	0.59	0.11	3.00	咸平元宝	图三	3	2.46	0.50	0.11	3.30
		2	2.51	0.57	0.13	3.80			4	2.50	0.59	0.14	3.40
		3	2.45	0.65	0.14	3.00			5	2.49	0.55	0.13	4.00
		4	2.44	0.51	0.09	2.40			6	2.49	0.59	0.14	4.10
		5	2.45	0.60	0.13	3.10			7	2.52	0.59	0.15	3.00
太平通宝		6	2.44	0.58	0.11	3.10	景德元宝		8	2.57	0.60	0.14	4.20
		7	2.45	0.62	0.12	3.30			9	2.35	0.57	0.09	1.90
		8	2.44	0.68	0.13	3.10			10	2.53	0.56	0.13	3.70
		9	2.45	0.57	0.12	3.30			11	2.46	0.55	0.15	4.40
淳化元宝	图二	1	2.53	0.53	0.14	4.00			12	2.54	0.66	0.13	3.20
		2	2.47	0.53	0.14	3.70	祥符元宝	图四	1	2.50	0.55	0.14	4.30
		3	2.50	0.56	0.13	3.80			2	2.50	0.57	0.13	3.30
		4	2.49	0.54	0.13	3.50			3	2.60	0.54	0.14	4.50
		5	2.50	0.51	0.16	4.40			4	2.49	0.56	0.15	4.10
		6	2.48	0.54	0.12	3.20			5	2.56	0.60	0.14	4.60
至道元宝		7	2.50	0.56	0.12	3.40			6	2.44	0.60	0.13	3.70
		8	2.51	0.53	0.16	4.40			7	2.54	0.60	0.13	3.00
		9	2.50	0.57	0.13	4.20			8	2.50	0.60	0.15	4.40
		10	2.49	0.57	0.14	3.80	祥符通宝		9	2.48	0.63	0.12	4.00
		11	2.49	0.55	0.15	3.80			10	2.52	0.54	0.13	4.30
		12	2.51	0.55	0.14	4.00			11	2.55	0.54	0.13	4.60
至道元宝	图三	1	2.50	0.57	0.15	4.00			12	2.46	0.59	0.13	4.10
		2	2.50	0.56	0.13	4.10		图五	1	2.45	0.58	0.14	4.30

（续表）

钱文	图号	钱径	穿径	厚度	重量	钱文	图号	钱径	穿径	厚度	重量
祥符通宝		2	2.44	0.60	0.17	4.90			4	2.45	0.65	0.13	3.80
		3	2.59	0.56	0.12	3.80			5	2.45	0.60	0.14	3.80
天禧通宝		4	2.54	0.62	0.12	3.90		图	6	2.49	0.66	0.16	4.40
	图	5	2.51	0.58	0.14	3.90			7	2.55	0.61	0.13	3.70
		6	2.47	0.51	0.16	4.40	皇宋通宝	七	8	2.48	0.56	0.10	3.10
		7	2.51	0.60	0.15	4.70			9	2.21	0.65	0.14	3.20
		8	2.44	0.56	0.16	4.40			10	2.56	0.66	0.15	3.90
	五	9	2.45	0.68	0.12	3.50			11	2.51	0.81	0.13	4.00
		10	2.51	0.56	0.13	3.80			12	2.56	0.57	0.14	3.60
天圣元宝		11	2.51	0.58	0.19	6.20			1	2.50	0.54	0.13	3.70
		12	2.45	0.52	0.14	4.20	庆历重宝		2	3.22	0.75	0.16	7.00
		1	2.53	0.61	0.16	4.40			3	3.14	0.67	0.17	7.50
		2	2.50	0.55	0.16	4.80		图	4	3.00	0.80	0.17	6.70
		3	2.46	0.60	0.14	4.10			5	3.06	0.66	0.16	6.80
	图	4	2.53	0.63	0.20	5.10			6	2.42	0.54	0.14	3.70
		5	2.53	0.68	0.11	3.20	至和元宝		7	2.45	0.71	0.14	3.80
		6	2.52	0.70	0.13	3.30		八	8	2.50	0.74	0.14	4.50
明道元宝		7	2.59	0.60	0.12	3.70			9	2.33	0.67	0.13	2.80
	六	8	2.56	0.68	0.15	4.50			10	2.40	0.64	0.18	4.40
		9	2.57	0.63	0.14	4.50			11	2.39	0.62	0.14	3.60
		10	2.64	0.61	0.14	4.60			12	2.38	0.58	0.14	3.80
		11	2.54	0.70	0.13	3.90		图	1	2.42	0.70	0.11	2.90
		12	2.50	0.65	0.15	3.70			2	2.39	0.54	0.13	3.40
景祐元宝	图	1	2.58	0.61	0.14	4.40			3	2.35	0.67	0.14	3.60
	七	2	2.50	0.76	0.14	3.40	至和通宝	九	4	2.52	0.70	0.15	3.50
		3	2.57	0.64	0.12	3.50			5	2.54	0.69	0.13	4.20

（续表）

钱文	图号	钱径	穿径	厚度	重量	钱文	图号	钱径	穿径	厚度	重量
至和通宝	图九	6	2.49	0.68	0.12	3.40	治平通宝	图一一	8	2.47	0.69	0.14	4.20
		7	2.51	0.60	0.15	4.40			9	2.39	0.62	0.16	4.40
嘉祐元宝		8	2.51	0.63	0.15	4.20			10	2.49	0.69	0.17	3.80
		9	2.38	0.50	0.13	3.30			11	2.50	0.67	0.14	4.40
		10	2.52	0.58	0.16	3.80			12	2.51	0.68	0.15	4.20
		11	2.38	0.67	0.13	3.10	熙宁元宝	图一二	1	2.38	0.59	0.16	4.40
		12	2.52	0.76	0.13	4.10			2	2.57	0.63	0.15	4.80
	图一〇	1	2.38	0.67	0.14	3.20			3	2.46	0.59	0.15	4.30
		2	2.36	0.57	0.14	3.70			4	2.49	0.70	0.19	4.60
		3	2.52	0.73	0.16	4.60			5	2.42	0.66	0.15	3.80
嘉祐通宝		4	2.40	0.62	0.15	3.80			6	2.34	0.60	0.15	3.70
		5	2.55	0.69	0.15	4.90			7	2.30	0.50	0.19	4.40
		6	2.48	0.67	0.13	3.50			8	2.50	0.63	0.12	3.40
		7	2.57	0.70	0.11	3.70			9	2.35	0.56	0.16	4.30
		8	2.35	0.53	0.15	3.70			10	2.43	0.59	0.15	4.40
		9	2.53	0.59	0.15	4.30			11	2.31	0.55	0.15	4.00
		10	2.46	0.62	0.15	3.90			12	2.42	0.64	0.17	4.20
治平元宝		11	2.43	0.68	0.15	4.40	熙宁重宝	图一三	1	3.21	0.83	0.15	6.80
		12	2.47	0.63	0.14	4.20			2	3.05	0.72	0.17	7.30
	图一一	1	2.42	0.65	0.13	4.20			3	2.94	0.65	0.21	7.80
		2	2.35	0.64	0.14	3.20			4	2.97	0.67	0.21	8.40
		3	2.44	0.63	0.15	4.50			5	3.05	0.64	0.23	11.0
		4	2.33	0.52	0.15	3.20			6	2.67	0.71	0.08	2.60
治平通宝		5	2.41	0.66	0.14	2.40			7	2.91	0.61	0.19	7.40
		6	2.50	0.69	0.16	4.20			8	3.01	0.59	0.19	7.80
		7	2.42	0.69	0.14	4.20			9	2.96	0.64	0.20	9.40

（续表）

钱文	图号	钱径	穿径	厚度	重量	钱文	图号	钱径	穿径	厚度	重量
熙宁重宝	图一三	10	2.88	0.59	0.26	10.3	绍圣元宝	图一六	1	2.47	0.64	0.12	3.80
		11	2.19	0.63	0.09	1.10			2	2.48	0.64	0.13	4.20
		12	2.49	0.68	0.12	3.60			3	2.50	0.60	0.14	4.20
元丰通宝	图一四	1	2.40	0.58	0.15	4.00			4	2.39	0.60	0.16	4.00
		2	3.00	0.64	0.19	7.90			5	3.04	0.65	0.17	7.30
		3	2.97	0.57	0.20	8.10			6	2.36	0.68	0.13	3.10
		4	1.92	0.62	0.20	9.10			7	2.53	0.61	0.16	4.40
		5	2.55	0.61	0.13	4.10			8	2.46	0.55	0.12	3.60
		6	2.57	0.67	0.15	4.30			9	2.40	0.56	0.13	3.40
		7	2.99	0.64	0.16	6.30			10	2.48	0.62	0.15	3.60
		8	2.86	0.57	0.20	8.00			11	3.03	0.66	0.15	7.10
		9	2.92	0.55	0.20	8.30			12	2.40	0.60	0.16	4.20
		10	2.45	0.63	0.15	3.20	元符通宝	图一七	1	2.50	0.55	0.13	4.00
		11	2.46	0.59	0.15	4.50			2	2.48	0.61	0.12	3.30
		12	2.52	0.65	0.13	4.20			3	3.14	0.60	0.16	8.20
元祐通宝	图一五	1	2.47	0.71	0.14	3.70			4	3.12	0.62	0.16	8.20
		2	2.47	0.66	0.14	4.20			5	3.15	0.56	0.19	8.60
		3	2.82	0.66	0.16	6.30			6	2.47	0.52	0.13	4.00
		4	3.01	0.72	0.20	7.80			7	2.46	0.64	0.15	3.50
		5	2.47	0.50	0.12	3.80			8	2.50	0.63	0.14	3.70
		6	2.50	0.64	0.17	5.10			9	4.20	2.46	0.56	0.17
		7	2.45	0.69	0.16	4.20			10	2.42	0.63	0.13	3.80
		8	2.46	0.67	0.13	4.00			11	2.50	0.54	0.15	4.10
		9	3.00	0.73	0.18	7.90	圣宋元宝		12	2.48	0.61	0.14	4.00
		10	3.03	0.68	0.21	8.60		图一八	1	3.03	0.64	0.17	7.40
		11	2.84	0.62	0.22	8.20			2	2.38	0.52	0.14	4.10
绍圣元宝		12	2.53	0.68	0.14	4.50			3	2.46	0.58	0.15	3.30

（续表）

钱文	图号	钱径	穿径	厚度	重量	钱文	图号	钱径	穿径	厚度	重量
圣宋元宝	图一八	4	2.53	0.58	0.15	4.40	宣和通宝	图二一	2	3.09	0.67	0.18	6.20
		5	2.97	0.63	0.16	6.90			3	2.41	0.55	0.14	3.50
		6	2.98	0.67	0.20	8.00			4	3.04	0.74	0.17	6.50
崇宁通宝		7	3.47	0.79	0.30	11.6			5	3.33	0.70	0.17	7.10
		8	3.50	0.85	0.26	12.3			6	2.94	0.58	0.18	7.10
		9	3.06	0.75	0.16	5.40	建炎通宝		7	2.53	0.72	0.12	2.70
崇宁重宝		10	3.53	0.76	0.23	10.0			8	2.87	0.61	0.18	6.00
		11	3.67	0.80	0.22	11.5			9	3.00	0.67	0.19	7.00
		12	3.56	0.85	0.23	4.80			10	2.76	0.70	0.14	4.60
大观通宝	图一九	1	2.47	0.58	0.16	3.10			11	2.97	0.68	0.16	6.00
		2	2.47	0.58	0.16	3.50	绍兴通宝	图二二	1	2.97	0.74	0.17	6.50
		3	4.15	1.09	0.30	17.9			2	2.86	0.83	0.12	3.50
		4	4.16	1.07	0.31	18.7			3	3.07	0.65	0.17	7.70
		5		1.09	0.23	12.5			4	2.94	0.65	0.23	8.80
		6	2.93	0.54	0.19	7.80			5	3.01	0.68	0.19	7.50
政和通宝	图二〇	1	2.57	0.70	0.11	3.70			6	2.91	0.78	0.17	6.00
		2	2.41	0.61	0.15	3.80			7	2.88	0.75	0.16	5.70
		3	3.27	0.64	0.32	12.1			8	3.11	0.77	0.17	7.80
		4	2.93	0.64	0.21	8.30			9	2.91	0.70	0.18	6.80
		5	2.50	0.61	0.14	3.80			10	2.94	0.74	0.15	5.60
		6	2.55	0.56	0.17	4.70	隆兴元宝		11	3.02	0.73	0.16	6.10
		7	2.45	0.63	0.16	3.80			12	2.85	0.79	0.21	6.80
		8	2.44	0.59	0.15	3.20	乾道元宝	图二三	1	2.85	0.67	0.21	8.50
宣和通宝		9	3.16	0.69	0.15	5.70			2	2.84	0.70	0.17	5.60
		10	3.09	0.67	0.18	6.20			3	2.84	0.72	0.19	7.30
		11	3.03	0.69	0.19	9.10			4	2.82	0.70	0.16	6.40
		1	2.98	0.68	0.20	6.70	淳熙元宝		5	2.94	0.77	0.20	6.70

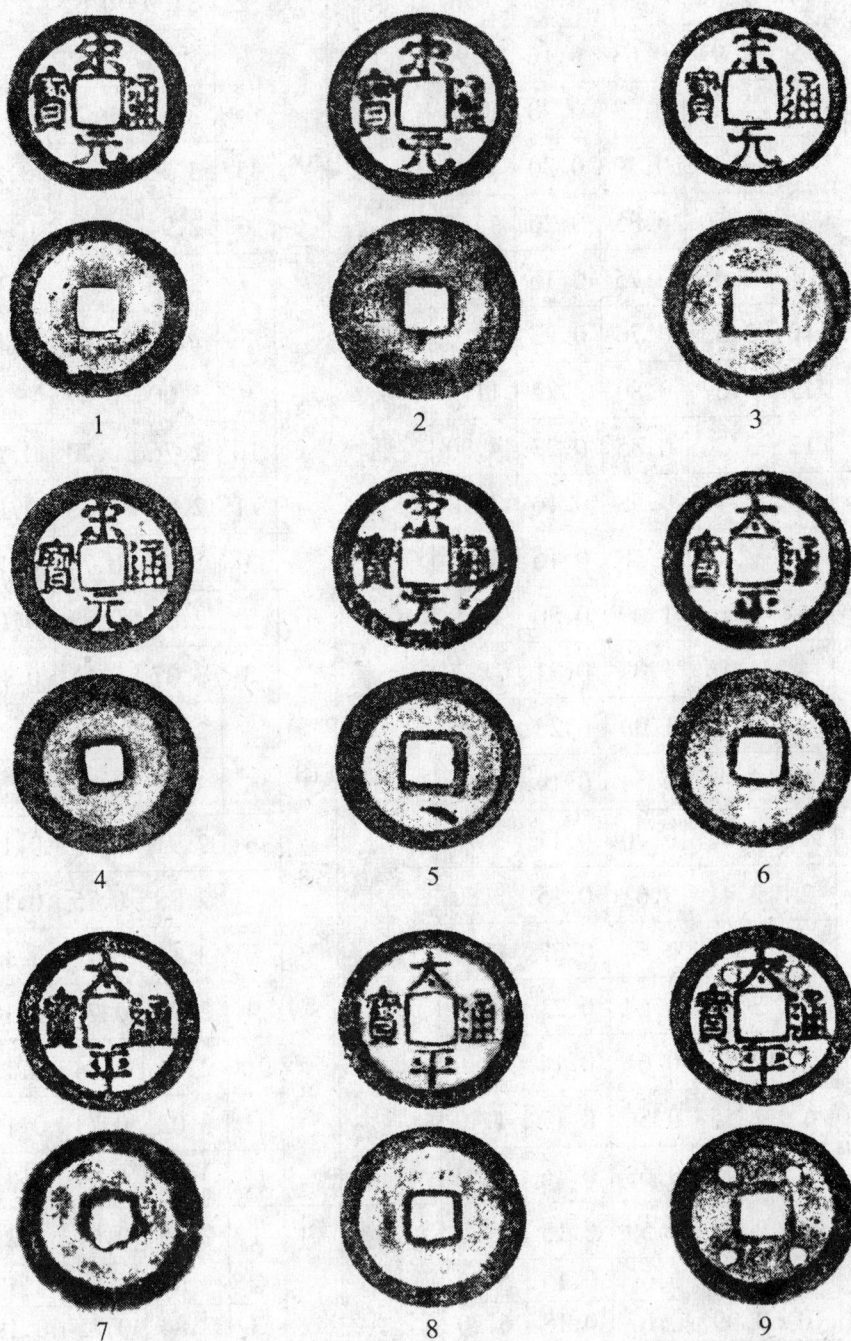

1　　　　　　　　2　　　　　　　　3

4　　　　　　　　5　　　　　　　　6

7　　　　　　　　8　　　　　　　　9

图　一

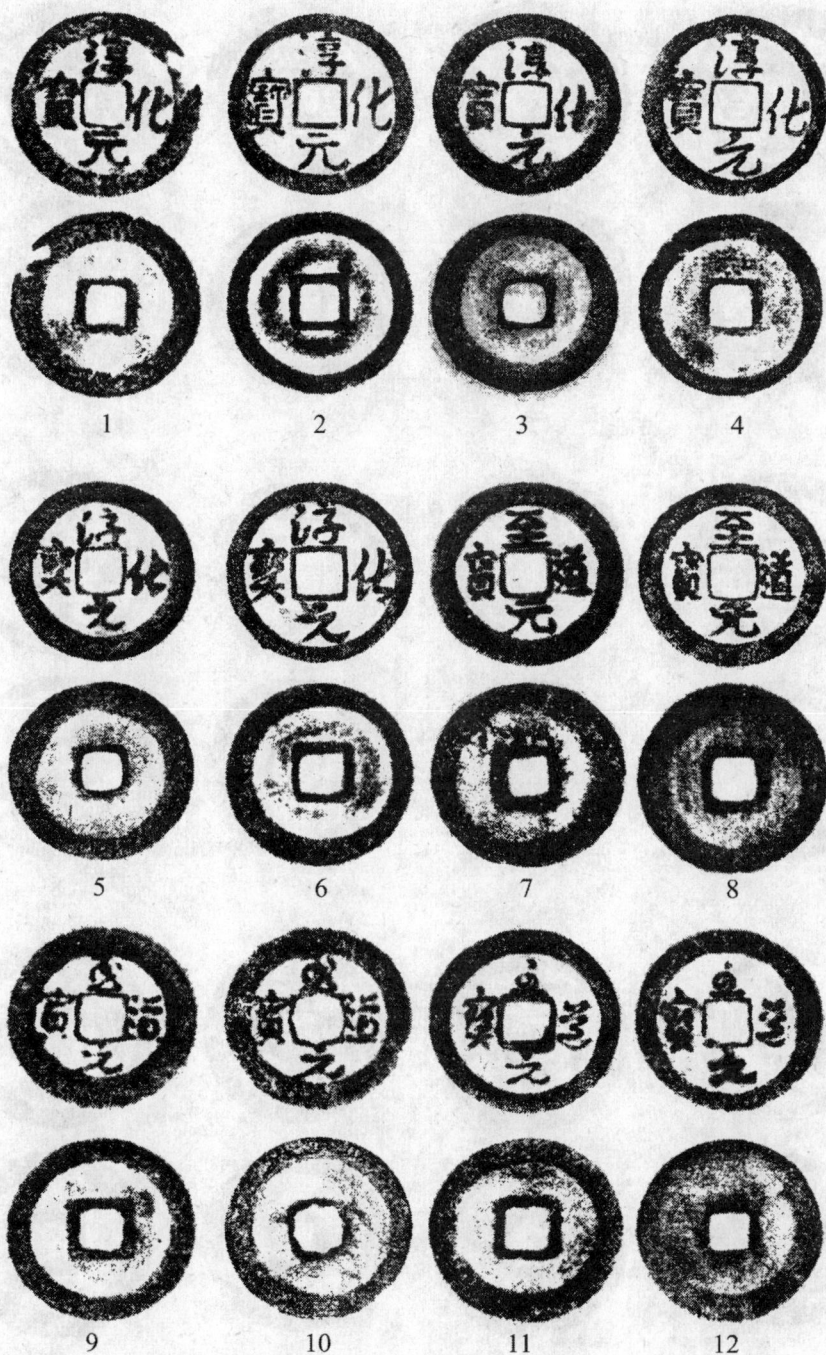

图 二

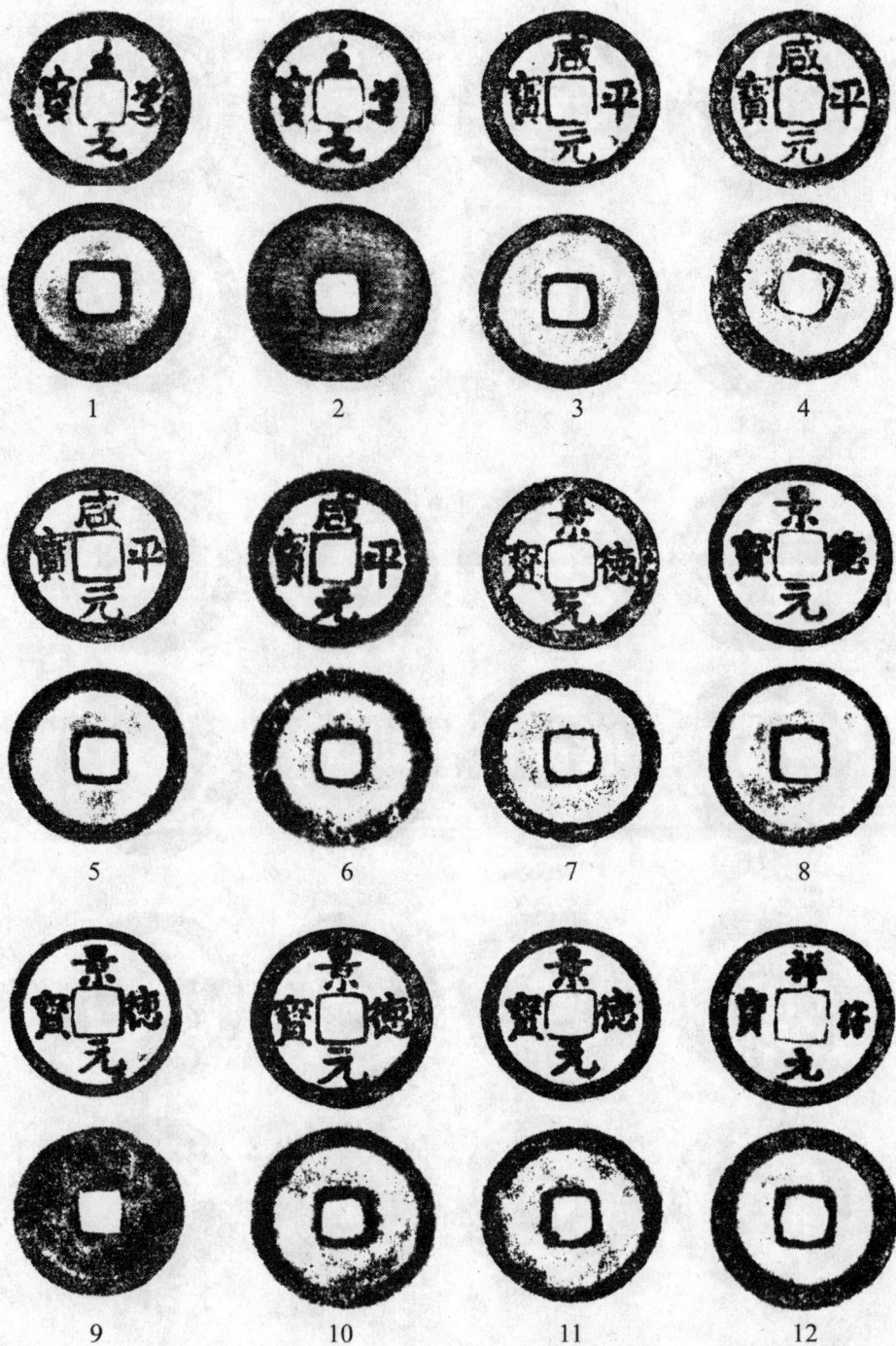

| 1 | 2 | 3 | 4 |

| 5 | 6 | 7 | 8 |

| 9 | 10 | 11 | 12 |

图　三

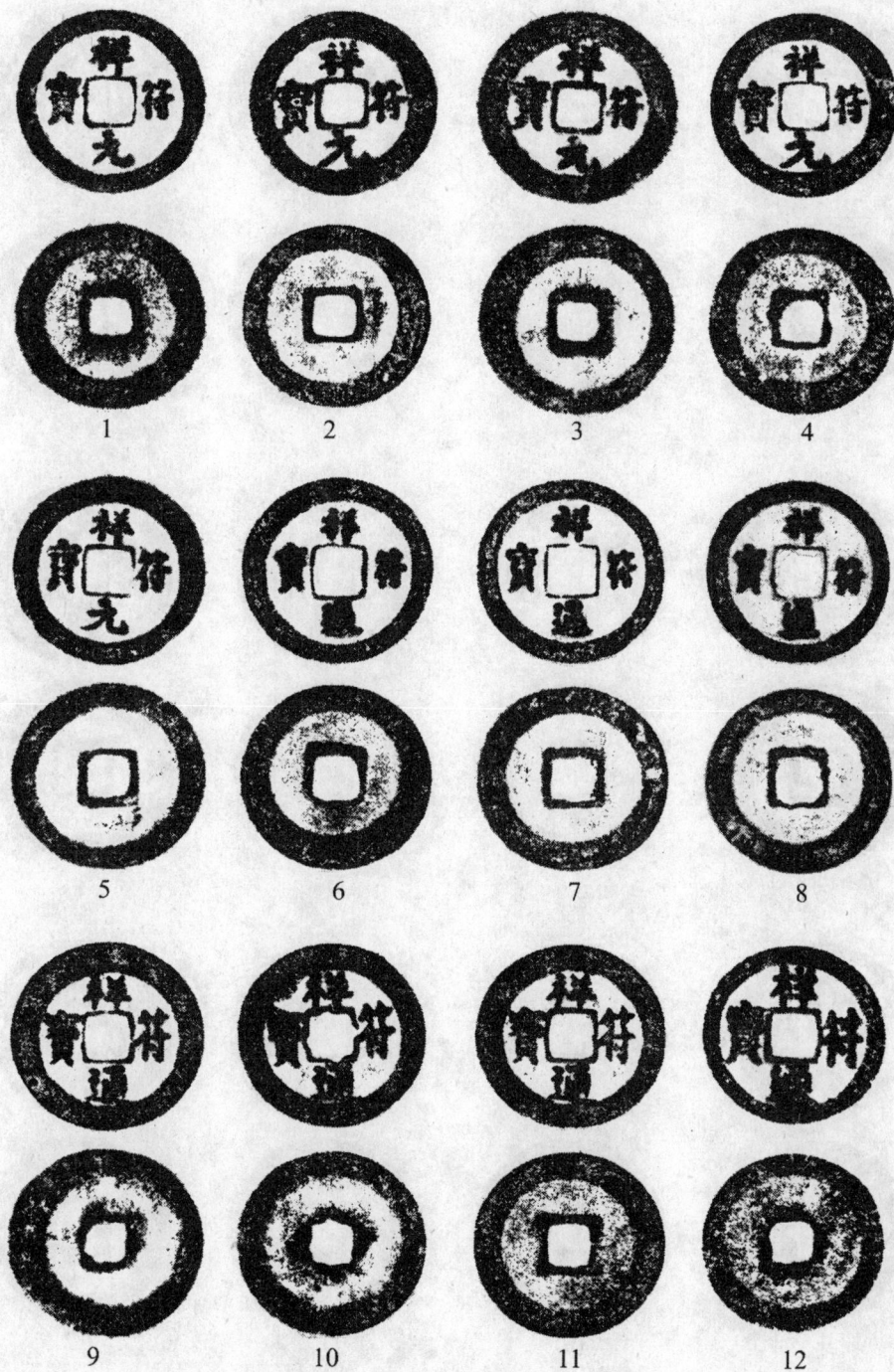

图　四

图　五

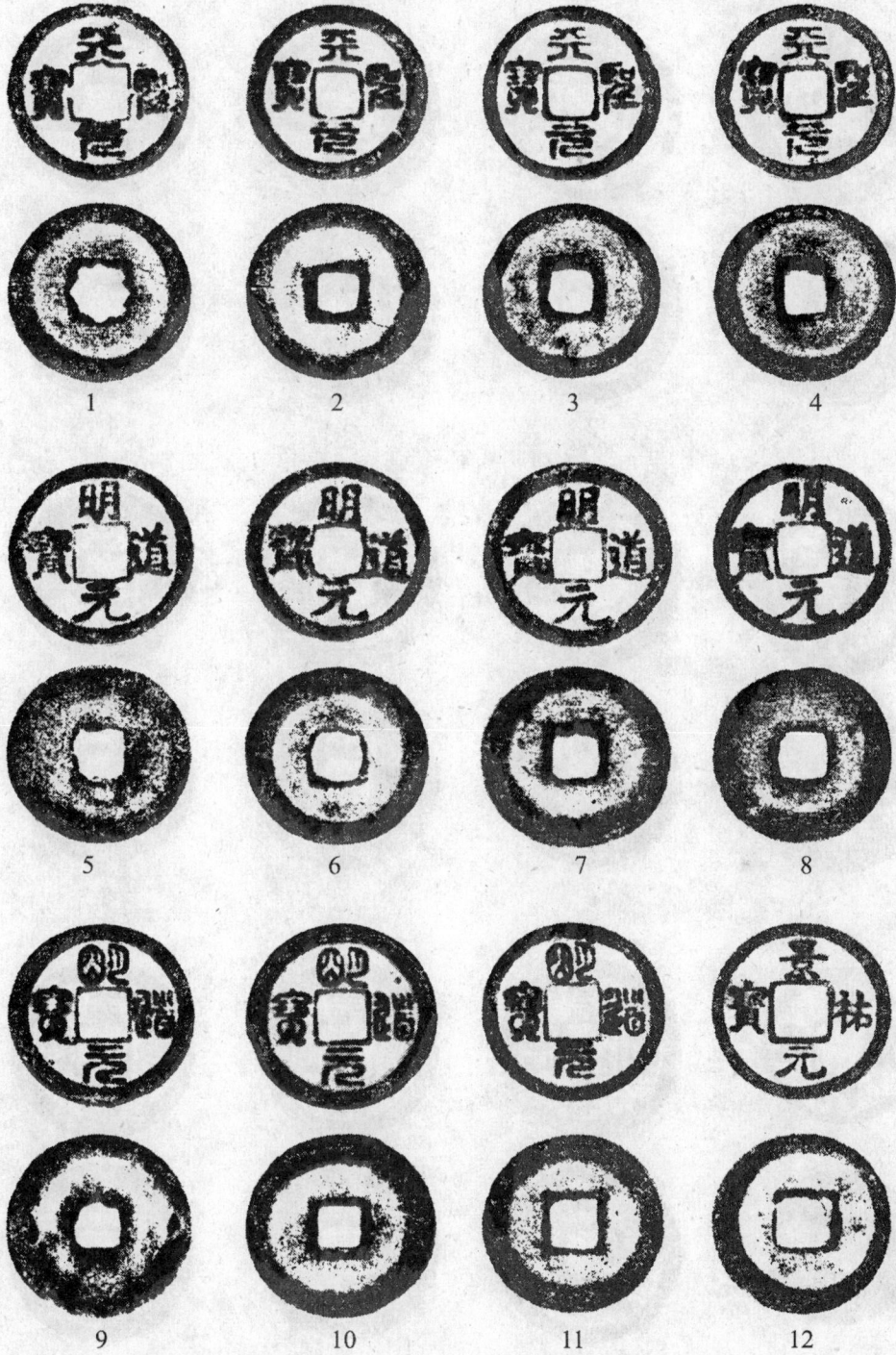

图　六

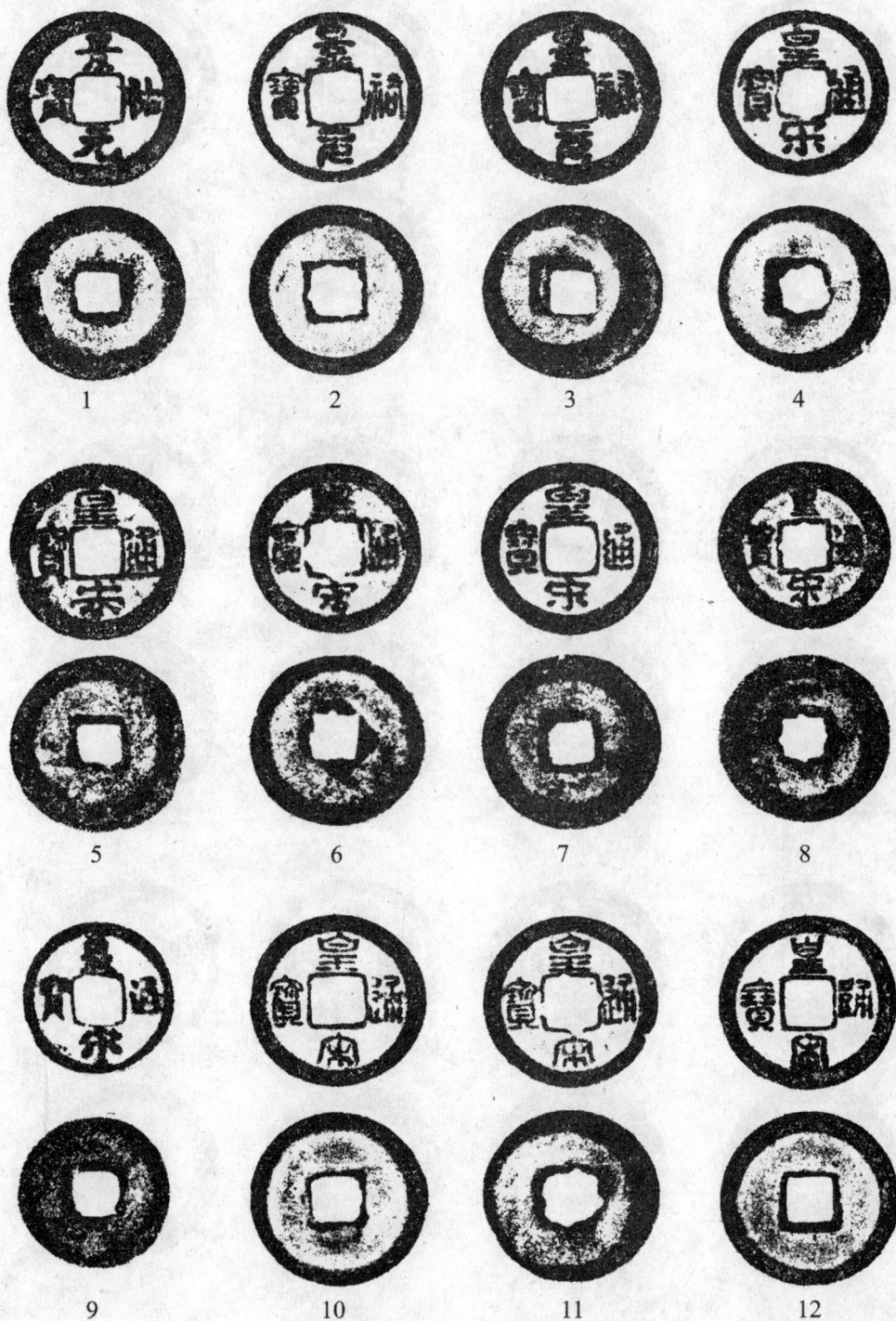

1　　　　　　2　　　　　　3　　　　　　4

5　　　　　　6　　　　　　7　　　　　　8

9　　　　　　10　　　　　　11　　　　　　12

图　七

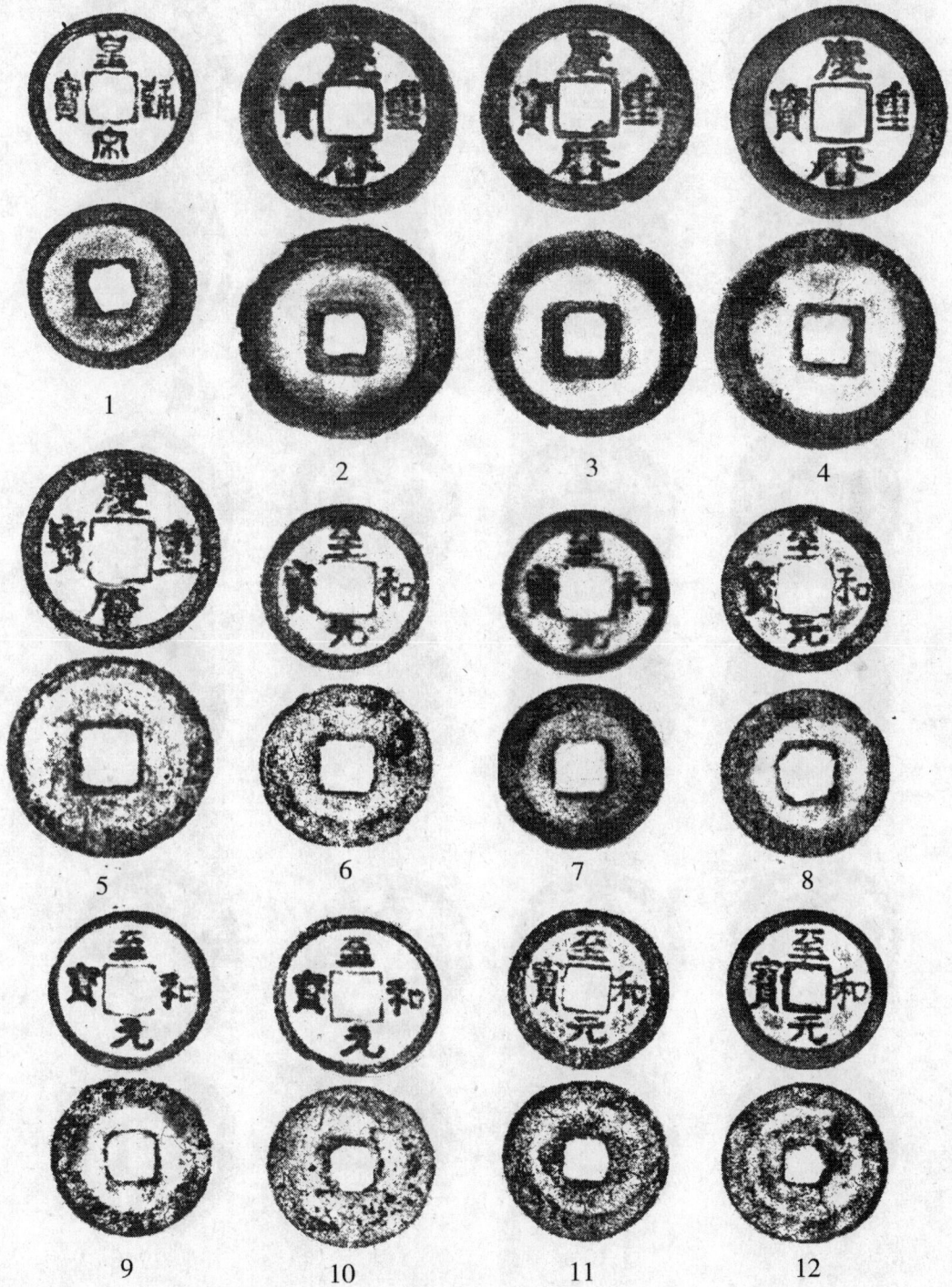

图 八

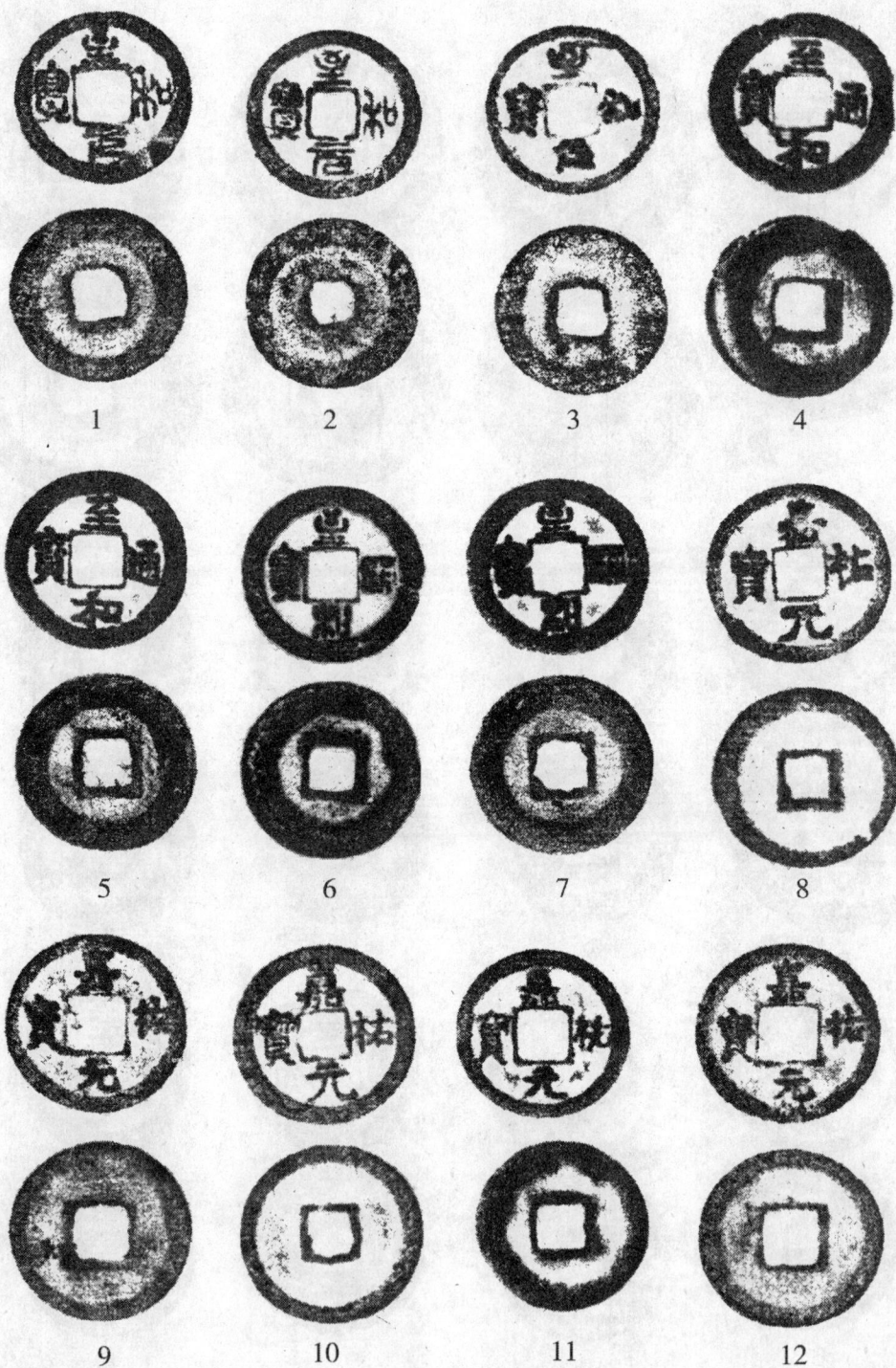

图 九

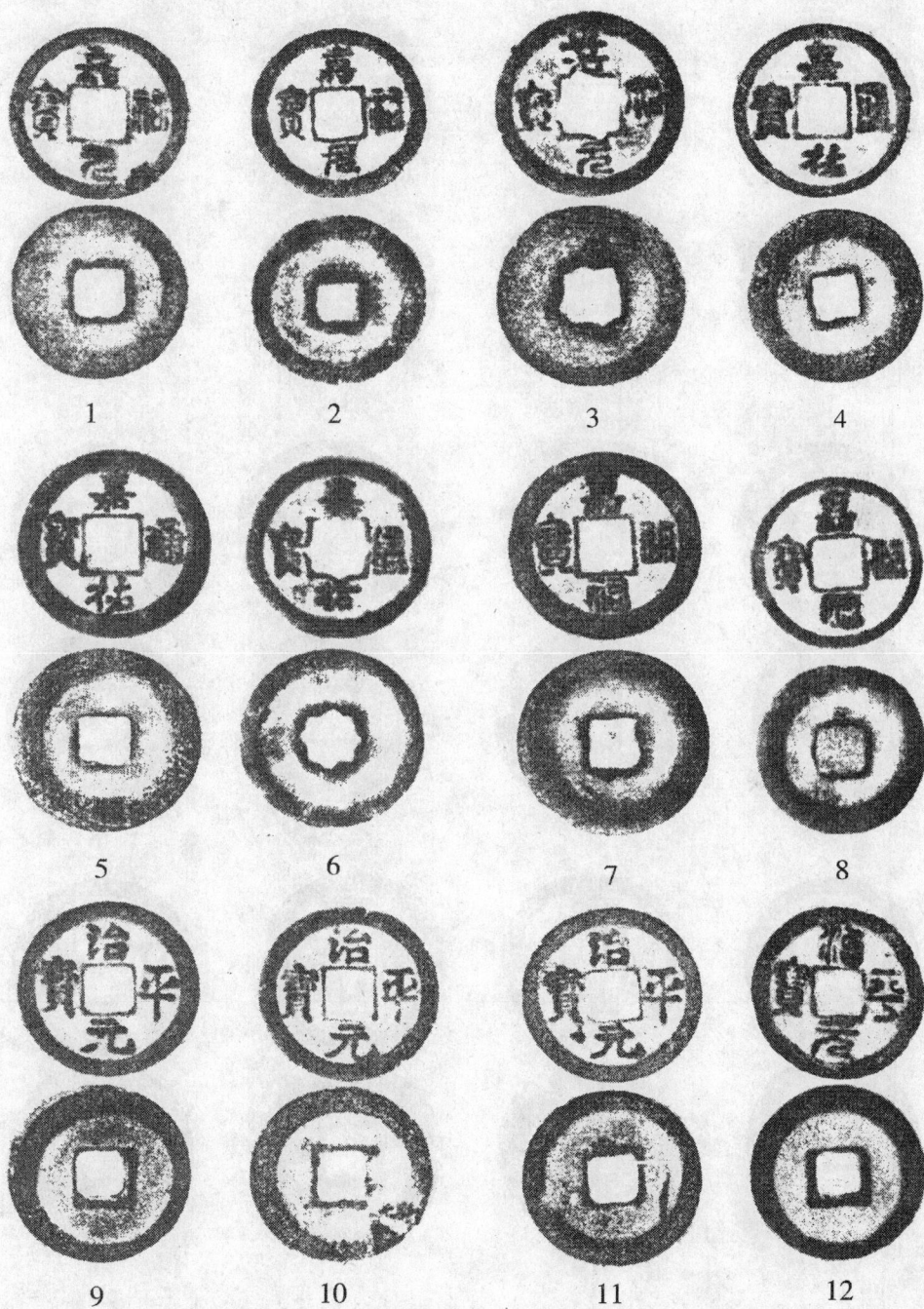

1　　　　　　2　　　　　　3　　　　　　4

5　　　　　　6　　　　　　7　　　　　　8

9　　　　　　10　　　　　　11　　　　　　12

图一〇

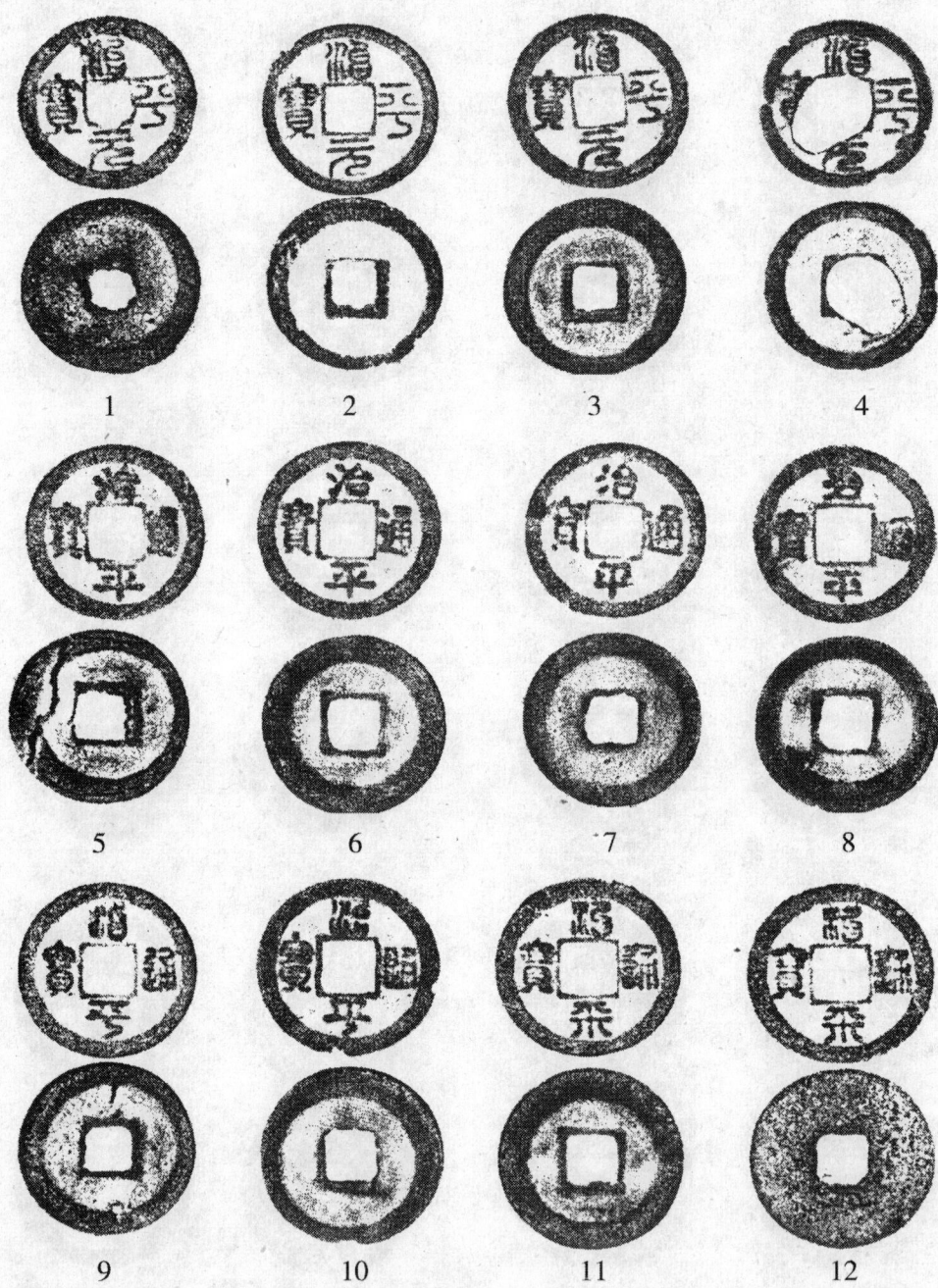

1　　　　　2　　　　　3　　　　　4

5　　　　　6　　　　　7　　　　　8

9　　　　　10　　　　　11　　　　　12

图一一

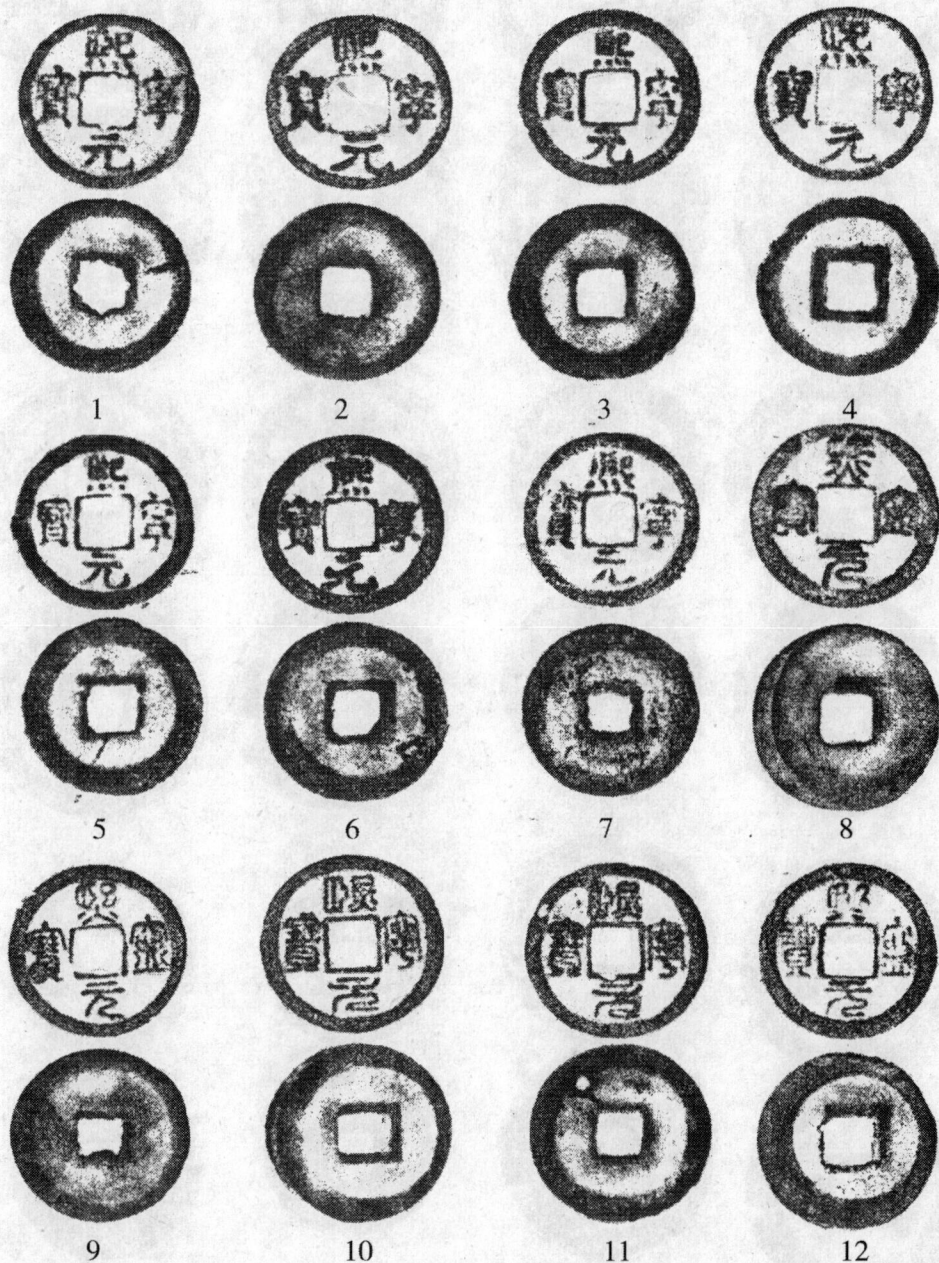

图一二

图一三

1   2   3   4

5   6   7   8

9   10   11   12

图一四

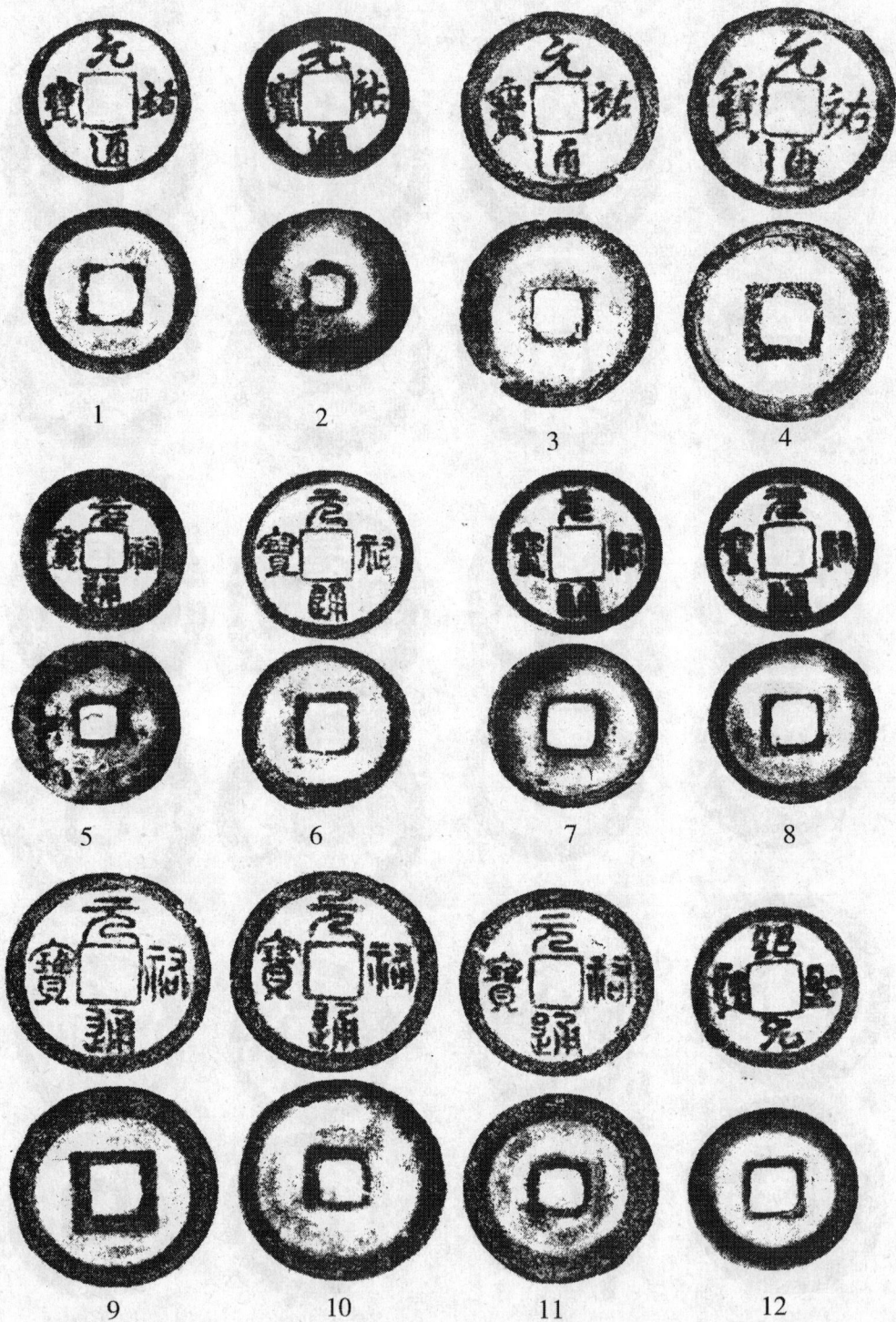

1   2   3   4

5   6   7   8

9   10   11   12

图一五

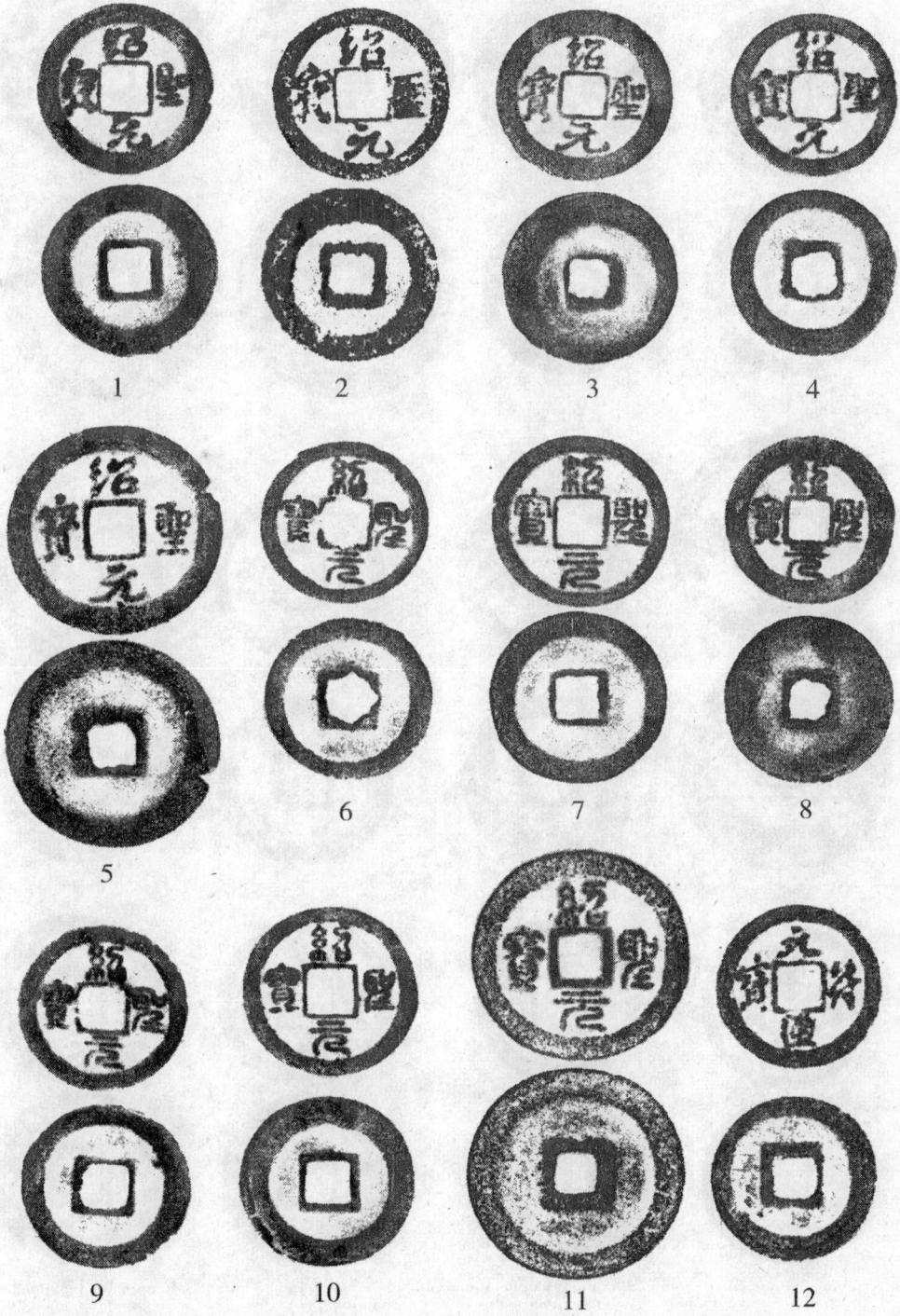

1　　　2　　　3　　　4

5　　　6　　　7　　　8

9　　　10　　　11　　　12

图一六

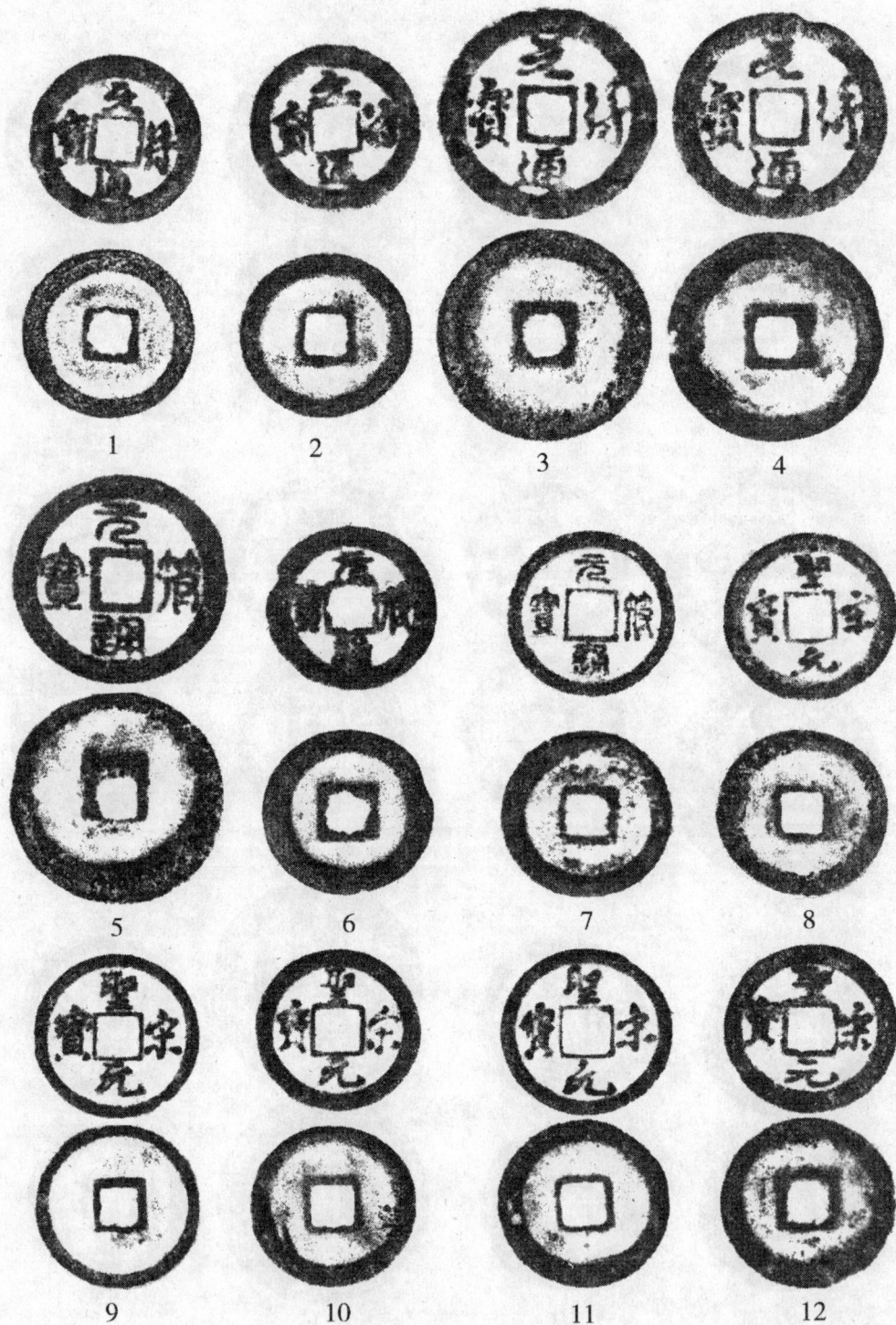

1　　　　2　　　　3　　　　4

5　　　　6　　　　7　　　　8

9　　　　10　　　　11　　　　12

图一七

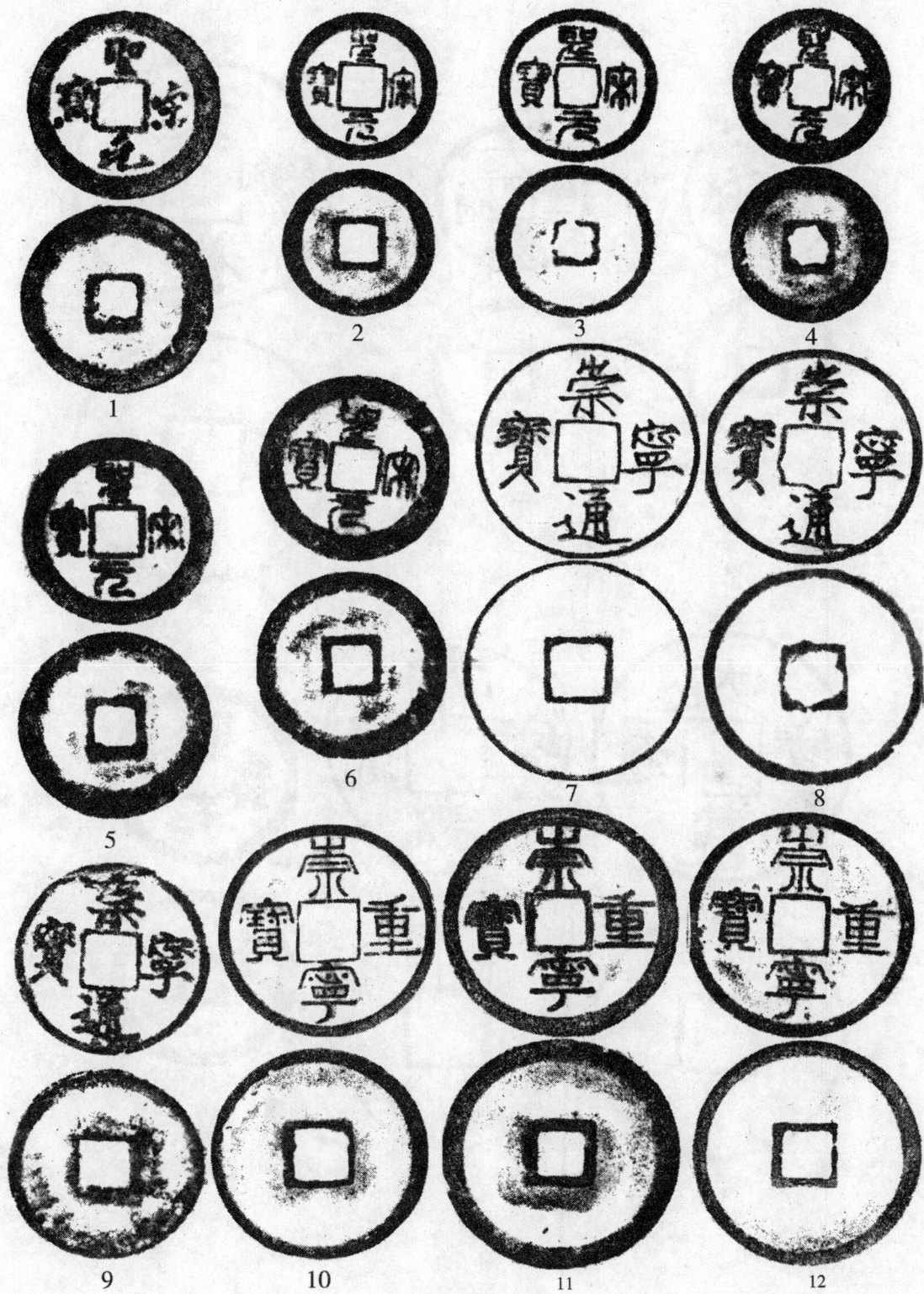

图一八

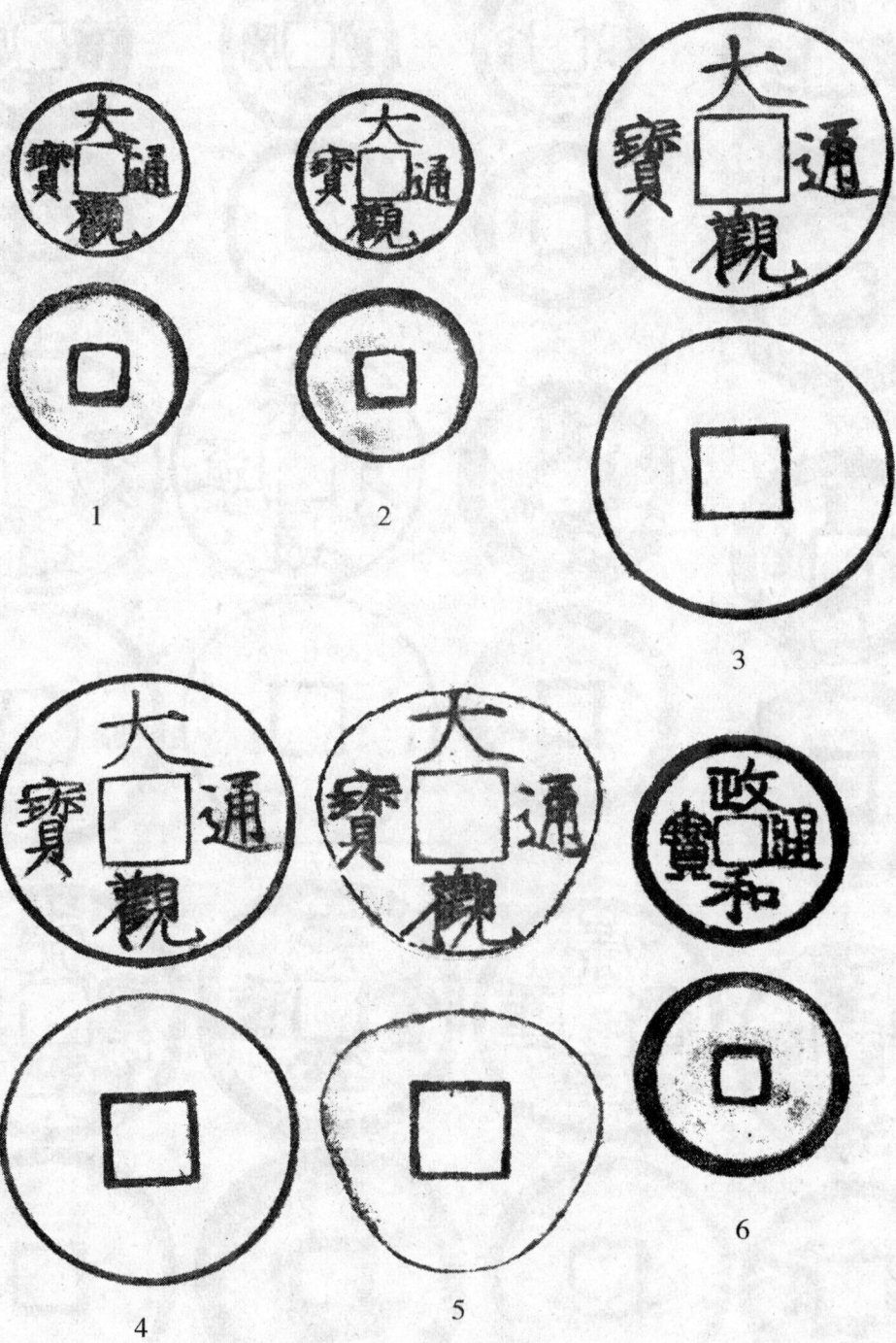

图一九

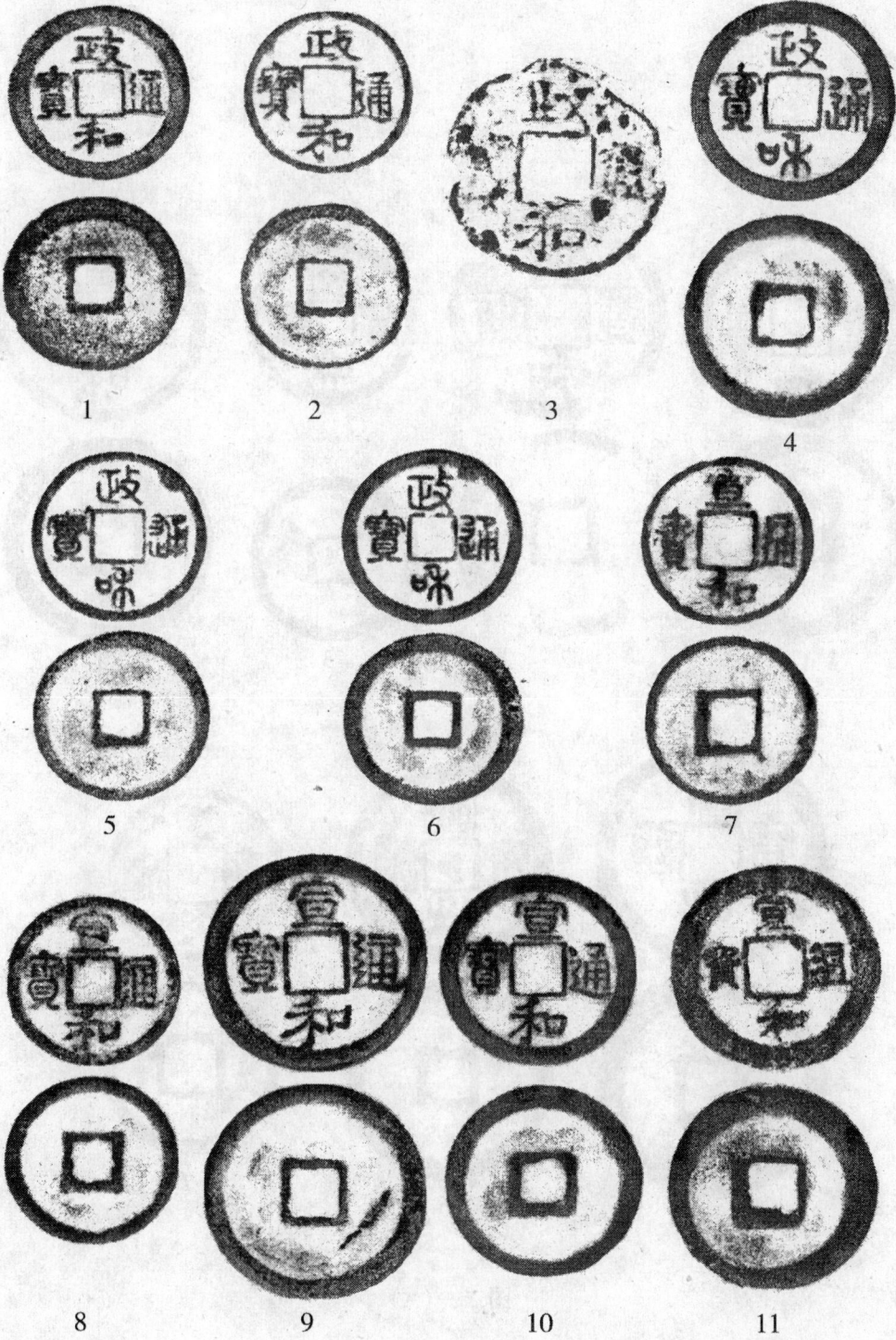

1　　　　　2　　　　　3　　　　　　　4

5　　　　　6　　　　　7

8　　　　9　　　　10　　　　11

图二〇

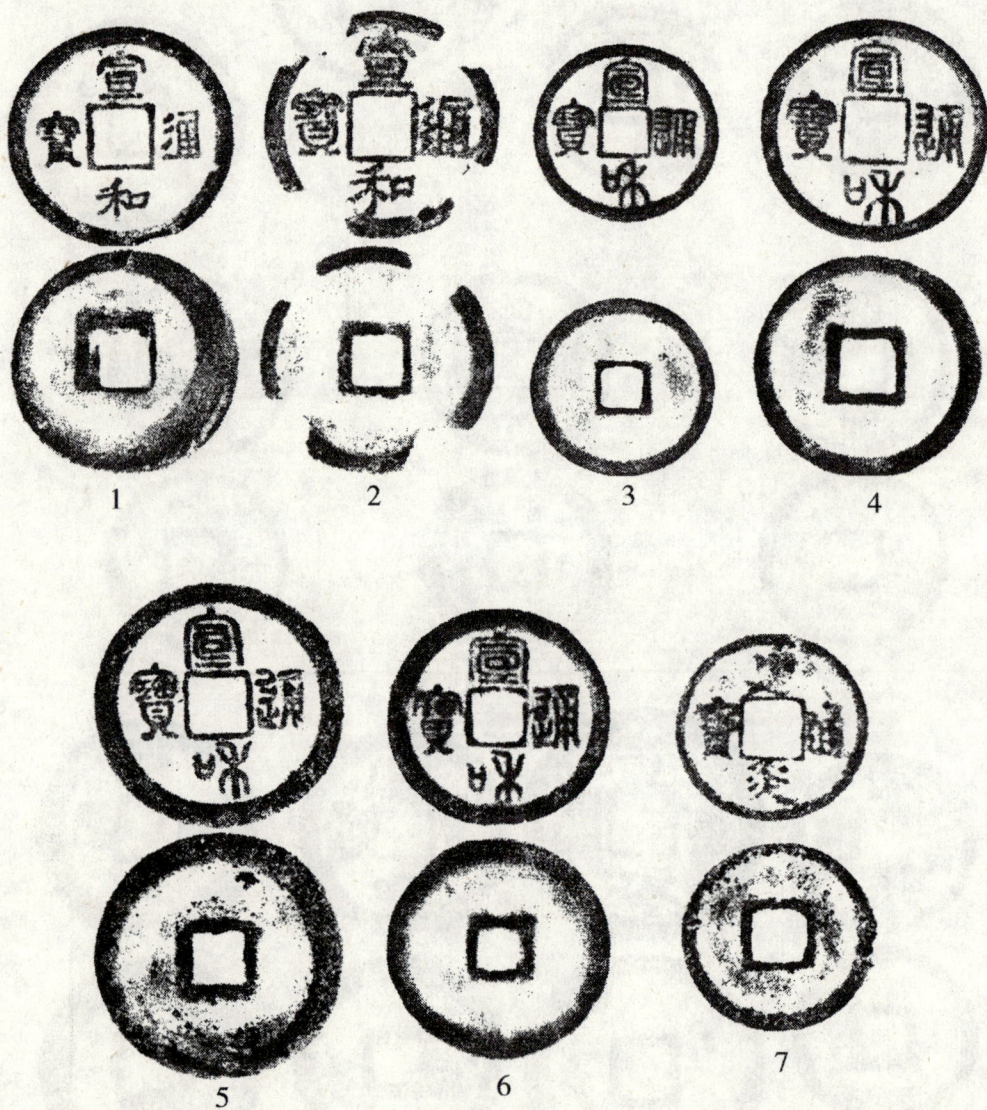

1   2   3   4

5   6   7

图二一（A）

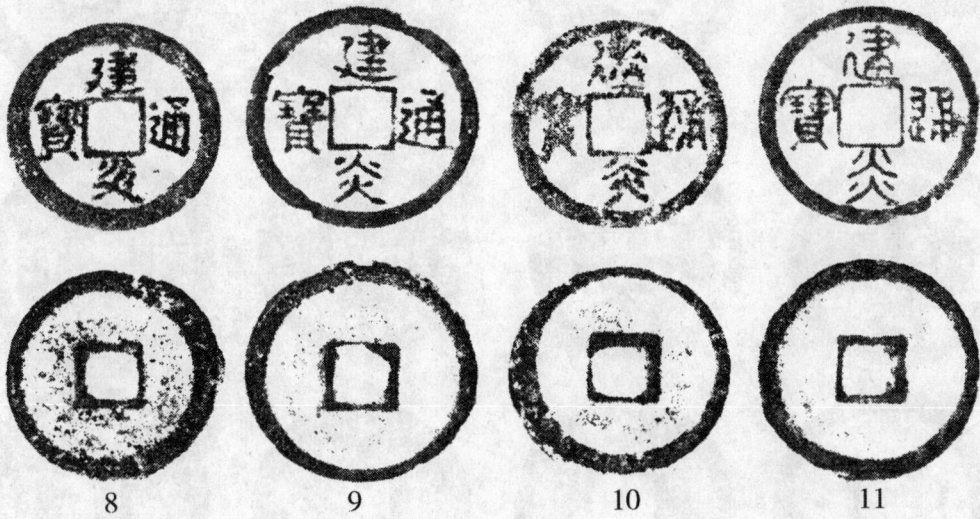

8　　　　　　9　　　　　　10　　　　　　11

图二一（B）

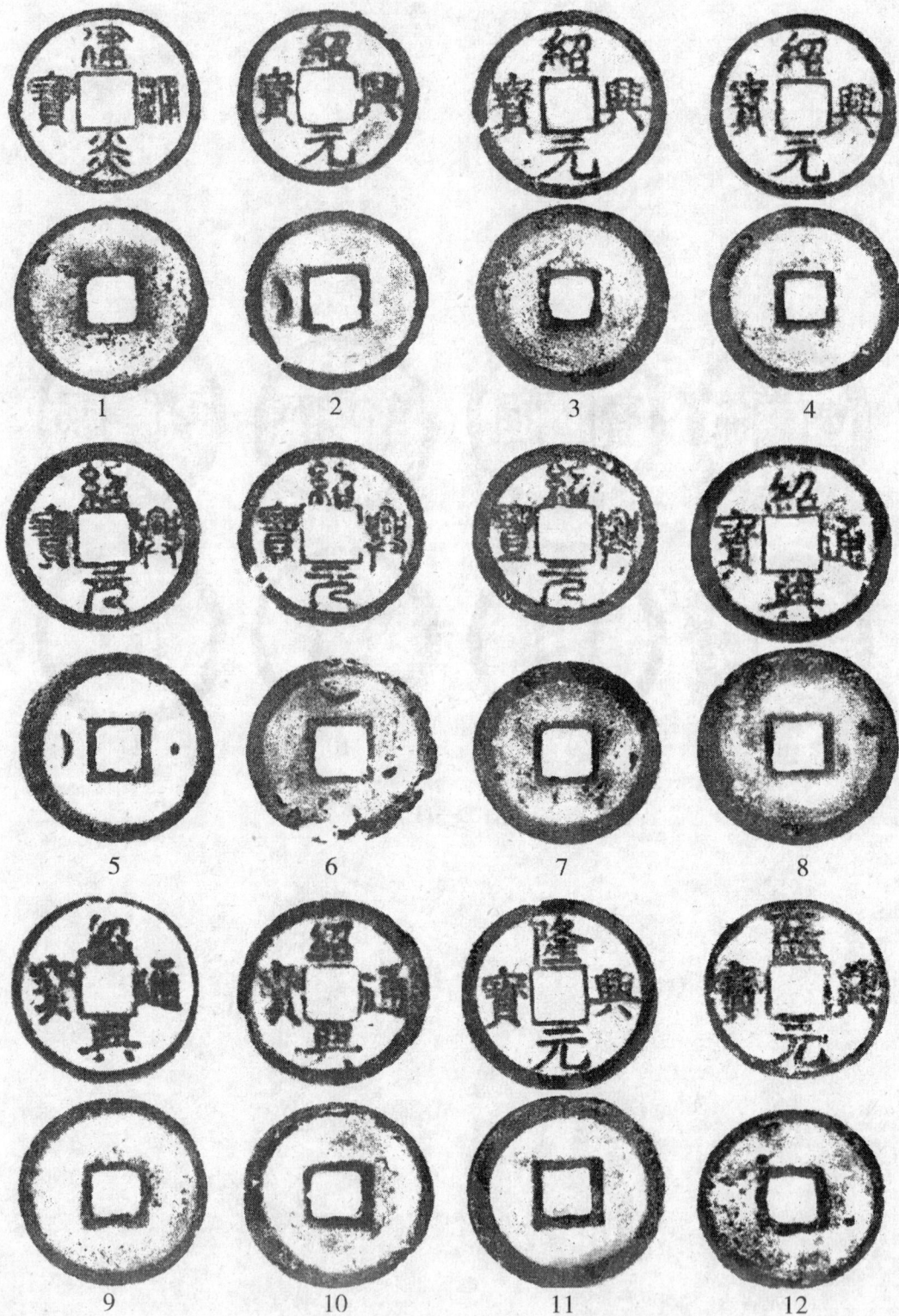

1 2 3 4

5 6 7 8

9 10 11 12

图二二

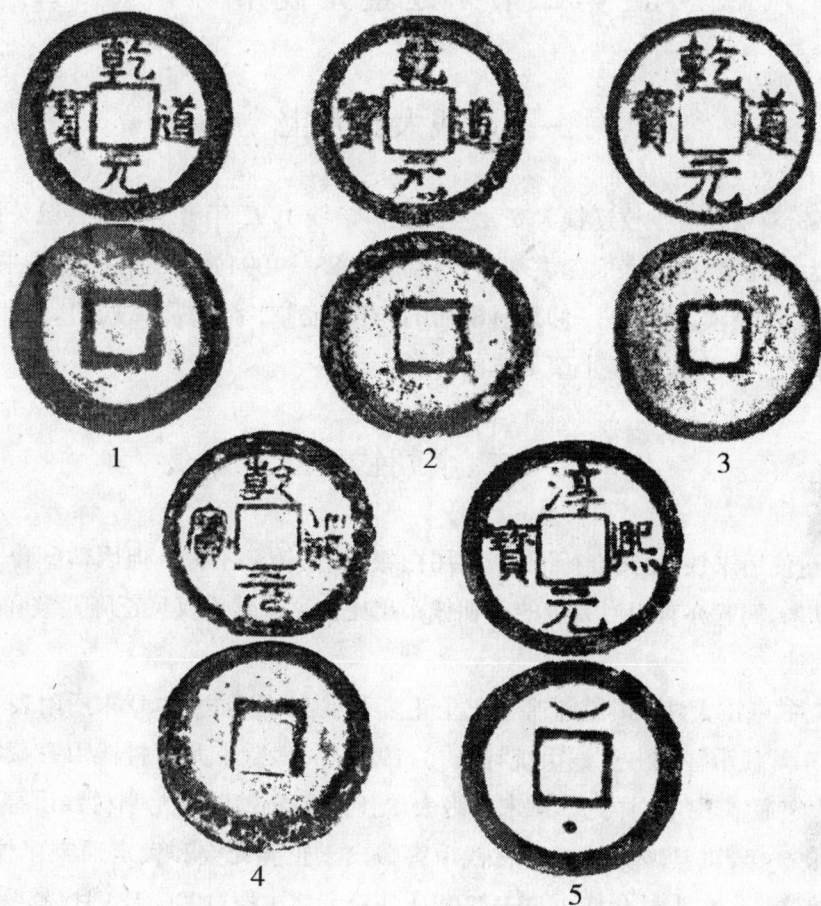

图二三

第二节　辽金元钱币

一、辽钱大安元宝

建国以来,鹤壁仅有1枚辽钱大安元宝出土。该钱1992年出土于淇县城关镇三海村的钱币窖藏。大安元宝,辽道宗耶律洪基大安年间(1085～1094)铸。图一:1,隶书,旋读。穿形不整,缘、郭、字俱浅,背穿下一仰月。横列的"安""宝"二字身高,纵列的"大""元"二字身矮;"宝"字"目"部过于肥大,呈上窄下宽的梯形。

二、金朝钱币

金朝大量使用宋钱,后又推行纸币,重用白银,钱币铸额不大。但因鹤壁曾长期为金所治,故建国以来,鹤壁亦有相当数量的金朝钱币出土。这些钱币仅见正隆元宝和大定通宝两种,且皆为铜钱。

1975年,鹤壁市大湖东岭钱币窖藏出土正隆元宝50枚(详见本章末所附表一:《1975年鹤壁市大湖东岭钱币窖藏出土钱币统计表》);1980年,鹤壁市龙家村钱币窖藏出土正隆元宝176枚,大定通宝12枚(详见本章末所附表二:《1980年鹤壁市龙家村钱币窖藏出土钱币统计表》);1992年,淇县城关镇三海村钱币窖藏出土正隆元宝和大定通宝多枚;1995年5月,鹤壁市鹤壁集乡东头村金墓95HHM3出土正隆元宝1枚;1996年4月,鹤壁市淇滨经济开发区96HQK钱币窖藏1,出土正隆元宝81枚,大定通宝4枚(详见本章末所附表三:《鹤壁市96HQK钱币窖藏1,出土钱币统计表》)。

1.正隆元宝

金海陵王完颜帝正隆年间(1149～1152)铸。《金史·食货志》云:"'正隆元宝',轻重如宋小平钱,而肉好、字文峻整过之。"鹤壁出土的正隆元宝,多精整,可见《金史》所载不谬。这些正隆元宝钱,光背,钱文均为真书,旋读,风格近同。图一:2,体轻而穿广,笔画纤细。图一:3,笔画较粗壮。

2.大定通宝

金世宗完颜雍大定十八年(1178)铸。鹤壁出土者皆为小平,光背,仿瘦金体,直读。如图一:4,"定"字头铸制显糙。图一:5,缘有缺,穿的三分之一部分未凿通。"定"字接郭。

三、元朝钱币

纸币自北宋产生以来,经历南宋、金,至元朝,已经发展成为一种比较成熟的货币形式。元朝由于纸币甚盛,钱币铸行量不大。迄今为止,鹤壁馆藏的元朝钱币仅见八思巴文大元通宝一种。

八思巴文大元通宝,武宗至大三年(1310)铸,当十。如图一:6,有锈痕,字高挺而清晰。图一:7,体厚重,字浅。

辽金元钱币标本数据表

单位:厘米、克

钱文	图号		钱径	穿径	厚度	重量	钱文	图号		钱径	穿径	厚度	重量
大元安宝	图一	1	2.37	1.10	0.17	3.98	大元通宝	图一	6	4.02	1.00	0.34	16.8
正隆元宝		2	2.48	0.60	0.17	3.80			7	3.95	0.99	0.36	20.2
		3	2.50	0.51	0.18	4.60							
大通定宝		4	2.56	0.52	0.15	3.80							
		5	2.50	0.59	0.15	3.40							

表一 1995年鹤壁市大湖东岭钱币窖藏出土钱币统计表

序号	钱名	枚数	序号	钱名	枚数	序号	钱名	枚数
1	五铢	12	11	咸平元宝	148	21	嘉祐元宝	75
2	货泉	2	12	景德元宝	167	22	治平元宝	185
3	开元通宝	784	13	祥符元宝	46	23	元丰通宝	1075
4	唐国通宝	21	14	祥符通宝	282	24	元祐通宝	394
5	乾元重宝	83	15	天禧通宝	2	25	绍圣元宝	259
6	正隆元宝	50	16	天圣元宝	350	26	圣宋元宝	103
7	宋元通宝	24	17	明道元宝	50	27	崇宁通宝	325
8	太平通宝	41	18	景祐元宝	103	28	政和通宝	187
9	淳化元宝	51	19	皇宋通宝	1395	29	宣和通宝	52
10	至道元宝	118	20	至和元宝	189	30	绍兴元宝	32

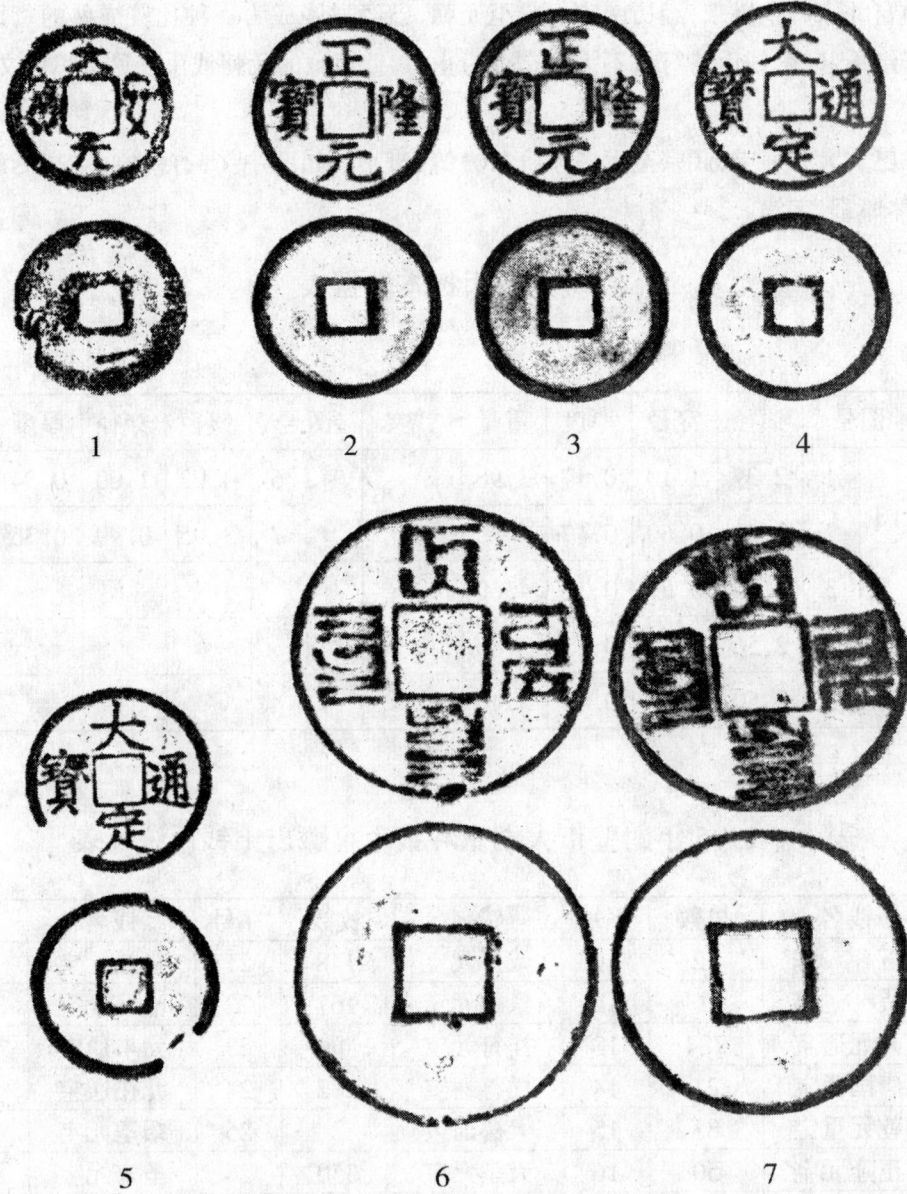

图　一

表二 1980 年鹤壁市龙家村钱币窖藏出土钱币统计表

序号	钱名	枚数	序号	钱名	枚数	序号	钱名	枚数
1	半 两	4	17	天禧通宝	1078	33	绍圣通宝	2
2	五 铢	46	18	天圣元宝	1760	34	元符通宝	532
3	货 泉	10	19	明道元宝	131	35	圣宋元宝	963
4	开元通宝	2784	20	景祐元宝	572	36	崇宁通宝	53
5	乾元重宝	52	21	皇宋通宝	2812	37	崇宁重宝	779
6	唐国通宝	20	22	庆历重宝	20	38	大观通宝	385
7	乾德元宝	6	23	至和通宝	59	39	政和通宝	917
8	周元通宝	11	24	至和元宝	321	40	宣和通宝	43
9	宋元通宝	112	25	嘉祐元宝	547	41	建炎通宝	112
10	太平通宝	283	26	嘉祐通宝	576	42	绍兴元宝	127
11	淳化元宝	355	27	治平元宝	745	43	绍兴通宝	29
12	至道元宝	722	28	熙宁元宝	263	44	乾道元宝	8
13	咸平元宝	710	29	熙宁重宝	883	45	淳熙元宝	6
14	景德元宝	784	30	元丰通宝	3583	46	正隆元宝	176
15	祥符元宝	1415	31	元祐通宝	3023	47	大定通宝	12
16	祥符通宝	195	32	绍圣元宝	1029	48	宽永通宝	2

表三　鹤壁市 96HQK 钱币窖藏 1 出土钱币统计表

序号	钱名	枚数	序号	钱名	枚数	序号	钱名	枚数
1	半两	3	17	天圣元宝	690	32	绍圣元宝	436
2	五铢	21	18	明道元宝	102	33	元符通宝	163
3	货泉	2	19	景祐元宝	216	34	圣宋元宝	417
4	开元通宝	992	20	皇宋通宝	1283	35	崇宁通宝	281
5	乾元重宝	26	21	庆历重宝	9	36	崇宁重宝	516
6	唐国通宝	12	22	至和元宝	98	37	大观通宝	152
7	周元通宝	2	23	至和通宝	46	38	政和通宝	515
8	宋元通宝	42	24	嘉祐元宝	141	39	宣和通宝	251
9	太平通宝	235	25	嘉祐通宝	274	40	建炎通宝	42
10	淳化元宝	131	26	治平元宝	256	41	绍兴元宝	76
11	至道元宝	269	27	治平通宝	41	42	绍兴通宝	9
12	咸平元宝	277	28	熙宁元宝	1161	43	隆兴元宝	2
13	景德元宝	296	29	熙宁重宝	549	44	乾道元宝	3
14	祥符元宝	408	30	元丰通宝	2102	45	正隆元宝	81
15	祥符通宝	102	31	元祐通宝	1104	46	大定通宝	4
16	天禧通宝	305						

第五章　农民起义军钱、厌胜钱及外国钱币

第一节　农民起义军钱

我国历史上曾经发生过多次农民大起义,其中有部分农民起义军政权铸行了自己的货币。目前,鹤壁地域发现的只有明末李自成起义军铸币和太平天国铸币等两大类。

一、明末李自成起义军铸币

明朝崇祯十七年(1644)正月,李自成建都长安,国号大顺,建元永昌。铸行"永昌通宝",有大钱、折五、小平等钱[①]。浚县博物馆馆藏 1 枚永昌通宝钱,此钱阔缘、绿锈,钱径 3.74、穿径 0.62、厚 0.19 厘米,重 15.5 克(图一:1),应为大钱。出土情况不详。

二、太平天国铸币

鹤壁市博物馆藏太平天国时期铸币有两种,一种面文为"太平天国",背"圣宝"。分大小两种,大型者钱径 2.42、穿径 0.55、厚 0.12 厘米,重 3.2 克(图一:2)。小型者,阔缘、小字,钱径 2.18、穿径 0.62、厚 0.11 厘米,重 2.8 克(图一:3)。另一种面文为"天国圣宝",背"太平",钱径 2.14、穿径 0.52、厚 0.13 厘米,重 3.1 克(图一:4)。

---

① 千家驹、郭彦岗《中国货币史纲要》,上海人民出版社,1985 年。

第二节　厌胜钱

　　厌胜钱只发现二品。其一,黄铜质,外圆内方,面背钱肉各铸3周篆文,文字未识,直径6.0、穿径1.05、厚0.43厘米,重90.9克(图一:5),现藏市博物馆。其二,1993年姬家山乡娄家沟村出土,此品镂空、圆穿,钱肉正上方铸一外圆内方钱形图案,周围铸卷云或卷草及花卉图案,直径4.02、穿径1.0、厚0.34厘米,重16.8克(图二:1),现藏市文物工作队。此二品厌胜钱铸造时代待考。

第三节　外国钱币

一、日本铸币

1. 宽永通宝

日本后水尾天皇宽永五年(1628)铸。浚县博物馆馆藏的宽永通宝钱,大小、重量各有差异,直径在2.2~2.4厘米左右,重量在2.1~4.3克之间。如图二:2,阔缘,细字,背外郭宽于面外郭,背穿上"文"字,钱径2.53、穿径0.56、厚0.14厘米,重4.3克。图二:3,背穿上"元"字,钱径2.27、穿径0.61、厚0.09厘米,重2.1克。图二:4,光背,背内外郭均较宽,钱径2.32、穿径0.64、厚0.11厘米,重2.8克。

2. 天保通宝

日本仁孝天皇天保元年(1830)铸。鹤壁市博物馆馆藏1枚,此钱外缘为椭圆形,穿为方形,面穿上"天保"、穿下"通宝"四字,背穿上"当百"二字、穿下为一蝶形图案。此钱长4.89、宽3.26、穿宽0.63、厚0.26厘米,重2.03克(图二:5),出土情况不明。

二、安南铸币

鹤壁发现的安南铸币品种有:

1. 永寿通宝

安南黎神宗维祺永寿年间铸。永寿元年相当于清顺治十五年(1658),淇县文管所藏仅1枚。此品阔缘、绿锈、平背,面文不甚清晰,钱径2.35、穿径0.48、厚0.09厘米,重2.3克、出土情况不详(图二:6)。

2. 景兴通宝

安南黎献宗维禟景兴元年相当于清乾隆五年(1740)铸。淇县、浚县及市区均有发现。如图二:7,阔缘、平背、大字,钱径2.42、穿径0.60、厚0.1厘米,重3.5克、淇县文管所藏品,出土情况不详。图二:8,阔缘,面背皆有内外郭,钱径2.39、穿径0.56、厚0.11厘米,重3.5克,此品为废品收购站捡选,现藏市博物馆。图二:9,阔缘、小字、面背内外郭,钱径2.39、穿径0.52、厚0.11厘米,重3.2克。浚县博物馆藏品,出土情况不详。

3. 光中通宝

安南东京主阮惠光中元年相当于清乾隆五十三年(1788)铸。浚县博物馆藏1枚,此品阔缘、小字、平背,钱径 2.27、穿径 0.49、厚 0.07 厘米,重 1.6 克。出土情况不详(图二:10)。

4.景盛通宝

安南东京主阮弘瑞景盛元年相当于清乾隆五十八年(1793)铸。浚县博物馆藏 2 品,其中一品钱径 2.29、穿径 0.63、厚 0.06、重 1.7 克(图二:11)。

5.明命通宝

安南阮二世主祉覃明命元年相当于清嘉庆二十五年(1820)铸。鹤壁市博物馆藏 1 枚,此钱径 2.29、穿径 0.59、厚 0.08 厘米,重 1.8 克。出土情况不详(图二:12)。

1

2　　　3　　　4

5

图　一

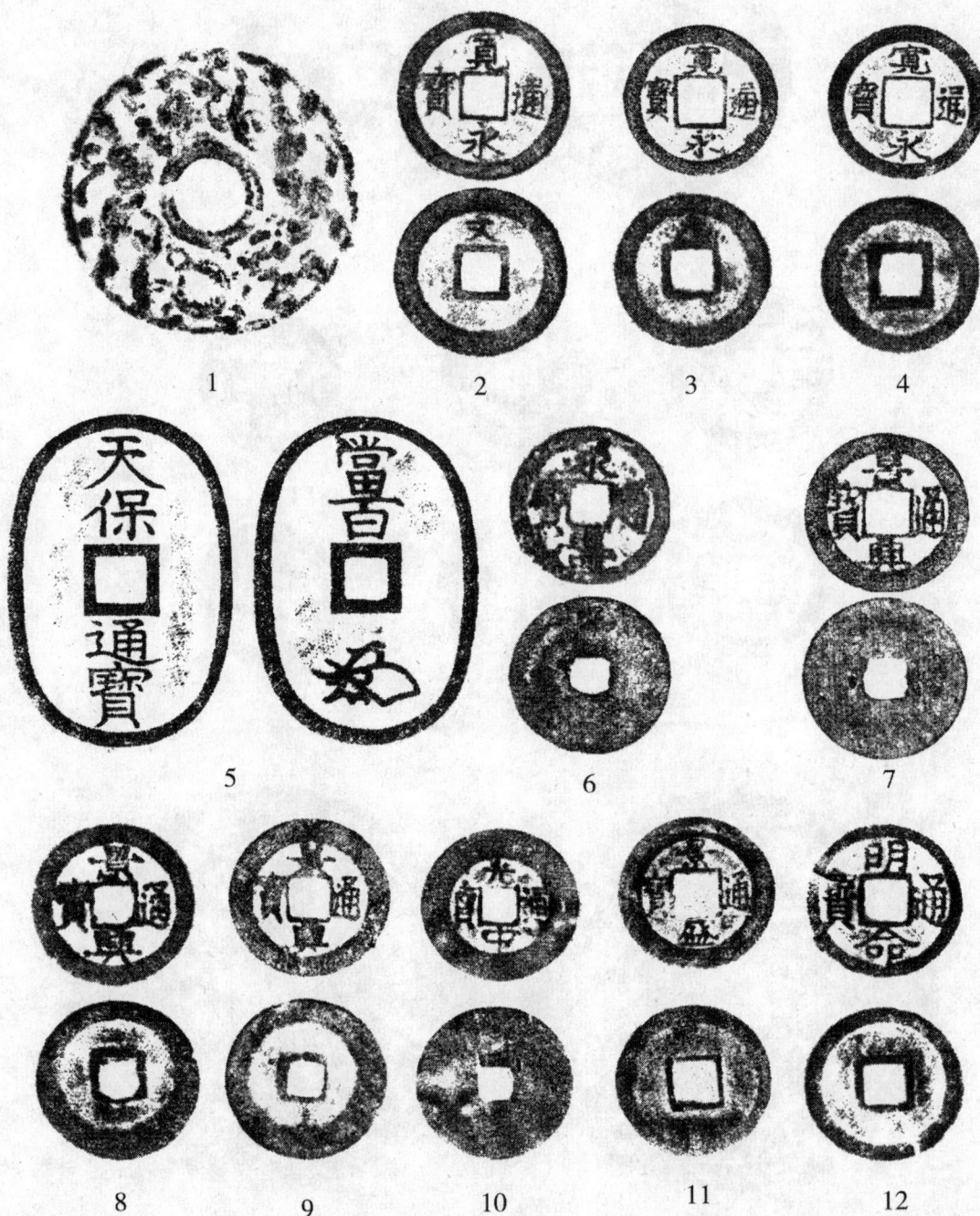

图　二

后　记

　　1997 年,我们应河南省钱币学会关于编纂"河南出土钱币丛书"的要求,组成了以张长海为组长,胡进驻、司玉庆为成员的"鹤壁钱币发现与研究课题组"。课题组利用近 5 个月的时间,对全市文博部门馆藏的历年来发掘出土的古钱币进行排查摸底,通过甄选,整理撰写出了《鹤壁钱币发现与研究》一书。

　　本书我们重点突出了资料性和真实性,以发掘出土实物为主,出土地点不明或有疑问者,酌情少收或不收,传世品未收录,以求全面地反映鹤壁地区古钱币的整体面貌。在研究方面,我们针对有鹤壁地域特色的钱币和窖藏,如狮跑泉战国钱币窖藏做了重点探讨,其他在泉界已有定论的则从简或不论。

　　在整理与撰写过程中,得到了鹤壁市文化局、文物局、人民银行鹤壁市中心支行、浚县大伾山风景区管理处、淇县文物旅游局、鹤壁市文物工作队、鹤壁市博物馆、浚县博物馆、淇县文管所等单位的大力支持,还得到了贾明方、王臣堂、何广新、秦静、姚志国、王宝、高同根、程浩然、王小运、赵杰、程霞、赵晓瑞、钟力勤、牛晓梅、吴卫华、胡献梅、郝素香等同志的热情帮助,鹤壁市钱币学会副会长焦太臣对该书的整体编纂提出了宝贵意见,人民银行鹤壁市中心支行货币金银科和办公室对该丛书的打印与校对付出了辛勤劳动,河南省钱币学会的刘森同志对本书的整理修改提出了宝贵建议,在此一并表示感谢。

　　由于时间仓促和水平有限,书中疏漏和不足之处在所难免,恳请读者及泉界同仁批评指正。